고대 종교와 윤리
: 유가사상의 근원

고대 종교와 윤리 : 유가사상의 근원

초판 1쇄 인쇄 2022년 5월 11일
초판 1쇄 발행 2022년 5월 20일

지은이 / 진래(陳來, CHEN Lai)
옮긴이 / 정병석, 송호영
인　쇄 / 북토리

펴낸곳 / 도서출판 동과서
경기 고양시 일산서구 송파로 151번길 24
등록번호 / 제22-405호
D.K.S. Publishing Co.
24, Songpa-ro 151 beon-gil, Ilsanseo-gu,
Goyang-si, Gyeonggi-do, Korea

전화 / (02)333-7533
팩스 / (02)6280-2353

값 47,000원

ISBN 978-89-6525-148-4 (93150)

고대 종교와 윤리
: 유가사상의 근원

진래(陳來, CHEN Lai) 지음
정병석 · 송호영 옮김

동과서

도움말 :

이 책은 당대 최고의 중국 철학자로 평가받는 중국 청화대淸華大 진래陳來 교수의 역작 『고대 종교와 윤리: 유가사상의 근원(古代宗教與倫理: 儒家思想的根源)』을 번역한 책이다. 초판본은 1995년에 출간되었는데, 이를 수정 증보하여 2016년에 증정본이 간행되었다. 증정본에는 제9장의 <유행儒行>편이 추가되어 있다. 본서는 증정본을 저본으로 하여 번역한 것이다.

저자 : 진래(陳來, CHEN Lai)

1952년생으로 1985년 북경대학 철학과에서 철학박사학위를 받았다. 그후 북경대학 철학과 교수를 역임하였고, 현재는 중국 청화대학 국학연구원 원장과 청화대학 철학과 교수 및 박사지도교수로 있다. 중국철학사학회 회장, 주희연구회 회장, 풍우란연구회 회장, 중화주자학회 회장 등을 맡고 있다. 중국에서 철학 분야로는 방립천方立天, 탕일개湯一介 선생에 이어 세 번째로 국가 원사院士급에 해당하는 중앙문사관中央文史館 관원에 추대되었다. 중국 국가교육위원회로부터 인정을 얻어 '특별 공헌 철학박사학위 획득자'의 칭호를 수여받았으며, 1998년에는 '세기횡단형 인재(跨世紀人才)'로 선정된 바 있다.

저서로는 『주희의 철학』, 『송명 성리학』, 『양명철학』, 『중국고대사상문화의 세계』, 『진래 교수의 유학과 현대사회』, 『전통과 현대』, 『인학본체론』, 『동아유학구론』, 『주자서신편년고증』 등 다수가 있다.

역자 : 정병석(鄭炳碩)

1981년 영남대학교 철학과와 1983년 영남대학교 대학원 철학과에서 석사과정을 마치고, 1990년 타이완의 중국문화대학 철학연구소에서 박사학위를 받았다. 계명대학교 철학과 교수(1988~1994)를 지낸 후, 1995년부터 지금까지 영남대학교 철학과 교수로 재직하고 있다. 한국주역학회 회장과 새한철학회 회장을 역임하였다. 주요 관심 분야는 『주역周易』과 고대 유학 및 중국현대철학 등이다.

저서로는 『유학, 연속성의 세계와 철학』, 『점에서 철학으로』, 『주역과 성인, 문화상징으로 읽다』가 있다. 역주에는 『주역』(상하)가 있고, 번역으로는 『주역철학의 이해』, 『중국고대사상사론』, 『중국철학특강』(공역), 『인륜과 자유』, 『동양철학과 아리스토텔레스』, 『중국고대정치철학』(공역), 『원전으로 만나는 한계 이승희(대계집/한계유고선역집)』(공역), 『불교와 주역』(공역) 등이 있다.

역자 : 송호영(宋鎬榮)

영남대학교 철학과와 대학원을 졸업하고, 현재 중국 청화대학 인문학원 철학과에서 진래 교수의 지도 아래 박사논문을 집필 중이다.

주요 논문으로는 「좌전과 국어의 서례에 관한 연구」, 「문왕과 주역 창작에 관한 연구 -주자 역학 이론을 중심으로-」 등이 있다.

역자 서문

『고대 종교와 윤리: 유가사상의 근원(古代宗教與倫理: 儒家思想的根源)』이라는 책은 당대 최고의 중국 철학자로 평가받는 중국 청화대淸華大 진래陳來 교수가 쓴 책으로, 이미 1995년에 출간되었다. 진래 교수는 이를 다시 수정 증보하여 2016년 증정본增訂本을 출간하였는데, 여기에는 제9장 〈유행儒行〉편이 추가되어 있다. 본서는 증정본을 저본으로 하여 번역하였다. 이 책은 2008년에 성균관대 출판부에서 출간한 『중국고대사상문화의 세계』의 자매판이라고 할 수 있다. 저자의 말처럼 이 책이 『중국고대사상문화의 세계』보다 먼저 출간되어야 함에도 역자들의 이런저런 사정으로 출간이 오히려 늦어버렸다.

역자 중의 한 사람인 정병석이 2000년대 초반 중국에서 개최된 한 학회에서 진래 교수를 만나 이 책을 다른 사람과 함께 공역하려는 계획을 전달하였고 쾌히 승낙을 얻게 되었다. 번역을 위해서 대학원 수업에 이 책을 교재로 삼기도 하고 몇 명의 대학원생들과 함께 윤독하는 모임을 갖기도 하였다. 그러나 원래 같이 번역하기로 한 공역자의 불가피한 사정으로 인해 번역 작업이 정지되었다. 전후 사정을 알게 된 진래 교수가 다른 두 사람을 소개하여 다시 번역 작업에 들어갔으나 이 역시 공역자들의 개인적 사정으로 진행이 되지 못하고 시간만 흘려보냈다. 이후 본서의 역자 중의 한 사람인 송호영이 진래 교수를 박사과정의 지도교수로 모시게 되면서 새로운 파트너로 삼아 본격적인 번역 작업을 진행할 수 있게 되었다. 이 책의 상당 부분이 초역되어 있었으나 송호영 군의 세밀한 교정과 성실한 번역이 아니었다면 이 책의 출판은 쉽지 않았을 것이다.

이 책을 번역하기가 쉽지 않은 이유는 여러 가지가 있겠지만, 특히 자주 출몰하는 갑골문과 명문銘文 등은 역자들의 머리를 아프게 하였고, 또 대부분의 내용을 빽빽하게 차지하고 있는 엄청난 양의 주소註疏들은 하나하나 번역하는 데 많은 인내가 필요했다. 하지만 내용상의 어려움보다 다른 작업에 자꾸 손을 대면서 이 책의 번역을 우선순위로 두지 않고 뒤로 미룬 무책임함이 이 책의 상재上梓를 지체시킨 가장 큰 요인이라는 생각이 든다. 번역서를 빨리 내지 못하여 진래 교수에게 늘 면목이 없었는데 그나마 송구함을 어느 정도는 모면할 수 있어서 다행이다.

이 책은 공자 이전의 유가사상을 이야기하는 데 있어서 필독서로 평가받는 책이다. 특히 중국 고대유가의 원류와 근원에 해당하는 무격巫覡·복서卜筮·제사祭祀·천명天命·예악禮樂·덕행德行과 유儒에 대한 분석이 가지고 있는 가치와 권위는 자타가 공인하고 있다. 여기에서 저자는 중국 고대문명이 발전하는 특색을 문명발전의 연속성이라는 측면에서 분석하고 있다. 춘추전국시대 정신문화의 약동은 이전 문화발전에 비교하면 매우 큰 비약을 보여준다. 유가를 대표로 하는 제자백가는 결코 신화시대를 배경으로 삼고 있지 않으며, 종교의 윤리화는 이미 서주西周 초기에 완성되었다. 중국의 주축시기에는 신神과 신성神性이 가지는 한계에 대해 인식하고 있었기 때문에, 철학적 초점은 '이 세상'과 '인간 사회'에 더욱 기울어져 있었다. 이런 점에서 중국 고대의 문명발전은 '초월적 돌파'라기보다는 '인문적 전향轉向'으로 보고 있다.

저자가 이 책에서 말하는 중국의 고대는 삼대三代가 아니라 사대四代로 나누어 말하는 것 같다. 즉 요순, 하, 은, 주의 사대이다. 사대를 나누어 말하지만, 역시 중심은 하, 은, 주 삼대문화의 연속적 발전에 초점이 있다. 구체적으로 저자는 삼대의 문화를 하夏의 '존명尊命', 은의 '존신尊神', 주의 '존례尊禮'로 나눌 수 있다고 말한다. 이것은 바로 무격巫覡문화, 제사문화, 예악문화의 발전과 서로 부합하는 것으로 말하고 있다.

이 책의 제목인 '고대 종교와 윤리'를 통해 알 수 있듯이, 저자는 고대 중국문화의 가장 큰 특징을 자연종교에서 윤리종교로 발전한 것으로 보고 있다. 그 결과 천天에 윤리적 성격이 부여되어 천명天命이 가지는 내재적, 철학적 의미가 부각되었다. 여기에서 중요한 인물이 바로 주공周公이다. 자연종교에서 윤리종교로 발전하면서 가치이성이 문화 속에서 토대를 확립시킬 수 있었던 '인문적 전향'이 그를 통해 가능했던 것으로 보고 있다.

중국 고대의 '인문적 전향'의 경향은 서주시기에 정형화되기 시작하여 중국문화의 기본적 특성과 문화적 기질로 자리잡기 시작한다. 이 문화기질은 효를 중시하는 중효重孝, 사람을 친애하는 친인親人, 백성을 귀하게 여기는 귀민貴民, 덕을 숭상하는 숭덕崇德 등에 집중적으로 표현된다. 이런 점에서 중국문화의 특성은 일종의 윤리유형의 문화이고, 그 주도적인 정신기질은 윤리 품격과 관련 있다. 이런 배경에서 이 책은 우선 무격巫覡 문화와 복서卜筮에 대한 분석을 통하여, 이것이 어떻게 문화적 이성화의 과정을 거치는가에 관해 설명하고 있다. 또 제사가 가지고 있는 자연종교적 성격이 어떻게 윤리적 종교로 변화하는가에 관한 논의를 하고 있다. 아울러 천명과 예악이 가지고 있는 인문학적 기능에 관해 이야기하고 있다. 이런 관점에서 덕행德行에 대해 해석하고 유儒의 기원을 사유師儒와 유행儒行을 통해 심도 있게 잘 분석하고 있다.

2022년 2월 역자들 씀

목 차

제3장 복서卜筮 127

제4장 제사祭祀 193

제5장 천명天命 309

제6장 예악禮樂 437

제1장

서론

주나라는 하나라와 은나라를 본받았으니,
문화가 찬란하도다!
나는 주나라의 문화를 따를 것이다.

周監于二代, 郁郁乎文哉, 吾從周

- 공자孔子, 『논어論語』「팔일八佾」 -

하나라의 역법을 쓰고, 은나라의 수레를 타고,
주나라의 면류관을 쓰고, 음악은 소무韶舞를 사용한다.

行夏之時, 乘殷之輅, 服周之冕, 樂則韶舞

- 공자孔子, 『논어論語』「위령공衛靈公」 -

1. 기축시대와 전前기축시대

헤겔(Hegel)의 『역사철학』과 『철학사강의』를 읽은 사람들은 헤겔이 자신의 서양 중심의 입장을 숨기지 않고 중국 · 인도 · 서양을 정신 발전의 점진적인 세 가지 단계로 보고 있다는 것을 대부분 기억할 것이다. 하지만 헤겔과 같은 독일 사람인 칼 야스퍼스(Karl Jaspers)는 헤겔의 논점과는 달리 중국 · 인도 · 그리스를 정신이 낮은 단계에서 높은 단계로 발전하는 서열로 여기는 것에 대해 반대하였다. 특히 중요한 것은 헤겔과는 다른 야스퍼스의 이론이 결코 갑작스럽게 튀어나온 우발적인 이야기가 아니라, 그가 정립한 '기축시대(Axial Period)'라는 빼어난 이론체계를 통해 나왔다는 점이다. 이 이론은 모든 역사학에 새로운 시야를 제공하여 최근의 고대 문명 연구를 가능하게 하는 중요한 동력이 되었다. '기축시대'는 설득력을 지닌 새로운 역사학적 개념일 뿐만 아니라 20세기의 다원문화의 관념이 역사 영역에서 구체화된 것이라고 할 수 있다.

야스퍼스는 역사 이전과 고대 문명시대를 거친 이후, 기원전

500년 전후한 시기, 그리고 기원전 800년~200년 사이의 정신문명의 발전 과정 가운데 매우 예사롭지 않은 역사 사건들이 집중적으로 전 세계적인 범위에서 출현했다고 주장하였다. “중국에서 공자와 노자가 매우 활약하였으며 묵자・장자・열자 그리고 제자백가들을 포함한 중국의 모든 철학 유파가 이 시기에 출현했다. 중국과 마찬가지로 인도에서는 『우파니샤드』와 붓다가 출현했으며, 회의주의와 유물주의에서부터 궤변론자와 허무주의에 이르는 모든 범위의 철학적 가능성이 탐구되었다. 이란의 조로아스터는 하나의 도전적인 관점을 전해주고 있는데, 그는 사람의 생활이 곧 선과 악의 투쟁이라 보았다. 팔레스타인에서는 엘리야로부터 이사야와 예레미야를 거쳐 이사야 2세에 이르기까지 예언자들이 잇달아 출현했다. 그리스의 현철賢哲 또한 매우 많은데, 그중에는 위대한 문호인 호메로스・철학가인 파르메니데스・헤라클레이토스와 플라톤・수많은 비극 작가 및 투키디데스와 아르키메데스가 있다. 수 세기 동안 이들을 포함한 사상은 중국・인도・서양이란 서로 알지 못하는 이 세 지역에서 거의 동시에 발전하였다.”[1] 따라서 이 시기가 세계역사의 ‘기축’이 되었고, 그 이후부터 인류는 역사 속에서 스스로를 이해하는 보편적인 틀을 가지게 되었다.

근대에 이르기까지 “인류는 줄곧 기축시대에 생겨난 사고와 창조된 모든 것에 근거하여 생존하였고, 모든 새로운 비약 또한 이 시기를 회고하고 아울러 그것에 의해 다시 불꽃을 피운다. 그 이후의 상황 모두 이러한데, 이는 기축시기 잠재력의 소생과 기축시기 잠재력에 대한 회귀 혹은 부흥이라 할 수 있는데, 항상 정신적 원동력을 제공했다는 말이다.”[2] 이러한 반박할 수 없는 역사적 현상으로 보면 중국·인도·서양은 같은 계열의 다른 발전 단계가 아니라, 오히려 "같은 시대에 전혀 관련이 없이 병렬적으로 존재하던 전체"[3]이다. 그들은 인류 역사의 기적과도 같은 '기축시대'의 찬란한 장면을 함께 만들어 내었다.

야스퍼스는 기축시대가 모든 곳에서 수천 년의 고대문명을 종결시키고, 고대문명을 융화·흡수 또는 침몰시켰다고 지적했다. "바빌론 문화·이집트 문화·인더스강 유역 문화와 중국 토착문화와 같은 전前기축시기의 문화는 그 자체로도 대단히 광범위하였지만 여전히 어떤 각성된 의식을 드러내지는 못하였다. 고대문화의 몇몇 요소들은 기축시기에 진입하여 새로운 발단의 구성부분이 되었는데, 오직 이런 요소만이 보존되어 내려올 수 있었다. 기축시기의 찬란한 인성人性과 비교하면 이전의 가장 오래된 문화는 매우 낯설고, 마치 베일에 가려져 있는 것 같다."[4] 이러한 견해에 기초하여 야스퍼스는 이들 대문명들이 '초월적 돌파'[5]를 거쳐 문화적 원시단계에서 고급단계로 도약하며 각자 특수한 문화전통을 형성한다고 생각했다.[6] '초월적 돌파'란 인류 스스로의 유한성을 의식하고 초월 존재에 대한 탐색 가운데서 절대絶對를 체험하는 것이다.

다른 한편으로, 파슨스(Talcott Parsons)의 특별한 해석을 거쳐 막스 베버(Max Weber)에서 기원한 '철학적 돌파(philosophical breakthrough)'라는 관점은 1960년대 후반에 매우 성행하였다. 파슨스는 기원전 1천 년 동안 그리스·이스라엘·인도 그리고 중국의 4대 고대문명이 모두 서로 약속이나 한 것처럼 그리고 각 지역마다 다른 방식으로 '철학적 돌파'를 경험했다고 보았다. 이른바 '철학적 돌파'라는 것은 인류가 처해있는 환경을 구성하는 우주의 본질에 대해 이성적으로 인식하기 시작하고 이로 인해 인류가 처한 환경과 그것의 기본적인 의미에 대해 새로운 이해를 얻는 것을 말한다.

그리스에서 소크라테스 · 플라톤 · 아리스토텔레스는 철학적 돌파의 정점이며, 서양문명 속의 이성에 대한 인식의 기초는 이로부터 다져졌다. 이스라엘에서는 '예언자 운동'으로 표현하며, 하나님을 창조주로 보는 관점이 두드러지게 나타났다. 인도에서는 업보業報와 윤회 관념을 중심으로 하는 종교철학이 만들어졌다.[7] 의심할 것 없이 파슨스가 말한 '철학적 돌파'는 바로 야스퍼스가 말한 기축시대에서 발생되었으며 이 둘은 결코 다르지 않다. 이로 인해 기축시대와 그 '초월적 돌파' 혹은 '철학적 돌파'라는 화두는 70년대 서양 학술계의 문명사 토론에서 가장 뜨거운 이슈가 되었다.

기축시대는 세계문명사의 두드러진 현상으로 사람들의 이목을 끌었다. 그러나 각각의 위대한 문명들의 전前기축시대에서 기축시대로 발전하는 노선과 방식은 서로 동일하지 않았는데, 야스퍼스가 이 점에 대해 연구한 것은 보이지 않는다. 고대의 4대 문명 모두 철학적 돌파를 거쳤는데, 이런 문명의 돌파는 모두 특정한 역사적 연원을 가진다는 것을 파슨스는 의식한 것으로 보인다. 그는 또 철학적 돌파가 중국에서 가장 온화하게 나타났다고 생각하였지만 중국의 기축변화에 대해서는 끝내 이야기하지 못했다. 실제로도 구체적이고 확실한 해설을 제시한 적이 없다.

야스퍼스의 관점에서 기축시대의 의식은 신화시대와 서로 대립되는 것으로, 이스라엘의 예언자들의 하나님에 관한 사상과 마찬가지로 그리스 · 인도 · 중국의 철학가들의 주된 통찰은 결코 신화가 아니라 이성을 통하여 신화에 반대하는 것이다. 기축시대의 의식은 온 천하가 귀일歸一하는 하나님이란 초연한 존재로 발전하고, 존재하지 않는 악마에 대해 반대하며, 마지막에는 여러 신의 형상에 반대하는 윤리적 반항을 불러왔다. 기축시대의 의식이 발전하는 과정에서 종교는 윤리화되었고 신성神性의 위엄은 이로 인해 더욱 강화되었다. 한편 신화는 언어의 재료로 변화하여 원의原意와는 매우 다른 함의를 나타내는 우언寓言이 되었다.[8] '돌파'라는 표현 방식은 기축시대 문화가 전前기축시대 문화에 대하여 대립·반항·단절·돌변적임을 분명하게 나타내고 있다.

중국 고대문명 진보의 큰 특색은 문명발전의 연속성이다. 물론, 춘추전국시대 정신문화의 약동은 이전 문화발전에 비교하면 매우 큰 비약이다. 하지만 이 시기의 사상과 서주시대 사상 사이, 그리고 하·상·주 삼대 문화 사이에는 공자가 일찍부터 말한 것처럼 인습因襲과 손익損益의 관계가 존재하고 있다. 이 때문에 중국철학의 첫 번째 번영이 비록 기축시대일지라도 유가를 대표로 하는 제자백가는 결코 신화시대를 배경과 출발점으로 삼고 있지 않았고, 종교의 윤리화는 이미 서주 초기에 완성되었다는 점을 반드시 살펴보아야 한다.

전체 중국의 기축시대를 만약 기원전 800년부터 시작하는 것으로 본다면, 결코 인간 스스로의 한계를 인식하여 초월적 무한존재로 전향한 것이 아니다. 중국에서 이성의 발전은 신화의 여러 신에게 윤리적 반항을 한 것이 아니며 더욱이 유일신 신앙을 요청하지도 않았다. 중국의 기축시기에는 신과 신성神性이 가지는 한계에 대해 인식하는 것이 대부분으로 이 세상과 '인간 사회'로 더욱 기울어진 것 같다. 이 문제에 대해 말하면 '초월적' 돌파라고 말하기보다는 차라리 '인문적' 전향이라고 말하는 편이 낫다.

역사는 고대 몇몇 인물들에게 문화를 선택할 수 있는 엄청난 권한을 부여하였다. 그들이 결정한 사상 방향은 상당한 정도에서 후대 문화와 가치방향을 결정하였고, 이에 따라 후대 문화의 발전에 결정적인 역할을 하게 된다.[9] 중국 역사상 이러한 인물로서 먼저 주공周公이 있고 그다음 공자孔子가 있다. 공자는 주공이 만든 모든 것을 한 걸음 더 나아가 발전시키고 보편화시켰다. 주공과 서주문화가 만든 문화기질이 없었다면 공자의 출현은 상상할 수 없을 것이다. 바로 이와 같기 때문에 한당漢唐 1천 년 동안 '주공과 공자(周孔)'를 병칭한 것은 매우 자연스런 역사과정의 진실한 표현이다.

이로 인해 중국 기축시대의 변화는 결코 단열적斷裂的인 돌변이 아니다. 공자의 주공에 대한 흠모와 묵자가 『상서尙書』를 빈번하게 인용하는 것을 통해 보면, 기축시대와 전前기축시대가 명백하게 연속되는 측면이 있음을 알 수 있을 것이다. 그러므로 문화의 연속성을 중시하는 관점에서 살펴보면 기원전 500년을 전후하는 시기의 중국문화와 삼대의 문화발전의 관계는 바로 연속 속에서의 돌파이고 돌파 가운데 연속이 있는 것이다. 이 때문에 중국문화의 역사구조에 대해 말하면, 역사의 후대의 발전을 결정하는 '중심축'을 찾는 것은 단지 춘추전국 시기에만 눈을 두어서는 안 되며 더욱 이전으로 거슬러 올라가야 한다. 야스퍼스의 용어를 사용하면 기축시대를 중시하는 동시에 '전前기축시대' 또한 중시해야 한다. 이것은 유가사상의 기원 혹은 근원을 연구하는 것에 있어서는 더욱더 그러하다.

2. 문화양식과 정신기질

셸링(Schelling)은 일찍이 이와 같은 문제를 제기하였다. 어떤 것이 민족성을 구성하는가? 민족의 진정한 기원은 무엇인가? 그의 대답은 바로 언어와 신화이다. 막스 뮐러(Max Müller)는 그의 영향을 깊이 받았다. 헤겔은 "종교의 형태가 어떠한가에 따라, 국가와 그 조직의 형식 또한 그러하다. …오늘날에 이르러 로마 천주교 국가와 예수교 국가는 기질적으로 다르고 조직적으로도 같지 않다. 민족의 기질은 명확하게 남다른 것이다. 한 민족의 도덕·정치조직·예술·종교와 과학 등의 모든 측면에서 민족기질의 독특한 점을 느낄 수 있다"[10]라고 말하였다.

슈펭글러(Spengler) 또한 일찍부터 원시문화는 혼돈스럽고 불분명한 것으로 하나의 유기체가 아니며, 다만 고등문화가 출현한 이후에야 전체 문화가 비로소 강렬하고 일관된 추세를 나타내고 문화 자체가 하나의 살아있는 존재로 변한다고 말하였다.[11] 이것이 바로 후대의 루스 베네딕트(R. Benedict)가 말한 문화의 통일적 정합형태이다. 그러나 베네딕트는 설사 원시문화라 하더라도 또한 그 문화양식(pattern)과 문화정신(ethos)을 가지고 있으며 결코 분산되고 무질서한 것은 아니라고 생각하였다. 이는 20세기 문화인류학자와 19세기 문화철학자의 차이이며, 후자는 대전통의 정합적인 틀을 만드는 작용을 더욱 중시한다.

근 몇십 년간 'ethos'라는 용어는 문화인류학 저작 속에서 출현하는 빈도가 크게 증가하였다. 중국어 문화권에서는 최근 '정신기질'로 번역하거나 중국어로 '意索(yìsuǒ)'라고 음역하며 '민족정신', '문화정신'으로도 번역하고 있다. 섬너(W. G. Sumner)는 1906년에 문화정신(ethos)은 바로 어떤 한 집단을 기타 집단과는 다르게 만드는 특징들의 전체라고 주장하였다.[12] 물론 문화인류학자들은 문화정신의 의미를 완전히 동일하게 사용하지는 않는다. 예를 들어 베네딕트는 어떤 때에는 그것을 '문화양식'과 함께 연관시키고 있다. 그녀는 니체가 그리스 비극 연구에 사용한 '태양신 아폴로의 정신'과 '술의 신 디오니소스의 정신'을 두 가지 대비가 되는 문화양식으로 삼아 셈족은 아폴로형에 속하고, 평원平原의 인디언은 디오니소스형에 속한다고 생각하였다.

베네딕트가 차용한 아폴로형과 디오니소스형이란 개념은 다만 위에서 말한 인디언 문화의 풍속·습관·기질 등의 차이, 즉 '민족정신'의 차이를 설명하는 데 사용한 개념일 뿐이다. 그녀는 인류의 여러 문화양식을 전부 이 두 가지 유형에다 일일이 배속하는 일에 관심을 두지는 않았다.[13] 베네딕트는 인류의 각종 다른 문화를 각기 다른 가치체계를 갖춘 다양화된 존재로 파악해야 함을 거듭 강조하였다. 그녀는 "문화 내부에 이러한 다양화된 성격을 부여하는 것은 모든 문화의 주선율이며, 문화에 일정한 양식을 갖추게 하는 것 또한 그 문화의 주선율 즉, 민족정신(ethos)이다"라고 생각하였다.[14] 1920년대 초, 그녀는 문화의 전체적인 성격을 내부적으로 결정짓는 것은 그 문화만이 독특하게 가지고 있는 주선율이라고 주장했다. 1932년, 그녀는 「북미문화의 정합형태」라는 논문에서 'ethos', 즉 '문화의 민족정신'이라는 용어를 사용하기 시작했는데, 이것은 민족이 문화 요소를 선별하고 이 요소들에 대해 자신들의

독자적 형식과 해석을 하는 심리태도를 가리킨다.[15]

보크(P.K. Bock) 또한 "문화정신이라는 단어는 인류학에서 해석한 것이다. 이를 통해 가치체계를 통합하는 일반 양식과 방향을 기술한다"고 주장했다.[16] 다른 한편, 인류학 가운데 기본인격학파 또한 이와 유사한 관점을 제기하였다. 예를 들면 카디너(A. Kardiner)는 모든 문화는 각기 다른 생활목적과 가치를 그 특징으로 삼는다고 보았다. 그는 현대 서양사회에는 '기본인격'이 4~5천 년의 전체 역사 기간 동안 보존되어 내려와 거의 변함없이 아동의 교육을 통해 대대로 복제되어간다고 여겼다.[17] 이러한 '기본인격설'과 문화의 민족정신설은 일치한다.

해석인류학의 대표자인 클리포드 기어츠(Clifford Geertz)는 이렇게 말하였다. "최근 인류학의 토론 속에서 기존 문화의 도덕(과 심미)적 측면 및 평가 원리는 보편적으로 정신기질(ethos)이라는 용어로 압축된다. 그리고 인지적 측면과 존재적 측면은 '세계관(world view)'이라 불린다." 그는 민족 집단의 정신기질은 그들 생활의 풍속 · 특징 · 품성을 가리키는 것이고, 그들의 도덕적 심미적 방식과 기조이며, 한 민족 집단의 그들 자신과 그들이 처한 세계에 대한 근본적인 태도를 나타내고 있다고 주장했다. 정신 기질과 세계관은 상호 영향을 미칠 뿐만 아니라 그 둘은 상호 기초가 된다고 할 수 있다.[18]

초기 중국문화의 발전과정으로 보면, 하 · 상 · 주의 문화양식은 약간의 차이점이 있다. 예를 들면 은나라 사람(殷人)은 디오니소스형에 가깝고, 주나라 사람(周人)은 아폴로형에 가깝다. 하지만 삼대 이래로 또한 하나의 연속적인 기질이 발전하고 있었는데, 이러한 기질은 황하 중하류 문화를 전체 배경으로 삼고 있으며, 역사발전 속에서 왕조의 주변 방국方國[19]에 대한 통합력이 증강함에 따라 점진적으로 형성되었다. 그리고 이러한 기질은 서주시기에 형태가 정형화定型化되기 시작하여 기축시대의 발전을 거쳐 중국문화의 기본 인격으로 발전되었다. 이 문화기질은 효를 중시하는 중효重孝, 사람을 친애하는 친인親人, 백성을 귀하게 여기는 귀민貴民, 덕을 숭상하는 숭덕崇德 등에 집중적으로 표현된다.

효에 대한 중시는 은상 시기에 번성했던 조상제사로 나타날 뿐만 아니라 주대에 이르면 예악문화를 통해 종교 구성원에 대한 친화적 정감, 인간생활과 인간관계에 대한 친애, 가족과 가정에 대한 의무와 의존을 더욱 강렬하게 표현한다. 인류학자들이 친족연대라고 부르는 가족 간의 심성적인 측면을 강조하는 이런 표현은 모두 고대 중국인들이 자신 스스로와 그들이 처한 세계에 대한 일종의 가치태도를 드러내 주는 것이라고 할 수 있다. 따라서 이러한 기질은 내세와 신계神界를 중시하고 현세와 인생을 순수한 환각으로 보며 초자연적 만족을 추구하는 경향과는 분명하게 다른데, 이는 '적극적이고 사회적이며', '열성적이고 인도적인' 가치적 경향으로 더욱 기울어져 있다.[20]

중국인들은 적극적인 인간관계 및 그 내재적 필요성과 방향을 세우려 모색했고, 인도문화는 신과의 적극적인 관계 및 그 내재적 요구와 경향에 치우쳐 있다. 또한 중국문화는 백성과 백성의 요구를 매우 중요하게 보았고, 인도문화는 신에 대해 찬미하고 초자연과의 동일성을 추구하였다. 양자 간에는 확연히 매우 큰 차이가 있다. 다른 한편으로, 힌두교가 비록 인간의 일생 속에서 가정의 제사를 매우 중시하고 심지어 성년례 등의 몇몇 방면에서는 서주시대의 예의禮儀와도 서로 비견될 수 있다 하더라도 힌두교도의 죽은 자는 일반적으로 분묘가 없으며 인도의 모든 지방에서 조상 숭배와 관련된 현상은 매우 드물다.[21] 중국 은주殷周 문화에서 죽은 친속에 대한 장례와 제례의 발달은 인도의 장사葬事와 제사에 대한 경시와 정확히 대비된다. 이것은 종교 관념의 차이일 뿐만 아니라 가치 방향의 차이 역시 나타낸다.

초기 중국문화에 나타나는 또 다른 특징은 덕德에 대한 중시이다. 근대 이래로 이미 어떤 학자가 중국문화를 일종의 윤리 유형의 문화라고 주장했는데, 그 주도적인 정신기질로 말하면, 중화문명의 가장 두드러진 성취와 가장 명확한 한계는 전부 중국문화의 주도적 경향인 윤리적 품격과 연관이 있다. 중국 상고시대에 이미 문화적인 이런 편향이 나타났는데, 바로 이러한 편향에 기초하여 문화정신으로 발전한 것이다.

중국문화는 서주시기에 이미 '도덕정감(德感)'이라는 유전자를 형성하였고, 대전통의 형태에서 사물에 대한 도덕적 평가를 유달리 중요하게 보았으며, 도덕정감 문화라는 인상적인 색채를 드러내었다. 그리고 초기 도덕정감이란 표현은 종종 정치영역의 '민民'의 문제에 집중되었다. 민의民意는 인민의 요구가 모든 정치의 궁극적 합법성으로 규정된 것이다. 민의에 대한 관심은 서주의 천명관에 큰 영향을 주었으며, 민의는 서주 사람들의 '역사 속의 상제上帝'라는 말의 근간이 되는 내포적 함의가 된다. 서주문화에서 이룩한 중국문화의 정신기질은 후대 유가사상이 발생할 수 있었던 원천이자 토대였다.

3. 종교의 이성화: 무격巫覡문화 · 제사문화 · 예악문화

막스 베버가 제시한 세계의 '탈주술화(disenchantment)'와 '이성화(rationalization)'는 그의 전체 사상의 주제라고 말할 수 있다. 튀빙겐대학의 텐부룩(F. Tenbruck) 교수의 해석에 근거하면 베버가 말한 이성화는 서양에 한정된 것이 아니라 전 인류의 역사발전 속의 공통된 현상이다. 다만 서로 다른 문화양식으로 인해 인류의 이성은 서로 다른 표현 방식을 가지는데, 특히 종교윤리의 유형에서 다른 작용이 있었다.[22]

베버는 상당한 높은 단계의 이성주의적인 이상형을 세웠는데, 그에게 있어서 모든 유형의 이성화의 형식 또한 그 문화의 정신기질(ethos)이다. 베버가 말한 이성화의 중요한 표준 가운데 하나는 바로 주술의 단계를 타파하는 것에 있다.[23] 그의 종교사회학 연구의 주지는 세계의 몇 가지 큰 종교가 이성화하는 과정을 연구하는 것이다. 특히 관심을 기울인 것은 프로테스탄트가 오랫동안의 발전 속에서 어떻게 점차적으로 주술과 미신적인 성분을 제거하고 보편윤리를 끄집어내었는가(그리고 윤리가 인간의 경제 행위에 어떻게 영향을 미치는가)에 관한 것이다.[24] 베버는 모든 종교는 원시주술 속에서 그 흔적을 찾을 수 있다고 여겼다. 그는 인간의 사상이 점차 이성으로 향해 간다고 믿었다. 비록 그가 제임스 프레이저(J.G. Frazer)의 영향을 받아 주술과 금기가 현세現世를 방향으로 삼았고 또한 합리적 행위를 포함하였다고 생각했을지라도, 그는 고급종교가 '카리스마'를 지닌 종교 예언자로부터 창립되었으며, 예언자 스스로의 비범한 품격과 매력을 통해 사람들을 끌어당기고, 예언과 계율을 말하여 생활의 방향에 신성한 가치를 추구하도록 할 것을 더욱 강조하였다.[25] 고급종교 속에 체계화된 교리와 윤리가 출현하면서 개인의 일상생활을 초월하게 되어 종교를 이지화理智化와 이성화理性化의 방향으로 발전시키고, 카리스마를 지닌 이성화 작용의 힘을 빌려 "일단 조리條理 있는 생활방식으로 발전하고 금욕주의 혹은 신비주의의 핵심이 되면 그것들은 주술이라는 전제를 넘어서기 시작한다."[26]

서주 사상에서 이미 분명한 이성화의 진전을 볼 수 있다. 은나라 사람과의 가장 큰 차이를 지닌 특징은 바로 주나라 사람의 지상至上관념인 '천天'이 비교적 이성화된 절대적인 존재이며 '윤리인격'을 갖추고 있고 세계를 제어하는 '이성실재'라는 것이다. 서주의 예악문화에서 창조된 것은 바로 '조리 있는 생활방식'이며, 이로부터 파생된 행위규범은 인간의 세속생활을 통제하는 측면에서 깊숙하게 침투하여 빈틈없이 갖추어져 있었다. 이는 베버가 묘사한 이성화된 종교적 특징과 완전히 부합한다.[27]

완전한 사회규범 체계인 주례周禮는 바로 전체적인 생활방식에 대한 체계화이고 이성화이다. 여기서는 베버가 말한 윤리적 예언자와 모범적 예언자의 차이를 토론할 필요가 없으며, 유가사상에 분명히 입세入世와 합리주의 경향이 있음을 베버가 인정했다는 데 의심할 필요가 없다. 그리고 유가의 이성화는 서주문화의 이성화까지 거슬러 올라갈 수 있다. 당연히 이러한 이성화는 단지 무격문화에 대해 배타적인 측면을 가지고 있을 뿐만 아니라 그것의 이성화는 일종의 인문적 이성화의 경향도 띠고 있다. 이것은 기축시대의 발전에서 더욱 분명해진다. 가치이성은 본래 베버의 이성주의가 함의하는 것 가운데 하나이다.

하지만 가치이성의 건립이 반드시 초월적 일신교를 유일한 길로 삼는 것은 아니다. 중국문화의 이성화 과정, 즉 중국문화 가치이성의 건립과정은 천신 신앙에 대한 점차적인 약화와 인간 세계의 문화와 가치에 대한 관심의 증대와 연결되어 있다. 이것이 바로 중국문화의 가치이성이 18세기 서구 이성 계몽 시대에 계몽 사상가들의 열렬한 찬양을 받았던 기본적인 원인이다.

종합하면 종교의 발전은 비이성적인 주술과 미신이 이성적인 종교를 향해 진보하는 과정이다. 베버가 말한 비이성적인 종교는 다량의 신비적인 주술과 관련된 힘과 인간이 제어할 수 없는 요소가 작용하는 종교를 가리키며, 이러한 종교는 종종 윤리와는 관계가 없거나 영향이 매우 적다. 반대로 이성적인 종교는 신비적이고 주술적인 힘에서 탈피하여 종교윤리와 세속생활을 서로 결합하고 인위적인 제어가 가능한 요소를 강조한다. 베버의 이러한 견해는 대전통에 있어서 알맞은 것이다. 이러한 종교의 이성화를 베버는 "세계가 무속의 홀림(巫魅)을 쫓아내었다"라고 말하였다. 이는 곧 원칙적으로 더는 야만인과 같이 신비스러운 힘에 대한 미신에 사로잡힐 필요 없이, 더는 주술적 수단에 호소하여 지배하거나 신령에게 기도하지 않고, 행위 가운데서 가치이성에 기초한 윤리 행위를 행하는 것이다.28

유가는 문화교양을 중시하였다. 그들은 도덕적으로 야만상태를 벗어나기 위하여 정감 조절을 강조하고 예절과 풍격을 유지하며 행동거지가 합당한 것을 중시하면서 주술 혹은 무술巫術을 배척하였다. 이러한 이성화된 사상체계는 중국문화사의 오랜 진보의 결과이다. 그것은 하나라 이전의 무격문화에서 제사문화로 발전하고 또한 은상시기에 정점을 이룬 제사문화에서 주대의 예악문화로 발전되어 마침내 최종적으로 형성된 것이다.

프레이저가 말한 것처럼 주술이 성행하던 시대의 후기에는 개인적인 일에 사용되는 주술이 점차 감소하고 공적인 일에 사용되는 주술이 나날이 증가하며, '종교'가 점차 '주술'을 대신하면서 무사巫師는 점차 사제에게 자리를 내주어 무사의 주술활동은 결국 사제의 기도하고 제사를 올리는 직무로 변한다. 중국 초기 문화의 이성화의 길 또한 먼저 무격활동에서 기도와 봉헌으로 변화하고 기도와 봉헌의 규범(예禮는 이로부터 생겨남)이 마침내 이성화의 규범체계인 주례로 발전하는 것이다.

상대商代의 종교는 전체적으로 이미 주술이나 샤먼이 아니다. 당시에 이미 상층문화와 하층문화가 분리되었으며 상층종교는 사제가 주도하는 형태였다. 하나라 이전은 무격巫覡의 시대였다. 상은商殷시기는 전형적인 제사祭祀의 시대이고, 주대周代는 예악의 시대였다. 서주의 신앙은 다신론적인 자연종교가 아니었으며, 최고의 존재와 사회적 가치가 이미 근본적으로 관련되어 있으므로, 삼대문화를 '무속문화(巫文化)'라고 말하는 것은 중요한 부분을 소홀히 다루고 있음을 알 수 있을 것이다. 그리고 유가의 기원을 직접적으로 무속문화에 귀속시키는 것은, 유가의 이성주의와 주술적 신비주의와의 구별 및 양자 사이에 존재하는 긴장 관계를 인식하지 못하였을 뿐만 아니라 문화사와 종교사의 역사적 변화를 근본적으로 설명하지 못한다.

무격문화가 제사문화로 발전한 것은 이미 종교학적으로 진화한 것을 나타내며 또한 이성화된 것을 나타낸다. 제사문화는 더 이상 주술적인 힘에 호소하지 않으며 더욱 많은 제사와 기도를 통해야 한다. 은상의 제사문화에서는 다신 신앙 속의 신神의 숫자가 감소하였고 한 명의 지상신이 있었다. 제사예의는 일련의 행위규범으로 발전되어 체계화가 가능하게 되었다. 주대의 예악체계는 바로 상당한 정도에서 "무巫를 벗어난(脫巫)" 문화체계이다. 예악문화 속에서 가치이성이 성립되었을 뿐만 아니라 가치이성의 성립 그 자체가 바로 이성화의 표현이다. 이로부터 최고의 존재는 더 이상 비이성적인 충동을 일으키는 존재가 아니다. 그리고 인간의 행위에서 더욱 관심을 가지는 것은 인간성을 지닌 문화규범인 예禮에 부합할 수 있는가이다. 신비스럽거나 교감적인 요소는 대전통 속에서 인문규범에 의해 압도되었다.

유가문화가 이와 같이 기나긴 문화적 이성화의 과정을 거쳐 형성되었기 때문에 초기 유가와 무속문화의 긴장관계와 더불어 초기 유가의 무속문화에 대한 배척과 억압은 결코 이상한 일이 아니다. 『논어』에는 공자가 '괴이한 것(怪)'을 즐겨 말하지 않았다고 하였는데, '괴이한 것'은 바로 무속문화를 지칭한 것이다.

공자는 만년에 "(신명의) 뜻을 드러내고도 수에 통달하지 못하면 무巫가 되고 수를 얻어도 덕에 다다르지 못하면 사史가 된다"29, "나와 사무(史巫)는 방법은 같지만 귀의하고자 하는 곳이 다르다. 군자는 덕을 행하여 복을 구하고 인의를 실천하여 길함을 구한다. 그러므로 복서를 사용하는 경우가 드물다"30라고 말하였다. 이것은 바로 무巫·사史·유儒의 변천순서를 가리킨 것이다. 무자巫者는 신명의 뜻은 드러내었지만 수數를 알지 못한다. 사史는 수는 알지만 덕德에 이르지 못한다. 유자儒者는 수도 알고 덕에도 도달한다. 유자는 인의로서 길함을 구하고 덕행으로 복을 구하는데 이것은 참으로 명백한 이성주의적인 태도이다. 후대 순자의 "역易을 잘 아는 자는 점을 치지 않는다(善爲易者不占)"는 말과 『예기』의 "제사는 지내지만 복을 빌지는 않는다(祭祀不祈)"는 사상은 모두 초기 유가의 무사巫史문화에 대한 배척을 분명히 표현한 것이다.

당연히 '이성화'의 프레임만으로는 중국문화 발전의 특수성을 완전히 이해할 수는 없다. 전前기축시대에서 기축시대로의 중국문화 발전의 두드러진 특징은 인문성과 인간성이다. 따라서 그 이성은 대부분이 인문과 실천의 이성이며, 그 이성화는 주로 인문 실천의 이성화이다. 이것은 춘추시대에 더욱 분명하게 나타난다. 문화형태상에서 "도덕으로 종교를 대체하는 것"(양수명梁漱溟)이나 민중생활에서 구체화된 '실용이성'(이택후李澤厚)에 관계없이 그 근원은 모두 여기에 있다.

그리고 또 하나 분명히 지적할 점은 이러한 인문실천의 이성화는 결코 모든 신성성神聖性을 제거하려 의도하는 것이 아니라 예악문화가 이성화 과정에서 무속을 벗어남과 동시에 신성성과 신성감神聖感을 소중하게 보유하면서 인간의 신성성에 대한 필요성을 문명·교양·예의 속에서 여전히 드러나게 한다는 것이다. 예악문화가 제공하는 이러한 문화적 구조와 그 기능은 현대 사회학의 분화관념을 가지고 판단하기는 매우 어렵다.

4. 대大전통과 소小전통

시카고대학의 인류학자인 로버트 레드필드(Robert Redfield)는 농촌의 서민사회를 연구함으로써 이름을 날렸다. 1956년 그는 『서민사회와 문화(Peasant Society and Culture)』라는 책을 발표하여 '대전통(great tradition)'과 '소전통(little tradition)'의 구분을 제기하였고, 이를 통해 비교적 복잡한 문명 속에 두 가지 서로 다른 등급의 문화전통이 존재하고 있음을 설명하였다. 그에게 있어 이른바 '대전통'이란 도시문명을 가리키고, '소전통'은 지방의 색채를 지닌 향토문화를 가리킨다. 더욱 넓게 보면 대전통은 사회의 엘리트 및 그들이 장악한 문자로 기록된 문화전통이며, 소전통은 향촌사회의 일반 민중 혹은 서민 생활로 대표되는 문화전통이다. 이 때문에 전자는 사회의 상층민의 생활과 지식계층으로 대표되는 문화를 나타낸다. 대부분 사상가와 종교인의 깊은 사고를 거쳐 만들어진 고매한 엘리트 문화이다. 후자는 일반 사회 대중들의 하층문화이다.31

레드필드의 대전통과 소전통의 구별에 대한 주장은 당연히 그 자신의 멕시코와 중앙아메리카에 관한 연구에 기초하고 있는데, 그는 이러한 한 쌍의 관념이 고대의 문명사회를 연구하는 데 가장 적합한 것으로 보고 있다. 왜냐하면 고대사회 속에서는 상층문화와 고전문화가 비교적 두드러지고 하층문화와는 거리가 비교적 멀었기 때문이다. 그리고 과거 학자들의 연구와 흥미는 오랫동안 대전통에 집중되었는데, 그들의 성과는 매우 두드러졌지만 상대적으로 이러한 문화 속의 소전통은 매우 가볍게 여겨졌다. 레드필드는 소전통을 중시해야 한다고 주장하였다. 하지만 그도 양자는 상호보완적인 관계이며, 하나의 문화를 이해함에 있어 똑같이 중요한 의미를 가진다는 것에 동의하였다.

서로 다른 문화 속의 대전통과 소전통 간의 관계는 전 세계를 대상으로 놓고 살펴보아도 모두에게 적용시키기는 어려운 양식이다. 다른 한편으로는 연구 시각의 차이가 있으며, 자연히 관심을 가지는 방면 또한 다르다. 그러나 이 책의 연구 측면에서 보면 문화의 초기 역정 속에서 대전통과 소전통의 구분은 매우 중요한 이정표라고 말할 수 있다. 왜냐하면 어떤 복잡한 문명의 특징이라도 주로 그 대전통에 의해 결정되기 때문이다. 이러한 점에서 대전통의 구성과 발전은 결정적인 중요성을 가지고 있다. 따라서 초기 문명의 발전에 대한 연구는 반드시 대소전통의 구별과 이후 대전통의 형식구조에 유의해야만 한다. 대소전통을 구분하는 지표는 크게 두 가지가 있다. 첫째는 계급의 분화, 국가권력과 통치계급의 형성, 권력관리자와 성직자의 전문화이다. 둘째는 문자의 형성이다. 문자가 형성된 후에는 문자로써 역사와 사상을 기술하는 전문인이 분리되기 시작하였다. 실제로 '문명'에 대한 정의는 바로 대전통과 소전통을 구분하는 지표인데 공공권력이 조직화되어 이루어진 국가, 도시와 도읍에 거주하는 귀족생활의 흥성, 분업 전문화를 통해 만들어진 엘리트 계층 등이다.

대전통과 소전통의 구분과 문명의 기원은 역사의 시간상에서 항상 일치한다. 물론 중국에서는 기원전 21세기에 하 왕조가 건립된 것을 중국문명 탄생의 지표로 간주하는 것이 일반화된 것은 부인할 수 없는 사실이다. 하지만 최근 용산문화龍山文化에 대한 연구 또한 성읍과 같은 적지 않은 문명의 요인들을 발견해내었다. 이 때문에 중국에서는 대소전통의 구분과 문명의 기원이 반드시 동일한 것이라고 할 수는 없다. 어쨌든 모든 오래된 전통을 가지고 있는 대문명 속에서 문명의 전통적 특징은 주로 대전통에 의해 결정된다. 이 때문에 특정한 시공간 내의 문화실체를 이해하려면 반드시 대소전통에 대해 종합적으로 고찰해야 한다.

어떤 각도에서 보면 소전통이 대표하는 서민생활도 상당히 중요할 수 있으며 문명에 대한 이해를 구체화시킬 수 있다. 하지만 긴 시간 동안 연속하여 발전한 문화전통, 예컨대 그리스의 전통·히브리의 전통·인도의 문화전통·일본의 문화전통 심지어 중국의 문화전통을 이해하는 것에 대해 말하면, '대전통'이 더욱더 중요하다. 대전통은 전체문화의 방향을 규범화하고 인도해간다. 소전통은 실질적인 문화의 소재를 제공한다. 대전통의 발생은 분명 소전통 속에서 분리되어 나온 것이며, 소전통보다 뒤에 형성된 것이다. 그러나 대전통이 일단 분리되어 형성된 후에는 지식계층의 창조적 활동과 경전의 형성으로 인해 문명 전통의 구조와 형태를 성립시키는 주요한 동력이 된다.

대전통은 전체문화에 '규범적'인 요소를 제공하고 전체문명의 가치내핵을 형성하며 규제적 역량을 가지는 문화적 성향을 이룬다. 비록 전통의 전승 과정 속에서도 변동이 있지만 대전통은 끊임없이 소전통 속에서 새로운 양분을 흡수하거나 소전통의 기초에 근거하여 새로운 방향으로 변화하고 발전한다. 하지만 전체적으로 말하자면 고전 시대에 만들어진 기질은 상대적으로 항상 일정하게 지속된다. 이른바 중국문화 유전자의 형성은 주로 대전통이 분리되어 나온 이후 점진적으로 형성된 것이다. 초기 유가사상은 바로 이러한 대전통의 발전에 의한 결과이다.

5. 유가사상의 근원

근대 이래로 고문자학의 발달로 인해 어원학語源學의 연구는 장족의 발전을 하였을 뿐만 아니라 정도는 다르지만 각 분야의 인문과학에 모두 영향을 미쳤다. 하지만 사상사의 연구에서는 어원학 탐색의 한계에 대해 생각하지 않을 수 없다. 반세기 동안 '설유說儒', '원유原儒'라는 이름의 유명한 논저들이 적지 않았는데, 이들은 어원학 연구를 위주로 하였다. 어원학의 방법을 통하여 상商의 갑골문과 주周의 금문 속의 '유儒'자의 존재 여부와 고문자 초기에 '유'의 의미를 토론하는 것은 의심할 여지 없이 학술적 가치를 지닌다. 그러나 이러한 '유'자에 대한 고증과 해석은 유가사상의 근원을 이해하는 측면에서 오히려 많은 한계를 보여주고 있다. 이것은 고문자의 고증과 해석에 관한 전문가의 의견이 매우 다르고, 게다가 이러한 어원에 대한 연구는 언제나 유가사상의 근원을 밝히는 방향과는 동떨어지거나 심지어 본의를 오도하도록 만드는 작용을 하기 때문이다.

고문자 학자들은 갑골문 속의 한 글자를 '유儒'로 해석하여 비가 오기를 비는 무축巫祝으로 간주하여 이것을 유의 기원이라고 생각했다. 유가사상의 기원을 이해하는 데에 이와 같은 연구와 결론이 도대체 어떤 의미를 지니고 있는가 하는 것에 대해서는 회의적일 수밖에 없다. 예를 들어 '도道'자의 어원이 지닌 의미가 다른 부족의 수급首級을 가지고 다니면 나쁜 기운(邪)을 몰아낸다는 것을 가리킨다 하여도[32] 이것이 선진시기 도가사상의 기원을 이해하는

데 어떠한 의미를 가지겠는가? 만약 공자 이전의 중국 고대사 문헌이 전부 믿을 수 없는 것이라면 어원 연구 외에는 아마도 다른 방법이 없을 것이다. 그러나 비록 몇몇 선배 사학자들처럼 의고주의疑古主義와 반식민지 의식을 연계할 수는 없지만 최근 고고학적 발견으로 인하여 '의고疑古' 사조에 대한 반성은 분명히 사학계에서 이미 많은 학자들의 공통된 인식이 되었다. 학술계의 발전은 의고시대를 벗어나기를 바란다.[33]

사상의 기원을 연구하는 데 있어 가장 중요한 것은 우선 이러한 사상체계의 여러 요소가 역사상 어떤 시기에 제기되기 시작하였고, 어떻게 발전하였으며, 이러한 요소가 어떻게 문화의 역사적 변천을 거쳐 진화했고, 아울러 이런 사상적 기질 및 방향과 문화전통의 관계에 대해 관심을 가지는 것이다. 이러한 과제를 처리하지 않은 채로 고문자 속의 '유儒'자가 존재하는가의 여부와 잠재의식 속에 유흠劉歆의 왕관설王官說[34]의 영향을 받았는가에 대해 주의를 집중하는 것은 모두 '유儒'로 불리는 직업 또는 신분을 찾는 데 힘을 쓰는 것으로, 이는 마치 직업 또는 신분을 찾는 것을 사상이 만들어진 근원을 찾는 것으로 간주하는 것이나 마찬가지이다. 이런 관점을 통해서는 근본적으로 사상 발생의 역사를 설명할 수 없다. 모세·부처·마호메트의 위대한 사상은 그들의 직업을 통해서는 근본적으로 설명할 수 없다. 어원적 요소·제도적 요소·사회적 요소 모두 의미를 지니지만 사상의 전승이야말로 사상사의 기원 연구의 출발점이다.

삼대의 문화발전 과정에 대해 연구하면 상당히 명확한 인상을 가질 수 있는데, 그것은 바로 공자와 초기 유가사상 속에서 발전한 내용들이 서주문화 및 그 발전 방향과 대립하고 단절되어 생성된 것이 아니라 공자와 초기 유가의 사상과 문화기질이라는 측면에서 서주문화 및 그 진행 방향과 일맥상통하는 어떤 연결 관계를 가지고 있다는 점이다. 마치 양향규楊向奎 선생이 지적한 것과 같다. "주공이 없었다면 예악문명이 후세에 전해질 수 없었을 것이며, 주공이 없었다면 유가의 역사적 연원이 없었을 것이다. 유가가 없었다면 중국 전통문명은 다른 정신문화를 가졌을 것이다." "덕과 예를 위주로 하는 주공의 도가 대대로 전승되어 춘추말기에 이르러 마침내 공자의 인과 예를 내용으로 하는 유가사상이 출현하였다."[35] 주공에 대한 공자의 사모와 공경 그리고 순자가 주공을 제1대 대유大儒로 여기는 것은 모두 일찍부터 유가 사상의 근원을 뚜렷하게 밝힌 것이다.

서주의 예악문화는 유가가 발생한 토양이며, 서주 사상은 공자와 초기 유가의 매우 중요한 세계관·정치철학·윤리덕성의 기초를 제공했다고 말할 수 있다. 어떤 의미에서 공자 이전 시대에 유가사상은 이미 존재했다고 할 수 있다. 동시에 서주문화는 삼대문화의 기나긴 발전의 산물이다. 무격문화와 제사문화를 거쳐 예악문화로 발전하였고, 원시종교에서 자연종교로 다시 또 윤리종교로 발전하였으며, 공자와 초기 유가사상 탄생에 결정적인 토대를 형성하는데 기여하였다.

더욱 이전으로 거슬러 올라가면 용산문화에서 시작하여 중원의 다른 지역문화와의 융합발전을 거쳐 정치문화·종교신앙·도덕정감 등 서로 다른 영역에서 점차 발전하였다. 아울러 서주시기에 비교적 안정적인 정신기질이 정형화되기 시작했는데, 이러한 기질은 숭덕귀민崇德貴民의 정치문화 · 효제화친孝悌和親의 윤리문화 · 문질빈빈文質彬彬(외관과 내면이 잘 조화를 이룬 것)의 예악문화 · 천인합일天人合一의 존재신앙 · 원신근인遠神近人(신을 경원하고 사람을 가까이함)의 인본주의적인 경향으로 나타난다. 이로 인해 유가사상은 중국 문명시대 초기 이래 문화가 자체적으로 발전하여 이룩한 산물이며, 삼대에서 전해진 전통 및 그로부터 길러진 정신기질을 구체적으로 표현해내었다. 유가사상과 중국 고대 문화발전 과정의 내재적 관계는 어원학 연구에서 '유儒'를 상주商周의 술사術士로 해석하여 드러낸 것과는 큰 거리가 있다. 이는 종합적인 문화 연구를 통하여야만 비로소 전개해낼 수 있다.

고고학적 발견을 통한 기물器物, 나아가 묘에 매장된 유물들은 신앙과 도덕과 같은 정신적인 개념을 직접적으로 설명할 수 없다. 그러나 문헌에 기재된 고대사 자료는 바로 정신적인 개념들을 말하는 것으로, 이런 자료들에 대한 여러 다른 분야의 인문과학이나 사회과학에서 접근하는 방향이 서로 다른 것은 매우 자연스러운 일이다. 고대사와 고대문화의 문헌에 관하여 이 책이 제공하려는 것은 종교와 윤리의 체계를 중시하여 사상문화를 해독하는 것이다.

미주

1 雅斯貝斯(Jaspers), 『歷史的起源與目標』, 華夏出版社, 1989, p.8
2 雅斯貝斯, 『歷史的起源與目標』, p.14
3 雅斯貝斯, 『歷史的起源與目標』, p.18
4 雅斯貝斯, 『歷史的起源與目標』, p.13
5 역자 주 : 여기서 말하는 돌파突破는 '비약적 발전'을 의미한다.
6 余英時, 『古代知識階層的興起與發展』, 『士與中國文化』, 上海人民出版社, 1987, pp.26-30
7 余英時, 『古代知識階層的興起與發展』, 『士與中國文化』, pp.26-30
8 雅斯貝斯: 『歷史的起源與目標』, 華夏出版社, 1989, p.9
9 劉東, 『審美文化的興盛與失落』(박사논문 친필 원고), 1993
10 麥克斯・繆勒, 『宗教學導論』, 上海人民出版社, pp.60-63
11 莊錫昌等編, 『多維視野中的文化理論』, 浙江人民出版社, 1987, p.176
12 『文化人類學辭典』, 浙江人民出版社, 1990, p.96
13 莊錫昌, 『文化人類學的理論框架』, 浙江人民出版社, 1988, p.84
14 莊錫昌, 『文化人類學的理論框架』, p.87
15 莊錫昌, 『文化人類學的理論框架』, pp.88-89
16 博克, 『多元文化與社會進步』, 遼寧人民出版社, 1988, p.293
17 莊錫昌, 『文化人類學的理論框架』, p.119
18 Clifford Geertz, *The Interpretation of Culture*, Basic Books, 1973, pp.126-127
19 역자 주 : 사방의 제후국을 말함.
20 許烺光, 『宗教・種姓・俱樂部』, 華夏出版社, 1990, p.250
21 許烺光, 『宗教・種姓・俱樂部』, pp.44-45
22 顧忠華, 『韋伯學說新探』, 唐山出版社, 1992, p.35

23 顧忠華, 『韋伯學說新探』, p.256

24 蘇國勳, 『理性化的限制』, 上海人民出版社, 1988, p.59

25 蘇國勳, 『理性化的限制』, p.61

26 蘇國勳, 『理性化的限制』, p.63

27 蘇國勳, 『理性化的限制』, p.64

28 蘇國勳, 『理性化的限制』, p.87

29 馬王堆帛書『易傳』『要』: 贊而不達于數則其爲之巫, 數而不達于德, 則其爲之史. 『道家文化研究』 第3集에서 인용하였음. 上海古籍出版社, 1994

30 馬王堆帛書『易傳』『要』: "吾與史巫同塗而殊歸者也. 君子德行焉求福, 仁義焉求吉, 故卜筮而希也."

31 李亦園, 『中國文化中小傳統的再認識』 (1994年, 杭州, 『中國文化: 20世紀回顧與21世紀前瞻』, 학술대회 논문)

32 白川靜 著, 加地伸行 範月嬌 合譯, 『中國古代文化』, 文津出版社, 1983, p.176

33 李學勤, 『走出疑古時代』, 『中國文化』, 第7輯, 1992年 11月

34 역자 주 : 유흠은 제자백가의 학문이 왕관王官(왕조 혹은 나라의 관리)에서 유래하였다고 주장하였다. 이 내용은 제8장에서 자세히 다루고 있다.

35 楊向奎, 『宗周社會與禮樂文明』, 人民出版社, 1992, p.136, 279

제2장

무격巫覡

은밀히 돕지만 수數에 통달하지 못하면 무巫이다.

贊而不達於數, 則其爲之巫.

- 공자孔子, 「요要」 -

근대의 인류학자들은 모두 주술(Magic)에 대한 연구를 원시문화를 살피는 주요 방법으로 보았다. 그들은 무巫문화를 원시문화의 주된 형태로 간주하고 아울러 그것을 종교와 과학 발전의 최초 맹아로 보았다.

만일 말리노프스키(B, Malinowski)의 주술 혹은 무술巫術에 대한 정의에 따라 주술을 모종의 목적에 도달하기 위한 실용적 행위로 본다면[1], 중국 선사시대의 주술에 대한 자취는 거의 찾을 수 없을 것이다. 왜냐하면 고고학에서는 다만 고분 · 주거 · 성곽과 기물 등의 문화유산만을 제공할 수 있을 뿐, 아직 문자가 없던 시기의 신앙 · 준칙 · 도덕 · 풍속 및 행위는 모두 이미 역사 속에서 사라져버렸기 때문이다. 그러므로 대다수의 경우 우리는 어쩔 수 없이 고고학자와 역사학자의 추측에 근거한 판단에 의지할 수밖에 없는 것이다.

그러나 문자가 발명된 최초의 문명에 대해 말하면, 무격巫覡문화의 흔적은 분명히 초기 문헌자료에 반영되어 있을 것이다. 더군다나 말리노프스키나 어느 서양 인류학자의 이론이 중국역사문화의 실제에 적용될 수 있는지 여부는 선험적으로 확정할 수 없다. 그러므로 중국 역사문화를 연구하는 학자는 우선 중국의 역사자료를 정리하는 것에서 출발하여 당시 문화 형태와 특징을 이해하고, 한 걸음 더 나아가 세계 각지에서 행해진 초기 원시 문화에 대한 근대 인류학의 연구를 참조하여 중국 상고문화의 형태 속에 들어있는 보편성과 특수성의 요소들을 파악해야 한다.

이처럼 이 책의 목적에 대해 말하면, 우리는 자연스럽게 먼저 중국 역사문헌에 기록된 '무격巫覡'과 '복서卜筮' 부분에 주의를 기울이게 되는 것이다. 하지만 독자들이 유념할 것은 연구를 끝맺기 전에 중국 고대문헌에 출현하는 '무巫'가 인류학자가 말하는 주술 혹은 무술의 시행자(Magician)와 완전히 동일하다고 속단해서는 안 된다는 것이다. 또한 '복서卜筮'가 단순한 주술이라 예단해서도 곤란하다.

1. 절지천통絶地天通

유럽 역사에서 주술의 출현은 구석기 후기보다 늦지 않은 것으로 보인다. 중국 사학자들도 용산문화龍山文化, 대문구문화大汶口文化에서 출토된 옥종玉琮·장아구형기獐牙鉤形器 등의 기물器物을 무사巫師의 도구로 본다.[2] 그러나 여전히 추측일 뿐이다. 문헌상에서 중국 고대의 '무'의 기원과 변천에 관한 것들은 선진시대의 '절지천통絶地天通'이라는 전설에 보인다. 여기서부터 시작해보겠다.

『서경書經』「여형呂刑」에는 상고시대 원시종교의 첫 번째 큰 변화를 기록하고 있다.

옛날에 가르침이 있었으나, 치우蚩尤가 처음 난을 일으키자 그 영향이 평민에까지 미쳐 도적이 되지 않는 자가 없었으며, 인성을 잃어 금수처럼 행동하고 온갖 나쁜 짓을 저지르며, 도둑질하고 빼앗고 속이고 죽였다. 묘민苗民들이 명령을 따르지 않자 형벌로 제재하였는데, 단지 다섯 가지 잔혹한 형벌만을 만들어 법이라 하였다. (이후 형벌을 남용하여) 무고한 자들을 살육하며, 지나치게 잔인하여 코와 귀를 베고 생식기를 상하게 하고, 얼굴에 글자를 새기는 형벌들을 사용하였다. 죄인에게 형을 내림은 물론 무고한 자까지 제재하며, 죄인의 호소에 차별을 두지 않았다.

백성들이 서로 기만하여 사회가 어지러워지고, 성신誠信에 마음을 두지 않아 거짓 맹세를 반복하였다. 치우가 흉포한 정치로 민중을 대하니 이들이 자신들의 무고함을 상제上帝에게 고하였다. 상제께서 백성을 살펴보시니 아름다운 미덕은 없고 형벌의 비린내뿐이었다. 황제(순제舜帝)가 이들이 무고하게 살육 당함을 불쌍히 여겨 위엄으로 치우의 포악함을 처단하고 묘민의 후세를 끊어 망령된 이가 세상에 없도록 하였다. 동시에 중重과 여黎에게 명하여 인간과 하늘 간의 통로를 단절시키고 강림하지 않았다. 이후 아래의 여러 제후들이 상도常道를 밝게 밝혀, 홀아비와 과부같이 기댈 곳 없는 자들도 억울한 일을 당하지 않게 되었다.[3]

『여형』에 의하면 치우가 난을 일으킨 이후 묘민苗民 사회는 극도로 혼란해졌다. 잔혹한 형벌이 범람하고, 살육이 끊이질 않았으며, 서로 속이고 기만하며, 충忠과 신信이 없었다. 고통을 당하는 자들이 참지 못하고 하늘의 상제에게 슬피 고하니, 상제가 이로 인해 위력을 발휘하여 포악한 짓을 행하는 묘민들을 징벌하였다. 상제는 중重과 여黎에게 천지간의 연결을 단절하라 명령하고 여러 왕들에게 지상을 다스리고 정돈하라 명령하여 인간 세계의 정상적인 질서를 회복시켰다.

중국 고대의 유명한 신화를 모아 놓은 『산해경山海經』의 「대황서경大荒西經」에서는 중重과 여黎에 대한 이야기를 간략히 서술하고 있다. 그런데 여기에서는 중과 여를 전욱顓頊의 후손으로 보고 있다.

전욱은 노동老童을 낳았고, 노동은 중重과 여黎를 낳았다. 상제帝는 중에게는 상천上天의 일에 헌신하라고 명하였고, 여에게는 대지(下地)의 일에 힘쓰라고 명하였다.[4]

『산해경』의 기록은 「주서周書·여형」에 기록된 고사가 확실히 오랫동안 광범위하게 전해져 내려온 전설임을 증명하고 있다. 그러나 「여형」의 '절지천통絶地天通'이든 『산해경』의 "중이 상천의 일에 헌신하는 것(重獻上天)", "여가 대지의 일에 힘쓰는 것(黎邛下地)"을 막론하고 모두 상세하지 못하다. 오로지 『국어國語』 「초어하楚語下」에 이와 관련된 가장 상세한 기록이 보인다.

소왕이 관야보에게 물었다. "「주서」에 이른바 중重, 여黎가 천지를 통하지 않게 한 것은 어째서인 것이오? 만약 그렇게 하지 않았다면 백성들이 하늘에 오를 수 있었다는 것이오?" 관야보가 대답하였다. "그런 의미로 말한 것이 아닙니다. 옛날에는 백성(의 일)과 신(을 섬기는 일)이 섞이지 않았습니다. (신을 섬기는 자는) 백성들 가운데 깨끗하게 밝고 전일한 자세로 신을 모시는 자들이며, 또한 한결같이 경건하며 중정하니, 그들의 지혜는 능히 위아래가 각기 마땅함을 얻게 할 수 있었고, 그들의 성철은 능히 먼 곳까지 두루 비추었으며, 그들의 밝은 눈은 능히 천하의 모든 일을 통찰할 수 있었고, 밝은 귀는 능히 천하의 모든 일을 밝게 들을 수 있었습니다. 이 같은 사람에게는 밝은 신이 강림하니, 남자는 '격覡'이라 하고 여자는 '무巫'라 하였습니다. 이들은 신의 자리와 신주의 순서를 담당하고 희생犧牲과 제기 그리고 계절에 따른 제복祭服을 만들었습니다.

이후 선성先聖의 후예로서 밝은 지혜를 가지고 능히 산천의 이름·선조의 신주·종묘의 사무·소목昭穆의 세계世系·엄숙하고 경건함을 힘쓰는 일·예절의 적절함·위의威儀의 준칙·용모의 꾸밈·충신의 성실함 · 깨끗한 의복을 알며 신명을 공경하는 자를 태축太祝으로 삼았습니다. 명성名姓의 후예로서 능히 계절에 따라 생장하는 작물 · 희생의 제물 · 옥백의 종류 · 제복의 표준 · 제기의 수량 · 신주를 안배하는 차서 · 병풍 및 사립문의 위치 · 제단의 처소 · 천지상하의 신들 · 씨족 성씨의 유래를 알며 마음으로 옛 법도를 따르는 자를 종백宗伯으로 삼았습니다.

이에 하늘 · 땅 · 신神 · 백성과 만물(類物)을 관장하는 관원을 두었는데, 이를 오관五官이라 하며, 각기 자신의 직무를 담당하여 서로 혼란을 일으키지 않았습니다. 백성들은 이로써 충신忠信을 지닐 수 있게 되었고, 신은 이로써 밝은 덕(明德)을 가질 수 있게 되었습니다. 백성의 일과 신을 섬기는 일은 각기 본분이 다르며, 공경하면서 서로 모독하지 않았습니다. 그러므로 신은 좋은 작물을 내려주고 백성은 제물을 바쳐 제사를 드리니, 이에 재앙이 이르지 않고 재화가 모자라지 않았던 것입니다."[5]

초楚 소왕昭王(기원전 515~489년)의 질문에서 「여형」에서 말하는 '절지천통'이 바로 "천지가 교통하지 않도록(天地不通)" 만든다는 의미임을 알 수 있다. 소왕은 크게 흥미를 느끼며 "만약 중과 여가 상제의 '절지천통'하라는 명령을 시행하지 않았다면 백성들이 하늘에 오를 수 있다는 것인가?"라고 물어보았다. 관야보觀射父의 대답은 상고시대 백성과 신이 교통交通했다는 전설시대의 역사를 제공하고 있다.

관야보가 말한 것에 의하면 무격巫覡의 일을 행하는 사람은 반드시 여러 가지 주관적 조건을 갖추어야 한다. 이러한 주관적인 조건들은 주로 총명성지(聰明聖智), 즉 평범한 사람들을 넘어서는 감각능력을 가지는 것이다. 그리고 밝은 신명이 그들의 몸에 강림하는 것은 무격이란 역할에 대한 인증이자 구체적 표현이다. 밝은 신령이 몸에 강림한 사람 가운데 여자는 무巫라 하고 남자는 격覡이라 칭하였다. 말리노프스키는 일찍부터 원시 영매靈媒는 항상 개인의 천부적인 능력에 의지해야 한다고 주장했다.[6] 이는 관야보가 말한 것과 일치한다. 그러나 여기에서 언급된 것에 의하면 무격의 직무는 주로 제사의 자리·순서·희생·제기 등을 안배하는 것에 있는데 바로 그들은 제사체계를 이끌어가는 사람이었다. 비교하자면 축祝은 지리·역사·종교 그리고 예의지식에 관한 많은 지식을 지닌 사람들이며, 종宗은 절기에 맞는 제물·제물의 종류·제기祭器와 제단祭壇에 관한 제도 등에 대해 체계적인 지식을 가진 사람들이다. 무격·축·종 등은 국가나 공공의 제사를 공동으로 주관한다. 당연히 이러한 축·종 등의 성직자의 직무 분화 현상은 뒤늦게 나타났으며, 그 속에 언급된 신령신앙 또한 뒤늦게 출현하였다.[7] 뒤에서 다시 상세하게 토론할 것이다.

위에서 인용한 문장에서 보이는 것은 단지 대화의 앞의 일부분에 불과하다. 관야보는 무격·축·종의 구분에 대해 설명한 후, 이어서 '절지천통'의 유래를 말하고 있다.

> 소호씨少皞氏가 쇠락하게 되자 남방의 구려九黎가 덕을 어지럽혀 백성(의 일)과 신(을 섬기는 일)이 서로 뒤섞이고 명물名物(이름과 실제사물)을 구별할 수 없게 되었습니다. 모든 사람이 신에게 제사를 올리고 누구나가 다 무사巫史의 역할을 하니 중요한 바탕이 없게 되었습니다. 백성들이 제사에 재물을 탕진해도 신의 복이 내려지는지 알지 못하였고, 제사를 지내는 데에 법도가 없어 백성(의 일)과 신(을 섬기는 일)이 지위가 같게 되었습니다. 백성들이 신 앞에서 맹세한 일을 모독하니 신의 위

엄이 없어졌고, 신이 백성을 너무 가까이하니 신을 모시는 일을 소홀히 여겨졌다. 이에 좋은 작물이 내려오지 않고 제물을 마련하여 제사를 지낼 수 없게 되니, 재앙이 거듭 이어져 하늘로부터 받은 기운을 다 누리는 자가 없게 되었습니다.

전욱顓頊이 제위를 이어받자 곧장 남정南正인 중重에게 명하여 신에 대한 제사를 총괄함으로써 하늘의 일을 담당하게 하고, 화정火正인 여黎에게 명하여 백성들을 다스리는 일을 총괄함으로써 땅의 일을 담당하게 하였습니다. 옛 상법을 회복하여 신과 백성(의 일)이 뒤섞이지 않도록 하였으니, 이것을 일러 절지천통이라 합니다.[8]

이 설에 따르면 중국 원시종교의 첫 번째 단계에 이미 전문적으로 신神을 섬기는 종사자가 있었고, 일반인은 다른 사회 직무에 종사하며 신을 모시는 활동에는 참여하지 않았다. 이것이 바로 "백성(의 일)과 신(을 섬기는 일)이 섞이지 않았고, 백성(의 일)과 신(을 섬기는 일)은 본분이 달랐다(民神不雜, 民神異業)"라는 말이다. 원시종교의 두 번째 단계에서는 사람마다 제사를 지내고 집집마다 무당을 두어 제멋대로 하늘과 통하였다. 바로 "백성(의 일)과 신(을 섬기는 일)이 뒤섞이고, 백성(의 일)과 신(을 섬기는 일)의 지위가 동일하게 되었다(民神雜糅, 民神同位)"라는 말이다. 그 결과 제수祭需로 인해 가사를 탕진하여도 사람들은 더는 복을 받지 못하였다. 세 번째 단계에서는 하늘과 땅의 교통을 절단하여 백성(의 일)과 신(을 섬기는 일)이 서로 섞이지 않도록 질서를 회복했다. 이 설명에서 한 가지 주의해야 할 것은 종교개혁은 경제위기로 인해 촉발되지만, 경제위기 또한 종교신앙 행위의 상태에서 나온다. 말하자면 원시 제사의 범람은 사회적 부의 결핍을 초래했으며, '예禮' 제도와 종교개혁은 결정적으로 이로 인해 발생하여 형성된 것이다.

근대 이후 학자들은 「초어」의 이 자료에 대해 매우 주의를 기울였다. 특히 종교제도사와 일반사회 역사에 대한 해독에 무게를 두었다. 서욱생徐旭生은 다음과 같이 말하였다. "종교의 제일 단계는 세계 어느 곳에서든 마술魔術로 표현하고 있다. 이 단어는 러시아어 ма́гия와 영어 magy의 음독에서 비롯된 것이며, 불어 · 독어 등에도 근원이 같은 글자가 있다.(혹은 무술巫術로 해석) 이 단계에서 종교의 주요 표현은 손가락으로 염원하는 것을 표현하면서 주문을 외워 사람들을 위해 복福을 구하고 화禍를 피하는 것이다. 종교 종사자의 직무는 항상 농민과 유목민의 일을 겸하였으며 전문 마술사는 없었다. 사회조직이 점차 확대되면서 사회 질서의 문제 또한 종교의 중요한 내용이 되었다. 그러나 마술사인 무격이 너무 많아 사람마다 말이 번잡하여 사회질서가 상당히 오랫동안 안정되기 어려웠기에 몹시 불편하였다. 고양씨高陽氏의 지도자 전욱은 대담하게 개혁을 감행한 종교의 교주였는데, 그가 '남정南正인 중重에게 명하여 신에 대한 제사를 총괄함으로써 하늘의 일을 담당하게 하고, 북정北正인 여黎에게 명하여 백성들을 다스리는 일을 총괄함으로써 땅의 일을 담당하게 하였던 것'은 바로 그들을 생산에 관련된 직종에서 벗어나 종교직무를 담당하는 사람으로 바꾸어 놓은 것이라고 할 수 있다. 어떤 사람은 사회질서 부분에 관한 일을 전담하고, 어떤 사람은 백성들을 위하여 복을 구하고 화를 피하는 일을 담당하게 되었다."9

그가 이렇게 개혁을 한 계기는 화하華夏집단과 묘만苗蠻집단 간의 충돌과 관련이 있다고 본 것에 있다. 충돌의 원인은 묘만집단이 북방의 고등 종교를 기꺼이 수용하려 하지 않았기 때문이다. 즉

"백성들을 선하게 교화시키지 않으려(弗用靈)" 한 충돌의 결과, 남방의 환두驩兜 · 삼묘三苗 · 도올檮杌의 각 씨족들이 완전히 패하여 흩어졌고, 북방의 대무장大巫長인 축융은 남방으로 깊숙이 진입하여 가르침을 전파하였다.10

서욱생은 또 무격과 신령의 관계에 대해 두 가지 관점을 제기했다. 하나는 무격에 의해서 지휘받고 움직여질 수 있는 신이다. 이것은 소신小神이다. 또 하나는 무격이 단지 수동적으로만 신체에 접신되거나 혹은 등천하여서 그의 뜻을 들을 수 있는 신이다. 이것은 대신大神이다. 무격은 일반적인 법술로 소신小神과 소귀小鬼를 지휘하고 명령하지만 존귀한 대신大神은 무巫를 통해 인간사회를 위해 체결한 질서와 조례들을 전달한다. 이러한 대신이 소신 · 소귀와 다른 점은 "물체의 배후에 숨어있는 것이 아니라 오히려 높고 높은 산에 거주한다는 것"과 "당시 사람들의 사상에 의하면 천지간의 떨어진 거리는 그렇게 멀지 않아서 서로 소통할 수 있고, 소통의 길은 바로 '구름이 걸려 있는' 높은 산에 가까이 접근하는 것"이다.11

사회가 발전한 이후에는 "주술을 잘 행하는 인재가 '많으면 많을수록' 좋다. 많아지면 그들은 수시로 사람들의 요구에 응할 수 있게 된다. 그러나 대신大神의 뜻을 전달하거나 해석하는 사람은 오히려 적으면 적을수록 좋다. 사회가 공동으로 준수하는 신조信條는 마음대로 바꿀 수 없는데, 인구가 많아지면 사람마다 말이 난잡해져 사회가 따를 곳이 없게 되는 위험이 있게 된다."12 이러한 생각에 기초하여 전욱은 "누구나가 다 무와 사의 역할을 하는 것"과 제멋대로 신의 뜻을 전달하는 혼란한 현상을 개정하려고 하였다.

절지천통 이후, 다른 무사巫史들은 다시는 하늘에 올라서 신의 뜻을 전달할 수 없었다. 오직 전욱 자신과 남정 중重만이 겨우 "천하의 정사를 다스리고, 여러 신의 명령을 집중하여서 전달하였다. 이밖에 어떤 무巫도 하늘에 오를 수도, 여러 신의 명령을 함부로 전할 수도 없었다. 또한 화정 여黎로 하여금 백성들을 다스리는 일을 총괄함으로써 땅의 일을 담당하게 한 것은, 그로 하여금 지상의 모든 무巫들을 관리하게 하여, 그들로 하여금 훌륭하게 만민을 위해 질병을 치료하고 복을 구하도록 한 것이다."[13]

양향규楊向奎 선생은 관야보의 말을 인용하여 이렇게 말했다. "우리가 비록 완전하게 그가 말한 뜻을 알 수 없다 할지라도 구려九黎가 덕을 어지럽힌 이후 사람마다 신의 직무를 일삼아 누가 신이 파견한 사람인지 불분명해졌고, 이러한 '백성의 직무와 신의 직무의 지위가 같아진' 결과로 말미암아 하늘(老天) 또한 번거로움을 느꼈기 때문에, 중과 여를 파견하여 중으로 하여금 신의 일을 담당케 하였고, 여로 하여금 사람의 일을 담당케 하였다는 것이다. 그것은 바로 사람들이 하늘에 대해 어떤 요청을 하고자 하여 여에게 말하면 여가 다시 중을 통하여 하늘에게 요청하는 것을 말한다. 이처럼 무의 직책은 전문화가 되었고, 이후 평민들은 더 이상 직접 상제와 교통할 수 없었으며, 왕 또한 신의 직무를 겸하지 않게 되었으니, 중과 여가 사실상 무의 시조였다."[14]

또 이렇게 말했다. "고대 계급사회 초기에는 통치자가 산에 거주하였는데, 하늘과 인간의 매개 역할을 행한 완전한 '신국神國'이었다. 국왕들은 하늘과 인간의 소통을 단절하고, 상제와 소통하는 대권大權을 독점하였다. 그가 바로 신이었으며 신이 아닌 국왕은 없었다."[15] 사실 관야보가 말한 절지천통을 명한 자는 여전히 전욱이

기에, 이런 입장에서는 '하늘老天'이라고 추정할 수는 없다. 양향규가 말하는 하늘(老天)이 중과 여를 파견하여 '절지천통'하게 했다는 주장은 분명 「여형」의 '상제', '황제'의 설의 영향을 받은 것으로 보인다. 따라서 그의 해석은 서욱생이 언급한 전욱이 종교개혁을 단행했다는 설과는 다르다. 「초어楚語」의 자료를 살펴보면, 서욱생은 (절지천통을) 전욱이 일으킨 1차 종교개혁으로 해석하였는데, 이것이 분명히 많은 영감을 준다. 동시에 서욱생과 양향규 두 사람 모두 이러한 전설 속에 역사적으로 무巫의 직책이 전문화되는 첫 번째 전환이 기록되어 있음을 인정하고 있다.

이제부터 원시신앙의 측면에서 이 절지천통의 기억을 살펴보도록 하자. 더크 보드(Derke Bodde)는 천지가 일찍부터 서로 소통하였고 인간과 신의 상호 연계가 가능하였으나 후대에 천지가 마침내 분리되었다고 생각하는 이러한 관점은 여러 가지 문화 속에서 자주 발견할 수 있다고 주장하였다. 그는 엘리아데(M. Eliade)의 다음과 같은 말을 인용하였다. "수많은 민족의 신화는 우리들을 아득한 시대로 인도한다. 그 시대 사람들은 죽음 · 피로 · 우환이 없었고, 먹을 것이 풍성하여 도처에서 얻을 수 있었다. 불경不敬의 시대(In ill tempore)에 많은 신들은 세상에 내려와 인간과 뒤섞였고 인간 또한 마음대로 천계를 오갈 수 있었다. 종종 법제(典制)를 위반한 행위로 인해 천지간의 왕래가 끊기고 신들은 하늘 가장 높은 곳으로 물러나 은거해 버렸다. 이후부터 사람들은 일하면서 먹고 살아야 했고 더는 영생을 누릴 수 없었다." 보드는 이로부터 「초어」에 실려 있는 고사가 바로 샤먼이 착란증상을 통해 천계로 올라가 인간과 천지간의 왕래를 재현했던 것을 가리킨다는 결론을

내렸다.[16]

더 이전에 프레이저(James G. Frazer)는 오스트레일리아에서 그런 '누구나 무사의 역할을 하는(家爲巫史)' 상황을 보았다. 그는 오스트레일리아 토착민이 표현하는 것이 우리가 현재 알고 있는 인류사회의 가장 원시적인 상태라 확신하며 다음과 같이 기술하였다. "오스트레일리아 사람들은 모두 무사巫師였으며", "모든 사람은 자신이 주술에 대한 교감을 통해 자신의 동료 혹은 자연의 과정에 영향을 끼칠 수 있다는 환상에 빠져 있었다."[17] 이것이 바로 이른바 백성(의 일)과 신(을 섬기는 일)이 뒤섞인 상태이다.

관야보의 말에 비추어보면, 중국 상고시대의 원시종교는 세 가지 단계, 백성(의 일)과 신(을 섬기는 일)이 섞이지 않고 백성(의 일)과 신(을 섬기는 일)이 본분이 다른 상태(民神不雜, 民神異業), 백성(의 일)과 신(을 섬기는 일)이 섞이고 집집마다 무당을 두는 상태(民神雜糅, 家爲巫史), 서로가 섞이지 않는 절지천통의 상태(絶地天通, 無相侵瀆)를 거쳤다. 표면적으로 보면 이것은 일종의 정반합正反合의 변증법 같지만 이러한 변천은 결코 종교 자체의 자연적인 변화과정을 나타내는 것이 아니라, 두 번째 단계에서 구려九黎가 덕을 혼란스럽게 함(九黎亂德)으로 인하여 초래된 일종의 사회적 변화이다.

그러나 프레이저 및 인류학의 지식은 우리에게 "백성(의 일)과 신(을 섬기는 일)이 섞이지 않는" 상태가 가장 원시적인 문화와 종교 상태가 아니라 "백성(의 일)과 신(을 섬기는 일)이 섞이는" 것이 오히려 원시문명 초기의 보편적인 형태라는 것을 알려주고 있다. 중국 상고시대 전설의 한 가지 큰 문제는 「초어」에 기록된 이러한 전설처럼 어쨌든 어느 정도의 원생적原生的 단서와 상황을 보존하고 있으며, 또한 어느 정도 서주 문화의 특색이 배어있지만, 항상 일목요연하지는 않다는 것이다.

「초어」에 소호시대少皞時代의 무巫는 일종의 제사 절차를 진행하고 운영하는 기능을 가진 자로 되어 있는데, 이것은 결국 상고사회의 무격의 최초의 모습인지 아닌지에 대해 의심할 필요가 있다는 것이다. 더욱이 「초어」에 서술되어 있는 축종祝宗과 무사巫史의 직무가 명백하게 분화되어 있다는 점은 상주문화商周文化, 특히 서주문화의 현상이다. 관야보의 견해는 다만 백성의 일과 신을 섬기는 일이 서로 다른(民神異業) 이상적인 상황을 상고시대에 부여하여 전욱의 종교개혁에 일종의 합법성을 제공하고자 하는 것이다. 그러나 전욱 시대의 문화는 여전히 종묘宗廟・소목昭穆・예절禮節・위의威儀가 명확히 갖춰진 정도까지는 발전하지 못했다.

절지천통絶地天通의 전설 속에서 긍정적인 부분은 명확하게 다음과 같은 정보를 제공한다는 것이다. 첫째, 중국 상고시대는 일찍부터 "누구나 무사의 역할을 하였다(家爲巫史)", 즉 누구나 무巫가 되고 모든 사람이 무巫였던 무격시대였다. 둘째, 상고시대 무격의 직무는 천지를 교통交通하게 하는 것이었다. 셋째, 중국 역사상의 무격은 이미 전문적 분화 과정을 겪었다. 이러한 과정은 다른 문명에서도 쉽게 볼 수 있다.

빌헬름 슈미트(W. Schmidt)는 킹(I. King)의 설을 인용하여 다음과 같이 말했다. "최초 시기에는 모든 사람이 자기 자신의 법사法师였다. 두 번째 시기에 이르러 특수한 심령을 가진 사람들이 더욱 큰 법술(法術) 능력을 발전시켜 법술을 직업으로 하는 샤먼이 출현하기 시작하였다."[18] 전욱의 '절지천통' 정책은 소호 시대에 "누구나 무사의 역할을 하는 것(家爲巫史)"에서 무사의 전문화라는 단계로 진화시켰다. 이것이 소호 이전 시대에 대한 회복인지는 증명할 방도가 없으며 또 중요한 것도 아니다. 이러한 과정의 최종 결과로 신을 섬기는 권력의 집중과 농단이 이루어졌다는 점에 관해서는 여전히 진일보한 해석이 요구된다. 왜냐하면 비교적 큰 국가 즉 하상夏商처럼 거대한 통일된 통치체계를 가진 왕조는 말할 필요도 없이 단지 두 명의 대무大巫만이 있었다는 것은 근본적으로 불가능한 일이며, 각 부락이나 씨족의 무격 또한 제왕인 전욱의 한 마디 명령으로 사라질 수 없다는 것을 짐작할 수 있기 때문이다. 이 전설과 관련된 진일보한 해석에 대해서는 뒤에서 다시 설명할 것이다.

지금은 우선 중국 고사古史의 '무巫', '격覡'과 관련된 기록을 고찰하기로 하자. 이러한 고찰을 진행하기에 앞서 말해두어야 할 것은 본서에서 사용하는 '고무古巫'는 문헌에 기재된 삼대三代 무격을 가리키며 일반적으로 인류학에서 말하는 '무사巫師'와 후대 민간에서 사용하는 무巫와는 구별된다는 점이다.

2. 고무古巫

중국 역사에서 무巫가 어느 시대에 시작되었는지는 확실하게 단정하기 어렵다. 말리노프스키의 다음과 같은 주장이 옳을 수도 있다. "주술은 영원히 기원을 알 수 없다. 그것은 발명되거나 창조된 것이 아니다. 모든 주술은 간단히 말하면 존재했던 것, 옛날부터 이미 존재했던 것이다."[19] 『설문해자』에서는 "무함巫咸을 최초의 무巫가 되었다(巫咸初作巫)"라고 하였는데, 아마도 『세본世本』의 내용에 근거한 것 같다. 만약 여기서 말하는 무가 비교적 전문화된 무를 가리킨다면 무술巫術 즉 주술은 당연히 더욱 일찍부터 존재하였을 것이다. 실제로 「초어」에서 관야보가 한 말에 근거하면 무의 존재는 오제五帝 시기보다 늦지 않다.

문명시대로 들어와 말하면 문헌에서는 하대夏代에 이미 무와 관련된 행위가 있었다는 기록이 있다. 『법언法言』 「중려重黎」에는 "사씨姒氏(우임금의 성씨)가 수토水土를 다스리고, 무巫가 우禹임금의 걸음걸이로 걸었다"[20]라고 하였다. 이궤李軌의 주注에 "우임금이 수토를 다스리고 산천을 두루 다니다가 발병이 나서 절뚝거리며 걸었다. …세속의 무들이 우임금의 걸음걸이를 본받았다."[21] 이것은 하나라 우임금 이전에 이미 무가 있었고 게다가 무관巫官과는 다른 속무俗巫들이 광범위하게 존재했다는 것을 말한다. 우임금의 걸음걸이에 관한 또 다른 전설이 있다. "우임금의 걸음걸이라는 것은 아마 하나라 우임금이 행하였던 술법(術)이며 신령을 불러서 부리려는 행보行步이다."[22] 이것은 우임금의 걸음걸이가 우임금이 발명한 무의 춤(巫舞)이라 여기는 것이다. 이러한 관점은 후대 술사術士들의 주장을 지지해 주는 말일 가능성이 크다.

『태평어람太平御覽』 82권에 다음과 같은 말이 있다. "옛날 하후계夏后啓(우임금의 아들, 사계姒啓·제계帝啓·하계夏啓 등으로도 불림)가 시초점을 쳤는데 용을 타고 하늘로 오른다고 하였다. 고요皐陶에게 점에 대해 묻자 고요가 '길吉하나 반드시 하나가 되어야 신과 서로 통할 수 있습니다'라고 말했다"[23]고 기록되어 있다. 『산해경山海經』「해외서경海外西經」에는 하후계를 묘사하여 다음과 같이 말하였다. "대락大樂의 들판에서 하후계가 무의 춤(巫舞)인 구대九代를 추니 쌍용을 타고 삼층 구름 위로 올라 왼손으로 일산(예翳: 햇볕을 가리는 큰 양산)을 쥐고 오른손으로 구슬(環)을 들고 허리에는 옥황玉璜(허리에 차는 패옥)을 찼다."[24] 반세헌潘世憲은 하계夏啓는 손에 일산과 구슬을 들고 몸에는 패옥을 찬 무격으로, 그는 신과 교통할 수 있었을 것이라고 생각하였다.[25] 장광직張光直 선생은 구대九代는 곧 무의 춤(巫舞)이고, "하후계가 무巫라는 것은 의심할 여지가 없으며 가락歌樂에도 뛰어났다"[26]고 확신하였다.

탕왕湯王의 시대에도 무의 풍속이 있었다. 『묵자墨子』「비락非樂」에 다음과 같이 말한다. "선왕의 서경(書)과 탕의 관형官刑에 이르길 '자주 궁중에서 춤을 추는 것을 일러 무풍巫風이라 부른다'고 하였다."[27] 다만 그 종교적 함의는 분명하지 않다. 『서경』「이훈伊訓」에서는 이렇게 말한다. "감히 자주 궁중에서 춤을 추고 술에 취해 궁실에서 노래하는 일이 있으면 이것을 무풍이라 하였다."[28] 소疏에서는 "무巫는 가무歌舞로 신을 섬기기 때문에 가무는 무격의 풍속이다"[29]라고 하였다. 이 주장에 비추어보면 상대商代의 무는 주로 접신을 통하는 방식이 아니라 가무로써 신령을 섬겼던 것 같다.

비록 삼대 이전에도 이미 무巫가 있었지만, 중국 역사상 가장 유명한 고무古巫는 무함巫咸이었다. 『서경』의 기록에 의하면 무함은 상대의 이름 있는 관료였다. 『서경』「군석君奭」에 다음과 같은 구절이 기재되어 있다.

> 내 들으니 옛날 성탕成湯이 천명을 받으셨는데 이때에는 이윤伊尹 같은 이가 있어 황천皇天의 뜻에 거의 가까웠다. 태갑太甲의 시대에는 보형保衡 같은 이가 있었다. 태무太戊의 시대에는 이척伊陟과 신호臣扈 같은 이가 있어 상제上帝의 뜻에 거의 가까웠고, 무함巫咸이 왕가를 다스렸다. 조을祖乙의 시대에는 무현巫賢 같은 이가 있었다.30

이에 근거하면 무함은 상대 태무 시대의 어진 신하였으며 또한 무현과는 다른 사람이다. 『사기』「연소공세가燕召公世家」 역시 이에 근거하여 이렇게 말하고 있다. "탕왕의 시대에는 이윤이 있어 하늘의 뜻과 거의 일치하였다. 태무 시대에는 이척과 신호 같은 이가 있어 하늘의 뜻과 거의 일치하였고 무함巫咸이 왕가를 다스렸다. 조을 시대에는 무현 같은 이가 있었다."31 『서경』「함유일덕咸有一德」에서는 다음과 같이 말한다.

> 이척이 태무의 재상으로 보좌하고 있을 때에 박亳(은나라의 수도)의 조정에 뽕나무와 닥나무가 함께 자라나는 상서롭지 못한 징조가 나타나니 이척이 무함巫咸에게 이야기해 주고 『함의咸乂』 네 편을 지었다.32

이 고사는 이척이 상서롭지 않은 조짐(兆)을 보고 글을 지어 태무에게 경계하도록 권한 것을 말한다. 『사기』「은본기殷本記」에서 앞의 두 설을 종합하였다. "제帝 태무는 이척을 재상으로 세웠다. 수도인 박亳에 상과 곡 두 나무가 있어 조정에서 함께 자라기 시작해 하룻저녁 사이 한 아름만큼이나 커지는 상서로운 일이 일어났다. 제 태무가 두려워하며 이척에게 물으니, 이척이 말하기를 '신이 듣기를 요사스러움이 덕德을 이기지 못한다고 하였는데, 임금의 정사를 행함에 잘못이 있으신지요? 임금께서는 덕을 닦으십시오'라고 하였다. 태무가 이를 따르니 요사스런 뽕나무가 말라 죽어버렸다. 이척은 무함에게 상황을 이야기해 주었다. 무함이 왕가를 다스리는 데 성취가 있었다."33 이러한 표현들은 무함이 상제의 뜻을 받들어 괴이하고 요상한 것을 제거하는 것과 관련이 있다.

비교적 후기의 선진 문헌 속에서 무함은 저명한 고무古巫이며 최초로 성명을 알 수 있는 무巫로 기록되어 있다.

> 정鄭나라에 신무神巫가 있었으니 계함季咸이다. 사람들의 생사生死·존망存亡·화복禍福·수요壽夭(장수와 단명)를 알고 (길흉을 예언한 날짜인) 세歲·월月·순旬(열흘)·일日에 대해 예측함이 신神과 같았다.34

> 신무가 있으니 계함이라 한다. 사람들의 생·사·존·망을 알고 세·월·순·일에 대해 예측함이 신과 같았다.35

이 두 전설의 기원은 같다. 계함이 곧 무함이다. 전국시대 사람들은 모두 그를 신무라고 여겼다.

> 무함은 비록 기도(祝)를 잘하였지만 자신을 위해 굿(祓)을 할 수는

없었다.[36]

굿(祓)은 재앙을 쫓는 술법이며, 축祝은 기도하는 행위이다.

무함은 시초점(筮)을 만들었다.[37]

서筮라는 글자는 무巫에서 나왔는데, 여기서는 이미 무함이 서법筮法의 발명자로 보고 있다. 이런 식의 설명은 『세본世本』「작편作篇」에도 보인다. 『태평어람太平御覽』에서는 「외국도外國圖」를 인용하고 있다.

옛날 은제殷帝인 태무가 무함에게 산하山河에 기도를 드리게 했다.[38]

굴원屈原의 『초사楚辭』 속에는 여러 차례 무의 형상들이 보이는데 이렇게 말하고 있다.

영분靈氛(고대의 점을 행하던 사람)의 길한 점을 따르려 해도 마음은 주저하고 망설여지네! 무함이 장차 저녁에 내려오면 산초와 고운 쌀 품고 그대 맞으리라![39]

왕일王逸은 다음과 같이 주注를 달았다. "무함은 고대의 신무神巫로 은나라 중종中宗 시대의 인물이다. …무함의 영혼이 황혼이 질 무렵에 하늘에서 내려오면 산초(향기를 통해 신을 내려오게 한다)와 고운 쌀(정결함으로 신을 배향한다)을 품고 그를 맞이하여 길흉을 점치도록 하고자 한 것을 말한다."[40]

전국 시기에 이미 무함을 고무古巫로 보기 때문에 한나라 이후 사가들의 "이척이 무함에게 이야기한 일(伊陟贊巫咸)"에 대한 해석에 영향을 끼쳤다. 예를 들면 사마정司馬貞은 『사기색은史記索隱』에서 이렇게 말한다. "무함은 은나라 신하이며 무巫로서 접신接神하는 일을 하였는데, 태무가 상곡桑谷의 재앙을 물리치도록 하였기에 이척이 무함에게 이야기를 전달하였다."[41]

후대에서는 무함을 더욱 이전의 시대로 소급한다. 예를 들면 다음과 같다.

> 황제(黃神)와 염제(炎神)가 탁록涿鹿의 들판에서 전쟁을 벌여 장차 싸움을 하려는데, 무함에게 시초점(筮)을 치게 하며 말하기를 "과연! 허물이 있겠습니까?"[42]
>
> 신농神農은 무함으로 하여금 시초점(筮)를 주관하도록 하였다.[43]
>
> 무함은 요堯임금의 신하이다. 홍술鴻術(고급의 술법)로써 제요帝堯의 무의巫醫가 되었다.[44]

이러한 설명은 매우 믿기 어렵다. 종합하면 무함은 역사상 첫 번째로 이름을 남긴 무巫로 후대인들에게 기억되기 때문에 후대인들로 하여금 그를 역사상 첫 번째 무 혹은 고무古巫의 대표라고 간주하게 만든 것이다.

마지막으로 무함과 관계있는 또 하나의 자료를 인용해 보자. 바로 『주례』 가운데 '구무九巫'에 관한 기록이다.

> 아홉 가지 서법筮法의 이름은 첫째 무경巫更, 둘째 무함巫咸, 셋째 무식巫式, 넷째 무목巫目, 다섯째 무역巫易, 여섯째 무비巫比, 일곱째 무사巫

祠, 여덟째 무삼巫參, 아홉째 무환巫環이라 하며, 길흉을 판단하였다.[45]

이것은 아홉 명의 점치는 사람의 이름을 가지고 붙인 서법이다. 서筮라는 글자는 무巫에서 나왔으며, 고무들은 대개 시초점(筮)을 관장했다. 이 아홉 사람은 모두 무巫였다. 그러므로 송宋나라 유학자인 유창劉敞 등은 "구무九巫를 통상적인 발음 그대로 읽으면 무경 등은 고대에 점치는 데에 정통한 아홉 사람을 말하며, 무함은 『세본』에 시초점을 만든 무함이다. …"[46]라고 하였다.

『설문해자』에서 말하는 무巫는 춤(舞)으로 강신降神(신내림)을 하는 자이다. '강신'의 의미는 장광직 선생의 말이 매우 분명하다. "무사巫師는 의식을 거행하여 신이 상계上界에서 아래로 내려오기를 청할 수 있고, 신이 아래로 내려와 정보와 지시를 하계下界에 전달해 주었다는 것을 말한다."[47] 그는 신이 물론 강림할 수 있지만, 무 또한 상계로 올라가서(涉) 조상신(神祖)과 서로 만날 수 있다고 주장하였다. 우리는 '절지천통'의 고사 속에서 천지의 교통을 단절하였다는 표현을 기억하고 있다. 서욱생은 당시의 무巫들이 높은 산에 올라가 천신天神과 서로 교통할 수 있었다고 해석하였다. 이러한 설명은 『산해경』 「대황서경大荒西經」의 '십무十巫'의 설에 의해 증명된다.

대황大荒 가운데에 산이 있는데 이름하여 풍저옥문豐沮玉門이라 하니, 일월이 드나들었다. 영산靈山에 무함巫咸, 무즉巫即, 무반巫盼, 무팽巫彭, 무고巫姑, 무진巫真, 무례巫禮, 무지巫抵, 무사巫謝, 무라巫羅 열 명의 무당들이 이곳에서 오르내리니 온갖 약藥들이 여기에 있다.[48]

원가袁珂는 이에 대해 다음과 같이 해석하였다. "이로부터 하늘에 오르내리며, 신의 뜻을 선포하고 민정民情의 뜻을 전달하였다. 영산은 아마 산속에 있는 하늘로 이르는 사다리였을 것이다. 여러 무당이 주관하는 주된 일은 사실 무巫였지 의醫가 아니었다."[49]

『산해경』에 또 다음과 같은 구절이 있다.

> 무함의 나라에 축북丑北이라는 여자가 있었다. 오른손에는 푸른 뱀을, 왼손에는 붉은 뱀을 들고서 보산葆山에 올랐는데, 이곳은 여러 무당이 오르내리는 곳이었다.[50]

그러나 상주商周의 무巫들은 기록 속에서 산에 올라 하늘과 통한 흔적을 발견할 수 없다. 이것은 어쩌면 절지천통의 결과일 것이다.

무함이 도대체 관무官巫(무관巫官)인지 또는 민무民巫(속무俗巫)인가에 대한 기록은 하나같이 다르다. 역사학자들은 상고시대 일찍부터 무관합일巫官合一의 시대가 존재하였다고 생각한다. 이종통李宗侗은 상고시대에 "군왕(君)과 관리官吏가 모두 무巫에서 나왔다"[51]고 보았다. 진몽가陳夢家는 상대 시기 무술을 논하면서 또한 다음과 같이 말하였다. "무巫에서 사史로 변하면서 왕의 행정관리가 된다. 왕 자신은 정치적 우두머리일 뿐만 아니라 동시에 무들(群巫)의 수장이다."[52] 비록 인류학 속에서 원시문화의 부락이나 씨족의 수령이 무사巫師를 겸하는 사례를 볼 수 있지만, 군왕(君)이 무巫에서 나왔다는 이론이 세계문명사 상에서 보편성을 가질 수 있는가에 관한 물음은 관련되는 문제가 복잡하여 쉽게 판단하기 어렵다. 이러한 정치사의 문제를 처리하는 것은 본서의 범위에 해당되지 않는다. 그러나 상고 중국사회의 군왕이 몇몇 무술의 성향을 지닌 활동을 병행했다는 것은 문헌상에서 그 흔적을 볼 수 있다. 그중에 대표적인 사례가 바로 "탕왕의 기도(湯禱)"에 관한 전설이다.

『묵자』, 『순자』, 『시자尸子』, 『여씨춘추』, 『회남자』 및 『설원說苑』에 모두 이러한 전설을 수록하고 있다.

『묵자』에서는 이렇게 말한다.

탕왕이 말하였다. "저 소자小子가 감히 검은 수소를 재물로 사용하여 상천께 고합니다. '지금 하늘에서 큰 가뭄을 내리시니 이는 바로 저 리履(탕왕의 이름)의 책임입니다. 어찌하여 하늘과 땅에 죄를 얻었는지 잘 알지는 못하오나 선행을 행하여도 감히 덮어 가리지 못하고 죄가 있어 감히 용서받지 못함은 상제의 마음속에 새겨두셨기 때문입니다. 온 천하에 죄가 있다면 이는 저의 책임이나 저 자신에게만 죄가 있다면 온 천하 백성에게는 죄가 미치지 않게 하옵소서'." 이는 탕왕이 천자의 귀한 몸으로 천하를 다 가졌지만 그럼에도 제 한 몸 희생하기를 꺼리지 않고 상제와 귀신에게 기도를 드린 것을 말한다.53

이것은 탕왕이 큰 가뭄이 왔을 때에 비가 내리기를 기원하는 기도를 올리며 자신을 희생으로 삼았다는 것일 뿐, 무술巫術 행위에 대해서는 분명하게 언급하지는 않았다. 『여씨춘추』에도 이러한 이야기가 기록되어 있다.

옛날 탕왕이 하나라를 굴복시키고 천하를 정복하자 천하에 큰 가뭄이 계속되어 5년간 흉년이 들었다. 탕왕은 이에 자신이 직접 뽕나무 숲으로 들어가 기도드리며 말하였다. "저 한 사람에게 죄가 있다면 백성들에게 그 죄가 미치지 않게 하소서. 온 천하에 죄가 있다면 그 책임은 저 한 사람에게 있사옵니다. 한 사람의 불민不敏으로 인해 상제와 귀신께서 백성의 목숨을 해치지는 마시옵소서." 그리하여 머리카락을 자르고 손가락을 문질러 자신의 몸을 희생으로 삼아 상제에게 복을 기원하자 백성들이 크게 기뻐하였으며 큰비가 내렸다.[54]

이것은 다음의 『시자尸子』「군치편君治篇」에 기재되어 있는 내용과 큰 의미에서 대략 동일하다. "탕왕은 가뭄을 해결하고자 백마가 끄는 흰 수레를 타고 하얀 베옷을 입고 하얀 띠를 두르고 자신을 희생으로 삼아 뽕나무 숲에서 기도하였다."[55] 여기에서 "자신의 몸을 가지고(以身)"라는 이 표현에 비추어보면, 탕왕이 자신의 신체를 상제에게 바치는 희생으로 삼아 상제가 백성들에게 비를 내려주기를 기도했던 것을 가리킨다. 여기에는 비록 신령에게 제사를 지내는 행위가 있지만, 탕왕이 무술巫術을 통해 비를 구한다고는 말할 수 없다. 다만 여기서 "그 머리카락을 자르고 그 손을 문지른다(翦其發, 磨其手)"라는 구절의 의미는 분명하지 않다. 『문선文選』「사현부思玄賦」의 이선李善 주注에 또한 다음과 같은 말이 있다.

『회남자』에 다음과 같이 말하고 있다. 탕왕 시대에 큰 가뭄이 7년 동안 지속되자, 복인卜人이 사람을 제물로 사용하여 하늘에 제사를 지내려고 하자, 탕왕이 "본래 복인은 백성을 위해 제사를 지내야 하거늘 어찌 스스로 감당해야 하지 않는가?" 하고 말하였다. 이윽고 사람을 시켜 땔나무(薪)를 쌓아 올리게 하고 자신의 머리카락과 손톱을 자르고 목욕재계하고 섶(柴)에 올라가 스스로 불을 지르고 하늘에 제사를 올렸다. 불이 타오르려고 하자 곧 큰 비가 내렸다.[56]

유사한 기록은 『태평어람』 83권에 『제왕세기帝王世紀』를 인용한 구절에도 보인다.

많은 인류학자들은 탕왕이 자신을 희생으로 삼는 것은 실제로는 일종의 기우제를 지내는 주술행위로 보고 있다. 따라서 탕왕은 대무大巫이거나 적어도 무巫의 일부 직능을 담당하고 있었던 것으로 보고 있다.[57] 위의 고사에서 "머리카락과 손톱을 잘랐다(剪髮及爪)"는 표현은 표면적으로 '머리카락', '수염', '손톱'을 사용하는 무술과 관련이 있는 것 같지만 실제로는 다만 몸을 정결하게 하여 제사를 올린다는 의미인 것 같다.

고대 역사에서 기우제를 지낼 때 종종 무를 불사르는 분무焚巫의 형식을 취하는 것은 확실히 무巫와 관련되어 있는 것으로 보인다. 『좌전』「희공21년僖公21年」에 이렇게 기록되어 있다. "하나라에 큰 가뭄이 생기자 희공이 무왕巫尫을 불사르고자 하였다.(夏大旱, 公欲焚巫尫)" 두예는 다음과 같이 주석을 달았다.[58] "무왕巫尫은 여자 무당이다. 기도를 드려 비가 내리기를 청하는 직무를 주관하는 사람이다. 혹자는 왕尫은 무巫가 아니라 앞 곱사등으로 보기도 한다. 그들의 얼굴이 위로 향하기 때문에 속세에서는 '하늘은 그 병든 자를 애처로워하고 비가 그의 코로 들어가는 것을 두려워하므로 가뭄이 들게 한다'고 말한다. 이 때문에 희공이 무왕을 불사르려고 하였다."[59]

또 『예기禮記』「단궁하檀弓下」에는 이렇게 기록되어 있다. "어느 해 가뭄이 들자 목공穆公이 현자縣子를 불러 물었다. '하늘이 오랫동안 비를 내리지 않아 내가 무왕巫尫을 태우고자 하니 어떠한가?'"[60] 『논형論衡』「소우昭雩」에도 비슷한 구절이 보인다. "노魯나라 목공 시기 어느 해에 가뭄이 들자 목공이 현자에게 물었다. '과인이 무巫를 햇볕에 쪼이고자 하는데, 어떠한가?'"[61] 중국 고대사에는 무당을 불살라서 비를 바라는 전통이 있었다. 이것으로 봤을 때 탕왕이 스스로 분신하고자 한 것은 아마도 당시 백성을 사랑하는 마음에서 나온 것이 아니라 대무의 신분으로서 자발적으로 분무焚巫의 전통을 이행하여 비가 내리기를 바랐던 것으로 보인다. 구석규裘錫圭의 연구에 따르면 "상고시대에는 종교적인 요구 혹은 관습적인 요구에 따라 지위가 비교적 높은 사람도 희생의 제물이 될 수 있었다." 그는 분무焚巫는 무왕巫尫을 불태워서 비를 구하는 것이며 폭무暴巫는 무왕을 뜨거운 햇볕에 말려서 비를 구하는 것이라고 주장했으며, 비록 목공이 생존했던 전국시대에 분무焚巫의 방법은 이미 폭무暴巫로 변하였지만 상대商代에 사람을 태워 희생으로 삼아 비를 구하는 현상은 복사卜辭 속에 적지 않게 보인다고 생각했다.62

고대 문헌에는 "남자를 격覡이라 하고 여자를 무巫라고 하는(在男曰覡, 在女曰巫)" 표현이 많기 때문에, 어떤 학자들은 무巫가 본래 여성의 직무였으며 응당 모계 씨족사회에서 만들어졌다고 생각한다. 비록 민족학자들이 북방의 소수민족에 주로 여성들이 샤먼(shaman: 주술사)의 직무를 담당한 것에 관한 기록이 있지만63 중원문명의 고대사 단계에서 보면 "여자를 무라고 한다(在女曰巫)"는 표현은 결코 상고의 무술巫術을 전부 여무女巫가 장악했다는 것은 아니다. 왜냐하면 "남자를 격이라 한다(在男曰覡)"라는 표현이 있기 때문이다. 전설 속에서 가장 저명한 고무古巫인 무함巫咸과 무팽巫彭 등은 모두 남성이었다.

진몽가는 복사卜辭로부터 당시에 이미 왕의 지위가 매우 공고했다는 것과 정치 · 무력 · 종교 · 무술 모두 남성이 점유하였다는 것을 알 수 있으며, 각 시대 복인卜人의 이름 가운데 계집녀 변(女旁)이 하나도 없는 것은 복인 중에 여성이 거의 없었다는 것을 나타낸다고 생각했다. 그래서 그는 상대商代에 오로지 비를 구할 때에만 여무女巫를 사용했다고 생각했다. "상대의 여무는 다만 비를 바라며 춤을 추는 기예技藝를 지닌 인재일 뿐이며 종교와 무술巫術의 대권을 장악하지는 못했다."64

3. 무巫를 말하다(說巫)

무巫에 관한 설명은 다음과 같이 나누어 볼 수 있다.

첫째, 무巫는 갑골문에 항상 "𢀖"로 두 개의 옥玉이 교차된 것 같은 형상을 하고 있다. 『설문해자』 무부巫部에는 다음과 같이 말하고 있다.

> 무巫는 축祝이다. 여자가 무형無形을 섬기며 춤을 춰서 강신降神하게 할 수 있는 자이다. 마치 사람이 두 소매를 펴고 춤을 추는 형상과 같으며, 공工과 동일한 뜻이다. 옛날 무함巫咸이 최초로 무巫가 되었다.[65]

'무형無形'은 신神을 가리키고, '수褎'는 소매이다. 무형을 섬기는 것은 곧 신을 섬기는 것이다. 이 말은 신을 섬기는 일을 무의 주된 임무로 삼는다는 것이다. 『설문해자』 옥부玉部에는 이렇게 말한다. "靈는 무巫이다. 옥玉으로 신을 섬긴다.(靈, 巫也, 以玉事神)" 『초사楚辭』 「구가九歌」에는 영靈자가 많고, 초나라 사람들은 무巫를 영靈이라고 칭했기 때문에 왕일王逸 주注에서는 영무靈巫라고 말하며, 무巫가 옥을 신을 섬기는 주요 영물靈物과 법구法具로 삼았다고 설명한다.

둘째, 또 어떤 학자들은 무巫자가 본래 무舞자라고 주장한다. 진몽가는 복사卜辭에서 무舞자를 "𡗜"로 썼는데 와전되어 소전小篆(한자의 팔체서 가운데 하나)에서 쓰는 무巫가 되었다고 보았다. 또 이렇게 말하였다. "무舞와 무巫는 같은 모양에서 나왔다. 그러므로 옛 음音 또한 서로 같고 뜻도 같다. 금문金文에서는 무舞와 무無가 한 글자이고 『설문』에서는 무舞·무無·무巫 세 글자를 세 부분으로 나누지만, 그 글자들은 복사卜辭에서는 하나이다."66 또 양향규는 이렇게 말했다. "무巫는 당연히 여자일 뿐만 아니라 춤추는 것(舞)은 확실히 무巫의 전문 기술이다. 갑골문 속의 '무無(舞)'자는 본래 무巫이며 또 일종의 춤을 추는(舞蹈) 자태, 즉 '夾'이다.67 사史는 무巫에서 나왔다. 그래서 태사공 사마천은 자서自敍에서 중重과 려黎를 언급하였다."68 이 말은 '무巫'가 어원상에서 '무도舞蹈'와 밀접한 관련이 있다는 것을 강조한다. 정현鄭玄의 『시보詩譜』에서도 "고대의 무는 실제 가무歌舞를 직무로 삼았다(古代之巫實以歌舞爲職)"69고 언급하였다.

셋째, 무巫는 좁은 의미에서는 특히 여자만을 가리키는 것이지만 넓은 의미에서는 남녀를 모두 가리켜 말하는 것이다. 격覡은 좁은 의미에서 남자만 가리킨다. 『설문해자』에서는 이렇게 말한다.

> 격覡은 재계하여 엄숙하게 신명神明을 섬기는 것이다. 남자를 격覡이라 하고, 여자를 무巫라 한다.70

『옥편玉篇』 및 『광운廣韻』에는 반대로 "남자를 무巫라 하고 여자를 격覡이라 한다(在男曰巫, 在女曰覡)"는 관점도 있다. 단옥재段玉裁는 설문에 이렇게 주를 달았다. "전체적으로 말하면 『주례』에서 남자 또한 무巫라고 말하니, 여자를 격覡이라고 부를 수 없는 것은 아니다(統言則周禮男亦曰巫, 女非不可曰覡也)" 종합하면 남무男巫와 여무女巫 모두 무巫라고 부를 수 있다.

넷째, 춘추시대에는 무축巫祝이 항상 함께 사용되었으며 무사巫史 또한 항상 연용되었다. 그리고 사史 역시 축종祝宗의 통칭이었다. 그러므로 『설문』에 "무는 축이다(巫, 祝也)"라는 말은 동주東周의 부분적인 역사적 사실과 일치한다. 하지만 축으로 무의 의미를 해석하는 것은 아마도 후대에 생긴 관점일 것이다. 『설문해자』 시부示部에서는 이렇게 말한다. "축祝은 제사를 주관하고 축문을 읽는 자이다. 시示에서 나왔으며, 사람(人)과 입(口)에서도 뜻이 나왔다"[71]라고 말한다. 곽말약郭沫若은 '축'의 갑골문은 마치 무릎을 꿇고 기도하는 형상과 같다고 여겼다. 주대周代의 '축'은 분명 제례祭禮를 담당하고 아울러 귀신에게 기도를 올리는 사람이었다. 『예기』 「증자문曾子問」에는 이렇게 기록되어 있다. "축은 사묘四廟의 신주를 맞이한다(祝迎四廟之主)" 이 구절에 대해 정현은 "축은 접신接神하는 자이다(祝, 接神者也)"라고 주석을 달았다. 접신 또한 신을 섬기는 일이다. 공영달은 『주역周易』《손괘巽卦》에 이렇게 주注를 달았다. "사史를 일러 축사祝史라 하며, 무巫를 일러서 무격巫覡이라 한다. 이들은 다 귀신과 접하여 섬기는 사람이다."[72] 단옥재는 『설문해자』에서 축祝으로 무巫를 해석하는 것에 오류가 있다고 여겼다. 그는 이렇게 주장했다. "내 생각에 축祝이 격覡이라는 것은 잘못되었다. 무격巫覡은 모두 무巫이므로 격覡의 전문篆文 아래에서 그 의미를 전체적으로 말하고 있다." "『주례』에서 축과 무는 직무가 나누어져 있고, 양자는 비록 서로 의존하여 쓰였다 하더라도 축을 가지고 무를 해석할 수는 없다." 무는 춤을 춰서 신내림을 하는 자이며, 축은 신을 향해 기도하는 자이다. 양자는 다른 부분이 있다. 특히 상고시대 전문 직종인 '축祝'이나 기도(祝禱)의 의식행위가 아직 출현하지 않은 시기에도 이미 무巫가 있었을 것이다.

다섯째, 상고시대에는 무巫와 의醫가 서로 통하였다. 『공양전公羊傳』 「은공4년隱公四年」 하휴何休 주注에서 이렇게 말한다. "무巫는 귀신을 섬기고 기도하여 병을 치료하고 복을 비는 자이다."[73] 하휴의 주석이 비록 늦게 나왔을지라도 무사巫師가 초기 인간사회에서 의사 직무를 겸하여 사람들을 위해 병을 치료하였다는 것은 인류학 연구에서 매우 보편적이다. 그러므로 이러한 해석은 소박하지만 근거가 있는 것이다. 실제로 고대 의醫라는 글자는 본래 무巫에서 비롯되었다. 『논어』 「자로」의 "남쪽 나라 사람들의 말에 '사람에게 항심이 없으면 무의巫醫도 될 수 없다'고 하였다"[74]는 구절에서는 무의巫醫를 서로 연계하고 있다. 『세본』에 "무함巫咸은 요堯의 의원(醫)이다(巫咸爲帝堯之醫)"라 하고 『여씨춘추』 「물궁」에 "무팽巫彭은 의원(醫)이었다(巫彭作醫)"라고 한다. 고대 의원은 모두 무巫였다. 『산해경』 「해내서경海內西經」에 '여섯 무(六巫)'의 설이 있다. "개명수開明獸[75]의 동쪽에는 무팽巫彭·무저巫抵·무양巫陽·무리巫履·무범巫凡·무상무巫相巫가 있었다."[76] 곽박郭璞의 주에 "모두 신의神醫이다.(皆神醫也)"라고 하였다. 무양巫陽의 이름은 『초사楚辭』에도 보인다.

여섯째, 『주례』의 기록은 비록 하상夏商 시대를 설명하기에는 부족함이 있지만, 당연히 서주의 실제 상황과 그리 차이가 없으며, 그 속에 반영된 무巫의 직무는 상고시대를 이해하는 데에 참고할 만한 가치가 있다. 『주례』 「춘관春官」에 다음과 같은 구절이 있다.

> 사무司巫는 모든 무巫들의 행정을 관장하는데, 만약 나라에 큰 가뭄이 들면 무들을 거느리고 기우제를 지내고, 나라에 큰 재앙이 있으면 무들을 인솔하여 무들이 이전 무사들이 재앙의 물리친 예들을 살펴보고 모범으로 삼게 하였다. 제사는 단주匰主(종묘에 신주를 안장하는 대나무함), 도포道布(제사 때 설치하는 장막)와 조관蒩館(제사에 올리는 조와 기장을 담는 데 사용한 제기와 제품을 담는 광주리)을 사용했다. 제사가 있으면 희생이나

옥을 땅에 묻은 곳을 지켰다. 상사喪事가 있으면 무巫가 신을 내려오게 하는 예를 관장하였다.77

남무男巫는 망사望祀(사방 산천에 지내는 제사)와 망연望衍(멀리 바라보며 신령을 초청한다는 의미를 가진 제사 이름)과 수호授號(제사의 명칭을 받는 일)를 관장하며 널리 사방에 띠(茅)로써 망제望祭를 받는 신을 부른다. 겨울에는 당堂에서 길하지 않은 일을 쫓아버리는 일을 하는데 정해진 방향이나 횟수가 있는 것은 아니다. 봄에는 복을 부르고 질병이 없기를 빈다. 왕이 신하를 조상弔喪할 때에는 축祝에게 앞장서도록 하였다.78

여무女巫는 해마다 때가 되면 신에게 굿을 하여 재앙을 제거하는 일과 향초로 목욕하여 불결함을 씻는 일을 관장한다. 가뭄이 들면 춤을 추어 비가 내리길 빈다. 만약 왕후가 조문하면 축에게 앞장서도록 한다. 온 나라에 큰 화가 닥치면 애절한 노래를 부르거나 곡을 하며 재앙이 사라지기를 청한다.79

'사무司巫'가 하는 일은 두 가지가 있는데, 하나는 큰 가뭄이나 재해가 발생했을 때 무巫들을 이끌고 기우제를 지내는 것이며, 또 하나는 상례와 제례를 지내는 가운데 어떤 정해진 역할을 맡는 것이다. '남무男巫'는 봄에 신을 불러 복을 비는데, 이것으로 질병을 제거한다. '여무女巫'는 큰 가뭄이 들면 기우제를 지내고, 해마다 때가 되면 상서롭지 못한 것을 없앤다. 이로부터 주대周代에 무巫의 주요 직무가 가뭄이나 재해에 기우제를 지내는 것과 상사喪事에 신을 내려오게 하는 것, 그리고 계절마다 신을 불러 재앙을 물리치는 것임을 알 수 있다. 이 또한 대체로 상대商代의 관무官巫들의 주요 활동 및 직무였다. 소국小國과 민간에서 무巫의 직무는 왕조王朝의 무관巫官과는 조금 다르다. 하층의 무巫는 아마도 병마를 쫓아내고 재앙을 물리치며, 복서卜筮를 행하고 상스럽지 않은 것을 제거하며, 상사와 제사를 관장하는 등의 일이 더욱 많았을 것이다.

지금부터는 중국 고대 무격의 직무와 성격을 종합적으로 논해 보도록 하자.

4. 주술(巫術)과 샤먼(shaman)

원시문화와 관련된 문화인류학의 몇몇 논점들로 돌아가 보자. 19세기 이후, 원시문화에 보이는 무당의 비술祕術에 대한 연구는 매우 풍부하고 다채로운 장관을 보여준다고 할 수 있으나 그 속의 관점들은 제각기 서로 다르다. 아래에서 몇 가지 대표적인 관점들에 관해 이야기하려 한다. 이 방법들은 광범위한 조사 내용을 기초로 삼고 있으며, 학술계에 공인된 중요한 연구성과들이다. 이를 중국 고대사 자료와 서로 참조하여 토론의 기초로 삼을 수 있을 것이다.

원시문화 연구의 창시자인 타일러(E. B. Tyler)는 일찍이 마법魔法의 신앙에 대해 이렇게 말했다. "그 기본 원칙에 따라 말하자면 바로 저명한 문화 단계의 가장 낮은 단계이다. 그러한 세계의 지적 발전에 적게 참여한 낮은 등급의 종족種族들 사이에서는 마법이 여전히 완전하고 유효하게 보존되고 있다. 이러한 수준으로부터 시작하면 그것의 이전으로 거슬러 올라갈 수 있다. 왜냐하면 미개인들의 많은 수단과 관습은 커다란 변화 없이 지속적으로 그 지위를 유지하여 왔기 때문이다." "어떤 나라에서는 상당히 오래된 부족들이 없어지지 않고 세상과 단절되거나 멀리 떨어져 있는 부락에 남아있는데, 여기서 무사巫師들은 비교적 높은 영예를 얻고 있다."[80] 그는 주술의 사유속성을 '연상聯想'으로 이해하였다. "주술은 연상 위에 건립되어 인류의 지혜를 기초로 삼는 능력이다. 하지만 마찬가지로 인류의 어리석음을 기초로 삼는 능력이기도 하다. 이것은 우리들이 마법을 이해하는 관건이다. 인류는 일찍이 저급한 지능 상태에서 생각하는 과정에서 그들이 피차간의 실제 관계 속에서 발견한 사물들을 결합할 수 있는 능력을 습득해 내었다. 하지만 이후 그들은 이러한 관계를 곡해하여 잘못된 결론을 도출한다. 연상은 당연히 실질적으로 똑같은 관계를 전제로 하고 있다. 이것을 길잡이로 삼아 그들은 이러한 방법을 통하여 사물의 변화를 발견하고 예언하고 끄집어내는 데에 힘을 기울였다. 그러나 이러한 방법은 바로 우리가 지금 보고 있는 것처럼 단지 순수한 환상幻想의 성질만 가지고 있을 뿐이다."[81]

주술呪術에 관한 연구로 잘 알려진 프레이저는 타일러의 연상설과 유비설을 발전시켰다. 그는 주술을 크게 두 가지 유형으로 나누었다. 하나는 '동종주술同種呪術'(혹은 모방주술模倣呪術)이며, 하나는 '감염주술感染呪術'이다.[82] 동종주술이 의거하는 사유 구조는 이른바 '유사법칙', 즉 '유사(相似)'의 연상에 기초하여 형성된 것이다. 감염주술이 근거하는 것은 이른바 '접촉법칙', 즉 '접촉'의 연상에 기초하여서 이루어진 것이다. 그는 다음과 같이 말한다.

> 만약 우리가 주술의 기초가 되는 사고의 원리를 분석해 보면 다음 두 가지로 귀결될 것이다. 첫째는 유사는 유사를 낳는다, 또는 결과는 원인을 닮는다는 것이다. 둘째는 한 번 접촉한 사물은 물리적 접촉이 끊어진 후에도 계속 서로 작용을 미친다는 것이다. 전자의 원리는 '유사법칙', 후자는 '접촉법칙' 또는 '감염법칙'이라고 부를 수 있다. 첫 번째 원리, 곧 유사법칙에 따라 주술사는 단지 바라는 어떤 것을 모방함으로써 그 결과를 끌어낼 수 있다고 추론한다. 그리고 두 번째 원리에 따라 주술사는 한 번 어떤 사람과 접촉한 물체에 대해서 그가 행

하는 모든 행위는 그 물체가 그 사람 신체의 일부든 아니든 간에 그 사람에게 똑같은 영향을 끼칠 것이라고 추론한다. 유사법칙에 근거를 둔 주술은 '동종주술同種呪術(Homoeopathic Magic)' 또는 '모방주술模倣呪術(Imitative Magic)', 접촉 법칙에 근거를 둔 주술은 '감염주술感染呪術(Contagious Magic)'이라고 부를 수 있다.[83]

그는 또 다음과 같이 말한다.

주술사의 논리에 대한 나의 분석이 옳다면, 그 두 가지 큰 '원리'는 단지 '연상'을 잘못 적용한 두 가지 다른 사례에 지나지 않는다. 동종주술은 '유사성'에 따른 관념들의 결합에 근거를 둔 것이며, 감염주술은 '근접성'에 따른 관념들의 결합에 근거를 둔 것이다. 그래서 '동종주술'은 서로 유사한 사물을 동일하다고 상정하는 오류를, '감염주술'은 한 번 접촉한 사물을 항상 접촉하고 있는 것으로 상정하는 오류를 범하고 있다. 그러나 실제로는 그 두 가지 계통의 주술이 종종 결합되어 나타난다.[84]

동종주술과 모방주술에 관해 프레이저는 많은 사례를 제시하고 있지만 몇 가지만 골라 설명하겠다. 하나는 오지브와(Ojibwa) 인디언[85]들이 어떤 사람에게 해를 가하려 할 때 원수의 모습에 비추어서 작은 목각 인형을 만들고, 그다음 그것의 머리 부분이나 흉부에 바늘을 찔러넣는 것이다.[86] 다른 사례는 수마트라섬의 바타크(Batak)족에서 만일 부녀자가 회임하지 못하면 목각 아기인형을 만들어 무릎 위에 품는데 이것이 임신의 소망을 현실이 되게 해준다고 믿는 경우이다.[87] 또 다른 사례는 와라뭉가(Warramunga) 부락에서 흰 앵무새 토템의 수령은 이 새의 모형을 쥐고 그것이 구애하는 소리를 흉내내는데 이로써 앵무새의 번식을 바라는 것이다.[88] 유사한 예로 영국령 콜롬비아 인디언 어민들은 만일 고기떼가 와야 할 계절에 오지 않으면 남자 무당에게 헤엄치는 물고기 모형을 만들기를 부탁하여 고기떼가 통상적으로 오는 수역水域에 놓아두며, 이러한 의식을 행할 때 고기떼가 헤엄쳐 오도록 기원하는 기도를 함께 낭송한다.[89]

감염주술에 관하여 가장 대표적인 예는 바로 어떤 사람이 특정한 사람의 머리카락이나 손톱을 가지기만 한다면 거리에 관계없이 이러한 두발이나 손톱을 사용한 술법을 통해 그 사람에게 상해를 입히는 목적을 이룰 수 있다고 믿는 것이다.[90]

프레이저는 이 두 종류의 주술을 모두 '공감주술'이라는 하나의 총칭으로 귀결시킨다. 그는 이렇게 하면 이러한 주술의 성질을 이해하는 데에 더욱 편리하다고 생각했다. 그가 사용하는 '공감'은 "물체가 어떠한 신비한 공감을 통하면 먼 거리에서도 상호 작용할 수 있고, 우리들이 볼 수 없는 '에테르(Ether)'를 통하여 한 물체의 추동력을 다른 물체에 전달한다고 여기는 것"[91]을 가리킨다. 사실 원시의 주술이 반드시 에테르에 대한 신앙을 미리 설정하였다고는 할 수 없다. 그들은 어쩌면 근본적으로 거리를 뛰어넘는 이러한 공감작용은 모종의 '물질적 기초'나 '매개물'을 필요로 한다고 생각하지는 않았을 것이다. 비록 오세아니아에는 '마나(Mana)'에 대한 신앙이 있지만 마나는 결코 공감주술의 매개로서 믿어졌던 것은 아니다.[92]

프레이저는 정확하게 공감주술의 체계는 적극적인 규칙을 포함할 뿐만 아니라 금기와 같은 여러 가지 소극적 규칙 또한 포함하며, 그것은 마땅히 무엇을 해야 한다는 것뿐만 아니라 무엇을 해서는 안 된다는 것을 사람들에게 알려준다고 말했다. 적극적인 규칙은 법술法術이고 소극적인 법칙은 금기禁忌이다. "사실 모든 또는 대부분의 금기 원칙은 다만 교감주술의 유사법칙과 접촉법칙, 이 두 가지 대원칙에 대한 특수한 응용일 뿐이다."[93] 예를 들어 마다가스카르(Madagascar)의 병사들은 만약 싸우다가 죽은 수탉을 먹으면 자신도 전장에서 죽을 수 있다고 생각했다 또 그들은 신장을 먹지 않았는데 왜냐하면 그들의 언어 가운데 '신장'과 '사살射殺'이 동일한 글자이기 때문에, 신장을 먹으면 반드시 사살을 당해 죽게 된다고 여겼다. 이러한 금기는 명백하게 동종주술의 독특하고 소극적인 운용이다.

마지막으로 프레이저가 논한 주술과 종교의 구별을 언급할 필요가 있다. 이 문제는 뒤에서 다시 상세히 논할 것이지만 여기에서 간략히 한 가지만 지적하고자 한다. 즉 프레이저가 보기에, 주술과 종교의 구별은 결코 신령의 존재를 가정하고 있는가의 여부에 있는 것이 아니다. 주술과 종교의 구별은 바로 아래와 같다.

> 주술이 본래 형식대로 신령을 다룰 때에는 언제나 생명 없는 동인動因을 취급하는 것과 똑같은 방식으로 다룬다. 곧, 종교에서 하는 것처럼 신령을 달래거나 회유하는 것이 아니라 그들을 제어하거나 강박하는 것이다. 그러므로 주술은 인간이든 신이든, 인격을 지닌 모든 존재가 결국에는 만물을 통제하는 비인격적인 힘에 복종한다고 전제한다. 그런데 그 힘은 적절한 의식과 주문에 따라 그것을 조종할 줄 아는 사람이면 아무나 활용할 수 있는 것이다.[94]

프레이저의 주술 연구의 결론 가운데 가장 문제가 되는 것은 그가 주술과 과학을 성질이 서로 비슷한 세계 인식의 방식으로 보고 있다는 점이다. 그러나 이 점은 여기에서 다루는 주제와는 무관하다. 그러나 우리는 프레이저에 대한 말리노프스키(B. Malinowski)의 비판에 관심을 기울이지 말고 곧바로 말리노프스키가 말하는 주술에 대해 살펴보도록 하자.

말리노프스키는 주술이란 천박하고 어리석은 신앙에 기초한 일련의 실용적 수단이며 이러한 실용적 수단은 자신들이 가진 힘으로는 해결할 수 없는 어떤 과정들에 초점을 맞추고 있는 것으로 보고 있다. 자신의 힘으로 해결할 수 있는 과정들에 대해서는 나름의 실용적인 기술로 대처한다.[95] 그래서 말리노프스키는 주술은 원시과학이 아니라 과학기술의 한계 영역 바깥에서 사람의 정서적 측면을 발산하여 만족을 얻는 것이라고 생각했다. 이것은 주술이 결국 일종의 격노에 가까운 정서적 표출 속에서 완성된 것임을 말하는 것이다.

말리노프스키는 또한 주문呪文이 주술행위의 핵심이며 주술에서 가장 중요한 부분이라고 보았다. 그는 또 다른 논단에서 주술은 사람을 위해서 만든 것으로 보았다. 왜냐하면 주술의 재료는 전부 사람과 관련이 있는 내용들이기 때문이다.[96] 즉 모든 주술행위는 신神의 일이 아니라 인간사에 방향이 맞추어져 있다는 것이다. 기능주의의 대표자인 말리노프스키는 인지認知나 종교와 다르게, 주술의 기능은 사람들의 정서로 하여금 좌절할 때는 좌절을 넘어 정신의 평형상태를 유지하게 하고, 허위적 의식儀式 속에서 낙관을 유지하고 희망을 높이는 것으로 보았다.[97]

위에서 언급한 문화인류학자들의 몽매한 사회의 주술에 대한 연구를 통해 보면, 그들의 결론은 중국 고문헌에서 기록된 무격의 활동과 완전히 합치되는 것은 아니다. 구태지瞿兌之는 일찍이 중국 고대의 무巫는 네 가지 큰 직무, 즉 초신招神(신을 부르는 것), 축역逐疫(역병을 쫓아내는 것), 양재禳灾(재앙을 물리치는 것), 제불상除不祥(상서롭지 않은 것을 제거하는 것)이 있다고 말했다.98 그는 『주례』에 기록된 무관巫官의 직무를 가지고 말했다.

바로 앞에서 지적한 것처럼 중국 문헌에 기록된 고무古巫의 주요 활동은 춤을 춰서 신을 내려오게 하여 재앙에서 구제하고 병을 제거하는 것이다. 이러한 활동은 인류학자가 말하는 주술과 두 가지 중요한 차이가 있다. 첫째, 중국 고무의 활동은 신령이라는 입장을 기초로 삼고 있다. 이것은 프레이저가 이야기한 몽매하던 사회에 신령이 없던 여러 가지 자연 주술의 관점과는 다르다. 둘째, 중국 고무의 활동은 주로 자연 주술처럼 "신령을 강박하거나 압제하는 것"이 아니라 신령에게 아첨하고 기쁘게 만드는 것이다. 이 두 가지 차이점은 중국 고대 무격활동을 주술이 아닌 프레이저가 언급한 종교와 같은 것으로 만들어 버린다.

문헌에 기재된 하·은·주 삼대의 고무는 산에 올라 하늘과 통한 일이 없고, 자연의 힘에 기초한 교감 무술을 시행한 적이 매우 적거나 심지어 없기까지 하다. 그러나 그들은 강신降神과 제신祭神을 주된 특징으로 삼고 있다. 강신 역시 춤을 추는 방법을 통하여 신령을 맞이한다. 우리는 『황금가지』에 기록된 주술에 신령이 나타난 적이 대부분 없다는 것을 볼 수 있었다. 마레트(R. R. Marett)는 주술에 대해 논하는 첫 편에서 다음과 같이 말했다.

종교에는 신이 없을 수 있는가? 『황금가지』는 처음으로 세상 사람들이 인류의 정신과 인류사회의 원시 단계를 이해시키도록 하였다. 이 단계에서 인간은 신神에 관한 심지어 영혼에 관한 묘사를 거의 하고 있지 않고 다만 그들은 모종의 신비한 역량에 주의력을 집중하였다. 이는 아마도 현대 자연과학에서 말하는 자연의 힘일 것이다. 이 설에 근거하면 이러한 역량은 어떤 특정한 의식을 통해 인류를 위해 봉사하는 데에 사용된다.[99]

마레트는 또 이렇게 말하였다. "종교는 항상 신에게 도움을 구하는 것과 관련이 있지만, 주술은 신과 어떠한 관계도 없다고 프레이저는 보았다."[100] 마레트의 프레이저에 대한 이러한 견해는 아마도 정확한 것이 아닐 수 있다. 왜냐하면 우리가 이미 인용했던 것처럼 프레이저는 주술과 신령이 일정 부분 교류하는 것을 인정했기 때문이다. 다만 교류하는 방식이 같지 않을 뿐이다. 주술은 신령을 지배하고 신령과 자연의 힘을 조종하려는 것이다. 그러나 마레트 역시 당연히 근거 없이 말한 것은 아니다. 왜냐하면 『황금가지』에 기술된 수많은 주술은 그저 교감법칙에 호소할 뿐이며 신령의 존재에 대한 어떠한 설정도 없기 때문이다.

『초어』에서 신神이 무격巫覡의 몸에 강림한다는 전설을 분명히 이야기한 것은 말할 것도 없고, 삼대에 춤으로써 신을 내려오게 하는 무격은 분명히 신령에 대한 생각을 기초로 하고 있다. 프레이저의 『황금가지』에서 말하는 이러한 춤을 통해 신을 강림하게 하는 무격은 결코 인류학자들이 세계 각지에서 발견한 원시적인 주술이 아니라, 이미 자연종교 단계에서 변화하여 나온 산물이라는 것을 짐작하게 해준다. 실제로 프레이저가 오스트레일리아에서 보았던 몇몇 신령의 시각이 개입된 주술들은 외부로부터 유입된 유신론적有神論的 종교의 영향을 받았을 가능성이 매우 크다.

중국 고무古巫 역시 프레이저가 언급하는 소리 없이 거만하게 신령이나 자연의 힘을 조종하려는 원시 주술의 속성은 결코 가지고 있지는 않지만, 이는 프레이저가 말한 주술의 범위를 넘어서는 아첨하는 태도로 신령의 강림을 공손하게 청하거나(이는 제사와 부합하는 행위이다) 신령의 요구를 만족시켜서 신령으로 하여금 인류를 돕게 만드는 바로 그것을 의미한다. 구태지는 다음과 같이 말했다. "사람이 음식을 좋아하기 때문에 무당은 푸짐한 희생의 제물로 신을 모신다. 사람이 남녀 사이를 즐기기 때문에 무당은 아름다운 용모로 신에게 아첨한다. 사람이 노래를 좋아하기 때문에 무당은 가무로 신을 즐겁게 한다. 인간의 언어가 풍부하기 때문에 무당은 능란한 말솜씨로 신을 감복하게 한다."[101] 이것은 고무古巫가 신령에게 비위를 맞추려는 태도를 분명하게 설명하고 있다.

또 다른 한편으로 주의를 기울여볼 만한 점은 말리노프스키가 지적한 "주술의 이러한 실용적 기술은 제한적 수단을 가지고 있다. 즉 주문呪文·의식儀式·술사術士로 모든 조건을 준수하여야 하는데 이는 무엇보다도 영원한 주술의 삼위일체이다."[102] 그러나 중국 고무의 주술 행위는 말리노프스키가 강조한 주술의 가장 중요한 조건인 주문이 빠져있다. 비록 후세 문학작품 속에서 민간에 여전히 적지 않은 원생적原生的인 흑백黑白 주술[103]이 하층에서 유행한 것을 볼 수는 있지만, 그 근원이 무엇인지는 여전히 단정할 수 없다. 하지만 우리는 적어도 중국에 문자가 발명된 시대의 '무巫'가 담당한 직무는 이미 제사와 종교의 일부분이며 그 스스로 사제의 한 부류로 되었다고 할 수 있다. 이것은 인류학에서 말하는 일반적인 무사巫師와는 다른 부분이 있다. 이는 문헌 속에 보이는 중국 고무古巫는 이미 초기의 원형적 형태가 아니라 신령이라는 생각이 상당히 발전된 시기에 파생되어 나온 형태이기 때문이다.

그렇다면 개체 형태상에서 중국 고무古巫는 북아시아의 퉁구스 어족과 몽골 어족 문화 속에서 언급된 '샤먼'과 어느 정도 가깝다고 말할 수 있는가? 이것은 바로 장광직張光直, 아서 웨일리(Arthur Waley) 등 학자들의 관점이다.

미르체아 엘리아데(Mircea Eliade)는 그의 명저 『샤먼주의』에서 20세기 초 이후부터 인류학자들은 일종의 습관에 빠졌는데, '샤먼(Shaman)', '의무醫巫(Medicine man)', '술사術士(Sorcerer)'와 '무사巫師(Magician)'를 번갈아 사용하면서 모종의 주술과 종교적 힘을 가진 인물과 모든 원시사회를 묘사하고 있다고 주장하였다. 이 용어들은 인도·이란·중국 고대 종교의 원시적 요소와 같은 문명인의 종교사 연구에서도 파생적으로 운용되고 있다.

엘리아데는 만약 샤먼이라는 용어가 어떠한 무사巫師·술사·의사를 가리킨다면 이것은 개념의 운용을 복잡하게 하거나 샤먼이란 단어가 뜻을 잃어버리도록 만들 수 있다고 지적한다. 왜냐하면 이미 무사·술사 등의 용어가 있기 때문이다. 이로 인해 오도되는 것을 방지하기 위해서는 마땅히 '샤먼'이란 용어의 사용을 한정시켜야 한다. 비록 샤먼이 모든 의사처럼 질병을 치료하거나 모든 무사巫師와 마찬가지로 기적을 연출하고 이외에도 그들은 제사를 지내는 사람이자 시詩를 쓰는 사람이기도 하지만 이러한 것들은 모두 엄격한 의미에서 '샤먼'의 본질이 아니다. 엘리아데는 위험을 무릅쓰고 그 스스로 샤먼 현상에 관한 정의를 제시하였다. "샤먼은 바로 정신이 혼미하게 되어 광적 상태가 되는 기술을 지닌 전문가이다." 그는 또 샤먼은 각지에서 일반적으로 다른 형식의 주술이나 종교와 병존할 수는 있어도 완전히 종교 영역을 점유할 수는 없기 때문에 수많은 부락에서 제사장과 샤먼이 공존하였다고 주장했다.[104]

추포秋浦는 『어원커인들의 원시사회 형태(鄂温克人的原始社會形態)』에서 어원커(중국 소수 민족의 하나) 사람들은 자연 숭배 사상을 가지고 있었으며, 명확한 자연신 관념과 정령 관념을 가지고 있었다고 지적했다. 그는 이렇게 주장했다. "어원커인들의 질병에 대한 이해는 전부 미신의 기초 위에서 이루어진 것이다. 그들은 사람이 병에 걸리는 것이 귀신이 해를 끼친 결과라고 여겼다. 그래서 그들은 바로 샤먼에게 귀신을 내쫓고 몰아내기를 청하는 방식으로 질병을 '치료'하였다."[105] "어원커인들은 자연의 힘에 대해 두려움을 가지고 있었기 때문에 환상과 부정확한 개념이 생겼다. 따라서 자연의 힘과 사람 간에 모순이 발생할 때는 오직 미신적 수단을 통해서만 그것을 해결하고자 하였다. 이렇게 신의 관념과 같은 초자연적 역량이 발생함과 동시에 헌제獻祭·금기禁忌·마법魔法 등 구체적인 숭배형식이 똑같이 출현하였다."[106] "제사를 올리는 목적은 신의 환심을 사서 사람들이 복을 얻을 수 있도록 만드는 것이다. 이와는 반대로 신에 대한 어떠한 모독은 그들이 보기에 모두 신명을 노하게 하여 재앙을 내리게 하는 것이다. 이로 인해 그들의 행위 속에 여러 가지 금기가 정해지게 되었다."[107] 이것은 신령이 존재하는 곳에서 금기가 반드시 프레이저가 말한 것처럼 교감주술의 소극적 운용으로 인해 만들어진 법칙이 아니라는 것을 말한 것이다. 당연히 작자가 고찰한 어원커인들은 이미 외부 세계와 비교적 오랫동안 교류한 역사를 가지고 있는 순수한 원시 부족이 아니었다.

추포의 말에 근거하면, 어원커인들은 이렇게 생각했다. "샤먼은 영물靈物의 대표자이며, 그는 신과 사람 사이를 왕래할 수 있다. 그들에게는 법술의 능력이 있어서, 병자를 위해 귀신을 쫓아내고 사냥꾼을 위해 복을 빌 수 있었다."108 "샤먼의 종교 활동은 주로 병자를 치료하고 신에게 제사를 지내거나 귀신을 쫓아내는 것이다. 흰 순록을 희생으로 삼아 '세벤키(Sewenki)' 신과 '사리' 신에게 제사를 드리고, 아이가 병이 났을 때는 그 영혼이 육체에서 이탈하게 된다고 여겨 두 마리의 순록으로 '유메(Umye)' 신에게 제사를 지내고 초혼招魂 의식을 거행하였다", "사냥꾼이 오랫동안 짐승을 잡지 못했을 때에도 샤먼으로 하여금 신에게 굿을 올려 많은 사냥감을 잡도록 기도해달라고 요청한다."109 추포가 편찬한 『샤먼교 연구(薩滿教研究)』에서 샤먼은 신과 사람 사이의 중개인으로서 그의 직무에는 세 가지 중요한 측면이 있다고 말한다. 첫째, 소재消災(재앙을 없애는 것), 제신祭神(신에게 제사를 지내는 것), 도신跳神(신에게 굿을 올리는 것)이다. 제사를 모시는 신은 천신天神, 조상신 등이다. 둘째, 병자를 위해 신에게 굿을 올리는데, 여러 가지 병의 증상에 따라 서로 다른 신에게 제사를 지낸다. 그들에게 귀신이 말썽을 일으키지 못하도록 하고, 기도문을 올려 해당 신에게 제사를 드리며, 병자에게 너그럽게 용서해 주기를 빈다. 셋째, 풍성한 수확을 위해 신에게 제사를 올린다.110

샤먼이 어떻게 굿을 했는지에 대하여 중국의 인류학자들이 남긴 기록은 아주 적은데, 피지(Fiji)인들의 신내림 기록이 어쩌면 비교될 수 있을 것 같다. "그때에는 모든 사람이 말을 멈추고 쥐 죽은 듯 고요하다. 신무神巫가 깊은 묵상에 빠졌을 때 사람들은 잠시도 그를 주시해서는 안 된다. 몇 분 후 그의 전신이 점차 떨리고 안면이 조금씩 움찔하며 수족이 점차 경련을 일으키는데 마치 발열 환자와 같다. 어떤 때에는 신음이나 오열하는 소리를 내기도 하며, 혈관이 팽창하고 혈액의 순환이 빨라진다. 이때 무당은 이미 접신한 상태로, 이후 말과 행동은 모두 그 자신의 것이 아니라 신이 하는 것이다. 신무의 입에서 때때로 날카로운 울음소리가 나는데…, 이것은 신령이 스스로 도착한 것을 알리는 말이다. 대중들이 묻는 말에 답할 때에는 신무의 안구가 앞으로 튀어나와서 빙빙 돌고 그 음성이 매우 부자연스러우며, 안색은 죽은 듯 새하얗고 입술은 검푸르며 호흡이 가쁜데, 전신의 상태가 마치 실성한 사람 같다. 그 후 온몸이 땀투성이가 되고 눈물이 쏟아져 나오면서 흥분 상태가 점차 가라앉는다. 마지막에는 신무가 소리내어 '나는 떠날 것이다'고 하면서 동시에 갑자기 땅에 쓰러지기도 하고 혹은 지팡이를 땅에 내던지기도 한다. 신무의 흥분 상태는 어느 정도 시간이 지난 후에야 비로소 완전히 사라진다."111 이와 같이 피지에서 신을 부르는 사람 역시 샤먼의 유형에 속하는 것으로 보인다.

장광직은 중국 고문헌 속의 '무巫'는 샤먼(Shaman)으로 번역해야 하며 술사(magician 혹은 wizard)로 번역해서는 안 된다고 주장한다. 장광직은 아서 웨일리의 정의를 인용하였다. "고대 중국에서 귀신에게 제사를 지낼 때 중개하는 사람을 무巫라고 하였다. 문헌의 묘사에 근거하면 그들은 전문적으로 악귀를 쫓고, 예언을 하고, 괘卦를 점치고, 비를 내리고, 꿈을 점쳤다. 어떤 무사巫師는 가무에

능하였기에 경우에 따라 무巫는 춤을 춰서 신을 내려오게 하는 사람으로 해석된다. 그들은 또 주술로 의술을 행하였는데, 술법을 행한 후 그들은 시베리아 샤먼과 마찬가지로 일종의 의술을 저승으로 보내 사신死神을 위로하는 방법을 모색하였다. 중국의 무巫는 시베리아와 퉁구스 지역의 샤먼과 매우 비슷한 기능을 가지고 있다는 것을 알 수 있다. 이 때문에 '무巫'를 샤먼이라고 번역하는 것이 적절하다."112

확실히, 신령 관념에서 고무古巫와 샤먼은 비슷하다. 더욱이 『초어』의 설에 근거하여 말하면 절지천통絶地天通 이전의 무격巫覡은 하늘과 통하고 하늘에 오를 수 있었다. 이 때문에 절지천통 이전의 무격은 샤먼에 가깝다.

그러나 엘리아데 및 다른 학자들의 "샤먼의 신통력은 그 자신을 임의적으로 환각 상태에 진입할 수 있게 하는 것에 있다. …북소리와 춤이 시작되면 그들은 매우 흥분하게 된다. 아울러 야수와 조류 같은 그의 동료들을 자기 옆으로 부르는데, 옆에 있는 사람들에게는 보이지 않는 이런 동물들이 어떤 힘을 보태어 그의 승천을 돕는다"113와 같은 견해를 고려해보면, 퉁구스어에서 '샤먼'의 본래 뜻은 미친 사람(狂人)이다. 당연히 샤먼의 주된 특징으로서의 광적 상태와 그 상태에 이르는 기술은 삼대 시기의 고무古巫에 대한 문헌 기록에는 보이지 않는다.

'절지천통' 이후 삼대의 고무古巫에게는 확실히 동물이나 높은 산의 도움을 받아 하늘에 올라서 하늘과 통하려고 하지 않았다. 『초어』의 전설은 바로 이러한 사실을 반영한다. 즉 하늘에 올라서 하늘과 통하는 것은 이미 고무의 직무 바깥으로 배제되어 있다. 이는 모두 문헌에 기록된 고무에 관한 활동이 원시 주술이 아니라 원시 주술로부터 출발하여 문화 초기의 이성화 발전 과정과 문화적 발전의 진일보한 상황에서 새로운 발전 단계의 문화체계의 제약과 영향을 받은 또 다른 부차적이고 특수한 형태라는 것을 설명한다. 물론 이것은 결코 중국고대에 '무巫' 이외에 다른 술사나 교감주술이 없었다는 것을 의미하는 것은 아니다. 또한 후대 다민족 융합의 역사 속에서 여러 북방민족들이 그들의 원시문화 요소를 중원문화에 유입시킨 것이나 근고시대近古時代114 민간 사회 주술의 존재를 무시하는 것도 아니다. 다만 강조하고자 하는 것은 바로 우리가 중국문화의 변천사를 회고할 때는 문헌으로부터 출발하여 중국문화의 발전을 무관문화巫官文化 혹은 무격문화巫覡文化의 시기까지 거슬러 올라가야 하며, 삼대 고무古巫와 일반적으로 말하는 무사 및 샤먼의 차이를 이해하여야 한다는 것이다. 이를 통해 중국의 전前 축심시대 문화의 발전 수준을 파악해야 한다.

5. 무축巫祝과 무사巫史

『설문해자』에는 "무巫는 축祝이다(巫, 祝也)"라고 되어 있다. 선진 문헌에서 '무'와 '축'은 항상 혼용되었다. '무축'의 뜻과 같은 '무사巫史', '축사祝史'의 혼용도 아주 많다. '축'을 무로 해석하는 것은 제사문화의 체계 속에서 무를 설명한 것이다. 왜냐하면 "축은 제사를 주관하고 축문을 읽는 자(祭主贊詞者)"이기 때문이다. 축은 분명히 제사 예식 가운데 축도祝禱를 하는 직책을 담당하는 사람 혹은 관원이었다. 그러므로 이러한 해석 속에서 무는 이미 제사화祭祀化되어 있다.

『의례儀禮』「사상례士喪禮」에서는 "상축商祝은 제복祭服을 시상尸床에 놓아두고 단의褖衣를 다음에 놓아둔다"[115]고 말하고 "하축夏祝은 반함飯含하고 남은 쌀로 죽을 끓인다(夏祝鬻余飯)"고도 말한다. 주석가들은 하나라의 축과 상나라의 축은 사실은 모두 주나라의 축祝이라고 말한다. "하나라의 상례를 익힌 자를 일러 하축夏祝이라 하고 상나라의 상례를 익힌 자를 일러 상축商祝이라고 한다."[116] 『예기禮記』「악기樂記」에서도 "종축宗祝은 종묘의 예의를 상세히 알고 있으므로 시동 뒤에 자리한다. 상축은 상례를 상세히 알고 있으므로 주인의 뒤에 자리한다"[117]라고 말한다. 손희단孫希旦은 이렇게 주注를 달았다. "사상례에는 상축과 하축이 있다. 습襲, 염殮은 모두 상축에게 담당하도록 하고, 전奠을 설치하는 것은 모두 하축에게 담당하도록 했다. 상축과 하축은 모두 주례의 상축喪祝이며 상례商禮를 익힌 자는 상축이고 하례夏禮를 익힌 자는 하축이다."[118] 이러한 설명에 비추어보면 하나라와 상나라의 상례喪禮는 주나라로 전해졌다.

주대의 관직 체제에서는 축의 직능을 명문으로 규정하고 있다. 『주례』「춘관春官」에는 대축大祝에 대한 기록이 있다.

> 대축은 육축六祝의 말(辭)을 관장한다. 인귀人鬼와 천신天神과 지기地祇를 섬겨 복을 빌고 영정永貞(영원토록 길하고 바른 것)을 구한다. 여섯 축에는 순축順祝(풍년을 기원하는 축), 연축年祝(해마다 길함을 기원하는 축), 길축吉祝(다복을 기원하는 축), 화축化祝(나쁜 일이 좋은 일로 바뀌기를 기원하는 축), 서축瑞祝(때맞춰 내리는 비를 맞이하고 태풍과 가뭄을 안정시키는 축), 책축筴祝(범죄를 멀리하고 질병과 재난이 없기를 기원하는 축) 등이 있다. 여섯 가지 기원하는 제사를 담당하여 인귀와 천신과 지기를 조화롭게 만든다. 여섯 가지 제사는 유類, 조造, 회禬(역병을 물리치기를 바라며 올리는 제사), 영禜(자연재해를 물러가길 바라며 올리는 제사), 공攻, 열說 등이 있다.(類·造는 기록이 남아있지 않아 어떤 종류의 제사인지 알 수 없으며, 攻·說은 재앙을 물리치고 역귀를 책망하는 제사로 추정되나 역시 상세하게 파악할 수 없다)119

주注에서는 정사농鄭司農의 말을 인용하여 이렇게 말한다. "순축은 풍년을 바라는 것이다. 연축은 영정永貞을 구하는 자이다. 길축은 복을 비는 것이다. 화축은 재앙과 전쟁을 그치도록 비는 사람이다. 서축은 때맞춰 오는 비를 맞이하고 태풍과 가뭄을 안정시키는 것이다. 책축은 범죄와 질병을 멀리하는 것을 담당한다."120 손이양孫詒讓은 주해하는 과정에서 『대대예기大戴禮記』「천승千乘」의 "일日, 역歷, 무巫, 축祝은 자신의 기술을 가지고 관직을 지킨다. 왕의 명을 기다려서 직무를 행하고, 왕의 영정永貞을 기도하고, 백성들의 풍년을 기도하며, 가축과 곡식, 금수, 산림 초목을 위하여 기도한다"121 라는 구절을 인용하여 위 구절을 설명한다. 그가 보기에 주대의 무와 축은 본질적으로 차이가 없었다. 유類, 조造 등의 여섯 가지 명칭은 모두 제사의 이름이다. 이 외에도 여섯 가지 기도사가 있었으며, 여섯 가지 호칭을 구분하여 나누었다. 대축의 직책에 대해 다시 이렇게 말한다.

> 무릇 대연사大禋祀(천신에게 드리는 제사)나 사향肆享(종묘 제사)이나 제시祭示(지기에게 지내는 제사) 때에는 명수明水와 명화明火를 붙잡고 명호名號를 고지하고 신에게 축고祝告를 행한다. 제사에서 희생의 피를 올리거나 희생을 맞이하거나 시동을 맞이할 때에는 종고를 울리도록 명한다. 시동에게 음식을 권할 때도 이와 같이 한다. 고瞽를 오게 하여 고무皐舞를 추도록 명령하고 시동이 들고 나며 앉고 서는 예를 돕는다. 제사가 끝나면 철수를 명령한다. 대상大喪에서는 왕이 막 붕어하면 울창주를 사용하여 시신을 목욕시키고 반합의 예를 돕고 대렴이나 소렴을 보좌하며 전奠을 철수시킨다. 전인甸人에게 말하여 적전藉田[122]에 기원하는 기도문을 읽도록 하고, 부제祔祭, 소상제小祥祭, 대상제大祥祭와 같은 국사를 관장한다. 나라에 큰 변고나 천재가 있으면 사직에 두루 제사하는데, 재난이 닥치면 물러가기를 기도(禱)하고 물러나면 다시 보답의 제사(祠)를 드린다. 크게 군사를 동원할 때에는 사社에서 의제宜祭를 올리고 선조에게 조제造祭를 올리며, 진중에 군사軍社를 설치하고, 상제에게 유제類祭를 올린다. 국가에 사방의 명산대천名山大川에 제사를 지내려 하거나 정벌 나간 군사가 돌아와 전리품을 사社에 올릴 때에는 대축이 앞에 서서 고한다.[123]

이것은 대축의 직책과 기능이 국가 제사 의전에 참여하여 집행하는 과정에서 제전祭典의 여러 절차를 주관하고, 왕실의 상례 가운데 예의禮義의 몇몇 부분을 관장하며, 여섯 가지 제사(六祈)를 주관하고, 여섯 가지 기도 의식(六祝)의 기도사를 관리하는 것임을 나타낸다. 그리고 모든 목적은 하나같이 귀신에 대한 제사와 축원을 통해 복을 구하고 풍년을 기원하며 재앙을 없애고 질병을 멀리하는 것에 있다.

춘관 가운데 또한 소축小祝이 있는데, 그 직책에 대해 이렇게 말한다.

> 소축은 소제사小祭祀에서는 후제侯祭(복상福祥을 기원하는 제사)·양제禳祭(불길함을 물리치는 제사)·도제禱祭(재해가 물러가길 기원하는 제사)·사제祠祭(재해가 물러간 것에 보답하는 제사)의 축사와 명호를 관장하여 복과 상서를 기원하고, 풍년을 오길 바라며, 제때에 비를 맞이하고, 태풍과 가뭄을 안정시키며, 재앙이나 전쟁을 그치게 하고, 범죄와 질병을 멀리한다. 대제사大祭祀에서는 소종백이 제기에 가득 담긴 육곡을 맞이하는 것을 돕고, 시동을 보내고 맞이하며, 시동을 깨끗하게 씻도록 물을 대주고, 시동의 제사를 도우며, 상을 거두고 전奠(고인에게 음식물을 올리는 것)을 올리는 일을 돕는다. 모든 일에서 대축을 보좌한다. 대상大喪에서는 대축이 시체를 목욕시키는 일을 돕고, 시신 옆에 볶은 음식을 진열하고 명정銘旌을 설치한다. 장례날에 도중제道中祭에서 전奠을 준비하고 나누어서 오사五祀에게 기도를 올린다. 왕이 대군을 이끌고 친정하면 북에 희생의 피를 칠하는 것과 기도, 제사의 명호와 축고를 관장하며, 도적이나 외적의 침입이 있으면 사교四郊의 제사와 사단社壇을 보호한다. 모든 내외의 소제사나 소상례나 소회동小會同이나 소군려小軍旅 등에서는 소축이 모든 일을 관장한다.[124]

소축의 직무는 대축을 보좌하는 것으로, 정부의 여러 가지 제사 의전의 조작과 집행에 참여하고, 상례喪禮와 사례師禮에서 특정 부분의 의식을 전문적으로 담당한다. 그 외에 독자적으로 몇몇 작은 제사들을 담당한다.

『주례』「천관天官」에는 여축女祝에 관한 기록도 있다.

> 여축은 왕후의 내제사內祭祀를 관장하는데, 대체로 나쁜 일이 물러나길 기원하는 일(禱)과 나쁜 일이 물러나면 보답하는 일(祠)을 한다.[125]

주注에서는 "내제사는 육궁六宮(고대 중국의 궁중에 있었던 황후의 궁전과 부인 이하의 다섯 궁실)의 조신灶神·문신門神·호신戶神에게 드리는 제사이다. 도禱는 질병을 낫도록 하는 것이다. 사祠는 내려온 복에 보답하는 것이다"[126]라고 하며, 또 "때때로 복을 부르고(招), 재앙을 막고(梗), 역질이 오지 않게 굿하고(禬), 역질이 성행하면 번지지 말고 물러가게 하는(禳) 일을 담당하여 질병과 재앙을 제거한다"[127]고 하였다. 만약 대축大祝의 주요 직무가 제사와 기도를 통해 복을 구하는 적극적인 것이라고 하면 여축女祝의 직무는 굿을 함으로써 질병과 재앙을 쫓는 소극적인 것이다.

『예기禮記』「단궁檀弓」에는 이러한 기록이 있다.

> 임금이 신하의 상례에 임할 때에는 무축巫祝으로 하여금 복숭아로 만든 지팡이와(桃)와 갈대(茢)로 만든 비를 들게 하고 소신들에게 창을 잡게 하는데, 이는 불길한 기운을 쓸어내고 임금을 보호하며 흉악한 기운을 억제하기 위한 것이므로, 죽은 자와 산 자를 다르게 취급하는 것이다.[128]

이것은 무축巫祝을 함께 연결하여 나누고 있지 않은 사례이다. 축祝은 당시에 무巫의 일을 행하였다. 『좌전』에는 이렇게 기록되어 있다. "임금이 군대를 거느려 출정할 때에는 토지신에게 굿을 올리고 북에 희생의 피를 바르며, 축이 신주를 받들고 따르면 이에 국경을 나섭니다."[129] 불祓(굿을 하는 것)과 흔釁(희생의 피를 바르는 것)은 모두 제례祭禮 속의 무술巫術 성분이다. 이것은 무와 축이 당시 확실히 서로 연결되는 점이 있음을 나타낸다.

『주례정의周禮正義』에는 「천관天官」의 서관敍官에 대해 손이양이 부연한 말이 있다. "옛날에 무축은 모두 세속의 일을 담당했는데, 그렇다면 여축女祝은 아마도 축관祝官의 집안의 부녀자로 보아야 할 것 같고 여무女巫도 대략 비슷한 것 같다."[130] 이 또한 손이양은 주대의 무와 축이 이미 아주 가까운 것이었다는 것을 드러내는 것이라고 보았다. 이상에서 볼 수 있듯이 『주례』에 기록된 축관은 제사 및 굿과 관계가 없을 수 없고, 축의 특징은 기도사를 제작하고 주관하며 이를 암송하는 것에 있다. 여섯 축(六祝)의 축사는 당연히 왕후王侯가 제사를 지낼 때에 축관이 기도로 고하는 말을 대행하는 것이었다. 예를 들어 『상서尙書』「금등金縢」 속에서는 주공이 조상에게 고할 때 사관들이 지은 책으로 기원(祝)하였다.

이제 상주시대商周時代의 '축종복사祝宗卜史'에 대해 간략히 논해 보도록 하자. 『좌전』「정공4년定公四年」에 다음과 같은 기록이 있다.

> 노공魯公에게 대로大路와 대기大旂, 하후씨의 황옥璜玉, 봉보封父(옛 제후의 이름)의 번약繁弱(대궁의 이름), 은나라의 여섯 씨족인 조씨條氏와 서씨徐氏, 소씨蕭氏, 삭씨索氏, 장작씨長勺氏, 미작씨尾勺氏를 나누어 주어, 그들로 하여금 그 종족을 거느리게 하고 그 흩어진 부족을 모으며 노예를 거느리게 하여 주공周公의 법제를 따르게 하니, 이로 인해 주나라 조정에 가서 명을 따랐습니다. 이는 노공으로 하여금 노나라를 위해 직무를 행하게 하여 주공의 명덕明德을 밝히게 한 것입니다. 노나라에

토지와 부용국附庸國(큰 나라에 딸려 지배를 받는 작은 나라), 축종복사祝宗卜史가 사용할 기물과 전적 · 간책簡冊을 나누어주어….131

최근 선진문화先秦文化의 연구에서는 '사관문화史官文化' 개념을 매우 중시한다. 또 어떤 학자는 제자백가 학술의 근원을 사관문화까지 거슬러 올라간다. 그러나 응당 지적해야 할 것은 은상殷商과 서주西周의 '사史'와 축종복무祝宗卜巫는 직무상에서 종종 호환되어 결코 분명히 나눌 수 없다는 점이다. 제후국에서는 더욱 이러했다.

'사史'는 넓고 좁음에 따라 서로 다른 의미가 있다. 진몽가陳夢家의 『은허의 복사에 대한 총론(殷墟卜辭綜述)』에는 상은商殷시기 사관의 부류에 속하는 관직으로 윤尹, 다윤多尹(그 속에 사보師保의 윤尹과 책명冊命의 윤尹이 있다), 사책乍冊, 복卜, 다복多卜, 공工, 다공多工, 사史, 북사北史, 경사卿史 등이 있다고 열거하였다. 그 중 윤尹과 사책乍(作)冊은 책명冊命(왕이 내린 명령)을 주관하는 관원이고, 복卜은 점복占卜을 하는 관원이며, 공工은 백공百公 혹은 악공樂工이다. 진몽가는 "사史 · 경사卿史 · 어사御史들은 모두 제사의 일을 주관한 것 같다"132고 주장하였다. 그러므로 서주와 춘추의 문헌에서 보이는 사축史祝 · 사무史巫 · 사관史官들이 점복을 쳤던 수많은 사례들은 전혀 이상한 것이 아니다. 이것은 '사史'관은 가장 초기에는 신을 모시는 성직聖職의 성격을 지닌 관직이며 후대 왕조에서 한 단계 분화되어 축종복사祝宗卜史가 되었다는 것을 나타낸다. 하지만 제후국에서 사史는 종종 여러 가지 신을 모시는 직무(神職)를 담당하였다.

왕국유王國維는 「사史의 해석(釋史)」이라는 논문에서 『설문해자』의 "사史는 일을 기록하는 자이다(史, 記事者也)"라는 구절을 인용하여 "문서를 관장하는 자를 일러 사史라고 한다. 이 글자는 우又와 중中

에서 나왔다. 우又라는 것은 일을 돕는다는 것으로 장부나 문서를 손에 쥐고 있는 것이다"133라고 생각했다. 또 「금등金縢」의 "사史가 이에 책명하였다(史乃冊命)", 「낙고洛誥」의 "왕이 책을 지으라고 명하였다(王命作冊)", 「고명顧命」의 "태사는 책을 집어들었다(太史秉書)", 『주례周禮』의 "태사는 국가의 육전六典을 짓고 관장한다(太史掌建邦之六典)"라는 구절들을 인용하여 사史라는 글자가 출현하는 곳에서 그 의미를 문서를 주관한다는 사실에서 취하였으며 이는 모두 사史가 서書를 담당하는 관직이라는 뜻으로 보았다.134 그러나 이것은 좁은 의미에서의 사史이지 결코 상주商周 초기에 나타나는 넓은 의미에서의 사史가 아니다.

『초어』에서 관야보가 소왕昭王의 물음에 답하는 가운데 "집집마다 무사를 두었다(家爲巫史)"라는 말이 있다. 분명히 여기에서 '사史'는 무축巫祝과 같은 부류인 신을 섬기는 사람을 가리킨다. 엄밀히 말해 여기에서 '사史'는 '축祝'에 더욱 가까우며, 향제享祭를 주관하는 자를 가리킨다. 그러나 무巫 역시 삼대에서는 축祝이었다. 그래서 진몽가는 더욱 단호하게 "축이 곧 무이므로 '축사祝史', '무사巫史'는 모두 무巫이며, 사史 또한 무巫이다"135라고 보았다. 그는 또 이렇게 주장하였다. "복사卜辭에서 복卜·사史·축祝 삼자는 권리와 직분이 혼합되어 있다. 복사卜史는 풍우風雨와 길흉을 예측하고 또한 왕을 위해 꿈을 점친다. 그 일은 모두 무巫의 일이면서 모두 사史에 의해 관장된다."136 진몽가는 무巫에서 사史까지는 왕의 행정관이 되기 때문에 무巫는 통치자의 가장 이른 형태가 된다고 생각했으며,137 후대에 옛 무사巫史의 직무가 전문적인 관직으로 분화된다고 보았다. 예를 들면 태복大卜·점인占人·서인筮人은 점복을 담당하고, 점몽占夢은 꿈을 점치며, 대축大祝은 기원하는 일을 담당하고, 남무와 여무는 굿을 담당하며, 방상씨方相氏는 전문적으로 귀신을 쫓아내는 일을 하고, 대사大史와 소사小史는 문서를 담당하였다.

주대의 관제官制를 연구한 학자들은 번생궤番生簋, 모공정毛公鼎의 명문과 같은 주대의 금문金文에 근거하여 주나라 왕이 정무 처리를 도운 두 개의 부서인 '경사료卿事寮'와 '태사료太史寮'가 있었다고 주장하는데, 어떤 학자는 곧이곧대로 '양료집정兩寮執政'[138]이라고 불렀다. 태사료는 주로 태사와 그에게 부속된 벼슬아치들로 조직되어 있으며, 태사는 사관의 수장임과 동시에 태축大祝과 태복大卜 등의 직무를 포괄한다. 이 외에 '재宰'의 하솔들로 사史가 있었고, 제후들도 사史가 있었다. 태사太史와 '태사료太史寮'라는 명칭은 이미 은허 복사卜辭에 보인다. 은대와 가까운 서주시기의 태사는 '일종의 신직神職과 인사人事를 겸하는 관직'이었다.[139] 즉 한편으로는 국가의 전장典章에 관한 문서를 관장하고, 다른 한편으로는 제사·천상天象·역법曆法을 담당했다. 태사 아래의 '사史'는 일을 기록하는 관리였으며, 초기 사관史官의 기록은 아마도 모두 점복占卜과 관련이 있을 것이다.

이후에 국가의 사무가 확대됨에 따라 인사人事에 관한 기록이 점점 더 중요한 지위를 점하게 된다. 『예기』「옥조玉藻」에 "거동하면 좌사左史가 기록하고, 말을 하면 우사右史가 기록하였다"[140]는 구절은 좌사가 왕후王侯의 행동을 기록하고 우사가 왕후의 언사를 기록했다는 것을 가리킨다. 서주의 사관활동은 두 가지 특색이 있다. 첫째, 사관의 책명冊命과 문고文告(공문서를 발함)에 관한 직무가 인人과 신神의 두 가지 측면을 겸하고 있다. 왕을 대신해서 공문서를 낭독하여 명을 내리고, 왕을 대신해서 점을 치고 제사를 지낼 때

책명으로 고한다. 둘째, 종교 활동에 참여하는 것이다. 예를 들면 『일주서逸周書』에 사관 일逸이 왕을 대신해서 황천皇天과 후토后土에게 책명을 올렸다는 기록이 있다.

축복祝卜과 같은 부류의 관직으로 금문金文에 대축大祝이 있다. 그러나 그 지위는 『주례』에 언급된 대축보다 높다. 금문에는 또 사복司卜이 있는데, 『주례』의 대복大卜에 해당하는 것으로 보인다. 종宗은 『주례』「춘관」에 대종백大宗伯이 있지만 금문에서는 발견되지 않았다. 그러나 이것은 결코 서주시기에 이 관직이 없었다는 것을 증명하지 못하며, 『국어』와 『좌전』에 모두 '종宗'이 있다.

서주의 관직을 총괄해보면 사관의 직무는 주로 제사·전의典儀·책고冊告, 기사記事를 담당하는 것이었다. 그러나 종백宗伯은 총괄자로서 신을 섬기는 관직(神職)의 최고 관원이었다. 춘추 시기에 신에 관한 일은 사관의 직무에서 여전히 매우 중요한 것이었다. 예를 들어 『좌전』에 위사衛史의 다음과 같은 말이 실려 있다. "우리는 태사이며, 실제로 그 제사를 담당하고 있습니다."141

'사史'는 동시에 신을 섬기는 관직(神職)의 구성원이기 때문에 문헌 가운데 '사무史巫', '사축史祝', '축사祝史'로 연결하여 사용하는 경우가 아주 많다. 예를 들면 '축사祝史'에 관하여 『좌전』에 몇 가지 용례가 있다.

> 축사祝史가 교만하게 제사를 지냈다.142
>
> 축사祝史는 귀신에게 참된 것만을 말하였다.143
>
> 일식이 있었는데, 축사祝史가 제사에 쓰일 비단을 청하였다.144

교인郊人(교郊의 내부에 있는 향鄕의 장관)이 축사祝史를 도와 도성의 북쪽 땅을 정리하여 제단을 세우고, 현명玄冥(물의 신)과 회록回祿(불의 신)에게 제사를 지내며, 사방의 성에서 기도하였다.[145]

지금 임금께서 병이 위중하시어 제후들의 근심이 되고 있으니, 이는 축사祝史의 죄입니다. 제후들은 이런 사정을 알지 못하고 우리가 귀신을 공경하지 않아서라고 여길 것이니, 임금께서는 어찌 축관 고固와 사관 은嚚을 죽여 빈객들에게 해명하지 않으십니까?[146]

그 분(범무자范武子)의 집안일은 잘 다스려졌고, 진나라에서 말을 할 때에는 마음을 다하고 사심이 없었으며, 그의 축사祝史가 제사를 지낼 때는 진실을 다 말하여 부끄러움이 없었고, 그 집안일에는 의심하는 일이 없었기에 그의 축사祝史가 귀신에게 기구하는 일이 없었다.[147]

나라 안팎의 일에 소홀함이 없어서 아래위로 원망이 없고 행동함에 사리事理를 어김이 없으면 축사祝史가 귀신에게 진실을 고하여도 부끄러운 마음이 없을 것입니다. 그런 까닭에 귀신이 제사를 흠향하여 나라가 그 복을 받고, 축사 또한 그 일에 참여하는 것입니다.[148]

위의 예문들은 『좌전』 속의 축사祝史가 모두 제사를 지내는 관직임을 분명히 설명한다. 또 예를 들어 소공 26년에 제후齊侯가 축사로 하여금 혜성의 출현에 대해 양제禳祭를 지내도록 하였는데, 이에 대해 안자晏子는 "축사를 시켜 제사는 지내는 것만으로는 보완할 수 없습니다(祝史之爲, 無能補也)"라고 말하였다. 『예기』에는 다음과 같은 사례가 있다.

태재大宰가 축사祝史에게 명하여 오사五祀와 산천山川에 세자의 이름

을 두루 고하게 한다.[149]

예禮가 존귀한 것은 그것이 지닌 의義를 존귀하게 여겨서이다. 그 의義를 잃은 채 그 수數만 진설하는 것이 축사祝史가 하는 일이다.[150]

사史는 제사 외에도 천문・책력・복서卜筮를 담당하였다. 「교특생郊特牲」에서 말하는 '그 수를 진설하는 것(陳其數)'이란 바로 천문・책력・복서卜筮를 가리켜 말한 것이다. 『좌전』과 『국어』에는 사史가 점복占卜을 친 사례가 아주 많은데, 아래에 몇 가지 예를 들어보자.

주나라의 사관史官이 『주역周易』을 가지고 진후陳侯를 뵈러온 적이 있었는데, 진후가 그로 하여금 서점筮占을 치게 하였다.[151]

당초 진헌공晉獻公이 진秦나라에 백희를 신부로 맞아드릴 때 서점을 쳤는데, …사관史官 소蘇가 그 점괘를 풀었다.[152]

주문공邾文公이 역繹땅에서 천도遷都하는 것에 대하여 복점卜占을 쳤다. 사관史官이 말하기를 "백성들에게는 이로우나 임금께는 이롭지 못합니다"라고 하였다.[153]

진려공晉厲公이 서점을 쳤는데, 사관史官이 길吉하다고 말하였다.[154]

진晉나라 조앙趙鞅이 정鄭나라를 구원하는 일로 복점卜占을 쳤는데, 물이 불로 가는 괘를 얻어 사조史趙와 사묵史墨, 사귀史龜에게 점괘를 풀도록 하였다.[155]

헌공獻公이 여융驪戎을 정벌하는 일로 복점을 치게 하자 사관史官 소

蘇가 그것을 점쳤다.156

괵공虢公이 묘에서 꿈을 꾸었는데, …사관史官 은嚚을 불러 몽점을 풀이하게 하였다.157

서사筮史가 (공자公子 중이重耳가 친 서점의) 점괘를 풀이하고, 모두 불길하다고 하였다.158

『의례儀禮』「소뢰궤식례小牢饋食禮」에는 "사史는 점대(筮)와 점괘(卦)를 겸하여 집어든다(史兼執筮與卦)"라는 구절이 있다. 『예기禮記』「월령月令」에도 "태사大史에게 명하여 희생의 피를 거북껍질과 시초에 발라 점을 치는데, 복점의 징조를 보고 점괘를 살펴보아 길흉을 관찰하게 한다"159라는 말이 있다. 태사는 점복占卜을 담당하였다. 이 또한 사史와 복卜이 서로 연결되며, 사史와 복卜이 나누어질 수 없는 것임을 증명한다. 이것은 진晋나라에서 특히 더 두드러졌던 것 같다. 그러므로 손이양孫詒讓은 "복서卜筮를 관장하는 관리를 통틀어 사史라고 한다(卜筮官通謂之史)"라고 하였다.

'축祝'과 '종宗'을 연결하여 사용한 경우 또한 적지 않다. 『좌전』에 다음과 같은 기록이 있다.

진나라 범문자范文子가 언릉鄢陵에서 돌아와 축종으로 하여금 자기가 죽도록 빌게 하였다.160

축종祝宗에게 말(馬)을 사용하여 사방의 성에서 제사지내게 하였다.161

위헌공衛獻公이 축종祝宗으로 하여금 조상신에게 도망한 것을 고하게

하였다.[162]

소자가 침실에서 재계齋戒하고 축종祝宗으로 하여금 자기가 죽도록 빌게 하였다.[163]

이 사례들 속의 축종祝宗들은 모두 '기도(祈)'를 주된 직무로 삼았다. 『국어』에서는 종축宗祝이라는 표현을 많이 쓴다.

공사工史(고사관瞽師官과 태사太史)는 세차歲次(간지에 따른 해의 차례)를 기록하여 밝히고, 종축宗祝은 소목昭穆의 예禮와 위位를 기록하여 밝힙니다.[164]

제사와 기도를 주관하는 종축宗祝을 경건히 따르고 복을 구하는 축문을 읊조려서 그 선조에게 밝게 제사를 지냅니다.[165]

아래에서는 다시 종합적으로 이러한 축사祝史와 복무卜巫의 직능이 서로 가깝다는 사례를 들어보았다.

신명神明이 신莘땅에서 여섯 달을 머물렀다. 괵공虢公이 태축太祝 응應·종백宗伯 구區·태사太史 은嚚에게 제사를 드리게 했다.[166]

과군寡君(저희 임금)의 병이 위중해지자 복인卜人이 '실침實沈(고신씨高辛氏의 아들, 삼수參宿의 신)과 대태臺駘(소호少皞의 후예, 분수汾水의 신)가 해를 끼치고 있습니다'라고 하였는데, 태사太史가 그들이 누군지를 모릅니다.[167]

이 또한 분명히 축祝·종宗·사史 모두 제사를 주관하였음을 나타낸다. 그리고 사史가 무의巫醫와도 관련된다는 것을 드러낸다.

『주역』의 《손괘巽卦》 구이九二의 효사에는 "사무를 씀이 많으면(성의를 표하는 것이 많으면) 길하고 무구하리라(用史巫紛若, 吉, 無咎)"라고 되어 있다. 새롭게 출토된 백서帛書 마왕퇴馬王堆 『역전易傳』의 「요要」편168에서는 다음과 같이 공자의 말을 기재하고 있다.

나는 축복祝卜을 뒤로 한다.169

나는 사무史巫와 길은 같으나 돌아가는 곳이 다르다.170

축무祝巫의 복서卜筮는 그 다음이 아니겠는가?171

『사기』「골계열전滑稽列傳」에는 서문표西門豹의 위나라 업군鄴郡에서 발생한 사건이 실려 있다. "업의 삼로三老(관직명)와 아전이 해마다 백성에게 돈을 수백만 전 거두어갑니다. 그 가운데 20-30만 전을 써서 하백河伯에게 아내를 바치게 하고, 그 나머지 돈은 축무祝巫와 함께 가지고 돌아갑니다."172 이는 당시 기층 사회의 축무祝巫 또한 주로 제사를 자신들의 일로 삼았다는 것을 보여주고 있다.

전체적으로 말하자면 상술한 내용들은 주로 상주商周의 '무巫'가 이미 제사화祭祀化되었다는 것이다. 그들은 더 이상 인류학에서 말하는 무사巫師가 아니며, 더 이상 용산문화龍山文化 이전의 절지천통絶地天通이 되지 않은 시기의 무격巫覡이 아니었다. 그들은 이미 상주시대 제사체계 속 사제 계층의 일부분이 되었다. 『사기』「봉선서封禪書」의 기록은 이 점에 대해 더욱 상세하게 말하고 있다.

한漢이 흥기하였다. …축관에게 장안長安에 치우의 사당을 건립하라고 명하니, 장안에 사축관祠祝官과 여무女巫 제도를 설치하였다. 그 가운데 양무梁巫는 천天·지地·천사天社·천수天水·방중房中·당상堂上 부류의 신령에 대한 제사를 담당하고, 진무晋巫는 오제五帝·동군東君·운중군雲中君·사명司命·무사巫社·무사巫祠·족인族人·선취先炊 부류의 제사를 담당하며, 진무秦巫는 사주社主·무보巫保·족루族纍 부류의 제사를 담당하고, 형무荊巫는 당하堂下·무선巫先·사령司命·시미施糜 부류의 제사를 담당하였다. 구천무九天巫와 사구천祠九天는 모두 세시歲時에 궁중에서 제사지냈다. 그 가운데 하무河巫는 임진臨晋에서 하河에게 제사를 올리고, 남산무男山巫는 남산에서 제사를 지냈다.173

분명한 것은 진한秦漢 시기의 관에 설치된 무巫는 신에게 제사를 지내는 것을 주관하는 관원이었다. 그러므로 『집해集解』에서는 문영文穎이 말한 "무巫는 신神의 순서(位次)를 담당하던 자이다(巫, 掌神之位次者也)"라는 구절을 인용하였다. 이것은 적어도 동주시기의 모습과 크게 다르지 않다.

이제 본 장의 소결을 내리고자 한다. 고대의 사료와 인류학의 이론으로 봤을 때, 삼황오제 시대의 무격은 일반적으로 미개하던 사회의 주술·무사巫師와는 서로 다르며, 천지天地·인신人神을 소통시키는 샤먼에 더 가깝다. 그러나 상주商周의 고무古巫는 비록 상고시대 무격의 흔적을 가지고 있지만 이미 제사문화祭祀文化 체계 속의 사제 계층으로 바뀌었고 그 직무 또한 주로 신령에게 기도와 제사를 올리는 것이었다.

본문을 통해 볼 수 있었듯이 문헌에 기록된 고무古巫의 특성과 인류학자가 미개사회를 연구하며 이해한 주술은 차이점이 있다. 이러한 차이점은 주로 양자 사이의 한 가지 큰 차이에서 근원하는데, 그것은 바로 중국의 고무는 파생 형태이지만 인류학자가 오스트레일리아 등지에서 목격한 것은 최초의 원본적 형태라는 점이다. 중국의 고무에 관한 기록은 문자 발생 이후이며, 이 시기 중국문화는 이미 원시 발전의 매우 긴 과정을 겪었다. 신령의 관념은 훨씬 예전에 출현하였으며, 신령에게 제사를 올려 아첨을 하는 행위는 이미 문화와 종교의 중요 형태가 되어 있었다. 원시부락의 공공公共의 무사巫師는 이미 제사문화 구조 속의 어떤 하나의 역할로 전환되어 있었다.

다른 한편으로 원형적 주술은 민간과 소전통小傳統 속에 여전히 존재하였지만 문화 전체 속에서의 무巫 문화의 지위는 쇠락하였다. 『좌전』의 '축종복사祝宗卜史'에 대한 설명은 무巫가 이미 축祝으로 바뀌었고, 전통적인 무가 정치와 종교의 체제 바깥으로 배제되었다는 것을 암시한다. 비록 무巫가 왕조 및 다른 지역의 제후국에서 담당하는 역할과 직무는 차이점이 있으며, 상층문화 속에서 수시로 주술활동의 흔적을 볼 수는 있지만, 전체적으로 보면 무巫의 주술활동은 이미 상층문화에서 하층과 민간으로 끊임없이 움츠러들고 축소된다.[174] 그리고 축종복사의 지위는 문화이성화의 발전에 따라 쇠락하기 시작하는데 이 거대한 추세는 매우 뚜렷하다.

춘추전국에는 또 공자로부터 순자에 이르기까지의 유가의 무사巫史를 배척하는 상황을 볼 수 있다. 사마천은 『보임안서報任安書』[175]에서 탄식하며 "(우리 선조께서는) 문헌 · 사료 · 천문 · 역법의 일을 관장하는 관원이셨지만 그 지위가 복축卜祝에 가까웠습니다. 주상主上께서 희롱하시며 광대들이 기르는 것으로 여기셨고, 세속에서도 가볍게 여겼습니다"[176]라고 말하였는데, 이는 축복祝卜이 엘리트문화를 대표할 수 없었으며 대전통大傳統에서 소전통小傳統으로 점차 퇴

보했다는 것을 분명하게 보여준다.

이것은 모두 대전통과 소전통의 분리에서부터 점진적으로 발전되어 나온 것이다. 대전통과 소전통의 분리는 바로 절지천통에서 시작되었다고 말할 수 있다. 절지천통은 결코 개인의 무술을 금하거나 단절시키지 않았다. 그것은 단지 대중의 무술이 통치계급에 의해 장악되었음을 나타낸다. 그리고 대전통과 소전통은 이로부터 차츰차츰 분리되었다.

미주

1 Bronislaw Malinowski,『文化論』, 中國民間文藝出版社, 1987, p.51,『巫術科學宗教與神話』, 中國民間文藝出版社, 1986, p.53

2 宋兆麟,『巫與巫術』, 四川民族出版社, 1989. pp.2-3

3『書經』「呂刑」: 若古有訓, 蚩尤惟始作亂, 延及於平民, 罔不寇賊, 鴟義奸宄, 奪攘矯虔. 苗民弗用靈, 制以刑, 惟作五虐之刑曰法. 殺戮無辜, 爰始淫爲劓刵椓黥. 越茲麗刑並制, 罔差有辭. 民興胥漸, 泯泯棼棼, 罔中於信, 以覆詛盟. 虐威庶戮, 方告無辜於上. 上帝監民, 罔有馨香德, 刑發聞惟腥. 皇帝哀矜庶戮之不辜, 報虐以威, 遏絶苗民, 無世在下. 乃命重, 黎, 絶地天通, 罔有降格. 群後之逮在下, 明明棐常, 鰥寡無蓋.

4『山海經』「大荒西經」: 顓頊生老童, 老童生重及黎, 帝令重獻上天, 令黎邛下地.

5『國語』「楚語下」: 昭王問於觀射父曰, 周書所謂重・黎, 寔使天地不通者, 何也? 若無然, 民將能登天乎? 對曰, 非此之謂也. 古者民神不雜. 民之精爽不攜貳者, 而又能齊肅衷正, 其智能上下比義, 其聖能光遠宣朗, 其明能光照之, 其聰能聽徹之, 如是則明神降之, 在男曰覡, 在女曰巫. 是使制神之處位次主, 而爲之牲器時服, 而後使先聖之後之有光烈, 而能知山川之號・高祖之主・宗廟之事・昭穆之世・齊敬之勤・禮節之宜・威儀之則・容貌之崇・忠信之質・禋絜之服, 而敬恭明神者, 以爲之祝. 使名姓之後, 能知四時之生・犧牲之物・玉帛之類・采服之儀・彝器之量・次主之度・屏攝之位・壇場之所・上下之神・氏姓之出, 而心率舊典者, 爲之宗. 於是乎有天地・神民・類物之官, 是謂五官, 各司其序, 不相亂也. 民是以能有忠信, 神是以能有明德, 民神異業, 敬而不瀆, 故神降之嘉生, 民以物享, 禍災不至, 求用不匱.

6 B. Malinowski,『巫術科學宗教與神話』, p.76

7 張光直,『中國青銅時代二集』, 三聯書店, 1990, p.46 ; 張紫晨,『中國巫術』, 上海三聯書店, 1990, p.26 ; 馮友蘭,『中國哲學史』上卷, 中華書局, p.47 ; 烏丙安,『神祕的薩滿世界』, 上海三聯書店, 1989.

8『國語』「楚語下」: 及少皞之衰也, 九黎亂德, 民神雜糅, 不可方物. 夫人作享, 家爲巫史, 無有要質. 民匱于祀, 而不知其福, 烝享無度, 民神同位. 民瀆齊盟, 無有嚴威. 神狎民則, 不蠲其爲. 嘉生不降, 無物以享. 禍災荐臻, 莫盡其氣. 顓頊受之, 乃命南正重司天以屬神, 命火正黎司地以屬民, 使復舊常, 無相侵瀆, 是謂絶地天通.

9 徐旭生, 『中國古史的傳說時代』, 文物出版社, 1985, p.6

10 徐旭生, 『中國古史的傳說時代』, p.7

11 徐旭生, 『中國古史的傳說時代』, p.79

12 徐旭生, 『中國古史的傳說時代』, p.79

13 徐旭生, 『中國古史的傳說時代』, p.83. 『대대예기大戴禮記』「오제덕五帝德」에서 제전욱帝顓頊이 "귀신에 의거하여 제의制義하고", "바르고 성실함으로 제사를 지내며"라는 구절이 나온다. 서욱생은 이는 전욱이 귀신의 대표임을 가리키는 것이며 전욱이 대무大巫, 종교주宗教主임을 설명한다고 생각하였다. 그의 저서 p.76에 보인다.

14 楊向奎, 『中國古代社會與古代思想研究』, 上海人民出版社, 1962, p.163

15 楊向奎, 『中國古代社會與古代思想研究』, p.164

16 塞. 諾. 克雷黙(Kramer)이 편찬한 『世界古代神話』에 보인다. 華夏出版社, 1989, pp.356-366

17 弗雷澤(James Frazer), 『金枝』 第1卷, 中國民間文藝出版社, p.234

18 施密特(Wilhelm. Schmidt), 『原始宗教與神話』, 上海文藝出版社, 1987, p.154

19 B. Malinowski, 『巫術科學宗教與神話』, p.57

20 『法言』「重黎」: 姒氏治水土, 而巫步多禹.

21 『洞神八帝元變經』「禹步致靈第四」: 治禹水土, 涉山川, 病足, 故行跛也, …而俗巫多效禹步.

22 『洞神八帝元變經』「禹步致靈第四」: 禹步者, 蓋是夏禹所爲術, 召役神靈之行步.

23 『太平御覽』 卷八十二 : 昔夏后啟筮, 乘龍以登于天, 占于皋陶, 皋陶曰, 吉而必同, 與神交通.

24 『山海經』「海外西經」: 大樂之野, 夏后啟於此舞九代, 乘兩龍, 雲蓋三層, 左手操翳, 右手操環, 佩玉璜.

25 潘世憲, 「再探群巫」, 『周易研究』, 1991, 第1期

26 張光直, 『中國青銅時代二集』, p.64

27 『墨子』「非樂」: 先王之書, 湯之官刑有之曰, 其恒舞於宮, 是謂巫風.

28 『書瘂』「伊訓」: 敢有恒舞于宮, 酣歌于室, 時謂巫風.

29 "舞以歌舞事神, 故歌舞爲巫覡之風俗也."

30 『書經』「君奭」: 我聞在昔成湯既受命, 時則有若伊尹, 格於皇天. 在太甲, 時則有若保衡. 在太戊, 時則有若伊陟, 臣扈, 格於上帝. 巫咸乂王家. 在祖乙, 時則有若巫賢.

31『史記』「燕召公世家」: 湯時有伊尹, 假于皇天, 在太戊時, 則有若伊陟臣扈, 假于上帝, 巫咸治王家. 在祖乙時, 則有若巫賢.

32『書經』「咸有一德」: 伊陟相大戊, 亳有祥桑穀共生於朝, 伊陟贊於巫鹹, 作咸乂四篇.

33『史記』「殷本記」: 帝太戊立伊陟為相. 亳有祥桑穀共生於朝, 一暮大拱. 帝太戊懼, 問伊陟. 伊陟曰: '臣聞妖不勝德, 帝之政其有闕與? 帝其修德.' 太戊從之, 而祥桑枯死而去. 伊陟贊言於巫鹹. 巫鹹治王家有成.

34『莊子』「應帝王」: 鄭有神巫曰季咸, 知人之死生存亡禍福壽夭, 期以歲月旬日若神.

35『列子』: 有神巫曰季咸, 知人之死生存亡, 期以歲月旬日若神.

36『韓非子』「說林下」: 巫咸雖善祝, 不能自祓也.

37『呂氏春秋』「勿躬」: 巫咸作筮.

38『太平御覽』卷790 : 昔殷帝太戊使巫咸禱於山下.

39『楚辭』「離騷」: 欲從靈氛之吉占兮, 心猶豫而狐疑. 巫咸將夕降兮, 懷椒糈而要之.

40 "巫咸, 古神巫也, 當殷中宗之世. …巫咸將日夕從天而降, 懷椒糈而要之, 使占此吉凶也."

41『史記索隱』: "巫咸是殷臣, 以巫接神事, 太戊使禳桑谷之災, 所以伊陟贊巫咸."

42『太平御覽』卷79의「歸藏」을 인용 : 黃神(帝)與炎神(帝)爭鬪于涿鹿之野, 將戰, 筮于巫咸, 曰, 果哉, 而有咎.

43『路史』後紀三 : 神農使巫咸主筮.

44『太平御覽』卷721의『世本』을 인용 : 巫咸, 堯臣也. 以鴻術爲帝堯之醫.

45『周禮』「筮人」: 九筮之名, 一曰巫更, 二曰巫咸, 三曰巫式, 四曰巫目, 五曰巫易, 六曰巫比, 七曰巫祠, 八曰巫參, 九曰巫環, 以辨吉凶.

46『周禮正義』卷48, 중화표점본, p.1964에 보인다. "幷讀九巫如字, 謂巫更等爲古精筮者九人, 巫咸卽世本作筮之巫咸……."

47 張光直,『中國青銅時代二集』, p.48

48『山海經』「大荒西經」: 大荒之中有山, 名曰豐沮玉門, 日月所入. 有靈山, 巫咸, 巫即, 巫盼, 巫彭, 巫姑, 巫真, 巫禮, 巫抵, 巫謝, 巫羅, 十巫從此升降, 百藥爰在.

49 袁珂,『山海經校注』, 上海古籍出版社, 1980, p.397 : 即從此上下於天, 宣神旨, 達民情之意. 靈山, 蓋山中天梯也. 諸巫所操之業主, 實巫而非醫也.

50『山海經』「海外西經」: 巫咸國在女丑北, 右手操青蛇, 左手操赤蛇, 在登葆山, 群巫所從上下也.

51 李宗侗,『中國古代社會史』, 台北華岡出版社, 1954, p.118

52 陳夢家,「商代的神話與巫術」,『燕京學報』, 第20期, p.535

53『墨子』「兼愛下」: 湯曰, 惟予小子履, 敢用玄牡, 告於上天後, 曰, 今天大旱, 即當朕身履, 未知得罪於上下, 有善不敢蔽, 有罪不敢赦, 簡在帝心. 萬方有罪, 即當朕身, 朕身有罪, 無及萬方. 即此言湯貴爲天子, 富有天下, 然且不憚以身爲犧牲, 以祠說於上帝鬼神.

54 『呂氏春秋』「順民篇」 : 昔者湯克夏而正天下, 天下大旱, 五年不收, 湯乃以身禱於桑林, 曰, 余一人有罪, 無及萬夫. 萬夫有罪, 在余一人. 無以一人之不敏, 使上帝鬼神傷民之命. 于是翦其髮, 櫪其手, 以身爲犧牲, 用祈福於上帝, 民乃甚說, 雨乃大至.

55 『尸子』「君治篇」 : 湯之救旱也, 乘素車白馬, 著布衣, 嬰白茅, 以身爲牲, 禱於桑林之野.

56 『文選』卷15「思玄賦」 : 淮南子曰, 湯時大旱七年, 卜用人祀天, 湯曰, 我本卜祭爲民, 豈乎自當之. 乃使人積薪, 翦髮及爪, 自潔, 居柴上, 將自焚以祭天. 火將燃, 即降大雨.

57 張光直, 『中國青銅時代二集』, p.44

58 역자 주 : 원문에는 정현鄭玄으로 되어 있으나 두예杜預로 정정함.

59 "巫尪, 女巫也, 主祈禱請雨者. 或以爲尪非巫也. 瘠病之人, 其面上向, 俗謂天哀其病, 恐雨入其鼻, 故爲之旱, 是以公欲焚之."

60 역자 주 : 원서의 "吾欲焚巫尪而奚若"라는 구절은 『예기禮記』「단궁하檀弓下」 원문에는 "吾欲暴尪而奚若"으로 되어 있다. "歲旱, 穆公召縣子而問然, 曰, 天久不雨, 吾欲焚巫尪而奚若."

61 『論衡』「昭雩」 : 魯穆公時, 歲旱, 穆公問縣子, 寡人欲暴巫, 奚如.

62 裘錫圭, 「論卜辭的焚巫尪與作土龍」, 『甲骨文與殷商史』 1983年 第1期에 수록되어 있다.

63 秋浦, 『薩滿教硏究』, 上海人民出版社, 1985, p.117.

64 陳夢家, 「商代的神話與巫術」, 『燕京學報』, 第20期, p.533

65 『說文解字』 巫部 : 巫, 祝也. 女能事無形, 以舞降神者. 象人兩褎舞形, 與工同意. 古者巫咸初作巫.

66 陳夢家, 「商代的神話與巫術」, 『燕京學報』, 第20期, p.537

67 『殷墟文字甲編』, 九六九 · 三·〇·〇〇六二, p.75 ; 같은 책, 一一七九·三·〇·〇五一七, p.285

68 楊向奎, 『中國古代社會與古代思想硏究』, p.163

69 『巫與巫術』(p.338)에서 인용하였다.

70 『說文解字』 : 覡, 能齋肅事神明也. 在男曰覡, 在女曰巫.

71 『說文解字』 示部 : 祝, 祭主贊詞者. 從示, 從人口.

72 孔穎達, 『周易正義』 巽卦 : 史謂祝史, 巫謂巫覡, 幷是接事鬼神之人也.

73 『公羊傳』「隱公四年」 하휴何休 注 : 巫者, 事鬼神禱解以治病請福者也.

74 『논어』「자로」 : 南人有言曰, 人而無恒, 不可以爲巫醫.

75 역자 주 : 중국 신화 속에서 천제天帝가 사는 곤륜산崑崙山 위의 궁전을 지킨다고 알려진 신수神獸. 궁전에는 아홉 개의 문이 있는데, 그 가운데 동문인 개명문開明門 앞에 있다. 몸은 호랑이고, 얼굴은 인간이며, 아홉 개의 꼬리를 갖고 있다고

한다.

76 『산해경』「해내서경」: 開明東有巫彭巫抵巫陽巫履巫凡巫相巫.

77 『周禮』「春官・司巫」: 司巫掌群巫之政令, 若國大旱, 則帥巫而舞雩. 國有大災, 則帥巫而造巫恒. 祭祀, 則共匰主及道布及葙館. 凡祭事, 守瘞. 凡喪事, 掌巫降之禮.

78 『周禮』「春官・男巫」:男巫掌望祀望衍授號, 旁招以茅. 冬堂贈, 無方無筭. 春招弭, 以除疾病. 王弔, 則與祝前.

79 『周禮』「春官・女巫」: 女巫掌歲時祓除, 釁浴. 旱暵則舞雩. 若王后弔, 則與祝前. 凡邦之大災, 歌哭而請.

80 泰勒(Edward Burnett Tylor), 『原始文化』, 上海文藝出版社, 1992. p.117

81 泰勒, 『原始文化』, p.122

82 역자 주 : 프레이저의 Homoeopathic Magic과 Contagious Magic에 대하여, 진래 교수가 참고한 중문판 『금지金枝』에서는 각각 순세무술順勢巫術, 접촉무술接觸巫術이라 표기되어 있으나, 우리말로 번역 출판된 『황금가지』에서는 동종주술同種呪術과 감염주술感染呪術로 표기되어 있다. 이 책에서는 한국 번역본의 용어를 따르며, 이에 따라 프레이저가 언급한 부분에 한하여서는 무술巫術을 주술呪術로 표기하려고 한다. James. Fraser, 이용대 譯, 『황금가지』, 한겨레신문사, 2003년 참조.

83 James Frazer, 『金枝』 第1卷, 中國民間文藝出版社, 1987, P.19

84 James Frazer, 『金枝』 第1卷, P.20

85 역자 주 : 북미 원주민 부족. 오지브웨(Ojibwe)라고도 불린다.

86 James Frazer, 『金枝』 第1卷, P.22

87 James Frazer, 『金枝』 第1卷, P.23

88 James Frazer, 『金枝』 第1卷, P.28

89 James Frazer, 『金枝』 第1卷, P.29

90 James Frazer, 『金枝』 第1卷, P.58

91 James Frazer, 『金枝』 第1卷, P.58

92 林惠祥, 『文化人類學』, 商務印書館, 1991, P.285

93 林惠祥, 『文化人類學』, P.31

94 James Frazer, 『金枝』, 第1卷, 中國民間文藝出版社, 1987, p.79

95 馬林諾夫斯基(B. Malinowski), 『文化論』, 中國民間文藝出版社, 1987, p.55

96 B. Malinowski, 『巫術科學宗教與神話』, pp.53-63

97 B. Malinowski, 『巫術科學宗教與神話』, p.77

98 瞿兌之, 「釋巫」, 『燕京學報』, 第7期, p.1328

99 馬雷特(R. R. Marett), 『心理學與民俗學』, 山東人民出版社, 1988, p.143
100 R. R. Marett, 『心理學與民俗學』, 山東人民出版社, 1988, p.153
101 瞿兌之, 「釋巫」, 『燕京學報』, p.1327
102 B. Malinowski, 『巫術科學宗教與神話』, p.75
103 역자 주 : 주술을 흑黑주술과 백白주술로 나눌 수 있다. 흑주술은 화를 다른 사람에게 전가하는 주술이고, 백주술은 길과 복을 축원할 때 사용되는 주술을 말한다.
104 Mircea Eliade, *Shamanism*, Princeton University Press, 1972, pp.3-4
105 秋浦, 『鄂温克人的原始社會形態』, 中華書局, 1962, p.86
106 秋浦, 『鄂温克人的原始社會形態』, p.91
107 秋浦, 『鄂温克人的原始社會形態』, 中華書局, 1962, p.91
108 秋浦, 『鄂温克人的原始社會形態』, p.98
109 秋浦, 『鄂温克人的原始社會形態』, p.99
110 秋浦, 『薩滿教研究』, 上海人民出版社, 1985, p.68
111 林惠祥, 『文化人類學』 p.265
112 張光直, 『美術, 神話與祭祀』, 遼寧教育出版社, 1988, p.35
113 張光直, 『美術, 神話與祭祀』, 遼寧教育出版社, 1988, p.54
114 역자 주 : 중국 역사에서 송대로부터 청대 아편 전쟁 이전의 시기에 해당된다.
115 『儀禮』「士喪禮」: 商祝襲祭服褖衣次.
116 胡培翬, 『儀禮正義』, 卷26
117 『禮記』「樂記」: 宗祝辨乎宗廟之禮, 故後尸. 商祝辨乎喪禮, 故後主人.
118 孫希旦, 『禮記集解』, 中華書局標點本, p.1012
119 『周禮』「春官 · 大祝」: 大祝掌六祝之辭, 以事鬼神示, 祈福祥, 求永貞. 一曰順祝, 二曰年祝, 三曰吉祝, 四曰化祝, 五曰瑞祝, 六曰筴祝. 掌六祈, 以同鬼神示, 一曰類, 二曰造, 三曰襘, 四曰禜, 五曰攻, 六曰說.
120 "順祝, 順豊年也. 年祝, 求永貞也. 吉祝, 祈福祥也. 化祝, 弭災兵也, 瑞祝, 逆時雨定風旱也. 筴祝, 遠罪疒虐."
121 『大戴禮記』「千乘」: 日歷巫祝, 執使以守官, 侯命而作, 祈王年, 禱民命, 畜谷蜚征庶虞草. 역자 주 : 본 주석은 청대 왕빙진王聘珍이 주석한 『대대례기해고大戴禮記解詁』를 참조하였다. 中華書局出版社, 1983年.
122 역자 주 : 임금이 직접 농사짓는 사람을 두고 농사를 지어 수확한 곡식으로 신에게 지사를 지내는 것.
123 『周禮』「春官 · 大祝」: 凡大禋祀肆享祭示, 則執明火水而號祝. 隋釁逆牲逆尸, 令鐘鼓, 右亦如之. 來瞽令皐舞. 相尸禮. 旣祭, 令徹. 大喪, 始崩, 以肆鬯渳尸, 相飯, 贊斂, 徹奠. 言甸人讀禱, 付練祥, 掌國事. 國有大故, 天災, 彌祀社稷, 禱祠. 大師, 宜于社造于祖, 設軍社, 類上帝. 國將有事于四望, 及軍歸獻于社, 則前祝.

124 『周禮』「春官・小祝」: 小祝掌小祭祀將事侯禳禱祠之祝號, 以祈福祥, 順豐年, 逆時雨, 寧風旱, 彌災兵, 遠罪疾. 大祭祀, 逆齍盛, 送逆尸, 沃尸盥, 掌隋, 贊徹, 贊奠. 凡事, 佐大祝. 大喪, 贊渳, 設熬, 置銘. 乃葬, 設道齎之奠, 分禱五祀. 大師, 掌釁祈號祝, 有寇戎之事, 則保郊, 祀于社. 凡外內小祭祀小喪紀小會同小軍旅, 掌事焉.

125 『周禮』「天官・女祝」: 女祝掌王后之內祭祀, 凡內禱祠之事.

126 『周禮』「天官」注 : 內祭祀, 六宮之中灶門戶. 禱, 疾病求瘳也. 祠, 報福.

127 『周禮』「天官」注 : 掌以時招梗禬禳之事, 以除疾殃.

128 『禮記』「檀弓」: 君臨臣喪, 以巫祝桃茢執戈, 惡之也, 所以異於生也.

129 「定公四年」"君以軍行, 祓社、釁鼓, 祝奉以從, 於是乎出竟."

130 『周禮正義』: 古者巫祝皆世事, 則女祝疑當以祝官之家婦女爲之, 與女巫略同.

131 『左傳』「定公四年」: 分魯公以大路, 大旂, 夏后氏之璜, 封父之繁弱, 殷民六族, 條氏, 徐氏, 蕭氏, 索氏, 長勺氏, 尾勺氏, 使帥其宗氏, 輯其分族, 將其類醜, 以法則周公, 用卽命于周. 是使之職事于魯, 以昭周公之明德. 分之土田陪敦, 祝, 宗, 卜, 史, 備物典策….

132 陳夢家, 『殷墟卜辭宗述』, 中華書局, 1988, p.520

133 "掌文書者謂之史, 其字從又從中, 又者右事, 以手持簿書也."

134 王國維, 「釋史」, 『觀堂集林』 卷六

135 陳夢家, 「商代的神話與巫術」, 『燕京學報』, 第20期, p.534

136 陳夢家, 「商代的神話與巫術」, 『燕京學報』, 第20期, p.534

137 陳夢家, 「商代的神話與巫術」, 『燕京學報』, 第20期, p.535

138 張亞初, 劉雨, 『西周金文官制硏究』, 中華書局, 1986, p.102

139 張亞初, 劉雨, 『西周金文官制硏究』, 中華書局, 1986, p.27

140 『禮記』「玉藻」: 動則左史書之, 言則右史書之.

141 『좌전』「閔公二年」: 我太史也, 實掌其祭.

142 『左傳』「桓公六年・隨」: 祝史矯擧以祭.

143 『左傳』「襄公二十七年・晋」: 其祝史陳信於鬼神.

144 『左傳』「昭公十七年・魯」: 日有食之, 祝史請所用幣.

145 『左傳』「昭公十八年・鄭」: 郊人助祝史除於國北, 禳火于玄冥回祿, 祈于四鄘.

146 『左傳』「昭公二十年・齊」: 今君疾病, 爲諸侯憂, 是祝史之罪也. 諸侯不知, 其謂我不敬, 君盍誅於祝固史嚚以辭賓.

147 『左傳』「昭公二十年・齊」: 夫子之家事治, 言於晋國, 竭情無私. 其祝史祭祀, 陳信不愧.

其家事無猜, 其祝史不祈.

148『左傳』「昭公二十年・齊」: 外內不廢, 上下無怨, 動無違事, 其祝史薦信, 無愧心矣. 是以鬼神用饗, 國受其福, 祝史與焉.

149『禮記』「曾子問」: 大宰命祝史以名徧告于五祀, 山川.

150『禮記』「郊特牲」: 禮之所尊, 尊其義也, 失其義, 陳其數, 祝史之事也.

151『左傳』「庄公二十二年・陳」: 周史有以周易見陳侯者, 陳侯使筮之.

152『左傳』「僖公十五年・晋」: 初, 晉獻公筮嫁伯姬於秦, …史蘇占之.

153『左傳』「文公十三年・邾」: 邾文公卜遷于繹. 史曰, 利於民而不利於君.

154『左傳』「成公十六年・晋」: 公筮之, 史曰吉.

155『左傳』「哀公九年・晋」: 晉趙鞅卜救鄭, 遇水適火, 占諸史趙, 史墨, 史龜.

156『國語』「卷七晋語一」: 獻公卜伐驪戎, 史蘇占之.

157『國語』「卷八晋語二」: 虢公夢在廟, …召史嚚占之.

158『國語』「卷十晋語四」: 筮史占之, 皆曰不吉.

159『禮記』「月令」: 命大史釁龜, 筮, 占兆, 審卦, 吉凶是察.

160『左傳』「成公十七年・晋」: 晋范文子反自鄢陵, 使其祝宗祈死.

161『左傳』「襄公九年・宋」: 祝宗用馬于四墉.

162『左傳』「襄公十四年・衛」: 公使祝宗告亡.

163『左傳』「昭公二十五年・魯」: 昭子齊于其寢, 使祝宗祈死.

164『國語』「卷四魯語上」: 工史書世, 宗祝書昭穆.

165『國語』「卷十八楚語下」: 虔其宗祝, 道其順辭, 以昭祀其先祖.

166『左傳』「庄公三十二年」: 神居莘六月, 虢公使祝應, 宗區, 史嚚享焉.

167『左傳』「昭公十一年」: 寡君之疾病, 卜人曰, 實沈, 台駘爲祟, 史莫之知.

168 陳松長, 廖名春 釋文,『道家文化研究』第三輯. 上海古籍出版社, pp.434-435

169 馬王堆 帛書『易傳』「要」: 我後其祝卜矣.

170 馬王堆 帛書『易傳』「要」: 吾與史巫同途而殊歸者也.

171 馬王堆 帛書『易傳』「要」: 祝巫卜筮其后乎.

172『史記』「골계열전滑稽列傳」: 鄴三老, 廷掾常歲賦斂百姓, 收取其錢得數百萬, 用其二三十萬爲河伯娶婦, 與祝巫共分其餘錢持歸.

173『史記』「封禪書」: 漢興, …令祝官立蚩尤之祠于長安, 長安置祠祝官, 女巫. 其梁巫, 祠天, 地, 天社, 天水, 房中, 堂上之屬. 晉巫, 祠五帝, 東君, 云中君, 司命, 巫社, 巫祠, 族人, 先炊之屬, 秦巫, 祠社主, 巫保, 族之屬, 荊巫, 祠堂下, 巫先, 司命, 施糜之屬. 九天巫, 祠九天, 皆以歲時祠官中. 其河巫祠河於臨晉而男山巫祠南山秦中.

174 무속巫俗은 초楚나라에서 성행하였다. 왕일王逸이 주석한『구가九歌』에 말하기

를 "옛날 초나라 남영南郢의 읍과 원상沅湘 사이에서는 귀신을 믿고 제사를 올리는 풍속이 있었다. 제사를 지낼 때는 반드시 무격巫覡으로 하여금 음악을 연주하고, 가무로써 신을 즐겁게 했다." 『한서』「지리지하地理志下」에 "무귀巫鬼를 믿고 음사淫祀를 중히 여겼다." 『악양풍토기岳陽風土記』에서는 형상荊湘 지역의 풍속을 기록하기를 "질추疾瘳에는 의약을 쓰지 않고, 오직 거북을 태운다든지 기와를 때리거나 혹은 닭으로 점을 쳐서, 신神의 소재를 구하여 민간의 무당으로 하여금 치료하게 하였다. 이는 모두 옛날 초나라의 풍속이다."

175 역자 주 : 사마천이 친구인 임안任安에게 보낸 한 통의 서신이다. 『한서漢書』「사마천전司馬遷傳」에 보인다.

176 『文選』 卷四一 : 文史星曆近乎卜祝之間, 固主上所戱弄, 倡優畜之, 流俗之所經也.

제3장

복서卜筮

수數를 얻어도 덕德에 이르지 못하면 사史가 된다.

사무史巫의 서筮는 그것에 의지하지만 충분하지 못하며,

그것을 좋아하지만 잘못된 것이다.

數而不達於德, 則亓(其)爲之史. 史巫之筮, 鄉(向)之而未也. 好之而非也.

- 공자孔子, 「요要」에 보인다. -

1. 유물에 대한 해석

중국 상고시대 종교사상의 원시적 단계를 거슬러 올라가 탐구할 때, 통상적으로 앙소문화仰韶文化(중국 황하 중류 지역의 신석기 문화)와 제가문화齊家文化(중국 감숙성 지역을 중심으로 하는 신석기 말기 문화)의 고분에 보이는 시신 주위에 붉은 철광가루를 뿌리는 습속에서 모종의 영혼 신앙 혹은 조상 숭배의 단서를 포착할 수 있다.[1] 앙소문화의 장례 도구에 구멍을 뚫는 착공鑿空은 민속학의 장례 풍속 비교 연구를 통해 영혼의 출입처로 사용된 것으로 간주되었다. 앙소문화에서 사체를 절단하는 장례의식에 대해 학자들은 문화인류학 자료를 참고하여 죽은 자에 대한 헌제獻祭의 행위라고 여겼다.[2] 앙소의 채색 도기의 안쪽 면에 사람 얼굴의 물고기 문양에 대해 어떤 학자는 토템이라고 생각하고, 어떤 학자는 무사巫師의 형상이라고 여기고,[3] 또 어떤 학자는 생식生殖 숭배의 형태라고 주장한다.[4]

원시사회 인류의 종교적 관점을 이해하는 데 있어 사람들은 항상 고고학적 발굴에 의존해야만 하는데, 이중에서 묘장墓葬의 발굴은 대단히 큰 비중을 차지한다. 따라서 장례 풍속은 고고학자들이 고대의 종교적 관점을 이해하는 주된 방향이 되었다. 중국 고대 장례 풍속과 관련된 발견과 해설은 아래의 몇 가지로 정리할 수 있다.

첫째, 산정동인山頂洞人(중국 화북 지역 구석기 시대 인류의 화석)과 앙소문화의 고분에는 전부 죽은 시신 주위에 붉은 철광가루가 뿌려져 있다. 통상적인 하나의 관습으로 보인다. "이 붉은 색은 아마도 살아있는 자와 죽은 자의 혈연관계를 나타내는 것으로 보인다." 혹자는 '영혼숭배의 표현 형식'으로 간주하기도 한다.[5)]

둘째, 앙소문화의 옹관장瓮棺葬에는 장례 도구에 반드시 구멍을 뚫는다. "영녕永寧 납서족納西族(중국 소수민족의 하나)의 장례 풍속에 대한 조사에 근거하면, 이 부족은 회색의 도자기나 포대에 구멍을 뚫어 영혼의 출입구를 만들었다. 그러므로 앙소문화에 이미 영혼숭배의 신앙이 있었다는 것을 분명하게 알 수 있다."[6)]

셋째, 중국 고고학에서 발견한 원시 장례식에서는 대개 시신을 반듯하게 눕히고 사지를 곧게 편다. 고고학자들 또한 민속학의 장례식과 종교 관념에 근거하여 "대부분이 잠자는 모습인데 이는 죽은 자로 하여금 영면永眠하도록 하는 것이며, 어느 정도 종교신앙과 관련되어 있다"고 보고 있다.[7)]

넷째, 죽은 자의 머리 방향에 대해 논의하고 있다. "예를 들어 앙소문화에서는 머리방향이 서쪽이나 서북쪽이고, 대계문화大溪文化(중국 장강 중류 지역의 신석기 문화)에서는 머리방향이 북쪽이며, 대문구문화大汶口文化(산동성 태안시 대문구 유적에서 발견된 신석기 문화)에서는 머리방향이 북쪽이나 동북쪽이며, 묘저구廟底溝의 초기 용산문화에서는 머리방향이 남쪽이다." 어떤 학자들은 "이러한 현상들은 모두

당시 귀혼鬼魂 숭배의 어떤 관점에 근거하여 생긴 것이다"라고 보았다.[8]

다섯째, 중국의 원시사회에서는 일차장一次葬을 주로 하였지만 앙소문화에서는 이차집체장二次集體葬이 매우 유행하였다.[9] 집체장은 일반적으로 씨족사회의 혈연 유대와 관계가 있지만, 이차장二次葬은 "종교 신앙과 관계가 있는 것 같다."[10] 하내夏鼐는 "왜냐하면 그들이 어떠한 신앙을 가지고 있어 혈육이 인간세계에 속하는 것이라 여겼기 때문에 반드시 혈육이 썩기를 기다린 후에야 비로소 마지막으로 정식 매장을 할 수 있었고, 이때 죽은 자가 마침내 영혼세계로 들어갈 수 있었다"[11]라고 말한다. 이러한 주장은 당연히 후대의 사료에 근거한 것이다. 예를 들어 『예기禮記』「단궁檀弓」의 "골육은 다시 흙으로 돌아간다(骨肉復歸于土)", 「교특생郊特牲」의 "형백形魄은 땅으로 돌아간다(形魄歸于地)" 등의 구절이 있다. 학자들은 또한 문화인류학 자료 속에서 묘족苗族, 여족畲族, 장족壯族, 여족黎族 등 중국 소수민족의 장례 풍속에 이런 예가 있음을 확인하였다.

여섯째, 장례 기물(葬物)의 발명이 매우 빨라지자, 앙소문명 이후 장례 기물의 재료와 공예기술이 부단히 개선되었고, 그 중에는 생활 용품도 다양하게 있었다. 예를 들면, 대문구大汶口 묘지에서 관옥串玉 · 골각骨角 재질의 목걸이(項飾) · 머리장식(頭飾) · 옥비녀 · 뼈비녀 · 팔찌 · 반지 · 상아 빗과 각종 늘어뜨리는 장식물 같은 많은 부장품이 출토되었다. 양저문화良渚文化(중국 신석기 시대 양자강 도작稻作 문화)와 용산문화 속에는 부장 옥기玉器가 매우 많고, 기타 생산용 도구와 생활용품 또한 각양각색이다. 일반적으로 부장품은 죽은 자가 여전히 다른 세계에서 생활하고 있다는 살아있는 자들의 생각을

반영하고 있는 것으로 보인다.[12)]

장례풍속 배후의 원시종교 관념에 대한 추정은 비록 참고할 만한 의미가 있기는 하지만 다만 하나의 해석으로 보아야 할 것 같다. 실제로 문명의 역사시대까지 전해져 남아있는 문헌은 여전히 일종의 유물이며, 그것들에 대한 이해 또한 불가피하게 그 속에서 해석할 수밖에 없다. 이상의 고대 장례 풍속에 대한 해설의 핵심은 중국 신석기 문화 시대에 이미 영혼과 영혼세계에 관한 관념이 존재하였다는 것이다.

중국 고대 토템은 발달하지 못했다. 앙소시대부터 용산시대에 이르기까지 토템은 거의 발견되지 않았다. 사람의 얼굴(人面)이나 물고기 문양(魚紋)이 비록 토템으로 해석될 수는 있지만 설득력이 부족하다. 최소한 말할 수 있는 것은 문명의 역사시대 초기에 문자와 전설 속에서는 이미 토템의 흔적을 거의 찾아보기 어렵다는 것이다. 이현백李玄伯이 중국 상고시대 토템제의 존재를 논증하는 데에 힘을 기울였으나 그의 주장은 대부분 견강부회한 것으로 크게 신뢰하기 어렵다.[13)]

원시 종교와 관련 있는 현상 속에서 확실하게 해석할 수 있는 것은 생식기 숭배이다. 신석기 중기 이후에는 도조陶祖(도기로 만든 남근 생식기)가 수많은 고대문화 속에서 발견되었다. 예를 들어 섬서성陝西省 동천시銅川市 이가협곡(李家溝), 임동구臨潼區 강채薑寨의 말기 앙소문화, 감숙성甘肅省 감곡지甘谷地의 마가요문화馬家窑文化, 임하臨夏회족자치구 장가취촌張家嘴村의 제가문화齊家文化 등의 신석기 중기 유물에서 모두 도조가 출토되었다. 산동성山東省 유방시濰坊市의 대문구문화大汶口文化, 호북성湖北省 경산시京山市 굴가령문화屈家岭文化,

섬서성陝西省 화현華縣의 천호촌泉護村 유적지, 서안西安의 객성장客省庄 유적지, 하남성河南省 신양시信陽市의 삼리점三理店 유적지 등 용산문화에서도 도조가 출토되었다. 이외에 기타 지역에서도 도기·돌·나무로 만든 남성 숭배 기물이 출토되었다.14)

도조陶祖를 남성 조상을 숭배하는 현상으로 보는 것은 남성 생식력에 대한 숭배라고 말하는 것보다는 설득력이 떨어진다. 이러한 숭배는 당연히 인류가 비교적 초기에 가지고 있던 집단의 번영을 바라는 행위이며 일종의 교감 주술의 성격을 띠고 있다. 이러한 현상은 종교의 발전 형태에서 비교적 원시적인 것으로 신령 관념을 보여주지 못한다. 이에 비해 조상 숭배는 특정한 어떤 부족이나 가족을 대상으로 하는 것으로 구체적이다. 한 집단은 그 부족의 조상을 숭배하며, 부족성이 없는 남근으로 대상화할 수는 없다. '조祖'라는 글자는 어원상 '차且'와 통하며 그리고 '차且'의 자형은 출토된 도조陶祖와 형태가 유사하다. 하지만 이것은 도조가 조상 숭배의 확실한 근거라는 것을 증명하는 것은 아니다. 왜냐하면 중국 문자가 발명된 시대에 은대殷代 신령 제사의 발달은 이미 일찍부터 남근 숭배의 시대를 뛰어넘었기 때문이다.

고고학적 발굴 자료와 고고학자의 논의들을 읽을 때, 우리는 고고문화유물에 대한 해석이 종종 다양하고 일치하지 않으며, 게다가 자료 및 연구에서 "~일 수 있다"라는 식의 추측적인 뉘앙스를 사용하는 것이 상당히 보편적이라는 것을 쉽게 발견할 수 있다. 실제로 유럽 구석기 후기의 장례 풍속과 암각화에 대한 해석도 서로 다르다. 이와 같은 상황은 신석기 문화에 대한 연구에서도 마찬가지로 보인다.

이상에서 언급한 것 외에도 중원의 용산문화와 강절江浙의 양저문화의 옥종玉琮처럼 대문구문화에서 출토된 장아구형기獐牙鉤形器와 도존陶尊 등에 대한 해석 또한 여전히 거의 추측에 속한다.[15] 이는 명확하게 해석할 수 있는 고고학적 유물들 가운데 자료를 선별하여 고대의 종교신앙을 설명하는 것이 가장 좋다는 것을 의미한다. 이러한 점에서 볼 때 장례 풍속과 남근에 대한 해석은 모두 복잡하고 단일하지 않지만, 가장 논쟁이 적은 원시 문화 유물과 문화 현상은 당연히 '점복占卜'이다. 사실 본장의 초점은 바로 점복에 있다. 점복은 중국 상고 '무관문화巫官文化(범문란范文瀾의 용어)'의 주된 내용 가운데 하나이다. 상대商代에 왕성하게 나온 수많은 갑골 복사는 주대의 사복史卜의 수중에서 『주역』의 체계를 형성하였으며, 무사巫史 문화 내부에서 모종의 이성화의 과정을 드러내고 있다.

2. 점복占卜의 기원

내몽고 파림좌기巴林左旗의 부하구문富河溝門 유적지에서 점복의 복골卜骨이 발견되었는데, 사슴과 같은 동물의 견갑골을 불로 태웠으나 뚫은 흔적은 없었다. 이것은 지금까지 발견된 것 중 가장 오래된 점복의 유물이다. 방사성 탄소 연대 측정과 검토를 통하여 그 시기를 기원전 3,350년 전후로 볼 수 있다.16) 산동 용산문화의 장구성章邱城자애子崖에서 발견된 것과 같은 복골은 소·사슴 등의 견갑골인데, 손질되어 있었으며 어떤 것은 이미 구멍이 뚫어져 있다.

서안西安의 객성장客省莊과 섬서陝西의 기타 용산문화 유적지에도 모두 복골이 출토되었다. 왕만王灣 3기(기원전 2,400년 이후의 용산시대 말기) 유형까지 포함한 전체 하남 용산문화에서는 대부분 돼지·소·양·사슴의 견갑골을 점복의 재료로 삼아 불로 지지는 방법을 통하여 조문兆紋(불에 타 갈라져 조짐을 나타내는 무늬)을 관찰함으로써 길흉을 판단하였다.17) 이것은 용산시대에 동물의 뼈로 점복을 행하는 관습이 매우 유행하였음을 보여주는 것이다.18) 무위시武威市의 제가문화齊家文化 유적지에서도 일찍이 동물의 견갑골로 점복을 친 실물이 발견되었다.19) 요녕성遼寧省의 양두와羊頭洼·당산시唐山市의 대성산大城山·산동성山東省 조현曹縣의 신가집莘家集·내몽고 적봉시赤峰市의 약왕묘葯王廟·영성현寧城縣의 남산근南山根·북표현北票縣의 풍하豊下 등의 유적지에서도 모두 글자가 없는 복골이 발견되었다. 사슴·돼지·소·양의 견갑골을 재료로 삼은 것은 북방 신석기 후기의 점복 활동이 상당히 보편적이었음을 보여주고 있다.20) 상고

시대 중국 북방지역에서는 적어도 기원전 3,000년 이래로 줄곧 점복의 전통이 이어져 왔다. 이것은 동시대 중국 남방지역의 무격 전통과는 차이가 있을 가능성이 있다.

황하黃河 중류의 용산문화에서 대량으로 출토된 동물 견갑골은 종류가 다양한데, 이는 은상殷商에서 전적으로 소의 견갑골만 사용한 것과는 구별된다. 손질을 거치지 않고 점복을 행한 것도 매우 많은데, 이 또한 상대商代 후기(무정武丁 이후)에 보편적으로 유행한 손질방법과 다르다. 상대의 복골에 이미 문자가 새겨져 있었다는 것은 더 이상 말할 필요가 없다. 뼈로 복점을 치는 방법은 비교적 간단하였다. 지금까지 출토된 복골은 모두 불에 그슬린 흔적이 있는데, 이는 점복을 행할 때 일찍부터 불로 구워서 그것에 열문裂紋(갈라진 무늬)을 출현하게 만들면 이것이 점의 조짐인 점조占兆가 된다는 것을 말해주는 것이다. 간단한 규칙에서는 열조裂兆(갈라져 조짐을 나타내는 것)의 방향이 길흉을 결정한다. 복잡한 규정에서는 전문적인 점복사占卜師의 해석이 필요하다.

『사기』「하본기夏本紀」와 『죽서기년竹書紀年』의 기록에 의하면 하대夏代가 역사상 존재한 시간은 대략 기원전 22세기에서 17세기까지이다. 중국 역사에 하대가 존재하였는가라는 문제에 대해서는 금세기 이전부터 적지 않은 의문이 제기되었다. 은허 갑골문으로부터 『사기』「은본기殷本紀」에 기술된 상나라 왕의 혈통(商王世系)이 실증된 이후 상대 역사는 믿을 만한 역사로 공인되었다. 이 때문에 비록 『사기』「하본기夏本紀」에 기록된 하대의 역대 혈통은 상대와 마찬가지로 간략하지만, 갈수록 더 많은 학자들이 하대가 역사상 존재했다고 믿고 있다.

현재 고고학에서 이리두二里頭 문화는 다수의 고고학자들로부터 하나라의 문화 유물로 인정받는다. 이리두 문화에서 중국 최초의 궁전건축이 발견되었고, 주동鑄銅(구리 아연을 합금하는 것), 탁옥琢玉(인위적으로 옥을 가는 것) 등의 작업은 이미 전문적으로 분업화가 되어 있었다. 이리두 유적에서 출토된 손잡이 형태(柄形) 장식의 조각에는 반듯한 동물의 얼굴문양이 있다. 그 문양은 후대 청동기에서 흔히 발견되는 것과 일치하는데, 이것으로 하상 문화 전승의 일치성을 말할 수도 있다. 청동기로는 이미 작爵(술잔) · 영鈴(방울) · 척戚(도끼) · 도刀 · 추錐(송곳) 등이 있었고, 예기禮器로는 작爵, 가斝[21]가 있었다. 이리두 문화는 이미 청동 시대로 진입했던 것이다. 이리두 문화에서는 복골도 출토되었는데, 주로 돼지 · 소 등의 동물의 견갑골이 많았고 위쪽에 불에 그슬린 흔적이 있었다.[22]

점복의 기원은 매우 오래되었다. 그 원인은 사람들이 자신이 하고자 하는 일의 결과에 대해 확신이 없었고, 선택의 순간에 직면했을 때 확신이 없었기 때문에, 개인적인 선택이 가져올 실질적인 위험이나 해를 모면하기 위하여 결정권을 점복에 넘겨주어 점복으로 하여금 사태 발전에 대한 책임을 지우는 것이다. 인식의 측면에서 말하면 점복은 해결하려는 문제에 대한 답안이나 결정을 구하는 것이지 결코 주술처럼 행위를 통해 사물의 진행과정에 영향을 주려는 것은 아니다. 점치는 도구(占具) 자체는 직접적으로 점복자의 신앙에 대한 단서를 제공하지 못하기 때문에 점사占辭 기록이 없는 점복의 유물로는 당시 신앙의 모습이 어떠한가를 확실하게 알기 어렵다. 설사 은허에서 복사가 대량으로 출토된 상황이라 하더라도 점을 쳐서 물어보는 대상이 무엇인가에 대한 고고학자들의 주장 또한 모두 다르다. 예를 들어 곽보균郭寶鈞은 귀신에게 비는 것으로 보았고, 왕우신王宇信은 영귀靈龜에게 비는 것이라 여겼는데(이 말은 『사기史記』 「귀책열전龜策列傳」에 나온다), 두 설은 서로 다르다. 또 어떤 학자는 조상에게 물어보는 것으로 보았다.[23] 종교학의 관점에서 볼 때 중요한 것은 결코 점복 과정의 상세한 기술적 부분이 아니라 점복 활동이 설정하고 있는 어떤 신앙이나 그 속에 포함되어 있는 종교적 의미이다.

상대의 점복占卜은 크게 귀갑龜甲을 사용한 점복과 짐승 뼈(獸骨)를 사용한 점복으로 나눌 수 있는데, 그 원리는 동일하다. 다만 사용하는 재료가 다를 뿐이다. 『설문해자』에서는 "점占은 조짐(兆)을 살피는 것이다. 복卜과 구口가 결합된 글자이다"[24]라고 하였다. 또 "복卜은 거북을 불에 구워 쪼는 것으로 귀갑龜甲을 불에 구운 모양을 본뜬 것이다. 일설에는 귀갑을 불에 구운 후의 열문裂紋의 종횡縱橫을 본뜬 것으로 말하기도 한다"[25]고 하였다. 귀갑을 사용한 점복이 은상殷商 문화의 특징이기 때문에 『설문』의 해석은 단지 상주商周 이후에만 적용된다. 그러나 고고학적 발견에 의하면 상대 이전의 점복은 본질적으로 모두 '조짐을 살피는(視兆)' 행위이며, 점복에 사용된 재료의 종류는 전혀 중요하지 않다는 것이다.

주대周代의 복서는 은상과 어느 정도 계승관계가 있다고 말할 수 있다. 이는 주원周原(주나라의 발상지, 서주의 고도古都) 갑골의 출토를 통해 주나라 사람이 은나라 사람의 영향을 받아 똑같이 귀갑으로 복점卜占을 치고 기록을 새겼다는 것을 통해서도 알 수 있을 뿐만 아니라[26], 하남성河南省 안양시安陽市 은허에서 출토된 갑골과 섬서성陝西省 주원에서 출토된 갑골에 똑같이 팔괘 숫자 부호와 서사筮辭

가 나온 점으로 볼 때[27] 은주殷周의 서법筮法 또한 거의 같은 근원을 가지고 있었던 것으로 보인다. 그리고 상주商周의 복서가 계승관계를 가지고 있다는 것은 「홍범」편에서 더욱 분명하게 발견할 수 있다.

일곱째 계의稽疑(의심나는 것을 논의하다)는 복서卜筮에 능한 사람을 선별하여 세우고서 복서를 하도록 명하는 것입니다. 복서의 징조는 비가 오는 것(雨), 날씨가 개는 것(霽), 안개처럼 자욱한 것(蒙), 구름처럼 끊어진 것(驛), 조상兆象이 교착하는 것(克), 내괘(貞), 외괘(悔) 모두 일곱 가지입니다. 복卜에서는 앞의 다섯을 쓰고, 점占(筮)에서는 뒤의 둘을 쓰니, 인사의 과오를 미리 추측하는 것입니다. 이렇게 사람을 세워 복서를 행하되 세 사람이 점을 치면 두 사람의 말을 따릅니다.

그대에게 큰 의심이 있거든 먼저 그대의 마음에서 고려하고, 그다음 경사卿士와 함께 논의하고, 그다음 서인庶人과 함께 논의하고, 마지막으로 복서에 물어 생각하소서.

그대가 따르고 거북점(龜)이 따르고 시초점(筮)이 따르고 경사가 따르고 서인이 따르면 이를 일러 대동大同이라 합니다. 이러하면 그대의 몸이 강녕하고 튼튼해지고 자손이 영접하니 길吉합니다.

그대가 따르고 거북점이 따르고 시초점이 따르면 경사가 거스르고 서인이 거슬러도 길합니다.

경사가 따르고 거북점이 따르고 시초점이 따르면 그대가 거스르고 서인이 거슬러도 길합니다.

서인이 따르고 거북점이 따르고 시초점이 따르면 그대가 거스르고 경사가 거슬러도 길합니다.

그대가 따르고 거북점이 따르지만 시초점이 거스르고 경사가 거스르고 서인이 거스르면 안의 일을 하는 것은 길하고 밖의 일을 하는 것은 흉합니다.

거북점과 시초점이 모두 사람과 위배되면 그 일을 하지 않는 것은 길하고 그 일을 하는 것은 흉합니다.[28]

복서는 의문이 있는 것에서 출발한다. 다만 왕자王者가 의문이 있으면 다섯 가지 의견을 참조하여 다시 결단하고 예측해야 하며, 단순히 복서의 결과에만 의지하는 것은 아니다. 이 다섯 가지 측면은 다음과 같다. 첫째, 왕 자신의 마음속 의견, 둘째, 경사卿士의 의견, 셋째, 서인庶人의 의견, 넷째, 귀복龜卜의 결과, 다섯째, 서점筮占의 결과이다. 기자箕子가 말한 길흉을 판정하는 규칙에 근거하여 알 수 있듯이 '따를 종從'은 긍정이며 '거스를 위違'는 부정이다. 만약 다섯 쪽이 모두 긍정이라면 대동大同의 길吉이 된다. 만일 다섯 쪽의 의견이 일치되지 않아도 귀서龜筮가 모두 따른다면 결과는 길하다. 만약 귀서가 모두 거스르면 행동하여서는 안 된다. 만약 귀龜는 따르지만 서筮가 거스른다면 안에서 하는 일은 길하고 순조롭지만 밖에서 하는 일은 이롭지 않다. 이로부터 알 수 있듯이 의문에 직면하여 복서를 행할 때는 비록 다섯 가지 의견을 모두 참조해야 한다고 말하지만 사실 복卜과 서筮의 결과가 결정력을 가지고 있다. 복서와 비교하면 왕 자신과 경사·서민의 의견은 모두 결정력을 가지고 있지 못하다.

귀갑은 구멍을 뚫은 후에 불에 태운다. 불에 태운 후에 갈라진 조상兆象은 우雨, 제霽, 몽蒙, 역驛, 극克 다섯 가지가 있다. 서점筮占으로 얻은 괘상卦象은 정貞, 회悔 두 가지가 있다. 조상과 괘상이 합해져 일곱 가지가 된다. 그러므로 "복卜은 다섯 가지이고 점占은 두 가지이다"라고 말한다. 복卜·서筮는 각각 세 사람이 점을 쳐서 더 많은 의견에 따라 결정한다. 그러므로 "세 사람이 점占을 치면 그

중 두 사람의 말을 따른다"라고 말한다.

「홍범」에는 "복서卜筮를 행하는 사람을 택하여 세운다(擇建立卜筮人)"라는 말이 있고, 『주례周禮』「춘관春官」에는 태복太卜·복사卜師·복인卜人과 귀인龜人·점인占人 등이 보인다. 금문金文에는 '사복司卜'이 있는데, 태복太卜의 역할에 해당하는 것으로 보인다.29) 태복太卜은 곧 축종복사祝宗卜史의 복卜이며, 점복의 직책으로는 갑점甲占·서점筮占·몽점夢占 세 가지가 있다.

> 태복大卜은 삼조三兆의 법을 담당하는데, 첫 번째는 옥조玉兆, 두 번째는 와조瓦兆, 세 번째는 원조原兆이다. 그 경조經兆의 체體는 모두 120개가 있고30), 그 송頌(점조占兆의 주사繇辭)은 모두 1,200개가 있다. 또한 삼역三易의 법을 관장하는데, 첫 번째는 연산連山, 두 번째는 귀장歸藏, 세 번째는 주역周易이다. 그 경괘經卦는 모두 8개이고, 그 별괘別卦는 모두 64개이다. 또한 삼몽三夢의 법을 관장하는데, 첫 번째는 치몽致夢(꿈에서 이르는 곳), 두 번째는 기몽觭夢(괴이한 꿈), 세 번째는 함척咸陟(다 얻는 꿈)이다. 그 경운經運에는 10가지가 있고, 별운別運에는 90가지가 있다.31)

손이양은 가공언賈公彦 등의 설을 인용하여 「홍범」에 언급된 복서는 각각 세 사람을 쓰며 그 복卜을 치는 세 사람은 각각 옥玉·와瓦·원조原兆를 이용하기 때문에 모든 일의 점占은 전부 삼조三兆를 겸용하였다고 생각했다.32) 옥조玉兆는 갑골의 갈라진 부분이 옥의 균열된 무늬를 닮았고, 와조瓦兆는 기와의 균열 무늬를 닮았으며, 원조原兆는 전지田地의 균열 무늬를 닮았다. 옛사람들의 말에 따르면 옥조는 하나라, 와조는 상나라, 원조는 주나라의 것이라고 하는데33), 이러한 설명은 전혀 근거가 없다. 왜냐하면 만약 기자箕子가 말한 세 사람이 점을 친다는 것이 곧 삼조三兆를 사용하는 방법이라면 기자가 말한 것은 전부 은나라 사람(殷人)의 복법卜法이어야 하는데, 어찌 주나라의 조(周兆)를 말할 수 있겠는가?

태복大卜이 조법兆法을 관장하는 것 외에 복사卜師·점인占人 등이 작귀作龜, 정귀貞龜, 진귀陳龜, 명귀命龜와 같은 다른 구체적인 업무를 책임지고 있었다. 군주와 왕후王侯 또한 중대한 복서卜筮 활동에 항상 참여했다. 『주례』「춘관·점인占人」을 예로 들어보자.

> 대개 복서를 행할 때에 군주는 조체兆體로 점치고, 대부는 조兆의 명암(色)을 점치고, 사史는 조兆의 굵고 큰 균열 무늬(墨)로 점치고, 복인卜人은 조兆의 가늘고 작은 균열(坼)로 점친다.[34]

『예기』「옥조玉藻」에도 다음과 같은 구절이 실려 있다.

> 복인(卜人)은 거북(龜)을 결정하고, 사史는 굵고 큰 균열 무늬(墨)를 정하고, 군주는 조체兆體를 정한다.[35]

이것은 당시 군주들이 점복을 매우 중요하게 여기고 있음을 설명하는 말이다. 이처럼 점복을 중시하는 것은 아마도 상고시대 군무합일君巫合一의 전통과 관계가 있을 수도 있고, 또한 중대한 국사國事는 반드시 왕자王者가 결정하여 책임을 져야 하는 것이기 때문일 수도 있다. 어찌 되었든 위의 자료에 근거하면, 복조卜兆가 이루어진 이후 군왕이 먼저 살펴보고 조체兆體의 유형을 확정하고, 그다음 대부가 색色의 명암을 관찰하고, 다시 사史는 조兆의 커다란 균열 무늬를 관찰하고, 복인은 큰 균열 옆에 갈라진 미세한 균열 모양을 관찰한다. 은주殷周와 춘추시대에는 대개 사관史官이 점을 쳤다. 그러므로 "사가 조兆의 커다란 균열 무늬로 점을 친다(史占墨)"라고 한 것이다. 바로 손이양이 언급한 "복서관卜筮官을 통칭하여 사史라고 한다(卜筮官通謂之史)"와 같다.

마지막으로 몽점夢占에 관해 간단히 이야기해보자. 『주례』「춘관春官」에 '점몽占夢'이라는 직책이 있다.

> 세시歲時를 관장하여 천지의 모이는 곳(會)을 보고 음양의 기를 분별하며 일·월·성·신日月星辰으로 여섯 가지 꿈의 길흉을 점친다. 첫째는 정몽正夢(평소 편안한 상태에서 꾸는 꿈), 둘째는 악몽噩夢(경악하여 놀라는 일 때문에 꾸는 꿈), 셋째는 사몽思夢(생각하는 것이 있기 때문에 꾸는 꿈), 넷째는 오몽寤夢(깨어 있을 때 본 것을 꾸는 꿈), 다섯째는 희몽喜夢(기쁨으로 인해 꾸는 꿈), 여섯째는 구몽懼夢(두려움으로 인해 꾸는 꿈)이다. 겨울에 왕의 꿈을 물어 다음 해의 길흉을 점치고, 왕에게 한 해 동안 길몽吉夢의 기록을 바치면 왕은 절하며 받았다. 이에 사방에 나물이나 제수를 진열하여 악몽을 내쫓고, 연이어 방상씨方相氏(역귀를 몰아내는 신)에게 영을 내려 역귀를 내쫓기(難) 시작한다.[36]

난難은 바로 역귀를 내쫓는 나儺(궁중에서 악귀를 쫓아내는 의식)이다. 역귀(鬼)를 쫓아내서 역병을 피하는 것이다. 태복大卜의 삼몽三夢의 법은 여섯 가지 몽상夢象에 대해 점이 행해진 것인데, 이것은 고대의 군주 개인에게 늘 중요한 것이었다. 『좌전』「양공18년襄公十八年」 "중행헌자中行獻子가 바야흐로 제나라를 정벌하고자 할 때 꿈에 여공厲公과 싸우다가, …경양梗陽 땅의 무巫 고皐를 만났다."[37] 「성공10년成公十年」 "진후晉候가 꿈을 꾸었는데 커다란 귀신이 머리를 땅에까지 풀어헤치고… 상전桑田의 무巫를 불렀다."[38] 이 두 가지 사례

속에서는 모두 무巫를 찾아 꿈을 풀이하여 장래의 일의 길흉을 밝혀줄 것을 요청하고 있다. 이러한 예는 매우 많다.

『시경』에서도 주나라 사람이 꿈을 점치는 기록이 있다. 「소아小雅」는 서주 왕기王畿 일대의 시이다. 그 속에 다음과 같은 시들이 실려 있다.

> 자고 일어나 내 꿈을 점치니, 길한 꿈이란 무엇인가? 곰과 말곰을 보고 독사와 뱀을 보는 것이라네.[39]

> 태복大卜이 점을 치니, 곰과 말곰은 아들을 낳게 될 꿈이요, 독사와 뱀은 딸을 낳게 될 꿈이라네.[40]

> 목동(牧人)이 꿈을 꾸었는데 메뚜기가 물고기로 변하고 귀사기龜蛇旗가 응준기鷹隼旗로 변했다네. 태복大卜이 점을 쳐보니 메뚜기가 물고기로 변한 것은 풍년이 들 징조이고, 귀사기가 응준기로 변한 것은 집안이 창성할 징조라네.[41]

> 저 노신을 불러 자문하고, 다시 점몽占夢을 하는 자에게 자문하네, 모두들 스스로 성명聖明하다 말하지만 누가 까마귀의 암수를 알겠는가?[42]

이러한 기록들로부터 주대周代에 몽점夢占의 풍속이 아주 보편적이었음을 알 수 있다.

『주례』「춘관·태복大卜」의 직책은 최종적으로 삼조三兆, 삼역三易, 삼몽三夢의 원칙으로 총결된다.

나라의 일로 거북에 여덟 가지 명(八命)을 새긴다. 첫째는 정征, 둘째는 상象, 셋째는 여與, 넷째는 모謀, 다섯째는 과果, 여섯째는 지至, 일곱째는 우雨, 여덟째는 추瘳이다. 팔명八命으로 삼조三兆 · 삼역三易 · 삼몽三夢의 점을 도와 국가의 길흉을 관찰하고 왕에게 아뢰어 정사를 보완한다.[43]

여덟 가지는 나라의 대사大事이다. 바로 정벌征伐 · 천상天象 · 인물人物 · 모의謀議 · 결과結果 · 복지卜至 · 강우降雨 · 질병의 치료(疾療)이다. '여섯 번째 복지'에 대해 정현은 "지至는 이르는지 이르지 않는지를 말하는 것이다(至謂至不至也)"라고 주注를 달았고, 손이양은 "복인卜人이 오는지의 여부를 말하는 것이다(謂卜人來至不也)"라고 생각했다.[44] 하지만 이 두 설은 서로 통하지 않는 것 같다. 지至는 바로 격格으로 신의 강림 여부나 신의 강림의 길흉을 가리키는 것으로 보인다. 그럼에도 여덟 가지 국가 대사 가운데 제사를 언급한 것은 없다. 이것은 『좌전』에 언급된 "나라의 대사大事에는 제사(祀)와 전쟁(戎)이 있다"[45]는 것과 서로 합치되지 않으니 매우 이상하다.

3. 주술(巫術)과 점복占卜

이제 이론적인 측면에서 점복에 대해 더 깊이 있는 논의를 전개해보도록 하자.

근대 이래로 인류학자들은 야만사회와 문명사회의 점복을 행한 많은 사례들을 수집하여 그것을 분석하고 기록했다. 테일러는 점복과 예언을 주술 혹은 마법魔法에 귀속시켰다. 그는 다음과 같이 생각했다. "내장점복법內臟占卜法은, …명백히 점복의 상징적인 원칙을 완전히 드러낸 것이다. …골복骨卜을 사용하는 기술은 내장점복법과 유사하다 할 수 있다. 예를 들면 북미의 인디언은 호저豪豬[46]의 견골肩骨을 불 위에 올려놓고 그 무늬를 살펴 호저를 사냥할 수 있을 것인지를 판단한다. 여기에서는 스카풀리먼시(scapulimancy) 혹은 오마플라토스코피(omoplatoscopy)라고 불리는 견갑골을 사용하여 점복을 치는 것이 주요한 방법이었다. 고대 중국에서는 귀갑 열문을 빌려 점복하는 것과 연관된 방법이 있었는데, 몽골에서도 매우 유행하였다. …견갑골을 불 위에 올려놓고, 곧바로 그것이 각종 다른 방향으로 갈라진 것에 따라간다. 그러한 후에 뼈 위의 길게 갈라진 자국은 '생명의 길'로 간주된다. 그리고 우측 방향이나 좌측 방향으로 갈라진 횡열橫裂은 여러 가지 좋거나 나쁜 조짐의 지표이다. 가령 오로지 어떤 특정한 사건에 관한 예언을 구하고자 한다면 종으로 갈라진 자국은 일의 순탄함을 나타내며, 횡으로 갈라진 자국은 곤란함을 나타낸다."[47]

그러나 주목하여야 할 것은 프레이저가 자신의 저서에서 거의 점복을 언급하지 않았다는 사실이다. 이것은 아마도 '점복'과 그의 '주술'에 대한 종합적인 이해가 합치되지 않았기 때문에 그가 점복을 주술의 한 종류로 보지 않은 것일 수 있다. 실제로 몇 가지 점복에 편입된 것들은 미래에 대한 예언이 아니라 다만 즉각적인 선택이나 취사 여부를 결정하는 것들이다. 예를 들면 제비뽑기나 돈던지기 같은 것이 있다. 프레이저가 말한 콘드족(Kond: 인도 오리사 산악지방 민족) 사람들이 영아의 이름을 짓는 데 사용한 점복이 바로 이러한 점복의 일종이다.[48] 그가 말한 켈트족이 만성절萬聖節 전날 내년의 운수를 점친 사례[49] 또한 단지 현대인들이 포커 카드를 사용하여 운명을 예측하는 것과 같은 것이지 결코 깊은 뜻은 없다. 마찬가지로 말리노프스키(B. Malinowski)가 주술을 하나의 실용목적을 가진 활동으로 해석한 이론체계 속에서도 점복에 대한 언급은 없다.

이와는 대조적으로 레비 브륄(Levy-Bruhl)은 그의 유명한 '논리 이전의(前論理) 사유'를 기본적인 원시사유로 삼는 연구 속에서 매우 상세하게 점복의 문제를 토론하였다. 그는 점복을 신비한 '상호 삼투의 법칙(law of mutual osmosis)'[50] 관계를 드러내는 수단으로 보고 있다. 그는 다음과 같이 말하였다. "원시인에 대해 말하자면 점복은 바로 부가된 지각 능력이다. 마치 우리들이 도구를 사용하여 우리 육안으로 볼 수 없는 미세한 것을 볼 수 있게 하고 우리들의 부족한 감각을 보완해주는 것과 똑같다. 원시인의 사유에서는 주로 먼저 꿈을 이용하고, 그다음 마술지팡이(魔棍)·운명을 헤아리는 수정구슬·복골卜骨·물고기바구니(魚籃)·날아가는 새(飛鳥)·신의 뜻에 따른 재판 그리고 기타 여러 가지 방법들을 이용하여 신비한 요소 및 그러한 요소가 기타방법과 결합하여도 확인할 수 없을 때 그것들을 자세히 탐색한다. …원시인의 사유 자체의 구조로 인해 점복은 이러한 사유가 절대적으로 필요한 것이다."[51)]

그는 또 점복은 단지 미래를 그려내 보일 뿐만 아니라 또한 과거를 이해하려는 것이라고 주장한다. "점복 자체에서 고찰하면 그것은 동등한 정도로 과거와 미래에 주의를 기울인다. 점복의 범죄행위에 대한 조사 가운데 일어나는 중요한 작용이 이러한 점을 설명한다. 예를 들어 주술 재판에서는 거의 항상 점복에 의거하여 범죄를 저지른 부족과 개인을 폭로한다. 분명히 해야 할 것은 누가 병든 사람에게 흉악을 내쫓는 주술을 하며, 어떠한 악령이 그를 짓누르고 있는지, 없어진 물건이 어디에 있는지, 소식이 끊어진 사람이 아직 살아있는지 여부 등등의 일들 또한 이와 같이 행했다는 것이다."[52)]

다른 인류학자와 달리 레비 브륄은 점복을 문화형태 가운데 가장 초급 단계에 해당하는 것으로 간주하는 것 같다. "문화발전의 가장 낮은 단계에서 이미 점복을 사용했다."[53)] 비록 위의 예시 속에서 그는 점복의 주술 재판의 기능을 언급했지만, 그의 관점에 비추어보면 점복은 결코 시작할 때부터 주술과 함께 생겨난 것은 아니다. 도리어 그는 점복이 주술보다 이르며 점복에서 주술로 발전되어 왔다고 생각했다.

점복에서 주술에 이르는 과도기는 거의 알지 못하는 사이에 실현된 것이다. 양자는 모두 신비한 관계에 관한 동일한 집단적 표상들의 기초 위에서 정립되었다. 점복은 주로 이들 관계를 발견하는 데 있고, 주술은 이러한 관계를 이용하는 것이다. 하지만 실제 이 두 목적은 피차 연결되어 있는 것이다. 왜냐하면 주술이 영향력을 가하려면 이러한 신비한 관계를 알아야 하며, 다른 한편으로 점복이 신비한 관계를 발견하는 데 힘쓰는 목적이 그것들을 이용하는 데에 있기 때문이다.[54]

확실히 주술의 조작은 때때로 점복을 필요로 하며 신비한 관계들에 대한 확인을 전제로 한다. 하지만 점복의 목적이 모두 주술을 사용하기 위한 것이라고 볼 수는 없다. 레비 브륄이 인용한 아프리카 민족지民族誌 자료에서도 발롱가(Balonga) 사람에게 있어 주술사는 전적으로 요사스런 술법을 펼치는 사람을 가리키고, 골복사骨卜師는 점쟁이와 씨족 수령의 고문이며, 양자 간에는 결코 직접적인 연관이 없다고 설명한다.[55] 어쨌든, 그에게 있어 점복과 주술은 모두 "집단의 표상 가운데 상상되고 느껴지는 상호 삼투"에 근원한다.[56]

하지만 문화인류학의 관점에서 하나의 통일된 유형을 잡아내기란 매우 어렵다. 사회조직의 진화 혹은 문화와 종교의 진화를 막론하고 모두에게 꼭 들어맞는 보편적인 유형은 없다. 이것은 당연히 상대주의적 입장을 쉽게 초래하지만, 그렇다 하더라도 기존에 알고 있는 대다수 문화적 영역에서 말하면 점복과 주술은 분명 최초의 문화와 종교적 표현이기 때문에, 반드시 점복과 주술 발생의 선후를 규명해야 할 필요는 없을 것 같다. 레비 브륄의 주장이 지닌 의의는 '점복'과 '주술'이 동일한 형태에 속하지 않는다는 점을 제시하는 것으로 보인다. 이것은 또 분명 프레이저와 말리노프스키의 주술에 관한 연구 저작에서 점복에 대해 언급하지 않은 이유이다.

토카레프(Tokarev)의 저작은 세계 각지의 수많은 점복의 사례들을 제공하고 있다. 오스트레일리아 토착 원주민들은 특히 '주술 살해(咒殺)'를 두려워하였으며, 모든 질병과 재액이 원수의 술법으로 인해 빚어진 일이라 여겼다. 이 때문에 어떤 사람이 죽었을 때 걸핏하면 온갖 점복 방법에 호소하여 죽은 자가 어느 원수에 의해 주술 살해를 당했는지 추정했다. 다른 동북아시아 지역의 샤먼 또한 비록 점복이 결코 샤먼의 주요 활동이 아닐지라도 항상 점복에 빌어 어떤 신에게 제사를 올려야 할지를 판단하였다.57)

고대 게르만인들은 점복을 매우 중시했으며, 점복의 방식 또한 다양하였다. 동물(예: 새, 말)의 행동을 징조로 삼기도 하고, 제비(籤)를 뽑아 길흉을 찾기도 하였다. 타키투스(Publius Cornelius Tacitus)의 기록에 의하면, 게르만 인들은 종종 복숭아 나뭇가지를 꺾어 제비(卜籤)를 만들었는데, 제비에 서로 다른 부호를 표시한 다음 임의로 흰 보자기 위에 올려놓는다. 만약 공적인 일을 점치면 사제가 주관하고, 사적인 일을 점치면 가장家長이 집행한다. 점을 칠 때는 먼저 점을 주관하는 자가 신을 향해 기도를 올린다. 이어서 푸른 하늘을 바라보며 제비를 뽑아 점을 친다. 일반적으로 잇달아 세 차례 행하여 제비에 기록한 부호에 근거하여 해석한다.58)

바빌론의 점복 체계는 매우 잘 완비되어 있다. 사제 가운데 점복을 전담하던 자는 '바루(baru)'로 사람들의 꿈 해석에 뛰어났다. 점복 방법 또한 희생용 가축의 동작이나 새가 날아가는 모습 등에 근거한다. 가장 흔히 볼 수 있는 것은 내장을 사용하는 점법(臟卜)으로, 특히 간을 사용하는 점법(肝卜)이었다.59) 고대 로마의 종교 생활에서도 점복은 매우 중요한 역할을 했다. "개전開戰·출사出師·정벌征伐·강화媾和·대형토목공사 등과 같은 나라의 대사大事를 거행할 때마다 로마인들은 항상 신의 뜻을 구하였다. 점복에서 가장 흔한 방법은 새가 날아가는 모습을 보거나 신성한 닭이 모이를 쪼아

먹는 것을 살피거나 번개의 형세를 관찰하는 것이 많았다." 또한 제사에 올리는 동물의 내장을 보고서 길흉을 점쳤는데, 로마 종교보다 더 왕성하게 점술을 행한 곳이 없었다고 전해진다.[60] 주나라 초기 「홍범」에서 언급한 '구주九疇' 가운데 "일곱 번째, 밝힘을 계의稽疑(의심나는 것을 논의함)로 하는 것이다(七曰明用稽疑)"라는 말은 완전히 복서이며 결코 주술을 언급하지 않았다. 이것은 고대 로마인과 매우 유사하다.

중국 상고 문화 속에서 무巫와 복卜은 여전히 구별된다. 주나라 초기의 축종복사祝宗卜史에 관한 언급을 통해 복卜은 주대에 여전히 비교적 높은 지위를 지녔지만 무巫의 지위는 점차 하락하였다는 것을 알 수 있다. 복인卜人은 한대漢代라 할지라도 여전히 민간의 지혜로운 자로 여겨졌다.[61]

이제 다시 한 걸음 더 나아가 점복 형식 아래의 사유와 신앙의 성질에 대해 논의해 보도록 하자. 주술 속의 술법과 샤먼의 차이와 마찬가지로 점복의 술법 속에서도 자연감응력에 기초한 점복과 신령 관념에 기초한 점복이 있다. 말하자면 동시성(synchrony: 과거에 대한 언급 없이 기존의 관계들의 체계로 연구하는 것)에서 봤을 때 주술과 점복은 모두 신령관념과 서로 관련되어 있으면서 신령관념에 대해 미리 선입관을 갖지 않는 것을 전제로 한다. 통시성(diachrony: 시간의 흐름을 따르는 변화를 연구하는 것)에서 봤을 때 양자의 출현은 선후가 있을 수 있다.

프레이저의 주장은 비록 회의적인 시각이 있지만, 그가 다루고 있는 많은 자료를 보면, 존 러벅(John Lubbock)의 진화론에서 주장하는 원시종교의 첫 단계는 아직 신의 마술은 보이지 않으며, 이러한 결론은 논리적으로 그리고 역사적으로 모두 보편성을 갖는다.[62] 만약 자연감응력에 기초한 주술·점복을 신령관념으로 설정한 주술·점복과 개념상으로 구별한다면, 전자를 '자연주술'과 '자연점복'으로 부를 수 있고 후자를 '신령주술'과 '신령점복'이라 부를 수 있다. 당연히 이러한 모든 것들에서 통일성을 찾으려 한다면 그것은 레비 브륄이 말한 논리 이전의 '신비적 사유'[63]이거나 혹은 레비 스트로스(Levi Strauss)가 언급한 전前과학적인 '야성적 사유'[64]이다.

이 때문에 중국의 아득한 상고시대에 가장 원시적인 주술은 자연주술일 것이고 나중에 신령주술로 발전했을 가능성이 크다. 이와 마찬가지로 상고시대 최초의 점복은 자연점복이며 후대에 신령점복으로 발전했을 것으로 보인다. 당연히 각 지역의 문화발전의 차이로 인해 동일한 시기 각 지역의 원시 문화형태는 서로 다른 수준과 면모를 보여준다. 이 때문에 출토된 복골卜骨만 본다면 당시 신앙의 특징과 신앙의 상태가 어떠한지 정확하게 판정할 수 없다. 반드시 복사卜辭의 도움을 빌려야만 비로소 한 시대의 신앙 수준을 진정으로 이해할 수 있다.

중원의 선진문화로 보면 역사시대에 중국 고유의 '무巫'의 활동은 이미 신령신앙에 덮여버렸고, 또한 만물유령론萬物有靈論(animism)의 단계에 있는 동시에 비교적 높은 신령 관념으로 발전되었다. 이 때의 '무巫'는 주로 신령 제사 과정의 어떤 직책을 담당하였고 동시에 점복의 직무도 겸했으며 또한 점복은 항상 제사를 위해 시행되었다. 상대商代의 갑골 점복은 의심의 여지없이 신령의 입장에 기초한 종교 활동이었다. 상고시대의 주술 혹은 점복이 전체 원시 종교

생활의 주요 형식으로 여겨졌다는 것과 다르게, 상대商代의 무복巫卜 활동은 적어도 상층 문화에서는 이미 모두 제사문화의 일부분이 되었다. 물론 독립적인 자연점복과 신령점복은 이후의 각 사회계층 속에서 여전히 유행하고 있었지만, 생활 속에서의 지위는 상고시대와 비교할 수는 없는 것이다. 복사를 통해 보면 점복과 제사의 한 가지 차이점은 바로 제사의 대상은 귀신과 조상의 영혼(祖靈)이지만 점을 칠 때 질문하는 대상은 반드시 귀신과 조상의 영혼은 아니라는 점은 반드시 지적해야 할 것이다. 예를 들어 복사卜辭에 조상(祖)이 해를 끼치고 있는지를 묻는 것이 있는데, 조상에게 직접 묻는 것은 분명히 아니다. 『사기』「귀책열전」에서 신령한 거북(靈龜)이 상하를 소통하는 매개라는 설은 당연히 근거하는 바가 있다.

만약 이론상에서 보면 점복과 무술은 모두 신비한 사유에 속하는 것이지만 결국은 두 가지의 다른 사상원칙을 표현하고 있다. 자연점복을 가지고 말하면 자연주술은 교감법칙에 호소하여 행동과 언어를 통해 로버트 매럿(Robert Marett)이 유사과학으로 부르는 이른바 자연적 역량을 조종하고 조작하려고 도모하는 것이다.[65] 또한 자연점복은 실천적 · 조작적인 것이 아니라 인지적인 것이며, 그것은 다만 신비스럽게 사물 사이의 관계를 발견하고자 하는 것이다. 어떤 의미상에서 주술과 점복의 구별은 바로 기술과 과학의 구별과 마찬가지이다. 신령주술(샤먼)과 신령점복 사이에도 유사한 구별이 있다. 신령주술은 신령의 초자연적인 힘을 이용하고 움직여서 어떤 객체에 대해 영향을 끼치려고 하는 것이다. 그러나 신령점복은 다만 초자연적인 계시를 통해 인류 자신의 이성과 감성으로 이해할 수 없는 사항이나 영역을 이해하고자 하는 것이다. 그러나 샤먼의 형태는 비교적 특수한 것처럼 보이는데, 이는 샤먼이 점복을 행하기 때문일 뿐만 아니라 샤먼이 굿을 하면 광분한 상태가 되어 신령이 빙의되도록 하기 때문이며, 계시를 이끌어내어 사람들의 의심스럽고 판단하기 어려운 문제에 해답을 주려는 것이지 이것으로 다른 객체에 대해 어떤 영향력을 발휘할 수 있는 것은 아니다. 이 점은 점복의 기능과 다를 것이 없다.

4. 복卜과 서筮

이제 상고시대의 서점筮占에 대해 고찰해보도록 하자. 서筮라는 글자는 『설문해자』에서 "역괘는 시초를 쓰며, 대나무로부터 나왔다"66)라고 풀이하고 있다. 『예기』「곡례曲禮」에는 "거북으로는 복점을 치고, 점대(策)로는 서점을 친다(龜爲卜, 策爲筮)"라고 되어 있다. 점대(策)는 곧 시초(蓍)이며 형태는 산가지(算籌)와 같다. 그러므로 대나무로부터 나왔다고 한 것이다. 『태평어람太平御覽』 82권에서는 고서古書를 인용하여 "옛날 하후夏后가 서점(筮)을 시작하고, 용을 타고서 하늘에 올랐다"67)고 하며, 『여씨춘추』「물궁勿躬」의 "무함작서(巫箴作筮)"는 바로 무함巫咸이 서점을 만들었다는 뜻이다. 『세본世本』「작편作篇」에는 "무함이 서점을 만들었다(巫咸作筮)"고 명확하게 말하고 있다. 심지어 "신농이 무함으로 하여금 서점을 주재하도록 하였다(神農使巫咸主筮)"(『노사路史』 후기3後記三)라는 말이 있어서 『역전』은 복희씨伏羲氏가 처음으로 팔괘를 지었다고 말하지만, 근원을 추정해보면 그 역사는 더욱 이르다. 고무古巫들은 대부분 서점을 담당했다. 그러므로 서점의 역사는 상당히 오래되었다.

왕실 종교 활동을 통해 살펴보면 은나라 사람들은 당연히 갑골을 사용하는 점을 중시하였으나 서점筮占도 또한 행하였다. 특히 왕실이 아닌 하층계급에서는 귀갑이란 재료를 얻는 것이 쉽지 않았기 때문에 서점에 더 많이 의지해야만 했다. 설령 왕실의 문점(問占) 활동이라 하더라도 서점筮占이 필요했다. 다만 서점의 도구와 기록은 갑골과 같이 그렇게 잘 보존되지 않았을 뿐이다. 「홍범」에 기록된 은나라 기자箕子가 무왕武王의 물음에 답했던 “이에 복서를 하도록 명하였다(乃命卜筮)”라는 구절을 보면 은나라 사람들은 당연히 복서를 병용했을 것이다. 어떤 학자는 상대商代에 이미 점서占筮가 성행하였고 서법筮法의 출현은 아무리 늦어도 무정武丁(상나라 22대 왕) 시기보다 늦지 않기 때문에 상나라 사람들이 서법을 운용한 것은 주나라 사람보다 더욱더 빨라야 한다고 본다. 은나라 말기 상왕商王의 도성에서 변방의 먼 지역에 이르기까지 서법이 광범위하게 유행했다. 다만 이 시기에 서법은 후대의 괘획卦畫인 ‘⚊’, ‘⚋’이 아니라, 세 개 혹은 여섯 개의 중첩된 숫자 부호로 구성되어 있었다. 게다가 복점(卜)과 서점(筮)은 항상 동시에 진행되었다. 그러므로 서점의 숫자와 서사筮辭가 항상 복점의 갑골 위에 새겨져 있다.[68]

태복大卜의 한 가지 직무로 “삼역三易의 법을 주관한다(掌三易之法)”라는 표현은 고사古史에서 ‘역易’이 서수체계筮數體系라는 것을 나타낸다. 그러므로 연산連山 · 귀장歸藏 · 주역周易 모두 역이라 칭하였다. 『국어』 「노어魯語」에는 위소韋昭가 삼역三易에 대해 “첫째 하나라의 연산, 둘째 은나라의 귀장, 셋째 주나라의 역(一夏連山, 二殷歸藏, 三周易)”이라 주석을 달았으며. 정현은 『역찬易贊』을 지어 “하나라는 연산이라 하고, 은나라는 귀장이라 하였다(夏曰連山, 殷曰歸藏)”[69]라고 말했다. 삼역의 구별은 옛사람들의 말에 근거하면 다음과 같다. “연산역은 간艮괘를 머리 괘(首卦)로 삼는데, 간艮은 산山이며, 상괘와 하괘가 모두 산이니 연산連山이라 부른다. 운기雲氣가 나와서 산 속에 있으니 고로 역의 이름을 연산이라 한다.”[70] “귀장역은 곤坤을 머리 괘로 삼는데, 곤은 땅이므로 만물이 그 속으로 돌아가서 저장되지 않음이 없으니, 고로 귀장이라 부른다.”[71] 이러한 관점에 근거하면 주역의 주周라는 글자는 결코 지명이 아니다. "연산과 귀장 모두 지명을 말하는 것이 아니라 뜻으로 역易을 이름 지은 것이라면 주周는 지역의 호칭이 아니다. 주역은 건乾을 머리괘로 삼는데, 건은 하늘(天)이며 하늘은 능히 사시四時를 두루 순환하게 하니, 고로 주역이라 명한 것이다."72) 가공언賈公彦의 소疏에서는 나아가 삼역三易은 삼대三代의 삼정三正과 관련이 있다고 주장하였다. "주나라는 11월을 정월正月로 삼았다. 천통天統이므로 건乾을 머리 괘(首卦)로 삼았다. 은나라는 12월을 정월로 삼았다. 지통地統이므로 곤坤을 머리 괘로 삼았다. 하나라는 13월을 정월로 삼았다. 인통人統이지만 사람을 머리 괘로 삼는 이치가 없으므로 간괘(艮)가 정월에 차츰 가까워지기 때문에 간艮을 머리 괘로 삼은 것이다."73) 가공언의 설은 견강부회를 벗어나지 못한다. 왜냐하면 설령 '주周'를 천체를 한 바퀴 도는 주천周天으로 해석한다 하더라도 역易자는 여전히 해석할 수 없기 때문이다. 만약 역이 곧 '삼역三易'의 역易이라면 어떻게 하상夏商 두 역의 이름 속에는 역易자가 없는가? 단지 '연산'과 '귀장'의 명칭 속에 지명이 없다는 이런 관점을 가지고 '주역周易'의 주周자가 지명이라는 것을 부정하는 것은 여전히 문제가 있다.

이 밖에 만약 가공언의 삼정三正에 관한 추정이 정확한 것이라면 먼저 삼대三代는 모두 천天을 건乾으로, 지地를 곤坤으로 삼았다는 점이 전제되어야만 한다. 바꾸어 말해서 삼역三易에서 말하는 괘상卦象의 유비적 사유는 동일한 체계 속에 있어야 한다는 것을 의미한다. 실제로 『주례』에 언급된 "그 경괘經卦는 모두 여덟이며 그 별괘別卦는 모두 육십넷이다(其經卦皆八, 其別皆六十有四)"라는 말은 괘의 순서가 동일하지 않다는 것 외에도 삼역의 괘획卦劃과 괘명卦名 및 경經·별別의 구분 체계가 모두 많은 공통성을 가지고 있다는 것을 확실하게 나타내고 있으며, 주나라 이후 전해진 서괘筮卦 체계의 기원이 매우 오래되었다는 것을 암시한다.

『주례』에 근거하면 삼역 이외에 또한 구서九筮(아홉 가지 서법)가 있었다고 한다. 구서의 명칭도 서법筮法이 매우 오랜 기원을 가지고 있다는 것을 의미한다.

> 서인簭人들이 삼역三易을 관장하여 구서九筮의 명칭을 분별하였다. (삼역은) 첫째 연산連山, 둘째 귀장歸藏, 셋째 주역周易이라 한다. 구서九筮의 명칭은 첫째 무경巫更, 둘째 무함巫咸, 셋째 무식巫式, 넷째 무목巫目, 다섯째 무역巫易, 여섯째 무비巫比, 일곱째 무사巫祠, 여덟째 무삼巫參, 아홉째 무환巫環이라 하는데, 길흉을 판단하며, 모든 국가 대사는 먼저 서점筮占을 치고 난 후에 복점卜占을 쳤다.[74]

서簭는 서筮와 통한다. 무경巫更·무함巫咸 등의 명칭의 무巫자에 대해 정현鄭玄 주에서는 서筮, 즉 서경筮更·서함筮咸 등으로 보고 있다. 하지만 후대 유자들은 대부분 구무九巫를 글자 그대로 읽는다. 왜냐하면 구무九巫의 무巫를 서筮로 바꾸지 않더라도 이는 분명히 서법을 가리키는 것이지 아홉 가지 지위의 무巫를 가리키는 것이 아니기 때문이다. 앞 문장에 "구서의 명칭을 분별하였다"라는 구절이 명백한 증거로 구서는 곧 아홉 무자巫者의 이름으로 명칭을 삼은 서법이다.

의사결정 과정에서 복卜과 서筮의 관계를 「홍범」은 복서卜筮가 병용되었다고 하였고, 『주례』「서인筮人」에 근거하면 서筮를 먼저하고 복卜을 후에 행했다. 그러나 『예기』「곡례曲禮」에는 "복서는 거듭

연이어서 행하지 않는다"[75]고 말한다. 『주례』 「서인」에서 말하는 "모든 국가의 대사는 먼저 서점筮占을 치고 난 후에 복점卜占을 친다"는 구절에 대해 『주례정의』에서는 가공언의 설을 인용하여 "서筮는 덜 중요하고 귀龜는 더 중요한 것이니, 덜 중요한 것에 먼저 착수한다"[76]라고 해석하였다. 「홍범」의 설은 아마도 주나라 초기의 상황을 말하는 것이고, 『주례』의 설은 서주西周 후기일 가능성이 크다. 대체로 복서의 선후는 절대적인 것이 아니었으며, 춘추시대에는 정해진 방법이 없었다. 이외에도 왕이 작은 일을 처리할 때에 종종 복점만 치고 서점은 치지 않았는데, 이것은 바로 『예기』 「표기表記」에 언급된 "천자는 서점을 치지 않았다(天子無筮)"라는 말이다.

종합하면 주나라의 두 문헌 가운데 복서卜筮가 연용連用된 사례가 매우 많다는 것은 당시 점복占卜을 행하는 가운데 이 둘이 밀접한 관계가 있었다는 것을 보여준다. 『시경』의 "복점과 서점을 다 해보니, 모두 돌아올 날 가까워졌다고 말하네"[77]의 경우이다. 설령 비교적 늦은 시기라 하더라도 『좌전』 「희공15년僖公十五年」의 "거북점은 상象이며, 서점은 수數이다(龜象也, 筮數也)"라는 기록과 『관자管子』 「권수權修」의 "윗사람은 거북점과 서점에 의지하여 국정을 행하고, 무의巫醫를 쓰기 좋아했다"[78]라는 기록 역시 마찬가지이다. 문헌의 기록으로 보면 이론적으로 그리고 국가제도체계에서 귀복龜卜이 초서草筮와 비교하면 더욱 중요하였다. 천자가 대사大事를 처리할 때 비록 서筮를 먼저 시행했지만 결국 거북점으로 판단하였다.[79] 실제로는 공물로서 바쳐지던 귀갑의 공급이 쉽지 않았다는 것을 고려하면 경사卿士 이하는 대부분 서법筮法을 사용해야 하며, 이로 인해 사회문화적 측면에서 서법은 필연적으로 중요한 위치를 점하게 된다. 이것은 이후 주역의 서법이 점복체계에서 점차 주도적인 지위를 차지하게 되는 원인 가운데 하나이다.

넓은 의미에서 살펴보면 축복祝卜은 전부 성직자였으며 삼대의 문화 속에서 모두 제사 의전의 절차에서 일정한 직무를 담당하였다. 예를 들어 복서卜筮로는, 상례喪禮를 치를 때 장지葬地와 장일葬日을 점치고, 제례를 올릴 때 제일祭日과 희생물을 쓰는 것(用牲) 등을 점쳤다. 하지만 축복과의 차이점은, 축祝은 주로 제전祭典의 기도행위를 담당했고, 복卜은 기타 인사人事(국가의 길흉)를 예측하는 역할을 담당했다는 것에 있다. 『예기』「곡례」는 다음과 같이 말하고 있다.

> 거북(龜)으로 복점(卜)을 치고 점대(策)로 서점(筮)을 친다. 복서卜筮는 옛 성왕聖王이 백성들에게 시일時日(성왕이 선정한 날짜)을 믿게 하고 귀신을 공경케 하고 법령을 두려워하게 하였다. 이로써 백성들에게 미심쩍은 것을 결단하게 하고 머뭇거리는 것을 결정하게 하였다. 그러므로 말하기를 '의심스러울 때 서점을 치면 그릇되지 않으며, 날을 가려서 일을 행하면 반드시 좋아진다'고 한 것이다.[80]

상주商周 교체기에 복서는 이미 순수한 의미에서 신이 없는(無神) 방술이 아니었고, 귀신 신앙 및 이로부터 비롯된 종교제사(장례의식을 포함)와 혼합되어 그 일부분이 되었다. 그러므로 『예기』「표기表記」에 "옛 삼대의 명철한 왕(明王)들은 모두 천지의 신명을 섬기고 복서를 사용하였으며 감히 사사로이 상제를 함부로 섬기지 않았다. 이리하여 일월日月을 어기지 않고 복서를 거스르지 않았다"[81]고 하였다. 『예기』에서는 "복서를 어기지 않았다(不違卜筮)"고 여러 차례 말하는데, 이것은 주대 예제禮制의 원칙 가운데 하나가 되었다.

5. 서법筮法과 서사筮辭

앞에서 말한 것은 대부분 고대의 복서와 관련된 제도에 대한 것이었다. 은말주초殷末周初에 이르면 갑골 유적 외에 실천적 측면에서 복서를 중시한 문헌을 볼 수 있다. 『서경』, 「반경하盤庚下」에 다음과 같은 문장이 있다.

> 좋은 일은 신령(靈)께서 계시하시니, 감히 복점(卜)을 어기지 아니하였다.[82)]

령靈은 주석에서 종종 신神, 즉 상제上帝로 풀이하며, 복서의 결과는 신의神意에서 나오기에 어길 수 없다고 생각했다. 여기에서의 복점(卜)은 당연히 귀복龜卜을 가리킨다. 귀복은 주나라 초기에 중요한 위치를 차지하고 있었는데, 이것은 주원갑골周原甲骨로부터 추론할 수 있을 뿐만 아니라 관련 문헌기록 또한 적지 않다. 『서경』 「금등金縢」에는 주나라 무왕이 상나라를 멸망시킨 이듬해에 중병에 걸려 주공이 선왕에게 기도를 드렸다는 기록이 있다. 그 가운데 "내 나아가 원귀元龜(거북)에게 명을 받을 것이다(我卽命于元龜)"라는 말이 있으며, 점복의 결과는 "이에 세 거북으로 점치니 하나같이 거듭 길하였다.(乃卜三龜, 一習吉)" 『상서』 「대고大誥」에서는 "내 감히 하늘이 내린 위엄을 숨길 수 없으니, 영왕寧王(=文王)이 우리에게 남기신 대보귀大寶龜(보배로운 대형거북)를 사용하여 천명에게 점쳐 물었는데, …짐의 복점은 모두 길하였다."[83)] 또 이르기를, "영왕께서 복점卜占을 사용하시어 하늘의 뜻을 알고 이 명을 편안히 받을 수 있으셨다. 이제 하늘이 백성을 돕고자 하시는데, 하물며 또한 복점의 사용이야 말할 필요가 있겠는가!"[84] 이는 문왕이 귀복을 신용하였기 때문에 천명을 받을 수 있었다고 주장하는 것이다. 이것은 모두 주나라 사람이 은나라를 무너뜨린 초창기에 중대한 일에 있어서는 귀복龜卜의 작용을 여전히 중시했다는 것을 말한다.

「대고」에는 복점과 천명이 이미 관련되어 있다. "문왕께서 점을 통해 물어 능히 편안하게 하늘의 이 명을 받들 수가 있었다. 이제 하늘은 백성들을 도우려 하시니 또한 점의 결과에 따라 일을 처리해야 하느니라"[85]라고 하였다. 이는 천명에는 착오가 없고 복점의 결과는 반드시 복종해야만 한다는 것을 표명한다. 「소고」에는 낙읍洛邑을 건설하는 과정에서 소공召公이 점복으로 터를 선택하였다는 기록이 있고, 「낙고」에는 낙읍 건설 전후에 주공이 터를 정하는데 여러 차례 점을 쳤다는 기록이 있으며, 마지막 점을 칠 때는 성왕成王 또한 친히 참여하였는데, 이는 모두 주나라 초기 통치자들이 정책을 결정할 때 항상 점복의 도움을 받았다는 것을 증명한다.

이상의 몇 가지 예들은 전부 복卜을 언급하였지만, 서筮를 언급하지 않았다. 하지만 「주서周書」의 「군석君奭」에는 다음과 같은 기록이 있다.

> 그러므로 한 사람(군주)이 사방에 일한 것이 있으면, 마치 복점과 서점을 대하듯이 하여 군주의 일함을 믿지 않는 이가 없도다.[86]

「군석」은 주공이 소공에 대해 훈계하는 말이다. 또한 주나라 초기에는 복서卜筮가 이미 함께 사용되고 있었다. 이것은 서筮가 주나라 초기 이미 상당한 지위를 차지하고 있었다는 것을 의미한다. 재차 「홍범」 가운데 기자箕子의 "이렇게 사람을 세워 복서를 행하고(立時人作卜筮)"와 "귀서龜筮가 따른다(龜从筮从)"는 설명을 고려해보면 마땅히 주나라 초기의 시초점(蓍筮)은 응용의 측면에서 이미 귀복龜卜과 병립할 정도로 성숙했다는 것을 인정해야만 한다. 비록 국가의 예제禮制 규정에서는 귀龜가 서筮보다 높았지만 왕실의 바깥에서는 서점筮占이 훨씬 더 보편적이었다. 만약 '삼역三易'의 관점을 다시 고려하여 시초점이 하상夏商 이래로 지속적으로 전수되었다고 단언한다면 주대 서법은 결코 근거 없이 나온 것은 아니다.

연산과 귀장이 과연 존재하는 책인지 그리고 후대 사람이 실전한 것들을 모아 편찬한 책을 과연 믿을 수 있는가 하는 것은 여전히 의문스럽다. 설령 주역 이전에 연산과 귀장이라는 점서가 있었다 하더라도 그 내용에 서법筮法 이외에 어떠한 견해나 신앙을 담고 있었는지는 더더욱 알기 어렵다. 『태평어람』 권180에서 환담桓譚의 『신론新論』을 인용하여 말하기를 "『연산』은 8만여 글자로 되어 있고, 『귀장』은 4,300여 글자로 이루어져 있다"[87]고 하였다. 황종염黃宗炎은 일찍이 이를 크게 의심하며 만약 이러하다면 하나라 때의 문자가 거의 문왕과 주공의 시대보다 20배나 많은 것이니, 이는 완전히 문자 발전과 서적 발전의 상식과 맞지 않다고 생각했다. 『서경』에서는 "오직 은나라의 선인先人들에게만 전典과 책冊이 있었다"[88]고 분명히 말하고 있다. 그러므로 하대夏代의 『연산』이라는 책에 8만 글자가 있었다고 말하는 것은 완전히 불가능하다. 이것은 환담이 본 『연산』과 『귀장』은 분명히 후대 사람들이 만든 것을 가지고 말하는 것으로 보인다.

『한서』「예문지」에는 연산과 귀장에 대한 기록이 없는데, 그 진위여부에 대해 의문을 보이고 있음을 설명한다. 진晋나라와 수隋나라 사이에 유현劉炫이 『연산』을 위작하였다는 것은 『북사北史』 유현전劉炫傳에 보인다. "당시 우홍牛弘이 천하의 분실된 책을 모으고 구하였는데, 유현이 마침내 백여 권을 위조하여 연산역·노사기魯史記 등으로 제목을 붙였다."89) 수대隋代에 환담이 본 『연산』은 이미 없어졌기 때문에 유현이 위조했다는 것을 알 수 있다. 그러나 송대宋代에 이르면 유현의 위서 역시 보이지 않으며, 정초鄭樵는 "연산은 하후씨夏后氏의 역이며 당나라에 이르러서야 비로소 나타났지만 지금은 망실되었다(連山, 夏候氏易, 至唐始出, 今亡)"고 말했다. 환담이 보았다는 위서 연산과 유현이 위작한 연산의 산실되었던 문장(佚文)은 고명高明이 일찍이 간략히 고찰하였지만 수집된 것은 십여 조목이며, 종교 연구의 측면에서는 그다지 큰 의미나 가치는 없다.90)

『수서隋書』「경적지經籍志」에는 『귀장』이란 책에 대해 다음과 같이 기록하고 있다. "귀장은 한나라 초기에 이미 망실되었다. 『진중경晋中經』에 보이는데 다만 복서卜筮만이 실려 있으며 성인의 뜻과는 다른 것 같다"91)라고 하였다. 귀장의 책이 한나라 초기에 이미 없어졌다고 한다면 환담·정현·유협劉勰이 보았다고 주장하는 『귀장』은 분명히 한나라 초기 이전에 전해진 『귀장』이 아니다. 『수서』「경적지」에 기록된 위본僞本 귀장은 송대에 이르러 절반이나 망실되었다. 이에 대해 『중흥서목中興書目』에서는 "『귀장』은 수대隋代에 13편이 있었지만 지금은 다만 「초경初經」·「제모齊母」·「본시本蓍」 3편만 남아있는데, 문장이 많이 빠지고 손상되어 해석할 수가 없다"92)고 기록되어 있다.

고명高明은 일찍이 간보干寶 등의 학자들이 인용한 『귀장』의 산실되었던 문장의 괘사를 고찰하였는데, 그 괘명卦名은 『주역』과 약간 다르다. 예를 들면 수需를 욕溽으로, 소축小畜을 소독축小毒畜으로, 간艮을 흔很으로, 손損을 원員으로, 겸謙을 겸兼으로, 무망无妄을 무망毋亡으로, 가인家人을 산가인散家人으로, 환渙을 환奐으로 쓰고 있다. 이러한 예들은 대다수가 글자의 통가자通假字의 사용이 달라서 나타난 차이이며, 『주역』의 괘명과 근본적으로 구별되는 것은 아니다. 또 구瞿·흠欽·규規·야夜·분分·잠흔岑昕·임화林禍·마도馬徒라는 괘가 있는데, 괘명이 『주역』과 완전히 다르고 『주역』의 어떤 괘에 해당되는지도 알 수 없다.[93] 귀장의 산실되었던 괘사에 대해 이전 사람들은 「설괘전」과 서로 비슷한 것으로 보았다. 왕응린王應麟의 『한서예문지고증漢書藝文志考證』에 인용된 괘사에는 다음과 같은 글이 실려 있다.

> 명이明夷에 말하기를, 옛날 하후씨(夏后)가 「계서啓筮」(귀장 가운데 하나의 편)를 가지고 대릉大陵에서 제사를 드리고 균대鈞臺에 올라 점을 쳤는데, 고요가 불길하다고 말하였다. 옛날 하후씨가 「계서」를 가지고 진晋나라의 언덕에서 신에게 제사를 드렸는데, 강의 북쪽에 선대璿臺(=영대靈臺)를 지었다. 옛날 걸왕(桀)이 서점을 가지고 당唐을 정벌하는 일에 대하여 형혹熒惑에서 점을 쳤는데 말하기를, "불길하다. 출정하는 것은 이롭지 않고 오직 안전하게 거처하는 것이 이로우니, 저들은 살쾡이(狸)이고 우리는 쥐(鼠)이다. 일을 도모하지 말고 그 아비를 상(傷)하지 않도록 조심하라"고 하였다. 옛날 목왕穆王 천자가 우강禺强에서 서점을 쳤다.[94]

걸왕이 서점을 쳤다는 단락은 분명 서사筮辭이며 『주역』과 아주 가깝다.

민속학 자료에는 중국 서남 소수민족 사이에서 반드시 세 번 복점을 치는 점법이 유행했다는 기록이 보인다. 예를 들어 양산凉山 이족彝族의 초점법草占法은 풀을 한 묶음 취하여 왼손에 잡고 오른 손으로 일부분을 아무렇게 가져가서 나눈 다음에 왼손에 남은 수가 기수인지 우수인지 살핀다. 이와 같이 세 차례 행하여 세 가지 수를 얻는데, 이러한 세 가지 숫자의 기우배열에 근거하여 길흉을 판정한다. 왕녕생汪寧生이 서술한 바에 따르면 '타원가打冤家(원수에게 보복하기 위해 일으킨 전쟁)'의 방법 가운데 이러한 복서 방법으로 길흉을 판정하는 법칙은 다음과 같다.

우偶·우偶·우偶 : 보통(中平), 승부를 낼 수 없다.(不分勝負)
기奇·기奇·기奇 : 보통(中平), 이기거나 패한다. 이기면 대승하고 패하면 대패한다.(非勝卽敗, 勝則大勝, 敗則大敗)
우偶·기奇·기奇 : 흉함(下), 전쟁이 크게 순조롭지 못하다.(戰鬪不大順利)
기奇·우偶·우偶 : 매우 흉함(下下), 전쟁에서 반드시 패하며, 손실이 크다.(戰必敗, 損失大)
우偶·기奇·우偶 : 보통(中平), 전쟁에 크게 불리할 것이 없다.(戰鬪无大不利)
우偶·우偶·기奇 : 길함(上), 전쟁에 승리의 희망이 있다.(戰鬪有勝利的希望)
기奇·기奇·우偶 : 평탄함(平), 전쟁의 여부에 큰 영향이 없다.(戰鬪與否, 无甚影響)
기奇·우偶·기奇 : 평탄함(平), 전쟁에서 반드시 승리하며, 노획물이 매우 많다.(戰必勝, 擄獲必多)[95]

마지막 조항은 '평탄함(平)'이 아니라 마땅히 '매우 길함(上上)'이 되어야 한다. 왕녕생汪寧生은 『주역』에 반영된 서법에는 이미 비교적 복잡한 숫자 계산을 포함하고 있으며, 숫자 관념이 빈약한 고대의 사람들이 운용할 수 있는 것이 아니기 때문에 서법이 시작됐을 때의 상황을 대표할 수 없다고 주장하였다.[96] 그는 또 다음과 같이 주장했다. "팔괘는 원래 고대 무사巫師가 서법筮法을 거행할 때 사용하던 수를 표시하는 부호에 불과하다. 그것은 문자가 아닐뿐더러 또한 남녀 생식기와는 관계가 없으며, 더욱이 거북점(龜卜)의 복조무늬(兆紋)에서 발전된 형태도 당연히 아니다. 『주역』으로 대표되는 복잡한 무술巫術은 상당히 늦은 시기의 것이지만 만약 서법의 시작으로 말하면 결코 복법卜法보다 늦을 리 없다. 다만 복법에 사용된 귀골은 보존하기 쉬웠으나 서법에 사용된 시초는 보존할 수 없었을 뿐이다. '시초점은 짧고 거북점은 길다(筮短龜長)', '천자는 서점을 치지 않았다(天子无筮)', '큰일에는 복점을 치고 작은 일은 서점을 친다(大事卜小事筮)' 등의 표현 또한 단지 통치계급이 복법에 대해 비교적 중시했다는 것을 반영할 뿐, 결코 복법이 서법에 비해 이르다는 것을 설명할 수는 없다."[97] 이 관점은 어쩌면 하후씨가 이미 서筮를 사용했다는 전설을 지지할 수도 있을 것이다.

기본적으로 필자는 왕녕생의 관점에 동의한다. 인류학계에서 파악한 자료에 따르면 간단한 서법筮法이 원시문화 속에 이미 존재하고 있었기 때문에 서법이 복법보다 크게 늦은 것은 반드시 아니다. 그것들은 서로 다른 지역의 원시 거주민들이 최초로 행한 서로 다른 점법일 수 있다. 복법은 아마도 초기에는 어렵漁猎민족의 점법이었을 것이며, 서법은 농업민족과 유목민족의 점법이었던 것 같다. 이후 문화 교류로 인해 서로 영향을 미쳤을 것이다.

삼대三代는 이미 문명시대였으며 결코 원시시대가 아니었다. 삼역三易의 설을 재차 고려해보면, 하나라에 문자가 있었다고 확실히 알 수 없지만 일련의 서법체계가 있었을 가능성은 있다. 게다가 하나라의 서법은 이미 원시 초급 단계의 서점筮占이 아니었을 것이다. 은대의 서법은 더욱더 간단하게 사유할 수 없었을 것이다. 이 시기 점서지사占筮之辭의 발전은 역점체계의 문화적인 내용을 매우 풍부하게 하였다. 『사기』 「봉선서封禪書」의 "동군東君과 운중군雲中君 또한 귀장역에 보인다"[98]라는 말에 근거하면 귀장 속에는 이미 신의 이름이 있었으며, '타원가'의 부류에 비할 것은 결코 아니다.

고고학에서 드러난 문화유적 속에 보이는 복골갑卜骨甲 등 그 자체로는 결코 당시 사람들의 종교적 관념의 성질과 정도가 어떠한지를 직접적으로 드러내는 것은 어렵다. 이것은 복골갑이 그들과 공생 가능한 토템·무술·정령신앙 및 다신 신앙을 반영할 수 없다는 것을 가리킬 뿐만 아니라, 또한 점복 자체가 서로 다른 신앙에서 나올 수 있다는 것을 가리킨다. 이 때문에 점복신앙의 기초를 드러낼 수 있는 복사에 근거해야 모든 시대의 각 부족의 점복활동 배후에 있는 관념과 신앙을 이해할 수 있다.

앞에서 지적한 것처럼 복卜과 서筮는 모두 자연무술과 마찬가지로 신령의 신앙을 미리 설정할 수 없었을 것이며, 또한 어떠한 신령의 신앙에 기초하였을 것이다. 다른 한편으로 점문占問의 대상은 반드시 신앙의 대상인 것은 아니며, 양자가 반드시 일치하는 것도 아니다. 예를 들어 귀복 점문의 대상은 신령한 거북이지만 신앙의 대상은 제帝일 수 있으며, 점문의 대상은 선조이지만 신앙의 대상은 최고의 신인 천天일 수 있다. 서법에는 무슨 점문의 대상이 있다기보다는 역괘易卦로부터 신神이나 천天, 혹은 천명天命의 안배를 이해하려 시도한다.

“하나라는 연산이라 하고, 은나라는 귀장이라 하였다(夏曰連山, 殷曰歸藏)”는 정현의 이 견해는 당연히 하상夏商이 이미 각각의 서법체계를 가지고 있었다는 것을 정확하게 이해한 것이지 하상에 이미 완성된 서서筮書가 있었다는 말은 아니다. 공자는 삼대의 예제禮制 사이에는 손익損益의 인습관계가 있다고 말하였는데, 삼역 사이의 관계 또한 어쩌면 유사한 부분이 있을 수 있다. 그러나 『예기』의 하상 문화의 종교 특성에 관한 서술에 보면, 하나라는 “귀를 섬기고 신을 공경하되 그것을 멀리하는 것(事鬼敬神而遠之)”이며, 은나라는 “신을 존숭하고 백성들을 이끌어서 신을 섬기는 것(尊神率民以事神)”으로 두 왕조의 종교적 관념은 매우 다르다. 이 때문에 설사 하상 두 왕조 모두 서법이 있었고 그 서법들 모두 정해진 괘사가 있었다 할지라도, 각각의 서사筮辭 체계는 당연히 각각의 귀신 신앙에 부합하는 것을 말하는 것이지 그 둘이 서로 일치할 수는 없을 것이다.

『사기』「봉선서」의 “동군東君과 운중군雲中君 또한 귀장역에 보인다(東君, 雲中亦見于歸藏易也)”라는 구절에 보이는 『귀장』이 어떠한 판본인지 알 수 없지만, 동군은 태양의 신(日神)이며 운중군은 구름의 신(雲神)으로 은허殷墟의 복사卜辭 가운데 이미 태양의 신인 동모東母와 구름의 신에 관한 기록이 있으며[99] 후대까지 전해졌다. 이 때문에 상대에 만약 역서易筮의 책이 있다면 아마도 은나라 사람의 종교적 관점을 반영하고 있을 것이다. 『초사楚辭』 속에는 동군과 운중군이 있으며, 두 신神에게 또 한漢나라 때 무巫가 사당(祠)에서 제사를 지냈는데, 당연히 은나라 사람의 신앙에서 영향받은 것이다.

6, 『주역周易』의 의의

지금부터 상고시대 점서占筮 전통의 발전 속에서 『주역』의 의미와 지위에 관해 토론해 보도록 하자.

『예기』「표기表記」의 "삼대는 모두 복서로 신명을 섬겼다(三代皆以卜筮事神明)"라는 구절은 상고시대의 복서활동이 신명을 섬기는 활동의 일부분이며, 특히 신령에게 제사를 올리는 활동의 핵심 부분이라는 것을 표현한다. 은나라 사람들의 복사卜辭를 살펴보면 기능적인 측면이나 혹은 성질상에서도 분명 이와 같다.

당연히 『역경』과 그 실천의 목적은 어떠한 원인을 탐구하는 데에 있다. 카시러의 말을 빌리면 그것이 탐구하고자 하는 원인은 논리적인 원인도 아니고 경험적인 원인도 아니며 일종의 신비로운 원인이다.[100] 『주역』의 전체 체계의 제작은 서법筮法과 그 결과, 그리고 우주 만사의 신비한 연계를 미리 설정하고 있으며, 이러한 연계 관점에 대한 배경은 카시러가 언급한 주술과 신화의 일체적 사유이다.[101] 이러한 사유는 『주역』 이전 시대의 점복문화에 이미 갖추어져 있는 것으로, 『주역』만이 특별히 가지고 있는 것은 아니다.

그러나 점사의 내용이나 성격에 있어서 『주역』은 분명히 '신명神明'의 말(辭)이 비교적 적다. 서사筮辭의 기록 또한 신명을 섬기는 내용이 적으며, 인사人事에 대한 예측이 주요 내용이다. 더욱 중요한 것은 왜 복서卜筮 혹은 다른 역서易書가 아닌 서서筮書인 『주역』이 후대의 철학적 인문주의와 자연주의로 바뀌었는가라는 문제이다. 여돈강余敦康은 일찍이 다음과 같은 의문을 제기하였다. "왜 유독 주나라 사람의 서점筮占 속에서 일련의 철학 사상 체계가 발전하고, 다른 점복은 모두 시종일관 종교무술의 단계에만 머무르고 있는가? 이러한 현상은 도대체 어떻게 해석되어야만 하는가?"102) 이것은 바로 『주역』 자체에 이러한 전환을 가능하게 만드는 특징과 근거, 즉 '수數'의 특징을 포함하고 있기 때문이라고 해야 한다. 간단히 말하면 『주역』은 수數를 기초로 삼는 것으로, 이는 귀신鬼神 관념을 벗어나서 모종의 우주법칙으로 전환할 수 있도록 만들었으며, 이러한 전환이 비록 처음 『주역』을 지은 자의 원래의 뜻은 아닐 수는 있을지 모르지만 도리어 그것은 인문화 과정이 실현될 수 있었던 내재적 근거가 되었다.

복사卜辭와의 가장 큰 차이점은 『주역』의 경문 속에 주나라 사람들의 제帝와 천天에 대한 종교 신앙의 내용을 직접 반영한 것이 매우 드물다는 것이다. 겨우 두 군데에 보이는데, 바로 대유괘大有卦 상구上九 효사 "하늘로부터 돕는지라 길하여 이롭지 않음이 없다(自天佑之, 吉无不利)"와 익괘益卦 육이六二 효사 "어떤 사람들이 (진심으로) 더해준다면 (십붕十朋의 가치가 나가는 매우) 귀하고 신령한 거북점과도 어긋나지 않으니 영원히 바르면 길하니 왕이 천제에게 제사를 지내더라도 유리하니 길하다"103)이다. 나타난 그대로 보면 주대의 점복 속에서는 종교적인 관념(예컨대 복사에서 항상 등장하는 제帝의 관념)은 나날이 약해졌고, 더욱이 여기서 말하는 제帝는 다만 제사의 대상일 뿐, 결코 바람을 불게 하거나 비를 내리게 하는 권능을 가지지 못했다는 것을 보여준다. 『주례』에서 말하는 "팔괘로써 서筮의 여덟 가지 일에 대해 점친다(以八卦占筮之八故)"는 기본적으로 모두 인간사의 변화이며, 주로 인간사의 길흉을 추측하는 데 사용된다. 그것은 더 이상 복사卜辭처럼 그렇게 끊임없이 비를 점치고 풍년을 점치는 것이 아니다. 이는 이후에 '제5장 천명天命'에서 토론하게 될 천天의 '역사 속의 상제上帝'의 변천과 서로 대응되는 것이다.

동시에 왕부지王夫之가 『주역외전周易外傳』에서 지적한 "귀복에는 조문兆紋이 드러나지만 귀모鬼謨만 있고 인모人謀는 없다"[104]고 말하는 것처럼, 『주역』 서법의 실현 과정에는 귀모뿐만 아니라 인모도 있다. 주백곤朱伯崑은 귀복龜卜과 점서占筮를 서로 비교하면 중요한 구별이 있다고 주장하였다. 그의 주장에 따르면 귀상龜象은 자연적으로 이루어진 조문兆紋이고, 괘상卦象은 인위적인 추산이며, 귀복龜卜은 추리와 연역이 필요 없고, 시초점은 논리적인 추리와 연역의 도움을 빌려야 한다.[105] 이러한 인모人謀의 추리와 연역이 바로 '수數'의 연산을 구현하는 것이며, 사람들의 주의력을 '수'로 전환시킨다.

『역경』에 "고종이 귀방을 벌하다(高宗伐鬼方)", "제을이 누이를 시집보내다(帝乙歸妹)"라는 내용이 몇 번이나 출현하는 것은 『주역』의 문헌체계가 온전히 주나라 사람의 독특한 문화적 창작물로 간주할 수 없으며, 그 속에는 은대 사람의 역점易占에 대한 실천 경험을 상당 부분 포함하고 있음을 나타낸다. 복사에 정貞·길吉·대길大吉·망우亡尤·이불리利不利 등이 있고, 『역경』에도 길吉·무길无吉·무구无咎·이섭대천利涉大川·불리유유왕不利有攸往 등이 있으니, 『역경』의 점사占辭와 복사卜辭의 구조가 비슷하고, 구성방식 또한 유사하다는 것이 명확히 나타난다.[106]

『역경』의 형성에 있어서 복사卜辭의 경우와 마찬가지로 서사筮辭 역시 아주 이른 시기부터 기록한 것이 있었을 것이다. "은나라의 선인先人들은 (사실을 기록한) 책冊과 전典을 가지고 있었다"[107]라고 하여 사람들이 이미 붓을 사용하여 죽간에 글을 기록하고 있다는 것을 알 수 있다. 이로 인해 은나라 말기에 주나라 사람들은 분명 은나라 사람들로부터 역점易占과 서사筮辭를 포함한 여러 종류의 문화를 습득할 수 있었을 것이며, 아울러 후대에는 여러 차례 서筮를 쳐서 (예언이) 적중한 명사命辭와 험사驗辭를 점진적으로 정리하고 편성하였을 것이다. 두 가지 기본 효爻와 여덟 가지 기본 괘卦 그리고 중괘重卦 구조로 구성된 서법체계에 의해서 결정되는 전체 연역演易 체계는 반드시 64개의 괘상을 가진다. 그러므로 육십사괘의 괘명卦名은 상당히 일찍이 정해졌다. 시작 단계에서는 아마 대부분 괘사를 사용하여 길흉을 점쳤을 것이며, 후대의 발전 속에서 변괘變卦의 규칙이 생기고 나서야 효사가 비로소 점차 괘명 체계에 근거하여 누적되고 나열되었을 것이다.

만약 귀골龜骨의 복점卜占에도 일찍부터 점서占書가 있었다면 응당 조상兆象을 배열하고 길흉을 판정하는 법칙을 규정해야만 했을 것이다. 『주례』에 언급된 삼조三兆의 방법 외에도 『좌전』에는 진晋 문공文公이 복언卜偃에게 명하여 점을 치게 한 일이 기록되어 있는데, 결과에 대해 말하기를 "길합니다. 황제黃帝가 판천阪泉에서 전쟁할 때의 징조(兆)를 만났습니다"108)라고 하였다. 이것은 "황제가 판천에서 전쟁한 사건"은 이미 하나의 고정되고 보편적인 상징 의미가 부여된 조상兆象으로, 마치 '☰'의 건괘乾卦 혹은 『주역』의 다른 기본적인 괘상처럼 똑같은 역할을 하고 있다.

『좌전』에 또 위衛나라 손문자孫文子가 귀복점을 친 일이 있다. "점을 치고서 정강定姜에게 징조(兆)를 올리니 정강이 점사를 물었다. 손문자가 말하기를 '징조(兆)가 산릉과 같은 것은 대부가 출정하여 그 영웅(雄)을 잃는다는 것입니다'라고 하였다."[109] "조상兆象이 산릉과 같다(兆如山陵)"라는 구절은 조상兆象을 말한 것이며, "대부가 출정하여 그 영웅을 잃는다(有夫出征, 而喪其雄)"는 구절은 분명 주사繇辭(=占辭)이다. 『좌전』에 또 다른 기록이 있다. "위衛나라 제후가 복점을 쳤는데 그 주사繇辭에 이르기를 '물고기의 꼬리가 붉어진 것(물고기가 고생한 후에 꼬리색이 변함)처럼 급류를 뚫고서 주저하며 방황하리라'고 하였다."[110] 여기서도 주사繇辭가 등장한다. 이것은 당시에 분명 조서兆書 부류의 책자가 있었음을 말하는 것이다.

『좌전』에 또 이러한 기록이 실려 있다. "당초에 의씨懿氏가 경중을 사위로 삼고자 하여 복점을 쳤는데 그의 아내가 점을 치고서 말하기를, '길합니다. 이는 봉황이 날아오르고 더불어 우는 소리가 해맑으니, 규씨嬀氏의 후손이 강씨姜氏의 나라에서 양육되고, 오대 후손에 이르러 번창하여 지위가 정경正卿과 대등해지며, 팔대 이후에는 누구도 그와 강대함을 다툴 수 없게 된다는 것을 말합니다'라고 하였다."[111] 여기 "봉황이 날아오르다(鳳凰於飛)"에서 "강대함을 다툴 수 없게 된다(莫與之亨)"까지의 구절은 아마도 『주례』에서 언급한 "그 경조(經兆)의 체體는 모두 120이고, 그 송訟은 모두 1,200이다"[112]의 송사頌辭일 것이다. 정현의 주에는 "송頌은 주繇(점사)라고 이른다(頌, 謂繇也)"라고 하였고, 손이양孫詒讓은 "복주卜繇(복점의 점사)의 글은 모두 운어韻語(일정한 운율이 있는 어구)이며 시와 유사하다. 그러므로 송頌이라고 한다"[113]라고 하였다. 이는 주대의 귀갑점에는 확실히 기록한 것이 있었으며, 귀복에 적용하는 주사繇辭가 여기에 실려 있었다는 것을 말해준다.

만약 『주역』 괘효사 속의 종교관념이 은나라 사람들과 비교하여 크게 감소하였다는 사실이 주나라 사람의 사상적 특징이나 변화를 반영한다면 이제 질문해 보아야 할 문제는 아래와 같다. 즉 주나라 사람의 사상적인 변화가 먼저 있었고 이것이 『주역』에 반영된 것인가? 아니면 『주역』의 서법 체계 자체가 복법卜法에 비해 더욱 이성화된 요소를 지니고 있었고 아울러 이로부터 규정된 『주역』의 운용 과정 자체가 동시에 주대의 사유와 신앙을 풍부하게 하고 변화하게 한 것인지에 관한 문제이다.

이런 물음은 50년대 최초로 이학근李學勤에 의해 제기되고, 70년대 말에 이르러 장정랑張政烺에 의해 처음으로 다음과 같이 체계적으로 논증되었다. 주원周原 및 은대의 갑골과 서주 명문銘文 가운데 기록된 숫자 부호들은 서법筮法의 괘형卦形인데, 다만 '—'과 '--'을 사용하지 않았을 뿐, 숫자 부호 '八'과 '十' 등을 사용하여 삼중 혹은 육중으로 중첩하여 구성된 괘형이다.[114] 복사卜辭와는 명백히 다르다. 이러한 부호는 복조卜兆와 대응하지 않을뿐더러 문사文辭도 복사와 일치하지 않으며, 도리어 팔괘의 기록과 서로 부합한다.[115]

『주역』 성서成書(하나의 텍스트로 구성되는 것)의 의미는 유형화類型化와 형식화形式化 과정보다 더 중요한 것은 없다. 이것은 은나라 사람의 점복과 상당히 대비된다. 상대商代 점복의 특징은 횟수가 많을 뿐만 아니라 점문占問 가운데 귀신에 관한 일이 많고 또 번거롭다는 것이다. 매번 점복을 할 때마다 전사前辭·명사命辭·점사占辭·험사驗辭를 새겨야 한다. 전사는 복일卜日과 복인卜人의 이름을 기록하여 밝히는 것이고, 명사는 점칠 문제를 물은 것이며, 점사는 점치는 자가 징조(兆)를 본 후에 쓰는 점의 기록이며, 험사는 복점이 끝난 후에 실제로 들어맞았는가의 사실을 기록한 것이다.

근 백 년 동안 은허를 중심으로 몇몇 장소에서 출토된 갑골 파편은 이미 수만 개에 이르렀으며, 새겨진 글도 각양각색이다. 이는 은나라 사람의 점복 활동이 빈번하였다는 것을 증명할 뿐만 아니라 또한 은나라 사람은 여전히 유형화된 수단으로 조상兆象의 길흉을 처리하는 방법을 찾아내지 못했다는 것을 설명한다.

『주역』 체계의 구성 원칙에 비추어보면 사람들은 매번 점복을 칠 때의 경험을 더 이상 기록할 필요가 없다. 사람들은 길흉과 순역順逆의 여러 가지 점복 결과를 팔괘와 육십사괘의 괘상으로 집중시키고 추출하였으며, 복사卜辭 형식의 번잡한 기록을 괘사와 384효의 효사로 유형화하였다. 사람들의 점서占筮는 단지 서점을 쳐서 얻은 괘상의 결과를 괘효사와 대조하여 살펴보면 알 수 있는 것이다. 이러한 체계 속에서 모든 괘의 괘사 및 모든 효의 효사는 이미 하나의 개별적인 원초적 경험을 대표하지 않고, 하나의 유형·하나의 원리를 대표한다. 따라서 복사卜辭와 비교하면 『주역』 체계의 구성 아래에서는 개별적인 것이 보편적인 것으로 격상되고 경험적인 것이 원리적인 것으로 격상하며, 모든 괘와 효를 경험의 상징으로 간주한다. 사람들은 여기에서 마침내 고대 점복의 원초적 개별성을 벗어나 경험을 다루는 보편성을 파악하게 된다. 이것이 바로 『주역』이 '이간易簡'과 '간이簡易'라는 특징을 가지게 되는 이유이다. 비록 이것은 복서 체계 내의 이성화이기는 하지만 고대 점복에서 『주역』의 발전에 이르기까지 확실하게 이성화되어 가는 발전과정을 분명히 살펴볼 수 있을 것이다.

『주역』의 성괘成卦는 전통적으로 복희가 팔괘를 그리고 문왕이 64괘를 연역했다고 하는 설명이나, 또는 논리적으로 팔괘로부터

64괘에 이르는 진행 관계를 이해하는 것을 막론하고, 종합적으로 말하면 먼저 팔괘가 있고 난 뒤에 64괘가 있으며, 여덟 종류의 괘상이 둘씩 서로 중첩하여 64괘로 확장된 것이라고 할 수 있다. 이러한 발전은 점서 자체의 요구에서 나왔다. 왜냐하면 사회 사물의 복잡한 정도가 증가함에 따라 8개의 괘상으로는 점치고자 하는 일을 모두 다룰 수는 없었기 때문이다. 이는 사람들로 하여금 한 걸음 더 나아가 부연하도록 만들어 64괘를 형성하여 복잡한 사물과 변화에 대응하도록 하였다. 괘명은 경험으로부터 나온 것이다. 예를 들어 진괘震卦는 원래 번개나 천둥이 치는 일을 물어서 들어맞았기 때문에 명명한 것이며, 리괘履卦는 본래 수렵하는 일에 대해 물어보고 맞아떨어져 리履라고 이름 지은 것이다.116)

어쩌면 누군가는 몽매한 사람이 조개껍데기를 던져 앞뒷면을 통해 길흉을 예측하였다고 말할 수도 있을 것이다. 그런데 괘상卦象에 '정'과 '반'만 있고, 해석에 '길'과 '흉'만 있다고 한다면 이것은 너무 간단하고 쉽게 행한 것이 아닌가? 문제는 결코 그렇게 비역사적일 수 없다. 레비 스트로스(Levi Strauss)는 원시인 사유의 구체성에 대해 말하고 있는데, 예를 들어 하누누(Hanunoo)족 사람들이 그 지방에서 새를 75가지 종류로 나눈 것은 바로 원시인의 감성 사유는 발달했지만 추상적 사유는 발달하지 않았다는 점을 나타낸다.117)

다른 한편으로, 왕녕생이 제공한 사례를 살펴보면 원시문화에는 여전히 상상上上 · 하하下下 · 상上 · 하下 · 평平 · 중평中平 등의 여덟 가지 괘상을 필요로 하였는데, 여러 가지 정도나 종류가 다른 결과에 대해 자세하게 예측하기 위해서였다. 이 때문에 은주殷周와 같은 복잡한 사회의 복서卜筮 체계를 가지고 말하자면, 괘상이 적으면 적을수록 형식화를 더욱 잘 구현할 수 있는 것은 아니다. 동시에 문제의 제기는 반드시 하나의 구체적인 역사 프레임 안에서 이루어져야 한다. 은주殷周는 서로 이어받았으며, 은나라 시기에 이미 존재하였던 기존의 번잡한 점복문화가 어떻게 주대에 이르러 유형화된 간이簡易한 『주역』으로 발전하였는가에 관한 문제는 구체적인 역사문제이지 임의로 제기한 논리적 문제가 아니다.

『주역』에 보이는 것처럼 점을 실제 행하는 측면에서 『주역』은 주술이나 교감사유 및 연상사유와는 서로 다르다. 서점을 쳐서 "나는 용이 하늘에 있으니(飛龍在天)"라는 구절을 얻은 후에 유비類比와 연상 법칙에 의거하여서 연상할 필요가 없었다. 왜냐하면 "대인을 보면 이롭다(利見大人)"는 괘사의 바로 뒤에 나오는 말이 이미 그것의 길흉을 규정하였고, 괘상이 가리키는 의미가 무엇인지를 규정하고 있기 때문이다. 사실상, 이 효사는 다른 어떤 구절의 길리吉利한 말로 변할 수 있으며, 『역경』 체계 내에서 그 유형화의 기능을 담당하고 있다. 그러므로 역서易筮의 실천에 있어서 미리 설정된 원리는 바로 모든 괘사와 효사가 가리키는 뜻이 괘효사 문구의 구체성에 국한되는 것이 아니라는 점이다. 이 점에 대해 왕필은 매우 분명하게 말했다.

> 대저 상象이라는 것은 뜻(意)을 드러내는 것이다. 뜻은 상象을 밝히는 것이다. …뜻(義)이 진실로 건健에 있지, 하필 말馬에 있겠는가? 류類가 진실로 순順에 있지 하필 소牛에 있겠는가?[118]

왕필이 비판한 상에 집착하여 뜻을 잃는 것(執象忘意)은 바로 구체적인 것만 알고 추상적인 것은 모른다는 것이다. 유형화의 규칙은 『주역』의 괘효 언어로 하여금 초월성을 얻도록 만들었다. 즉 길흉이 비록 특정한 물상이나 문구에 의탁한다 하더라도 구체적 물상을 초월하는 보편적 의미를 갖추고 있다는 것이다.

팔괘에는 그것이 형성되기 시작하였던 시기에는 모사模似의 의미가 부여되어 있을 수 있다. 그러나 성숙한 체계로서의 『역경』이 가지고 있는 특별한 사유는 결코 하나의 구체적인 상象과 다른 구체적인 사물 사이의 연계가 아니라, 하나의 상과 점쳐서 얻은 상의 특정한 시공간 속의 무수히 많은 사물 간의 관계인 것이다. 그것은 지칭할 수 있는 것(卦象)과 지칭되는 것(事象) 사이에서 보편적인 성질을 가진 상징관계를 형성한다. 당연히 이러한 연계는 주술의 실천성과 연관된 것이 아니라, 인지적이고 예측적인 것이다. 『역경』은 주나라 사람들이 점복 결과와 예측하려는 사물 사이의 안정적인 연계와 규칙적인 연계를 이미 찾아냈거나 만들었다는 것을 표명하고 있다. 하지만 점서를 실제 행하는 과정에서 복잡한 자연과 사회적 상황에 직면하여 '정확'한 해답을 찾아내고, '예측'과 '결과'의 복잡한 관계를 합리적으로 설명하기 위해서는 인간의 능동적 해석을 크게 발휘하는 것이 필요하다는 것을 알게 될 것이다. 이러한 점에서 말하면 귀복龜卜에 비해 『주역』은 의심할 여지없이 인간 사유의 공간을 크게 넓혔으며, 귀복과는 비교할 수 없는 장족의 진보를 하였다.

이상의 관점에서 보면 『주역』의 출현과 사용은 당시 중국인들이 이미 구체적 사유만 알고 있는 원시단계를 이미 초월하였음을 보여주고 있으나, 그것을 단순히 레비 브륄이 말하는 '상호삼투' 사유의 구현으로는 볼 수 없다. 전체 점복 전통의 발전과 변천으로 볼 때, 『주역』의 체계와 실천의 의미는 원시 사유의 의미에서 이해되어야 하는 것이 아니라, 그것을 주 문화의 '탈주술화(disenchantment)'[119] 과정의 일부로 보아야 한다.(이것은 당연히 주대 더 나아가 현대에 원시사유 혹은 야성사유가 없다고 말하는 것과는 다르다)

레비 스트로스는 다음과 같이 말했다. "종교는 자연법칙의 인간화이며, 주술은 인간행위의 자연화이다. 즉 어떤 인간행위들을 물리적 규정 작용의 구성 부분으로 간주하는 것이다."[120] 『주역』은 비인간화(비의인화)된 것이지만, 『주역』의 비인간화는 자연주술의 비인간화와는 다르다. 왜냐하면 『주역』은 중국 초기 문명시기에 은상殷商의 다신 숭배를 거친 다음 발전되어 나온 것이며, 이런 구체적인 역사과정에서 말하면 그것은 바로 "기원起源이 없는"(말리노프스키의 용어) 주술[121]로 다루어질 수는 없는 것이다.

『주역』과 주나라 사람의 문화적 특성이 어떠한 관계를 가지든지 간에 중국문화의 종적 발전으로 보면 다신 숭배에 속하는 은상의 제사문화는 자연 주술에 대한 부정이고, 의인화되지 않은 『주역』은 다신 숭배에 대한 부정이라고 할 수 있다. 특히 지적해야 할 것은 『역경』의 괘효사 체계가 주나라 사람의 '천명天命'사상과 서로 정확하게 상응된다는 것이며, 천명사상이 바로 초기 중국문화가 독특한 형태로 발전할 수 있었던 중요한 기초라는 것이다. 이로부터 비로소 신격神格의 약화가 시작되고 점차 천수天數와 천도天道에 관한 철학 관념이 발전하게 된다.

서사筮辭는 원래 분산되어 있던 구체적인 기록에서부터 『역경』 전체 규칙의 규정 속에서 일약 보편적 의미를 갖춘 상징적 텍스트로 바뀌었다. 당연히 점을 치고 해석할 때, 특수한 것에서 보편적인 것으로 넘어가거나 효사의 특수성과 서문筮問의 특수성 간에 관련성을 세우기 위하여 유비類比를 매개로 삼을 필요가 있다. 그러나 총체적으로 말하면 점서의 실천은 결코 유비적 사유가 아니다. 이러한 규칙의 작용 아래에서 원래부터 구체적·분산적·경험적인 점서占筮의 문자 기록들은 하나의 텍스트 체계를 구성하였는데, 서사筮辭의 이러한 텍스트화는 문자를 학습하고 사용한 중국인이 경험 속에서부터 보편원리를 파악하고자 노력하기 시작했으며, 아울러 문자를 통해 이렇게 파악한 원리를 보편형식으로 압축시켰다는 것을 시사해주고 있다. 비록 이러한 발전과 압축은 여전히 신비로운 것에 둘러싸여 있고, 여전히 복서활동의 내재적 제한을 받고 있다 할지라도 말이다.

춘추시대 이후, 사람들은 한 걸음 더 나아가 『역경』과 복서 과정을 분리시키고 『역경』을 직접 읽을 수 있는 텍스트로 삼았다. 『역경』은 이러한 역사과정 속에서 경전화經典化되었고, 최종적으로 그것의 철저한 텍스트화가 이루어지면서 "텍스트의 해석"이라는 순수한 정신활동의 길을 열어 놓았다.

클리포드 기어츠(Clifford Geertz)가 '의미'와 '상징'을 긴밀히 연결한 것은 남반구 문화에 더 많이 기초한 하나의 예라고 말한다면[122], 『주역』의 경우는 괘상을 빌려 상징으로 삼아 갖가지 현상에 대응시킨 것이고, 상징 자체에 연결된 의미는 사람이 부여한 것이다. 그러나 만일 『주역』 체계의 발견에 나타난 의미로 보지 않고 서점을 실천하는 측면으로부터 본다면, 『주역』의 본질은 물상物象의 상징이라기보다는 오히려 '수數'의 발전이라고 말하여야 할 것이다.

『좌전』 희공 15년에 "거북점은 상이고, 시초점은 수이다(龜象也, 筮數也)"라는 구절과 공자가 "수에 통달하는 것(達于數)"으로 서점(筮)을 정의한 것을 통하여 주대 사람들이 '수'를 『주역』 서법筮法의 본질적 특징으로 여겼다는 것을 알 수 있다. 공자가 보기에 '수'에 대한 이러한 정의는 서筮와 복卜의 차이일 뿐만 아니라 '사史'와 '무巫'의 중요한 차이이기도 하다.[123] 다른 한편으로 공자가 언급한 바와 같이 "책수를 밝히나 덕에 이르지 못한다(數而不達于德)"라는 것은 『주역』(경經을 가리킴)의 문화적 특색이며, 문화의 진보는 추상적 사유의 향상으로 드러날 뿐만 아니라 더욱이 가치윤리의 확고한 정립으로 나타난다. 다음 두 장에서 이러한 문제에 대해 깊이 토론하기로 하겠다.

태사공太史公(사마천司馬遷)은 복서卜筮를 "신에게 청하여서 묻는 도(稽神設問之道)"라고 말하였다. 상고시대에는 모든 사람이 이것을 진지하게 행했다. "옛날부터 천명을 받은 자만이 왕이 되었으며, 왕이 흥기할 때 복서로써 천명을 판단하지 않았던 적이 없었다"[124] 라고 하였다. 사마천에 따르면 다음과 같다.

> 옛날부터 성왕들은 나라를 세우고 천명을 받아 왕업을 일으키려 할 때는 복서를 소중히 여겨 선정을 돕지 않은 일이 한번도 없었다. 요순 이전에 행해졌던 일은 기록이 부족하다. 삼대가 흥기한 이후로는 각각 복서에 상서로움이 나타나 그것에 의해서 나라의 기반을 닦게 되었다. 우임금은 도산에서 결혼하였는데 그 점이 길하여 그의 아들 계가 대를 이어 하나라의 제왕이 되었다. 간적簡狄이 날아다니는 제비의 알을 먹었으나, 그 조짐이 길하여 은나라가 크게 흥하였다. 후직은 어릴 때부터 농사일을 좋아하여 즐겨 백곡을 심었는데, 그 점괘가 좋았기 때문에 뒤에 주나라가 천하의 왕으로 불렸던 것이다. 군왕은 여러 가지 의심스럽고 어려운 일을 결정할 때에는 복서로 예측하고, 시초

나 귀갑을 사용하여 판단하였는데, 이는 변하지 않는 원칙이었다.

만蠻·이夷·저氐·강羌 등의 오랑캐는 비록 군신의 차례는 없어도 의혹을 결정할 때에는 역시 점을 치는 풍속이 있었다. 쇠와 돌을 써서 치기도 하고, 풀과 나무를 써서 점을 치는 등 나라에 따라 각각 그 풍습이 달랐다. 그러나 모두 점을 근거로 하여 전쟁을 일으키고 공격을 하고 군사를 나아가게 하여 승리를 얻게 되었던 것이다. 각각 그들의 신령을 믿어서 도래할 일을 알 수 있었다.[125]

그러나 공자에서 순자까지 이르는 동안 『주역』은 이미 텍스트로 이루어졌으며, 이성주의적 해석의 길로 나아갔다. 복서 행위는 공자에게 있어 비록 피할 수 없는 것이었지만, "그 말을 숭상하는 것(尙其辭)"과 "그 말을 즐기는 것(樂其辭)"은 공자가 만년에 역易을 배우는 종지宗旨였다.[126] 순자는 "역을 잘 아는 자는 점을 치지 않는다(善爲易者不占)"(『순자』「대략大略」)고 주장하였는데, 이 시대에 복서는 이미 직하稷下의 유자儒者들에게 중시받지 못했다. 『사기』에 한나라 초기 가의賈誼(당시 중대부中大夫에 임관된 자)·송충宋忠(당시 박사博士에 임관된 자)과 사마계주司馬季主(장안長安의 유명한 복인卜人)의 말이 실려 있는데, 당시 지식계층의 눈에 비친 복서의 지위를 잘 보여준다.

무릇 복서라는 것은 세속에서 천하게 여기는 것입니다. 세상 사람들이 모두 말하기를 '점치는 자는 말이 많고, 과장하며 허탄하여 사람의 마음을 맞추고, 허황되게 사람의 운명을 과대하게 꾸며서 사람의 마음을 들뜨게 하고, 제 마음대로 환난이 있다고 늘어놓아서 사람의 마음을 아프게 하고, 귀신을 빙자하여 남의 재물을 뜯어내고, 후한 사례를 요구하여 자신의 이식을 채우고 있다'고 말하고 있습니다. 이와 같은 일들은 우리들이 부끄러워하는 바이고, 그래서 낮고 비천하다

이른 것입니다.[127]

이것은 민간의 복서卜筮를 가리켜 한 말이지만 문화구조 속에서 복서의 쇠퇴를 명백하게 보여주고 있다. 모든 종교현상의 기원은 인식의 원인에 기초할 뿐만 아니라, 생활세계의 실천적 요구와 인간의 존재적 불안에 더욱 많이 근거한다. 인간이 자신의 행위로 인한 결과와 운명의 만남에 대해 파악하지 못한다면, 종교와 주술·복서는 영원히 이로 인해 필요성이 인정되어 존재할 것이다. 하지만 문화의 이성화 과정의 서로 다른 단계에서 주술과 복서의 문화체계 속에서의 지위는 각기 다르다. 이러한 지위의 변화를 통하여 문화 이성화 발전의 수준을 이해할 수 있게 만들어 준다.

미주

1) 朱天順, 『原始宗教』, 上海人民出版社, 1978, pp.3-6 참조.

2) 『中國大百科全書』(考古學卷), p.599

3) 宋兆麟, 『巫與巫術』, 四天民族出版社, 1989, p.2

4) 趙國華, 『生殖崇拜文化論』, 中國社會科學出版社, 1990. 참조 바람.

5) 宋兆麟, 『巫與巫術』 p.3 ; 宋兆麟 等, 『中國原始社會史』, 文物出版社, 1983, p.476

6) 宋兆麟, 『巫與巫術』, p.4

7) 宋兆麟 等, 『中國原始社會史』, p.478

8) 宋兆麟 等, 『中國原始社會史』, p.479. 아울러 朱天順, 『原始宗教』, p.51 참조.

9) 역자 주 : 사람이 죽고 난 후에 일차장一次葬은 시신을 땅에 묻는 것이고, 몇 년이 지난 후에 유골을 수습하여 용기 속에 집어넣어 다시 매장하는 것을 이차장二次葬이라고 한다.

10) 宋兆麟 等, 『中國原始社會史』, p.480

11) 宋兆麟 等, 『中國原始社會史』, p.480 인용.

12) 中国社会科学院考古研究所, 『新中國的考古發見與硏究』, 文物出版社, 1984년, p.93. ; 宋兆麟 等, 『中國原始社會史』, p.482

13) 이현백李玄伯은 고대 성씨가 곧 토템이라고 여겼다. 예를 들어 풍성風姓, 희성姬姓, 축융祝融의 여덟 가지 성씨 등은 모두 토템이며, 조성曹姓이 대추나무를 토템으로 삼은 것 등을 이른다. 그의 저서 『中國古代社會硏究』, 上海文藝出版社, 1988, pp.82-122에 보인다.

14) 李玄伯, 『中國古代社會硏究』, 上海文藝出版社, 1988, p.485 참조.

15) 張光直, 『考古學專題六講』, 文物出版社, 1986, p.10 ; 張光直, 『中國靑銅時代二集』, 三聯書店, pp.67-69 ; 宋兆麟, 『巫與巫術』, p.3

16) 『中國大百科全書』(考古學卷), p.70

17) 『中國大百科全書』(考古學卷), p.70, 260, 437, 192

18) 中国科学院考古研究所, 『新中國的考古收獲』, 文物出版社, 1961, p.14

19) 『中國大百科全書』(考古學卷), p.371

20) 『中國大百科全書』(考古學卷), p.371

21) 역자 주 : 고대 중국 술잔의 일종. 두 개의 손잡이와 세 개의 다리로 이루어진 것이 특징이다.

22) 『中國大百科全書』(考古學卷), pp.116-119

23) 郭寶鈞, 『中國青銅器時代』, 三聯書局, 1963, p.227 ; 王宇信, 『甲骨學通論』, 中國社會科學出版社, 1989, p.114 ; 張光直, 『美術, 神話與祭祀』, 遼寧教育出版社, 1988, p.42

24) 『說文解字』 : 占, 視兆也, 從卜口.

25) 『說文解字』 : 卜, 灼剝龜也, 象炎龜之形, 一曰象龜兆之縱橫也,

26) 李學勤, 「周文王時期卜甲與商周文化關係」, 『李學勤集』, 黑龍江教育出版社, 1988, pp.133-141

27) 張亞初 · 劉雨, 「從商周八卦數字符號談筮法的几个問題」, 『考古』, 1982年 第2期.

28) 『尙書』「洪範」 : 稽疑, 擇建立卜筮人, 乃命卜筮. 曰雨, 曰霽, 曰蒙, 曰驛, 曰克, 曰貞, 曰悔, 凡七. 卜五, 占用二, 衍忒. 立時人作卜筮, 三人占, 則從二人之言. 汝則有大疑, 謀及乃心, 謀及卿士, 謀及庶人, 謀及卜筮. 汝則從, 龜從, 筮從, 卿士從, 庶民從, 是之謂大同. 身其康強, 子孫其逢, 吉. 汝則從, 龜從, 筮從, 卿士逆, 庶民逆, 吉. 卿士從, 龜從, 筮從, 汝則逆, 庶民逆, 吉. 庶民從, 龜從, 筮從, 汝則逆, 卿士逆, 吉. 汝則從, 龜從, 筮逆, 卿士逆, 庶民逆, 作內吉, 作外凶. 龜筮共違於人, 用靜吉, 用作凶.

29) 張亞初 · 劉雨, 『西周金文官制研究』, 中華書局, 1986, p.1986

30) 역자 주 : 경經은 상常의 뜻이다. 삼조三兆의 법法은 그 상체常體에 각각 120가지가 있다는 말이다.

31) 『周禮』「春官 · 大卜」 : 大卜掌三兆之法, 一曰玉兆, 二曰瓦兆, 三曰原兆. 其經兆之體皆百有二十, 其頌皆千有二百. 掌三易之法, 一曰連山, 二曰歸藏, 三曰周易, 其經卦皆八, 其別皆六十有四. 掌三夢之法, 一曰致夢, 二曰觭夢, 三曰咸陟. 其經運十, 其別九十.

32) 『周禮正義』, 中華書局標點本, p.1925

33) 『周禮正義』, 中華書局標點本, p.1926

34) 『周禮』「春官 · 占人」 : 凡卜筮, 君占體, 大夫占色, 史占墨, 卜人占坼.

35) 『禮記』「玉藻」 : 卜人定龜, 史定墨, 君定體.

36) 『周禮』「春官 · 占夢」 : 掌其歲時, 觀天地之會, 辨陰陽之氣, 以日月星辰占六夢之吉凶. 一曰正夢, 二曰噩夢, 三曰思夢, 四曰寤夢, 五曰喜夢, 六曰懼夢. 季冬, 聘王夢, 獻吉夢于王, 王拜而受之, 乃舍萌于四方, 以贈惡夢, 遂令始難驅疫.

37) 『左傳』「襄公十八年」 : 中行獻子將伐齊, 夢與厲公訟, …走見梗陽之巫皋.

38) 『左傳』「成公十年」： 晋侯夢大厲被髮及地… 召桑田巫.

39) 『詩經』「鴻雁・斯干」： 乃寢乃興, 乃占我夢, 吉夢維何, 維熊維羆, 維虺維蛇.

40) 『詩經』「鴻雁・斯干」： 大人占之, 維熊維羆, 男子之祥. 維虺維蛇, 女子之祥.

41) 『詩經』「鴻雁・無羊」： 牧人乃夢, 衆維魚矣, 旐維旟矣, 大人占之, 衆維魚矣, 實維豐年, 旐維旟矣, 室家溱溱.

42) 『詩經』「節南山・五月」： 召彼故老, 訊之占夢, 具曰予聖, 誰知烏之雌雄.

43) 『周禮』「春官・大卜」：以邦事作龜之八命, 一曰征, 二曰象, 三曰與, 四曰謀, 五曰果, 六曰至, 七曰雨, 八曰瘳. 以八命者贊三兆, 三易, 三夢之占, 以觀國家之吉凶, 以詔救政.

44) 『周禮正義』, 中華書局標點本, p.1937

45) 『左傳』「成公三十三年」： 國之大事在祀與戎.

46) 역자 주 : 산미치광이(Porcupine), 쥐목 산미치광이과와 나무타기 산미치광이과에 속하는 동물의 총칭이다.

47) Taylor, 『原始文化』, 連樹聲 역, 上海文藝出版社, 1992, p.131, 132

48) J. G. Frazer, 『金枝』, 徐育新 등 역. 中國民間藝術出版社, 1987, p.379

49) J. G. Frazer, 『金枝』, 徐育新 등 역. 中國民間藝術出版社, 1987, p.897

50) 역자 주 : 모든 객체와 존재들은 느낄 수 있는 신비한 속성과 힘을 지니고 있으며, 이러한 신비한 힘은 접촉, 전염, 전이 등을 통하여 다른 존재에게 불가사의한 작용을 미친다.

51) 列維-布留爾(Levy-Bruhl), 『原始思惟』, 丁由 역, 商務印書館, 1987, p.280

52) Levy-Bruhl, 『原始思惟』, p.281

53) Levy-Bruhl, 『原始思惟』, p.281

54) Levy-Bruhl, 『原始思惟』, p.284, 이 외에도 송조린宋兆麟은 "점복의 기원은 무교巫教보다 많이 늦고, 무술巫術의 등장보다 훨씬 늦다. 그러나 점복은 귀신관념과 무교에서 발전하는 일정한 역사적 단계에서 발생한 것이다"라고 생각하였다.(『巫與巫術』, p.149)

55) Levy-Bruhl, 『原始思惟』, p.285

56) Levy-Bruhl, 『原始思惟』, p.291

57) 謝・亞・托卡列夫(C. A. Tokarev), 『世界各民族歷史上的宗教』, 魏慶徵 譯. 中國社會科學出版社, 1985, p.54 ; 秋浦, 『薩満教硏究』, 上海人民出版社, 1985, p.68

58) C. A. Tokarev, 『世界各民族歷史上的宗教』, p.239

59) C. A. Tokarev, 『世界各民族歷史上的宗教』, p.360

60) C. A. Tokarev, 『世界各民族歷史上的宗教』, pp.485-487

61) 『사기史記』「일자열전日者列傳」에서는 가의賈誼의 말을 인용하여 "나는 고대의

성인은 조정에 있지 않고 반드시 복의卜醫 가운데 있다는 말을 들었다(吾聞古之聖人, 不居朝廷, 必在卜醫之中)"고 하였다. 이는 바로 시장의 점집에서 사마계주司馬季主(한나라 초기 유명한 卜筮家)를 본 것이다.

62) 林惠祥, 『文化人類學』, 商務印書館, 1991, p.30 ; 呂大吉 主編, 『宗教學通論』, 中國社會科學出版社, 1989, p.78

63) Levy-Bruhl, 『原始思惟』, 丁由 역, 商務印書館, 1987, p.28, 280 등.

64) Claude Levi Strauss, 『野性的思惟』, 李幼蒸 역, 商務印書館, 1987, p.16

65) Robert Marett, 『心理學與民俗學』, 山東人民出版社, 1988, p.143

66) 『설문해자』 : 易卦用蓍也, 從竹.

67) 『太平御覽』 권82 : 昔夏后啓筮, 乘龍以登于天.

68) 張亞初, 劉雨, 『從商周八卦數字符號談筮法的几个問題』, 『考古』, 1982年 第2期.

69) 『周易正義』, 卷47, p.1930을 참고하였다.

70) "連山易, 其卦以純艮爲首, 山上山下, 是名連山. 雲氣出內於山, 故名易爲連山."

71) 『周易正義』, 卷47 賈公彦의 疏를 인용, p.1929 "歸藏易以純坤爲首, 坤爲地, 萬物莫不歸而藏於中, 故名爲歸藏也."

72) 『周易正義』, 卷47 賈公彦의 疏를 인용, p.1929 "連山歸藏皆不言地號, 以義名易, 則周非地號, 以周易以純乾爲首卦, 乾爲天, 天能周匝於四時, 故名易爲周也."

73) 『周易正義』, 卷47 賈公彦의 疏를 인용, p.1929 "周以十一月爲正, 天統, 故以乾爲天首. 殷以十二月爲正, 地統, 故以坤爲首. 夏以十三月爲正, 人統, 人無爲卦首之理, 艮漸正月, 故以艮爲首也."

74) 『周禮』 「春官 · 簭人」 : 簭人掌三易, 以辨九筮之名, 一曰連山, 二曰歸藏, 三曰周易. 九筮之名, 一曰巫更, 二曰巫咸, 三曰巫式, 四曰巫目, 五曰巫易, 六曰巫比, 七曰巫祠, 八曰巫參, 九曰巫環, 以辨吉凶, 凡國之大事,先筮而後卜.

75) 『禮記』 「曲禮」 : 卜筮不相襲.

76) 『周易正義』, 卷48, p.1966 "筮輕龜重, 賤者先卽事."

77) 『詩經』 「鹿鳴 · 杕」 : 卜筮偕止, 會言近止.

78) 『管子』 「權修」 : 上恃龜筮, 好用巫醫. 역자 주 : 원서에는 "上好龜筮, 好用巫醫"로 되어 있으나 "上恃龜筮, 好用巫醫"로 정정하였다.

79) 『좌전左傳』, 「희공4년僖公四年」의 해석 "서점筮占은 짧고 귀복점龜卜占은 길다. 긴 것을 따르는 것만 못하다(筮短龜長, 不如從長)"에 근거하였다.

80) 『禮記』 「曲禮」 : 龜爲卜, 策爲筮, 卜筮者, 先聖王之所以使民, 信時日敬鬼神, 畏法令也, 所以使民決嫌疑, 定猶與也. 故曰, 疑而筮至, 則不非也, 日而行事, 則必踐之.

81) 『禮記』 「表記」 : 昔三代之明王, 皆事天地之神明, 無非卜筮之用, 不敢以其私褻事上帝, 是故不犯日月, 不違卜筮.

82)『書經』,「盤庚下」: 弔由靈各, 非敢違卜.

83)『書經』「大誥」: 予不敢閉于天降威用, 寧王遺我大寶龜, 紹天命, …朕卜幷吉.

84)『書經』「大誥」: 寧王惟卜用, 克綏受玆命. 今天其相民, 矧亦惟卜用.

85)『書經』「大誥」: 予曷其極卜, 敢弗于從率寧人有指疆土. 矧今卜幷吉. 肆朕誕以尔東征, 天命不僭, 卜陳惟若玆.

86)『書經』「君奭」: 故一人有事于四方, 若卜筮罔不是乎.

87)『太平御覽』卷180 : 連山八萬言, 歸藏四千三百言.

88)『書經』「多士」: "惟殷先人有典有冊."

89)『北史』「劉炫傳」: 時牛弘奏購求天下遺逸之書, 炫遂僞造書百余卷, 題爲連山易, 魯史記等.

90) 高明,「連山歸藏考」,『周易硏究論文集』第1集, 北京師範大學出版社, 1988, p.125 참조.

91)『隋書』「經籍志」: 歸藏, 漢初已亡, 按晉中經有之, 惟載卜筮, 不似聖人之旨.

92)『中興書目』: 歸藏隋世有十三篇, 今但存初經, 齊母, 本蓍三篇, 文多闕亂, 不可訓釋.

93) 高明,「連山歸藏考」,『周易硏究論文集』第1集, 北京師範大學出版社, 1988, p.127, 128 참조 바람.

94) 王應麟『漢書藝文志考證』: 昔夏后啓筮享神於大陵而上鈞臺, 枚占, 皋陶曰, 不吉. 昔者夏后啟筮享神於晉之墟, 作爲璿臺於水之陽. 昔者桀筮伐唐而枚占於熒惑, 曰不吉, 不利出征, 惟利安處, 彼爲狸, 我爲鼠, 勿用作事, 恐傷其父. 昔穆王天子筮卦于禹强.

95) 汪寧生,「八卦基源」,『周易硏究論文集』第1輯, p.98

96) 汪寧生,「八卦基源」, p.99

97) 汪寧生,「八卦基源」, p.99

98)『史記』「봉선서封禪書」: 東君雲中亦見于歸藏易也.

99) 陳夢家,『殷墟卜辭綜述』, 文物出版社, 1988, pp.574-578

100) 卡西爾(Ernst Cassirer),『人論』, 甘陽 譯, 上海譯文出版社, 1985, p.102

101) Ernst Cassirer,『人論』, pp.105-107

102) 余敦康,「從易經到易傳」,『中國哲學』제3집.

103)『周易』益卦 六二 : 益之十朋之龜, 弗克違, 永貞吉, 王用享于帝, 吉.

104) 王夫之,『周易外傳』: 龜之見兆, 但有鬼謨, 而无人謀.

105) 朱伯昆,『易學哲學史』, 上卷, 北京大學出版社, 1986, p.5

106) 朱伯昆,『易學哲學史』, 上卷, 北京大學出版社, 1986, p.4

107)『書經』「多士」: "惟殷先人有冊有典."

108)『左傳』「僖公二十五年」: "吉, 遇黃帝戰于阪泉之兆."

109)『左傳』「襄公十年」: "獻兆於定姜, 姜氏問繇曰, 兆如山陵, 有夫出征, 而喪其雄."

110) 『左傳』「哀公十七年」: "衛侯貞卜, 其繇曰, 如魚竀尾, 衡流而方羊裔焉."

111) 『左傳』「莊公二十二年」: "初, 懿氏卜妻敬仲, 其妻占之, 曰吉, 是謂, 鳳凰于飛, 和鳴鏘鏘, 有嬀之後, 將育于姜, 五世其昌, 并于正卿, 八世之後, 莫與之亨."

112) 『周禮』「春」: 其經兆之體皆百有二十, 其訟皆千有二百.

113) 『周禮正義』, 卷47, p.1926 "卜繇之文, 均爲韻語, 與詩相類, 故亦謂之頌."

114) 李學勤, 「談安陽小屯以外出土的有字甲骨」, 『文物參考資料』 1956年 11期 ; 張政烺, 「試譯周初青銅器銘文中的易卦」, 『考古學報』, 1980年 4期

115) 張亞初, 劉雨, 『從商周八卦數字符號談筮法的幾個問題』

116) 朱伯昆, 『易學哲學史』, 상권, pp.11-12 참고

117) Claude Levi Strauss, 『野性的思惟』, p.7

118) 『周易略例』「明象」: 夫象者, 出意者也. 意者, 明象者也. …義苟在健, 何必馬乎. 類苟在順, 何必牛乎.

119) Max Weber의 말, 蘇國勳, 『理性化的限制』, 上海人民, 1988, p.87

120) Claude Levi Strauss, 『野性的思惟』, p.252

121) 역자 주 : '기원起源이 없는 주술'이라는 말은 주술과 인류는 다 같이 자연적으로 존재하는 것으로 인류의 자연 능력이고 창조되거나 발명된 문화 현상은 아니라는 의미이다.

122) Clifford Geertz, 『文化的解釋』, 紐約, 1973. 莊錫昌, 孫志民, 『文化人類學的理論構架』, 浙江人民出版社, 1988, pp.256-264을 참고 바람.

123) 마왕퇴馬王堆 『백서역전帛書易傳』「요要」편에 공자의 "은밀히 도와도 수에 통달하지 못하면 그것은 무가 되며, 수에 통달하여도 덕에 이르지 못하면 그것은 사가 된다(贊而不達于數, 則其爲之巫, 數而不達于德, 則其爲之史)"라는 말이 실려 있다.

124) 『史記』「日者列傳」: 自古受命而王, 王者之興, 何嘗不以卜筮決于天命哉.

125) 『史記』「龜策列傳」: 自古聖王將建國受命, 興動事業, 何嘗不寶蓍筮以助善! 唐虞以上, 不可記已. 自三代之興, 各抝禎祥. 塗山之兆従而夏啓世, 飛燕之蓍順故殷興, 百谷之筮吉故周王. 王者決定諸疑, 參以蓍筮, 斷以蓍亀, 不易之道也. 蠻夷氐羌雖無君臣之序, 亦有決疑之蓍. 或以金石, 或以草木, 國不同俗. 然皆可以戰伐攻擊, 推兵求勝, 各信其神, 以知來事.

126) 공자孔子가 말하였다. "나는 『역』의 점을 치는 것을 즐겨하지 않으나 괘효사卦爻辭를 읽는 것을 좋아한다.(予今不安其用而樂其辭)"(「要」)

127) 『史記』「日者列傳」: 夫卜筮者, 世俗之所賤簡也. 世皆言曰 : "夫卜者多言誇嚴以得人情, 虛高人祿命以說人志, 擅言禍災以傷人心, 矯言鬼神以盡人財, 厚求拜謝以私於己." 此吾之所恥, 故謂之卑汙也.

제4장

제사祭祀

국가의 대사大事는 제사를 올리고 전쟁을 치르는 데에 있다.

國之大事, 在祀與戎.

- 『좌전左傳』「성공13년成公十三年」 -

예禮에는 다섯 가지 기틀(經)이 있는데, 제사보다 중요한 것은 없다.

禮有五經, 莫重於祭.

- 『예기禮記』「제의祭義」 -

1. 주술에서 제사祭祀까지

중국 상고시대의 무巫 문화는 일찍이 매우 발달했었다. 개체주술에서 공중주술로의 발전은 점차 '신神'이라는 관념을 키워냈고, 자연주술의 신령주술로의 발전을 이끌어내었다. 제사와 전쟁을 '국가의 대사大事'로 삼았던 문명시대의 초기에, 공중주술은 이미 제사문화에 녹아들었거나 또는 제사문화의 구성부분으로 전환하였다.

프레이저(J. G. Frazer)는 공감주술(교감무술)의 두 가지 갈래인 '동종주술'과 '감염주술'을 연구한 후에 다음과 같이 말한다.

> 우리는 앞에서 보았던 몇몇 사례들 속에서 먼저 신령이 존재한다는 것을 확인하였고, 또한 기도하고 제물을 봉헌奉獻함으로써 신령의 비호를 획득했다는 것을 알 수 있었다. 그러나 종합적으로 살펴보면 이런 종류의 사례들은 여전히 소수에 속한다. 그것들은 단지 주술이 이미 어떤 종교적 색채와 성분을 물들이고 섞어놓았음을 드러내 보여줄 뿐이다. 어떤 지역을 막론하고, 공감주술이 원형 그대로 나타나는 모든 경우에는, 자연 속에서는 어떤 정신적이거나 인격적인 작용의 개

입을 필요로 하지 않고도 하나의 사건이 반드시 그리고 불가피하게 다른 사건을 이어서 발생한다는 가정이 깔려있다.[1]

프레이저는 주술과 종교의 자연적 진행과정에 대한 관점은 다르다고 보았다. 양자의 차이는 "관건이 되는 문제, 즉 '세계를 통치하는 힘은 도대체 의식과 인격을 갖추고 있는 것인가 아니면 무의식적이고 인격을 갖추고 있지 않은 것인가?'라는 문제에 대한 대답에 따라 결정된다."[2] 프레이저는 주술은 자연과 신령을 (강제로) 억누르며 제압하는 것인데 반해, 종교는 신령에게 아첨하며 비위를 맞추는 것이라고 보았다. 그는 다음과 같이 기술하였다.

종교는 초인간적인 힘에 대한 회유이므로 선택적인 두 가지 해답 가운데 전자(세계를 통치하는 힘은 의식과 인격을 갖추고 있는 것인가?)를 가정한다. 왜냐하면 모든 회유는 회유당하는 존재가 의식적, 인격적인 주체라는 것, 그 주체의 행동이 어느 정도 불확실하다는 것, 또 그 주체가 자신의 관심이나 기호, 감정에 맞는 분별 있는 호소에 따라 바라는 방향으로 행동을 바꾸도록 설득될 수 있다는 것을 의미하기 때문이다. 생명이 없다고 간주되는 사물이나, 특정한 상황에서 절대적인 확신에 따라 결정하고 행동한다고 알려진 사람들을 회유하려고 하지는 않는 법이다.[3]

주술이 종종 종교에서 가정하는 것과 같은 종류의 인격적 주체인 정령을 다루는 것은 사실이다. 그러나 주술이 본래 형식대로 정령을 다룰 때에는 언제나 생명 없는 동인動因을 취급하는 것과 똑같은 방식으로 다룬다. 곧, 종교에서 하듯이 달래거나 회유하는 것이 아니라 제어하거나 강박하는 것이다.[4]

주술과 종교의 이런 신앙과 행위상의 차이 이외에도, 프레이저는 특히 이 둘의 역사상의 대립에 주목하였다. 그는 이러한 대립이 신앙상의 차이에 근원하고 있다고 생각했다. 그의 견해에 근거하면 주술과 종교 사이의 이런 기본 원칙상의 충돌은 역사상 어떻게 하여 사제(祭司)가 늘 무사巫師를 공격하여 없애려는 일이 존재했는가를 설명하기에 충분하다. 실제로 분명 이처럼 문화의 이성화 과정 속에서 이성화는 우선 주로 상층문화 · 엘리트문화의 대大전통에 반영되었다. 이것은 곧 이성화된 상층문화의 하층문화 · 민속문화인 소小전통에 대한 배척과 압박을 필연적으로 초래하였다. 이런 종류의 배척과 압박은 보편성을 가지며, 중국 또한 그러하였다. 다만 서양처럼 첨예한 방식을 취하지 않았을 뿐이다.

프레이저는 당연히 우리들이 이해하고 있는 여러 가지 원시문화 속에 종교와 주술이 뒤섞여 있다는 것에도 주의를 기울였다. 고대 인도와 고대 이집트의 "초기 역사상에서의 헌제獻祭 의식은 보편적으로 가장 원시적인 주술 정신을 띠고 있으며"[5], 중국 상고시대에도 유사한 상황이 있었다. 프레이저는 다음과 같이 말하였다.

> 하지만 우리에게 익숙한 이런 대립(종교와 주술을 가리킴)은 종교사에서 비교적 최근에야 나타난 것 같다. 좀 더 앞선 단계에서 사제와 마법사의 역할은 종종 하나로 결합되어 있거나, 더 정확하게 표현하자면 아직 서로 분화되지 않은 상태였다. 자신의 목적을 이루기 위해 인간은 기도와 제물로 신과 정령의 호감을 구하는 한편, 그와 동시에 신이나 악마의 도움 없이도 바라는 결과를 저절로 이룰 수 있게 해준다는 의식과 언어 형식에 의지했다.[6]

비록 이와 같다 하더라도 프레이저는 그 해박한 지식과 탁월한 예지로써 아래와 같은 중요한 판단을 내놓았다.

비록 여러 세기와 많은 국토國土 상에서 주술과 종교가 서로 융합하고 서로 섞였다 하더라도 우리가 여전히 이런 융합이 결코 처음부터 있었던 것이 아니라고 생각하는 이유가 있다. 일찍이 사람들이 그들의 일반적인 동물적 요구를 초월하는 바람을 만족시키기 위해 단지 주술만을 믿었던 시기가 있었다. 우선 주술과 종교에 대한 기본적 견해를 고려한다면, 우리는 곧 다음과 같은 판단을 하게 되는 경향이 있다. 인류 역사상 주술의 출현은 종교보다 더 빠르다. 한편으로는 주술은 단지 인류의 가장 간단하고, 가장 기본적인 사유 과정 즉 유사연상類似聯想 혹은 접촉연상接觸聯想을 잘못되게 응용하였다는 것을 우리는 이미 알 수 있었다. 다른 한편으로는 종교가 오히려 우리가 볼 수 있는 대자연의 화면 뒤에 의식이 있고 인격을 가진 초인적인 신의 존재가 있음을 가정하고 있다는 것을 알 수 있었다. 아주 분명한 것은, 인격을 갖추고 있는 신(인격신)의 개념은 유사 혹은 접촉개념에 관한 간단한 인식보다 훨씬 더 복잡하다.[7)]

하지만 이처럼 여러 시대 여러 나라에서 주술이 종교와 섞여 나타나기는 해도, 그런 혼합이 원초적인 것은 아니라고 생각할 만한 근거가 있다. 한때 인간은 직접적이고 동물적인 요구를 넘어서는 욕구를 충족시키기 위해 주술에만 의존한 적이 있었던 것으로 보인다. 우선 주술과 종교의 근본 개념을 고찰해보면, 인류 역사에서 주술이 종교보다 더 오래된 듯하다. 앞에서 살펴보았듯이 주술은 가장 단순하고 초보적인 사고과정, 곧 유사성이나 근접성에 따른 관념들의 결합을 잘못 적용한 것에 지나지 않는다. 반면에 종교는 인간보다 우월한, 자연의 가시적인 화면 배후에 숨어있는 의식적이거나 인격적인 행위주체의 작용을 가정하는 것이다. 인격적인 행위주체 개념은 관념들의

유사성이나 근접성에 대한 단순 인식보다 명백히 더 복잡하다.8)

그러므로 만일 주술이 초보적인 추리과정에서 곧바로 연역된다면, 인류의 진화과정에서 주술이 종교보다 먼저 생겨났을 가능성이 크다. 인간은 기도와 제물을 은근히 암시함으로써 꽝하고 변덕스럽고 성질 사나운 신을 달래고 회유하려고 하기 전에 순전히 주문과 마법의 힘만으로 자연을 자기 뜻에 맞추려고 시도했을 법하다.

이와 같이 종교와 주술의 근본관계를 고찰함으로써 우리가 연역적으로 도달한 결론은 비교적 정확한 정보를 확보하고 있는, 가장 무지한 미개인인 오스트레일리아 원주민 사이에서 주술이 보편적으로 행해지는 반면에 더 우월한 힘들을 달래고 회유한다는 의미의 종교는 거의 알려져 있지 않은 것 같다는 관찰을 통해 귀납적으로 확인할 수 있다. 대충 단정하자면, 모든 오스트레일리아 원주민은 주술사지만 사제는 단 한 사람도 없다. 모든 사람이 공감주술로 자기 동료나 자연의 운행에 영향을 미칠 수 있다고 생각하지만, 아무도 기도와 제물로 신들을 기쁘게 할 수 있다고는 상상하지 않는 것이다.9)

이렇게 긴 지면을 사용하여 프레이저의 논술을 인용한 까닭은 아주 분명하게도 이런 논단이 하상夏商문화 특히 은상殷商문화의 특질을 이해하는 데에 매우 중요한 시사를 해주기 때문이다. 간단히 말하면 은상 시기에 비록 무사巫史가 있었고 게다가 대대적으로 점복占卜활동을 행하였지만, 그 주도적인 종교신앙 행위 형태는 바로 프레이저가 말한 "기도와 헌제獻祭 등의 온화하고 아첨하는 수단을 통해 완고하고 거칠며 변화무상한 신령을 안위하고 유혹하는 것", 즉 제사문화에 속하는 것이지, "주술과 마법의 힘을 빌려서 자연계로 하여금 인간의 바람을 따르도록 하는" 주술문화가 아니었다.

2. 신령과 숭배

무격문화巫覡文化로부터 제사문화로의 발전을 이해하기 위해서는 먼저 상고시대 신령관념의 흔적을 고찰해야 한다.

중국 상고시대 무격은 하상夏商 이전부터 이미 신령과 교류를 했다. 원시시대는 언급하지 않더라도, 양저문화良渚文化(중국 신석기 시대 양자강 유역의 도작 문화)에 이미 신령의 기운이 상당히 농후했다. 제1장에서 말한 바와 같이 고대에 무巫는 산에 올라서 신과 교통했으며 춤을 춰서 신을 내려오게 하였다. 그러나 후세에 언급되는 신은 이미 비교적 발달된 신의 관념이며, 상고시대 초기의 신의 관념과는 다른 것으로 보인다.

갑골문甲骨文·금문金文 속에서의 '신神'이란 글자는 대부분 '신申'으로 쓰이며, 시示를 쓰지 않는다. 곽말약郭沫若은 다음과 같이 말하였다. "갑골문에서는 을 쓰는데 와 같은 것이고, 금문에서도 대체로 이와 같다. 그러나 반대로 쓰는 경우는 매우 적다. …오직 신申이란 글자는 고대에 신神이란 글자로 직접적으로 사용하였다. 예를 들면 극정克鼎의 '신이 편안하게 섬긴다(顯孝于)'와 두백수杜伯盨의 '황신에게 효성스럽게 올리고 또 헤아리다(亯孝於皇且考)'라는 말이다. 모두 신神자인데, 대개 가차假借해서 쓰일 뿐이다. 또한 신申에는 겹치다(重)라는 뜻과 펼치다(伸)라는 뜻이 있다. 이것은 고문古文 자형字形에서는 모두 말한 것이 없다." 그리고 또한 말하기를 "요컨대, 고대의 12진辰의 아홉 번째인 신申자는 바로 하나의 선으로 두 물체를 묶는 성질을 상징하는 것으로, 고대에는 '겹치다'라는 뜻을 갖고 있었다."[10] 양향규楊向奎는 두 개의 물체란 곧 하늘(天)과 사람(人)을 가리켜 말하는 것이며, '신申'은 하늘과 사람을 연결시켜 통하게 하는 일종의 매개체라고 생각하였다. 그는 또 『이아爾雅』「석고釋詁」에 보이는 "신申은 겹침이다(申, 重也)"라는 구절이 바로 사람들은 상제와 직접 교섭할 수 없으며 반드시 '신申'이라는 일정한 수속을 거쳐야 함을 가리켜 말하는 것이라고 보았다.[11] 하지만 양향규의 설이 비록 곽말약의 설을 응용한 것이라고 할지라도 결국은 억지 주장이란 혐의를 벗어나기 어렵다. 왜냐하면 곽말약은 분명히 신申을 신神의 가차로 보고 있기 때문이다.

금문 가운데 신神자는 시示를 가지고 말하는 것이 많다. 저초문詛楚文[12]·초백서楚帛書에서의 신神자와 금문자金文字는 특히 유사하다. 『설문해자』는 신神을 다음과 같이 풀이한다. "신은 천신이고, 만물을 이끌어내는 자이다. 시示와 신申을 사용한다."[13] '천신天神'을 전체 우주, 즉 천지만물의 주재자로 여기는 이 관념은 상당히 늦은 시기의 것이며, 상대商代 이전에는 아직 없었다. 『국어』「초어楚語」의 관야보觀射父가 말한 "밝은 신이 내려온다(明神降之)"와 "향유하다(享之)"라는 말에 비추어보면 '신'은 신령을 가리킨다. 신령은 인간세계에 내려와 사람의 몸에 깃들어 인간 세계에서 바치는 제물을 향용(享用)하고 인간에게 복을 가져다준다.

초기의 신에 대한 사유는 귀신 신앙과 관련이 있을 수 있다. 왜냐하면 고대에 '신'은 대부분 귀신 특히 망령이 변하여 이루어진 신귀神鬼를 가리킨다. 『정자통正字通』「시부示部」에는 "신神이란 양혼陽魂을 신神으로 삼고, 음백陰魄을 귀鬼로 삼는다. 기氣의 펼쳐짐은 신神이 되고, 기의 움츠림이 귀鬼가 된다"[14]라고 하였다. 펼쳐진다

(伸)는 것은 펼쳐져서 하늘로 올라간다는 것이며, 오그라드는 것은 땅위에 붙어서 떠도는 것이다. 『예기』「악기樂記」에 "어두운 곳에는 귀신이 있다(幽則有鬼神)"라는 구절은 사후死後의 존재를 가리키는 것이다. 이러한 귀신의 신앙은 비교적 이른 시기에 출현하였다.

신을 언급하면서 '시示'를 말하지 않을 수 없다. 갑골문에서 '시示'는 지기地祇, 곧 지신地神을 대표한다. 『광운廣韻』「지운支韻」에는 "기祇는 지기地祇이며, 신이다(祇, 地祇, 神也)"라고 하였다. 이렇게 볼 때, 농업민족인 화하족華夏族에게서 가장 일찍 만들어진 대신大神 관념은 아마 지신일 것이다. 그러므로 이후에 신의 일과 관련된 글자는 모두 시示와 관련된다. 『주례』「춘관」「대종백大宗伯」에는 "나라를 세운 천신과 인귀와 지기의 예를 관장한다"15)라는 말이 있다. 천신·인귀·지기의 삼층으로 이루어진 신령 구조는 삼대 적어도 상대商代에 이미 형성된 신령 체계이다. 이 중에서 인귀는 조상신이다.

시示를 쓰는 글자 중에 후반부의 토론을 위하여 언급해야 할 것들이 있다. 우선 '축祝'자를 예로 들어보자. 『설문說文』에 "축은 제주祭主가 찬사贊詞를 하는 것이며, 시示를 쓰고, 인儿과 구口를 쓴다. 혹자는 태兌를 쓰면서 생략된 형태라고 말한다. 『역易』에 이르길, '태는 입(口)이 되고 무巫가 된다'고 말한다"16)고 하였다. 여기에서의 "역에 이른다(易曰)"는 것은 「설괘전說卦傳」에 "태兌는 못이며, 소녀(少女)이며, 무이며, 입과 혀이다"17)라고 한 것을 가리킨다.

단옥재段玉裁의 주注에 축祝자는 회의글자이며 "사람의 입으로 신과 교통함(以人口交神也)"18)을 표현하는 것이라고 보고 있다. 『시경』「소아小雅·초자楚茨」에서는 "공축工祝이 고하니, 효성 깊은 자손에게 와서 복을 준다"19)라고 하였다. 이것은 축祝이 제사지낼 때에 축사祝詞와 기도의 말(禱詞)을 행하는 사람임을 보여준다. 축은 광의적으로 볼 때 귀신을 향해서 복을 구하며 기도를 올리는 것이며, 제사를 지낼 때 꼭 언어를 사용하여 신과 교통하는 것만은 아니다.

그 외에 『초사楚辭』「초혼招魂」에 "공축은 임금을 부르고, 뒤에서는 선조들을 섬긴다"[20]라는 구절은 초나라에서 축의 직무가 귀신에게 고하는 것 외에도 귀신을 부르는 술법을 행하는 것을 말한다. 이는 무巫와 상통相通하기 때문에 왕일王逸은 초사 주注에 "남자 무당을 축이라고 한다(男巫曰祝)"[21]고 하였다.

그다음은 '제祭'자이다. 『설문』에 "제는 제사지내는 것이다. 시示를 쓰며, 손에 고기를 들고 있는 것이다"[22]라고 하였다. 즉 희생을 바쳐 귀신에서 제사를 드리는 것이다. 제祭자의 의미는 분명하기 때문에 더 토론할 필요가 없다.

마지막으로 '수祟'자이다. 『설문』에서 "수는 신이 화난禍難을 내리는 것이다, 시示를 쓰며, 출出을 쓴다"[23]라고 하였다. 『집운集韻』「술운術韻」에 "수는 귀신이 위태롭게 만드는 것이다(祟, 鬼神爲厲)"라는 것은 귀신이 만든 재화災禍를 가리킨다. 예를 들어 『설원說怨』「군도君道」에 "초나라 소왕이 질병에 걸려 점복을 쳤는데, 이르기를 '하백이 재앙을 만들었다'고 하였다"[24]는 것이다. 갑골문 가운데 수祟를 묻는 예들이 적지 않다.

초기의 신령 신앙은 자연신 · 영혼(鬼魂) · 정령 · 요괴(神怪)를 막론하고, 그 원초적 형태는 당연히 타일러가 언급한 만물유령론萬物有靈論(Animism), 즉 '정령 실체에 관한 신앙'이며[25], 이런 종류의 신앙의 특징은 다원성 · 유한성 · 불확정성과 초자연성이다.

자연숭배(Nature Worship)와 자연신 숭배는 정령숭배의 한 가지 형식이다. 일찍이, 돌바크(Paul Henri Dietrich d'Holbach)는 인류의 역사상 가장 초급 단계의 종교형태가 '배물교拜物教'라고 말하였다. (배물교란) 자연물과 자연세력에 대한 숭배, 즉 인간 자신의 생활과 밀접하게 관련되거나 혹은 인류의 의존성이 아주 강한 물체를 숭배하는 것을 가리킨다. 그는 배물교에서부터 차츰차츰 다신교로 발전하여 최후에는 일신교에 도달했다고 보았다.[26] 포이어바흐(Ludwig Feuerbach) 또한 같은 견해를 갖고 있었다. 그는 "자연계는 종교의 첫 번째 대상이다"[27]라고 하였다. 콩트(Auguste Comte) 또한 인류 최초의 종교는 모든 자연 물체에 대한 숭배라고 보았다. 그러나 이러한 물체들에 신령이 거주하는지 아닌지에 대해서는 문제 삼지 않았다. 그는 자연 물체가 인격화되어 정령精靈이 되는 것을 종교발전의 두 번째 단계라고 보았다.[28]

종교사의 자료에 근거하면, 근대 종교학의 창시자인 막스 뮐러(Max Müller)는 더욱 명확하게 종교가 자연물 숭배에 기원한다는 설을 제기하였다.[29] 사실, 자연물 숭배와 자연신 숭배를 두 가지 다른 원시신앙으로 나눌 필요는 없다. 사람들이 자연물체에 대해 숭배를 할 때는 언제나 모종의 신성神性을 자연물체에 부여하거나 혹은 자연물체가 신성을 갖추고 있다는 것을 전제로 한다.

자연숭배가 존재했던 것은 중국 상고시대 또한 예외가 아니다. 복사卜辭와 선진시기의 문헌 속에서 모두 볼 수 있다. 『좌전』「소공원년昭公元年」을 예로 들어보자.

> 산천의 신에게는 수재水災·한재旱災 그리고 여역癘疫(돌림병)의 재앙이 있을 때 영제사禜祭祀를 올린다. 일월성신의 신에게는 눈과 서리와 바람과 비가 때에 맞지 않을 때 영제사를 올린다.[30]

이러한 산천과 일월성신의 신에 대한 사유는 아주 일찍 발생하였다. 『예기』「제법祭法」에는 다음과 같은 구절이 있다.

> 산림과 하천과 계곡 그리고 구릉에 능히 구름이 생기고 비바람이 일어나며 괴이한 사물이 드러나게 되는 것은 모두 신神이라 한다. 천하를 가진 자는 모든 신에게 제사를 지내야 한다.[31]

괴이한 사물이란 표현은 초기 자연숭배와 정령신앙이 확실히 관계가 있음을 보여준다. 위의 두 자료는 천지·산천·일월이 삼대三代 제사의 중요한 대상임을 설명하며, 중국고대 자연숭배의 유래가 아주 오래되었다는 것을 증명한다.

고고학적 유물 속에서 신령 숭배와 신앙에 대한 흔적을 찾는 것은 늘 어렵기 때문에, 위에 인용된 자료로부터 드러나듯이 중국 상고시대의 신령관념에 대한 이해는 제법과 제사에 대한 문헌의 서술을 빌려 이해할 필요가 있다. 바꾸어 말하자면 제사문화를 통해 신령관념을 이해해야 한다는 것이다. 『서경書經』「순전舜典」에 다음과 같은 기록이 있다.

> 정월 초하루, (순임금은) 문조文祖(요堯의 태묘)에서 천자의 대명을 받고, 선기옥형璇璣玉衡(북두칠성 혹은 의례에 사용하던 기물)을 살펴서 칠정七政을 바로잡았다. 이에 상제에게 유제類祭[32]를 지내고, 육종六宗에게 연제禋祭를 올리며, 산천에 망제望祭를 지내고, 군신群神에게도 두루 제사를 지냈다.[33]

위의 내용에 비추어보면, 순舜임금은 군왕의 자리를 계승한 후,

곧바로 상제 · 천지 · 일월 그리고 강과 바다에 제사를 지내고, 산천과 여러 신들에게도 제를 올렸다. 그 언급된 순서에 근거하여 추측하면 '여러 신들'은 분명 '능히 구름을 내고 비바람을 일으키고 괴이한 사물을 나타나게 하는 것은 모두 신神이라 한다'고 하는 '신神'이며, 또한 자연신이기도 하다.

『하소정夏小正』[34]에는 단지 2월에 물고기로 제사를 올리는 것과 같은 종류의 신령숭배밖에 없다 하더라도[35], 문헌에 기술되어 있는 내용은 우하虞夏시대의 신앙이 이미 단순한 자연숭배가 아니라 다신多神의 귀신신앙이라는 것을 보여준다. 『논어』에서 하나라의 우임금이 "지극하게 효를 다해 귀신을 섬겼다(致孝乎鬼神)"(「태백」)고 하는 것은 귀신신앙과 숭배가 이미 국가의 숭배활동 중에서 중요한 지위를 차지하고 있었다는 것을 말해준다. 『예기』「표기表記」에, 하나라는 "귀신을 섬기고 공경하였으나 그것을 멀리하였다(事鬼敬神而遠之)"고 하는 것 또한 당시의 제사문화가 아직 발달하지 않았음을 나타낸다. 『서경』「감서甘誓」에 근거하면, 하나라가 시작될 때에 이미 "조상신을 모신 사당에서 상을 내린다(賞于祖)", "토지의 신을 모신 사당에서 사형에 처한다(戮于社)"라는 말이 있는데, 이는 이미 국가의 일급 '조상신(祖)'과 '토지신(社)'에 대한 종교활동이 있었음을 설명한다. '조'는 조묘祖廟이며 '사'는 토지신(社神)인데, 당시에 이미 조상 숭배와 지신地神 숭배가 있었음을 보여주고 있다. 고문古文『상서』「오자지가五子之歌」에는 태강太康[36] 시대의 일을 기록하고 있다. 그 가운데 태강의 주요 죄목 중의 하나가 바로 "종묘를 무너뜨리고 제사를 끊는 것(覆宗絶祀)"이라고 기록하고 있다. 이것은 조상에게 제사를 지내는 것을 숭배하고 있음을 말하는 것이다.

그러나 적어도 상나라 초기에는 이미 지상신至上神 개념이 있었다. 『논어』 「요왈堯曰」에 "저 소자 이履가 감히 검은 희생을 사용하여, 위대하신 상제께 감히 분명하게 아룁니다"[37]라는 구절에 대해 주석가들은 모두 『묵자墨子』에 근거하여 탕왕이 제사에서 기도하는 말인 축사祝辭로 보고 있다.[38] 이는 당시에 이미 제帝 혹은 유사한 지상신의 개념이 있었다는 것이다. 『맹자孟子』 「등문공하滕文公下」에 다음과 같은 구절이 있다.

> 탕임금이 도읍인 박亳땅에 거주할 때, 갈葛나라와 서로 이웃하고 있었다. 갈백葛伯은 방종하여 제사를 지내지 않았다. 탕임금은 사람을 시켜 "어찌해서 제사를 지내지 않는가?"라고 물었다. 갈백은 "희생물로 바칠 만한 것이 없기 때문이오"라고 대답했다. 탕임금은 그에게 소와 양을 보내도록 하였다. 갈백은 그것을 먹어버리고, 또 제사를 지내지 않았다. 탕임금이 다시 사람을 보내어 "어찌하여 제사를 지내지 않는가?"라고 물었다. 그는 "제사에 바칠 곡식인 기장과 피가 없기 때문이오"라고 하였다. 탕임금은 박땅에 거주하고 있는 많은 사람으로 하여금 갈나라에 가서 그를 위해 대신 곡식을 경작해주고, 또 나이 들고 힘없는 사람들에게는 곡식을 경작하는 사람들에게 음식물을 전해주도록 하였다.[39]

여기에서 말하고 있는 제사는 조상에게 지내는 제사를 가리키는 것이 아니라, 당연히 신神에 대한 제사이다.

3. 은상殷商의 신앙 체계

앞 절에서 말한 바와 같이 삼대의 종교 신앙과 행위 상태는 이미 순수한 자연숭배가 아니었다. 이 시기에 자연숭배가 존재하였다 하더라도 전체 신령체계의 일부분이었을 뿐이다. 이로 인해 은상殷商의 종교에 대해 토론할 때는 전체적으로 그들의 제사문화에 대한 토론을 통하여 신앙 행위의 전모를 이해해야만 한다.

복사卜辭를 살펴보면 은대殷代의 숭배는 또한 구체적 단계에 머물러 있었고, 신령세계는 다양하게 분산되어 있었다. 이는 점복占卜의 빈번함과 점복의 광범위함을 나타내며, 은나라 사람들의 '귀신을 숭상하는(尙鬼)' 복잡한 제사에 표현되어 있다.[40] 『예기』에 "은나라 사람은 신을 존숭하고, 백성을 이끌어서 신을 섬겼으며, 귀신을 먼저하고 예를 뒤로 하였다"[41]라고 하는데, 여기서의 '신'은 천신天神과 인귀人鬼를 겸하여 가리킨다. 복사 연구에 근거하면 복사에 기재된 제사 활동 및 그 대상, 그리고 복사에 기재된 점문占問의 내용을 통해 보면 은나라 사람의 신령 관념은 세 가지 종류로 구분된다는 것을 알 수 있다.

一. 천신天神 : 상제上帝, 일日, 동모東母, 서모西母, 운雲, 풍風, 우雨, 설雪
二. 지기地示 : 사社, 사방四方, 사과四戈, 사무四巫, 산山, 천川
三. 인귀人鬼 : 선왕先王, 선공先公, 선비先妣, 제자諸子, 제모諸母, 구신舊臣[42]

'제帝'는 은나라 사람들의 신앙 가운데 최고의 신이다. 최고의 권위를 갖추고 있고, 자연과 하늘 아래 나라들(下國)을 관리하고 있다. 상제의 가장 중요한 권력은 천시天時를 관할하고 한해의 농사에 영향을 주는 것이다. 이것은 은나라 사람이 이미 지상신至上神의 관념을 지니고 있었으며, 게다가 이 지상신이 명백히 초기의 농업을 주관하는 자연신임을 설명하고 있다. 동시에, 이 '제帝'는 원시부락의 부족신과 사뭇 달랐다. 복사卜辭 속의 상제는 인간세계의 제왕帝王과 마찬가지로 명령을 내릴 뿐만 아니라 제정帝廷(상제의 조정)과 명령을 시행하는 공신工臣이 있었다. 은나라 사람의 조상으로서 숭배되는 선왕과 선공先公은 제정(帝廷) 혹은 제소帝所(상제가 사는 곳)에서 손님이 되어 인간세계에서 상제에게 청하는 요구를 전달한다. 진몽가陳夢家는 다음과 같이 주장했다.

> 은나라 사람의 상제 혹은 제帝는 자연의 천상天象을 관장하는 주재자이고, 일월풍우日月風雨를 그 신공臣工으로 삼아 부리는 제정帝廷을 가지고 있다. 상제가 비바람을 내리고 복과 화를 내리는 것은 천상天象으로써 그 은혜와 위엄을 보여주는 것이나, 천상 가운데 비바람이 순조로운 것은 실제로 농업생산의 조건이 된다. 그러므로 은나라 사람의 상제가 비록 전쟁 역시 보우할지라도 실질적으로 주요한 내용은 농업생산의 신이다. 선공과 선왕은 위로 올라가 천상에서 빈객(賓)이 되고, 상제는 지금의 왕에 대해서 화복을 내리며 승낙과 거부를 표현할 수 있다. 하지만 상제와 인간 세계의 왕은 결코 혈연관계가 아니다. 인간의 왕은 선공·선왕 혹은 다른 모든 신을 통해서 상제에게 비를 구하거나 풍년을 기원하며, 혹은 전쟁에서 승리하기를 기도한다.[43]

진몽가는 또 상제와 인귀人鬼의 차이점에 대하여 다음과 같이 말하였다. 상제는 제사의 희생물을 받아 누리지 않는다. 상제가 비록 바람을 불게 하고 비가 내리도록 명령하는 주재자이지만 인간은 결코 그에게 직접 기원할 수는 없다. 선공과 선왕은 현세의 왕이 올리는 헌제獻祭를 누릴 수 있을 뿐만 아니라 왕 또한 선공과 선왕에게 기도를 올림으로써 상제에게 영향을 줄 수 있고, 이를 통해 비를 내려 풍년을 얻을 수 있다.[44]

복사卜辭를 살펴보면 은나라의 선공과 선왕은 죽은 후에 승천하여 제소帝所에서 손님이 되어 천신화天神化된다. 그리고 산천과 토지 등과 같은 자연신들 또한 제사 속에서 인격화되었다. 은나라 사람의 상제는 자연의 주재자이지만 결코 완전히 인격화되지는 못했다. 점복占卜은 습관적으로 주술의 일종으로 간주된다. 그러나 점복과 주술의 차이는 앞 장에서 이미 토론하였다.

은상殷商문화를 살펴볼 때 반드시 갑골복사의 내용에 "자연적인 천지의 신과 조상에 관한 제사가 가장 많다"[45]는 이 중요한 사실에 주의해야 한다. 나진옥羅振玉의 통계에 근거하면, 복사의 내용은 9가지 종류로 나눌 수 있다. 그중에 복제卜祭가 첫 번째를 차지하고 있다.[46] 은나라 왕은 1년 360일 가운데 제사를 거행하지 않은 날이 거의 없었다.[47] 그중에 대다수는 왕이 직접 몸소 제사를 지냈지만, 또한 적지 않은 경우 다른 사람으로 하여금 자신을 대신해서 제사의식(祀典)을 거행하게 하였다.[48] 이런 종류의 제사 대상은 주로 조상 신령이다. 은나라 사람은 '주제周祭(조상의 서열대로 두루 제사를 지내는 것)'라는 방법을 발명하였는데, 이를 통해 분명치 못하고 혼란스런 상황을 피하고 제사의식에 질서를 갖추게 하였다. 제사의 명칭들은 아주 많은데, 의衣 · 익翌 · 홍肜 · 사劦 · 세歲 · 유㞢(侑) · 약龠 · 보叙 등의 제祭가 있다. 이런 제사활동은 모두 점복占卜을 수반해야 한다.

이는 은상殷商의 점복을 사실상의 전체 왕실의 제사활동 중의 하나의 구성부분으로 간주할 수 있고, 그것은 마땅히 전체 제사활동의 예의禮儀와 체계 속에 집어넣어 이해해야만 함을 말한 것이다. 바꾸어 말하면, 은상 갑골 각사刻辭로 대표되는 점복활동은 전체 제사문화에 종속되어 있는 것이기 때문에 독립적인 은상 점복의 종교적 의의로 이해해서는 안 되고 전체 은상 제사문화 속에서 그것의 종교적 의의를 이해해야 한다는 말이다. 점복만 이러할 뿐만 아니라 무격巫覡 또한 은상 상층의 종교 활동 속에서 이미 사제화(祭司化)되었다.

은상 제사문화의 특징은 단지 그것이 용산龍山시대의 무격문화와 다른 문화적 발전을 보여주는 것에만 머물러서는 안 된다. 무격문화가 제사문화로 발전되었기 때문에 한편으로는 후대 제사예의로부터 파생되어 나온 전체 규범체계인 예禮가 존재하게 되었고, 다른 한편으로 축祝·종宗·복卜·사史로 분화된 사제 계층으로 발전되었기 때문이다. 서주西周의 예악문화禮樂文化는 바로 이러한 기초 위에서 발전할 수 있었고, 아울러 훗날의 제자사상諸子思想의 초기 발전을 위한 직관제도職官制度의 기초를 준비해 주었다. 동시에 제사문화 또한 종교사상이라는 성숙된 문화라기보다는 다신숭배와 제사에 기초하여 더욱 높은 종교 단계로 향해 가는 과도적 단계임을 분명히 보여주고 있다.

역사발전의 궤적을 드러내기 위하여 먼저 복사에 나타난 종교신앙부터 이야기해보자. 복사의 작용은 당연히 한계가 있다. 한편으로 은허殷墟 복사는 주로 왕실의 공문서(檔案)로 당시 대전통의 종교 신앙을 반영할 수 있지만, 일반사회의 신앙을 어느 정도 반영 혹은 대표할 수 있는가에 대해서는 의문을 가질 수밖에 없다. 다른 한편으로는 설령 대전통과 소전통의 차이를 고려하지 않는다고 하더라도 복사의 형식과 각사刻寫(복사를 갑골에 새기는 것) 매개체의 한계 또한 복사로 하여금 당시 사회 문화의 면모를 충분히 반영하기 어렵도록 만든다. 하지만 이 책의 입장은 본래 대전통의 형성과 그것의 전체 문화발전에 대한 주도 작용의 분석에 주된 관심을 두고 있다. "은나라 선인들이 책冊과 전典을 가지고 있었다"고 할지라도 상대商代의 문헌은 확실히 너무 적다. 이런 이유에서 복사는 여전히 은상문화에 대한 이론을 세우고 은상문화를 이해하는 데 근거가 되는 기초자료이다.

4. 은대殷代의 제사활동

먼저 지적해야 할 것은, 종교 신앙을 연구할 때 반드시 주의해야 할 사항은 복문卜問의 대상과 제사의 대상 및 신앙의 대상이 반드시 일치하지 않고 있다는 것이다. 제사의 대상은 분명히 귀鬼 혹은 신神(합쳐서 귀신이라고 칭함)이다. 다만 진몽가의 입장에 의하면 은대의 제사 속에서 상제는 결코 제사의 대상이 아니다.[49] 이 때문에 은대의 제사 대상인 귀신 가운데 상제는 포함되어 있지 않다. 그러나 복사卜辭는 우리에게 은나라 사람이 명확한 상제 신앙을 갖고 있었다는 사실을 말해주고 있다. 이러한 점에서 말하면 제사체계는 결코 신앙체계와 완전히 동등한 것은 아니다. 점복 또한 유사한 상황이 있다.

점복占卜의 설문하는 대상을 어떤 사람은 귀신이라고 생각하고(곽보균郭寶鈞), 어떤 사람은 영귀靈龜라고 생각한다(왕우신王宇信).[50] 복사에서 제帝에게 복문卜問하는 활동은 결코 제帝에게 직접 묻는 것이 아니고, 하신河神과 인귀人鬼에게 점문占問하는 활동도 결코 하신河神과 인귀人鬼에게 물어보는 것이 아니다. 이는 복사에서 빈번히 제帝·신神·귀鬼가 간섭하는지(방해하거나 관여함) 아닌지를 묻는 것을 통해서 알 수 있다. 이 때문에 복문卜問은 단지 일종의 신비적 방식을 빌려 조상신에게 자문을 받는 것이며, 사람들은 조상신이 거북 판의 갈라진 흔적을 통해서 점문占問에 대한 대답을 드러낼 것이라 믿었다. 바로 앞에서 언급한 것과 마찬가지로 점복 자체는 신령신앙을 기초로 삼을 수도 있으며, 신령관념을 요청하지 않는 것을 전제로 삼을 수도 있지만, 신령관념이 그 배후에 있든 없든 점복占卜은 언제나 일종의 신비적 교감작용, 신비에 호소하는 교감방식 그리고 신비교감을 내용으로 하는 원시적 사유를 드러내고 있다. 바로 이런 의미에서 사람들은 종종 점복占卜을 주술의 한 형식으로 바라본다.

은나라 사람에게 있어 설령 점문의 대상이 제帝와 신귀神鬼가 아니라 할지라도, 이것은 결코 은나라 사람이 제帝·귀鬼·신神의 존재를 믿지 않았다고 말하는 것과 같은 의미는 아니다. 은나라 사람은 실제로 간접적인 신비교감 방식으로 제帝·귀鬼·신神의 의지를 추측하였다. 이 말은 원시 무격巫覡이 천지와 직접 교통하는 연계가 끊어진 이후, 천지와 교통하는 측면에서 점복占卜의 작용이 중요한 지위를 차지하게 된 것을 의미하며, 상고시대 종교적 사유와 행위의 한 차례 중대한 전환을 보여주고 있다.

이 때문에 우리는 복사卜辭를 통하여 점문占問 내용과 제사 활동을 종합해서 고찰할 필요가 있다.

1) 복사卜辭 중의 은나라 사람의 제帝·상제上帝에 대한 신앙

帝令雨足年- 帝弗令雨足年　前 1.50.1

[제帝께서 풍년이 들도록 비를 내리게 하겠습니까? - 제帝께서 풍년이 들도록 비를 내리지 않겠습니까?]

今三月帝令多雨　前 3.18.5

[올 3월에 제帝가 비를 많이 내리도록 하겠습니까?]

羽癸卯帝其令風- 羽癸卯帝不令風　乙 2452. 3094

[내일 계묘일에 제帝가 바람이 불도록 하겠습니까? - 내일 계묘일에 제帝가 바람이 불지 않도록 하겠습니까?]

上帝降莫 師友 1.31(存1.68)

[상제가 가뭄을 내릴까요?]

帝其降我莫- 帝不降我莫 乙 7793

[제(帝)가 우리에게 가뭄을 내릴까요? - 제帝가 우리에게 가뭄을 내리지 않을까요?]

帝其乍王禍- 帝不乍王禍 乙 1707, 4861

[제(帝)가 지금 왕에게 화를 내릴까요? - 제帝가 지금 왕에게 화를 내리지 않을까요?]

帝其降禍

[제帝가 화를 내릴까요?]

王乍邑, 帝若 乙 1947, 6750

[왕이 도읍을 만드는데, 제帝가 만족할까요?]

伐邛方, 帝受我又 林 1.11.13

[공방을 치는데, 제帝가 우리에게 도움을 주겠습니까?]

佳帝壱我年 乙 7456[51)]

[상제께서 수확을 하는 데, 재앙을 내릴까요?]

영우令雨, 영풍令風은 모두 제가 비를 내리고 바람이 불도록 명령하는 것이다. 降莫는 가뭄의 재해를 내리도록 하는 것이며, 강화降禍는 인간에게 재앙을 내리는 것이다. 약若은 승낙하는 것이며, 우又는 보우保佑하는 것이다.

복사卜辭를 통해 보면, 은나라 사람들이 믿었던 제帝는 우선 자연기후, 특히 비를 내리게 할지 말지 혹은 언제 내리게 할지를 결정하는 주재자임을 알 수 있다. 이는 의심의 여지 없이 농업민족이 필요로 하는 것을 표현하고 있는 지상신이다. 그는 강우 · 바람 · 구름과 수확(풍년)을 관장한다. 소극적 측면에서 말하면, 제帝는 인간 사회에 가뭄·기근·재앙을 내릴 수 있다. 동시에 제帝는 단지 천시天時(날씨)를 주재할 뿐만 아니라, 또한 인간 세계의 화복禍福을 관장하고 사람의 왕을 보우할 수 있으며, 인간 세계에 화를 내릴 수도 있다. 복사 속의 제帝는 신으로서 이미 상당히 인격화되었는데, 이것은 복사 속의 '제정帝廷' 관념으로 또한 증명할 수 있다. 복사 속에는 다음과 같은 내용이 있다.

王又歲於帝五臣正, 隹亾雨　粹 13
[왕이 제를 돕는 오신정에게 세제를 지내면, 비가 안 올까요?]
秋於帝五工臣, 才且乙宗卜　粹 12
[제帝를 돕는 오공신에게 추제秋祭를 지내는데, 조을의 종묘에서 점을 쳐도 될까요?]
於帝臣, 又雨　甲779
[제帝의 신하에게 제사를 지내면, 또 비가 올까요?]

이것은 제帝가 인간세계의 군주와 마찬가지로 조정朝廷(帝廷)이 있고 그를 위해서 움직이는 '신하(臣)'가 있음을 보여준다. 어떤 학자는 '오신정五臣正', '오공신五工神'이 바로 『좌전』「소공17년昭公十七年」에 담자郯子가 언급한 신화전설의 '오공정五工正'이며, 제帝를 도와서 천시를 관장하는 관리로 보기도 한다.

은나라 사람들은 그들의 선공先公과 선왕先王을 신령화神靈化하였으며, 아울러 선공과 선왕의 망령이 하늘로 올라가 제정帝廷 혹은 제소帝所에 도달할 수 있다고 생각하였다. 복사의 용어를 사용하자면 제소帝所에서 '손님이 된다(賓)'라고 이른다. 복사에는 다음의 내용이 있다.

> 下乙賓於帝　乙 7194
> [하을이 제帝에게 갔을까요?]
> 大[甲]不賓於帝　乙 7549
> [태갑이 제帝에게 가지 못했을까요?]
> 旨千若於帝所- 旨千若於帝右　乙 3085
> [지천旨千이 제소帝所에서 즐거움을 느낄까요? - 지천이 제帝의 보호를 받는 것을 즐거워할까요?][52]

위의 자료들을 통해보면 제帝가 은인殷人들의 지상신이라는 관점에는 의문의 여지가 없음을 알 수 있다. 그러나 제帝가 천신인지 아니면 인귀인지에 대한 학자들의 의견은 다르다. 곽말약은 제帝를 제곡嚳嚳으로 본다.[53] 그리고 은나라 사람의 '천天'은 단지 일월성신日月星辰이 운행하는 장소를 가리키는 것일 뿐이며 지상신을 가리키는 것은 아니라고 보았다.[54] 그는 또한 「주서周書 · 대고大誥」를 통해 은나라 사람이 복문卜問하는 대상은 반드시 천天(帝)이며, 귀갑에게 도움을 청하는 것이 아님을 추론을 통해 알 수 있는 것으로 생각했다.[55]

이아농李亞農은 「탕서湯誓」를 인용하여 상서商書 속의 천天이 바로 상제上帝라고 생각했다. 그러나 그는 결코 은인들 스스로 '천'이라는 개념을 사용해서 상제를 나타내었는지 아닌지에 대해서는 명확하게 설명하지 못했다. 하지만 분명 그는 결코 곽말약처럼 문헌 중에서 빈번하게 '천天'이 출현하는 상서商書를 모두 믿을 수 없는 것이라고 보지는 않았다. 동시에 그는 은나라 사람이 제사지내는 대상은 모두 선공先公과 선왕先王으로 생각하는 것 같다.56) 진몽가의 관점은 은나라 사람의 제帝가 '호천昊天'일 가능성이 큰 것으로 보고 있다.57)

2) 은나라 사람의 풍우산천風雨山川의 제신諸神에 대한 신앙

복사 가운데는 다른 천지의 신들에게 제사를 지내는 일을 기술한 내용이 적지 않게 실려 있다. 예를 들어 다음과 같다.

乙巳卜王賓日- 弗賓日　佚872
[을사일에 점을 칩니다. 왕이 태양에 빈제를 지낼까요?]
御各日, 王受又　粹 1278
[석양에 어제를 지내는데, 왕이 도움을 받을까요?]
丁巳卜又出日- 丁巳卜又入日　佚 407
[정사일에 점을 칩니다. 일출에 제사를 지낼까요? - 정사일에 점을 칩니다. 일몰에 제사를 지낼까요?]
今日旣, 衩日　菁 10,10 (이하는 모두 『은허복사종술殷墟卜辭綜述』에서 인용)
[오늘 해는 이미 졌지만, 태양에 제사 지낼까요?]

이것은 제일祭日과 관련 있는 복사이다. 입일入日과 각일各日은 바로 석양을 말한다. 여기에서의 빈賓·어御·우又·비衩는 모두 제일祭日의 법칙이다. 복사에는 또 '유㞢'제를 이용하여 동모東母와 서모西母에게 제사를 지내는 기록이 있다. 동모東母와 서모西母는 당연히 일신日神과 월신月神을 가리킨다.

복사 가운데 또한 풍風·우雨·설雪 등에 대한 제祭가 있다. 예를 들어 다음과 같다.

甹於風　燕 558
[바람을 그쳐달라고 영제를 지내다.]
尞風　佚 227
[바람을 그쳐달라고 요제를 지내다.]
甹雨　宁沪 1014
[비를 그쳐달라고 영제를 지내다.]
甹雨於土　上 1907
[비를 그쳐달라고 사직에 영제를 지내다.]

'영甹'은 즉 후세의 영寧자인데, 즉 바람을 잠재우고(息風) 비를 그치게 하는 제사(祭)이다. 여기에서의 비(雨), 바람(風)과 구름(雲), 눈(雪)은 모두 풍우風雨의 신을 가리킨다. 복사 중에는 산천山川에게 지내는 여러 가지 제사가 있었다. 예를 들어 다음과 같다.

甲申卜妛十山
[갑신일에 점을 칩니다. 십산에 제사를 지낼까요?]
丁丑卜又於五山
[정축일에 점을 칩니다. 오산에 제를 지낼까요?]
庚午卜其奉雨於山　鄴三 38.4
[경우일에 점을 칩니다. 산에다가 기우제를 올릴까요?]
癸巳卜尞岳,　库 130
[계사일에 점을 칩니다. 민산에다 제사를 올릴까요?]

복사 가운데 보이는 산에 제를 지내는 방법은 尞, 又, 妛, 奉(求)

年桒(求)雨(풍년을 구하고 비를 구하는 것) 등이 있다. 오산五山과 십산十山이 어떤 산들인지는 확인할 수 없지만, 이것이 여러 산의 신을 가리킨다는 것은 매우 분명하다. 민𣏟은 아마도 민산岷山일 것이다. 하제河祭에 관해서는 다음과 같다.

> 尞於洹, 前 6.60.3
> [원강에 요제(역자 주: 연기를 내서 지내는 제사)를 올릴까요?]
> 尞於滿 乙 200+421
> [만강에 요제를 올릴까요?]
> 王其又於㳙. 摄-385
> [㳙강에 제사를 올릴까요?]

원洹·만滿·㳙은 모두 하천의 이름이다. 하신河神에게 제사를 지내는 방법은 요尞·우又 등이다. 복사에 보이는 강에게 지내는 제사는 가라앉히거나 파묻는 방법, 즉 소를 제물로 파묻는 방법을 많이 사용하며, 주나라 사람들이 땅에 제사지내는 방법인 '예매瘞埋'와 비슷하다. 복사 중에 토지에 제사지내는 기록이 보인다. 예를 들면 다음과 같다.

> 貞又尞亳土 佚 928
> [박 땅에 있는 사직에서 요제를 올릴까요?]
> 尞於 □土 乙 5325
> [□땅의 사직에서 요제를 올릴까요?]

땅에 제사를 지내는 것(祭土)은 곧 토지신(社)에게 제사를 지내는 것이다. 제사의 목적은 땅이 주는 이로움(地利)에 기도하고 땅의 공로에 보답하는 것이다. 복사에 언급된 제모토祭某土는 즉 어떤 땅의 토지신(社)에게 제를 지내는 것을 말한다.

복사에는 은나라 사람의 사방신四方神에 대한 제사도 보인다. 사방四方의 신 또한 은나라 사람이 비를 구하고 풍년을 빌었던 대상이다.

> 尞於東五犬五羊□, 繼 1.52.6
> [다섯 마리 개, 다섯 마리 양, □을 가지고 동쪽에다 요제를 지낼까요?]
> 尞於西, 弗保 金 618
> [서쪽에다 요제를 지내면 보호해주지 않을까요?]
> 尞於北 珠 464
> [북쪽에다 요제를 지낼까요?]

이것은 모두 요제尞祭를 통하여 사방신四方神에게 제사를 올리는 것이다. 이아농은 은나라 사람이 온갖 잡귀신에 대한 토템을 모두 숭배해야 했던 것이 아니라 오직 명산名山과 대천大川에게 제사를 지낸 자연숭배라고 생각했다.[58]

3) 제사와 관련 있는 비교적 완전한 복사

[1-1] 己未貞, 叀甲子酌伐自上甲?
[1-2] 己未貞, 於乙丑酌伐?
[1-3] 辛酉貞, 甲子酌劦? 弜酌劦?
[1-4] 庚午貞, 射畄目羌用自上甲, 叀甲戌? 於乙亥用射畄目羌?[59]

복사의 의미는 다음과 같다. [1-1] 을미일乙未日에 "다가올 갑자일甲子日에 상갑上甲 이하의 선공과 선왕부터 酌祭와 벌제伐祭를 지냅니까?" 하고 물었다. [1-2] 기미일己未日에 "다가올 을축일乙丑日에 酌祭와 벌제伐祭를 거행합니까?" 하고 물었다. [1-3] 신유일辛酉日에 "갑자일甲子日에 酌祭와 협제劦祭를 거행합니까? 아니면 酌祭와 협제를 거행하지 않습니까?" 하고 물었다. [1-4] 경오일庚午日에 "강족羌族을 활로 뚫어 희생으로 삼아 상갑上甲 이하의 선공과 선왕부터 제사를 올리는 것이 갑술일甲戌日입니까? 을해일乙亥日에 강족을 활로 뚫어 제물로 쓰는 방법으로 제사를 올립니까?" 하고 물었다.60)

[2-1] 辛巳卜, 貞. 來辛卯酌河十牛, 卯十牢? 王婁尞十牛, 卯十牢? 上甲尞十牛, 卯十牢?

[2-2] 辛巳卜, 貞. 王婁, 上甲卽宗於河?

[2-3] 辛巳卜, 貞. 王定河, 尞?

弜定?

辛巳卜, 貞. 王定河, 尞? 弜定?

庚寅卜, 貞. 辛卯又歲自大乙十示又□牛□沈羊?

[2-4] 癸巳卜, 貞. 又上甲歲?

弜又歲?

[2-5] 甲午卜, 貞. 其沈又歲自上甲?

弜已又?

[2-6] 甲午卜, 貞. 又出入日?

弜已出入日?

[2-7] 乙未卜, 貞. 旨方來, 於父丁征

[2-8] 乙未卜, 貞. 旨來, 於大乙征?61)

이 복사들은 소의 어깨뼈에 새겨져 있다. 복사 중에 酌·묘卯·요尞·빈宾·우又·세歲·범汎·연(征: 延) 등 여러 종류의 제례祭禮 명칭이 기재되어 있다. 제사 대상에는 조상신(하河·상갑上甲 등)도 있고, 또한 자연신(출일出日·입일入日)도 있다. 복사의 뜻은 다음과 같다. [2-1] 신사일辛巳日에 점복占卜을 치며 "다가올 첫 번째 신묘일辛卯日에 조상 하河[62]에게 酌祭를 올릴 때, 열 마리의 소를 사용하고 열 마리의 작은 동물(돼지나 양)로 묘제卯祭를 올립니까? 왕해王亥에게 제사할 때 열 마리의 소로 요제尞祭를 올리고 열 마리의 작은 동물로 묘제를 올립니까? 상갑上甲에게 제사할 때 열 마리의 소로 요제를 올리고 열 마리의 작은 동물로 묘제를 올립니까?"라고 물었다. [2-2] 신사일에 점복을 치며 "왕해王亥와 상갑上甲은 종묘에 가서 하河와 함께 제사를 누립니까?"라고 물었다. [2-3] 신사일에 점복을 치며 "왕이 조상 하河에게 빈제儐祭를 지낼 때 요제尞祭로 합니까? 빈제儐祭를 지내지 않습니까? …그 다음날 신묘일에 태을太乙 이하 열 세대(十世)의 선왕에게 유제侑祭와 세제歲祭를 지내고, …유제에는 소를 희생으로 쓰며, …침제沈祭에는 양을 희생으로 씁니까?" 하고 물었다. [2-4] 계사일癸巳日에 점복을 치며 "상갑에게 유제侑祭와 세제歲祭를 지냅니까? 상갑에게 유제와 세제를 지내지 않습니까?" 하고 물었다. [2-5] 갑오일甲午日에 점복을 치며 "상갑 이하의 선왕에게 침제沈祭·유제侑祭·세제歲祭를 지냅니까? 유제侑祭를 지낼 필요가 없습니까?"라고 물었다. [2-6] 갑오일에 점복을 치며 "일출(出日)과 일몰(入日)에 유제侑祭를 지냅니까? 일출과 일몰에 유제를 지내지 않습니까?"라고 물었다. [2-7] 을미일乙未日에 점복을 치며 "지방에서 침범하려고 하는데, 부정父丁에게 연제征祭를 지내야 합니까?"라고 물었다. [2-8] 을미일에 점복을 치며 "지방에서 장차 침범하려고 하는데, 태을太乙에게 연제祉祭를 지내야 합니까?"라고 물었다.

[3-1] 丁卯貞. 㞢目羌其用自上甲沈至於父丁?
[3-2] 丁卯貞. 㞢目羌於父丁?
[3-3] 辛未貞. 於河桒禾?
[3-4] 辛未貞. 桒禾於河, 寮三牢, 沉三牛, 宜牢?
[3-5] 辛未貞. 桒禾高且河於辛巳酌寮?
[3-6] 辛未貞. 桒禾於高且, 寮五十牛?[63]

복사의 뜻은 다음과 같다. [3-1] 정묘일丁卯日에 "강족을 뚫어서 희생으로 삼아 상갑上甲부터 부정父丁까지의 선공과 선왕에게 침제沈祭를 지냅니까?"라고 물었다. [3-2] 정묘일丁卯日에 "강족을 뚫어서 희생으로 삼아 부정父丁에게 제사를 지냅니까?"라고 물었다. [3-3] 신미일辛未日에 "선왕과 조상 하河를 향해서 풍년을 기도합니까?" 하고 물었다. [3-4] 신미일에 "선조 하河에게 풍년이 되기를 기도하고, 세 마리 희생을 써서 요제寮祭를 지내며, 세 마리의 소를 써서 침제沈祭를 지내고, 한 마리의 작은 희생(돼지나 양)을 써서 의제宜祭를 지내면 좋겠습니까?"라고 물었다. [3-5] 신미일에 "신사일辛巳日에 고조高祖 하河에게 풍년을 기원할 때 酌祭와 요제寮祭를 지냅니까?"라고 물었다. [3-6] 신미일에 "고조(河)에게 풍년을 기원할 때 오십 마리의 소를 써서 요제寮祭를 지냅니까?"라고 물었다.

[4-1] 王其又母戊一䣄, 此受又?
[4-2] 二䣄?

[4-3] 卯叀羊?

[4-4] 叀小牢?

[4-5] 叀牛? 王此受又?[64]

복사의 뜻은 다음과 같다. [4-1] 왕은 모무母戊에게 유제侑祭를 지내고자 한 명의 첩으로 사람 희생으로 쓰려고 하는데, 이렇게 하면 보우保佑받을 수 있습니까? [4-2] 두 명의 첩을 씁니까? [4-3] 양을 포살합니까? [4-4] 작은 동물(양이나 돼지)을 희생으로 삼습니까? [4-5] 소를 제물로 삼습니까? 왕은 이렇게 하면 보우를 받을 수 있습니까?

[5-1] 乙亥卜, 行貞: 王賓小乙, 劦, 亡尤? 才十一月

[5-2] 乙亥卜, 行貞: 王賓, 叙, 亡尤?

[5-3] 丁卯卜, 行貞: 王賓父丁, 劦, 亡尤?

[5-4] 丁丑卜, 行貞: 王賓, 叙, 亡尤?

[5-5] 己卯卜, 行貞: 王賓兄己, 劦, 亡尤?

[5-6] 己卯卜, 行貞: 王賓, 叙, 亡尤?[65]

행行은 조갑祖甲 당시의 정인貞人의 이름이다. 빈賓은 음이 빈이고 빈儐과 통하는데, 상왕商王이 친히 선조의 제사에 참가하는 것을 가리킨다. 사劦의 음은 사이며 제사(祭)의 명칭이다. 색塞(=叙)은 보제報祭이다. 복사의 뜻은 다음과 같다. [5-1] 을해일乙亥日에 점복占卜을 쳤는데, 정인貞人 행行이 묻기를 "왕께서 소을小乙에게 빈제儐祭를 지낼 때 협제劦祭를 지냈는데, 재앙(災禍)이 없겠습니까?"라고 하였다. 때는 11월이었다. [5-2] 을해일에 점복을 쳤는데, 정인 행이 묻기를 "왕이 (소을小乙에게) 빈제儐祭를 지낼 때 색제叙祭를 지냈는데,

재앙이 없겠습니까?"라고 하였다. [5-3] 정묘일丁卯日에 점복을 쳤는데, 정인 행이 묻기를 "왕이 (부정父丁에게) 빈제儐祭를 지낼 때 협제劦祭를 지냈는데, 재앙이 없겠습니까?"라고 하였다. [5-4] 정축일丁丑日에 점복을 쳤는데, 정인 행이 묻기를 "왕이 (부정父丁에게) 빈제儐祭를 지낼 때 색제㱿祭를 지냈는데, 무슨 재앙이 없겠습니까?"라고 하였다. [5-5] 기묘일己卯日에 점복을 쳤는데, 정인 행이 묻기를 "왕이 형기兄己에게 빈제儐祭를 지낼 때 협제劦祭를 올렸는데, 재앙이 없겠습니까?"라고 하였다. [5-6] 기묘일에 점복을 쳤는데, 정인 행이 묻기를 "왕이 (형기에게) 빈제儐祭를 지낼 때 색제㱿祭를 지냈는데, 재앙이 없겠습니까?"라고 하였다.

> [6-1] 癸丑卜, 爭貞, 我宅茲邑, 大甲, 帝若? 三月
> [6-2] 癸巳卜, 爭貞, 帝弗若?[66]

쟁爭은 무정武丁 시기의 정인貞人의 이름이다. 복사의 뜻은 다음과 같다. [6-1] 계축일癸丑日에 점복占卜을 행하였는데, 정인貞人 쟁爭이 묻기를 "나(商王)는 이 성읍에 살고자 태갑太甲에게 빈제儐祭를 지내니, 상제가 허락하겠습니까?"라고 하였다. 때는 3월이었다. [6-2] 계사일癸巳日에 점복을 행하였는데, 정인 쟁이 묻기를 "상제가 허락하지 않겠습니까?"라고 하였다.

5. 은대殷代 종교의 특징

위의 내용을 통해 알 수 있듯이, 은나라 사람의 제사는 소·양·돼지 심지어 사람을 희생물로 삼아 조상의 신령과 자연의 신들에게 헌제獻祭하였다. 그 가운데 조상의 신령에게 제사지내는 것이 가장 많다. 은나라 제사의 방식에는 크게 다섯 종류가 있다.

첫째는 향鄉, 두 번째는 익翌(翊), 세 번째는 제祭, 네 번째는 壴, 다섯 번째는 사劦이다. 향鄉은 북을 치면서 제사를 올리는 것이고, 익翌은 새의 깃털을 들고 춤을 추면서 제사를 올리는 것이고, 제祭는 술과 고기를 바쳐서 제사를 올리는 것이며, 壴은 곡식을 바쳐서 제사를 올리는 것이고, 劦은 역대의 조비祖妣(여성인 조상)를 합해서 함께 제를 올리는 것이다.67) 이 외에도 세歲·석夕·약龠·작勺·유侑·색叙·요[illegible] 등이 있다. 향鄉과 익翌은 조상을 즐겁게 하는 것이고, 제祭, 壴은 조상에게 제물을 흠향하게 하는 것이다. 이것은 인간 세계의 정신과 물질 두 방면의 즐거움을 돌아가신 조상들에게 봉헌하여 비위를 맞추는 방식이다. 이는 분명히 조상들이 인간계에서의 생명이 끝난 후에 소멸되어서 무無로 돌아가는 것이 아니라 여전히 어떤 형식(영혼 혹은 기타 방식)으로 존재하고 있으며, 그들은 여전히 인간세계에서 누리던 여러 가지 즐거움과 능력을 지니고 있을 뿐만 아니라 게다가 직접 혹은 간접적인 방식으로 인간 세상의 생활에 대해 영향을 미칠 수 있다는 것을 의미하고 있다. 이러한 신앙에 기초하여 사람들은 조상에게 제를 올려야 하며, 이로써 인간세상의 생활에 대한 복우福佑를 구하여 얻는다. 허랑광許烺光은 중국의 조상숭배 속에서 죽은 사람은 여전히 가정의 한 구성원이며 그와 가정의 관계는 여전히 유지되고 있는데, 이것은 힌두교의 가정과 완전히 다르다고 지적하였다.[68] 이는 중국 고대문화의 정신 기질이 인간관계 사이에서 강력한 상호친화와 상호의존의 경향을 나타낸다는 것을 보여준다.

은나라 제사의 순서는 향享—익翌—제祭—壹—사劦이다. 순서대로 진행되며 일주一周하고 나서 다시 시작한다. 일주하고 나서 다시 하는 것을 일사一祀라고 한다. 동시에, 은대의 조상은 모두 사망일을 묘호廟號로 삼는다. 그리고 당시의 왕은 조상에게 제사지낼 때 반드시 제사일과 묘호의 기일忌日이 서로 같도록 해야 한다. 예를 들어, 상갑上甲에게 제사지내는 것은 반드시 갑일甲日에 해야 하고, 보을報乙에게 제사를 지낼 때는 을일乙日에 해야 하는 것 등등이 있다.

진몽가는 복사卜辭 속에서 상갑上甲 이후의 왕과 비妣가 같은 상위분류에 속하고, 상갑 이전의 선공先公인 고조高祖·하河·왕해王亥가 또 다른 상위분류에 속한다고 주장했다.[69] 이 두 분류의 신령의 주요한 차이는 왕·비妣·신臣은 당시의 왕과 왕국에 벌을 내리는 힘과 기능을 가지고 있었으며, 선공인 고조·하·왕해는 복우福佑하는 힘을 지니고 있어서 당시의 왕이 풍년과 우수를 기도하는 대상이었다는 점이다. 비록 진몽가가 어떤 때에는 예외가 있다고 지적하였지만, 그는 대체로 선공 고조는 백성에게 복우福佑를 내리는 힘이 있으며, 선왕先王과 선비先妣는 항상 벌을 내리는 힘이 있다고 보았다. 이 때문에 은나라 사람은 대부분 선공 고조에게 비(雨)를 구했다. 선왕과 선비에게 풍년과 비를 원하여 점을 친 경우는 매우 적다.

그러나 통계 결과의 차이가 반드시 은나라 사람의 신앙 속에서 선공과 선왕에 대한 이러한 엄격한 구분을 나타내는 것은 아니다. 더욱 가능성 있는 것은 선공과 선왕은 모두 복을 내릴 수도 있고 또한 벌을 내릴 수 있는 그 뜻을 측정할 수 없는 신령이라는 것이다. 사실 은나라 사람이 말하는 상제는 바로 이와 같은 것이다. 더 설명이 필요한 것은, 은나라 사람이 선공 고조에게 비를 구하지만 직접적으로 상제에게 기구祈求하지 않은 이유는 상제가 비록 비와 바람을 부리는 주재자이지만 절지천통絶地天通 이후 인간이 직접 천신天神과 교통할 수 없게 되면서 고조에게 제사를 올려 기도해야만 했기 때문이라는 점이다. 조상 신령은 인간 세계와 친근하여 인간이 올리는 제사 기도를 받아들여 상제에게 전달하는 역할은 하고 있지만, 그것도 확신할 수 없고 다만 인간에게 벌을 내릴 수 있는 기능은 가지고 있는 것으로 보인다. 이것은 은상 종교신앙의 특징을 충분히 보여주고 있다.

종합적으로 말하면 은나라의 종교신앙은 다음과 같은 몇 가지 내용으로 정리할 수 있다. 첫째, 은나라의 신앙은 단순한 만물유령론萬物有靈論이 아니라 다신론 혹은 다신교의 형태이다. 비록 은나라의 다신교 신앙이 본질적으로 만물유령론과 구별되는 것은 없지만, 이 둘의 다른 점은 다신교의 신앙 속에서는 모든 신령이 상하를 통괄하는 질서를 갖추고 있는 신령세계 혹은 신령왕국을 구성하고 있다는 점에 있다.70)

둘째, 타일러가 말한 것처럼, 신령왕국의 최고신은 그 자체가 함축적 작용이 비교적 큰 물신物神에서 전환되어 나온 것이고 자연생활과 가장 밀접하게 관련되어 있는 직능신職能神71)에서 발전되어 나왔다.72) 은나라의 지상신至上神은 천시天時를 주관하는 농업신에 기원을 두고 있다. 동시에 다른 사물도 관리한다. 지상신의 직무는 대체로 천시天時(우雨·풍風 등), 신사神事(제사祭祀), 인사人事(출정出征·질병疾病·왕사王事) 세 가지로 구분된다.

셋째, 조상신령의 신앙은 은나라 사람에게 있어 아주 두드러지며, 다신신앙의 체계 속에서 조상신령은 중요한 지위를 차지하고 있다. 비록 제帝가 조상의 영혼(祖靈)인지는 여전히 단정하기 어렵지만 제는 이미 인격화되었고 조상의 영혼 또한 이미 천신화天神化되었다. 산천토지山川土地의 사방신四方神이 모두 제사를 받는 것은 천지의 신들이 이미 인격화되었음을 설명한다. 그러나 일반 자연신보다 은나라 사람에게 조상신은 더욱 중요하다. 조상의 영혼을 지상신과 세상 사람을 매개하는 것으로 간주하는 이런 관점은 마치 지상신과 조상의 영혼의 신격이 다르기 때문만이 아니라 조상숭배가 어느 정도 지상신의 지위를 침범했다는 표현인 것 같다.[73]

넷째, 제帝와 조상신령의 인간세상에 대한 영향은 긍정적인 면과 부정적인 면 두 가지 측면이 있다. 비록 은나라 사람에게는 결코 명확한 선악善惡신의 관념과 선악 이원론적인 신의 구분은 없지만, 제 등의 신이 비를 내리고(令雨), 보우 받고(受又), 풍년을 얻는(受年) 것은 선의 측면이라고 할 수 있고, 바람을 부리고(令風), 재앙을 내리며(降禍), 가뭄을 내리는(令莫) 것은 악의 측면이라고 말할 수 있다.[74]

이아농은 일찍이 다음과 같이 말했다.

> 은나라 사람이 창조한 상제는 결코 단순히 사람에게 복을 내리고 자비를 품고 있는 자애로운 신이 아니라, 동시에 사람에게 재앙을 내리고 잔혹하며 무정한 증오의 신이다.[75]

복사卜辭를 통하여 은나라 사람에게 상제는 근본적으로 하민下民을 보살피고 인간세계에 사랑을 전파하는 인자한 신이 아니라 감정이 매우 변덕스러우며 높디높은 자리에 있는 신이라는 것을 발견할 수 있다. 인간은 그저 전전긍긍 매일 점복占卜을 하고 제사를 지내면서 비위를 맞추고 신령의 보우를 구할 수밖에 없다.

이것은 종교학의 관점에서 봤을 때 은나라 사람이 가지고 있던 종교 신앙이 본질적으로 '자연종교'의 형태에 속하며 여전히 '윤리종교'의 형태까지 나아가지는 못했다는 것을 보여준다. 은나라 사람의 신앙은 특정한 교리(教義) 형식을 표현하지 못했을 뿐만 아니라, 은나라 사람이 믿었던 상제上帝는 단지 '전능全能'할 뿐, '전선全善'하지는 않았다.[76] 후외려候外廬는 일찍이 복사에 도덕지혜와 관련된 술어가 하나도 없다는 것[77] 또한 은나라 사람이 믿던 상제上帝가 인간세계의 윤리와는 무관하다는 것을 표명한다고 주장하였다. 이런 성질을 가진 신령관념의 이미지는 은상殷商 청동기의 도철饕餮 문양에 충분히 나타난다. 진몽가가 언급한 은대殷代 청동기의 동물형상이 무서울 만큼 엄숙한 데 비해, 서주西周 청동기의 동물형상이 온화하다는 것[78]은 자연종교와 윤리종교(예악문화)의 구별을 나타내는 것으로 볼 수 있다.

은나라 사람의 귀신에 대한 신앙과 행위는 프레이저가 말한 것처럼 은상문화殷商文化의 의식이 이미 완전히 주술의 단계를 넘어섰음을 나타낸다. 그러므로 "기도와 헌제獻祭 등 온화하게 비위를 맞추는 수단을 통해 완고하고 거칠며 변화무상한 신령을 달래고자 노력하는 것"이다. 프레이저의 말을 빌리면, 은나라 사람의 의식은 이미 종교 단계에 진입했다. 은나라 사람들은 지상신至上神의 관념을 가지고 있었다 하더라도, 여전히 자연종교의 다신적多神的 신앙의 단계에 머물러 있다는 점을 눈여겨보아야 할 것이다.

복사의 '제帝'라는 글자의 자원字源의 의미와 그것이 가리키는 뜻에 대한 학자들의 견해는 각기 다르다. 청말淸末의 오대징吳大澂은 갑골문의 '제帝'자가 꽃자루(花蒂)의 형태를 닮았다는 견해를 최초로 주장하여, 꼭지가 떨어지고 열매를 맺기 때문에 제帝자가 만물을 낳는 공덕을 가진다고 보았다. 왕국유王國維는 『은나라 복사에 보이는 선공과 선왕에 대한 고찰(殷卜辭中所見先公先王考)』「준浚」에서 복사 중의 고조高祖 노夒가 제곡帝嚳이라는 견해를 제기하였지만 '제帝'가 바로 '제곡帝嚳'이라고 말하지는 않았다. 왕국유의 논거는 복사의 노夒에게 제사를 지냈던 기록으로 보면, 제는 "반드시 은나라 선조 가운데 가장 뛰어난 자일 것이며", "성훈聲訓(소리의 같음이나 비슷함으로 문자의 근원이나 의미를 따짐)으로 따져보면, 아마도 제곡帝嚳이다"라는 것이다. 그는 갑골복사 가운데 준夋자와 노夒자의 형태가 매우 비슷하기 때문에 복사의 준夋자는 모두 노夒자가 와전된 것이라고 생각하여, "'준夋'은 또한 노夒자가 와전된 것이다"라고 말하였다.

왕국유의 결론은 다음과 같다. "『예기』「제법祭法」에서는 '은나라 사람이 제곡에게 체제禘祭를 올린다(殷人帝[禘]嚳)'고 하였고, 『국어』「노어魯語」에서는 '은나라 사람이 순임금에게 체제를 올린다(殷人禘舜)'고 하였다. 순舜은 응당 준夋으로 써야 한다. 곡嚳은 설契의 아버지이고, 상나라 사람들을 출발하게 만든 제帝이다. 그러므로 상나라 사람은 그에게 체제를 지낸다. 복사에서 고조 노夒라고 칭하는 것은 곧 왕해王亥·태을太乙을 동일하게 칭하는 것이다. 곡嚳이 아니라면 여기에 해당하는 것을 찾는 것은 어렵지 않은가라는 생각이 든다."[79]

곽말약은 『산해경』의 수많은 '제준帝俊'에 관한 전설로부터 시작하여 '제준'이 일월日月의 부친父親이기에 당연히 천제天帝라고 생각했다. 그는 왕국유의 고증을 이용하여 "복사의 제帝가 바로 고조 노夒라고"[80] 굳게 믿었다. 그는 또한 제곡帝嚳과 순舜임금을 동일한 사람으로 보았는데, 그 설은 여기에서 토론할 수 없다. 만약 곽말약의 관점, 즉 은나라 사람의 제帝가 바로 그 조상의 영혼이라는 견해가 성립된다면, 여기서 주목해야 할 것은 은나라 사람의 지상신인 '상제上帝' 혹은 '제帝가 바로 조상신 숭배라는 입장에서 발전되어 나온 것이라는 점이다. 그리고 제帝의 신격神格은 바로 "지상신으로서 조상신(宗祖神)을 겸하는 것"[81]이다. 이것은 스펜서(Spencer)의 종교는 조상신 숭배에서 기원하였다는 설과 부합한다.[82]

그러나 곽말약의 이 설에 대해 진몽가는 인정하지 않았다. 그는 "복사에는 여전히 상제를 그 고조로 삼는 믿음이 없다"라고 보았으며[83], 상제는 인왕人王과 결코 혈연관계가 없다고 보았다.[84] 하지만 그는 또한 은나라 사람의 신앙 속의 제帝는 진나라 사람(秦人)의 먼 조상인 백제白帝 소호小皞(중국 고대의 제왕. 소호少昊라고도 불린다. 황제黃帝의 장자이며, 서방대제西方大帝로 존숭받는다)에 해당한다고 보았다. 그도 다른 문자학자들과 함께 왕국유의 노夒에 대한 고증에 찬성하지 않았다.[85]

갑골문 속의 '제帝'는 기본적으로 두 가지 용법이 있다. 하나는 체제禘祭를 가리키고, 다른 하나는 신神을 가리킨다. 몇몇 학자들은 먼저 체제禘祭로 쓰였던 제帝자가 있었다고 보았다. 그들은 천신에 대한 제사를 제帝라고 칭했기 때문에 또한 이 글자를 가지고 제사를 받았던 천신天神을 호칭한다고 보았다. 그렇지만 은나라 사람이 최초로 체제禘祭를 바친 천신은 무엇인가? 천天인가, 아니면 조상인가? 이 또한 '천'의 문제와 관련된다. 그러나 복사卜辭 속의 '천天'에 신기神祇의 뜻이 있는지 없는지에 대해 학자들의 견해 또한 각각 다르다.

만약 은나라 사람의 상제가 제헌祭獻을 받지 않았다고 한다면 이 점은 종교학에서 봤을 때 어떠한 의미가 있는가? 진몽가는 이것은 은나라 사람의 상제가 비록 자연의 주재자이지만 아직 인격화된 속성을 부여받지 않았음을 나타내는 것이라고 보았다.86) 하지만 그는 다른 곳에서 또한 상제를 은나라 사람이 제사지냈던 대상의 하나로 분류하고 있는데 이는 자신의 설과 부합하지 않는다.87)

일본의 갑골학자 시마 쿠니오(島邦男, 1908~1977)는 갑골문 속의 '구口'자가 '제帝'로도 쓰이는데, 이 때문에 제帝가 제사를 받는다고 보았다. 고명高明은 이 설에 근거해서 구口와 제帝 모두 우주를 주재하는 신령을 대표하며, 거창한 제사를 받는다고 생각했다.88) 그러나 호후선胡厚宣 등 중국의 갑골문 전문가의 견해는 대부분 진몽가와 같다.89) 이런 문제에 있어서 우리는 판단할 수 있는 자격이 없다. 만약 은나라 사람의 상제上帝가 확실히 제사의 대상이 아니고 논란의 여지도 없이 은나라 사람의 최고의 신(至上神)이라면, 이는 상제가 조상신령으로부터 발전한 개념이 아니며 은나라 사람 중 공로가 빼어난 조상일 수가 없다는 것을 설명해준다. 따라서 은나라 사람의 상제 관념의 기원은 반드시 조상의 영혼 아닌 것에서 찾아야 한다. 이 기원은 당연히 '천天'이다.

첨인흠詹鄞鑫은 『예기』 정현 주의 "만물을 생육하게 하는 작용의 원인이 되는 것을 제라고 한다"[90]에 근거하여. "천天은 만물을 생육하는 기능이 있으므로 제帝라고 부른다. 바꾸어 말하자면 제帝의 어원이 지닌 의미는 만물을 생육하는 것이다. …언어 속에서의 제帝는 본래 천에 대한 다른 이름이다. 그 의미는 만물을 생육하는 기능을 가지고 말한 것이다"[91]라고 주장했다. 가장 일찍 등장한 제帝는 꽃자루(花蔕)라는 설과 이 해석은 상통하게 된다. 사실, 최고의 신이 완전히 인격화되지 않았다는 것은 중국 종교사상의 특장과 발전에 대해 아주 중요한 의미를 가진다. 왜냐하면, 바로 '천天'체體 숭배에서 발전하기 시작한 최고신의 실체가 순조롭게 주대周代의 '천명론天命論'으로 발전하여 후대 중국문화와 중국철학의 기본 특색의 근원을 형성할 수 있었기 때문이다.

6. 주대周代의 제법祭法

이 절부터 주대周代의 제사문화에 대해 이야기해 보겠다.

에른스트 카시러(Ernst Cassirer)는 제사 속에서 인간이 숭배하는 초자연적 힘에 대한 인간의 태도는 신화 인물의 형상에 비해서 더욱 분명하게 표현되고 있다는 점에 제사의 중요한 특성이 있다고 지적하였다.[92] 천지의 신을 섬기는 제사 행위는 신화종교적인 정감의 진정한 객관화이다. 그는 심지어 "절대 다수의 신화 주제는 제사에 대한 직관直觀에서 기원하는 것이지, 자연적인 과정에서 기원하는 것이 아니며", "바로 제사가 신화의 원시적인 형태와 객관적인 기초를 구성한다"고 보았다.[93]

카시러의 논점은 아직 인류학의 검증을 받은 것은 아니다. 그러나 제사와 주술에 관한 그의 분석은 상당히 일리가 있다. 그는 제사를 지낸다는 것은 모두 자신의 감각적인 욕망에 대한 제한과 극복을 포함하고 있고[94], 여기에서부터 "헌제獻祭의 본질적인 특성을 전개하며, 그것은 처음부터 주술적 세계관의 수준을 초월했다"[95]고 보았다. 주술적 세계관 속에서는 자아를 제한하려는 생각은 찾기 어렵다. 주술 속에서 자아는 천지의 신들에 대해 무한한 위력을 행하여 억지로 천지의 신들이 가진 의도를 변화시키도록 압박했다.

종교 발전의 최초 단계에서는 원시민족에서 성행했던 관습처럼 어떠한 중대한 일을 실행하기 전에 반드시 자연적인 욕망을 절제해야 하는데, 금식하거나 수면을 줄이거나 성욕을 자제하는 등의 방법을 취하고, 성년식을 치르는 중에도 또한 고난과 연마의 단계를 통과해야 한다. 시작 단계에서 이러한 자제는 아마 단지 육체적 주술의 역량과 효험을 강화하기 위한 것이다. 그러나 이후의 발전 속에서 한 가지 새로운 주제가 출현하였는데, 바로 인류가 더 이상 직접적으로 그리고 자유자재로 외재적 신령을 지배하는 방법을 찾지 않고 신성神性을 자신보다 더 강한 힘으로 간주하였으며, 또 이런 힘이 주술의 강제적 수단이 아닌 오직 기도와 헌제의 희생 형식으로만 얻을 수 있었다는 것이다.[96] 카시러는 여기에서부터 비로소 인간이 점진적으로 자아의 자유로운 정감을 획득하였다고 보았다. 카시러의 견해는 마치 프레이저에 대한 발전으로 보인다. 그러나 프레이저와 카시러 모두 주술에서 제사로의 변화가 바로 이성으로 파악할 수 없었던 '신비성'이 숭고하고 도의적道義的인 '신성神聖'으로 전환하는 계기였다는 것을 언급하지는 않았다.[97]

제사에 표현된 절제는 주대周代의 제사예의 속에서 가장 완전하게 표현되었다. 카시러가 말한 바와 같이 종교의 주의력이 더는 제품祭品의 내용에 제한되지 않고 헌제獻祭 형식에 치중하지 않을 때[98], 제사 활동은 곧바로 새로운 의미를 형성하기 시작한다. 이 문제에 대해서는 제6장 예악禮樂에서 다시 상세히 다룰 것이다.

갑골복사에 기록된 은나라의 제사 체계는 산만하고 어지럽다. 비록 학자들이 체계를 갖춘 것으로 정리해낸다 해도 문헌에 기록된 주대의 제사예의의 완비된 체계에는 도저히 견줄 수 없다. "주나라는 은나라의 예에 기원한다.(周因於殷禮)" 제사 방면에서 은과 주는 서로 계승하고 이어가는 관계가 있는데, 주원周原에서 발견된 갑골복사로부터 주나라 사람들이 은나라 사람의 조상들에게 제사를 지낸 구체적인 실증을 얻어낼 수 있다. 또한 주대의 제사 방식과 제사 체계가 은대와 상통하는 점 또한 학자들의 연구를 통해 증명되었다.[99] 실제로, 주나라는 은을 정벌하기 시작할 때부터 은상殷商의 제사 전통의 진정한 계승자를 자처하고 "사리에 어두워져 지내야 할 제사를 지내지 않는 것(昏棄厥祀)"과 "조상을 모시는 종묘에서 제향祭享을 올리지 않는 것(宗廟不享)"을 은나라 사람들이 저지른 주요 죄상 가운데 하나로 지목하였다.[100]

이 때문에 본장에서 논의하려고 하는 것은 한편으로 주나라 사람의 제사체계를 통해 은대의 신앙의 상태와 예의체계를 이해하는 것이고, 다른 한편으로 이로부터 은상殷商 문화와 주 문화가 연속성을 가지고 있다는 측면을 파악하는 것에 있다. 아울러 주대 문화의 전반적 성격인 '예악문화禮樂文化'가 은상의 '제사문화'와 차이점이 있다 하더라도, 예악문화 역시 기본적으로 제사문화에 기원을 두고 있다. 더욱이 은상의 제사문화가 이전의 무격문화를 포용해서 자신의 일부분으로 삼았던 것처럼 주대의 예악문화 역시 이전의 제사문화를 포용해서 자신의 일부분으로 삼았다. 이런 문화발전의 방식을 '포용적 연속형'이라고 칭할 수 있다. 이것은 중국 고대 문화발전의 기본 방식이며, 중국 고대 정치사회의 '유신적維新的 노선'과 서로 대응한다.[101] 서주西周 초기부터 공자 이전까지의 제사문화는 주대 예악문화의 중요한 구성 부분이었으며, 다만 제사의 사회 기능적 의미는 그것이 가진 종교신앙의 의미를 이미 뛰어넘었다. 여기에서는 그것의 종교적 경향에 중점을 두고 살펴보려 한다.

『상서』「무성武成」을 보면 무왕武王이 상나라를 정벌할 때 먼저 "황천후토皇天后土와 지나온 명산대천名山大川에 고하는 것", 즉 천지산천에 제사를 지내어서 신에게 "저를 도와 만백성들을 구제할 수 있게 해주소서!"102)라고 기구(祈求)했다는 것을 알 수 있다. 상나라를 정벌하고 돌아와서 "주왕실의 종묘에서 제사지내니(祀于周廟), "두豆(목제木製 제기祭器)와 변籩(죽제竹製 제기)을 진설하고(執豆籩)", "시柴와 망望으로 무왕의 성취를 크게 고하였다.(柴望, 大告武成)" 이는 바로 종묘에서 제사를 올리고, 또한 시제柴祭로 하늘에 제사를 올리고, 망사望祀로 산천에 제사를 지냈다는 것이다.

『예기』「제법祭法」에는 다음과 같은 구절이 있다.

> 태단泰壇이라는 제단에서 나무를 쌓아 희생을 불태우는 것은 하늘에 제사지내는 것이다. 태절泰折이라는 제단에서 희생을 묻는 것은 땅에 제사지내는 것이다. 두 제사에는 모두 새끼송아지를 사용한다. 태소泰昭라는 제단에서 양이나 돼지 등 작은 희생을 묻는 것은 사시四時에 제사지내는 것이다. 감단坎壇이라는 제단에서는 추위와 더위를 보내고 맞이하는 제사를 지낸다. 왕궁王宮이라는 제단에서는 해의 신에게 제사지내고, 야명夜明이라는 제단에서는 달의 신에게 제사지내며, 유영幽禜이라는 제단에서는 별의 신에게 제사지낸다. 우영雩禜이라는 제단에서는 홍수와 가뭄의 신에게 제사지내며, 사감단四坎壇이라는 제단에서는 사방의 신에게 제사지낸다. 산림山林이나 천곡川谷이나 구릉丘陵 따위가 구름을 내고 바람과 비를 일으키며 괴상한 일을 보일 수 있는 것을 모두 신神이라고 이른다. 천하를 소유하는 사람은 이런 온갖 신에게 제사지내야 한다. 제후는 그 영지에 있으면 땅에 제사지내야 하고, 그 영지를 잃었으면 제사지내지 않는다.103)

정현의 주석에 "시時는 사시이며, 또한 음양의 신을 말한다(時, 四時也, 亦謂陰陽之神也)"라고 하였다.104) 「제법」에서 열거한 제사 활동은 국가 공공의 제사이다. 그 제사의 대상인 신령은 천天·지地·사시四時·한서寒暑·일日·월月·성신星辰·사방四方의 여러 신神과 자연정령이다. 「제법」에 근거하면, 천자는 모든 신들에게 제사를 올리는 유일한 권력을 갖고 있었으며, 제후 이하는 등급에 따라 일부의 신령들에게만 제사지낼 수 있었다. 그러나 이것은 본 절에서 전혀 중요하지 않다. 더욱 주의를 기울여야 할 것은 제사 대상으로부터 드러나는 신앙이다.

『주례周禮』「춘관春官·사복司服」에서는 군왕이 각종 제사 때 입었던 복장에 대해 서술할 때 이렇게 말한다.

> 왕의 길복吉服(제사 복식)은 호천昊天과 상제에게 제사지낼 때는 대구大裘를 입고 면류관을 쓰며, 오제五帝에게 제사지낼 때도 이와 같이 한다. 선왕에게 제사지낼 때는 곤의袞衣를 입고 면류관을 쓰며, 선공에게 제사를 지내거나 향례와 사례를 거행할 때는 별의鷩衣를 입고 면류관을 쓴다. 사망四望(사방의 명산대천)과 산천山川에 제사지낼 때는 취의毳衣를 입고 면류관을 쓰고, 사직社稷과 오사五祀에 제사지낼 때는 희의希衣를 입고 면류관을 쓰며, 모든 소소한 신령(群小祀)에게 제사를 지낼 때는 현의玄衣를 입고 면류관을 쓴다.[105]

주注에 '군소사群小祀'는 숲과 못(林澤), 분연墳衍(물가 근처의 평지), 사방 여러 사물의 무리를 가리키는 것이라고 말한다.[106] 「사복」의 복면服冕(복식과 면류관)에 대한 규정에 근거하면, 주나라 사람들은 제사에 대해 분류하고 있으며, 이런 분류에 따라 상응되는 복면服冕이 정해진다는 것을 알 수 있다. 「사복」에 언급된 제사의 대상은 크게 세 가지로 분류할 수 있다. 첫째는 호천昊天·상제上帝·오제五帝이며, 둘째는 선왕先王·선공先公이고, 셋째는 사망산천四望山川·사직社稷·오사五祀·군소사群小祀이다. 선왕과 선공은 비록 복장이 다르지만 한 종류의 신령으로 간주할 수 있다. 사망산천은 비록 사직·오사와 다른 복장이지만 모두 지기地示[107]에 속하며, 군소사가 만약 숲과 못, 늪지를 가리킬 경우 이것은 산천과 가까워서 지기地示에 속하는 것이 된다. 이 때문에 큰 범위에서 보면 제사의 대상은 바로 천신天神·선조先祖·지기地示 세 종류이다.

『주례』「춘관·대사악大司樂」에서는 제사 의전마다 사용하는 악樂이 서로 다른 것에 근거하여 주대의 제사 종류의 차이에 대해 말하고 있다.

> 황종黃鐘을 연주하고 대려大呂로 노래하며 운문雲文의 춤을 추어서 천신天神에게 제사지낸다. 태주太蔟를 연주하고 응종應鐘으로 노래하며 함지咸池의 춤을 추어서 지기地祇에게 제사지낸다. 고선姑洗을 연주하고 남려南呂로 노래하며 대소大濩의 춤을 추어서 사망四望에 제사지낸다. 유빈蕤賓을 연주하고 함종函鍾으로 노래하며 대하大夏의 춤을 추어서 산천山川에 제사지낸다. 이칙夷則을 연주하고 소려小呂로 노래하며 대호大濩의 춤을 추어서 선비先妣(주나라 여자 시조 강원姜嫄)에게 제사지낸다. 무역無射을 연주하고 협종夾鍾으로 노래하며 대무大武의 춤을 추어서 선조先祖에게 제사지낸다. 여섯 가지 음악과 춤은 다섯 음률(五聲)[108]로 꾸미며 여덟 악기 소리(八音)[109]로 널리 퍼지게 한다. 여섯 가지 음악과 춤은 한 번 변하면 우물羽物(깃이 있는 동물)에 이르러서 천택川澤까지 미치고, 두 번 변화를 보이면 나물蠃物(털이 짧은 동물)에 이르러 산림까지 미치고, 세 번 변화를 보이면 인물鱗物(비늘이 있는 동물)에 이르러 구릉丘陵까지 미치며, 네 번 변화를 보이면 모물毛物(털이 있는 동물)에 이르러서 분연墳衍까지 미치며, 다섯 번 변화를 보이면 개물介物(껍질이 단단한 동물)

에 이르러서 땅까지 미치고, 여섯 번 변화를 보이면 모든 사물에 이르러서 천신天神까지 미친다.[110]

「대사악」에 언급된 여섯 가지 제사(六祭)는 실제로는 네 종류, 즉 천신天神 · 지기地示 · 사망산천四望山川 · 선비선조先妣先祖에 대한 제사이다.

『예기』「예운禮運」에는 다음과 같은 기록이 있다.

고로 선왕은 시초나 거북으로 점을 치고, 여러 제사를 거행하며, 폐백을 땅에 묻고, 축사祝辭와 하사嘏辭(제사를 지낼 때, 제주祭主에게 내리는 축복의 말)의 예문을 읽으며, 각종 제례 제도를 설립했다. 그러므로 나라에는 예도가 있고, 관에는 제어함(制御)이 있고, 일은 각기 분담한 직분이 있고, 예도에는 차례가 있는 것이다. 선왕은 예절이 모든 백성에게 널리 퍼지지 않을 것을 근심하였으므로 교郊에서 상제上帝에게 제사를 올려, 높고 위에 있는 하늘의 위치를 정하여 하늘의 존엄함을 가르쳤으며, 나라에서는 땅의 신을 제사하여 땅의 이로움을 늘어놓아 땅의 은혜에 감사할 것을 가르쳤으며, 조묘祖廟에 제사하여 인의의 근본을 보여 조상의 은혜를 깨닫도록 가르쳤으며, 산천山川에 제사하여 여러 신령을 공경해야 한다는 것을 가르쳤으며, 오사五祀에 제사하여 제도制度의 근본을 가르쳤다.[111]

이것은 제사를 다섯 종류로 말하는데, 바로 제帝 · 사社 · 조묘祖廟 · 산천山川 · 오사五祀이다. 주注에서는 "조묘 · 산천 · 오사는 모두 귀신이다(祖廟, 山川, 五祀皆鬼神)"[112]라고 말한다. 다섯 가지 제사 가운데 산천과 오사를 한 부류로 삼으면 여전히 천天 · 지地 · 조祖 · 산천백물山川百物의 네 종류이다.

「사복」의 삼류설三類說, 「대사악」의 사류설四類說 혹은 「예운」의 오류설五類說에 관계없이 실제 제사의 대상은 바로 세 가지 상위 분류로 나누어진다. 첫 번째는 제帝를 중심으로 하는 천신天神이고, 두 번째는 사社를 중심으로 하는 지기地示이며, 세 번째는 조상(先祖)이다.

『주례』에는 또 전체 제사를 대제大祭·중제中祭·소제小祭 세 종류로 나누는 관점이 있는데, 그것은 『주례』「천관天官·주정酒正」에 기록되어 있다.

> 무릇 제사에는 법에 정해진 대로 오제五齊(담는 방법으로 구분한 다섯 종류의 술)와 삼주三酒(용도에 따라 구분한 세 종류의 술)를 제공하며 여덟 개의 술 주전자에 담는다. 대제大祭에는 삼이三貳를 하고, 중제中祭에는 재이再貳를 하며, 소제小祭에는 일이壹貳로 하는데 모두 작수酌數(술을 마신 횟수를 헤아리는 일)가 있다.[113]

주注에서는 "정사농鄭司農이 이르길 '삼이三貳는 술을 세 차례 첨가(益副)하는 것이다. 천지天地에게 대제大祭를 지내고 종묘宗廟에 중제中祭를 지내고 오사五祀에 소제小祭를 지낸다'고 하였다"[114]라는 설을 인용하였다. 이 해석에 의하면, 대제는 천지에게 제사지내는 것을 가리키고, 중제는 종묘의 조상에게 제사지내는 것을 말하며, 소제는 오사에게 제사지내는 것을 가리킨다.(이에 관한 내용은 뒤에서 상세히 다룰 것이다) 제사 활동의 등급과 규모에 대한 구분 또한 어느 정도 제사 대상에 대한 분류로 간주할 수 있다. 정현은 「사복」의 설을 위주로, 대제의 대상은 호천상제昊天上帝·오제五帝·선왕先王이고, 중제의 대상은 선공先公·사망四望·산천山川이며, 소제의 대상은

사직社稷 · 오사五祀 · 군소사群小祀라고 보았다.115)

『주례』「춘관 · 사사肆師」에는 대사大祀 · 중사中祀 · 소사小祀 세 가지에 관한 언급이 있다.

> 사사肆師의 직책은 국사國祀의 예를 세우고 대종백大宗伯을 보좌하는 일을 관장한다. 대사大祀를 세워서 옥玉과 속백束帛(다섯 필의 비단을 한데 묶은 것)과 순색의 희생(牲)을 사용하도록 규정하고, 차사次祀를 세워서 희생과 폐백幣帛을 사용하도록 규정하며, 소사小祀를 세워서 희생을 사용하도록 규정한다.116)

이것은 제사를 지낼 때 사용했던 제물의 차이에 근거하여 전체 제사를 세 가지 부류로 나눈다. 대사大祀에서는 옥玉 · 비단(帛) · 희생(牲)을 겸용했고, 차사次祀에서는 비단과 희생을 썼지만 옥은 쓰지 않았으며, 소사小祀에서는 희생만을 쓰고 옥과 비단은 쓰지 않았다. 정현의 주注에는 "정사농鄭司農이 이르기를 '대사는 천지天地에 대한 제사이고, 차사는 일월성신日月星辰에 대한 제사이며, 소사는 사명司命 이하에 대한 제사이다'라고 하였다"117)고 기록되어 있다.

정중鄭衆(정사농)은 제사 대상의 세 가지 부류를 천지 · 일월성신 · 사명 등이라고 보았다. 그러나 정현은 대사는 천지와 종묘에 대한 제사이고, 중사는 일월성신 · 사직 · 오사 · 오악에 대한 제사이며, 소사는 사명 · 사중司中 · 풍사風師 · 우사雨師 · 산천山川 · 백물百物에 대한 제사라고 보았다.118) 진상도陳祥道는 『예기』 주注에 "주례周禮의 대사 · 차사 · 소사는 「사사肆師」에 보인다. 대제, 중제, 소제는 「주정」에 보인다. 「대종백」에서 구분하는 천지 · 오제 · 선왕의 부류는 대사이고, 사직 · 오사 · 오악의 망望은 중사이며, 사방백물四方百

物의 부류는 소사이다"[119]라고 하였다.

정사농과 정현의 견해를 아래와 같이 분류하여 표를 만들어 비교하면 다음과 같다.

	대제大祭(祀)	중제中祭(祀)	소제小祭(祀)
「주정酒正」 정사농 注	천지天地	종묘宗廟	오사五祀
「사사肆師」 정사농 注	천지天地	일월성신日月星辰	사명이하司命以下
「주정酒正」 정현 注	호천상제昊天上帝 오제五帝 · 선왕先王	선공先公 사망산천四望山川	사직社稷 · 오사五祀 군소사群小祀
「사사肆師」 정현 注	천지天地 · 종묘宗廟	일월성신日月星辰 사직社稷 · 오악五嶽 오사五祀	사명司命 · 사중司中 풍사風師 · 우사雨師

이들의 견해는 매우 혼잡하다. 아마도 각자가 제기하는 방식 모두 각각의 특정한 각도에서 출발하기 때문일 것이다. 그러나 종합적으로 말하면 『주례周禮』 속의 제사들을 구분하는 데에 있어서 중요한 것은 제사를 서로 다른 등급으로 나눈다는 점이다. 그렇지만 제사 배후의 신기神祇 신앙을 중시하고 있는 입장에서 제사의 등급은 결코 중요하지 않다. 이런 측면에서 살펴보면 천신天神 · 지기地示 · 조상(祖先)의 분류가 가장 분명하다. 『주례』 「춘관 · 대종백大宗伯」에서 이미 명확하게 이러한 분류를 말하고 있다.

대종백의 직책은 국가의 천신과 인귀와 지기에게 제사지내는 예를 세워서 왕을 보좌하고 나라를 건립하고 안정시키는 일을 관장한다.

길례吉禮로써 나라의 인귀와 천신과 지기를 섬기고, 인사禋祀(땔감을 태워 연기를 올려서 하늘에게 지내는 제사)로써 호천의 상제를 제사지내며, 실시實柴(희생물을 섶에 올려놓고 태우는 예식)로써 일월성신에게 제사지내고, 유료槱燎(희생물을 섶에 올려놓고 불태워 그 불빛으로 지내는 제사)로써 사중과 사명과 풍사와 우사에게 제사를 지낸다.

혈제血祭(희생물의 피로 지내는 제사)로써 사직과 오사와 오악에 제사지내고, 매침貍沈(희생이나 옥백을 산에 묻거나 강에 빠뜨리는 제례 의식)으로써 산림과 천택川澤에 제사지내며, 벽고疈辜(희생을 갈라서 사지를 찢는 제례 의식)로써 사방의 온갖 사물에 제사지낸다.

익힌 희생의 고기(肆)와 희생의 피(獻)와 울창주를 뿌리는 예(祼)로써 선왕에게 제사지내고, 궤식지례饋食之禮로써 선왕에게 제사지내며, 사제祠祭로써 봄에 선왕에게 제사지내고, 약제禴祭로써 여름에 선왕에게 제사지내며, 상제嘗祭로써 가을에 선왕에게 제사지내고, 증제烝祭로써 겨울에 선왕에게 제사지낸다.[120]

「대종백」에 기록된 것은 모두 국가에서 정한 정식 제사 의전이다. "길례吉禮로써 나라의 인귀와 천신과 지기를 섬기는 일"은 대종백의 가장 중요한 직책이다. 손이양孫詒讓은 "제사의 예는 선善으로 복을 얻는 방법을 취하는데, 이를 일러서 길례吉禮라고 한다(祭祀之禮取以善得福, 是謂之吉禮)"[121]고 하였다. 또 "예禮는 신神을 섬겨서 복을 구하는 것을 그 본의本義로 하니, 고로 오례五禮의 으뜸은 길례吉禮이다(禮以事神致福爲本義, 故五禮首吉禮)"[122]라고 하였다.

「대종백」의 구분에 의하면, 위에서 서술한 주대周代 제사와 관계 있는 견해를 신기神祇의 각도로부터 천신天神·인귀人鬼·지기地示 세 부류로 귀납할 수 있다.

천신天神: 천天, 호천昊天, 상제上帝, 제帝, 오제五帝, 일월日月, 성신星辰, 사명司命, 사중司中, 풍사風師, 우사雨師

인귀人鬼: 선왕先王, 선공先公, 선비先妣, 선조先祖, 조묘祖廟

지기地示: 지地, 사직社稷, 사망四望, 오사五祀, 오악五嶽, 산림山林, 산택山澤, 사방백물四方百物, 군소사群小祀

『예기』「제법」의 주注에는 공영달의 설을 인용하여 다음과 같이 말한다. "『주례』「춘관·대종백」에서는 여러 가지 제사를 갖추어 나열하였다. 그러나 사시四時와 한서寒暑에게 제사지내는 것은 보이지 않는다. 종백에서 언급한 제사들은 세시歲時에 맞추어서 항상 제사를 지냈다. 여기에 기록한 것은 사시의 순서가 어그러지고 한서가 어긋나며 홍수와 가뭄으로 때를 잃어버린 것으로 반드시 기도의 예禮가 필요하며 정례正禮와는 관계없는 것을 이르니, 고로 종백에 나열하지 않았다"123)고 한다. 사실 「제법」에서 언급된 사시四時·한서寒暑·수한水旱에 제사지내는 것은 신기神祇로 말하면 또한 「대종백」의 일월성신·사중司中 및 산천의 부류이다. 예를 들어 『좌전左傳』「소공원년昭公元年」의 "일월성신의 신령에게는 설상풍우雪霜風雨가 계절에 맞지 않으면 이에 영제禜祭(재앙을 막기 위해 지내는 제사)를 지냅니다. 산천의 신령에게는 수한병역水旱病疫의 재난을 만나면 이에 영제禜祭를 지냅니다"124)와 같다.

7. 주대周代의 제사와 신귀神鬼 관념

본 장에서 말하는 제사에 관한 연구는 근본적으로 고대 신앙의 연구를 위한 것이다. 주대 제사의 체계는 문헌 기록이 비교적 상세하고, 더군다나 삼대三代의 제사 문화와 연속성을 가지고 있기 때문에 실제로 주대 제사에 관한 연구를 삼대의 제사와 신앙의 전형典型으로 삼아 토론하는 것은 무방하다.

『주례周禮』에 의하면 서로 다른 제사 대상에 대해서는 제헌祭獻의 방법이 다르다. 예를 들면 「대종백大宗伯」에 언급된 '인사禋祀', '실시實柴', '유요槱燎'와 '혈제血祭', '매침貍沈', '벽고疈辜' 등과 「제법祭法」에 언급된 '번시燔柴', '예매瘞埋', '매소뢰埋少牢' 등은 더욱 구체화되어 있다. 이런 제사법(祭法)은 제품祭品의 차이나 불사르고(焚) 매장하는(埋) 방법의 차이로 인해 구별된다. 제헌 물품의 차이로는 희생(牲), 비단(帛), 옥벽(璧) 등의 종류가 있다. 그리고 제사지내는 물품의 헌제獻祭 방식의 차이는 불사르는 것(燔)과 매장하는 것(埋) 등이 있다. 이런 제사의 방법에 대해 고대 사람들이 이야기한 것은 매우 많은데, 독자들의 이해를 돕기 위해 여기에서는 다만 한두 가지의 예를 가지고 설명하도록 하겠다. '번시燔柴'는 단상에 장작을 쌓고 옥과 희생물을 가져와 장작 위에 올려놓고 불살라서 연기를 상천上天에게 도달하도록 하는 것을 가리킨다. 그러므로 이런 종류의 제법은 천신天神에 대한 헌제獻祭에 사용한다. '예매瘞埋'는 희생물을 땅속에 묻어 혈기血氣가 지하에 스며들도록 하는 것이다. 이러한 제사법은 지기地示에게 제사지내는 데 사용한다. 인귀人鬼에 대한 제사는 제철 식물과 과일을 봉헌하는 것을 주로 한다.

서로 다른 천지의 신들은 서로 다른 제헌 방식을 취할 뿐만이 아니라 신기에 대한 제사의 이름 또한 각각 다르다. 예를 들어, 교郊·사社·체禘·우又·류類·조造·회禬·영禜·의宜 등이다. 『주례』에서는 심지어 사祀·제祭·향享으로 구분하였는데, 이른바 "천신은 사祀이고, 지기는 제祭이고, 인귀人鬼는 향享이다"125)라는 것이다.

1) 천신天神에게 지내는 제사

「대종백」이 관장하는 사전祀典(제사에 관한 규범이나 규정) 속에서는 호천상제昊天上帝에 대한 제사가 가장 중요하다. 이것은 또한 주나라 왕(周王)의 종교적 특권이다. 『주례』 속의 천제에 대한 제법祭法은 '인사禋祀'인데, 『통전通典』「길례吉禮」에 정현의 주注를 인용하여 "인禋은 연기이며, 그 연기를 올라가게 하여 천天에게 알리는 것이다"126)라고 하였다. 즉 인사禋祀의 본래 뜻은 연기를 올려서 제사를 지낸다는 것이다. 『서경』「요전堯典」의 "육종六宗에게 인사(禋)를 올린다(禋於六宗)", 「낙고洛誥」의 "문왕과 무왕에게 인사(禋)를 올린다(禋於文武)", 『시경詩經』「소아小雅·대전大田」의 "사방신에게 인사禋祀를 지내는구나(來方禋祀)"라는 사례들을 통해 그 제법祭法의 기원이 아주 오래되었음을 알 수 있다. 이들은 모두 넓은 의미에서의 인제禋祭이다.

그런데 『주례』에 언급된 인사禋祀는 실시實柴·유요槱燎와 서로 대비되나, 실제로 이 세 종류의 제법은 모두 장작을 태우는 것(燔柴)이다. 예를 들어 '시柴' 또한 장작을 쌓아서 불태운다는 뜻이고, 『풍속정의風俗正義』의 사전祀典편에서는 "유槱라는 것은 장작을 쌓고 불지르는 것이다(槱者, 積薪燔柴也)"라고 하였으며, 요燎는 갑골문의 '㸑' 자로 그 유래가 더욱 오래되었다. 인사禋祀 · 실시實柴 · 유요槱燎 세 가지의 구별은 『주례』「사사肆師」에서 말한 바에 의거하면, 인사禋祀는 옥 · 비단 · 희생물 세 가지를 써서 제사를 지내고, 실시實柴는 비단과 희생물 두 가지를 써서 제사를 지내며, 그리고 유요槱燎는 오직 희생물 한 가지만 써서 제사를 지낸다. 그러므로 좁은 의미에서의 인사禋祀는 옥 · 비단 · 희생물을 장작에 올려놓고 불태우는 것을 가리킨다.

인사禋祀가 쓰이는 제사의 대상은 천제天帝이다. 정현은 호천昊天과 상제上帝를 합하여 하나의 신神으로 보았지만127), 김방金榜은 『주례』「전서典瑞」의 "하늘에 제사지내고 상제에게 여제旅祭를 올린다(祀天旅上帝)"는 말을 인용하여, 호천과 상제가 결코 동일하지 않으며, 상제와 오제五帝 또한 결코 동일하지 않다고 보았다. 그는 다음과 같이 말하였다.

> 호천昊天은 하늘의 징조를 담은 상을 드리운다. 상제上帝는 풍년을 기도하는 제帝이다. 동지冬至에 체제(禘)를 지내는 것은 호천을 위한 것이며, 계칩啓蟄(동면하던 벌레가 움직인다는 의미를 지닌 절기)에 교제(郊)를 올리는 것은 상제를 위한 것이니, 후에 정현이 호천과 상제를 하나로 합한 것은 잘못된 것이다.128)

손이양孫詒讓은 김방金榜의 말 아래에 자신의 의견을 덧붙였다.

> 내 생각에 김방의 설이 옳다. 이 말은 책임을 가지고 보면 「사복司服」의 호천상제昊天上帝 또한 마땅히 둘로 나누어야 하는데, 호천은 환

구圜丘에서 제사를 올리는 천天이며, 하늘의 우두머리 신이다. 상제는 남교南郊에서 제사를 올려 명命을 받는 제帝이며, 오제五帝 중의 창제蒼帝(전설 속에 동방을 주관하는 신)이다.[129)]

손이양은 「천관天官·대제大帝」의 "오제에게 제사를 지낸다.(祀五帝)"는 구절 아래의 소疏에서 또한 이렇게 말했다.

이 경經의 통례에는 천天·상제上帝·오제五帝가 있다. 천은 바로 호천昊天이며 북극성(北辰)에 제사를 올린다. 상제上帝는 명命을 받는 제인데, 주나라에서는 창제蒼帝에게 제사를 올렸다. 오제五帝는 오색五色의 제帝이다.[130)]

일반적으로 말하면 "상제라는 것은 천天의 다른 이름이다.(上帝者, 天之別名也)"[131)] 그러나 세분하면 천은 호천昊天을 가리킨다. 바로 동짓날 환구에서 제를 지내는 천이고, 제帝는 하정夏正(하나라 역법에서의 정월)에 교사郊社에서 제사를 드리는 천이다. 이것은 모두 천자天子의 정식 제사이다. 오제五帝는 태호太皞·염제炎帝·황제黃帝·소호少皞·전욱顓頊 다섯 천제天帝를 가리킨다.[132)] 사실, 주나라 사람들이 하늘에 드리는 제사에는 여덟 가지(혹은 아홉 가지)가 있었는데[133)], 하짓날 천天에게 교제(郊)를 올리는 예禮가 가장 중요했다. 천에게 교제를 올릴 때, 일월日月도 아울러 함께 제사를 지낸다.

교제郊祭는 크게 하늘의 은덕에 보답하는 제사로서 해를 주로 하고 달을 짝짓는다. 하후씨 시대에는 해 질 무렵에 제사지냈고, 은나라 사람은 정오에 제사지냈으며, 주나라 사람은 해 뜰 무렵부터 해 질 무렵까지 제사지냈다.[134)]

암闇은 해가 질 때이다. 양陽은 해가 중천에 떠 있을 때이다. 조朝는 해가 뜰 때이다.

> 교제郊祭는 긴 해(日)가 이르는 것을 맞이하는 것이다. 하늘의 은혜에 크게 보답하여 해를 주로 하는 것이다.[135)]
> 교제는 크게 근본에 보답하고 시초를 돌이키는 것이다.[136)]

2) 지기地示에게 지내는 제사

지신地神은 『주례』에서 '기示'라고 부르는데, 손이양은 "이 경經에서는 모두 시示를 빌려서 기祇로 삼는다"[137)]고 하였다. 『설문說文』 시부示部에서는 "기祇는 지기地祇이며, 만물을 내어놓는 것이다"[138)]라고 말한다. 지기地示의 제사 가운데 옛사람들이 가장 중시했던 것은 '사제(社)'이다. 『예기』 「교특생郊特牲」에서 다음과 같이 말한다.

> 사제(社)는 땅을 신으로 모시는 도道이다.[139)]

또 이렇게 말한다.

> 사제社祭는 땅을 주로 하고, 음기陰氣를 주로 한다.[140)]

주注에서는 "산림山林, 천택川澤(하천과 못), 구릉丘陵, 분연墳衍(물가 근처의 평지), 원습原隰(평원과 습지)을 다섯 토지라 한다. 사社는 다섯 토지에 제사를 지내는 총괄적인 신이다"[141)]라고 한다.

사社는 넓은 의미에서 지신地神을 대표할 수 있다. 천자天子에게 있어 사社는 곧 지地이다. 그러나 천자 이하의 모든 제후와 대부 등에게 있어 사社는 지地가 아니라 단지 그들이 관할하는 그 일부분의 토지이다. 『예기』 「예운禮運」에서는 이렇게 기록되어 있다.

천자는 천지天地에 제사를 지내고, 제후는 사직社稷에 제사지낸다.[142)]

여기서의 '사社'는 좁은 의미의 사社로서, '지地'와 동등할 수 없다. 김악金鶚은 다음과 같이 말했다.

지地에 제사지내는 것은 천자만이 할 수 있지만, 사社에 제사지내는 것은 대부大夫와 사士 아래까지 이르며, 서인庶人도 제사에 참여할 수 있다. 대개 지地에 제사지내는 것은 대지를 모두 포괄하는 것이나, 사社는 대소大小가 있다. 천자의 대사大社는 구주九州의 땅을 제사지내는 것이며, 왕의 사社는 기내畿內의 땅을 제사지내는 것이며, 제후국의 사社는 나라 안의 땅을 제사지내는 것이고, 후侯의 사社는 적전籍田(임금이 제사를 위해 몸소 경작하는 것)하는 땅을 제사지내는 것이니, 모든 땅을 포괄하는 것과는 다르다. 또 지地는 상중하의 구분이 있으니, 상上은 산악山岳이며, 중中은 평원이며, 하下는 하천과 도랑(川瀆)이다. 사社가 비록 왕의 토지를 겸한다 하더라도 농민을 위해서 기보祈報(봄에 풍년을 기원하며 지내는 제사와 가을에 풍년에 보답하여 지내는 제사)를 올리니, 응당 평원의 곡토穀土를 주로 해야 한다. 사社는 산악, 도랑 등 각각 나누어진 땅과는 일체이나 전체를 아우르는 지地와는 크게 다르니, 이것이 사신社神과 지신地神을 구분하는 까닭이다.[143)]

『예기』 「제법祭法」에서는 다음과 같이 말한다.

천자가 모든 백관과 만민을 위하여 세우는 사社를 대사大社라 한다.

천자가 자신을 위해 세우는 사를 왕사王社라 한다. 제후가 자신의 백성을 위하여 세우는 사社를 국사國社라 한다. 제후가 자신을 위해 세우는 사社를 후사侯社라 한다. 대부大夫 이하의 사람들이 공동으로 세우는 사社를 치사置社라 한다.[144)]

『한서漢書』「교사지郊祀志」에서는 왕망진王莽秦의 말을 인용하여 "사社는 토지이다. 직稷은 백곡百穀의 우두머리이다. 종묘를 받들고 자성粢盛(제기를 채워 제사에 올리는 기장)에 공을 들이는 까닭은 사람이 음식을 먹음으로써 살아가기 때문이다"[145)]라고 하였다. 사社라는 글자는 토土에서 말미암기 때문에 토신土神이 되는 것이다. 직稷이라는 글자는 화禾에서 나오기 때문에 곡신穀神이 되는 것이다. 손이양은 "직稷에 제사지낸다는 것은 직稷의 신神에게 제사지내는 것이지 직稷에 제사지내는 것이 아니다. 물物은 반드시 그것은 주재하는 신神이 있으며, 그 신이 이 물物을 주재하니, 마땅히 이 물을 사용해서 제사를 지내어 그 생육의 은혜에 보답한다"[146)]라고 말하였다. 이것은 지기地示 제사의 대상이 자연물 자체가 아니라 물신物神과 자연신自然神임을 설명한다.

「대종백」에 언급된 '오사五祀'는 일반적으로 오행의 기(五行之祇)로 본다. 『좌전』「소공29년」 채묵蔡墨이 대답하기를 "오행을 담당하는 관원이 있는데 이를 오관五官이라고 합니다. 대대로 성씨를 계승하고, (살아서는) 상공上公으로 봉해지며, (죽어서는) 존귀한 신神으로 제사를 받습니다. 사직社稷과 오사五祀에 배향되어 존경받고 숭봉崇奉되었습니다"[147)]라고 하였다.

『태평어람太平御覽』 예의부禮義部에서는 『한구의漢旧議』를 인용하여, "오사에 제사지내는 것은 오행인 금金·목木·수水·화火·토土

를 이르는 것이다. …그 신神을 주로 하여 제사를 지낸다"[148]고 하였다. 「대종백」에서 말하는 '오사'와 『예기』 「월령月令」에서 말하는 오사인 '문門·호戶·중中·류霤·조灶'는 다른 것이다. 『예기』 「월령」에서 말하는 '오사'와 『주례』 「소축小祝」에서 말하는 "희생물을 나누어 오사에 기도하는 것(分禱五祀)"과 『의례』 「사상례士喪禮」에서의 "오사에 기도를 올리는 것(禱於五祀)"은 당연히 「제법祭法」에서 유래한 것이다.

「제법」에는 "천자가 백관과 만민을 위하여 세우는 일곱 사(七祀)를 사명司命·중류中霤·국문國門·국행國行·태려泰厲·호戶·조竈라고 한다. 왕은 또한 자신을 위하여 일곱 사를 세운다. 제후가 나라를 위하여 세우는 다섯 사(五祀)를 사명司命·중류中霤·국문國門·국행國行·공려公厲라고 한다. 제후 또한 자신을 위하여 다섯 사를 세운다"[149]라고 하였다. 여기에서 말하는 오사는 호戶·조灶·문門·행行·중류中霤의 신神을 가리킨다. 옛사람들은 오사에 크고 작은 것이 있다고 말하였는데, 「대종백」에 언급된 것이 오사의 큰 것이고, 「제법」에서 언급된 것이 오사의 작은 것이다.[150]

3) 인귀人鬼에게 지내는 제사

제사의 예는 그 대상에 따라 이름이 달라지는데, 천신天神은 사祀이고, 지기地祇는 제祭이며, 인귀人鬼는 향享이다. 『주례』 가공언賈公彦의 소疏에는 "향享은 바치는 것(獻)이다. 귀신에게 찬을 차려 봉헌하는 것을 일컫는다"[151]고 하였다. 『이아爾雅』 「석천釋天」에는 "봄 제사를 일러 사祠라고 한다(春祭曰祠)", "여름 제사를 일러 약禴이라

한다(夏祭曰禴)", "가을 제사를 일러 상嘗이라 한다(秋祭曰嘗)", "겨울 제사를 일러 증烝이라고 한다(冬祭曰烝)"라고 하였다. 그러나 이 네 제사는 모두 시제時祭(사시四時에 지내는 제사)이고, 모두 계절적 성격을 띤 조상 제사이다.

주나라 사람들의 종묘 제사 속에서는 체협禘祫이 특히 중요했다. 다만, "종묘의 제사는 체협보다 큰 것이 없으나, 한나라 이래로 여러 유자들(群儒)이 (체협에 대해) 쟁론하였다"[152]라고 하였다. '협祫'은 "선군의 신주를 모아 조묘祖廟에서 제사를 지내는 것(合先君之主於朝廟而祭之)"으로, 시조始祖의 묘에서 제를 지내는 것이다. '체禘'는 태조太祖에 대한 제사이며, 후직后稷의 묘에 제사지낸다. "체禘는 초여름에 지내고, 협祫은 초가을에 지낸다.(禘以孟夏, 祫以孟秋)"[153] 협제는 모두 주나라 천자가 조상신에게 올리던 중대한 제사이다.

『예기』「제법」에서는 이렇게 말한다.

> 유우씨有虞氏(순임금) 시대에는 황제黃帝에게 체제禘祭를 지내고 제곡帝嚳에게 교제郊祭를 지냈으며, 전욱顓頊에게 조제祖祭를 지내고 요堯에게 종제宗祭를 지냈다. 하후씨(하왕조) 시대에도 황제에게 체제를 지냈으나 곤鯀에게 교제를 지냈으며, 전욱에게 조제를 지내고 우禹에게 종제를 지냈다. 은나라 사람들은 제곡에게 체제를 지내고 명冥에게 교제를 지냈으며 설契에게 조제를 지내고 탕湯에게 종제를 지냈다. 주나라 사람들은 제곡에게 체제를 지내고 후직后稷에게 교제를 지냈으며 문왕文王에게 조제를 지내고 무왕武王에게 종제를 지냈다.[154]

『국어』「노어상魯語上」의 기록은 「제법」과 조금 다른데, 네 가지 제사 외에도 '보報'라는 제사가 있다. 그러므로 "무릇 체禘·교郊·조祖·종宗·보報 이 다섯 가지는 나라의 사전祀典(제사지내는 의례 혹은 이를 기록한 전적)이다(禘郊祖宗報, 此五者, 國之祀典也)"155)라고 하였다. 『예기』「상복소기喪服小記」에는 다음과 같이 말한다.

> 예법에 왕자王者가 아니면 체제禘祭를 지내지 못한다. 왕자는 그 시조가 나온 바에 체제를 지내며, 그 시조를 배향한다.156)

'체禘'의 대상은 시조가 나온 제帝이며, 시조始祖를 배제配祭(配享)하고 시조의 묘에서 제사지낸다.157) 예를 들어 유우씨의 시조는 전욱顓頊이며 전욱은 황제黃帝로부터 나왔기 때문에 당연히 황제에게 체제를 올리고 전욱에게 조제를 올려야 한다. 이른바 "제곡에게 교제를 지낸다(郊嚳)"와 "곤에게 교제를 지낸다(郊鯀)"의 교郊는 하늘에 제사를 올릴 때에 시조始祖 이외에 또 한 명의 제帝를 하늘에 배향하는 것을 가리킨다. 「상복소기」에서는 체禘·협祫 등이 모두 군왕의 특권이라고 설명한다.

「제법」의 주注에 양복楊復의 설을 인용하고 있다.

> 체禘·교郊·조祖·종宗은 종묘의 큰 제사이다. 체는 조상이 나온 근원에 체제를 지내고 이에 맞추어 시조를 배향하는 것이다. 교는 하늘에 제사를 지내고 이에 맞추어 그 시조(혹은 시조 이외의 또 다른 帝)를 배향(配食)하는 것이다. 조는 공이 있는 조상에게 조제를 지내는 것이다. 종은 덕이 있는 조상에게 종제를 지내는 것이다.158)

순임금과 우임금은 모두 전욱을 조상으로 모신다.(순임금과 우임금은 모두 전욱의 자손이다) 그리고 전욱은 황제에서 나왔다. 그러므로 우虞·하夏 양대兩代에는 모두 황제에게 체제를 지냈다. 은나라의 조상 설은 제곡의 차비次妃의 소생이며, 주나라의 조상인 후직은 제곡의 원비元妃의 소생이다. 그러므로 은殷·주周에서는 모두 제곡에게 체제를 지냈다. 이러한 제법祭法에 근거하면 체제를 받는 제帝는 시조에서부터 올라가 공덕이 있는 제帝를 추존하여 제사를 지내는 것으로 반드시 시조의 아버지일 필요는 없다. 교제를 받는 제帝는 은나라 이전에는 모두 시조 외에 별도로 제帝를 추존하여 배천配天했고, 주나라 이후부터는 시조를 배천했다. 우虞·하夏·은殷에서 조제를 받는 조상(祖)은 바로 시조始祖이다.

그러나 주나라에서 조제를 받는 것은 문왕文王이었는데, 이는 주나라 사람들이 조제를 지냈던 조상이 대조大祖라는 것을 설명한다. 공이 있는 조상에게 조제를 지낸다는 것(祖有功)은 곧 조제를 받는 선조가 창업하여 후세에 전해지는 공을 스스로 이룩한 선조라는 의미이다. 덕이 있는 조상에게 종제를 지낸다는 것(宗有德)은 곧 덕이 높아서 존대할 만한 조상에게 종제를 지낸다는 것이다. 조제와 종제는 초기에는 유우씨 시대처럼 혈통을 중시하지 않고 공덕功德을 중시하였다. 하후씨 이후로 조제와 종제의 대상은 모두 혈연상의 조상이었다.[159]

「제법」 서두에서 체禘·교郊·종宗·조祖를 논하고, 그다음 천지天地·일월日月·사방四方·백물百物에 대한 제사를 서술하며, 이어서 묘廟·도桃·단壇·선墠·사社의 설립을 논한다. 그러므로 정현은 「제법」편을 "유우씨로부터 주나라 천자 아래에 이르기까지 제정되었던 여러 신들(群神)에게 지내는 사祀를 헤아려 기록한 것"[160]이라고 여겼다. 「제법」의 끝부분에서 다음과 같이 총결한다.

무릇 성왕이 제사를 제정함에 있어서 법제를 잘 시행하여 백성을 다스린 이에게 제사지내고, 또 죽음을 무릅쓰고 나랏일에 힘쓴 사람에게 제사지내며, 노고를 아끼지 않고 나라를 안정시킨 사람에게 제사지내고, 큰 재해를 막아주었던 사람에게 제사지내며, 나라의 큰 환난을 물리쳤던 사람에게 제사지냈다. …이들은 모두 백성들에게 공렬功烈이 큰 사람들이다. 대저 일월성신日月星辰은 백성들이 우러러 사모하는 대상이고, 산림山林과 천곡川谷과 구릉丘陵은 백성들이 생활에 필요한 물자를 얻는 장소다. 이러한 부류의 제사가 아니면 사전祀典에 실리지 않는다.[161]

국가 제사의 대상은 첫째는 영웅英雄이고 둘째는 천신天神이고 셋째는 지기地祇이다. 영웅 숭배의 대부분은 고대의 성왕聖王 혹은 백성들에게 공덕이 큰 자이다. '공렬功烈'은 종족宗族을 개창開創한 것을 포함하므로, 공렬이 있는 자의 반열에 드는 것은 바로 앞에서 서술한 각 왕조의 체禘·교郊·조祖·종宗의 조상신령(祖靈)이다. 마땅히 이야기해야 할 것은 「제법」의 논술 가운데 백성에게 공이 있는 자를 사전祀典의 으뜸으로 삼는 것에서 이미 민본주의의 경향이 뚜렷하게 나타나고 있으며, 또한 천신天神과 지기地祇에 대한 제사에서는 천제天帝가 언급되지 않았다는 점이다. 이들은 모두 「제법」의 설이 춘추시대부터 내려왔을 가능성이 있음을 보여주고 있다. 그러나 어쨌든 사전祀典의 범위는 여전히 앞에서 언급했던 크게 세 가지로 나눌 수 있다. 이 관점은 『국어』 「노어상魯語上」에서 전금展禽이 사祀를 논한 단락에도 보인다.

바닷새의 일종인 '원거爰居'가 노나라 동문 밖에 사흘 동안 앉아 있었는데, 장문중臧文仲이 국인國人을 시켜 제사지내게 하였다. 전금展禽이 말하였다. "어리석구나, 장손臧孫(장문중의 성을 말함)이 정치를 함이여! 무릇 제사란 나라의 큰 제도(節)이고, 제도는 정치가 이루어지는 까닭이다. 고로 제사를 신중하게 만들어 나라의 전법典法으로 삼는다. 지금 아무 이유 없이 전법을 더 만들어내는 것은 정치의 마땅함이 아니다."162)

그러고 나서 전금은 「제법」의 제사를 논한 것과 동일한 말을 강술했다. 『국어』의 이 단락으로부터 장문중臧文仲이 괴이한 것을 보고서 제사를 지냈던 것은 여전히 은상殷商 이래의 자연종교 전통이었고, 전금展禽을 대표로 하는 지식 엘리트는 소전통과 궁정종교의 수요를 이미 넘어서고 있음을 알 수 있다. 위에서 말한 "아무 이유 없이 전법을 더 만들어내는 것(無故加典)"은 바로 은나라 제사 행위의 특징이다. 『예기』를 참고하면 전금展禽이 말한 바는 선조와 선왕의 인간 세상에 대한 공덕의 일면을 부각시켰을 뿐 아니라, 또한 이러한 공덕에 대한 제사는 다소 기념적인 의미를 띠고 있지만, 순수한 종교적 의미의 제향기복祭享祈福은 아니다. 이것은 명백히 문화이성화文化理性化 과정의 산물이다. 주대 이후 조상의 제사는 더욱더 부각되고 사회화되었다. 그 주요한 기능은 종족의 단결을 유지하는 것이었으며, 그것이 가지고 있는 신앙적 의미는 점점 희박해졌다.

주대에는 또한 종묘宗廟와 명당明堂의 구분이 있었다. 삼대三代 이전 예를 들어 유우씨有虞氏 시대에는 "고수瞽叟·교우橋牛 이상은 순임금의 사친四親이므로 종묘에서 사祀를 지낸다. 제곡帝嚳은 요순이 천하를 받게 해주었기 때문에 명당明堂에서 사祀를 지낸다."163) '조祖'묘에서는 선조에게 제를 지내고, '종宗'묘에서는 공렬(功)에 대해서 제를 지낸다. 그러나 은주殷周 이래로 선양禪讓을 받지 않았기 때문에 명당明堂과 종묘宗廟에서 제를 지내는 대상이 서로 같았다.

완원阮元은 『명당론明堂論』을 지어 명당의 변천 및 종묘와의 차이에 대해서 논했다. 명당은 아주 옛날(遠古) 왕이 거처했던 곳으로 행정 · 교화 · 제사와 같은 여러 종류의 기능을 갖추고 있었다. 그러나 삼대의 예문禮文이 더욱 잘 갖추어지게 되면서 왕은 왕성에 거주했고, 환구圜丘에서 상제에게 제를 지냈으며, 종묘에서 조고祖考에게 제사지냈고, 조정에서 제후에게 조례(朝)를 올렸고, 벽옹辟雍(천자가 설치한 대학)에서 태자를 가르쳤다. 근교 동남쪽에 따로 명당을 지어 가끔 특별한 제사 의전을 진행하는 데 사용했다.

이제부터는 은주殷周의 귀신관념으로 돌아가도록 하자.

『예기』「제법」에서는 "만물이 죽은 것은 모두 절折이라고 하고, 사람이 죽은 것을 귀鬼라고 한다"[164]고 하였다. 귀鬼라는 글자에 대해 『설문說文』에서는 "사람이 돌아가는 바를 귀라고 한다(人所歸爲鬼)"라고 하며, 『석언釋言』에서는 "귀라는 말은 돌아가는 것(歸)이다(鬼之爲言, 歸也)"라고 하였다. 『예기』「교특생郊特牲」에서는 "혼기魂氣는 하늘로 돌아가고, 형백形魄은 땅으로 돌아가니, 고로 제祭는 음양陰陽에게 기구祈求한다는 뜻이다. 은나라 사람은 먼저 양陽에 기구했고, 주나라 사람은 먼저 음陰에 기구했다"[165]라고 하였다. 『예기』「중용中庸」에서는 공자孔子의 말을 인용하여 "귀신의 공덕이 그 얼마나 성대한가! 보려 해도 보이지 않고, 들으려 해도 들리지 않으며, 만물物 속에 체현되지만 흔적을 남기지 않는다. 천하의 사람들로 하여금 목욕재계하고 심신을 맑게 하며 의복을 차려입고 제사를 받들게 한다. 아득하고 성대한 기상이여! 마치 그 위에 있는 것 같고, 마치 그 좌우에 있는 것 같도다"[166]라고 하였다. 『예기』「제의祭義」에는 공자가 제자와 귀신에 대해 토론하는 부분이 나온다.

재아宰我가 말하였다. "저는 귀신이라는 명칭을 들었습니다만, 그것이 무엇인지를 모르겠습니다." 공자가 말하였다. "기氣라고 하는 것은 신神이 왕성한 것이요, 백魄이라고 하는 것은 귀鬼가 왕성한 것이다. 귀와 신을 합해서 말해야만 가르침이 완전할 것이다. 살아있는 모든 생명은 반드시 죽기 마련이고, 죽으면 반드시 흙으로 돌아가는데, 이것을 일러 귀鬼라고 한다. 뼈와 살은 땅속에서 썩어 산야의 흙이 된다. 그 기가 위로 발양하여 신령의 광명을 밝히고 향기를 퍼트리며 사람의 마음을 슬프게 하는 것이다. 이는 온갖 사물의 정기(精)이며, 신神이 드러나는 것이다."167)

공자는 제祭를 중시하였다. 그러므로 이러한 그의 견해들은 응당 주나라 사람들의 귀신에 대한 관점을 반영한다. 모든 생명이 있는 것들은 죽은 후에 그 기氣가 발양하여 상승하는데, 살아있는 사람들은 종종 볼 수도 들을 수도 없으나, 이러한 기는 언제나 사람의 좌우에 있으면서 사람들을 감동시켜 그 존재를 드러낼 수 있고 또한 제사를 지낼 때 제사를 지내는 자의 앞으로 돌아와서 제사를 받아 누릴 수 있다. 이런 위에서 발양된 기를 일러서 신神이라 하는데, 넓은 의미에서 귀신鬼神이라고도 부른다. 제사는 바로 이런 귀신과의 감통感通을 구하는 것이다. 분명히 주의해서 보아야 할 것은, 여기에서 말하는 귀신은 모두 생명체가 죽은 후에 변천해서 이루어진 특수한 형태의 존재이며, 앞에서 언급한 천신天神·지신地神 등의 자연신기自然神祇와는 다르다는 것이다. 동시에, 공자의 견해는 기氣의 관념이 어느 정도 유행한 후의 주장이며, 상고시대 신앙 속에서 인간의 형태를 지니고 인격화되었던 귀신관과는 차이가 있다.

귀신은 형상이 있는가? 『좌전』 「장공8년庄公八年」에 제齊나라의 제후 전田이 패구貝邱에서 큰 돼지를 보았는데, 종자가 말하기를 공자 팽彭이 살아났다고 하였다. 이것은 귀鬼를 동물의 형상으로 삼은 것이다. 『좌전』「문공2년文公二年」에 하보불기夏父弗忌가 말하기를 "내가 보기에 새로운 귀신(노희공魯僖公)은 크고, 오래된 귀신(노민공魯閔公)은 작았다(吾見新鬼大, 故鬼小)"라고 하였는데, 이 또한 귀鬼가 볼 수 있는 형체를 가진다는 것이다. 『국어』「진어晉語」에는 다음과 같은 기록이 있다.

> 괵공虢公이 꿈에 종묘에 있는데, 어떤 신神이 사람 얼굴에 흰 털과 호랑이 발톱을 하고서 도끼를 들고 서쪽 추녀에 서 있었다. 괵공이 두려워서 달아나자, 신이 말하였다. "달아나지 말라. 상제上帝께서 명하사, 진晉나라로 하여금 너희 나라의 국문國門으로 들어가도록 하셨다." 괵공이 절하고 머리를 조아렸다. 꿈에서 깨어나자 태사 은(史嚚)을 불러서 점을 쳐보게 하였다. 태사 은이 대답하였다. "국군의 말과 같다면 욕수蓐收(중국 고대 신화 속의 금신金神)이니 하늘에서 형벌을 담당하는 신입니다. 하늘은 하고자 하는 일을 담당하고 있는 신을 상징으로 내세워 나타냅니다."168)

『예기』「월령月令」에 의하면 초가을인 7월에, …존봉尊奉하는 제帝는 소호小昊이고, 존봉하는 신神은 욕수이다(孟秋之月, …其帝少皞, 其神蓐收)"라고 하는데, 『국어國語』 태사 은이 말한 바에 근거하면, 욕수蓐收라는 신은 사람의 얼굴에 하얀 털과 호랑이 발톱을 하고 있다. 『묵자墨子』「명귀明鬼」에는 다음과 같이 기록되어 있다. "어떤 신神이, …(사람 얼굴에) 새의 몸을 하고 세 갈래로 찢어진 하얀 깃털 옷을 걸쳤고, 얼굴 모양은 정사각형이었다. …말하기를 '나는 구망이다'라고 하였다."169)

『예기』「월령」에서는 "초봄인 정월에, …존봉尊奉하는 신神은 구망句芒이다(孟春之月, …其神句芒)"라고 하였는데, 『묵자』의 이야기에 비추어보면 구망句芒(중국 고대 신화 속의 목신木神)이란 신神은 새의 몸뚱이를 지니고 네모난 얼굴을 가지고 있다. 묵자는 귀鬼를 믿었으며, 그의 설은 필시 아주 오래된 이야기를 계승했을 것이다. 이상의 두 가지 예시로부터 고대 사람이 말했던 신神이란 모두 사람과 짐승이 합쳐진 형상을 가지고 있다는 것을 알 수 있다.

「제의祭義」에서는 생명체가 죽은 후에 위로 기가 펼쳐 올라온 것을 일러 '백물의 정(百物之精)'과 '신神'이라고 하였다. 또한 "생물의 정기를 근거로 삼아 (성인은) 지극히 존귀한 명칭을 제정하여 귀신鬼神이라 높여 이름 짓고 민중의 법칙으로 삼으니, 백관百官과 중서衆庶(많은 사람들)가 이를 두려워하며 만민이 이를 따르게 되었다"170)라고 하였다. 귀신鬼神을 통해 가르침을 세우는 종교사회학적 측면은 이 책의 토론 범위를 벗어난 것이다. 「제의」의 이 구절에 대해 『예기집해』에서는 공영달의 설을 인용하여 성인은 사람과 동물의 죽은 정령을 근거로 삼아 귀신이라 존칭하였다고 하였다.171) 이 견해는 중국 고대 귀신관념이 귀혼鬼魂과 망령亡靈 신앙에 기원하고 있거나 혹은 본질적으로 일종의 귀령鬼靈숭배였다는 것을 암묵적으로 보여주고 있다. 이것은 이 절에서 이야기하는 '인귀人鬼'의 범위에 기본적으로 적용 가능하다.

마지막으로, 『시경詩經』 속의 '신神'의 관념에 대해서 간단하게 이야기해보자. 「대아大雅」와 「소아小雅」 속에는 신神에 대한 적지 않은 시구詩句가 있다. 예를 들어, 「소아」의 「녹명鹿鳴」·「곡풍谷風」·「포전甫田」에 "신이 그것을 듣는다(神之聽之)"는 표현이 여러 차례 출현하는데, 이는 시인이 신神이 사람의 소리를 듣고서 사람에게 복을 내릴 수 있음을 믿고 있다는 것을 뚜렷하게 보여주고 있다. 또 예컨대, "신이 이르는 것은 헤아릴 수가 없다"172)라는 시구는 신이 오는 것은 추측할 수가 없음을 가리킨다. "산에서 신神이 내려온다(維嶽降神)"(「대아大雅 · 탕蕩 · 숭고崧高」)라는 시구는 신이 높은 산에서 아래로 내려오는 것을 가리킨다. 이들은 일반적으로 대부분 자연신을 말한다. 「주시周詩」 속에서는 조상신에게 제사지내는 시편詩篇도 매우 많다. 이러한 시편들 속에서 조상신은 종묘에 와서 제헌을 향용享用할 수 있는 존재이고 또한 자손에게 복福을 내리고 자손을 보우保佑하는 존재로 이해된다.

지금껏 『산해경山海經』에 기록된 괴이한 세계에 관하여 크게 관심을 기울이지 않았는데, 이 문제에 대해 독자들은 주의를 기울여야 할 것 같다. 이는 『산해경』에 기록된 것은 기본적으로 괴물이지 신령이라고 말하기는 어렵기 때문이다. 이러한 괴물들의 특징은 형상과 형체가 괴이하고 사람을 잡아먹기도 하여 '짐승'과 본질적 구별이 없다. 그러므로 『산해경』에서도 "짐승이 있는데(有獸焉)"라는 표현법을 자주 사용한다. 이는 무기가 발달하지 않았던 초기에 식인 야수에 대한 인류의 두려움을 그대로 보여주고 있다. 이 외에, 『산해경』에서는 항상 괴수의 출현과 각종 재해를 연결한다. "나타나면 곧 천하에 큰 역병이 돈다(見則天下大疫)", "나타나면 천하에 큰 홍수가 난다(見則天下大水)", "나타나면 천하에 큰 가뭄이 든다(見則天下大旱)", "나타나면 천하에 큰 태풍이 분다(見則天下大風)", "나타나면 그 나라에 큰 전쟁이 일어난다(見則天下其國有大兵)", "나타나면 그 나라가 패배한다(見則其國爲敗)" 등의 예들이 있으며, 이와 유사한 표현들이 매우 많다. 이러한 표현은 인류 초기 각종 천재天災와 인화人禍의 발생에 대해 조금도 아는 바가 없었으며, 저항할 능력이 없었다는 것을 표현한 것이다.

『산해경』은 이 재해들이 괴물들 때문에 생긴 것이라 말하지 않고 괴물의 출현을 재해 발생의 어떤 전조로 보았다. 이 괴물들의 형상 중에 어떤 것은 전설 속 신령의 형상과 가깝다. 그러나 전체적으로 말하면, 『산해경』 기록 속의 이 괴물들은 모두 신령 신앙과 직접적인 관계가 없다. 다른 한편으로 『산해경』에 표현된 것은 곧 선진시대 민속사회의 민속문화이며[173], 이른바 '소전통'의 범위에 속하는 것이다. 이 때문에 본서의 관심 범위 안에 들어있지 않다.

복사卜辭에 보이는 제사 대상에서부터 주나라 예서禮書에 기재된 제사 대상까지 살펴보면 중국 상고시대의 매우 긴 시기 동안 종교 신앙은 다신교多神教의 색채 혹은 경향을 어느 정도 가지고 있었다. "천하를 가진 자는 모든 신에게 제사지낸다(有天下者祭百神)"는 전통은 대개 하나라와 상나라에서부터 서주와 동주시기까지 줄곧 변하지 않았다. 은나라 사람의 신앙 가운데 비록 제帝와 제정帝廷, 신정臣正의 관념 및 조상 신령을 제소帝所에서 모신다는 신앙이 있었다 하더라도 민간사회에서 제사지내는 산천山川과 하백河伯은 제帝와는 결코 종속적인 관계가 없는 것처럼 보이며, 주대 또한 그러하였다. 이 때문에, 제帝의 관념 이전에 고대의 신령 신앙에서는 개체수가 많고 특성이 각각 다르며 서로 종속된 관계가 아닌 신령과 괴물들이 존재하고 있다고 보았으며, 통일적 지상신至上神인 '제帝' 관념의 탄생은 인간사회 조직구조의 진화와 서로 상응한다고 추리할 수 있다. 이 점에 대하여 타일러와 엥겔스가 말한 것은 모두 정확하다.[174] 종교사에서 말하는 정령신앙에 관하여 『종교학통론宗教學通論』에는 다음과 같이 이야기하고 있다.

이른바 '정령精靈'이란 인격화된 초자연적인 힘을 가리킨다. 정령은 조상신령의 유형에 따라 변화 발전하여 나온 것을 가리킨다. 조상신령처럼 사람과 같은 의지·감정·욕망을 가지고 있으며, 자연계의 사물과 역량이 숭배대상이 된다. 예를 들어 산의 정령은 산을 대표로 삼고 강의 정령은 곧 강을 대표로 삼는다. 이들은 인격을 갖추고 있지만, 사람의 모습을 가진 형상은 아직 갖추지 못했고, 언제나 구체적인 자연 사물·역량과 서로 연계되었다. 인간들이 숭배한 것은 그들의 자연 속성이고, 자연 사물과 역량의 분명하지 않고 헤아릴 수 없는 영체靈體이며, 초자연적 힘의 초급 형태 중의 하나이다. 그러므로 정령이라고 통칭한다.[175)]

그러나 상주商周의 제사문화로부터 보면, 제사활동의 기초로서의 신령 신앙은 초자연적 힘의 초급 형태인 정령을 포함하며, 또한 사후에 존재하는 생명의 망령亡靈(당연히 주요한 것은 조상신령이다)과 각종 천지자연의 신들을 포함한다.

『국어』「초어하楚語下」에는 관야보觀射父가 상고 제사의 도에 대해 총론한 말이 있다.

제사는 효도를 밝히고 민중이 번성하도록 하며 국가를 어루만지고 백성을 안정시키는 것이니, 폐지할 수 없습니다. (제사가 폐기되어) 백성의 지기志氣가 방종하면 타락하게 되고 타락하면 정체되고 오랫동안 정체되면 두려워하지 않으니 생물이 번식하지 않습니다. 윗사람의 명령을 따르지 않고 생물이 번식하지 않으니 나라를 봉해줄 수 없는 것입니다. 이 때문에 고대의 선왕은 날마다 부친과 조부에게 제祭를 지내고, 달마다 증조와 고조에게 제향祭享하며, 계절마다 시조에게 류제類祭를 지내고, 해마다 원조遠祖와 천지의 신에게 사祀를 지냈습니다. 제후가 날마다 제사하고 경·대부가 달마다 제사하고 사士·서인庶人

> 이 계절마다 제사합니다. 천자天子는 여러 신과 만물에게 두루 제사하고, 제후는 천지·삼신三辰 및 그 국토의 산천에게 제사지내며, 경·대부는 그 오사와 시조의 근원에 제사하고, 사·서인은 그 왕의 부친에게 제사하는 데에 지나지 않습니다. 해와 달이 용미龍尾(별이름, 28수의 하나로 기수箕宿를 말함)에서 만나면 흙의 기운이 수축하고 맑은 천기天氣가 성대하게 일어나며 온갖 좋은 곡식이 집에 비축되고 여러 신神들이 (제사를 받으려고) 함께 나섭니다. 국가는 이때에 겨울제사인 증제蒸祭와 가을제사인 상제嘗祭를 지내고 경·대부의 집안은 이때에 상제를 지내며, 일반 백성의 부부는 좋은 날을 가려서 희생을 받들어 올리고 좋은 곡식을 경건히 바칩니다. 깨끗하게 청소하고 채색된 제복祭服을 정중히 입으며 신께 올릴 예주醴酒를 정갈하게 거르고 자기 자손과 동족을 인솔하여 사계절의 제향祭享을 거행하고 제사를 주재하는 종축宗祝이 경건하게 제사祭辭를 읽으며 선조를 장중하게 제사지내어 엄숙하고 공경하여 마치 신이 강림한 듯이 합니다.176)

『사기』「봉선서封禪書」에는 진秦나라가 사치四畤에서 상제에게 사祠를 지낸 것을 기록하고 있다.

> 이 사祠들은 모두 태축太祝이 항상 주관하여 세시歲時에 맞추어 사祠를 지낸다. 다른 명산대천과 여러 귀신 및 팔신八神의 부류는 천자가 이들의 제단을 지나갈 때 제사지내며 떠나면 그만둔다. 군현과 멀리 떨어진 곳의 신의 사祠는 백성들이 각자 사祠를 봉행하며 천자가 명한 축관祝官에게 통솔을 받지 않는다.177)

이는 국가 제사 체계 속에서 상제(四帝)에 대한 제사는 상사常祀(항상 지내는 제사)이고, 산천의 신神과 같은 기타 여러 가지 제사는 군왕이 어떤 산천을 지날 때에 제사를 올리고 산천을 떠나면 제사를 그만두며 결코 고정적이지 않다는 것을 설명한다. 그러나 각지의 군현郡縣과 먼 지방 신령神靈의 제사 체계는 국가 제사 체계와 반드시 일치하는 것은 아니며 제법祭法 또한 통일되지 않으니, 이른바 "백성들은 각자 사祠를 봉행한다"고 하는 것이다.

종합하여 말하면, 은상殷商과 서주西周의 제사를 통해서 반영된 신앙은 서로 다른 사회 영역에서 다른 점이 있다. 예를 들어 귀족과 민중의 신앙에 차이가 있을 뿐만 아니라, 천자로 대표되는 통치집단과 일반 사士계층 또한 다를 가능성이 있다. 지식계층의 신앙 행위와 통치집단 및 일반 귀족의 신앙 사이의 차이는 서주 이전에는 분명하지 않았다. 그러나 서주 이후가 되면 명백하게 이성화를 특징으로 삼았으며, 통치집단 및 민간 대중과는 다른 점이 나타난다. 이 때문에 지식계층 관념의 이성화가 아직 나타나지 않았을 때, 통치계층의 종교신앙과 행위는 마땅히 그 시대를 대표하는 엘리트의 대전통 형태로 간주하여 연구하여야 한다.

그러나 서주 이후, 지식계층 관념의 이성화가 점진적으로 전개됨에 따라 엘리트 문화의 신앙과 관념은 통치계층의 국가 제사 체계에서 지식계층의 정신창조로 전이되었고, 후세의 정신문화에 대해 강력한 규범과 지도적 기능을 발휘했다. 이것이 바로 사상사 연구가 춘추시대 이후 더 이상 국가 제사문화를 중시하지 않는 이유이다. 이는 당연히 한대漢代 이후의 국가제사 활동이 의미가 없음을 의미하는 것은 아니다. 다만 그 의미는 정치문화의 정합과 정치 합법성의 건립 속에서 파악해야 하는 것이며, 이 책에서 종교와 윤리 관념의 발생과 변천을 중시하는 각도와는 차이가 있다.

8. 고대 종교의 유형

지금부터 중국 고대 종교의 특징에 대해 집중적으로 토론해 보도록 하자. 특히 종교유형과 신앙형태를 중심으로 이야기하려 한다.

100여 년 전, '종교학'의 창시자인 막스 뮐러(F. Max Müller)는 종교 관념과 종교 문제에 대한 그의 넓은 이해와 깊은 지혜에 근거하여 『종교학 입문』에서 다음과 같이 말하였다. 유라시아 대륙에는 최초에 3대 종족, 즉 튀르크족(Turkic peoples)·셈족(Semiten)·아리아족(Aryan)이 거주하고 있었다. 이와 상응하여 튀르크어·셈어·아리안어 3대 어계語系가 존재하고 있다. 그리고 이 3대 언어는 또한 3대 종교와 관련되어 있다. 셈족 계열인 헤브라이인(Hebrew)은 모세교(구약성경)를 만들었으며, 후에 기독교(신약성경)로 발전하였다. 셈계인 아랍인이 만들어낸 이슬람교(코란)는 이 종족 계열에서 나온 종교이다. 아리안 종족 계열인 인도인은 바라문교(베다)를 만들었으며, 후에 또 불교를 만들었다. 아리안계인 페르시아인들의 조로아스터교(Zoroastrianism), 즉 배화교拜火教는 이 종족 계열에서 나온 종교이다. 튀르크족 계열인 중국인은 공자의 종교와 노자의 종교를 만들었다.178)

막스 뮐러의 공헌은 셈어계와 아리안어계의 비교연구를 통해 이 두 어계가 기원적 공통성을 지니고 있다는 것을 지적한 것 외에 또 다른 뛰어난 점은 그가 중국어를 가장 오래된 튀르크어로 보았고 중국 종교를 앞의 양대 종교와 병립하는 하나의 종교적 중심지로 보았다는 것이다. 그는 다음과 같이 말하였다.

아리안계와 셈계를 제외하면 오직 한 국가만이 경전을 지닌 종교가 있다고 할 수 있는데, 그것은 바로 중국이다. 중국은 두 가지 종교를 만들었는데, 각각 성전聖典을 기초로 삼았다. 바로 공자의 종교와 노자의 종교이다. 전자의 성전은 '사서四書', '오경五經'이며, 후자의 성전은 『도덕경道德經』이다.[179]

이뿐만 아니라 막스 뮐러는 또한 고대 3대 종교신앙의 핵심 특징에 대한 정리를 시도했다. 셈족의 종교신앙에 관해 다음과 같이 주장하였다.

셈족은 언어 · 문학 · 문화에서 차이가 매우 크다. 심지어 각각 역사 발전 단계의 문화 상황 또한 서로 다르다. 그러므로 그들의 종교신앙을 총괄해내는 것은 거의 불가능하다. 그러나 만약 내가 대담하게 셈족의 종교신앙에 대해서 한마디 말로 단언한다면, 나는 과감하게 그들의 종교가 주로 '역사 속의 상제上帝'를 숭배하는 것이라고 말하겠다. 그들의 상제는 개인 · 종족과 민족의 운명에 영향을 끼쳤지만 자연력을 장악하지는 않았다.[180]

아리안족의 고대 종교신앙에 대해 그는 다음과 같이 말한다.

아리안족의 고대 종교신앙은 모험정신이 풍부했던 후손들에 의해 세계 각지로 전도되었다. 인도의 산골짜기나 독일의 삼림을 막론하고, 사람들은 신神이라는 이름을 따랐으며, 이것들은 본래 자연력의 다른 이름이었다. 이를 통해 아리안족의 고대 종교를 알 수 있다. 비록 일반적으로 이런 종류의 종교는 자연숭배가 아니라고 생각하지만, 만약 한마디로 그것을 단언할 수 있다면 나는 과감히 그것은 '자연의 신'에 대한 숭배라고 말하겠다. 이런 신은 인간의 심령을 (바로 마주 보는) 화면

같은 것으로 삼고 있는 것이 아니라, 아름답고 다채로운 대자연이라는 베일로 덮고 있다.[181]

그는 또 옛날 셈족의 여러 신들이 합병을 통하여 일신 숭배로 변천되었으나, 아리안 신전의 여러 신들은 곧 그것이 일종의 다신 숭배임을 보여주는 것이라고 설명했다.

자료와 연구의 한계로 인해 중국 고대 종교신앙에 대한 뮐러의 인식은 매우 모호하다. 그는 다만 고대 중국의 민간신앙은 독특한 신령을 믿었고, 가장 두드러진 자연력을 믿었음을 지적하였을 뿐이다. 이 신령들은 천신天神 · 태양신太陽神 · 달의 신(月神) · 별의 신(星辰神) · 지신地神 · 산신山神 · 강의 신(河神) 등을 포괄하며, 또한 귀신 신앙도 있었다.[182] 그는 "이런 신들은 대등하게 어깨를 나란히 하고 서로 간섭하지 않으며, 어떤 비교적 높은 원칙이 있어서 서로 연결하도록 만드는 것도 아니다"라고 생각했다. 이런 견해는 아마도 중국 고대 종교신앙을 이른바 '단일신교單一神教'의 신앙으로 이해한 것 같다. 그는 또한 "인간의 영혼과 자연신에 대한 이중 숭배가 중국 고대에 성행한 종교를 구성했다"[183]고 말했다. 그는 또한 이런 신령 신앙 속에서 천신天神은 가장 높은 신이며, 어떤 소신小神은 숭배를 받았고 어떤 소신은 사람들로 하여금 두려움의 대상이 되어 부정을 제거하는 의식儀式을 통해 쫓겨났다는 것을 밝혀냈다.[184]

막스 뮐러가 중국 고대 종교에 대해 논의한 견해는 춘추 이전의 고대 신앙 및 후대의 민간신앙과 어느 정도 합치된다. 그러나 그가 언급한 공자와 노자로 대표되는 중국 성전 종교와는 결코 부합되지 않는다.

『종교학 입문』(1870)이 출간되고 백 년 후, 또 다른 독일 신학자 한스 큉(Hans Küng) 또한 비교종교학의 영역에서 지혜와 통찰력을 보여주고 있다. 그는 막스 뮐러 이후 비교종교학 전통을 계승하여 세계종교 3대 수계水系(river system) 이론을 제출하였다. 그는 "근동近東에서는 유목부락의 원시종교에서 점점 발전하여 첫 번째로 큰 종교 수계를 형성하였다. 그것은 셈족에게서 기원하였고, 선지자의 예언을 특징으로 하고 있다"[185]라고 주장하였다. "다시 동쪽으로 향하면 셈족의 선지자형 종교와는 완전히 다르지만, 또한 마찬가지로 복잡하게 뒤얽힌 두 번째로 큰 종교 수계가 있다. 그것은 인도민족에게서 기원하였으며, 신비주의를 그 특징으로 하고 있다", "극동의 세 번째로 큰 종교 수계는 당연히 상술한 양대 종교와 분명히 구분된다. 이 종교 수계는 중국에서 기원하였다. 그 중심 형상은 선지자나 신비주의자가 아닌 성현이다. 이것은 철인哲人종교이다."[186]

'선지자 종교'(셈족 유대민족)·'신비주의 종교'(아리안 인도)와 '철인종교'(중국)라는 제기 방식은 아주 의미하는 바가 크다. 한스 큉의 3대 수계설과 막스 뮐러의 3대 종교설의 가장 큰 차이점은 한스 큉의 중국 종교에 대한 정의에 있다. 분명히 뮐러의 견해는 전前유교 혹은 전前기축시대의 종교 신앙과 민간신앙에는 적합하다. 그러나 한스 큉이 대면한 것은 습관적으로 '유교'라고 불리는 전통이지, 전前 유교의 원시신앙 혹은 유교 시기의 민간신앙이 아니다. 철인종교라는 표현은 필자에게 매우 큰 흥미를 불러일으키게 한 점은 분명히 인정한다. 다만, 이러한 표현은 전前기축시대 종교 관념에 대한 연구를 여전히 만족시킬 수 없으며, 또한 이 성철聖哲 종교가 중국 상고 문명 속에서 어떻게 만들어지고 발전되었는지를 설명하지는 못하고 있다.

한스 큉과 대담을 나누었던 진가의秦家懿(Julia Ching)가 이해한 것처럼, 고대에는 일찍부터 아주 오랜 시간 동안 점복占卜과 제사가 중심이었으므로 그녀는 특별히 원시문화의 무술종교(Shamanism)와 민간의 영험한 활동에 나타난 엘리어트(Elliott)에 의해 '신령종교(Shenism)'라 불린 민간종교에 관한 문제에 대해 중점적으로 언급하고 있다.[187] 이럴 경우 우리는 결코 이 문제를 피해갈 수는 없다. 즉 만약 상술한 견해를 모두 받아들인다면, 상고 중국 문명의 발전 속에서 단일신교가 어떻게 성철 종교로 변천된 것인지를 반드시 해석해야만 한다.

앞에서 말한 바와 같이, 막스 뮐러는 고대 셈족의 신앙은 일신교이며 고대 아리안족의 신앙은 다신교라고 생각했다. 이것은 그의 신령관의 발전에 관한 3단계의 이론과 관련이 있다. 『종교학 입문』보다 28년 늦게 출판된 『종교의 기원과 발전』(1878)에서 그는 세 가지의 신령관의 발전 형태가 있다고 주장하였다. 첫 번째는 단일신교單一神教이다. 수많은 독립된 신神을 믿고, 신들은 서로에게 종속되지 않는다. 신들은 각자 다른 영역에서 유래되었고, 서로 다른 속성을 갖고 있으며, 각자의 영역에서는 모두 지고무상至高無上하다. 두 번째는 다신교이다. 수많은 신령을 믿지만 단일신교와는 달리 모든 단일신이 유기적인 전체로 결합되어 하나의 지고무상한 신으로 나타난다. 다른 모든 신들은 지상신至上神에게 종속되며, 지상신 이외의 여러 신들은 평등하다. 세 번째는 유일신교唯一神教이다. 즉 다른 모든 신을 부정하며, 오직 하나의 지고무상하며 더욱 참되고 더욱 선한 신을 추구할 뿐이다.[188] 그는 또한 종교는 단일신교—다신교—유일신교의 순서에 따라 발전된 것이라고 보았다. 이러한 종교발전관이 보편적으로 성립될 수 있는지에 대해서는 분명히 의문이 든다. 예를 들면 어떤 학자는 유대민족은 처음부터 유일신교를 믿었다는 점을 지적하고 있다.

은허殷墟의 복사卜辭 연구는 은상殷商 시대 적어도 그 후기의 종교 신앙에서 제帝와 제정帝廷을 대표로 삼고 있는 것은 이미 단일신교가 아니라 다신교 신앙임을 표명하였다. 그리고 이런 다신교의 신앙은 본질적으로 아리안인의 천지의 신들에 대한 신앙인 '자연 속의 상제'에 가깝다. 즉 은나라 사람들이 믿었던 신神은 주로 그들의 자연력에 대한 의존을 반영하고 있다.

그러나 주나라 사람들의 종교 신앙은 분명히 어떤 변화가 있었다. 어떤 학자들은 주나라 사람들의 천天은 인격신이고 은나라 사람의 제帝는 아직 인격화되지 않았다고 보지만[189], 그러나 주나라 사람들이 믿는 가장 높은 대표자는 '천'이며, 심지어 '천명天命'인데, 천명의 의미에서 우주질서와 우주운명의 색채가 더욱 많이 드러난다. 문왕文王을 대표로 하는 조상신의 지위는 상승되었으나 '제정帝廷'의 관념은 점점 약해지는 것처럼 보인다.

게다가 「주서周書」 및 주나라 사람이 개정했던 「하서夏書」와 「상서商書」에 반복적으로 출현하는 주제는 더욱 '천天'을 역사와 민족 운명의 주재자로 이해하고 있다는 점이다. 이는 셈족의 신앙 특징인 '역사 속의 상제上帝'에 더욱 가깝다. 물론 은상 시대의 자연신 신앙은 여전히 많이 보전되었으며, 게다가 원시적 무술종교가 민간에 여전히 영향을 미치고 있었다는 사실은 믿을 만하다. 하지만 문화발전을 가장 잘 표현하고 있는 엘리트의 생각 속에서는 이미 명백한 변화가 생겼다.

주대周代에 천지대신天地大神에 대한 제사는 예제禮制의 등급 규정에 의해서 통치 집단이 독점하였다. 이것은 알게 모르게 민간에 합법적인 조상 제사의 성행을 이끌어내었다. 그리하여 조상제사가 가장 보편적인 종교적 행위가 되도록 하였다. 물론 일반 민중의 죽은 조상의 영靈은 신기神祇 계열 중에서 지위가 높지 않았다. 서주의 금문金文 속에는 귀족과 상층 통치자들은 조상들이 그들의 복을 보우保佑하는 데 힘을 발휘하는 주요한 신령神靈으로 생각하는 내용이 구체적으로 보인다. 이런 발전은 종법제도 아래에서 조상 제사의 사회기능화를 가져왔다. 다른 한편으로, '자연 속의 상제'로부터 '역사 속의 상제'로의 전환과 발전은 결코 유대교와 같은 세계종교처럼 유일신 신앙에 치중하는 형식을 채택하지 않았다. 그리고 이러한 전환시기에 그것은 '천명天命'의 관점을 빌려 자연법칙과 역사운명의 관념의식을 통하여 후대의 '성철聖哲 종교'를 향해 천천히 앞으로 나가고 있었다.

9. 문화발전과 문화정신

지금부터 각도를 바꾸어 종교학이 아니라 문화학의 관점에서 이것의 변천 과정을 살펴보도록 하자.

독일철학자 에른스트 카시러(Ernst Cassirer)는 항상 원시종교를 그의 소위 '신화적 사유'에 집어넣어 고찰했다. 그는 루시앙 레비 브륄(Lucien Lévy-Bruhl)이 신화사유를 '논리 이전 사유(Prelogical thought)' 혹은 원原 논리사유로 간주하고 원시인의 지력智力을 신비로운 속성과 참여의 법칙[190]으로 귀결되는 견해에 대해 반대했다. 그는 "원시인의 지력이 반드시 논리 이전의 사유 혹은 신비한 것이라고 생각하는 것은 우리 인류학과 인종학의 증거와 서로 모순되는 것처럼 보인다. 우리는 원시생활과 원시문화의 수많은 측면에서 우리 자신의 문화생활에 숙지된 각종 특징들이 나타나는 것을 볼 수 있으며, …설령 원시생활 속에서라도 우리는 언제나 신성한 영역 이외에 여전히 속세의 비종교적 영역이 있고, 각종 관습이나 법률로 규정한 규칙으로 구성된 일련의 세속전통이 존재하고 있으며, 그러한 것들이 사회생활의 행동 방식을 규정하고 있다는 것을 발견할 수 있다"[191]고 지적하였다. 카시러는 레비 브륄 등이 신화 경험이 가지고 있는 기본적 바탕을 무시했다고 보았다.

신화의 진정한 기본 바탕은 사유가 아닌 정감을 기본 바탕으로 삼고 있다는 것이다. 신화와 원시종교는 결코 완전히 조리條理가 없는 것이 아니다. 그것들의 조리는 정감의 통일성에 더욱 많이 의존하며

논리적 법칙에 의존하는 것이 아니다.[192)]

원시 사상의 기초로서의 정감의 통일성을 설명하기 위하여 카시러는 '생명일체화(Solidarity of life)'라는 관점을 제기하였다.[193)] 그가 보기에 원시인은 결코 다양한 경험적 사물을 구분하는 능력이 없는 것은 아니지만 원시인의 입장에서 보면 서로 구별된 여러 가지 사물은 하나의 생명체로 연결되고, 이러한 생명일체화의 연속 속에서 사물의 경험적인 구별은 더 이상 중요하지 않다. 이러한 일체화의 신앙은 다른 방식으로 표현하면 바로 '전체적 교감(Sympathy of the whole)'이다. 주술은 이러한 사유의 표현일 뿐만이 아니라, 영혼 윤회의 관념 또한 이러한 사유의 표현이다. 왜냐하면 생명의 일체성과 연속은 공간(동시성의 질서)에 적용될 뿐만 아니라, 또한 시간(연속성의 질서)에도 적용되기 때문이다. 동시성을 지닌 각종 사물과 과거 · 현재 그리고 미래의 존재들은 모두 고립되어 있지 않고 긴밀하게 연결되어 있다.[194)]

카시러는 호머의 글을 통하여 표현된 모든 올림푸스 신들을 인격신이라고 말하고, 이들 이전의 신에 관한 신앙을 직능신職能神이라고 불렀다. 그는 다음과 같이 말하였다.

일찍이 인격화된 모든 신이 출현하기 이전에, 우리는 이미 줄곧 직능적인 성격으로 불리는 여러 신들을 보았다. 그들은 그리스 종교 가운데 인격화된 신들, 즉 호머의 올림푸스 산 위의 신들이 아니다. 다른 한 편으로, 그들은 더 이상 원시 신화 개념의 모호성을 가지고 있지 않다. 그들은 구체적 존재물이지만 이러한 구체성은 그것들의 행위상에서 표현되는 것이지, 그들의 인격화된 외표外表 혹은 존재상에서 표현되는 것이 아니다. 이 때문에 그들은 제우스 · 헤라 · 아폴로 등과 같은 고유한 이름이 없고, 단지 그들의 특수한 기능이나 활동을 드러내는 수 있는 형용사로 불릴 뿐이다.[195]

카시러는 이러한 직능신職能神의 단계를 신화와 주술적 교감에서 종교사상으로 진일보한 발전의 첫 번째 단계라고 보았던 것 같다. 직능신의 신앙 속에서 개성과 개체성은 아직은 진정한 발전을 이루지는 못했지만 원시적 모호성을 점차 벗어나기 시작한다. 카시러의 '직능신'은 뮐러의 '단일신單一神'과 서로 대응되는 것 같다.[196]

여기에서부터 카시러는 펜의 방향을 바꾸어 로마 정신과 그리스 정신을 대비한다. 그는 로마종교가 직능적 신들의 진정한 품성을 이해하는 데 도움을 줄 수 있다고 보았다. 그곳에서 어떤 부류의 신들은 씨앗을 뿌리고 어떤 부류의 신들은 써레질하고 비료를 뿌리는 것을 감시한다. 농민의 모든 활동은 다양한 기능을 가진 신들이 인도하며 보호한다. 이어서 그는 다음과 같이 말하였다.

이러한 종교 체계 속에서 우리는 로마 정신이 가지고 있는 전형적 특징들을 볼 수 있다. 이것은 거대한 응집력과 절제력을 지니고 있고 실용적이며 생기가 넘치는 정신이다. 한 사람의 로마인에게 있어서 생명은 적극적인 생활을 의미한다. 게다가 그는 특별한 재능을 가지고 이러한 적극적인 생활을 조직하고, 그것의 모든 성과를 관리하고 조정할 수 있다. 이런 경향에 대한 종교적 표현은 로마의 직능적 신들 속에서 찾아낼 수 있으며, 이 신들은 반드시 확정된 실제 임무를 완성해야 한다.[197]

이런 견해는 중국인과 매우 비슷하다. 실제로 여러 방면에서 주대周代의 중국과 고대 로마는 확실히 많은 유사점을 지니고 있다. 하지만 카시러는 다음과 같이 말하였다.

그리스 종교 가운데 처음부터 점占이 압도적으로 우세했던 것은 아마도 완전히 다른 사상과 정감의 경향 때문으로 보인다. …호머 서사시의 영향 아래에서 이런 그리스 종교의 모든 고대의 특징(조상 숭배를 가리킨다. 인용자 주注)들은 소실되기 시작했으며, 그것들은 신화와 종교사상의 새로운 경향에 의해 가려졌다. 그리스 예술은 하나의 새로운 신의 개념에 길을 닦아 놓았다. 헤로도토스(Herodotos)가 말한 바와 같이, 호머와 헤시오도스(Hesiod)는 "그리스의 모든 신들에게 이름을 붙이고 또한 그들의 모습을 묘사해내었다." 그리스 시가詩歌에서 시작된 이 작업은 그리스 조각에서 완성되었다.198)

이런 그리스 종교의 단계에서 생명일체화의 감정은 새로운 자연적 친족관계에 자리를 내주었고, 더 이상 혈연관계를 가지고 인간을 동물 혹은 식물과 연결시키지 않았으며, 인간은 그의 인격화된 모든 신들 속에서 새로운 안목으로 그 자신의 인격을 보기 시작했다고 그는 생각했다.199) 이러한 진전 속에서 인류 지혜의 새로운 능동적 각성을 볼 수 있는데, 이것은 그리스인의 자아실현이라는 점에서 하나의 중요한 걸음이다. 이는 머레이(G. Murry)가 말한 것과 같다.

그 시기에 세계는 완전히 외부의 지배가 없다거나 단순히 온갖 잡귀신 가운데 나타나는 초자연적 힘의 위세에 복종하는 것으로 상상되는 것이 아니라, 하나의 어떤 조직적 단체에 의해 통제를 받는 것으로 간주되었다. 이 단체는 인격과 이성을 가지고 있는 통치자와 현명하고 관대한 연장자에 의해 구성되어 있다. 그것은 정신과 형태상에서 모두 사람과 마찬가지지만, 단지 비교할 수 없을 만큼 클 따름이다.[200]

카시러는 이렇게 단언하였다. "행동적이고 실용적인 로마 정신이 받아들이기를 거부한 것은 바로 깊이 사고하는 예술적 그리스 정신이 완성한 것들이다", "호머가 말하는 신 개념이 대표하는 것은 도덕적인 이상이 아니라 매우 전형적인 정신적인 이상이다", 호머의 말은 "일반인과 여러 신들은 모두 도덕적 이상의 화신이 아니라 특수한 정신 능력과 경향을 구현한 것이다."[201]

카시러는 그의 '신화와 종교'에 관한 논술 속에서 각각의 다른 시기와 다른 지역의 문명발전의 단계상의 차이에 대해 얼마나 주의를 기울였는가에 대해서는 의문이 든다. 하지만 이 문제에 대해서는 잠시 논하지 않겠다. 카시러가 언급한 로마의 실용 정신과 그리스의 정신 이상은 전前기축시대의 로마와 그리스 종교정신의 차이를 드러내었을 뿐 아니라, 또한 두 문화정신(Ethos)의 다른 점에 대해 말하고 있다.

니체(Nietzsche)의 『비극의 탄생』은 더 이른 시기에 직접적으로 태양신 아폴로(Apollo)와 술의 신 디오니소스(Dionysus)의 이원적 긴장에 대해 분명하게 드러내었다. 태양신은 아름다운 외관을 추구하는 충동인 동시에 그의 형상 속에는 필수불가결하게 '적응과 억제'와 '평정과 안녕'을 포함하고 있다.[202] 술의 신의 본질은 충만한 환희와 격정적인 고양으로 표현된다. 태양신의 장엄한 자태는 거세게 출렁이는 술의 신의 충동에 저항하고 있다. 비록 니체는 이 둘이 제우스신의 힘을 빌려 저항을 화해和解로 바꾸었다고 생각하였지만 이러한 이원성의 대립은 이성과 감성의 끊임없는 긴장과 몸

시 닮았다.[203]

니체 본인이 태양신과 술의 신에 대해 어떻게 이해하고 있는가 하는 문제에 상관없이 문화인류학에서는 서로 다른 종족 무리(群)의 문화기질을 다루면서 일말의 망설임도 없이 이 범주를 확장시키고 있다. 루스 베네딕트(Ruth Benedict)라는 아주 걸출한 인류학자는 뉴멕시코의 푸에블로(Pueblo) 인디언을 묘사할 때 다음과 같이 말한다.

> 푸에블로 사람들은 예의를 중요시하는 부족이다. 하지만 이것은 여전히 그들을 북미 및 멕시코의 다른 부족과 구별시키는 기본적 특성은 아니다. …푸에블로와 북미 기타 문화 사이의 기본적인 차이는 사실 니체가 그의 고대 그리스 비극 연구에서 언급한 그런 종류의 차이이다.[204]

니체의 '태양신과 술의 신'의 이원적 대립에 대한 그녀의 이해는 다음과 같다. "술의 신은 '생존의 일반적인 한계의 소멸'을 통해서 이러한 가치를 추구하는 것이다. 니체는 가장 가치가 있는 순간에 오관五官이 자신에게 부여한 한계를 벗어던져 또 다른 경험 질서에 돌입할 수 있기를 탐구한다." 그러나 태양신 아폴로는 이에 대해 조금도 신뢰하지 않으며, "그는 단지 일종의 법칙, 즉 그리스인이 말하는 '법도(度)'밖에 알지 못한다. 그는 언제나 중용의 도를 지키는데, 치우치지 않고 규율에 따르며, 제정된 규범을 지켜나가고, 충동적인 악한 마음에 흔들리지 않는다."[205] 그녀는 다음과 같이 말하였다. "서남부의 푸에블로 사람들이 바로 아폴로식의 사람들이다. …규율에 따르는 것, 중용의 도道 등은 어떤 아폴로식의 인물에 대해서 말하든지 모두 다 당연히 갖추고 있는 특징이며, 또한 모두 주니인(Zuni: 북미 푸에블로 인디언의 한 갈래)의 일반적 전통 속에 포함되어 있다."[206] 그리고 다른 북미의 인디언들은 "모두 열정적이고 호탕한 술의 신 디오니소스식의 인물들이다. 그들은 모든 극단적 체험을 숭상하며, 인류가 일상적인 감성의 규칙을 돌파할 수 있는 모든 수단을 숭상한다."[207]

베네딕트는 당연히 니체가 언급한 태양신과 술의 신의 대립이 결코 푸에블로 인디언과 주변 부락 사이의 차이와 완전하게 상응하는 것이 아님을 알고 있었다. 그녀 자신은 단지 그리스 문화의 몇 가지 용어를 차용하여 서남부 인디언들의 문화 형태를 묘사하고[208], 이를 통해 푸에블로 문화와 기타 아메리카 인디언 문화 사이의 서로 다른 특징을 드러내었을 뿐이라고 설명하고 있다.

니체와 베네딕트의 '태양신과 술의 신'에 대한 분석을 인용한 것은 당연히 은주殷周 문화 변천의 특징을 설명하는 데 도움을 주기 위해서이다. 마가렛 미드(Margaret Mead)가 강조한 것과 같이, 베네딕트는 결코 인류의 각종 문화를 모두 유형화하여 아폴로형과 디오니소스형에 주입하는 것을 바라지 않았다.[209] 베네딕트의 문화인류학 입장에서 말하면, 그녀가 언급한 문화 유형(Pattens)은 양식(Type)이라는 한 마디로 대체할 수 없다. 왜냐하면 그녀에게 있어서 유형은 아주 강한 경험적 특색과 상대성을 가지고 있기 때문이다. 동시에 그녀는 모든 문화의 성격은 바로 그 문화의 주선율主旋律이며 하나의 문화로 하여금 일정한 유형을 갖추도록 하는 것 역시 이 주선율이라고 생각했다. 또한 이것이 바로 한 민족의 문화정신(Ethos)이라고 주장했다.[210] 그녀는 1928년에 발표한 논문 「서남부 각종 문화의 심리학 형태」에서 에토스(Ethos)라는 이 용어를 채용하기 시작했으며, 이를 통해 문화의 민족정신과 주도적 방향을 표현하였다.

그러나 필자는 확실히 태양신과 술의 신의 이원성이 상주商周 문화의 차이를 파악하는 데 상당히 큰 영감과 방편을 제공한다고 생각한다. 태양신 아폴로 형型의 위엄 · 온화함 · 감정절제, 적절함 · 전형적인 형식주의 · 로마종교의 절제 · 실용성은 분명 주나라 사람들의 문화정신과 가깝다. 그리고 은나라 사람의 종교숭배 · 술그릇으로 가득 찬 제사 활동은 술의 신 디오니소스의 정신에 더 가깝다.[211] 은나라 사람은 더 많은 종교적 열정을 가지고 있었으며, 주나라 사람은 더 많은 역사적 이성을 갖추고 있었다. 이택후李澤厚 또한 "설령 '예악禮樂' 전통이 태양신형太陽神型이라 하지 않더라도 적어도 그것은 주신형酒神型은 아니다. 그것은 일종의 비주신형非酒神型의 원시문화이다"라고 생각했다.[212] 다만, 중국고대의 진정한 예악문화는 분명히 서주에서부터 시작되었으며, 그리고 이 시기는 이미 원시문화에서부터 아주 긴 성장을 거쳐 왔다.

이러한 의미에서 봤을 때, 이 책이 규정한 용법에 의하면 태양신 정신은 곧 이성적 정신을 대표한다. 이러한 이성은 반드시 순수한 주지주의主知主義에 의해 이해된 이성화 혹은 형식 합리적 의미의 이성화로 표현되는 것은 아니다. 그것은 한편으로는 인본정신의 굴기屈起로 표현되고, 다른 한편으로는 원시적 주술문화에 대한 윤리의식의 지양止揚으로 표현된다. 그리고 술의 신 정신은 곧 주술종교에서 기원한 비이성적인 미신과 숭배를 가리킨다. 주대周代의 문화는 춘추전국시기에 이르기까지 모두 하나의 분명한 실마리, 즉 인본이성人本理性과 주술문화의 투쟁을 볼 수 있을 것이다. 주 문화의 역사는 바로 예악문화 속에서 끊임없이 주술문화를 포기하거나 더 나아가 압제하는 역사이며, 대전통大傳統 속에서 끊임없이 주술문화의 원시성을 제거하고 그 신성성神聖性을 지키는 역사이다.

'술의 신'과 같은 이미지는 분명히 그리스에서 기원하고 있다. 그러므로 양저문화良渚文化와 대문구문화大汶口文化, 더 나아가 초楚나라 문화까지 이르는 신무정신神巫精神을 어떻게 구체적으로 드러낼 수 있는가 하는 문제는 아마도 중국 고유문화에 뿌리를 두고 있는 이미지를 찾아서 표현해내어야만 할 것이다. 이 밖에, 『예기』「표기表記」의 삼대문화론은 바로 고대의 성인과 현자의 삼대 '문화유형'에 대한 가장 좋은 표현이다. 뒷장에서 다시 그것에 대해 토론하도록 하겠다. 또 하나 지적해야 할 것은, 진정한 의미에서의 '정신기질(Ethos)'은 반드시 가치와 도덕으로부터 말해야 한다는 것이다. 단지 종교적 입장에서 태양신과 술의 신의 정신을 말한다면, 클리포드 기어츠(Clifford Geertz)와 같은 최근 문화학자들이 이해한 'ethos'에 대해서는 설명하기 어려울 것이다. 213)

10. 자연종교에서 윤리종교로

은주 사이의 종교변혁은 다른 중요한 각도에서 다시 더 이해할 필요가 있는데, 그것은 바로 '윤리종교'라는 측면이다.

인류사회의 종교가 작은 촌락과 부락의 원시종교를 벗어나 큰 사회와 집단에 적합한 진정한 종교로 발전하는 것은 분명히 종교 사유와 윤리원칙이 결합하고 있음을 표명하는 것이다. 윤리적 원칙은 종교가 성립될 수 있는 이유 혹은 종교의 발전 수준을 측정하는 자연적 척도이다. 네덜란드 학자 티에리(Thierry)는 일찍이 종교 진화에 관련된 분류 체계를 말하여 종교의 진화는 기본적으로 자연종교에서 윤리종교로 발전되는 과정이라는 관점을 말하고 있다.[214] 이 관점은 상당히 중요한 보편적 의미를 가지고 있다.

그리스 문화사에서 소크라테스 이전 시대에는 모든 옛날의 신들 즉, 호머와 헤시오도스의 신들이 심한 비평을 받기 시작하여 소멸의 길을 걷게 되면서 새로운 종교적 이상이 생겨난다. 아이스킬로스(Aeschylos), 에우리피데스(Euripides), 제노파네스(Xenophanes), 헤라클레이토스(Heraclitus), 아낙사고라스(Anaxagoras) 등은 새로운 지혜와 도덕 표준을 만들어낸다. 이런 표준을 통한 평가에 의해서 호머의 신들은 그들의 권위를 상실하였다. 에우리피데스는 "호머와 헤시오도스는 절도·간통·사기와 같은 인간 세계의 모든 수치와 불명예스러운 행위를 전부 신神에게 주었다"[215]고 하였다. 호머가 말하는 천지의 신神 자체에는 어떤 도덕적 이상도 없었다.

그러나 카시러는 다음과 같이 말하였다.

그런 거대한 일신종교一神宗教들 가운데 우리가 만난 것은 형태가 완전히 다른 신이다. 이 종교들은 도덕적 역량의 산물이며, 그것들은 선과 악의 문제 하나에 혼신의 힘을 다해 주의를 기울였다. 조로아스터교에는 하나의 최고 존재자인 '지혜의 신' 아후라 마즈다(Ahura Mazdah)만이 있을 뿐이다. 그의 외부에서, 그를 떠나서, 그가 없다면 어떠한 사물도 존재하지 않는다. 그는 지고무상하며 가장 완벽한 존재이며, 절대적 통치자이다. 여기에서는 개성을 가지고 있는 어떠한 것들을 볼 수가 없으며, 각종 자연적 역량 혹은 정신적 품성을 대표하는 어떤 신들을 볼 수 없다. 원시 신화는 새로운 역량, 순수한 윤리적 역량의 공격을 받아 패배하고 말았다. 최초의 신과 초자연 현상의 개념 속에서 인간은 이와 같은 역량을 전혀 모르고 있었던 것이다.[216]

처음부터 조로아스터교는 이러한 신화적 중립성과는 근본적으로 대립되었다. 혹은 그리스 다신교의 특징을 나타내는 심미적 중립성과는 근본적으로 대립된다고 말할 수 있다. 이런 종교는 신화적 상상이나 심미적 상상의 산물이 아니라 위대한 개인적 도덕 의지의 표현이며, 심지어는 자연조차도 새로운 면모를 드러내었는데, 왜나하면 사람들은 오로지 윤리 생활이라는 거울로부터 그것을 관찰했기 때문이다.[217]

조로아스터교에서 우리는 또한 동일한 개념을 볼 수 있지만, 여기에서 그것은 하나의 완전히 새로운 방향을 지향하고 있다. 윤리적 의미는 주술적 의의를 대체하여 (그 작용을) 인계받고 있으며, 인간의 모든 삶은 정의를 위해서 끊임없는 투쟁을 하는 것으로 되어버렸다. '선한 사상', '선한 말', '선한 행위'의 삼위일체는 이러한 투쟁 속에서 가장 중요한 작용을 일으키고, 사람들은 더는 주술의 힘에 의지하지 않고 정의의 힘에 의지하여서 신을 추구하거나 접근하게 되었다.[218]

카시러는 조로아스터교만이 이러할 뿐 아니라 유태교 또한 비슷하다고 보았다. 유태교 속에는 최초의 기본적인 신화 사유의 특징이 완전하게 전부 소멸된 것은 아니라고 그는 보았다. 즉 이스라엘의 선지자의 공적은 신화 사유를 제거한 것이 아니다. 그들이 제공한 진정으로 새로운 것은 선지자의 예언에 담긴 종교성이 아니라, "그것의 내재적 경향과 윤리적 의의이다." "어느 정도 성숙한 고등 종교들이 반드시 완성해야 하는 가장 큰 기적 가운데 하나는 바로 가장 원시적 개념과 가장 저속한 미신의 투박한 소재 속에서 그 종교의 새로운 품성을 추출하고, 삶에 대한 윤리적 해석과 종교적 해석을 마련하는 것이다."219)

이러한 입장에서 볼 때 인류의 종교와 윤리 문화의 발전은 바로 각종 방식의 윤리의식의 분투를 통하여 금기禁忌 체계에 나타난 주술의 소극적 억압과 강제를 벗어나 자유의 이상을 향해 걸어가는 역정이다. 비록 길고 험난한 노력이 필요함에도 불구하고 성숙한 종교는 반드시 원시적인 금기주의禁忌主義 체계를 극복해야 한다. 카시러는 금기주의 체계가 중시한 것은 '행위'이지 행위의 '동기'가 아니라고 정확하게 지적하였다. "금기체계는 인간에게 무수한 책임과 의무를 강제로 부여한다. 그러나 이러한 책임들은 모두 하나의 공통적인 특징이 있는데, 그것은 완전히 소극적이며, 어떠한 적극적 이상도 포함하고 있지 않다는 것이다. 어떤 일들은 반드시 피해야 하고, 어떤 행위는 반드시 피해야 한다. 우리가 여기에서 발견한 것은 각종 금령禁令들이지 도덕과 종교의 요구는 아니다. 왜냐하면 금기체계를 지배하고 있는 것은 바로 공포이기 때문이다. 그리고 공포가 유일하게 알고 있는 것은 단지 어떻게 금지할 것인가 일 뿐, 인도하는 것이 아니다. 그것은 위험을 방지해야 한다고 경고하지만 사람의 신상에 도덕적 역량과 같은 새로운 적극적인 것을 불러일으킬 수는 없다."[220]

'예禮'의 구속만이 있다면 결코 적극적 자유와 이상을 낳을 수는 없다. 오직 문화적 주의력을 행위의 '동기'로 전향하고 '덕성德性'을 발전시켰을 때, 문화는 더욱 발전된 적극적인 동력을 획득하게 되며, 신비한 방술方術이 아닌 윤리적 의미를 통하여 신에게 접근할 수 있게 되는 것이다. 카시러는 이어서 주장한다. 인류의 위대한 지도자들은 금기 체계를 완전히 없앨 수 있는 것이 아님을 알았다. 그러나 금기 체계의 외부에서 그들은 새로운 충동을 발견하였으며, 이러한 충동 자체에서 하나의 긍정적 역량을 발견하였다. 이것은 소극적 금지가 아니라 격려와 추구의 역량이다. 이로부터 인간들은 비로소 피동적 복종으로부터 적극적 추구로 전향할 수 있었다. 그는 이렇게 말한다.

> 이스라엘 선지자들의 종교 · 조로아스터교 · 기독교와 같이 비교적 성숙한 윤리 종교들은 모두 자신들에게 하나의 공통된 임무를 제기하였으며, 그들은 금기체계에서 감당할 수 없는 무거운 부담을 해제하였다. 그러나 다른 한 편으로, 그들은 종교적 의무가 가지고 있는 더욱 깊은 함의를 발견하였다. 이러한 의무들은 결속이나 강제로서가 아니라 새로운 적극적 자유 이상의 표현이다.[221]

은상殷商의 신과 귀신神鬼에 대한 공포와 숭배, 주나라 사람의 천에 대한 존숭과 경외 사이에는 아주 큰 도덕적 차이가 있다. 전자는 여전히 자연종교의 모습인 데 비해 후자는 사회 진보와 도덕

질서의 원칙을 포함하고 있다. 반드시 지적해야 할 것은 주나라 문화의 이런 특질과 발전이 비록 '윤리종교'의 단계에 해당하더라도 주대의 예악문화는 결코 유일신 종교의 길로 나아가지 않았다는 것이다. 그것의 독특한 예악문화와 덕성 추구는 성철聖哲 종교로 통하는 동아시아의 길 즉 덕례문화德禮文化를 열고 있었다.

상나라 사람은 이미 인격신의 관념을 가지고 있었다. 예를 들면, 조상신과 같은 관념은 접촉이나 유비類比의 관념보다 훨씬 더 복잡하다. 그러므로 상대商代 문화는 이미 무巫 문화 혹은 샤먼 문화가 아니라 샤먼 색채를 가지고 있는 자연종교이다. 하지만 상대 문화가 비록 하나의 종교 형태일지라도 아직은 어떠한 도덕 이상이 출현한 것은 아니며, 윤리적 가치와 이성적 지혜를 발견할 수 없다. 한마디로 말해 '가치이성'을 찾아볼 수 없다. 그러나 진정한 종교는 결코 소극적 금기에 멈출 수 없으며, 적극적 가치와 이상을 지니고 있다. 중국에서 '진정한 종교'가 출현하거나 성숙하기 시작할 때, 그것은 이미 '진정'한 '종교'가 아니었다. 우리는 다음 두 장에서 다시 이 문제를 토론할 것이다.

최근 인류학자와 역사학자들은 비교적 높은 단계의 문화체계(소규모의 원시문화 군락이 아닌)를 다룰 때 전체 문화를 두 부분으로 나누는 경향이 있다. 50년대에는 레드필드(Robert Redfield)의 '대전통'과 '소전통' 설이 한동안 유행하였다. 그리고 70년대 이후 서양학계에서는 대체로 '엘리트 문화'와 '통속 문화'로 레드필드의 설을 대신했다. 대전통 혹은 엘리트 문화는 사회 상층의 지식계층의 문화를 가리키며, 소전통 혹은 통속 문화는 정식 교육을 받지 않은 일반 민중의 문화를 가리킨다. 중국문화를 연구하는 역사학자와 인

류학자들은 이런 이분법이 중국 문화 연구에도 유익한 개념 틀을 제공할 수 있다고 보았다.222)

이 책의 기본 입장은 정신문화에 착안하고 있으며, 그중에서도 윤리와 종교 관념의 변천을 중심으로 삼고 있다. 이 때문에 여기에서는 중국문화의 대전통의 발생 과정에 중점을 두고 연구하려고 한다. 두 가지 전통 혹은 두 가지 문화의 구분이 이 책이 연구할 대상과 소재를 선택하게 만들었다. 종교 사상사 연구라는 입장에서 보면, 초기의 주술적 문화 단계는 대전통과 소전통이 아직 분화되지 않은 단계이며, 이와 상응하는 것은 생활 집단이 협소하고 집단 정치 기능이 아직 분화되지 않은 사회발전단계이다. 비록 이 시기에도 제사를 행하는 현상이 존재하고 있었지만 여전히 주술이 주도적인 지위를 점거하고 있었다. 사회 문화가 한 걸음 더 발전함에 따라 문화의 주도적 형태는 제사 문화로 바뀌었다. 제사 행위는 일찍이 대전통과 소전통이 분화되지 않았을 때에도 이미 존재했지만, 사회 문화의 발전이 사제 계층을 점차 분리시키고, 정치 군주제의 형성에 호응하여 제사의 예악禮樂과 다신교라는 것으로 발전하였다. 또한 은주殷周 사이에 제사문화가 예악문화로 발전하였기 때문에 이로부터 중국문화의 수많은 기본 요소들이 확실히 형성되었다. 모든 성숙한 문명은 모두 다신 신앙이 윤리종교로 변천하는 과정 속에서 후대에도 보존되는 기본 요소와 특색을 형성하는 것으로 볼 수 있다.

중국문화의 이러한 발전 속에서, 주술은 제1차 분화(제사문화가 주술문화의 주도적 지위를 대체함)에서도 여전히 민속문화 속에 보존되어 소전통을 이루어, 이후 수천 년의 시간 속에서 각종 방기方技와 술수術數를 통하여 소전통의 체계로 형성되었다. 제사는 제2차 분화(예악문화가 제사문화의 주도적 지위를 대체함)에서 국가 종교 활동의 형식과 가장 보편적인 조상 제사로 변천되었지만 더 이상 대전통의 엘리트문화를 대표할 수는 없었다. 예악문화에서 제자백가 사상에 이르기까지 지식인들의 정신활동은 문자로 나타난 권력을 빌려 후대에 강력한 규제 작용을 가진 대전통을 형성하게 된다.

마르크스는 또 다른 방향에서 일찍부터 대전통의 중요성을 제시하였다. 그는 의식형태의 생산자는 주로 통치계급이라고 보았다. "통치계급의 사상은 모든 시대마다 통치지위를 점유하는 사상이다. 이것은 바로 하나의 계급이 사회에서 통치지위를 점유하는 물질 역량이며, 동시에 사회에서 통치지위를 점유하고 있는 정신 역량임을 말한다. 물질 생산 수단을 지배하고 있는 계급은 동시에 정신 생산의 수단도 지배하고 있다. 이 때문에, 그런 생산 수단을 가지고 있지 않은 사람들의 사상은 일반적으로 통치계급의 지배를 받게 되는 것이다."223)

다만 우리는 통치지위를 점유하고 있는 문화에 대해 더 많이 분석해야 하고, 지식인층의 초월적인 정신활동과 정치 통치집단의 문화 활동을 구별해 보아야 한다. 문화발전사의 각 단계에서 진정으로 대표적 의미를 지니고 있는 것은 지식인층의 사유 활동이며, 그리고 정치 통치집단의 문화 활동은 종종 시대의 문화발전을 대표할 수가 없다. 이것은 한대漢代 조정朝廷의 신령제사와 무고巫蠱(원수나 적 등을 해하기 위한 목적으로 행해졌던 고대 주술 신앙) 활동을 통해 부분적으로 살펴볼 수 있다.

이 책의 최종적인 주안점은 춘추말기 공자 사상과 유학儒學의 탄생에 있지만, 춘추시기의 제자백가 사상이 대표하고 있는 것은 바로 이 시기의 대전통이다.[224] 이런 대전통의 기원이 바로 여기에서 중점적으로 다루는 주제이다. 이 때문에 이 책에서 이해하기를 희망하는 것은 중국 원시 문화가 어떻게 신석기 시대 후기와 문명의 문턱에 진입하는 시기에 두 개의 전통으로 분화되었는가의 문제와 또 어떻게 최종적으로 종교와 윤리 체계가 주요 형태로 삼은 정신문화의 대전통을 만들어냈는가라는 문제이다.

이런 과정에 초점을 두고 출발하면, 이 한 시기 중에 이런 과정 속에서 소전통으로 점차 낙후되거나 보류되어 더는 대전통을 대표할 수 없지만, 이것이 역사적으로 초기 문화발전 속에서도 항상 이러했다고 말하는 것은 아니다. 그것은 초기 문화발전 속에서 아마도 일찍부터 주도적 지위를 점거했을 것이며, 이 시기 문화의 고급 형태를 충분히 대표할 수 있다. 예를 들어, 주술은 신석기 후기 문명의 주요 형태이며, 또한 제사는 은상 문명 속에서 의심의 여지 없이 상당히 높은 발전수준을 대표한다. 이러한 문화 현상들에 대해서는 반드시 그것이 주도 형태로서 작용하던 시대에서 연구를 해야 한다. 그러므로 하나라 이전에는 주술문화를 가장 중시하고, 은상시대에는 제사문화를 최고로 중시한다. 그러나 서주의 천명사상과 덕성 관념이 생겨난 이후에는 점복占卜과 주술은 문화체계의 수준을 대표할 수 없을 뿐만 아니라, 신령의 제사 또한 이미 문화, 특히 신앙과 사상의 최고 발전 수준을 대표할 수 없었다.

진한秦漢 이후에 주술과 점복 그리고 제사는 사회 문화 속에 여전히 존재하였지만, 서로 다른 각도에서 그 기능을 발휘하였는데, 어떤 측면의 연구에서는 여전히 매우 중요하다. 그러나 좁은 의미의 문화사, 주로 사상사에서 더욱 중시하는 것은 이 시기 문화발전 수준을 대표할 수 있는 관념과 의식 형태이다. 이것은 또한 이 책의 후반부에서 왜 무격巫覡·점복·신령 제사에 대해 더 이상 주의를 기울이지 않는가에 대한 기본적 이유이다.

마지막으로 몇 가지 문제를 제기하여 물음으로 남겨두고자 한다. 첫째, 원인과 결과를 막론하고, 군주의 천天에 대한 제사의 독점은 천이 국가 혹은 집단의 신이며 개인과는 무관한 것임을 나타내는 것으로 볼 수 있는가? 둘째, 종교문화의 이성화는 일직선으로 진보하는 것이 아니다. 수많은 문명 속에서 이러한 현상이 출현하는데, 즉 이성화된 종교 단계 이후, 또 어떠한 요소가 주술의 상층 점유를 초래하는가? 예를 들면 고대 이집트는 중왕조中王祖 시대(기원전 2040~1786년, 제11~제12왕조) 이후에 종교적 윤리 의미가 소멸되고, 미신과 주술이 우세를 점하였다.[225] 또 다른 예를 들면 바빌론 시기에 수메르 시대보다 주술과 점복을 중시하여 더욱 성행하였다.[226] 고대 페르시아의 조로아스터교가 흥성한 이후에 원시미신과 주술적 요소가 크게 발전한 적이 있다.[227] 중국 상고 역사에서 앙소시대仰韶時代로부터 용산시대龍山時代까지 이러한 변화가 있었는지에 대해서는 여전히 진일보한 연구가 필요하다.

미주

1) James George Frazer, (徐育新 등 譯), 『金枝』, 中國民間文藝出版社, 1987年, p.75
2) James George Frazer, (徐育新 등 譯), 『金枝』, p.79
3) James George Frazer, (徐育新 등 譯), 『金枝』, p.79
4) James George Frazer, (徐育新 등 譯), 『金枝』, p.79
5) James George Frazer, (徐育新 등 譯), 『金枝』, p.81
6) James George Frazer, (徐育新 등 譯), 『金枝』, p.81
7) James George Frazer, (徐育新 등 譯), 『金枝』, p.84
8) 역자 주 : 이 단락은 생략 표시 없이 빠져 있어서 프레이저의 원문에 따라 추가하였음.
9) James George Frazer, (徐育新 등 譯), 『金枝』, p.84. Paco Cabezas 또한 "오스트레일리아 사람에게는 기도는 없으나 주술이 있으며, 희생犧牲 · 공양 · 위로의 의식은 없으나 주술 의식은 있다"고 말하였다.(呂大吉 主編, 『宗教學通論』, 中國社會科學出版社, p.385 인용)
10) 郭末若, 『甲骨文字研究』「釋干支」
11) 楊向奎, 『宗周社會與禮樂文明』, 人民出版社, 1992年, p.162
12) 역자 주 : 초楚나라를 저주하는 글. 송대에 발견된 석각문石刻文으로 서체의 일종인 주문籒文으로 작성되어 있다.
13) 『설문해자』 : 神, 天神, 引出萬物者也. 從示申.
14) "神, 陽魂爲神, 陰魄爲鬼. 氣之伸者爲神, 氣之屈者爲鬼."
15) 『周禮』「춘관 · 대종백大宗伯」 : 掌建邦之天神人鬼地祇之禮.
16) "祝, 祭主贊詞者, 從示, 從儿口. 一曰從兌省 易曰兌爲口爲巫."
17) "兌爲澤, 爲少女, 爲巫, 爲口舌."
18) 段玉裁, 『說文解字注』, 上海古籍出版社, 1981年, p.6

19) 『詩經』「小雅·楚茨」: 工祝致告, 徂賚孝孫.

20) 『楚辭』「招魂」: 工祝招君, 背行先些.

21) 朱熹, 『楚辭集注·招魂第九』 文津出版社, 1987年, p.137 참고.

22) "祭, 祭祀也. 從示, 以手持肉."

23) "祟, 神禍也, 從示, 從出."

24) 『說怨』「君道」: 楚昭王有疾, 卜之, 曰: 河爲祟.

25) 呂大吉, 『宗教學通論』, 中國社會科學出版社, 1989年, p.49 참고.

26) 呂大吉, 『宗教學通論』, p.76 참고.

27) 費爾巴哈(Ludwig Feuerbach), 『費爾巴哈哲學著作選集』下, 三聯書店, 1962, p.679

28) 呂大吉, 『宗教學通論』, 中國社會科學出版社, 1989年, p.123 참고

29) 呂大吉, 『宗教學通論』, p.123 참고

30) 『左傳』「昭公元年」: 山川之神, 則水旱癘疫之災於是乎禜之. 日月星辰之神, 則雪霜風雨之不時, 於是乎禜之.

31) 『禮記』「祭法」: 山林川谷丘陵, 能出雲, 爲風雨, 見怪物, 皆曰神. 有天下者祭百神.

32) '유類'는 제사의 명칭인데, 『설문』에서는 "유類를 사용해서 하늘에 제사를 지낸다(以事類祭天也)"라고 풀이하고 있다. 즉 깨끗이 해서 제사지낸다(潔祀)라는 것이다. '망望'은 산천에 올리는 제사의 이름이다. '육종六宗'은 일설에는 해(日), 달(月), 별(星), 하천(河), 바다(海), 태산泰山(岱)을 가리키는 것이라고 한다.

33) 『書經』「舜典」: 正月上日, 受終於文祖, 在璇璣玉衡, 以齊七政. 肆類于上帝, 禋于六宗, 望于山川, 遍于群神.

34) 역자 주 : 중국 선진 때의 대덕이 지은 기후 관련 저서로 종식·잠상·목축·어렵 활동에 대해 기록하고, 종식과 채집의 종류, 사용공구에 대해서도 간략하게 서술하고 있다.

35) 『하소정夏小正』에 "매년 초에 쟁기에 제를 올린다(初歲祭耒)"고 기재되어 있다. 『상서대전尙書大傳』과 후세의 사람들의 주석에서는 '제祭'자를 '찰察'로 보고 있는데, 사실 불필요한 주장이다. "2월에 제사를 올리고(二月祭)", 3월에 "보리가 익기를 기도한다.(祈麥實)" 『大戴禮記解詁』, 中華書局, 1983年版 참고.

36) 역자 주 : 하나라 시기 계啓의 아들이 바로 태강太康이다.

37) 『논어』「요왈堯曰」: 予小子履敢勇玄牡, 敢昭告于皇皇后帝.

38) 『論語集釋』, 第四冊, 中華書局, p.1351 참고.

39) 『孟子』「滕文公下」: 湯居亳, 與葛爲鄰. 葛伯放而不祀, 湯使人問之曰, 何爲不祀. 曰, 無以供犧牲也. 湯使遺之牛羊, 葛伯食之, 又不以祀. 湯又使人問之曰, 何爲不祀. 曰, 無以供粢盛也. 湯使亳衆往爲之耕, 老弱饋食 ….

40) 陳夢家, 『殷墟卜辭綜述』, 中華書局, 1988, p.561

41) 『禮記』「表記」: 殷人尊神, 率民以事神, 先鬼而後禮.

42) 陳夢家, 『殷墟卜辭綜述』, p.562

43) 陳夢家, 『殷墟卜辭綜述』, p.580

44) 陳夢家, 『殷墟卜辭綜述』, p.580, p,361

45) 陳夢家, 『殷墟卜辭綜述』, p.636

46) 侯外廬, 『中國思想通史』, 제1권, 人民出版社, 1992, p.68 인용.

47) 李亞農, 「殷代社會生活」, 『李亞農衣史論集』, 上海人民出版社, 1978, p.416

48) 李亞農, 「殷代社會生活」, 『李亞衣史論集』, p.436

49) 陳夢家, 『殷墟卜辭綜述』, 中華書局, 1988, p.580, 361

50) 郭寶鈞, 『中國青銅器時代』, 三聯書店 1963, p.227 ; 王宇神, 『甲骨學通論』, 中國社會科學出版社, 1989, p.114

51) 모두 『은허복사종술殷墟卜辭綜述』 제17장에서 인용하였다. 호후선胡厚宣은 일찍이 『은 복사 중의 상제와 왕제(殷卜辭中的上帝與王帝)』를 저술하였으며, 또한 제사와 관련 있는 대량의 복사卜辭 자료를 인용하였는데, 기본적 견해는 진몽가陳夢家와 같으니, 참고할 만하다. 『歷史硏究』, 1959年 9, 10期.

52) 모두 『殷墟卜辭綜述』 제17장 pp.572-573에서 인용하였다.

53) 郭末若, 『青桐時代』, 『郭末若全集』 歷史篇 제1권, 人民出版社, 1982, p.326

54) 郭末若, 『青桐時代』, 『郭末若全集』 p.321. 제帝가 지상신至上神인지 아닌지에 대해 학자들은 지금까지 서로 다른 견해를 가지고 있다. 초기에 이종동李宗侗과 이토이케다(伊藤道治)는 모두 은의 상제가 다만 특수 집단의 신일뿐이며, 보편적인 지상신은 아니라고 생각하였으며, 부사년傅斯年, 서욱생徐旭生 또한 유사한 견해를 가지고 있다. 허탁운許倬云, 『서주사西周史』, 聯經, 1990, 수정판, p.97, 99을 참조하였다. 근래에 또 어떤 학자는 은주殷周의 제帝가 지상신임을 부인하였다. 예를 들어 조복림晁福林은 은나라 사람의 제가 단지 여러 신 가운데 하나이며 신전이 외진 곳에 위치하고 있을 뿐, 은대에는 결코 통일된 지상신이 존재하지 않았다고 여겼다. 「論殷代神權」, 『中國社會科學』, 1990年 第1期. 본문에서는 진몽가陳夢家, 호후선胡厚宣 등의 견해를 취하였다.

55) 郭末若, 『青桐時代』, 『郭末若全集』 歷史篇 제1권, 人民出版社, 1982, p.319

56) 『李亞農史論集』, p.560

57) 『殷墟卜辭綜述』, p.574

58) 『李亞農史論集』, p.557

59) 『甲骨文合集』 第32023片, 『商周古文字讀本』, 語文出版社, 1989年, p.37에서 인용.

60) 이 절의 복사卜辭의 뜻은 모두 『상주고문자독본商周古文字讀本』를 참고하기 바람. 아래부터는 주석하지 않음.

61) 『小屯南地甲骨』 第1116片, 같은 책에서 인용. p.36

62) 역자 주 : 저자는 조상신으로 해석하나 강(河)의 신을 의미하는 것으로 보인다.

63) 『甲骨文合集』 第32028片, 같은 책에서 인용, p.31

64) 『殷契粹編』 弟380片, 같은 책에서 인용, P.28

65) 『甲骨綴合新編』 第303片, 같은 책에서 인용, P.49

66) 『殷墟文字丙編』 第147片, 같은 책에서 인용, p.49

67) 郭寶鈞, 『中國青銅器時代』 p.228

68) 許烺光, 『宗族, 種姓, 俱樂部』, 薛剛 譯, 華夏出版社, 1990年, p.44

69) 陳梦家, 『殷墟卜辭綜述』, p.351

70) 呂大吉, 『宗教學通論』, p.137, 『西方宗教學說史』 中國社會科學出版社 1994年, p.663 참조.

71) 직능신職能神은 만능萬能인 천신天神 아래에 특정한 직능職能을 가지고 특정한 영역을 관장하는 신을 말한다. 예를 들면, 『산해경山海經』은 풍신風神, 해신海神이나 뢰신雷神 등에 대해 말하고 있다.

72) 呂大吉, 『西方宗教學說史』, p.664

73) 呂大吉, 『西方宗教學說史』, p.680

74) 陳梦家, 『殷墟卜辭綜述』, p.646

75) 李亞衣, 『李亞衣史論集』, p.561

76) 후외려候外廬는 은나라 사람의 제帝를 '전능한 일원신一元神'이라고 칭한다. 『中國思想通史』 제1권, p.68

77) 候外廬, 『中國思想通史』 제1권, p.23

78) 陳梦家, 『殷墟卜辭綜述』, p.561, 이택후 또한 도철饕餮로 대표되는 은상殷商의 청동기는 신비·공포·두려움·흉악함을 드러내며, 초세간적 권위를 가진 신의 힘을 지향한다고 말하였다.

79) 王國維, 『觀堂集林』(卷九「史林一」) 第二冊, 中華書局 영인본, 1991年, p.412, 413

80) 『郭沫若全集』 歷史編 제1권, p.327

81) 『郭沫若全集』 歷史編 제1권, p.329

82) 呂大吉 『西方宗教學說史』, pp.674-680에 상세히 보인다.

83) 『殷墟卜辭綜述』, p.582

84) 『殷墟卜辭綜述』, p.580

85) 『殷墟卜辭綜述』, p.338

86) 『殷墟卜辭綜述』, p.580, 646

87) 『殷墟卜辭綜述』, p.562

88) 高明, 「商代卜辭中所見王與帝」, 『記念北京大學考古專業三十周年論文集』, 文物出版社, 1992年, 참조

89) 胡厚宣, 「殷卜辭中的上帝與王帝」, 『歷史硏究』, 1959年 第9, 10期

90) "因其生育之功謂之帝."

91) 詹鑫鄞, 『神災與祭祀』, 江蘇古籍出版社, 1992年, p.47

92) Ernst Cassirer, 『神話思惟』, 黃龍保 等譯, 中國社會科學出版社, 1992年, p.240

93) Ernst Cassirer, 『神話思惟』, p.241

94) Ernst Cassirer, 『神話思惟』, p.243

95) Ernst Cassirer, 『神話思惟』, p.243

96) Ernst Cassirer, 『神話思惟』, p.244

97) 何光滬의 "二十世紀西方宗教哲學略覽", 呂大吉, 『西方宗教學說史』, p.903, 참조

98) Ernst Cassirer, 『神話思惟』, p.246

99) 李學勤, "周文王時期卜甲與商周文化關系", 『李學勤集』, 黑龍江教育出版社, 1989年, pp.135-140, 劉雨, "西周金文中的祭祖禮", 『考古學報』, 1989年 4期, 참조

100) 『서경書經』「태서泰誓」"상제와 신기를 섬기지 않고, 선조의 종묘를 버려 제사를 드리지 않았다.(弗事上帝神祗, 遺厥先宗廟弗祀)", "하늘과 땅에 제사를 드리는 교사에서 예를 거행하지 않고, 조상을 모시는 종묘에서 제향祭享을 올리지 않는다.(郊社不修, 宗廟不享)", 『서경書經』「목서牧誓」"사리에 어두워져 지내야 할 제사를 버리고 선왕의 은혜에 보답하지 않는다.(昏棄厥肆祀弗答)"

101) '유신의 길(維新道路)'은 후외려候外廬의 설과 연결된다. 『중국사상통사中國思想通史』 제1권 1장에 보인다.

102) 『尙書』「武成」: 尙克相予以濟兆民.

103) 『禮記』「祭法」: 燔柴於泰壇, 祭天也. 瘞埋於泰折, 祭地也. 用騂犢. 埋少牢於泰昭, 祭時也. 相近於坎壇, 祭寒暑也. 王宮, 祭日也. 夜明, 祭月也. 幽宗, 祭星也. 雩宗, 祭水旱也. 四坎壇, 祭四方也. 山林, 川谷, 丘陵能出雲, 爲風雨, 見怪物, 皆曰神. 有天下者祭百神. 諸侯在其地則祭之, 亡其地則不祭.

104) 孫希旦, 『禮記集解』下, 中華書局 1989年, p.1195

105) 『周禮』「春官・司服」: 王之吉服, 祀昊天, 上帝則服大裘而冕, 祀五帝亦如之. 享先王則袞冕, 享先公, 饗射則驚冕, 祀四望, 山川則毳冕, 祭社, 稷, 五祀則希冕, 祭羣小祀則玄冕.

106) 孫詒讓, 『周禮正義』 第六冊, 中華書局, 1987年, p.1620

107) 역자 주 : 땅의 신을 말함. 즉 지신地神으로 지기地祇라고도 한다. 사직社稷・오

악五嶽·산림과 하해河海의 신을 모두 지기地示라고 말한다.

108) 역자 주 : 음률音律의 다섯 가지. 궁宮, 상商, 각角, 치徵, 우羽

109) 역자 주 : 아악雅樂에 쓰는 여덟 가지 악기. 또는 그 소리. 곧, 종의 금金, 경磬의 석石, 금琴·슬瑟의 사絲, 적笛·관管의 죽竹, 생笙·간竿의 포匏, 부缶·훈塤 등의 토土, 고鼓 등의 혁革, 축祝의 목木

110) 『周禮』「春官·大司樂」: 乃奏黃鍾, 歌大呂, 舞雲門, 以祀天神. 奏大蔟, 歌應鍾, 舞咸池, 以祭地示. 乃奏姑洗, 歌南呂, 舞大韶, 以祀四望. 乃奏㽔賓, 歌函鍾, 舞大夏, 以祭山川. 乃奏夷則, 歌小呂, 舞大濩, 以享先妣. 乃奏無射, 歌夾鍾, 舞大武, 以享先祖. 凡六樂者, 文之以五聲, 播之以八音. 凡六樂者, 一變而致羽物及川澤之示, 再變而致臝物及山林之示, 三變而致鱗物及丘陵之示, 四變而致毛物及墳衍之示, 五變而致介物及土示, 六變而致象物及天神.

111) 『禮記』「禮運」: 故先王秉蓍龜, 列祭祀, 瘞繒, 宣祝嘏辭說, 設制度. 故國有禮, 官有御, 事有職, 禮有序. 故先王患禮之不達於下也. 故祭帝於郊, 所以定天位也. 祀社於國, 所以列地利也. 祖廟所以本仁也. 山川所以儐鬼神也. 五祀, 所以本事也.

112) 『禮記集解』中, p.614

113) 『周禮』「天官·酒正」: 凡祭祀, 以法共五齊三酒, 以實八尊. 大祭三貳, 中祭再貳, 小祭壹貳. 皆有酌數.

114) 『周禮正義』第二冊, p.354 "鄭司農云, 三貳, 三益副之也. 大祭天地, 中祭宗廟, 小祭五祀."

115) 『周禮正義』第六冊, p.1466

116) 『周禮』「春官·肆師」: 肆師之職, 掌立國祀之禮, 以佐大宗伯. 立大祀, 用玉帛牲, 立次祀, 用牲幣, 立小祀, 用牲.

117) 『周禮正義』第六冊, p.1465 "鄭司農云, 大祀, 天地. 次祀, 日月星辰. 小祀, 司命以下."

118) 『周禮正義』第六冊, pp.1465-1466

119) 『禮記集解』中, p.665 "周禮大祀, 次祀, 小祀見於肆師. 大祭, 中祭, 小祭見於酒正. 大宗伯所辨天地, 五帝, 先王之類, 大祀也. 社稷, 五祀, 五嶽之望, 中祀也. 四方百物之類, 小祀也."

120) 『周禮』「春官·大宗伯」: 大宗伯之職, 掌建邦之天神, 人鬼, 地示之禮, 以佐王建保邦國. 以吉禮事邦國之鬼神示. 以禋祀祀昊天上帝, 以實柴祀日, 月, 星, 辰. 以槱燎祀司中司命飌師雨師. 以血祭祭社稷, 五祀, 五嶽. 以貍沈祭山, 林,川, 澤. 以疈辜祭四方, 百物. 以肆獻祼享先王, 以饋食享先王, 以祠春享先王, 以禴夏享先王. 以嘗秋享先王, 以烝冬享先王.

121) 『周禮正義』第五冊, p.1297

122) 『周禮正義』第五冊, p.1297

123) 『禮記集解』下, pp.1195-1196 "周禮大宗伯備列諸祀, 而不見祭四時寒暑者, 宗伯所言, 依歲時常祀. 此所載, 謂四時乖序, 寒暑僭逆, 水旱失時, 須有祈禱之禮, 非關正禮, 故不列於宗伯也.

124) 『左傳』「昭公元年」"日月星辰之神, 則雪霜風雨之不時於是乎禜之. 山川之神, 則水旱癘疫之災於是乎禜之." 천신天神과 지기地祇를 크게 세 부류로 나누는 것은 후세에도 마찬가지이다. 『사기史記』「봉선서封禪書」에는 "주공이 성왕을 보좌하게 되자, 교사郊祀를 올릴 때에는 후직后稷에게 천신을 배향하도록 하고, 종사宗祀를 올릴 때에는 명당에서 문왕에게 상제와 배향하도록 하였다. 하우가 흥기했을 때부터 지신의 제사를 제정하였고, 후직이 농사를 일으켰기 때문에 곡신穀神의 제사가 생기게 되었다. 천신제사와 지신제사는 모두 유구한 역사를 가지고 있다(周公既相成王, 郊祀后稷以配天, 宗祀文王於明堂以配上帝. 自禹興而修社祀, 后稷稼穡, 故有稷祠, 郊社所從來尚矣)"고 하였다. 이는 교외제사(郊祀), 종묘제사(宗祀), 지신제사(社祀)가 가장 중요한 세 가지 제사(神祠)이며, 따라서 천天, 조祖, 지地가 세 가지 상위분류의 신임을 설명한다. 그러나 한고조가 비록 "나는 사당을 중시하며 제사를 공경하게 행한다(吾甚重祠而敬祭)"(「封禪書」)라고 말했을지라도, 분명히 한나라 이후의 국가 제사는 더 이상 문화의 엘리트 전통을 대표하지 못했다.

125) 孫詒讓이 鄭玄의 注를 해석하였다. 『周禮正義』第五冊, p.1296 "天神爲祀, 地示爲祭, 人鬼爲享."

126) 『通典』「吉禮」: 禋, 煙也, 取其氣達升報於陽也.

127) 「대종백大宗伯」의 정현 주에 정사농鄭司農의 "호천은 하늘이다. 상제는 현천玄天이다.(昊天, 天也. 上帝, 玄天也.)"라는 말을 인용하였으며, 또 "현玄은 호천상제昊天上帝를 말하며, 겨울에 환구圜丘에서 천황대제天皇大帝에게 제사를 지낸다." 『周禮正義』第五冊, p.1297

128) 『周禮正義』第五冊, p.1309 "昊天, 垂象之天也, 上帝, 祈穀之帝也. 冬至禘者爲昊天, 啓蟄郊者爲上帝. 後鄭合昊天上帝爲一, 誤."

129) 『周禮正義』第五冊, p.1309

130) 『周禮正義』第一冊, p.135 "凡此經通例, 有天, 有上帝, 有五帝. 天卽昊天, 祀北辰. 上帝爲受命帝, 在周則祀蒼帝. 五帝爲五色之帝."

131) 『사기史記』「봉선서封禪書」의 배씨집해裴氏集解는 정주鄭注를 인용한 것이다. 유우劉雨는 제조祭祖와 관련 있는 서주 금문 자료 가운데 천과 제帝가 다르다는 것이 분명하게 나타나 있다고 생각했다. 천은 주나라 사람의 지상신이다. 그리고 인간의 왕은 사후에 승천하여 제가 된다. 제는 지상신이 아니며, 천이 내리는 천명을 집행하는 책임을 맡고 있다. 그러나 류우의 말은 『서경』에서 사용된 바와 합치되지 않는데, 지금은 상세히 논하지 않겠다. 그의 논문 「서주 금문 중의 제조례(西周金文中的祭祖禮)」(『考古學報』, 1989年 第4期)를 참조하였다.

132) 『周禮正義』「太宰」第一冊, p.135

133)『周禮正義』, 第五冊, p.1298

134)『禮記集解』「祭義」: 郊之祭, 大報天而主日, 配以月. 夏后氏祭其闇, 殷人祭其陽, 周人祭日以朝及闇.

135)『禮記集解』「郊特牲」: 郊之祭也, 迎長日之至也, 大報天而主日也.

136)『禮記集解』「郊特牲」: 郊之祭也, 大報本反始也.

137)『周禮正義』第一冊, p.147 "此經皆借示爲祇."

138)『說文解字』示部 : 地祇, 提出萬物者也.

139)『禮記』「郊特牲」: 社, 所以神地之道也.

140)『禮記』「郊特牲」: 社祭土而主陰氣也.

141)『禮記集解』中, p.685 "山林, 川澤, 丘陵, 墳衍, 原隰, 爲之五土, 社者祭五土之總神也."

142)『禮記』「禮云」: 天子祭天地, 諸侯祭社稷.

143)「大宗伯」疏에서 인용함.『周禮正義』, p.1317 "祭地專於天子, 而祭社下達於大夫士, 至於庶人,亦得與祭. 蓋祭地是全載大地, 社則有大小. 天子大社, 祭九州之土, 王社祭畿內之土. 諸侯國社祭國內之土, 侯社祭籍田之土, 與全載之地尤異. 又地有上中下, 上為山嶽, 中爲平原, 下爲川瀆. 社雖兼五土, 而爲農民祈報, 當以平原穀土爲主, 是社與嶽瀆各分地之一體, 與全載之地尤異, 此社神與地神所以分也."

144)『禮記』「祭法」: 王爲群姓立社, 曰大社. 王自爲立社, 曰王社. 諸侯爲百姓立社, 曰國社. 諸侯自爲立社, 曰侯社. 大夫以下, 成羣立社, 曰置社.

145)『漢書』「郊祀志」: 社者, 土地. 稷者, 百穀之主. 所以奉宗廟, 工粢盛, 人所食以生活也.

146)「大宗伯」疏에서 인용하였다.『周禮正義』, p.1320 "祭稷者, 祭稷之神, 非祭稷也. 物必有神主之, 其神旣主是物, 正宜用是物以祭, 報其生育之恩."

147)『좌전』「소공29년」: 有五行之官, 是謂五官, 實列受氏姓, 封爲上公, 祀爲貴神, 社稷五祀, 是尊是奉.

148)『太平御覽』「禮義部」: 祠五祀, 謂五行金木水火土也, …主其神祀之.

149) "王爲羣姓立七祀. 曰司命, 曰中霤, 曰國門, 曰國行, 曰泰厲, 曰戶, 曰竈. 王自爲立七祀, 諸侯爲國立五祀. 曰司命, 曰中霤, 曰國門, 曰國行, 曰公厲. 諸侯自立爲五祀."

150)『禮記集解』下, p.1202

151)『周禮正義』, p.1330. "享, 獻也, 謂獻饌具於鬼神也."

152) 孫詒讓, 부연설명,『周禮正義』第五冊, p.1339 "宗廟之祭, 莫大於禘祫, 而自漢以來, 群儒聚訟."

153)『周禮正義』第五冊, p.1339

154)『禮記』「祭法」: 祭法, 有虞氏禘黃帝而郊嚳, 祖顓頊而宗堯. 夏后氏亦禘黃帝而郊鯀, 祖顓頊而宗禹, 殷人禘嚳而郊冥, 祖契而宗湯. 周人禘嚳而郊稷, 祖文王而宗武王.

155) 『국어國語』「노어상魯語上」: "막(虞思: 순임금의 후손)이 전욱顓頊을 잘 따랐기에 유우씨 시대에는 전욱에게 보제報祭를 지냈다. 서(季抒: 우임금의 7대 후손)가 우禹임금을 잘 따랐기에 하후씨 시대에는 우임금에게 보제를 지냈다. 상갑미(설契의 8대 후손)는 설契을 잘 따랐기에 상나라 사람은 설에게 보제를 지냈다. 고어(후직의 10대 후손)와 문왕은 후직后稷을 잘 따랐기에 주나라 사람은 후직에게 보제를 지냈다.(幕, 能帥顓頊者也, 有虞氏報焉. 抒, 能帥禹者也, 夏后氏報焉. 上甲微, 能帥契者也, 商人報焉. 高圉, 大王, 能帥稷者也, 周人報焉)"

156) 『禮記』「喪服小記」: 禮, 不王不禘, 王者禘其祖之所自出, 以其祖配之.

157) 「喪服小記」 趙匡 注에 보인다. 『禮記集解』中, p.866

158) 「祭法」 注에 보인다. 『禮記集解』下, p.1192 "郊、祖、宗,乃宗庙之大祭。禘者, 禘其祖之所自出, 而以其祖配之也. 郊者, 祀天, 以祖配食也. 祖者, 祖有功. 宗者, 宗有德."

159) 王治心, 『中國宗教思想史大綱』, 上海三聯影印本, 1988年, p.34, 참조

160) 『周禮正義』, p.1330 "記有虞氏至周天子以下所祭祀群神之數也."

161) 『禮記』「祭法」: 夫聖王之制祭祀也, 法施於民則祀之, 以死勤事則祀之, 以勞定國則祀之, 能禦大菑則祀之, 能捍大患則祀之. …此皆有功烈於民者也. 及夫日月星辰, 民所瞻仰也, 山林川谷丘陵, 民所取財用也, 非此族也, 不在祀典.

162) 『國語』「魯語上」: 海鳥曰, 爰居, 止於魯東門之外三日, 臧文仲使國人祭之. 展禽曰, 越哉, 臧孫之爲政也. 夫祀, 國之大節也, 而節, 政之所成也. 故愼制祀以爲國典. 今無故而加典, 非政之宣也.

163) 『周禮』「太宰」疏에 상세하게 보인다. 『周禮正義』 第一冊, pp.136-137 "瞽叟, 橋牛以上爲舜之四親, 故祀之宗廟. 帝嚳爲堯舜之所以受天下者, 故祀之明堂."

164) 『禮記』「祭法」: 萬物死皆曰折, 人死曰鬼.

165) 『禮記』「郊特牲」: 魂氣歸于天, 形魄歸于地, 故祭, 求諸陰陽之義也. 殷人先求諸陽, 周人先求諸陰.

166) 『禮記』「中庸」: 鬼神之爲德, 其盛矣乎! 視之而弗見, 聽之而弗聞, 體物而不可遺. 使天下之人齊明盛服以承祭祀, 洋洋乎, 如在其上, 如在其左右.

167) 『禮記』「祭義」: 宰我曰, 吾聞鬼神之名, 不知其所謂. 子曰, 氣也者, 神之盛也, 魄也者, 鬼之盛也. 合鬼與神, 教之至也. 衆生必死, 死必歸土, 此之謂鬼. 骨肉斃于下, 陰爲野土. 其氣發揚于上, 爲昭明, 焄蒿悽愴, 此百物之精也, 神之著也.

168) 『國語』「晉語二」: 虢公夢在廟, 有神人面, 白毛, 虎爪, 執鉞立於西阿, 公懼而走. 神曰, 無走. 帝命曰, 使晉襲於爾門. 公拜稽首. 覺, 召史嚚占之, 對曰, 如君之言, 則蓐收也, 天之刑神也, 天事官成.

169) 『墨子』「明鬼」: 有神, …鳥身素服三絶, 面狀正方. …曰, 予爲句芒.

170)『禮記』「祭義」: 因物之精, 制爲之極, 明命鬼神以爲黔首則, 百衆以畏, 萬民以服.

171)『禮記集解』下, p.1220. 또 十三經注疏本『禮記正義』참조.

172)『詩經』「大雅 · 蕩 · 抑」"神之格思, 不可度思."

173)『산해경山海經』을 민속 문화의 표현으로 삼았다. 이토 세이지(伊藤清司),『山海經中的鬼神世界』, 劉曄原 譯, 中國民間文藝出版社, 1989年, 참고.

174) 타일러는 다신교의 질서가 사회 관리의 질서의 원형이라고 보았다. 呂大吉,『西方宗教學說史』, p.663, 참조. 엥겔스의 관점은『馬克思恩格斯選集』(人民出版社, 1970年) 第3卷, p.355과 第四卷, p.220에 보인다.

175) 呂大吉,『宗教學通論』, p.368

176)『國語』「楚語下」: 祀所以昭孝息民 · 撫國家 · 定百姓也, 不可以已. 夫民氣縱則底, 底則滯, 滯久而不振, 生乃不殖. 其用不從, 其生不殖, 不可以封. 是以古者先王日祭 · 月享 · 時類 · 歲祀. 諸侯舍日, 卿 · 大夫舍月, 士 · 庶人舍時. 天子徧祀羣神品物, 諸侯祀天地 · 三辰, 及其土之山川, 卿 · 大夫祀其禮, 士 · 庶人不過其祖. 日月會於龍, 土氣含收, 天明昌作, 百嘉備舍, 羣神頻行. 國於是乎蒸嘗, 家於是乎嘗祀, 百姓夫婦擇其令辰, 奉其犧牲, 敬其粢盛, 絜其糞除, 愼其采服, 禋其酒醴, 帥其子姓, 從其時享, 虔其祝宗, 道其順辭, 以昭祀其先祖, 肅肅濟濟, 如或臨之.

177)『史記』「封禪書」: 諸此祠皆太祝常主, 以歲時奉祠之, 至如此名山川諸鬼神及八神之屬, 上過則祠, 去則已. 郡縣遠方神祠祀者, 民各自奉祠, 不領於天子之祝官.

178) 麥克斯 繆勒(Max Müller),『宗教學導論』, 陳觀勝 等譯, 上海人民出版社, 1989年, p.40

179) Max Müller,『宗教學導論』, p.41

180) Max Müller,『宗教學導論』, p.66

181) Müller,『宗教學導論』, p.66

182) Friedrich Max Müller,『宗教學導論』, p.86

183) Friedrich Max Müller,『宗教學導論』, p.65

184) Friedrich Max Müller,『宗教學導論』, p.92

185) 秦家懿(Julia Ching), Hans Küng,『中國宗教與基督教』, 吳華 譯, 三聯書店, 1990年, p.2

186) Julia Ching, Hans Küng,『中國宗教與基督教』, p.3

187) Julia Ching, Hans Küng,『中國宗教與基督教』, p.13

188) 麥克斯 繆勒(Max Müller),『宗教的基源與發展』, 金澤 譯, 上海人民出版社, 1989年, 第六章.

189) 예를 들면 Julia Ching이 이렇게 생각하였다.『中國宗教與基督教』, p.22에 보인다.

190) 역자 주 : 참여의 법칙은 일체의 객체 · 존재물 · 인간이 만든 물건들이 모두 느낄 수 있는 신비한 속성과 역량을 지니고 있으며, 이 신비로운 역량이 접촉 ·

오염 · 전이 등을 통해 다른 존재물에게 불가사의한 작용을 미치는 것으로 본다. 미분화未分化한 현상에서 무차별하게 원인을 선택하는 것을 참여參與의 법칙이라고 말한다. 즉 원시인에 의하면 경험되는 환경은 모두가 빠짐없이 설명에 기여, 즉 참여한다. 이 경우 진정한 인과적 결합이나 모순적 원리는 고려되지 않는다.

191) Ernst Cassirer, 『人論』, 甘陽 譯, 上海釋文出版社, 1985年, pp.102-103

192) Ernst Cassirer, 『人論』, p.104

193) Ernst Cassirer, 『人論』, p.105

194) Ernst Cassirer, 『人論』, p.107, 122에 보인다.

195) Ernst Cassirer, 『人論』, p.124

196) 직능신職能神과 관련된 신앙은 『종교학통론宗教學通論』, pp.134-135에서 볼 수 있다.

197) Ernst Cassirer, 『人論』, pp.124-125

198) Ernst Cassirer, 『人論』, pp.125-126

199) Ernst Cassirer, 『人論』, p.117

200) Ernst Cassirer, 『人論』, p.117

201) 모두 Ernst Cassirer, 『人論』, p.126에 보인다.

202) 尼采(Nietzsche), 『悲劇的誕生』, 周國平 譯, 三聯書店, 1986年, pp.4-5

203) 유사한 분석이 스펭글러(Spengler)에게서도 보인다. 그는 중요한 두 가지 인생관의 형태를 구분하였다. 하나는 고전세계古典世界의 아폴로(Apollo)식이며, 또 다른 하나는 현대세계의 파우스트(Faust)식이다.

204) 本尼迪克特(Benedict), 『文化模式』, 王煒 等 譯, 三聯書店, 1988年, p.80

205) Ruth Benedict, 『文化模式』, p.80

206) Ruth Benedict, 『文化模式』, p.81

207) Ruth Benedict, 『文化模式』, p.81

208) Ruth Benedict, 『文化模式』, p.80

209) 莊錫昌, 孫志民, 『文化人類學的理論框架』, 浙江人民出版社, 1988年, p.85

210) 莊錫昌, 孫志民, 『文化人類學的理論框架』, p.87

211) 이아농李亞農은 은나라 동기銅器의 십중팔구는 술 마시는데 쓰는 주기酒器라고 하였다. 『이아농사론집李亞農史論集』, p.460에 보인다.

212) 李澤厚, 『華夏美學』, 香港三聯, 1988年, p.20

213) Clifford Greertz, *The Interpretation of Culture*, Basic Books, Ins, 1973, pp.126-128

214) 呂大吉 主編, 『宗教學通論』, pp.79-80을 참조하라.

215)『人論』에서 인용. p.126

216)『人論』, p.128

217)『人論』, p.128

218)『人論』, p.129

219)『人論』, p.133

220)『人論』, p.138

221)『人論』, p.139

222) 余英時,「漢代循吏與文化傳播」,『中國思想傳統的現代詮釋』, 台北聯經, 1986, pp.167-171

223) Marx, Engels,「德意志意識形態」,『馬克思恩格斯選集』 第一卷, p.52

224) 余英時,『中國思想傳統的現代詮釋』, p.178

225) 伯恩斯(Barnes)·拉爾夫(Ralph),『世界文明史』 第一卷, 羅經國 等 譯, 商務印書館, 1990年, p.44

226)『世界文明史』 第一卷, p.77

227)『世界文明史』 第一卷, p.94

제5장

천명天命

백성들이 원하는 바를 하늘은 반드시 따르신다.

民之所欲, 天必從之.

- 『상서尙書』「태서泰誓」 -

황천은 친근하게 여기는 사람이 없으며 오직 덕이 있는 자만을 보우하신다.

皇天無親, 惟德是輔.

- 『상서尙書』「채중지명蔡仲之命」 -

곽말약郭沫若은 일찍이 「선진 천도관의 진전(先秦天道觀之進展)」이란 글에서 '천天'이라는 글자가 비록 은상시대에 존재하였더라도, "복사卜辭에서는 지상신至上神을 제帝 혹은 상제上帝라 칭하였을 뿐, 결코 천이라고 부르지는 않았다"[1]고 하였다. 크릴(Herrlee Glessner Creel, 1905~1994)은 갑골문 속에는 천이란 글자가 없었다고 인정할지라도 천을 신으로 여기는 관념은 주周나라 초기부터 시작되었다고 보았다.[2]

진몽가陳夢家는 이렇게 말했다. "서주시대부터 '천' 관념이 생겨나기 시작하면서 은나라 사람들의 상제 관념을 대체하였지만, 상제와 제는 여전히 서주 금문金文과 주서周書 그리고 주시周詩 속에 등장한다."[3]

또 이렇게 말했다. "은대殷代의 제는 상제이며 위아래를 의미하는 '상上'과는 다르다. 복사卜辭의 '천'은 '상천上天'의 의미로 쓰이지 않았다. '천'에 대한 관념은 주나라 사람들이 제기한 것이다. 곽말약의 『선진 천도관의 진전』에서는 이미 이 점에 의거하여 금문今文 『상서商書』의 「미자微子」, 「서백감려西伯戡黎」, 「고종융일高宗肜日」, 「반경盤庚」, 「탕서湯誓」 및 『예기』의 「대학大學」과 「치의緇衣」에서 태갑太甲을 인용한 부분, 『맹자』 「만장萬章」편에서 이훈伊訓을 인용한 부분, 『묵자』 「겸애兼愛」편에서 탕湯임금의 말을 인용한 부분에 모두 '천'이란 글자가 있는데, 전부 은나라 사람이 만든 것이라 믿을 수는 없다고 보았다. 그는 훗날 이 설을 수정하였지만, 우리는 여전히 정확한 학설이라고 생각한다."[4]

일본 학자 시라카와 시즈카(白川靜)는 천과 제가 상대商代에 동의자同義字였다고 보았다.[5] 하병체何炳棣와 동작빈董作賓은 잇달아 갑골문甲骨文이 특수한 점복占卜문자로서 여러 신神의 명호名號를 통일적으로 규정하였기 때문에 갑골문 속에 천天을 상제로 여기는 관점은 보이지 않지만, 이는 결코 상商나라 사람들에게 이러한 관념이 없다는 것을 의미하지 않는다고 보았다.[6]

근래에 조복림晁福林은 다음과 같이 말하였다. "복사卜辭 속의 제帝는 바람과 비와 우레 등을 능히 부릴 수 있지만, 이것들은 전부 제의 주동적 행위이지 결코 사람들이 기원하던 결과가 아니었다. 사람들은 점복占卜을 통해 상제가 언제 비와 바람을 부리는지를 알 수 있었지만 반대로 제에게 영향을 끼쳐서 날씨를 변화시킬 수는 없었다. 제가 천문현상을 지배하는 것에는 자체적인 규율이 있었으며 이를 사람의 의지로 바꿀 수는 없었다. 이런 의미에서 말하면 비와 바람을 부리는 제는 사실은 자연지천自然之天이다."[7]

줄곧 상제를 은나라 사람의 지상신으로 간주하던 견해와 달리, 조복림은 제帝가 결코 여러 신들의 우두머리가 아니라 다만 신들 가운데 하나일 뿐이며, 조상신의 지위가 제帝보다 더욱 높다고 주장하였다. 또한 이전부터 제기된 조상이 제의 빈賓이 되어 사람들의 소원을 상제에게 전달한다는 표현은 순전히 가공된 것이라고 보았다.

제帝가 지상신至上神인가의 여부는 본 절에서 토론하지 않겠다. 조복림은 제帝를 자연지천으로 여겼는데, 이 설은 은상殷商시기에 왜 제에게 제사를 지내지 않았는지에 대해 분명하게 설명할 수 있다. 그러나 그는 자연지천으로서의 제가 자연신인지의 여부를 뚜렷하게 적시하지 않았다. 만약 제가 여전히 신격神格을 지닌 존재라면 제를 자연지천이라고 말하기 어렵다. 이는 마치 땅(社), 하천(河), 산(岳)이 자연물이 아니라 자연신이라고 하는 것과 같다. 제의 인사人事와 왕王에 대한 영향 또한 자연지천으로 해석할 수는 없다.

부패영傅佩榮이 밝힌 것처럼 기존의 자료와 토론을 통하여 우리들이 '제'와 '천' 관념의 기원에 대해 의구심 없는 논점을 도출하는 것은 여전히 부족한 감이 있다. "있는 것을 말하기는 쉽지만 없는 것을 말하기는 어렵다(說有易而說無難)"는 입장에 기초하면, 갑골복사甲骨卜辭에서 설령 '천天'이라는 글자를 발견하지 못했거나 '천'을 상제로 여기는 용법을 발견하지 못했을지라도, 최소한 논리적인 각도에서 결코 상商나라 사람들에게 '천' 관념 혹은 '천'을 지상신으로 간주하는 생각이 없었다는 것을 끝내 증명하는 것은 어렵다고 생각한다. 이는 우리로 하여금 어쩔 수 없이 다시 문헌으로 시선을 되돌리게 만든다.

1. 「상서商書」 속의 천제관天帝觀

본 장의 주제는 앞장에 이어서 은주殷周 사상의 변화를 토론하는 것이므로 멀리까지 거슬러 올라갈 필요가 없이 우선 『상서尙書』 속의 「상서商書」를 보아야 하며 당연히 먼저 금문金文 부분을 이해하여야 한다.

> 하夏나라의 왕은 많은 죄를 저질렀기에 하늘(天)이 명命하여 그를 정벌하게 하였다.[8]
>
> 하나라의 왕(桀)에게 죄가 있으니 나는 상제上帝가 노할까 두려워 감히 바로잡지 아니할 수 없다.[9]
>
> 너희들은 다만 나 한 사람을 도와 하늘의 벌을 이루도록 하라.[10]

『묵자墨子』 「겸애兼愛」는 「우서禹誓」의 "나 소자(우禹임금)가 감히 전란을 일으키려 함이 아니라 유묘가 저리 준동하니 하늘의 벌을 내리려는 것이다"[11]라는 구절을 인용하였는데, 위에 인용한 「탕서湯誓」의 구절들과 우임금이 유묘를 토벌한 고사의 말투는 서로 같다.

또한 주나라 사람들이 은나라를 정벌할 때의 표현과 말투도 마치 한 입에서 나온 듯 매우 유사하다. 예를 들어 「다사多士」의 "우리 소국(주나라)이 감히 은나라의 명을 찬탈하고자 하는 것이 아니라 하늘이 은나라에게 명을 주지 않은 것이다"12와 같은 구절이 있다. 금본今本 「탕서」의 첫 단락과 『묵자』에서 인용한 「우서」의 구절은 서로 유사하며, 『맹자孟子』에서 인용한 「탕서」의 구절은 금본 「탕서」에 보인다. 하지만 『묵자』에서 인용한 「탕서」의 문장은 금본 「탕서」에는 보이지 않는다. 이러한 사실들은 모두 「탕서」가 동주東周시기에 몇 차례 수정되었을 가능성이 있지만, 완전 근거 없는 것으로 볼 수 없다는 것을 말한다.

「반경盤庚」 가운데 다음과 같은 구절이 있다.

> 선왕께서 일을 행함에 있어 천명天命을 삼가셨다.13
> 하늘이 명命을 끊을지도 모른다.14
> 하늘이 우리의 명을 여기 새 도읍에 영원하게 하신다.15

범문란范文瀾은 일찍이 "「반경」 상중하 세 편은 의심의 여지가 없는 상조商朝의 유문遺文이다"16라고 말하였다. 여기에서 천명은 당연히 「주서周書」의 천명과 다르며, 상천上天이 인간세상의 왕조에게 부여한 정치적 권리와 정치적 수명을 나타낸다.

「서백감려西伯戡黎」에 다음과 같이 기록되어 있다.

> 서백西伯이 려黎나라를 이기자 조이祖伊가 두려워하여 걸왕桀王에게 달려가 아뢰었다. "천자시여! 하늘이 이미 우리 은나라의 명을 끊어버렸습니다. 천지길흉을 잘 아는 사람이 큰 거북으로 점을 쳐도 감히 길

함을 알지 못하니, 선왕께서 우리 후인들을 돕지 않아서가 아니라 왕께서 주색과 유희에 빠져 스스로 천명을 끊었기 때문이니, 고로 하늘이 우리를 버리심은 백성들을 편안히 먹지 못하게 하며 천성天性을 헤아리지 않으며 마땅히 지켜야 할 법을 따르지 않았기 때문입니다. 지금 우리 백성들 가운데 나라가 망하기를 바라지 않는 자가 없으며, '하늘은 어찌하여 위엄을 내리지 않는가!'라고 말합니다. 대명大命이 이르지 않으니 이제 왕께서는 어찌하시겠나이까?"

왕이 말하기를 "아! 내가 사는 것은 하늘에 명命이 달려 있지 아니한가?"라고 하였다.17

여기에서 말하는 '명命'은 단순히 '령令'의 의미로 해석할 수 없다. 이는 마땅히 운명運命과 권명權命(대권을 준 명령)을 가리키는 것이다.

「미자微子」에도 천의 관념이 출현한다.

하늘이 혹독하게 재앙을 내려 은나라를 황폐하게 만드는데도 걸왕은 일어나자마자 술에 빠져 주정하는구나.18

지금 은나라 백성들이 천지의 신(신기神祇: 천신天神과 지신地神)에게 제물祭物로 바치는 신성한 짐승을 가로채서 훔쳐 간다.19

곽말약은 복사卜辭의 연대 기록이라는 관점 내에서 「서백감려」와 「미자」 두 편 모두에 대해 의문을 제기하지 않았다.20

만약 고문古文 『상서尙書』의 내용을 살펴보면 더욱 많은 자료를 참고할 수 있다. 먼저 「하서夏書」 가운데 「감서甘書」를 살펴보자.

왕께서 말씀하셨다. "아! 육군六軍의 모든 장수와 병사들이여. 내 너희에게 맹세하여 고하노라. 유호씨有扈氏가 오행五行을 위협하고 업신여기며 삼정三正(천지인天地人의 정도正道)을 게을리하고 심지어 버리기까지 했으니, 하늘이 이로 인하여 그 명을 끊어버리셨도다. 이제 나는 다만 하늘의 벌을 공손히 행할 따름이다."[21]

진몽가陳夢家는 「감서」가 전국시대 진晉나라 사람의 저작이라고 생각했는데 이는 사실이 아닌 것 같다.[22] 이 편이 비록 춘추전국 시기에 수정을 거쳤고 또 반드시 「하서夏書」에 속한다고 할 수 없을지라도 주대周代에 이미 존재하고 있었기 때문에 『묵자』 「명귀하明鬼下」에서 이를 인용할 수 있었던 것이다. 다만 『묵자』에서는 그 편명을 '하서夏書 우서禹誓'라고 칭하였을 뿐이다. 「감서」에서는 유호씨有扈氏가 "오행을 위협하고 업신여기는(威侮五行)" 행위를 죄명으로 삼아 질책하고 있어 「주서周書」 「태서泰書」에 기록된 "지금 상나라 왕 수受가 오상을 가벼이 하여 업신여긴다(今商王受狎侮五常)"라는 구절과 「주서」 「홍범洪範」의 "오행을 어지럽게 진열하다(汨陳其五行)"라는 구절을 쉽게 연상시킨다. 만약 "위모오행威侮五行"이 "압모오상狎侮五常"이라면 「감서」의 오행은 오상을 가리켜 말한 것이다.

또 「윤정胤征」의 한 구절을 예로 들어보자.

이제 나는 너희 무리들을 거느리고 하늘의 벌을 받들어 행하고자 하노라.[23]

여기서의 천벌天罰 관념은 「탕서」, 「감서」의 천벌 관념과 일치한다. 고문 『상서商書』 가운데 「중훼지고仲虺之誥」에 다음과 같은 글이 있다.

하나라의 왕이 덕德에 어두워 백성들이 도탄에 빠졌으니, 하늘이 이에 왕(탕왕湯王)께 용기와 지혜를 내려주시어 귀감으로 삼아 만방萬邦을 바로잡게 한 것입니다. 우임금께서 옛날에 행하셨던 일들을 계승하시니, 이는 마땅히 지켜야 하는 법도를 따르고 하늘의 명을 받드는 것입니다. 하나라 왕에게 죄가 있는 것은 상천上天을 빙자하고 기만하고서 아래에 명을 반포하였기 때문입니다. 제帝께서 이로 인해 하나라를 좋지 않게 여기시어 상商나라로 하여금 명을 받게 하여 그 무리를 밝게 하신 것입니다. … 천도天道를 공경하고 존숭해야 천명을 영원히 보전할 것입니다.[24]

「탕고湯誥」에도 천도天道와 천명天命이란 표현이 있는데, 하나라를 정벌한 후 탕왕이 호읍毫邑으로 돌아와 제후들에게 고하는 이야기 속에 기록되어 있다.

위대하신 상제가 하민들에게 충衷[25]을 내려주었으니, 만일 하민들로 하여금 떳떳한 성(恒性)을 가지게 하여 능히 그 도道(猷)를 편안하게 할 수 있는 사람은 오직 군주(后)일 것이다. 하나라 왕은 덕을 멸하고 위세를 부려서 너희 만방의 백성들에게 포악함을 펼쳤다. 너희 만방의 백성들은 그 흉해凶害에 걸려들어 악독함을 참지 못하여 너희들의 무고함을 하늘과 땅의 신에게 고하였다. 천도는 선한 자에게 복福을 내리고 못된 자에게 화禍를 내리는지라, 하나라에 재앙을 내려 그 죄를 드러내신 것이다.[26]

그러므로 나 소자(탕왕湯王)는 천명의 밝은 위엄을 받드니, 하나라의 죄를 용서할 수 없었다. 감히 검은 희생을 사용하고 감히 상천上天과 신후神后에게 소상히 아뢰어 하나라에 벌을 내릴 것을 청하였다. …상천은 하민들을 믿고 보우하시며 죄인은 쫓겨나 굴복한다. 천명은 참람하지 아니하며 찬란함이 초목과 같으니, 백성들이 번성함을 믿게 될 것이다.[27]

각각 너희의 법을 지켜 천휴天休(하늘의 훌륭한 도리)를 받들어라. 너희에게 선함이 있으면 짐(탕왕湯王)이 감히 은폐하지 않을 것이며 죄가 짐에게 있다면 감히 스스로 용서하지 않을 것이니, 모든 일은 오직 상제의 마음에서 살필 뿐이다.[28]

「탕고」에는 상천上天도 있고 상제上帝도 보이는데, 문장 속에 서술된 것을 보면 명칭은 서로 다르지만 가리키는 대상은 동일하다. 천도天道 · 천명天命 · 천휴天休 등의 표현을 보면 천天은 포괄성이 가장 큰 개념으로서 점차 상제上帝의 개념을 대체하고 있다.

「이훈伊訓」에서 이윤伊尹이 태갑太甲에게 훈계하는 글이 전하여 내려오는데 그 가운데 다음과 같은 말들이 있다.

성인聖人의 도모하심은 심히 광대하고 아름다운 언사는 매우 분명합니다. 다만 상제上帝는 항상 같지 않으시어 선행을 하면 온갖 상서祥瑞를 내려주시고 불선不善을 행하면 온갖 재앙災殃을 내리십니다. 왕(太甲)께서 덕이 있으시면 작은 과오도 범하지 않으시므로 만방의 경사이며, 왕께서 부덕하시면 큰 실수를 하지 않더라도 그 종사宗社를 실추하게 될 것입니다.[29]

여기에서 선하면 상서祥瑞를 내리고 악하면 재앙을 내리는 선상악앙善祥惡殃의 사상과 「탕고」의 선한 자에게 복을 내리고 못된 자에게 화를 내리는 복선화음福善禍淫의 사상이 서로 일치한다. 문장 속에 상제불상上帝不常의 표현은 주나라 사람의 천명불상天命不常의 표현과 같은데 이것은 모두 상나라 초기의 사상이 아니다.

「태갑太甲」에 전해져 내려온 글 또한 이윤이 태갑에게 한 훈사訓辭이다.

선왕께서 이 하늘의 영명한 명을 살펴보심으로써 하늘의 신과 땅의 신을 받드셨습니다. 사직과 종묘에서는 공경하고 엄숙하지 않음이 없으셨습니다. 하늘이 그 덕을 살펴보시고 선왕에게 대명大命을 모아주시어 만방을 어루만지고 편안하게 하셨습니다.[30]

황천皇天이 상商나라를 돌보고 도우신다.[31]

하늘이 내리는 재앙은 오히려 피할 수 있으나 스스로 초래한 재앙은 면할 수가 없습니다.[32]

이윤伊尹이 거듭 왕(태갑太甲)에게 고하였다. "아! 하늘은 일정하게 친애하는 사람이 없으며 능히 공경하는 자만을 친애하십니다. 백성은 영원히 감격하여 따르는 사람이 없으며 인仁한 자에게만 감격하여 따릅니다. 귀신은 언제나 제사를 받는 것이 아니라 지극히 정성스러운 자에게만 제사를 받습니다."[33]

이는 상천의 관심, 귀신의 보우, 인민의 지지를 얻기 위한 관건은 군왕이 '경敬', '인仁', '성誠'을 할 수 있는가에 달려있다는 것을 말한다. 이러한 생각은 분명 주나라 사람의 사상이다.

「함유일덕咸有一德」에 다음과 같은 문장들이 있다.

하늘이 믿기 어려움은 명命이 일정하지 않기 때문입니다. 군주가 항상 그 덕德을 지키면 그 자리를 보존하게 됩니다. 그 덕이 일정하지 않으면 구주九州(천하天下)를 잃게 됩니다. 하나라 왕은 덕정德政을 펴지 않고 신에게 태만하며 백성들에게 포학하니, 황천皇天이 그를 보호하지 않으시고 새로운 군주를 찾고자 만방을 살펴보신 것입니다.[34]

하늘이 우리 상나라를 사사로이 보우한 것이 아니라 다만 하늘이 순일한 덕을 지닌 자를 보우했을 뿐입니다. 상나라가 하민들에게 복종을 요구한 것이 아니라 다만 백성들이 순일한 덕을 지닌 자에 귀순했을 뿐입니다. 덕이 한결같으면 어떠한 행동도 길하지 아니한 것이 없습니다. 덕이 한결같지 않으면 어떠한 행동도 흉하지 아니한 것이 없습니다. 길흉이 잘못된 것이 아니라 모든 것이 사람에게 달린 것이니 하늘이 재앙과 상서를 내리는 것은 덕이 어떠한가에 달려있습니다.[35]

『상서尙書』는 중국고대 정치문헌에 관한 책으로 복사卜辭와 가장 큰 차이점은 바로 『상서』에 기술된 상나라 이전의 천제신앙天帝信仰이며, 여기에서 부각되는 것은 천제를 자연의 주재자로 여기는 것이 아니라 인간세상의 역사와 운명에 대한 주재자로 보고 있는 점이다. 금문 『상서』 가운데 「상서商書」의 각 편에서 '천'이 출현하는 부분을 제외한 나머지 사상은 기본적으로 복사에 보이는 것과 일치한다. 예를 들어 "나는 상제를 두려워한다(予畏上帝)", "천명을 삼간다(恪謹天命)", "하늘이 혹독하게 재앙을 내려 은나라를 황폐하게 한다(天毒降災荒殷邦)", "하늘이 우리 은나라의 명을 거두었다(天卽訖我殷命)", "내가 살아 있음은 명이 하늘에 달려있음이 아닌가(我生不有命在天)" 등의 문장들 속에 상제를 두려워하고 하늘이 재앙을 내린다는 표현은 복사와 서로 다르지 않다. 복사에 '제명帝命'이란 말이 있다.[36] 그러므로 "우리 은나라의 명(我殷命)", "나에게 명이 있다(我有命)"라는 표현은 제명이란 표현과 서로 통하며 다만 제帝를 천天으로 바꾼 것으로 볼 수 있다. 실제로 주나라 사람과 은나라 사람의 차이점은 결코 천명이나 그와 유사한 관념의 유무에 있는 것이 아니라 주나라 사람의 천명에 대한 전체적인 이해가 은나라 사람과 다르다는 것에 있다.[37]

종교신앙의 관점에서 천의 최고 주재자로서의 의미가 은대에 출현하였는가의 여부는 결코 중요한 문제가 아니다. 중요한 것은 은나라 사람들이 지상신至上神에 관한 신앙을 가지고 있었는지의 여부와 지상신의 권위와 기능에 대해 어떻게 이해하였는가에 있다. 이 최고의 실체를 상제나 황천皇天으로 칭한 것에는 결코 본질적인 구별이 없다. 당연히 최고 주재자에 대한 신격화의 근원으로 거슬러 올라가면 제와 천은 서로 다르지만 논리적 관점과 역사적인 관점에서 봤을 때 천 개념은 결코 뒤늦게 출현할 수 없으며 많은 원시 문화 속에서 대부분 '천'이란 글자를 사용하여 지상신을 나타내었다.[38] 일반적인 천신신앙으로 보면, 금문 『상서』「상서商書」 속의 '천'과 '상제'는 모두 자연과 인간세계의 주재자로서 신격화된 관념일 뿐이다. 이러한 순수한 주재적主宰的 신격 관념은 아직 덕德·민民·인人 등을 언급하고 있지 않은데, 이는 분명히 초기에 속하는 내용으로 보인다.

고문 『상서』의 자료는 한대漢代에 산실됐던 고문 『상서』의 몇몇 편들을 서진西晉시기에 다시 수집하여 모은 글이라고 볼 수 있다.[39] 그 속의 사상은 대부분 춘추시대 이전에 속한다. 예를 들어 『맹자』「공손추상公孫丑上」에서 인용한 태갑太甲의 "하늘이 내리는 재앙은 도리어 피할 수 있으나 스스로 초래한 재앙은 살길을 찾을 수가 없습니다"[40]라는 말은 현재 전해지는 고문 『상서』와 동일하다.(『예기』「치의緇衣」에서도 이 말을 인용하였는데 글자가 조금 다른 부분이 있다) 이는 현재 전해지는 고문 『상서』의 사상이 결코 한진漢晉 시기의 사람이 꾸며낸 것이 아님을 표명한다. 그러나 만약 이로 인해 경솔하게 고문 하상서夏商書가 전부 믿을 수 있는 것이라 여긴다면 이는 분명 문제가 된다.

금문의 「하서夏書」 역시 전부 믿을 수 있는 것이 아니며 더군다나 청대 유가들에 의해 다른 책의 고문으로 여겨졌던 적도 있었다. 고문 「상서商書」가 비록 한진 시대에 조작된 것이 아니라 하더라도 분명 은상시대의 원시 자료는 아니다. 고문 「상서」는 기본적으로 주나라 사람이 전술하였거나 수정하여 형성된 것이다.

고문 『상서』의 「상서商書」에 기록된 내용은 금문과 서로 비슷한데 그 중요한 차이점은 다음과 같다.

첫째, 고문 『상서』에는 천벌天罰을 행하고 천도天道를 숭배하고 천명天命을 보위한다는 표현이 존재한다. 둘째, 고문 『상서』에는 상제와 천명은 일정하지 않다(上帝不常, 天命靡常)는 관점이 나타난다. 셋째, 가장 중요한 것은 고문 『상서』에 "천도는 선한 자에게 복을 내리고 못된 자에게 화를 내린다(天道福善禍淫)"는 사상 및 "선한 일을 하면 온갖 상서가 내려오고, 불선한 일을 하면 온갖 재앙이 내려온다(作善降之百祥, 作不善降之百殃)"는 사상이 등장하여 명백하게 천天과 천도天道에 도덕적 의미를 부여한다는 것이다. 넷째, 고문 『상서』에 이미 개인의 덕성을 중시하는 관점이 출현하였다. "하늘이 재앙과 상서를 내리는 것은 덕의 여하에 달려 있다(惟天降災祥在德)", "하늘은 일정하게 친애하는 사람이 없으며 능히 공경하는 자만을 친애한다(惟天無親, 克敬惟親)", "하늘이 내리는 재앙은 오히려 피할 수 있으나 스스로 초래한 재앙은 살길을 찾을 수 없다(天作孽猶可違, 自作孽不可活)." 이러한 표현들은 천이 인간세계에 끼치는 영향과 개인의 도덕적 노력을 연관시키기 시작한 것이다. 다섯째, 고문 『상서』에는 중민重民 사상을 발전시키고 하나라 왕이 "만방의 백성에게 학정을 펼쳤다(敷虐於爾萬方百姓)"는 것을 비판하며 "상천이 하민을 보우한다(上天孚佑下民)"는 관점을 제기하였다.

금문 「주서周書」와 명문銘文의 자료를 대조하면 천도의 표현은 늦게 나타나는데, 이를 통해 보면 상나라 사람의 사상이 아님을 알 수 있다. 천명무상天命無常은 주나라 사람의 전형적인 생각이며, 천명을 보위하는 것(保天命) 또한 천명미상天命靡常 관점을 기초로 하여 제기된 것이다. 이러한 표현은 모두 주나라 사람의 천명관天命觀의 특색을 드러낸다. 천의 도덕화는 명백히 주나라 사람의 사상이며, 복사에 반영된 상나라 사람들의 신앙과는 완전히 다르다.

고문 「태갑太甲」에 "하늘은 특정하게 친애하는 사람이 없으며 능히 공경하는 자만을 친애하시고, 백성은 영원히 감격하여 따르는 사람이 없으며 인仁한 자에게만 감격하여 따릅니다"[41]라는 구절은 분명히 「주서」 「채중지명蔡仲之命」의 "황천은 친애하는 사람이 없으며 (오직) 덕이 있어야만 도와주시고, 민심은 일정함이 없으며 오직 은혜롭게 대해야만 감격하여 따르게 됩니다"[42]와 동일한 사상이다. 보민保民의 관점은 서주시대의 정치문화에 더욱더 가까운 주제이다. 이상의 몇 가지 관점을 통해 보면 고문 『상서』의 「상서」가 비록 한진漢晉 시대의 사람들이 조작한 것은 아니라 할지라도 그 가운데 중요한 것은 대부분 주대의 사상에 속한다. 이러한 사상들은 뒤에 주나라 사람의 천명관을 토론할 때 더욱 자세하게 살펴볼 수 있을 것이다.

이 때문에 은상殷商과 서주西周 세계관의 중요한 차이점은 상나라 사람이 '천'을 지상신으로 여겼는가에 있지 않다. 왜냐하면 만약 '천'이 단지 인격을 지닌 '진노震怒하는 황천皇天'의 천이라면 신앙의 실질적 측면에서 '제'의 관념과 결코 차이가 없기 때문이다. 실제로 무수히 많은 문헌 속에서 양자는 동등한 것이거나 상호 치환되는 것이며 이 둘을 명확하게 구분하기는 어렵다.

상주商周 세계관의 근본적인 차이점은 상나라 사람의 '제' 혹은 '천'에 대한 신앙 가운데 윤리적인 내용이 없다는 것과 전체적으로는 윤리종교의 수준에는 여전히 도달하지 못했다는 것이다. 그러나 주나라 사람들이 이해한 '천'과 '천명'은 이미 확실한 도덕적 함의를 가지고 있었으며, 이러한 도덕적 함의는 '경덕敬德'과 '보민保民'을 주요 특징으로 삼는다. 천의 신성神性은 점차 희미해지고 '인人'과 '민民'은 '신'과 반대로 그 지위가 오히려 상승하는데, 이것이 바로 주대 사상 발전의 방향이다.

종교학적 용어로 말하면, 상나라 사람의 세계관은 '자연종교'적 신앙이며, 주대의 천명관은 이미 '윤리종교'적 품격을 갖춘 것이다. 이는 곧 카시러(Ernst Cassirer)가 말한 호메로스식의 신 관념 이후 출현한 일신교에서 도덕적 역량이 두드러졌고 신은 모든 주의력을 선과 악의 문제에 두게 되었다는 것과 같다.[43] 사람들은 윤리적 측면에서 자연과 신을 이해하기 시작했다. 그러므로 유대교가 탄생하였을 때 새롭게 제공된 것은 종교적인 색채를 띠는 것이 아니라 윤리적인 의미를 지녔던 것처럼, 주나라 사람들이 제기한 새로운 관점은 결코 새로운 종교성을 가지고 있는 것이 아니다. 그것은 바로 그들이 이해한 천의 도덕적 의미이다. 중국문화의 발전은 카시러가 말한 성숙한 종교가 반드시 완성해야 하는 가장 큰 기적[44]을 서주시기에 완성하였고, 이 기적을 완성한 대표적인 인물이 바로 주공周公 단旦이다.

2. 주공周公의 초기 천명관天命觀

중국 문화의 초기 발전은 은나라 말기의 자연종교 단계에 이르도록 여전히 자체적인 특색 즉, 체계와 성격상에서 후대의 서아시아 및 남아시아 문명과 서로 구별되는 문화적 특색을 형성하지 못했다. 바꾸어 말하면 우리가 후대의 발전 속에서 보았던 이른바 '중국문화'의 기본적인 요소가 은나라 말기에도 여전히 진정한 형성을 이루지 못했다는 의미이다. 우리가 오늘날 말하는 '중국문화'의 기본 요인과 특징은 대부분 서주시기에 형성되기 시작한다. 뒤에서는 이러한 부분을 중심으로 하여 중국문화의 변화를 자세히 살펴보는 데 주력할 것이다.

「상서商書」의 진위 여부에 관한 복잡한 정황과는 다르게 「주서周書」의 문헌은 비교적 믿을 만하다. 우리는 먼저 「주서」의 자료를 가지고 서주시대의 천명사상을 살펴보도록 하자.

1) 은주의 교체기

「목서牧誓」는 최근 출토된 동기銅器의 명문銘文을 통하여 확실히 서주 초기 문헌이라는 것이 실증되었다.[45] 그 가운데 다음과 같은 말이 있다.

> 지금 상나라 왕인 수受(주왕紂王)가 오직 부인(달기妲己)의 말만 따르고 사리에 어두워져 지내야 할 제사를 버리고 선왕의 은혜에 보답하지

> 않으며, 사리에 어두워져 남겨진 왕부모王父母의 아우들을 버리고 도리로 대우하지 않는다. …이제 나 발發(무왕武王)이 공손히 하늘의 벌을 행하노라.[46]

"공손히 하늘의 벌을 행한다(恭行天之罰)"는 구절은 고문 「감서甘誓」의 "지금 나는 공손히 하늘의 벌을 행한다(今予恭行天之罰)"는 구절과 완전히 같고, 또 「윤정胤征」의 "천벌을 받들어 행한다(奉將天罰)"라는 구절과도 일치하는데, 이는 「감서」와 「윤정」이 서주 초기에 완성된 작품일 가능성을 보여준다.[47]

「홍범」에 말하길 "옛날에 곤鯀이 물길을 틀어막는 방법으로 홍수를 다스려서 오행을 어지럽게 진열하니, 제帝가 이에 진노하여 홍범구주洪範九疇를 내려주지 않으셨다"[48]고 하였는데, 여기에서 말하는 제帝는 분명히 복상福祥과 재화災禍를 내리는 인격人格을 지닌 대신大神이다. 그러나 「목서」의 표현과 「홍범」에 요약된 부분의 차이점은 인간세상의 화복이 상천上天이 직접 결정하고 천신이 집행하는 것이 아니라 특정한 사람들을 통하여 그 결정을 행사하는 것에 있다. "공손히 천벌을 행한다(恭行天罰)"는 것은 바로 특정한 사람을 통하여 하늘의 징벌을 어떤 사람에게 집행하는 것을 말한다. 이러한 표현은 비록 무왕武王이 자신이 행한 혁명의 의미를 정당화하기 위해 근거를 만드는 것이지만 또한 사람의 행위와 작용이 마침내 역사 과정에 개입하기 시작했음을 나타낸다. 후대의 "하늘을 대신하여 도를 행한다(替天行道)"는 생각이나 "하늘이 사람을 빌려 그 도를 행한다(天假人行其道)"는 관념은 상주商周 사이에 이미 그 맹아가 발아하고 있었다.

「목서」에서는 비록 후대 서주 정치문화의 핵심관념인 '경덕敬德'

을 제기하지는 못했지만, 무왕이 열거한 상나라 왕의 죄악들인 "부인의 말만을 따른다(惟婦言是用)", "사리에 어두워져 지내야 할 제사를 버린다(昏棄肆祭)", "사리에 어두워져 남은 왕부모의 아우들을 버린다(昏棄遺王父母弟)", "백성에게 폭정을 휘두른다(暴虐百姓)" 등의 말에서 이를 반면교사로 삼아 선덕善德을 중시하는 의식을 표현한 것으로 볼 수 있다. 왜냐하면 하늘의 벌과 상나라 왕의 이러한 덕행상의 죄악이 연결되어 있기 때문이다. 주나라 사람들은 자신들의 통치체제를 확립한 이후 더 이상 은나라 사람의 난폭한 행위를 지적하는 것만으로는 작은 나라인 주나라가 은나라를 정벌한 것에 대하여 변호할 수 없었고, 필연적으로 '경덕'을 전면적으로 강조함으로써 통치를 유지하는 방향으로 발전하게 된다.

2) 삼감三監의 시기[49]

주나라 초기에는 은나라 사람들의 여러 가지 많은 신앙과 관념을 여전히 계승하고 있다. 주원갑골周原甲骨의 발견을 통해 주나라 사람들이 은나라 사람의 선조에게도 제사를 지냈다는 것을 증명하였는데, 이는 주나라 사람들이 은나라를 정벌하기 전에 종교적인 측면에서 은나라 사람들에게 적지 않은 혜택을 받았다는 것을 설명한다. 「금등金縢」의 축고지사祝告之辭에서는 이렇게 말한다.

> …(무왕께서는) 제정帝庭에서 명命을 받아 널리 펴고 사방四方을 도와서 능히 당신들(삼왕三王: 태왕太王, 왕계王季, 문왕文王)의 자손들을 하지下地에 안정시켰습니다. 그리하여 사방의 백성들이 경외하지 않는 자가 없습니다. 아! 하늘이 내린 보배로운 명을 실추하지 않아야만 우리 선왕들께서

도 영원히 의지하여 돌아갈 곳이 있으실 것입니다. 지금 제가 나아가 원귀元龜에게 명을 받을 것이니, 당신들께서 나의 요구를 윤허하신다면 저는 벽璧과 규珪를 가지고 돌아가 당신들의 명을 기다릴 것이나 당신들께서 저의 요구를 윤허하지 않으신다면 나는 벽과 규를 감출 것입니다.[50]

은나라 사람은 이미 제정帝廷의 관념을 지니고 있었다. 더욱이 거북점(龜占)을 사용하여 상천의 명을 이해하는 것은 은나라 사람들의 종교적인 관습이다. 「금등」 축사祝辭의 표현은 상나라 사람과 차이가 없다.

주공 초기에도 여전히 이런 오래된 종교적 관념의 영향을 받았는데 「대고大誥」에 이러한 사례들이 보인다.

하늘이 우리에게 해害를 내리신다.[51]

하물며 천명을 궁구하여 알았다고 할 수 있겠는가?[52]

내 감히 하늘이 내린 위엄을 숨길 수 없다. 영왕寧王(문왕文王)께서 우리에게 남기신 대보귀大寶龜를 사용하여 점을 쳐 하늘의 밝음을 이어받았으니, 하늘이 명하여 이르기를 "큰 재난이 서토西土에 있다. 서토의 사람들 또한 평온하지 못할 것이다. …"고 하였다.[53]

할을 내린다는 것(降割)은 해를 내린다는 것(降害)이다. 주공은 중대한 문제에 관하여 정책을 결정할 때도 여전히 대보귀大寶龜를 사용하여 복점卜占을 쳐서 천명天命과 천의天意를 파악해야 했다. 「대고」에서 또 이렇게 말한다.

나 소자(주공)는 감히 상제의 명을 저버릴 수 없도다. 하늘이 영왕(문왕)을 장려하시어 우리 작은 나라인 주나라를 흥성하게 하시니, 영왕께서 복점卜占을 사용하시어 하늘의 뜻을 알고 이 명을 편안히 받을 수 있으셨다. 이제 하늘이 백성을 돕고자 하시니, 하물며 또한 복점의 사용이야 말할 필요가 있겠는가! 아! 하늘의 밝음은 두려우니, 상제께서 우리의 크나 큰 기업基業을 도우시고자 하시는데, 어찌 그 명을 폐할 수 있겠는가![54]

상제의 명령은 거스를 수 없는 것이고, 과거 문왕文王이 점복占卜을 통하여 상제가 부여한 대명大命을 받은 것처럼 이제 성왕成王도 점복에 순종하고 상제의 뜻을 경외해야 한다는 취지의 말이다. 이러한 기록들을 통해 주나라 초기에는 설령 주공과 같이 영명한 사람일지라도 전통적인 종교 관념의 속박과 영향을 받았으며, 상제를 인격을 지닌 최고의 주재자로 여겼다는 것과 사람들이 점복을 통하여 상제의 의지와 명령을 이해하고 상제의 명령에 경외하며 복종하였다는 것을 발견할 수 있다. 그들의 언어 속에서는 상제와 천의 위격位格에 대한 어떠한 차이도 볼 수 없다. 이러한 신앙 속에서 '천명'은 지상신至上神의 의지와 명령에 지나지 않는데, 이는 지상신의 인격화 과정에서 필연적으로 얻게 된 결과이며 아직 어떠한 적극적인 의미를 나타내지는 않았다.

곽말약은 일찍이 주나라 사람이 말하는 천에는 두 가지 표현방식이 있다고 생각하였다. 하나는 자신에 대한 것(주나라 사람에 대한 것)이고, 다른 하나는 타인에 대한 것(은나라 사람에 대한 것)이다. 서주의 통치자 스스로는 천명을 의심하여 주나라 사람들에게 하늘은 믿을 수 없다고 말하였지만, 피통치자에게는 적극적으로 천명을 선전하여 은나라 사람에게 천명이 자신에게 있다고 말한 것으로 곽말약은 보았다.[55] 이러한 견해가 반드시 확실하다고 볼 수는 없다. 주공이 훈계하는 강조점이 타인과 자신을 대함에 차이가 있지만, 천제天帝에 대한 주나라 초기 통치자들의 신앙은 진실함을 가지고 있었던 것은 분명하다. 그러므로 부사년傅斯年은 곽말약의 설에 반대하여 "주공이 자신과 망국을 대함에 있어 비록 글에는 경중이 있지만, 이는 두 가지 뜻으로 말한 것이 아니다"[56]라고 해석했다. 곽말약은 복사卜辭에서는 지상신을 하늘로 칭하지 않았고 지상신을 하늘로 칭하는 용법은 당연히 은주殷周 교체기에 발생했기 때문에 주나라 초기의 「주서周書」 및 《대풍궤大豊簋》, 《대우정大盂鼎》과 같은 이명彝銘(고대 종묘에서 일반적으로 사용하는 제기에 쓰여진 글) 속에 천天을 제帝로 칭하는 용법이 여러 번 등장한다고 보았다.[57] 그래서 그는 "천天에 관한 사상은 주나라 사람들도 은나라 사람들의 사상을 답습한 것이다"라고 생각했다.[58] 왜냐하면 만약 은나라 사람들이 하늘을 믿지 않았다면 주공은 하늘을 이용하여 자신의 권위를 강화하고 은나라 사람들을 위협할 방법이 없기 때문이다.

「대고」 마지막 부분에 다음과 같은 말이 있다.

> 나라를 밝게 만드는 것은 명철한 사람들로 말미암은 것이며, 또한 이들 열 사람은 상제의 명을 알아 하늘이 정성스러움으로 돕고 계시니 그대들이 이때 감히 국가의 법을 거역하지 않는다면 하물며 지금 하늘이 주나라에 재난까지 내리겠는가? 대란을 일으키는 자들이 이웃한 은나라 유민들과 결탁하여 그들의 집안에서 서로 치고 있으나 그대들은 천명을 거역할 수 없다는 것을 알지 못하는가? 내 오래도록 생각하여 이르기를 "하늘이 은나라를 망하게 한 것은 잡초를 제거하

는 농부의 일과 같으니 내 어찌 감히 짐의 농사일을 끝마치지 않겠는가?" 하노라.[59]

여기서의 천명은 상천이 군왕에게 부여하는 권명權命이 아니라 상천의 명령을 의미한다.

3. 섭정攝政시기 주공周公의 사상

무왕武王 사후, 성왕成王이 아직 어렸기 때문에 주공이 섭정을 하였다. 무왕의 아우들인 관숙管叔·채숙蔡叔·곽숙霍叔은 본래 상나라의 옛 땅에 거주하는 상나라 사람들을 감시하라는 명을 받았으나, 오히려 주공의 섭정 이후 무경武庚과 내통하여 반란을 일으켜 주공에게 반기를 들었다. 이를 해결하기 위해 주공은 병사를 이끌고 무력으로 난을 평정하였다. 주공은 무경녹보武庚祿父(상나라 마지막 왕인 제신帝辛의 아들)와 관숙을 죽이고 채숙을 추방한 후, 무경에게 다스림을 받던 은나라 유민들을 다스리기 위해 무왕의 아우인 강숙康叔을 위군衛君으로 봉하여 황하黃河와 기수淇水 사이의 옛 상나라 터에 살도록 하였다.[60] 주공은 「강고康誥」를 지어 강숙에게 위나라를 어떻게 다스려야 하는지에 대해 훈계했다.

「강고」는 섭정 이후 주공이 반포한 가장 중요한 문헌이며, 주공 사상의 적극적인 발전이 나타난다. 주공은 이 편의 훈계에서 "(문왕께서) 덕을 밝히시고 형벌을 삼가셨으며 감히 홀아비와 과부를 업신여기지 않으셨다(明德愼罰, 不敢侮鰥寡)"고 말하였다. 그는 문왕이 "능히 덕을 밝히고 형벌을 삼가는(克明德愼罰)" 공덕을 지녔으며, 이러한 공덕이 "상제에게 알려져 제께서 아름답게 여기니, 하늘이 마침내 문왕에게 크게 명하여 은나라를 멸하고 그 명을 크게 받아 그 나라와 백성들을 다스리게 되었다"[61]고 말하였다. 주공은 문왕의 명덕신벌明德愼罰과 수천대명受天大命을 연결시키고 있다.

또 「강고」에서 다음과 같이 말했다. "편안함으로 백성들을 보호하고 천리를 넓혀 덕이 너의 몸에 넉넉하면 (하늘이) 왕에게 있는 명을 폐하지 않을 것이다."[62] 강숙에게 훈계하기를 "공경할지어다. 하늘은 두려우나 정성스러움을 도우시니, 이는 백성의 마음을 통해 크게 볼 수 있는 것이니라"[63]고 하였는데, 이것은 바로 한발 더 나아가 덕정을 용강보민(用康保民)으로 귀결하여, 인민을 안정시키고 강녕하도록 만드는 것이다. 그리고 두려운 천의天意는 종종 인민의 소망을 통해 표현되기에 특별히 정중한 태도로 통치에 종사해야 함을 강조하고 있다. 또한 "마치 어린아이를 보호하는 것처럼 (통치를) 행한다면, 백성들이 편안해질 것이다"[64]라고도 말하였는데, 이는 군주가 아이를 보호하는 것처럼 신민을 보호해야만 통치가 비로소 안정되고 공고해질 수 있음을 주장하는 것이다. 주공에게 있어 보민保民은 명덕明德의 중요한 표현이다.

「강고」에서 "(하늘의) 명은 영원하지 않다(惟命不於常)"라고 하는데, 이것은 주공이 전통적인 천명관에 반하여 제기한 중요사상이다. 그 의미는 상천의 의지와 명령은 바꿀 수 있다는 것과 상천이 인간세계의 권명權命을 조건 없이 영원토록 일성一姓의 왕조에게 부여하지 않는다는 것이다. 이 사상은 은나라 정벌 초기에 지녔던 주나라 사람들의 우환의식을 강렬하게 드러낸다. 이러한 우환의식은 주공에게 있어 문화적인 것이 아닌 정치적인 것이고, 소국인 주나라가 대국인 은나라를 정벌한 후 직면한 혼란한 상황에 대한 정치적 근심이다. "명은 영원하지 않다(惟命不於常)"는 것 또한 주공의 이성주의 천명관의 중요한 표현이며, 주나라 사람들이 가진 세계관 변화의 특이한 부분 가운데 하나이다.

'명덕'과 상보상성相補相成하는 것으로 「강고」에서는 '신벌愼罰'의 사상을 매우 강조하는데, 이는 서주정치문화의 또 다른 주제이다. 「강고」의 "조심히 삼가고 밝게 하여 형벌을 사용하라(敬明乃罰)"는 것에 대해 논하는 부분은 그 분량이 심지어 "능히 덕을 밝힌다(克明德)"에 대한 논의를 넘어선다. 이러한 신벌의 사상은 몇 가지 관점으로 정리해 볼 수 있다.

첫째, 판결하는 과정에서 삼가고 또 삼가야 하며 모든 안건을 고려하여 여러 날이 지난 후 다시 판단해야 한다. 둘째, '죽이지 않는 자'와 '죽이지 아니할 수 없는 자'의 경계는 죄의 경중에 있는 것이 아니다. 이는 고의로 죄를 저질렀는가에 달려있을 뿐만 아니라 과오를 뉘우치고 인정하는 태도에 따라 다르다. 만약 능히 반성의 태도를 지닌다면 "큰 죄가 있더라도 …그때는 죽이지 아니한다.(乃有大罪, …時乃不可殺)" 셋째, "하늘의 벌을 행한다(行天之罰)"는 관념을 관철하고자 형법으로 신민을 다스리고, 그들로 하여금 모든 징벌과 형벌을 상제의 의지로 의식하도록 하고 형벌의 실행에 대해 진심으로 복종하게 한다.65

「강고」에는 또 사면할 수 없는 몇 가지 죄를 특별히 열거한다. 첫째는 "도둑질하고 간음하며, 재물 때문에 사람을 살해하거나 상해를 입히는(寇攘姦宄, 殺越人于貨)" 도적이다. 둘째는 "효도하지 않고 우애하지 않는(不孝不友)" 사람이다. 셋째는 "불솔대알不率大戛" 즉, 국가의 대법을 지키지 않는 제후국의 관원이다. 넷째는 제후가 왕명을 위반하고 거리낌 없이 잔학한 짓을 하며 위세를 부리는 것이다. 이러한 사람들은 "덕이 아닌 것을 사용하니(非德用)" 덕으로 다스릴 수 없고 반드시 형벌을 내려야 한다. 이러한 표현들을 자세히 읽어보면 회개하는 태도에 대한 강조와 범죄사실과 양형에 대한 신중함을 느낄 수 있다. 이것은 전부 주나라 사람이 덕정을 중시하는 것과 관련이 있으며 결코 독립적이거나 우연적이지 않다.

다른 한편으로 네 가지 용서할 수 없는 죄목이 비록 정치질서 유지에 주안점을 두고 있더라도 그 가운데 몇 가지 조항에서 보편적 의미를 지닌 규범과 계율을 발견할 수 있다. 예를 들어 도둑질하는 것과 효도나 우애를 하지 않는 것 등은 분명히 윤리적인 훈계에 법률적인 형식을 취하는 강한 표현으로 보인다.

『강고』의 마지막 부분에서 주공은 "공경할지어다!(敬哉)", "공경함을 폐하지 말라!(勿替敬)"고 여러 차례 강조하면서 강숙에게 "(옛사람이) 덕에 힘쓴 것을 크게 본받고(丕則敏德)", "(너의) 덕을 돌아보고(顧乃德)", "백성들을 편안하게 하고(乃以民寧)", "편안함으로 백성들을 다스려라(用康乂民)"고 요구하는데, 전부 주나라 초기 통치자들의 신중하고 두려워하는 마음 상태를 나타낸다.

주공이 강숙에게 했던 또 다른 훈계의 문장으로는 「주고酒誥」가 있는데, 「강고」의 주제를 한발 더 나아가 서술하였다. "제사에만 이 술을 써야 하느니, 하늘이 명을 내리시어 우리 백성들에게 처음 술을 빚게 하신 것은 오직 큰 제사에 쓰기 위함이니라. 하늘이 위엄을 내리신 것은 우리 백성들이 크게 혼란하고 덕을 잃게 된 까닭이 술로 인해 행해지지 않은 것이 없기 때문이다. 나라의 크고 작음을 막론하고 망하게 되는 까닭이 또한 술로 인한 허물이 아님이 없기 때문이다."[66] 주공의 주장에 따르면 술의 원시적 용도는 제사를 지내는 것이며 오직 제사를 지낼 때에만 비로소 술을 마실 수 있는데, 은나라 사람들은 술을 마시고 덕을 혼란하게 하여 멸망에 이르게 되었다는 것이다. 그래서 단호하게 금주 조치를 실행하고자 하였다. 「주고」에서 "하늘이 위엄을 내린다(天降威)", "하늘이 명을 내린다(惟天降命)", "하늘이 은나라에게 멸망을 내렸다(天降喪于殷)"는 표현들은 주나라 사람들이 여전히 은상殷商시기 상제가 재앙을 내린다(上帝降禍)는 신앙과 연관된 생각을 계승하고 있다는 것을 보여주고 있다.

그러나 다른 한편으로 「강고」에서 천명에 대한 새로운 이해를 제기한 것처럼 「주고」에서도 천명과 천의를 인간의 덕행과 연결시키기 시작하는데 그 가운데 다음과 같은 말이 있다. "덕의 향기가 제사를 통해 하늘로 올라가 풍기지 못하니, 백성들은 (은나라 왕을) 크게 원망하였고, 여러 가지 술에 비롯된 더러운 악취만이 상천에게 풍겨졌다. 고로 하늘이 멸망을 은나라에 내리시어 은나라에 대한 사랑을 거두신 것은 오로지 (그들이) 안일했기 때문이다. 하늘이 모진 것이 아니라 다만 백성들이 스스로 허물을 초래한 것이다."[67] 여기에서 백성이란 은나라 사람을 가리킨다. 여기에서 말하는 것은 상천이 포악하고 잔인하다는 것이 아니라 전적으로 은나라 사람들 자신이 덕을 어지럽혔기 때문에 재앙을 초래하였다는 말이다. 따라서 역사적인 사건과 변화는 모두 상제의 탓으로 돌리지 않아야 하며, 마땅히 인간 스스로의 행위를 중시해야 한다. 분명 이러한 표현은 상천의 의지와 인간 행위의 도덕적 성질 사이의 관련을 이미 설정하고 있는 것이다. 바꾸어 말하면 이러한 표현 속에서 상천의 의지는 결코 기쁨과 분노가 수시로 변화하는 정서가 아니라 일정한 원칙을 지닌 도덕의지이다.

「주고」의 후반부에 이러한 문장이 있다.

4. 환정還政 이후 주공의 사상

만일 강숙에게 훈계한 삼고三誥가 주공의 섭정시기 사상을 대표하는 것이라고 한다면, 성왕에게 환정還政(섭정에서 정권을 임금에게 다시 맡김)한 이후 주공은 여전히 서주의 정치 무대에서 활약하며 중요한 역할을 수행하였다. 주공의 더욱 발전한 사상은 정권을 돌려준 이후의 고문誥文 속에 나타난다.

주공이 환정하던 해에 성왕은 낙읍洛邑을 건설하기로 결정하였다. 건설 과정에서 주공은 직접 찾아가 시찰하고 그의 생각과 의견을 표현하였는데, 이는 「소고召誥」와 「낙고洛誥」에 반영되어 있다. 「소고」는 옛 설에 의하면 모두 주공의 아우인 소공召公이 지은 것으로 보았기 때문에 그 제목을 「소고」라 하였다. 하지만 저자는 "오호嗚呼" 이하의 구절은 분명 주공의 말로 「주서周書」 전후로 주공이 지은 고사誥詞의 내용과 완전히 일치하는 것으로 생각한다. 실제로 사마천司馬遷 역시 「소고」를 주공의 저작으로 보았다.[71]

「소고」에서는 이렇게 말한다. "아! 황천상제께서 그분의 큰아들(즉 천자)을 바꾸시고, 대국인 은나라의 명을 그치게 하셨습니다. 왕께서 대명을 받으심은 한없이 행복하기도 하지만, 또한 끝없는 걱정이기도 합니다. 아! 어찌하여 공경하지 아니하십니까?"[72] 이 구절은 황천상제皇天上帝가 은나라에게 내려준 권명權命(대권을 준 명령)을 회수하여 주나라 왕을 자신의 큰아들로 삼으니(은왕을 폐하고 주왕을 천자로 삼았다는 말), 이로 말미암아 주나라 왕은 천하를 다스리는 대명을 받아 행복과 우환이 함께 오게 된 것을 말한다.

왕권신수王權神授라는 사유는 예로부터 계속 존재해 왔는데, 주나라 역시 예외가 아니었다. 그들은 왕권신수의 관념으로 자신들의 통치적 정당성을 증명할 필요가 있었기 때문에, 이러한 왕권신수라는 사유의 범위를 벗어날 수 없었다. 이것은 피통치자를 기만하고 겁박하는 것에만 사용한 것은 아니고 그들은 여전히 이러한 생각을 실제로 믿었다. 하지만 완전한 왕권신수 이론은 반드시 왕권이 어떻게 전환되는지 설명할 수 있어야 한다. 즉, 천명이 어떻게 은나라에서 주나라로 옮겨가게 되었는지 설명해야 할 뿐만 아니라 천명이 장래에 희씨의 주나라에서 다른 성씨의 나라로 바뀌는 것을 어떻게 막을 수 있는가에 대해 이야기해야만 한다. 「소고」에서는 이렇게 주장한다.

> (백성들이 은나라 주왕의 학정에 시달려) 지아비가 그 처자를 끌어안고서 구슬피 하늘을 부르며 주紂가 망하도록 저주하고 (폭정의) 구렁텅이에서 나오기를 원했습니다. 아! 하늘 또한 사방의 백성들을 애석하게 여기셨는지라 그 돌아보고 명하심이 (덕에) 힘쓴 주나라에게 내려진 것입니다. 왕께서는 조속히 덕을 공경하소서.[73]

백성들은 처자를 끌어안고서 상천에게 애달피 고하였고, 상제는 백성을 애석하게 여겼다. 그리하여 인간세상을 다스리는 대명을 주나라 사람에게 옮겨주었다. 이는 천의天意가 민정民情(백성들의 바램)에 의해 결정되고 민정은 왕이 덕을 공경하는가의 여부에 따라 결정된다는 것을 말하고 있다. 이러한 천의天意—민정民情—정덕政德을 구조적으로 연결하는 해석 속에서 천의는 의문을 품을 수 없는 도덕적 성격으로 해석된다. 이러한 이론은 통치자가 '덕'을 국가의 정치와 행정 운용의 핵심법칙으로 삼아야 함을 강조하는 것이고, 아울러 구체적인 형태에서 선량한 백성들을 위한 시책을 체계적으로 전개하는 것으로 표현된다.

천명의 도덕적 성격은 거대한 왕조 변동의 역사적 경험 속에서 획득할 수 있는 것이지, 결코 신앙의 독립적인 발전을 통해 이루어진 것은 아니다. 역사가 신앙에 대해 이러한 작용을 발휘할 수 있었던 이유는 필수적으로 인간의 이성적 자각을 거쳤기 때문이다. 주공의 역사적 이성과 그의 정치적 영향은 이러한 과정 속에서 결정적 작용을 하였다.

「소고」는 바로 이와 같은 역사적 경험으로부터 출발한다. 먼저 하나라의 명이 상나라로 옮겨진 역사를 회고한다. "옛 선민인 하나라를 살펴보면 하늘이 길을 열어주시고 자손까지 보호해 주셨으며 (우왕께서는) 하늘을 우러러 받들어 살았으나 지금은 이미 그 대명을 실추하였습니다."[74] 그리고 은나라의 명이 주나라로 옮겨진 과정을 고찰한다. "이제 은나라를 살펴보면 하늘이 길을 열어주시고 (하나라의 명을) 바로잡아 보전해 주셨으며 (탕왕께서는) 하늘을 우러러 받들어 살았으나 지금은 이미 그 대명을 실추하였습니다."[75] 이 두 구절은 모두 상천이 하나의 성씨와 왕에게 부여한 대명이 무조건 오래도록 이어지지 않는다는 것을 설명한다. 그렇다면 이 조건이란 무엇인가? 문장 속에 다음과 같은 말이 있다.

> 저는 하나라를 살펴보지 아니할 수 없고 또한 은나라를 살펴보지 아니할 수 없습니다. 제가 감히 하나라가 천명에 복종하여 수년간 나라를 다스렸다고 말해도 될지 모르겠으며, 제가 감히 그것이 오래도록 이어지지 못하였다고 말해도 될지 모르겠습니다. 다만 덕을 공경

하지 아니하였기에 일찍이 그 명을 실추한 것입니다. 제가 감히 은나라가 천명을 받아 몇 년간 나라를 다스렸다고 말해도 될지 모르겠으며, 제가 감히 그것이 오래도록 이어지지 못하였다고 말해도 될지 모르겠습니다. 다만 그 덕을 공경하지 아니하였기에 일찍이 그 명을 실추한 것입니다.[76]

이는 주공이 하나라가 천명을 받아서 얼마나 오랜 기간 유지할 수 있는지 알 수 없지만, 하나라가 덕행을 존중하지 않았기에 대명을 잃어버렸다고 확신할 수 있었다는 것을 말하고 있다. 은나라 사람도 하나라 사람과 마찬가지로 덕을 공경하지 않았기 때문에 상천이 부여한 권명權命을 빠르게 잃어버렸다. 「소고」의 이러한 표현 속에서 '복명服命'과 '경덕敬德'이 긴밀하게 연계된다.

「소고」 마지막 부분에서는 주 왕조를 자세하게 살펴보고 있다.

이제 하늘이 명철한 선왕께 명을 내리셨는데, 명하신 길흉과 명하신 역년(나라를 다스린 기간)의 길고 짧음은 (알 수 없지만), 우리 왕께서 지금 처음 집정하여 새로 세운 도읍에 머물고 있음을 알고 있습니다. 고로 왕께서는 빨리 덕을 공경하십시오. 왕께서 덕을 행하심은 하늘에게 영원한 명을 비는 것입니다. 다만 왕께서는 백성들이 문란하게 법도에 어긋나는 짓을 하였다고 함부로 도륙하는 것을 끊고 백성들을 다스리면 공이 있을 것입니다. 왕께서 천하의 덕이 으뜸가는 곳에 자리하시면 소민들이 이를 본받아 천하에 (덕을) 써서 왕의 덕을 더욱 빛나게 할 것입니다. 상하가 힘써 근심하여 말하기를 "우리가 천명을 받았으니, 하나라 역년의 시작처럼 크게 융성하시고, 은나라 역년의 종말처럼 폐기하지 않도록 하십시오. 왕께서 백성들을 데리고 하늘의 영원한 명을 받기를 바라옵니다"라고 하였습니다.[77]

천명은 믿기 어려운 것임을 이해해야 한다고 주장했다. 만약 "전인이 공손히 명덕을 이어받지(嗣前人恭明德)" 못하고 문왕과 무왕이 베푼 명덕을 계승할 수 없다면 분명히 천명을 잃어버리게 될 것이다.

곽말약은 주나라 사람들은 스스로는 천명을 믿지 않았다고 보았다.[81] 그가 근거로 삼은 것은 분명 "하늘은 믿을 수 없다(天不可信)"는 이 한 구절이다. 그렇지만 "하늘은 믿지 않는다(天匪諶)"와 "하늘은 믿을 수 없다"는 이 구절만 보고 그 뜻을 단순히 짐작하여 이해하는 것은 곤란하다. 주공은 여러 고誥에서 다음의 사실들을 증명하고 있다.

첫째, '천'에 대한 주공의 종교적 신앙은 결코 소멸된 것이 아니다. 그가 반대하고 있는 것은 은나라 주왕紂王이 공언한 "나의 명이 하늘에 달려있지 아니한가?(我不有命在天)"라는 식의 하늘을 믿는 것이다. 둘째, 그가 강조하려는 것은 천명이 영원히 부여된다는 것에 대한 의심이다. 그는 주 왕조의 국운이 오래 지속될 수 있을지를 우려하여 통치자에게 세상사와 백성을 위하는 일에 신중하게 공을 들이는 노력을 강조하고, 그렇게 하지 않으면 천명이 바뀌는 위험이 있을 것이라고 경고하였다. 이러한 입장에 기초하여 환정 이후 주공은 「무일無逸」과 「입정立政」을 지어 성왕에게 "상제를 공경히 섬기는 것(敬事上帝)"과 "근심을 아는 자를 아름답다고 여길 것(休兹知恤)"을 권고하였다.

「무일」에서는 비록 경덕敬德과 보민保民을 위주로 말하지 않았지만, 그 주제는 백성의 일에 힘쓰는 것이다. 이 또한 중국 고대 정치문화의 중요한 내용이며 아울러 후대 유가 정치사상의 근원 가운데 하나이다. 그리고 백성의 일에 힘쓰기를 강조하는 것은 주나라 사람들이 천명을 중시하는 것에서부터 백성의 일을 중시하는 방향으로 사상의 변화가 시작되었음을 나타낸다. 「무일」에 다음과 같이 기록되어 있다.

> 주공이 말씀하였다. "아! 군자는 무일無逸(게으름에 빠지지 않음)에 처해야 합니다. 먼저 농사짓는 일(稼穡)의 어려움을 통해 편안하게 됨을 안다면 백성(小人)들이 의지하는 것을 알 것입니다. 백성들을 살펴보면 그 부모는 애써 농사를 짓는데 그 자식은 농사일의 고단함으로 편안하게 됨을 알지 못합니다."[82]

일찍이 「주고酒誥」에서 주공은 이미 강숙에게 "스스로 한가로이 안일하지 말라(不可自暇自逸)"고 권고하였다. 「재재梓材」에서 말한 "부지런히 밝은 덕을 사용하라(勤用明德)"의 부지런함 또한 방일放逸하지 말라는 뜻을 포함하고 있다. 「주서周書」 전체에 항상 보이는 "공경하라(敬之哉)"는 경고의 말은 더욱더 근신하며 일에 종사하는 주나라 사람의 의식을 곳곳에서 발견할 수 있다. 「무일」은 이러한 사상을 한발 더 나아가 근정勤政의 사상으로 집중한다. "엄숙하고 공손하며 공경하고 두려워하는 것(嚴恭寅畏)", "감히 게으르거나 편안하게 여기지 않는 것(不敢荒寧)", "스스로 억제하고 두려워하는 것(克自抑畏)"을 주장하고 상나라 왕이 "파종과 수확의 어려움을 알지 못하고 백성의 수고로움을 듣지 못하며 오직 탐락만을 좇았다(不知稼穡之艱難, 不聞小人之勞, 惟耽樂之從)"고 지적하는데, 이는 모두 주나라 사람의 진보한 정치의식을 나타낸다. 「무일」에서는 특히 "백성들이 너를 원망하고 너를 꾸짖는다(小人怨汝詈汝)"는 것에 대하여 언급하고 있다. 여기에 가장 좋은 응답은 "크게 스스로 덕을 공경하라(皇自敬德)"라는 말이다. 통치자는 마땅히 인민에게 노기를 표출하지 않아야 할 뿐만 아니라 더욱 공경하고 근신하며 정치의 득실을 살펴 알려고 하는 노력을 해야 한다.

마지막으로 「다사多士」 「다방多方」 두 편을 살펴보자. 주공은 새로운 수도인 낙읍 부근에 성주成周를 건설한 후 은나라 사람들을 성주로 이주시키고자 하였는데 이를 위해 은나라 유민들에게 반포한 훈고의 명령이 바로 「다사」이다. 주공은 「다사」 전편에 걸쳐 '천명' 관념을 이용하여 명확하게 은주의 역사적 성패를 이론적으로 총결하였다. 그는 다음과 같이 말했다. "너희 은나라의 남은 여러 관리들(多士)이여, 불행하게도 하늘이 은나라에 커다란 멸망의 화를 내리셨다. 우리 주나라는 대명을 보우하고 하늘의 밝음과 위엄을 받들어 주왕紂王을 벌하기에 이르렀고, 은나라의 대명을 바로잡아 상제의 일을 완수하였다. …우리 작은 주나라가 감히 은나라의 대명을 취하고자 한 것이 아니라 다만 하늘이 주시지 않은 것이다. 혼란을 견고히 하지 않았기 때문에 우리를 도우신 것이니 우리가 감히 천자의 지위를 구하고자 했겠는가? 다만 상제께서 주지 않으셨을 따름이다."[83] 이는 상나라 왕이 상천을 공경하지 않아 상천이 은나라에 재앙을 내린 것과 주나라가 상천의 위명威命(위엄이 있는 명령)을 받들어 행하여 하늘을 대신해 벌을 행한 것을 설명한다.

주공은 은나라가 하나라의 명을 개혁한 '은하혁명殷夏革命'의 역사를 회고하며 "(하늘이) 하나라에 의향을 보이셨으나 (걸왕은) 상제의 명을 따르지 않고 크게 방종하여 하늘을 기만하는 말을 하니, 이에 하늘이 유념하여 듣지 않으시고 다만 큰 명을 폐하고 벌을 내리셨다. 이에 너희의 선조인 성탕에게 명하여 하나라를 개혁하시고 준

걸한 백성으로 하여금 사방을 다스리게 하셨다"[84]라고 하였다. 상대商代가 시작하였을 때는 "(은나라의 선왕들은) 덕을 밝히고 제사를 공경하지 않음이 없었고 하늘은 크게 은나라를 세우고 보호하며 다스리니 은나라 왕들 또한 감히 상제의 법을 잃어버리지 않고 하늘의 뜻에 걸맞게 (백성들에게) 그 은택이 내리지 않음이 없었다."[85]

그러나 후대에 이르러 "(걸왕이) 하늘의 밝음과 백성의 경외함을 돌아보지 않으니 이에 상제께서 보호하지 않으시고 이와 같은 큰 멸망을 내리셨다"[86]는 것이다. 왕조 후기에 또다시 하 왕조 후기의 전철을 밟았기 때문에 주공은 "지금 우리 주나라 왕께서 상제의 일을 크게 잘 받들고 계신다. (상제께서) 명하시길 '은나라를 멸하고 그 일을 상제에게 고하라'고 하셨다."[87] "나 한 사람이 덕을 받드는 것이 편안하지 않아서가 아니라 이는 천명일 따름이니 어기지 말라"[88]고 하였다. 「다사」의 역사적 결론은 "하늘은 덕을 밝히지 않는 자에게 주지 않으신다(惟天不畀不明厥德)"로, 상천은 덕정을 행하지 않은 사람에게 대명을 주지 않는다는 것이다. 「다사」에서 주공은 역사적 이성과 경험을 중시하는 사람이며 그가 하은夏殷과 은주殷周의 왕조 교체 경험을 서로 대비하여 은나라 유민들과 주나라 사람들을 강하게 설득하는 모습이 잘 나타난다.

「다방」에서 가르치려는 대상은 은주 혁명에 복종하지 않는 각 제후국과 은나라 유민 · 회이淮夷족 · 엄奄족 등을 포함한 사방의 복종하지 않는 자들이다. 주공은 일찍이 두 차례에 걸쳐 엄족의 반란을 평정하였다. 「다사」 가운데 "옛날 짐이 엄나라에서 돌아왔을 때, 나는 크게 너희 네 나라의 백성들에게 명을 내렸었다"[89]라는 구절이 있지만, 옛날이란 말이 1차 정벌인지 2차 정벌인지에 대한 설명은 없다. 「다방」에서는 이렇게 시작한다. “왕이 엄나라에서 돌아와 종주(호경)에 이르렀다. 주공이 말하였다. ‘왕께서 대략 이렇게 말씀하셨다. 아! 너희 사국과 각지의 제후 그리고 너희 은의 제후로서 백성을 다스리는 자들에게 고하노라! …”90 필자가 보기에 엄의 제1차 반란은 주공 섭정 초기 무경·삼감의 난에 참여한 것이고, 제2차 반란은 성왕이 친정한 지 2년째 되는 해의 일인 것 같다. 동시에 우리는 성주成周를 건설한 것이 성왕 친정 초기의 일이라는 것도 알고 있다.

전통적으로 「다사」를 성왕 친정 초기 성주成周를 건설한 시기에 지어진 것으로 보고, 「다방」을 성왕 친정 2년 제2차 엄족 정벌 이후 지어진 것으로 본다. 그러나 「소고」와 「낙고」에 근거하여 낙읍과 성주가 모두 성왕이 친정한 후에야 비로소 상택相宅(집터를 보는 일)과 복지卜地(점을 쳐 살 곳을 정하는 일)를 시작했다면 낙읍 건설과 이후의 성주 건설이 단기간에 완성되는 것은 불가능하다. 이 때문에 만약 「다방」이 성왕 친정 2년 5월에 지어졌다면 「다사」는 은나라 사람을 성주로 이주시키는 과정에서 반포한 고문으로서 응당 「다방」의 뒤에 있어야 한다. 이렇다면 「다사」에서 말하는 “옛날에 짐이 엄나라에서 돌아왔을 때, 나는 크게 너희 네 나라의 백성들에게 명을 내렸었다”고 하는 것은 분명 「다방」에서 말하는 “엄나라에서 돌아와 너희 네 나라와 각국의 제후들에 고하노라”고 한 것이다.

「다방」과 「다사」는 시간상으로 근접하기 때문에 두 편에서 하은혁명夏殷革命을 통한 역사 논증의 유사점 또한 바로 이해하게 될 것이다. 「다방」에서 주공은 “하나라가 너무나 안일하였다”91, “마침내 크게 음란하고 혼매하니 종일토록 상제의 인도함에 따라 힘쓸 수 없었다"[92], "능히 백성들을 밝게 보호하여 (안녕을) 누리도록 하지 못하고 서로 백성들에게 포학함을 일삼았다"[93], "하늘이 백성의 군주를 구하고자 하시니 이에 크게 성탕에게 아름다운 명休命을 내려 드러나게 하고 하나라를 형벌로 끊어버리셨다"[94]라고 말하며, 상제가 성탕成湯으로 하여금 "하나라를 대신해 백성의 군주가 되도록(代夏作民主)" 함으로써 고통받는 백성들을 구하도록 했다고 주장했다.

주공은 성탕부터 제을帝乙에 이르는 은나라의 여러 선왕들의 공덕을 술회하였다. 그는 "(은나라의 선왕들이) 덕을 밝히고 형벌을 삼가지 않음이 없었으니, 또한 능히 (백성들을) 권면할 수 있으셨다. 죄수를 살펴보고 많은 죄를 지은 자에게 엄벌을 내리거나 참하시니, 또한 능히 (백성들을) 권면할 수 있으셨다"[95]라고 말하며, 그들 모두 능히 덕의 가르침을 밝히고 형벌을 삼가며 백성들을 독려하는 올바른 행위를 할 수 있었다고 여겼다.

그러나 후대의 은나라 왕은 "심히 방자하고 음탕하여 하늘의 명을 제멋대로 헤아리고(大淫圖天之命)", "너희 상나라의 후왕이 그 안일함만을 편안히 여기고 정사를 도모함에 정결하지 못하고 나아가지 못하였으니, 하늘이 이러한 멸망을 내리셨다."[96] 은나라 사람들이 통치를 지속할 합법성을 잃어버리자 상천은 곧바로 은나라 사람들에게 재화災禍를 내리고 인간 세상에 대한 통치권을 회수하였다. 주공은 사방을 향해 주나라 사람은 천명을 받들어 은나라를 멸한 것임을 밝히며 "오직 우리 주나라 왕만이 무리를 잘 이으시고 능히 덕을 감당할 수 있으셨고 신과 하늘만을 주로 삼으셨으니, 하늘이 우리를 가르치시되 아름다움으로써 하시고 은나라의 명을 거두어 (우리에게) 주시어 너희 여러 지역의 제후들을 다스리게 하신 것이다"[97]라고 말하였다. 그는 천명의 화신으로서 준엄하게 네 나라에 경고하였다. "내가 너희에게 내린 명을 따르지 않으면 내 크게 벌을 내려 참할 것이다. 우리 주나라가 덕을 잡음이 불안정한 것이 아니라 오로지 너희 스스로 죄를 재촉했기 때문이다!"[98]

「다방」의 또 다른 특징은 빈번하게 '천명'이란 단어를 사용한 것이다. 예를 들어 다음과 같다. "너희는 어찌하여 우리 주나라 왕을 도와 (천하를) 다스리고 하늘의 명을 누리지 않는가? 지금 너희가 여전히 너희의 집에 거주하고 너희의 토지를 경작하면서 너희는 어째서 왕실에 순종하여 하늘의 명을 빛내지 않는가? 너희는 누차 불안정한 일을 행하였고, 너희는 마음으로 (주나라를) 사랑하지 않았고, 너희는 천명을 크게 헤아리지 않았고, 너희는 천명을 업신여기고 버렸다…."[99] 너희들은 어찌하여 우리 주나라가 천명을 누리는 것을 돕지 아니하고 어찌하여 주나라 왕이 천명을 발양한 것에 순종치 아니하였는가라는 점에서 제후들을 질책하고, 너희가 마음속에 천명을 따르고 돌아보지 아니하였으니 그러므로 정벌을 당하게 될 것이라 경고하는 것이다.

위에서 서술한 주공의 사상은 서주 초기의 생각이 변화한 모습이며, 당시 문화발전의 가장 높은 수준을 대표한다. 『사기』에서 다음과 같이 말한다.

당초에 관숙과 채숙이 주나라를 배반하자 주공이 토벌에 나서 삼년 만에 완전히 평정하였다. 그리하여 맨 처음 「대고」를 짓고, 그다음 「미자지명」을 짓고, 그다음 「귀화」를 짓고, 그다음 「가화」를 짓고, 그다음 「강고」, 「주고」, 「재재」를 지었는데, 그 일이 주공의 이 글에 기록되어 있다. 주공은 7년 동안 섭정으로 정치를 행하였는데, 성왕이 장성하자 주공은 정권을 성왕에게 돌려주고 북면하여 신하의 자리로 내려갔다. 성왕이 풍읍에 머물면서 소공召公에게 낙읍洛邑을 다시 건설하게 하여 무왕의 뜻을 따르게 했다. 주공이 다시 점을 치고 여러 번 시찰하였으며, 마침내 도읍을 건설하여 그곳에 구정九鼎을 두었다. 주공이 "이곳은 천하의 중심으로 사방에서 공물을 바치러 오는 길의 거리가 모두 같도다"라고 말하고서 「소고」와 「낙고」를 지었다. 성왕이 은나라의 유민을 (낙읍으로) 옮기니 주공이 성왕의 명을 알리고 나서 「다사」, 「무일」을 지었다. 소공은 보(삼공의 하나인 태보)에 임명되고 주공은 사에 임명되어 동쪽에 회이족을 정벌하고 엄나라를 멸한 후 그 군주를 박고로 옮겨 살게 했다. 성왕이 엄나라에서 돌아와 종주에 머물자 「다방」을 지었다. 성왕이 은나라의 남아있는 세력들을 물리치고, 회이를 습격한 후 돌아와 풍에 머무르니 「주관」을 지었다.[100]

『사기』 「노주공세가魯周公世家」에 의하면 주공은 「주관周官」을 지은 후 다시 백성들을 위하여 「입정立政」을 지었다. 이상 『사기』의 설에 근거하여 주공이 지은 전체 14편의 저작에 「금등金縢」을 추가하고 다시 「노주공세가」에서 언급한 "11년 주왕을 정벌하기 위해 목야에 이르렀는데, 주공은 무왕을 보좌하며 「목서牧誓」를 지었다"[101]는 구절을 고려해보면 금문 「주서」의 서주시대 부분은 거의 대부분 주공에게서 나온 것이다. 이는 중국문화에 대한 주공의 공헌을 충분히 보여주고 있다.

주공은 중국문화사에서 최초의 카리스마 있는 인물이었으며, 그의 지위는 오직 공자만이 비견될 수 있다.

5. 『상서尙書』 속의 천민합일론天民合一論

지금부터 고문 『상서』 속의 서주시대 사상에 관해 이야기해보자. 앞에서 이미 고문 『상서』의 내용은 거의 『상서』의 산실된 문장의 서진西晉시기 편집본으로 볼 수 있다고 말했다. 비록 모든 문장이 옛날부터 전해 내려온 것이라 확신할 수는 없지만, 그 속의 소재는 모두 자체적인 연원이 있다. 현재의 이러한 상황에서는 반드시 금문과 선진문헌에서 인용했던 『상서』의 산실된 문장을 기초로 삼아 고문 『상서』의 소재를 다루어야 한다. 고문 『상서』를 춘추시대 이전에 주나라 사관이 편집하여 보존한 문헌으로 간주하여 주나라 사상에 관한 자료로 사용한다면 설령 정확하지는 않다고 하더라도, 또한 그렇게 크게 벗어나지는 않을 것이다. 금고문의 「하서夏書」와 「상서商書」에 관련된 자료에 대해서는 앞에서 이미 논하였다. 여기서는 고문의 「주서周書」 부분을 집중적으로 다루려고 한다.

「태서泰誓」는 무왕이 상나라를 정벌하기 위하여 큰 회맹을 열었을 때 제후들에게 했던 선언문이다. 현재 세 편이 전해져 내려온다. 금문에 상편이 있고, 고문에 중편과 하편이 함께 기록되어 있다. 지금부터 세 편을 함께 이야기해보자.

「태서」에서 선포한 은나라 왕의 죄상은 네 부분으로 분류된다. 첫째 천명무상天命無常을 알지 못하고 "말하기를 '내 백성과 천명을 소유했다'(乃曰吾有民有命)"(上)고 하였다. 둘째 "상천을 공경하지 않고(弗敬上天)"(上), "상제와 천신 · 지기를 섬기지 않으며(弗事上帝神祇)"(上), "방탕하고 태만하여 공경하지 않고(荒怠弗敬)"(下), 상천을 공경히 섬기지 않았다. 셋째 "그 선조와 종묘를 버리고 제사를 지내지 않고(遺厥先宗廟弗祀)"(上), "종묘에 제향하지 않으며(宗廟不享)"(下), 선조를 숭배하는 제사를 지내지 않았다. 넷째 "하민들에게 재앙을 내리고(降災下民)"(上), "감히 잔악무도한 짓을 행하며(敢行暴虐)"(上), "너희 만백성을 잔혹하게 살해하고 충성스럽고 어진 신하를 불태워 죽이며 아이 밴 부인의 배를 갈라보고(殘害于爾萬姓, 焚炙忠良, 刳剔孕婦)"(上), "위세를 부려 살육을 자행하였다.(作威殺戮)"(下) 이 네 가지를 귀결한 것이 바로 "스스로 천명을 가졌다고 말하며, 공경을 행할 필요가 없다고 말하며, 제사를 지내는 것이 무익하다고 말하며, 폭정이 해로울 것이 없다고 말하였다(謂己有命, 謂敬不足行, 謂祭無益, 謂暴無傷)"(中)는 것이다.

「태서」에서 가장 두드러지게 보이는 것은 '보민保民' 사상이다. 이러한 보민 사상은 철학적 의미를 지닌 선언으로까지 간주된다.

> 오직 천지만이 만물의 부모이고 오직 사람만이 만물의 영장이니, 진실로 총명한 자는 원후元后가 되고 원후는 백성의 부모가 된다.[102]

천지는 만물의 부모이고 사람은 만물의 영장이며, 총명한 자는 군주가 되고 군주는 백성의 부모로서의 책임을 담당해야 한다. 실제로 이 구절에서 말하는 것은 다음과 같다. '사람'은 만물의 영장이기 때문에 하늘과 땅 사이에 가장 고귀한 것이며 사회관계 속에서 이 '사람'에 대한 표현이 바로 '백성民'이다. 「태서」에서 상천은 하민을 보호하는 존재로 여겨진다. "하늘이 하민들을 보우하사 군주를 만들고 스승을 만드시니 이는 그들로 하여금 능히 상제를 도와 사방을 사랑하고 편안하게 하려는 것이다."[103] 상천이 군주와

거의 하나로서 절대 대체할 수 없는 기능을 가지고 있다. 당연히 민의론의 천명관은 서주시기 통치계급이 제기한 것으로, 결코 그것이 민중을 위하여 군주의 폭정에 항거하는 합법적 신앙과 도덕적 역량을 제공한다는 것을 의미하는 것은 아니다. 하지만 주나라 사람이 만들어낸 민의론은 은상시기 군권신수君權神授만을 부르짖으며 규범이 없던 군주정치로 하여금 명확한 규범원칙을 가지도록 만들기 시작했다. 비록 이러한 규범은 법률적으로 어떤 구속력이 없다 하더라도 그것이 정치문화적 전통이 되었을 때 도덕적으로 구속력을 가질 수 있게 되는 것이다.

실제로 서주시대 이후 이러한 민의론은 진정한 의미에서 중국 고대 정치문화의 전통이 되었으며, 그것은 후대 유가 정치사상에 그대로 계승된다. 왕의 반성이나 민중의 반항을 막론하고 모두 이 전통과 긴밀하게 연결된다. 다른 사상적 측면에서 말하면 정치사상의 이런 변화는 종교적 관점과 윤리적 관점이 서로 호응하는 변화를 불러온다. 왜냐하면 이러한 민의론의 천명관 안에서 '천'은 가치상에서 후대에 뚜렷하게 발전된 '의리지천義理之天'과 일치하며, '인'과 '민'의 지위의 향상은 필연적으로 천天의 신격을 점진적으로 약화시키기 때문이다. 실제로 서주시기 종교 관념과 윤리 사유의 진보는 주로 정치문화와 정치사상의 방식을 통해 실현될 수 있었다.

미자微子는 은나라 주왕紂王의 서형庶兄(서모庶母에게서 난 형)이었다. 「미자지명微子之命」은 성왕이 미자에게 봉지封地를 나누어주며 했던 말이다. 미자를 송나라의 국군으로 책봉하여 은나라 사람들을 통솔하도록 하였는데 그 가운데 다음과 같은 말이 있다.

옛날을 상고하여 덕 있는 자를 높이고(崇德) 어진 자를 본받으며 선왕의 전통을 계승하고 예제와 문물을 닦으며 왕가에 귀빈이 되어 (송宋) 나라와 함께 아름다움을 누려 영세토록 무궁하게 하라. 오오! 그대의 선조이신 성탕成湯은 엄숙하고(齊) 통하지 않음이 없으며(聖) 넓고(廣) 깊으시니(淵), 황천이 돌보고 도우셨으므로 크게 그 명을 받으셨느니라. 너그러움으로 백성들을 어루만지시고(寬民) 사악하고 포학한 무리들을 제거하시니, 공功은 당시에 더해졌으며 덕德은 이후 상나라에 드리워졌다. 그대는 그 도道(猷)를 실천하고 닦아 옛날부터 훌륭한 명성이 있었고, 삼가고 삼가 능히 효도하며(克孝) 엄숙하고 공경스럽게 신과 사람을 대하였다.(敬神)[108]

숭덕崇德·관민寬民·극효克孝(보모를 잘 섬김)·경신敬神의 네 가지 강령과 제齊·성聖·광廣·연淵의 네 가지 덕행은 모두 주공의 정치사상에 잘 부합한다고 할 수 있다.

채숙蔡叔 사후 그의 아들 채중蔡仲은 현명하고 경덕을 행하였다. 성왕은 채중을 채나라의 국군國君으로 봉하였다. 「채중지명蔡仲之命」은 채중에게 책명冊命을 내리는 글이다. 그 가운데 다음과 같은 말이 있다.

왕이 대략 이렇게 말씀하셨다. "소자 호胡(채중)여! 그대는 (조부인 문왕의) 덕을 따르고 (부친인 채숙의 나쁜) 행실을 고쳐 능히 그 도道(猷)를 삼갔으니(克愼), 그러므로 내 그대를 동쪽 땅의 제후로 명하노라. 그대의 봉지로 나아가 삼갈지어다. 그대가 부친의 허물을 덮고자 한다면 충을 행하고(惟忠) 효를 행하며(惟孝), 그대는 이에 새로운 자신의 자취를 내디뎌 능히 부지런히 하고(克勤) 게을리하지 않음으로써 후손들에게 모범을 드러내도록 하라. 조부인 문왕의 떳떳한 가르침을 따르고 그대의 부친처럼 왕명을 어기지 말라.

황천은 친근하게 여기는 사람이 없으며 오로지 덕이 있는 사람만을 보우하신다. 민심에는 영원한 주인이 없으며 오로지 은혜롭게 대하는 사람만을 그리워한다. 선을 행하는 것이 각기 다르지만 하나같이 질서 있는 것으로 귀결되고, 악을 행하는 것이 각기 다르지만 하나같이 어지러움으로 귀결된다. 그대는 경계할지어다!"[109]

「채중지명」에서 이야기한 극근克勤과 극신克愼, 유충惟忠과 유효惟孝의 사상 또한 의심의 여지없는 유가사상의 원시적 성분이다. 채침蔡沈의 『서집전書集傳』에서는 이 편을 「낙고」편 앞에 두고 있다. 이 편의 "왕이 대략 말씀하셨다(王若曰)"는 성왕이 말한 것일 수도 있지만 주공이 성왕의 명의로 반포했을 가능성도 있다. 사실 주공 스스로 반포한 명命과 고誥의 글들은 종종 "왕이 대략 말씀하셨다"라는 말을 사용하여 시작하기도 한다.

「채중지명」의 성숙한 사상과 표현으로 살펴보면 이 편은 초기 친정 시기의 성왕이 도달할 수 있는 사상이 아니며 분명 주공 본인의 사상이 반영되어 있다. "황천은 친근하게 여기는 사람이 없으며 오로지 덕이 있는 사람만을 보우하신다(皇天無親, 惟德是輔)"는 이 구절은 주나라 시기의 새로운 천명관을 더욱더 명백하게 정리하고 있다. 여기에서도 고문 「탕고湯誥」의 천도무친天道無親 사상은 분명 황천무친皇天無親 사상과 일치하며 한 걸음 더 발전한 산물이고 주나라 사람의 사상적 발전을 표현하고 있는 것으로 보인다.

「주관周官」의 공헌은 가장 먼저 "공으로 사를 멸하면 백성들이 진심으로 믿고 따르게 된다(以公滅私, 民其允懷)"라고 말하며, 공공 사무의 행위원칙이 공으로 사를 멸하는 것이고 공공사무를 처리하는 가운데 공공의 이익을 위하는 문제를 고려해야만 백성의 지지를 마침내 얻을 수 있다고 말한다.

「주관」에서는 또 "덕을 행하면 마음이 편안하여 날로 관대해지고, 거짓을 행하면 마음이 온갖 수를 다 부려도 날이 가면 갈수록 더욱 궁지에 빠진다"110라고 말하여, 인간 행위의 도덕적 성질이 인간의 마음에 끼치는 영향을 깊이 있게 분석하고 있다. 덕을 행하면 마음이 편안해지고 부덕不德을 행하면 마음이 안정되지 못한다는 것은 이 시기의 사람들이 도덕적 생활에 대해 이미 상당히 높은 요구와 깊이 있는 체험을 가지고 있었다는 것을 말해준다.

마지막으로 「주관」에서는 "총애와 신임을 받는 지위에 있을 때 위태로움을 생각하고 두려워하지 않음이 없도록 하라"111, "아직 어지러워지기 전에 다스림을 제어하고 위태롭지 않을 때 나라를 보위해야 한다"112라는 관점들을 제기하고 있으며 안정된 시기에 더욱 많은 위기의식과 우환의식을 지녀야 함을 강조하고 있다.113 이러한 사상과 의식은 모두 중국문화의 정신기질을 구성하는 데 적극적인 역할을 하였다.

본 절에서 중점적으로 논의했던 민의론과 관련하여 『상서』의 보민保民사상에 대해 좀 더 깊이 있게 이야기해보자.

「고요모皐陶謨」에서 "백성을 편안하게 하는 것에 있다(在安民)", "백성을 편안하게 하면 은혜로워진다(安民則惠)"고 하였는데 이것은 비교적 소박한 안민安民사상이다. 또한 「반경盤庚」 상편 "진실한 덕을 백성들에게 베풀어라(施實德于民)", 「반경」 중편 "옛날에 우리 선왕들은 백성을 받들지 않음이 없었다(古我前後, 罔不惟民之承)" 이 두 구절 또한 모두 매우 소박하게 민생을 중시하는 사상이다. 「강고」의 "보호함으로 백성을 다스려라(用保乂民)", "편안함으로 백성을 보호하라(用康保民)", "마치 갓난아기를 보호하듯이 하면 백성들이 편안해지고 다스려질 것이다(若保赤子, 惟民其康乂)"라는 구절들은 명확한 보민사상을 지니고 있다. 「고종융일高宗肜日」의 "왕 노릇 함에 백성을 공경하소서(王司敬民)"와 「재재梓材」의 "자손 대대로 영원히 백성을 보호하소서(子子孫孫永保民)"와 같은 말들은 「주서周書」 속에서 흔히 보인다.

하·상·주 각 시대의 새로운 통치자는 이전 왕조에서 백성을 학대하고 해를 끼친 것을 지적하지 않은 적이 없다. "백성이 (전 왕조를) 버리고 보위하지 않는다(民棄不保)"(「대우모大禹謨」)는 것을 혁명의 정당한 이유로 삼아 자손들에게 "백성은 가까이해야 하며 경시해서는 안 된다(民可近, 不可下)"(「오자지가五子之歌」)고 경고한다. 설령 그들이 말한 "내가 천하를 살펴보니 우매한 지아비나 무지한 지어미 한 사람이라도 능히 우리를 이길 수 있다(予視天下愚夫愚婦一能勝予)"(「오자지가」)라는 말이 다소 허위적인 표현일지라도 그들이 담담하게 이어받은 "내가 백성들을 대하는 두려움은 썩은 새끼줄로 여섯 마리의 말을 모는 것과 같다(予臨兆民, 凛乎若朽索之馭六馬)"(「오자지가」)라는 통치의 심정은 당연히 진실한 것이다.

「태갑太甲」에서 "백성의 일을 경시하지 말라(無輕民事)"고 한 것은 "제후는 백성이 없으면 부릴 수 있는 사람이 없고, 백성은 제후가 없으면 섬길 사람이 없다(后非民罔使, 民非后罔事)"(「함유일덕咸有一德」)라고 하여 통치자와 인민을 상호 의존적 관계로 보고 있다. 그들은 "하늘이 하민을 보우한다(天佑下民)", "하늘이 백성을 긍휼히 여긴다(天矜于民)", "하늘이 백성에게 은혜롭다(惟天惠民)"(「태서泰誓」)는 생각을 근본적인 신념으로 삼아 "천자가 백성의 부모가 된다(天子作民父母)"(「홍범

洪範」)는 단계가 되어야 천하의 왕 노릇을 할 수 있다고 훈계하였다. 그러므로 정치상에서 "너그러움으로 백성들을 어루만질 것(撫民以寬)"(「미자지명」)을 주장한다. 이러한 모든 것들은 공통적으로 서주 정치문화의 전통을 구성하고 있다.

아울러 이런 문헌들이 경전으로 됨에 따라 구속력을 지닌 가치 언어로 전환하여 후대인들이 따라야 하는 원칙과 전통이 되었다. 유가사상의 근원으로 말하면 이러한 사상들은 모두 춘추말기에 출현한 유가학파의 사상과 문화적 자원을 구성하였으며, 이러한 사상들이 바로 유가가 학파 성립 이전의 유가 사상이라고 할 수 있다.

서주시대 보민사상을 연구할 때 한 가지 주의할 것이 있는데, 바로 『상서』의 노약자와 고아를 보호하는 것에 대한 중시와 강조이다.

> 너희는 늙은 사람을 업신여기지 말고 고아와 어린아이를 경시하지 말라.[114]
>
> (문왕께서는) 능히 덕을 밝히고 형벌을 삼가셨으며 감히 홀아비와 과부를 업신여기지 않으셨도다.[115]
>
> (은나라 조갑祖甲은) 서민들을 보호하고 은혜롭게 대할 수 있었고 감히 홀아비와 과부를 업신여기지 않았습니다.[116]
>
> (문왕께서는) 소민들을 가슴에 품어 보호하며 홀아비와 과부를 은혜로 대하여 생기가 나도록 하셨습니다.[117]
>
> 홀아비와 과부들이 애처롭도다.[118]
>
> 서로 잔학하게 대하지 말고 가난하고 보잘것없는 자를 공경하는 데까지 이르러야 한다.[119]
>
> 황제께서 백성들에게 허심탄회하게 물으시니, 홀아비와 과부들이 유묘有苗(氏)의 허물에 대해 성토하였다.[120]

홀아비와 과부, 노인과 아비를 잃은 고아에 대한 이런 특별한 관심은 중국문화 초기 인도주의의 근원이다. 『상서대전尙書大傳』에 다음과 같은 기록이 있다.

> 늙어서 지어미가 없는 것을 일러 홀아비(鰥)라 하고, 늙어서 지아비가 없는 것을 일러 과부(寡)라 하고, 어려서 부모가 없는 것을 일러 고아(孤)라 하고, 늙어서 자식이 없는 것을 일러 독거노인(獨)이라 하고, 일을 행함에 재물이 없는 것을 일러 궁핍한 자(乏)라 하고, 거처함에 양식이 없는 것을 일러 곤궁한 자(困)라 하는데, 이들 모두 천하의 지극히 비통하고 애처로우면서 하소연할 곳도 없는 자들이니, 고로 성인이 위에 있고 군자가 자리에 있고 능력 있는 자가 직무를 맡아서 반드시 먼저 이들에게 베풀어 직무를 잃지 않도록 해야 한다.[121]

세계문명사를 살펴보면 이와 유사한 사상들이 각 문명의 초기부터 보편적으로 출현한다. 고대 이집트의 정치철학 저작물인 『언변 좋은 농민(The Eloquent Peasant)』은 대략 기원전 2,050년경에 지어졌다. 군주는 반드시 인정仁政을 베풀고 정의를 지지해야 하며, "군주는 고아를 친근하게 대하고 과부를 불쌍하게 여기며 버려진 아이를 길러야 한다고 적극적으로 주장한다."[122] 더 이른 시기의 수메르교의 여신 이안나(Inanna)는 "고아들을 안락하게 하고 과부를 더 이상 생기지 않도록 하며 포악한 사람을 없애버릴 장소를 만들 수 있는 신"[123]으로 여겨졌다.

기원전 8세기에서 7세기 사이 히브리교는 선지자의 개혁 단계로 진입하였다. 선지자의 윤리적 호소는 『이사야서(Isaish)』에 나타난다. 사람들에게 "공평함을 추구하고 억압받는 자를 구하며, 고아의 억울함을 풀어주고 과부의 욕됨을 변호할 것"[124]을 요구한다. 이러한 자료들을 통해 노인·고아·홀아비·과부에 대한 보호는 기축기 이전 대다수 문명의 공통적인 주제이며 각 문명의 가치이성의 발원지임을 알 수 있다. 중국문화로 말하면 이러한 초기의 소박한 인도주의적 맹아는 유가 인학仁學의 근원이며, 이는 맹자의 사상을 통해 분명하게 나타난다.

를 들어 「태서」의 "백성들이 원하는 바를 하늘은 반드시 따르신다"[145]라는 구절은 『좌전』에서 두 차례나 인용되었을 뿐만 아니라 『국어』의 「주어周語」와 「정어鄭語」에서도 각각 한 차례씩 인용되었다. 이는 민의론의 천명관, 즉 천민합일론天民合一論이 주대에 이미 상당히 유행하였음을 의미한다.

이해를 돕기 위하여 다시 모든 「하서」와 「상서」 속에서 연관된 사상들을 찾아서 배열해보도록 하자.

능히 큰 덕을 밝히셨다.[146]

하늘이 밝게 듣고 보심은 우리 백성이 보고 들은 것에 기인하며, 하늘이 밝히고 두려움을 주는 것은 우리 백성이 착한 사람을 밝히고 악한 사람에게 위엄을 보인 것에 기인한다.[147]

백성만이 나라의 근본이다.[148]

하늘의 도는 선한 자에게 복을 내리고 음란한 자에게 화를 내리는 것이다.[149]

상제의 의지는 일정하지 아니하니, 선하면 백 가지 상서로움을 내리고 불선하면 백 가지 재앙을 내린다.[150]

하늘이 지은 재앙은 오히려 피할 수 있으나 스스로 지은 재앙은 (벗어나) 살아날 수 없다.[151]

하늘은 (영원토록) 친근하게 여기는 사람이 없으며 능히 공경해야만 친근하게 대한다. 백성은 항상 마음에 품고 있는 사람이 없으며 인仁한 자를 마음에 품는다.[152]

하늘은 믿기 어려우며 명命이 일정하지 않다. 그 덕을 일정하게 하면 그 지위를 보존하리라.[153]

이 가운데 "하늘이 밝게 듣고 보심은 우리 백성이 보고 들은 것에 기인하며, 하늘이 밝히고 두려움을 주는 것은 우리 백성이 착한 사람을 밝히고 악한 사람에게 위엄을 보인 것에 기인한다(天聰明自我民聰明, 天明畏自我民明畏)"라는 두 구절은 분명히 「주서」 「태서」의 "하늘이 보실 때에는 우리 백성의 눈을 통해 보시며, 하늘이 들을 때에는 우리 백성의 귀를 통해 들으신다(天視自我民視, 天聽自我民聽)"라는 구절을 모방한 것으로 보인다. 그러므로 정현鄭玄의 『시전詩箋』 소疏에서는 「태서」의 문장으로 보았다.[154] "하늘이 지은 재앙은 오히려 피할 수 있으나 스스로 지은 재앙은 (벗어나) 살아날 수 없다"[155]라는 구절은 『맹자』와 『예기』에서 모두 태갑의 말로 인용했다. 이것은 이 문장이 결코 진한시대 이후에 위조된 것이 아님을 설명한다. 그러나 천명은 피할 수 있다거나 하늘에게 공경하지 않는다는 표현은 서주시기 사상과 합치하지 않는 것처럼 보인다. 아마도 「주고」의 "하늘이 모진 것이 아니라 (은나라) 백성들이 스스로 허물을 부른 것이다"[156]라는 문장이 변형된 것으로 보인다.

그러므로 「하·상서」 가운데 '천天과 민民'의 관계와 연관된 수많은 말들은 사실 서주시대 사상이 표현된 것이며, 서주시대 사관들이 옛 문헌과 당시 사상을 융합하여 구성한 것이다. 「탕고」와 「이훈」의 천도복선화음天道福善禍淫(하늘은 착한 자에게 복을 내리고 못된 자에게 화를 내린다) 사상은 금문 「주서」 속에서는 보이지 않는다. 그러나 서주시기에 이미 천명유덕天命惟德 사상이 있었고 천명의 전환은 반드시 선악을 근거로 삼아야 하기 때문에 천도복선화음 사상 또한 당연히 서주시기 사상이 발전한 것이다.

그렇지만 경덕敬德과 보민保民 사상이 서주시기 이전부터 이미 맹아가 생겼다고 보는 이유가 있는데, 주공이 인용한 옛사람의 말을 살펴보면 어떤 사유 내용들은 그 근원이 아득히 먼 옛날이기 때문이다. 이런 의미에서 주공은 상고시기의 사상을 가장 먼저 집대성한 사람이라고 할 수 있다.

앞에서 말한 내용들을 종합하면 주공을 탁월한 대표자로 삼은 서주사상은 종교 관념과 정치사상을 주요내용으로 하여 은상시기와는 비견할 수 없는 적극적인 진전을 이루었다. 이러한 진전을 종교적인 각도에서 말하면 세 가지 개념으로 정리할 수 있다. 바로 천명무상天命無常, 천명유덕天命惟德, 천의재민天意在民이다.

어떻게 종교학, 철학 그리고 사상사의 각도에서 서주시대의 '천명'관의 변화를 볼 것인가 하는 것은 초기 중국 문화발전의 역사를 이해하는 데 있어 대단히 중요한 문제이다.

실제로 자연종교 이후의 성숙한 종교 단계에서 신이 지닌 근본적인 신성은 인간 스스로가 가진 특성의 소외일 뿐이다.157 하지만 이것은 단순히 인간의 자연속성(희·노·애·락의 심리형식과 인격과 육신을 포함한다)을 신에게 부여한 것이 아니다. 가장 중요한 것은 인간의 가치이상과 사회의 윤리원칙을 신에게 넘겨주어 신의 의지와 법칙으로 삼은 것이다. 따라서 기축 시대 이후, 철학자 혹은 신학자들 모두 신 존재의 필요성은 오직 그가 인간세상의 생활에 관심을 가지고 관여하고 있다는 점에서 공통된 인식을 가지고 있다. 만약 신과 인간세상이 무관하고 인간의 희망에 대해 이해하지 못하고 관여하지 않는다면 이런 상제와 신은 존재하지 않는 것이나 마찬가지이다.

부사년傅斯年은 일찍이 명命이란 글자가 서주 중엽에 쓰이기 시작했고 서주말기에 성행하여 사용되었으며 또한 명과 령令은 단지 한 글자의 다른 모양이기 때문에 천명天命의 명과 왕명王命의 명은 의미상에서 차이가 없다고 생각했다.[158] 사실 앞에서 보았듯이 천명의 명은 여러 가지 다른 용법이 있다. 하늘의 명령을 가리키거나 하늘이 왕조에게 부여한 권명權命 혹은 상천의 의지를 가리킨다. '천명'의 '천'을 황천상제皇天上帝로 이해하고 '명'을 상천의 의지명령으로 보고 있다는 점에서 종교학에서 말하는 신의神意에 해당하는 개념이다. 이러한 천명(신의)의 작용과 권능이 가지고 있는 크기와 범위는 각 종교 체계에 따라 차이가 있다.

서주의 이런 천명론이 강조하는 것은 후대의 필연성으로서의 '명' 관념이 아니다. 서주의 천명관 속에서는 우주가 인과의 사슬로 연결되어 있는 엄밀한 질서라고 보지 않으며, 일체 사물이 어두컴컴한 가운데 이미 모두 안배되어 확정된 구조를 가진 것으로 여기지 않으며, 우주질서가 불변의 필연성과 명운을 나타내는 것으로 보지도 않는다. 명정론命定論의 우주관 속에서 상제는 최초의 원인·제일운동자·우주의 필연적 사슬의 제정자로서의 역할을 할 뿐, 이후의 우주의 발전에 대해서는 더 이상 관심과 책임을 가질 필요가 없다.

이와는 다르게 서주의 천명관 역시 천명과 신의神意의 주재 작용을 인정하지만 이러한 주재 작용은 우주와 인류를 위해 필연성의 사슬을 안배하는 행위로 표현되는 것이 아니라 사물의 발전과 인류의 상황에 따라 수시로 조절하고 간여하고 조정한다. 그러므로 전자인 명정론은 대부분 자연종교가 자연현상을 대면하면서 가지게 된 태도이며, 후자는 윤리적 종교가 사회역사와 인류의 운명을 대면하면서 만들어낸 이해·요구·사상이며 이러한 요구를 천명론의 형식으로 호소한다.

종교사의 천명론에 관하여 이미 여러 학자의 연구가 있었다. 기독교는 상제의 전지全知 · 전능全能 · 전선全善을 믿는다. 그러므로 그들의 천명(신의神意) 신앙 속에서 신은 도덕 · 지혜 · 권능의 세 가지 요소를 지니고 있다. 다신교에서 일신교로의 발전 속에서는 천명이 지닌 권능의 범위가 유한에서 무한으로 확장될 뿐만 아니라 각종 종교체계 속의 천명관념에 포함된 이지理智적 요소와 윤리적 요소 또한 각기 달랐기 때문에 종교사에 각기 다른 천명관 형식이 출현하게 되는 것이다.159 이에 관해 제기된 논저가 있다.

> 이러한 신령의 내심세계, 신령의 도덕적 속성과 이지적 특징에 대하여 어떤 종교 신학자들은 정욕과 의지가 풍부한 색채를 사용하여 꾸미고 묘사하였으며, 어떤 종교 신학자들은 지혜와 이지가 풍부한 필치를 통하여 세심하게 조각하였다. 이리하여 각 종교의 다양한 천명관은 내용과 성질의 측면에서 서로 다른 태도와 색조를 가지도록 만들었다. 혹자는 신령의 자의적인 태도에서 출발하여 정욕을 중시하는 천명관으로 표현하며, 혹자는 신령의 윤리와 이성적 사고에서 출발하여 천명으로 하여금 어떤 윤리적 · 이지적 특징을 지니도록 만든다. 전자의 천명은 언제나 반복적이고 다변적이며 추측 불가능한 것이다. 신령은 변덕스럽고 천명 또한 예측할 수 없다. 후자의 천명은 종종 유상有常(일정한 법칙이 있는) 천도와 질서정연한 세계구조로 표현된다. 전자의 천명관 속에서 천명은 신령의 호오好惡와 희노喜怒의 감정에 달려있으므로 사람들은 헌제獻祭나 의식儀式의 종교 신앙 행위를 통해 신의 정서에 영향을 끼치며 신이 좋아하는 것을 바치고 신이 사랑하는 것을 넓힌다. … 하지만 후자의 천명관 속에서 천명은 유상有常이 있기 때문에 일정한 법칙과 질서정연한 세계구조 가운데 표현된다. 그러므로 천명은 반드시 이러한 것이며 변할 수 없는 것이다. … 전자의 종교적 천명관념에서부터 후자의 종교적 천명관념에 이르기까지

기나긴 발전의 과정이 있었다.[160]

분명히 짚고 넘어가야 할 것은 서주의 천명관이 '유상有常'과 '무상無常'의 통일체라는 점이다. '무상'은 하늘이 명하여 어떤 왕조에게 부여한 인간세계의 통치권이 영원한 것이 아니며 바뀔 수 있다는 것을 가리킨다. '유상'은 천의와 천명이 변덕스러운 것이 아니라 명확한 윤리적 성격을 지니고 있다는 것을 말한다. 분명히 여기에서 말하는 천명은 모두 '역사 속의 상제'(Müller)의 의지가 투영된 것이며 자연의 질서와 법칙을 가리키지 않는다. 이로부터 천은 더 이상 변덕스러운 폭군이 아니며 선악의 기준이 있는 심판자이다. 그밖에 천명관의 무상에서 유상으로의 발전은 은주 천명관념의 변화를 묘사하는 데 적용할 수 있다. 다만 이러한 발전은 은주 천명관 전환의 원인과 성질의 측면에서 말하면 결코 관념이 자연을 대면하는 과정에서 취득한 지성의 진보가 아니라 사회와 역사 변화의 영향 아래 형성된 관념이 변화하고 승화하여 나온 가치이상이다.

여돈강余敦康은 은주 사이의 사상 변화를 토론할 때, 은대의 천신 신앙이 비록 일정한 사회적 속성을 부가하였더라도 여전히 원시적인 자연숭배의 특징을 띠고 있으며 또한 자연계의 제압할 수 없는 신비한 역량을 반영하고 있다고 주장하였다. 이 천신은 이성이 없는 폭군처럼 권위가 매우 크고 변덕스럽고, 사람들은 황망하여 몸 둘 바를 몰라 그에 복종할 수밖에 없었다. "이 천신은 은나라 사람에게 있어 일종의 맹목적인 지배의 힘으로써 은나라 왕을 포함한 내부의 모든 사람과 서로 대립한다. 이러한 정황은 은나라 사람의 천신관념이 통치를 유지하는 데 제대로 작용하지 못하였으며, 아울러 은대 노예제 상부 구조의 유기적 구성 부분으로 발전하지 못했다는 것을 나타낸다."161 이러한 견해는 매우 탁월한 식견을 보여주고 있다. 그러나 만약 정치적 통치와 상부 구조를 보호하는 합법성으로만 이 문제를 바라보면 여전히 한계가 있을 것으로 보인다.

종교사 혹은 문화사의 각도에서 살펴보면 은나라 사상에서 주나라 사상으로의 발전은 주나라 사람이 더욱 총명하게 어떻게 상부 구조를 구성하고 운영하여 주왕조의 정치와 통치를 유지하는지를 알고 있었다. 이뿐만 아니라 자연종교는 반드시 더 높은 차원의 종교적 단계를 향해 발전한다는 점에서 정욕적인 천에서 도덕적인 천으로의 전환은 문명사회의 자체적 발전의 필연적 논리를 지니고 있으며, 사회가치의 수립에 대한 요구는 사람들의 이성 구조를 통해 자연스럽게 종교적 사유의 변화에 반영되었다. 따라서 그것의 의미는 정치유기체 구조의 진보일 뿐만 아니라 문명과 문화 자체의 진보이다.

전체적으로 말하면 서주시대의 천명론은 여전히 후대에 발전한 자연명정론自然命定論이나 우주운명론이 아니라 일종의 신의론神意論이며, 여전히 황천상제의 신성神性한 외투를 걸치고 있다. 하지만 그 속에서는 이미 질서와 운명으로 향하는 사상이 서서히 발전하고 있었다는 것 또한 부인할 수 없다. 질서의 관념은 점차 '천도'의 관점으로 응결된다. 그러나 운명의 관념은 변함없이 '천명' 관점에 의존하여 발전한다.

이상의 분석을 통해 은대에 천을 지상신으로 여겼는지 천명의 관념이 있었는지를 알 수 있는데, 종교사상사의 각도에서 살펴보면 크게 중요한 것은 아니다. 왜냐하면 설령 은상시기에 천명의 신의론 관념이 있었을지라도 그 또한 여전히 주나라 사람의 천명관과 크게 구별되는 점이 있기 때문이다. 앞에서 말한 것처럼 똑같이 천명의 개념을 사용하기 때문에 결코 그 운용과 내함의 다름을 없앨 수 없다. 또한 종교사는 각종 천명관 사이에 매우 큰 차이가 있음을 증명하였다.

그러나 다른 측면에서 보았을 때 은나라 사람과 비교하면 주나라 사람은 확실히 '천'을 지상신을 지칭하는 용법으로 사용하고 있다. 이러한 차이의 원인이 무엇인지에 대한 논의는 잠시 미루어 두고 우선 그 결과를 가지고 말하면 주나라 사람의 '천' 관념과 인문주의 사조는 춘추시기의 흥기 및 후대 유도儒道 양가의 자연지천과 의리지천을 중시하는 발전 사이에 어떤 연관성이 존재하고 있는 것으로 보인다. 다시 말해 서주시기 사상 변화 속에서 '천'의 보편화는 객관적으로 후대 유가 인문주의와 도가 자연주의가 발생하는 기초를 마련하는 데 원시적 발전의 계기를 제공하고 있다.

왕국유王國維는 일찍이 『은주제도론殷周制度論』에서 진정한 역사적 안목으로 "중국정치와 문화의 변혁은 은주 사이보다 더 극적인 변화가 있었던 적은 없었다"[162]라고 주장하였다. 이러한 변화는 민족과 문화적 배경에서 살펴보면 "오제五帝 이래로 정치문물이 나오던 도읍은 모두 동방에 있었는데, 오직 주나라만 홀로 서쪽 땅에서 우뚝 섰기" 때문이며, 제도적 변화의 내용에서 살펴보면 다음의 세 가지 이유 때문이다. "주나라 사람들의 제도가 상나라와 크게 다른 점은 다음과 같다. 첫째, 적장자를 세우는 제도이다. 이로 말미암

『상서』는 유가에 의해 첨삭되고 수정되어 경전으로 추앙되었는데 이는 결코 우연이 아니다. 『상서』와 유가 사이에는 내재적 계승 관계가 있다. 그리고 특히 중요한 것은 기원전 11세기부터 기원전 6세기까지 주대의 문화와 주공의 사상이 이미 중국문화의 정신기질을 빚어냈다는 것이다. 만약 서주의 정치문화가 '숭덕귀민崇德貴民'(숭덕은 덕행을 공경하고 숭배하는 것이며, 귀민은 인민의 소망을 중시하는 것이다)으로 귀결되고, 서주의 종교문화가 유형 상에서 천민합일天民合一의 천명관으로 귀결된다면 후대 중국문화의 역정 속에서 구체적으로 표현되어 나온 도덕인문주의적 정신기질은 이러한 기초 위에서 점진적으로 형성된 것이라고 말할 수 있다.

풍우란馮友蘭은 1910년대 중반 북경대학에서 중국철학사 수업을 듣던 상황을 회상하면서 말하였다. "우리에게 중국철학사를 가르치신 교수님께서는 삼황오제부터 강의를 시작하셨는데 반년 동안 겨우 주공까지 가르치셨다. 우리는 그에게 이러한 속도로 강의를 하신다면 언제 강의를 다 마칠 수 있느냐고 물었다. 선생님께서는 '강의가 끝나느냐 끝나지 않느냐는 것은 아무런 상관이 없다. 만약 강의를 다 끝내고자 한다면 한마디로 끝낼 수 있다. 만일 강의를 끝내지 않고자 한다면 그것은 영원히 끝나지 않을 것이다'라고 말씀하셨다."166

사실 오제부터 주공에 이르는 시기는 확실히 중국문명이 발생하고 정형화되는 중요한 시기이다. 중국문화와 문명의 유전자는 대부분 이 기간에 점진적으로 형성되었다. 다만 이 시기는 철학 이전의 시대이기 때문에 철학사의 통사 수업에서는 많은 시간을 할애할 필요가 없다. 하지만 중국문화사 혹은 사상사의 발생적 연구 측면에서 바라보면 이 시기의 역사는 논쟁의 여지 없이 매우 중요하다.

사상적 측면에서 살펴보면, 은상문화에서 주대문화로의 발전 속에서 은나라 사람의 자연종교 신앙은 비록 제사 제도를 통하여 여전히 주대문화 속에 포용되지만 주나라 사람의 총체적인 신앙은 이미 자연종교 단계를 초월하여 새로운 단계로 진입하였다. 이 새로운 단계는 종교학에서 말하는 윤리종교와 상당히 유사하다. 즉 윤리적 성격을 '천'에 부여하여 '천의' 혹은 '천명'이라는 확실한 내재적 의미를 지닌 것이 된다.

또한 천天과 제帝의 차이점은 그것이 초월적 신격을 지니고 있는 것이면서 동시에 존재하지 않는 곳이 없는 자연존재와 만물을 뒤덮는 우주질서를 대표하는가에 있다. 신격 신앙이 희미해짐에 따라 천에 대한 이해는 자연과 질서 쪽으로 치우쳐 이동할 가능성이 있다. 이러한 관점의 출현으로 인해 인류의 사회적 생활에서 사람들은 더 이상 맹목적으로 상천을 향해 머리를 조아리며 숭배하거나 제사를 지내며 아첨하여 행운을 구할 필요가 없어졌다. 천이 윤리이성을 지닌 예측 가능한 존재가 되었기에 사람들이 해야 하는 것은 바로 자신의 도덕행위에 집중하는 것이었다. 사람들은 반드시 스스로 자신을 책임져야 하고 자신의 행위의 결과를 책임져야 하며 또한 자신의 운명을 책임져야 한다. 더욱이 사회의 통치자는 천명이 민중의 욕구를 드러내는 것임을 반드시 이해해야만 한다.

"황천은 친근하게 여기는 사람이 없으며 오직 덕이 있는 자만을 보우하신다(皇天無親, 有德是輔)", "백성들이 원하는 바를 하늘은 반드시 따르신다.(民之所欲, 天必從之)" 이 두 구절은 서주 정치문화가 유가사상으로 확장하고 발전하는 기원적 모티브라고 말할 수 있다.

비록 후대 공자와 맹자의 사상 속에서 경덕敬德이 보민保民보다 더 중요하게 여겨지며 주공이 보민사상을 핵심으로 여기는 것과 서로 차이가 있지만, 이것은 주공이 대정치가이며 그의 사상이 모두 정치사상의 형식으로 표현되었기 때문이다. 이 또한 초기 중국문화의 가치이성 형성의 특수한 방식을 결정하였다. 즉 가치이성이 정치사상을 통해 성립되었다는 것이다. 이는 기독교 초기 하층 민중을 대하는 언어형식과는 분명 차이가 있다. 당연히 서주문화가 후대 유가에게 제공하는 자원은 단순히 정치사상만이 아니다.

우리는 뒤의 두 장에서 이 문제에 대해 더욱 전면적으로 이해하게 될 것이다.

주공의 "감히 상제의 명을 편안히 여기지 못한다(不敢寧于上帝命)"라는 진술은 통치주체인 주나라 사람의 집단의식을 대표한다. 이는 신교도新教徒의 개체심리상태와 유사한데, 즉 상제가 그 천명을 지켜줄 수 있는지를 알지 못하기 때문에 반드시 덕을 밝히고 백성을 보호하며(明德保民) 공경하고 삼가 능히 근면하도록(敬慎克勤) 노력해야 한다는 것이다. 이것은 마치 종교신앙에 기초하여 사회정치의 이성화를 촉진하는 것이라고도 말할 수 있을 것 같다. 그런데 유가사상의 근원은 단지 서주에서만 시작된 것일까? 이는 하 왕조와 상 왕조의 문헌까지 언급해야 하는 문제이기 때문에 한 마디로 단언하기 어렵다.

현재 전해지는 금·고문 『상서』의 하·상서 속에서 서주시기와 유사한 많은 사상을 볼 수 있으며, 그 속에 몇 가지는 분명 주나라 사람의 개정을 거쳐 만들어진 것이다. 하지만 그 가운데 먼 옛날부터 전해져 내려온 소재와 사상들이 있는지는 지금도 여전히 확실하게 구별하고 확정하기 어렵다. 설령 우리가 지금 전국시대의 『상서』를 발굴하게 되어 그 속에 모든 금문과 고문이 포함되어 있더라도 우리는 여전히 하·상서 가운데 어느 편장이 600년의 시간 동안 주나라 사람의 수정을 거쳤는가의 여부를 단정할 수 없다.

그러나 만약 「주서」의 사상이 전통적으로 말하는 것처럼 대부분 주공의 사상이라고 한다면 당연히 이러한 사상이 주공 한 사람의 머릿속에서 갑자기 만들어지는 것은 불가능하며 그 속의 사상은 반드시 발전적인 역사과정을 거쳐야만 함을 인정해야 한다. 실제로 문헌 속에서 몇몇 단서들을 찾을 수 있다. 『사기』 「은본기殷本紀」에 실린 글을 예로 들어보자. "탕왕께서 말씀하셨다. '내 말한 대로 사람이 물을 바라보면 (자신의) 모습을 볼 수 있고, 백성을 살펴보면 잘 다스려지는지 아닌지를 알 수 있다'."167 이것은 명백히 「주고」에서 주공이 인용한 옛사람의 말의 근원이다.168 「주고」에서 "옛사람이 말하기를 '사람이여, 물을 거울로 삼지 말고 마땅히 백성을 거울로 삼아라'고 하였다"169라는 구절은 바로 백성을 귀감으로 삼는 사상이 탕왕의 시대에 이미 제기되었다는 것을 의미한다.

또 「태서」를 예로 들어보자. "옛사람이 말하기를 '우리를 어루만져주면 임금이고 우리를 학대하면 원수이다'라고 하였다."170 「태서」는 은나라와 주나라 사이에 해당하므로 여기에서 인용한 옛사람의 말은 분명히 은상 혹은 더욱 이른 시기의 것이다. 『일주서逸周書』 「예량부편芮良夫篇」에 "덕이 있으면 백성이 추대하며 덕이 없으면 백성이 원수로 여긴다(德則民戴, 否則民仇)"는 구절은 분명 이와 상통한다. 후대 맹자와 순자가 논한 군민君民관계 모두 줄곧 이 사상을 계승하였다. 이것은 정치문화 속의 민본주의 전통이 중국역사에서 매우 유구한 기원을 가지고 있다는 것을 의미한다. 이러한 민본주의와 도의道義원칙의 결합은 중국 유가문화의 독특한 특색을 구성하고 있다.

비록 우리가 앞에서 말한 것처럼 설령 현재 금·고문을 모두 포함하고 있는 전국시대의 『상서』를 발굴하더라도, 그 속의 「하·상서」가 주나라 사람에 의해 개정되었는지의 여부를 확인할 방법은 없다. 하지만 의고疑古 사조에 의해 크게 폄하된 『상서』의 몇몇 부분이 공자가 생활하던 춘추말기 이전에 확실히 존재하였다는 것을 실증할 수는 있을 것이다. 지금 『상서』가 출토되지 않았다 하더라도 춘추시대 사람들의 『상서』에 대한 인용으로부터 우리는 공자의 시대에 『상서』가 이미 유행하였고 아울러 커다란 영향을 끼쳤음은 당연히 인정할 수 있다. 그리고 공자에게 있어 「하서」·「상서」·「주서」는 모두 전통이며, 모두 공자가 새로운 발전을 향해 나가는 데 의거했던 귀중한 자원이었다. 이러한 의미에서 「하서」·「상서」·「주서」는 모두 의심의 여지 없이 유가사상의 근원을 구성하고 있다.

7. 「홍범」과 서주정치 문화

이 절에서는 「홍범洪範」이 서주 정치문화에 끼친 영향에 대해 전문적으로 토론하려 한다. 「홍범」은 「서서書序」에 근거하면 무왕 시기에 작성된 것으로 보인다. 이에 대해 근대 학자들이 적지 않은 의문을 제기했지만, 현재 많은 학자가 「홍범」을 주나라 초기의 작품이라 확실하게 믿고 있다.[171] 문장에서는 '구주九疇'가 하나라 우임금으로부터 전해졌다고 설명하기 때문에 이 점에 근거하면 「홍범」의 사상은 당연히 하대와 상대, 특히 은대의 정통 정치사상이다. '초일왈오행初一曰五行'에서 '위용육극威用六極'까지의 예순다섯 글자가 하나라 우임금에게서 비롯되었는지의 여부는 단정하기 어렵다.

어쨌든 주나라 사람이 은나라를 정벌하기 이전에 은나라의 문화는 주나라보다 높았으며, 이는 「홍범」 가운데 기자箕子에 대한 무왕의 공경하는 태도와 기자의 답변 체계에서 분명하게 드러난다. 그러나 기자의 이러한 사상은 주왕紂王의 조정에 있던 엘리트 문화일 리는 없다. 기자가 하상夏商 이래로 전해져 내려온 정통 엘리트 사상의 전통을 장악하고 대표하고 있었기 때문에 무왕이 궁벽하고 작은 나라의 겸손한 태도로 가르침을 청한 것이다. 고대 문화발전이 완만한 시대와 현대 지식의 폭발 속에서 생활하는 사람의 시간의식은 완전히 다르고, 사회생활과 인간의 관념은 수백 년 동안 매우 완만하게 변화한다. 전통은 상고시대 사람들이 특별히 중시하던 경험의 결정체이며 귀중한 자원이다.

홍범이라는 이름을 옛 해석에 비추어보면, 홍洪은 크다는 뜻이며 범範은 법法을 뜻한다. 홍범은 곧 대법大法을 의미한다. 「홍범」의 첫머리는 다음과 같다. "13사祀(은나라의 연도 단위)에 무왕께서 기자를 방문하셨다. 왕이 어렵게 말씀하셨다. '아! 기자시여, 하늘이 그윽이 하민을 안정시키고 그 거처를 서로 합하게 하셨는데, 저는 이륜彝倫이 (어떻게) 바로잡혔는지 알지 못하겠습니다'. 기자가 이에 말씀하셨다. '제가 들으니 옛날에 곤鯀이 홍수를 다스리지 못해 오행을 어지럽게 진열하였습니다. 상제가 이에 진노하여 홍범구주洪範九疇를 내려주지 않으시니 이륜이 무너지게 되었습니다. 곤이 유배중에 죽어서 우임금이 (곤의 사업을) 이어받아 흥기시키자 하늘이 우임금에게 홍범구주를 내려주셔서 이륜이 바로잡혔습니다'."172

'이륜彝倫'은 옛말에 상리常理를 가리켰으며, 여기에서는 사회정치질서를 말한다. 무왕이 은나라를 정복한 이후 직면한 우선적인 임무는 안정과 화합의 정치질서를 세우는 것이었다. 그는 기자에게 다스림과 정돈의 방안에 대해 가르침을 청하였고, 기자는 곧바로 제(천)가 우임금에게 부여한 구주九疇를 강론하였다.

"첫 번째는 오행五行이고, 두 번째는 오사五事를 경건하게 쓰는 것이고, 세 번째는 팔정八政을 후하게 쓰는 것이고, 네 번째는 협력하여 오기五紀를 쓰는 것이고, 다섯 번째는 일을 세움에 황극皇極을 쓰는 것이고, 여섯 번째는 다스림을 삼덕三德으로 하는 것이고, 일곱 번째는 밝힘을 계의稽疑(의심나는 것에 대해 점을 침)로 하는 것이고, 여덟 번째는 상고함을 서징庶徵(여러 가지 자연 현상과 징조)으로 하는 것이고, 아홉 번째는 지향함을 오복五福으로 하며 두려워함을 육극六極(여섯 가지 흉과 화)으로 하는 것입니다"173

이 예순다섯 글자가 바로 우임금이 얻은 하늘의 계시(天啓)인

「낙서洛書」라고 전해진다. 중국 상고의 천계天啓 문헌은 놀랍게도 전부 사회적 일들에 집중되어 있다. 이는 화하민족華夏民族 특유의 문화태도와 문화정신이라 말하지 않을 수 없다. 곤鯀의 행위는 제를 분노하게 만들었다. 이 때문에 제는 인간세계에 아홉 가지 치국대법을 주는 것을 거절하며 인간세계의 질서를 전면적으로 와해시켰다. 곤이 죽고 우임금이 일어나자 천은 비로소 다시 아홉 가지 대법을 하사하였고 사회는 이로 인해 질서정연하게 되었다. 여기에서 천과 제가 같은 일을 했다는 것과 이륜이 바로잡혔는지 그 여부를 결정하는 '홍범구주'가 바로 사회가 질서정연하게 다스려지는 근본적인 원칙임을 알 수 있다.

문자를 살펴보면 이 예순다섯 글자 가운데 뒤의 여덟 구절은 경용敬用・농용農用・협용協用・건용建用・명용明用 등과 같이 모두 '용用'이 있는데, 유독 "첫 번째는 오행이다(初一曰五行)"라는 구절 속에 '용'자가 결여되어 있다. 본디 "첫 번째는 오행을 순리에 따라 쓰는 것이다(初一曰順用五行)"가 아닐까 하는 의구심이 든다.

기자는 연이어 구주에 대하여 하나하나 해석한다. 그러나 이러한 해석은 전부 기자의 개인적인 해석이라고 볼 수는 없다. 왜냐하면 오행五行・오사五事・팔정八政・삼덕三德 등에는 분명 진일보한 구체적 분석을 포함하고 있기 때문이다. 그러나 다른 한편으로 기자의 해석은 은나라 사람들의 생각을 서술하는 것에 그치지 않고 그가 무왕에게 제공한 정치적 자문을 포함하고 있다. 아래의 서술에서 구주를 크게 두 분류로 나누고 각각의 분류 속에서 구주의 원래 순서를 해체하고 논리적인 관계에 따라 배열하려고 한다.

오행五行에서 첫 번째는 수水이고, 두 번째는 화火이고, 세 번째는 목木이고, 네 번째는 금金이고, 다섯 번째는 토土입니다. 수는 적시고 내려감(潤下)이고, 화는 타오름과 올라감(炎上)이고, 목은 굽음과 곧음(曲直)이고, 금은 따름과 변함(從革)이고, 토는 심음과 거둠(稼穡)입니다. 윤하潤下는 짠 것이 되고, 염상炎上은 쓴 것이 되고, 곡직曲直은 신 것이 되고, 종혁從革은 매운 것이 되고, 가색稼穡은 단 것이 됩니다.[174]

여기에서는 명백히 세 가지 단계로 분별하고 있다. 오행은 실체로서의 다섯 가지 물질을 가리키는 것이다. 윤하潤下·염상炎上 등은 다섯 가지 물질의 실체적 속성과 기능이다. 짠 것이 되고 쓴 것이 된다는 것은 이러한 속성과 기능으로부터 파생되어 나온 오미五味이다. 오행이 '첫 번째' 순서에 배열되어 있는 것은 생산과 생활이 바로 사회의 조화를 이루는 근본과 기초임을 가리키는 것이다. 사회의 관리자는 사물의 자연적 속성에 따라 주도면밀하게 안배해야 한다.

오기五紀에서 첫 번째는 세歲이고, 두 번째는 월月이고, 세 번째는 일日이고, 네 번째는 성신星辰이고, 다섯 번째는 역수曆數입니다.[175]

"협력하여 오기로 쓴다.(協用五紀)" 이 구절은 좋은 역법曆法 체계를 확립해야 한다는 것을 가리킨다. 「요전堯典」과 『하소정夏小正』[176]을 살펴보면 역법 체계를 확립하고 경험에 의거해 천시天時·절기節氣와 서로 대응하는 생산 활동을 정하여 농민들이 원칙으로 삼아 근거하도록 하였다. 이는 농업민족이 일찍부터 특별히 중시하던 작업이다. 이것은 사회 공공 직능職能의 대표자로서 군주가 행해야 할 중요한 직책이다.

> 오복五福에서 첫 번째는 수壽이고, 두 번째는 부富이고, 세 번째는 강녕康寧이고, 네 번째는 유호덕攸好德(덕을 좋아하는 것)이고, 다섯 번째는 고종명考終命입니다. 육극六極은 첫 번째는 흉凶, 단短, 절折이고, 두 번째는 질疾이고, 세 번째는 우憂이고, 네 번째는 빈貧이고, 다섯 번째는 악惡이고, 여섯 번째는 약弱입니다.[177]

우임금이 구주를 기술하며 말한 "지향함은 오복五福으로 하고 두려워함을 육극六極으로 한다(向用五福, 威用六極)"라는 구절은 『한서漢書』「곡영전谷永傳」에서 "기쁘게 누리는 것을 오복으로 하고 두려워 기피할 것을 육극으로 한다(饗用五福, 畏用六極)"로 인용되었다. 기자의 해설에 따르면 오복은 다섯 가지 행복이고 육극은 여섯 가지 흉화凶禍이다. 그러므로 당연히 오복을 추구하고 육화를 피하는 것이다. 주의할 만한 것은 다섯 가지 행복 가운데 미덕을 준수하는 것이 또한 행복의 한 가지로 나열된다는 점이다. 이는 최초로 덕복德福 문제에 대해 논술한 자료이다.

> 팔정八政에서 첫 번째는 식食이고, 두 번째는 화貨이고, 세 번째는 사祀고, 네 번째는 사공司空이고, 다섯 번째는 사도司徒이고, 여섯 번째는 사구司寇이고, 일곱 번째는 빈賓이고, 여덟 번째는 사師입니다.[178]

"팔정을 후하게 쓴다.(農用八政)" 이 구절을 옛 해석에 의하면 농農은 노력이고 팔정은 여덟 종류의 정무관원政務官員을 가리키는 것으로, 여덟 방면의 중요한 정무를 가리킨다고 할 수 있다. 이 여덟

다. 엄숙(肅)·어짊(乂)·명석(晰)·지모(謨)·통달(聖) 등은 군왕의 다섯 가지 일상행위가 이 규범들에 따라 도달할 수 있는 효과를 가리키는 것이다. 여기에서 분명하게 군왕의 다섯 가지 수신규범을 강조한다. 용모는 공경해야 하고, 언사는 정당하게 해야 하고, 관찰은 깨끗하게 해야 하고, 경청은 넓게 해야 하고, 사고는 통달해야 한다.[181]

서징庶徵은 비와 맑음(暘)과 더위(燠)와 추위와 바람이니, 때맞추어 다섯 가지 현상이 갖추어져서 각각 차례에 맞는다면 여러 풀들이 번성할 것입니다. 한 가지 현상이 지나치게 많아도 흉하며 한 가지 현상이 지나치게 적어도 흉합니다.

휴징休徵을 말하면 엄숙함은 때맞추어 비가 내리는 것과 같고, 어짊은 때맞추어 날이 갠 것과 같고, 지혜로움은 때맞추어 날이 따뜻해지는 것과 같고, 헤아림은 때맞추어 날이 서늘해지는 것과 같고, 통함은 때맞추어 바람이 부는 것과 같습니다.

구징咎徵을 말하면 광폭함은 항상 비가 내리는 것과 같고, 참람함은 항상 태양이 작열하는 것과 같고, 게으름은 항상 날씨가 더운 것과 같고, 조급함은 항상 날씨가 추운 것과 같고, 몽매함은 항상 바람이 부는 것과 같습니다.

왕의 살핌은 세歲이며 경사卿士는 월月이며 사윤師尹은 일日입니다. 세월일의 때가 맞아 바뀜이 없으면 백곡이 풍성해지고 다스림이 밝아지고 뛰어난 백성들이 나타나고 국가가 평안해집니다. 일월세의 때가 맞지 않아 바뀌면 백곡이 이루어지지 못하고 다스림이 어두워 밝지 못하고 뛰어난 백성들이 은거하고 국가가 평안해지지 못합니다. 서민은 성星이니, 별은 바람을 좋아하는 것이 있고 비를 좋아하는 것이 있습니다. 일월이 운행하면 겨울이 있고 여름이 있습니다. 달이 별이 좋아하는 것을 따르면 비와 바람이 일어납니다.[182]

"상고함을 서징으로 한다(念用庶徵)"라는 범주 속에서 서징은 자연의 기상현상을 가리킨다. 대략 다섯 가지 상징으로 분류할 수 있는데, 석煬은 맑음이고 역暘은 따뜻함이며, 추위(寒)·비(雨)·바람(風)을 더하여 모두 다섯 가지이다. 이러한 자연의 기상현상은 계절에 따라 차례대로 고르게 배열되면 초목이 번성하고 농작물이 풍년을 이루게 된다. '휴징休徵'과 '구징咎徵'은 좋은 기후와 나쁜 기후로 구분된다.

앞에서 말한 오사五事에 근거하여 이 범주 속에서 군주의 다섯 가지 일상생활의 상태와 기상현상을 연결시켜서 군주의 행위가 규범에 합치하여 선하면 기후가 정상적으로 변하고 군주의 행위가 규범에 맞지 않아 불선하면 기후가 비정상적으로 변한다는 것을 말하고 있다. 이것이 바로 통치자의 행위와 천문기상의 진일보한 결합이다.

천자의 행위는 한 해에 영향을 미치게 되고, 경사는 한 달에 영향을 미치게 되고, 서리胥吏는 하루에 영향을 미치게 된다. 이것은 일종의 천인감응 관점이다. 원시문화 속의 교감주의交感主義는 주술을 대표로 하며, 이는 천인상통天人相通과 천인합일天人合一의 초보적인 표현이다. 「홍범」의 천인감응은 이미 윤리성을 감응의 주요 연결방식으로 규정하기 때문에 그것은 원시적 교감주의가 아니라 고차원적인 윤리교감주의이다.

삼덕三德에 있어 첫 번째는 정직正直이고 두 번째는 강경한 방법으로 일을 처리하는 것(剛克)이고 세 번째는 부드러운 방법으로 일을 처리하는 것(柔克)입니다. 평범한 자는 정직으로 대하고 강경하고 우호적이지 않은 자는 강경한 방법으로 다스리고 유순하고 우호적인 자는 부드러운 방법으로 대합니다. 침잠沈潛한 자(지위가 낮은 자)는 강경한 태도로 대하고 고명高明한 자(지위가 높은 자)는 유순한 방법으로 대합니다. 오직 군주만이 복福을 만들고 오직 군주만이 위엄을 부리고 오직 군주만이 옥식玉食(진미를 먹음)을 누릴 수 있습니다. 신하가 복을 만들고 위세를 부리고 옥식을 누려서는 안 됩니다. 신하가 복을 만들고 위세를 부리고 옥식을 누린다면 그 해로움이 집안에 이르며 그 흉함이 나라에 이를 것입니다. (이로 인해) 사람들이 몹시 편벽되고 백성들이 참람하고 지나치게 될 것입니다.[183]

극克은 승勝이다. 강극剛克은 강함으로 이기는 것이고, 유극柔克은 부드러움으로 이기는 것이다. 세 가지 덕행은 정직하고 온화한 것, 능히 강한 것, 능히 부드러운 것이다. 사납고 우호적이지 않은 자에게는 '강경함'으로 대하고, 유순하고 친근한 사람에게는 '부드러움'으로 대하고, 평범한 사람에게는 '정직함'으로 대한다. 이렇게 보면 삼덕은 신민臣民을 다스리는 세 가지 방식이다. 이 세 가지 방식을 잘 운용하는 것 또한 바로 덕행이다. 마지막으로 황극皇極을 살펴보도록 하자.

황극皇極은 임금이 (자신의 몸을 가지고) 지극한 표준을 세우는 것입니다. 이 오복五福을 거두어 서민들에게 펴서 주는 것입니다. (그리하면) 서민들이 그대가 세운 극極을 옹호할 것입니다. (또한) 그대가 극을 보존할 수 있도록 해줄 것입니다. 무릇 그 서민들 속에 음란한 무리가 없고 (지위가 있는) 사람들 속에 비덕比德(比附)하는 이들이 없는 것은 오직 임금이 극을 만들기 때문입니다. 무릇 서민들 가운데 사려가 깊은 자가 있고 일을 처리하는 자가 있고 지조를 지키는 자가 있으니 그대는 그들을 유념하소서. 극에 협조하지 않더라도 허물에 걸리지 않으면 임금은 그들을 받아드립니다. (어떤 이가) 편안하게 화색이 돌며 말하기를 '제가 좋아하는 것은 덕입니다'라고 하면 그대가 복을 주소서. 이 사람은 임금의 극을 맞이할 것입니다. 지위가 미천한 사람을 학대하지 않고 지위가 높은 사람을 두려워하지 않으며, 사람들 가운데 재능이 있고 일을 잘 처리하는 자로 하여금 그 덕행을 발전하게 만들면 나라가 번창할 것입니다. 무릇 정인正人(관직에 있는 사람)들은 부유하게 한 뒤에야 비로소 선을 행하는데, 그대가 그들로 하여금 집안을 잘 다스리도록 할 수 없다면 이 사람들은 죄를 짓게 될 것입니다. 덕을 좋아하지 않는 이에게는 그대가 비록 복을 주더라도 이는 그대가 허물이 있는 사람을 쓰는 것이 됩니다. 편벽됨이 없고 기울어짐이 없어야 왕의 의義를 따르게 되고, (사적으로) 좋아함이 없어야 왕의 도道를 따르게 되며, (사적으로) 미워함이 없어야 왕의 길路을 따르게 됩니다. 치우침이 없고 편 가르기가 없으면 왕도王道가 탕탕蕩蕩(길이 넓게 확 열림)합니다. 편 가르기가 없고 치우침이 없으면 왕도가 평탄해질 것입니다. 위반함이 없고 치우침이 없으면 왕도가 정직합니다. 그 극으로 모이고 그 극으로 돌아올 것입니다. 그러므로 '황극에 부연한 말은 떳떳함이요 가르침이니, 상제의 가르침에 부합한다'고 말한 것입니다. 서민들이 극에 부연한 말을 교훈과 행실로 삼아 천자의 빛에 가까워집니다. 그러므로 '천자가 백성의 부모가 되어 천하의 왕이 된다'고 말한 것입니다.[184]

황극皇極은 곧 근본법칙이며, 정치와 관리의 기본원칙을 가리킨다. 그 속에 두 가지 측면을 포함하고 있는데, 하나는 통치자가 따라야 하는 원칙이며 하나는 피통치자가 따라야 하는 규범이다. 통치자는 인민을 복(다섯 가지 행복)되게 해야 하고 신중하게 상과 벌을 내려야 하며 재능 있는 자를 임명하고 현명한 자에게 정사를 맡겨야 한다. 피통치자는 성심을 다해 천자를 섬겨야 하고 나쁜 짓을 하지 않도록 무리를 짓지 말아야 한다. 신하와 관리는 왕도와 왕법을 좇아 행하고 정직하며 치우침이 없어야 한다. "일을 세움에 황극으로 한다(建用皇極)"라는 부분은 「홍범」 전체에서 진정한 규범의 의미를 지니고 있다.

이상의 내용으로 「홍범」의 아홉 가지 대법을 사회학적 각도에서 말하면 오행五行·오기五紀·오복五福·팔정八政·계의稽疑 등의 다섯 가지 항목은 제도 체계에 관한 것이며, 오사五事·서징庶徵·삼덕三德·황극皇極 이 네 가지 항목은 규범체계에 관한 것이다. 「홍범」의 규범체계 속에 민주주의 색채는 옅지만 황권주의皇權主義의 색채는 비교적 농후하다. 예를 들어 삼덕에서 군주는 신하가 위세를 부리고 복을 만드는 것을 엄중히 가로막아야 한다. 황극에서 신민에게 규정한 규범 또한 상당히 엄격하며, 극이 있는 곳으로 모이고 극이 있는 곳으로 돌아가야 함(會其有極, 歸其有極)을 강조한다. 이처럼 모든 규칙을 왕자지도王者之道에 통일시키고 있다.

의심의 여지 없이 「홍범」에서는 결코 천과 제로 대표되는 신권관념을 부정하지 않는다. "하늘은 음으로 하민을 안정시킨다(天陰騭下民)", "상제가 이에 진노한다(帝乃震怒)", "하늘이 이에 우임금에게 홍범구주를 하사하였다.(天乃錫禹洪範九疇)" 이러한 표현들을 보면 천과 제는 인격과 정감을 지닌 주재자이다. 그는 만민을 보우하고 대법을 제정하며 군권君權을 수여한다. 이것은 지상신至上神 신앙과 문명국가 의식이 결합된 결과이다.

하지만 은상시대의 복사卜辭의 기록과 후대의 서술을 대조하면 은나라의 국가 사무 가운데 신령에게 제사를 지내는 활동이 본래 가장 중요한 '국가의 대사'라야만 하는데, 「홍범」에서 기자가 서술한 바에 따르면 오히려 제사의 특별한 지위는 크게 부각되지 않고 있다. 구주는 물질생활의 안배, 천문역법의 제정, 인생의 행복과 흉화, 주요정무 및 그 관직체계, 중대 문제 관련 정책결정 시스템, 군주의 수신 요구와 위정 방법, 신민의 행위규범, 천상天象과 인간사의 감응을 이야기하였다.

'사祀'가 비록 팔정 가운데 세 번째로 배열되어 있지만 크게 눈에 띄지는 않는다. 계의는 일곱 번째 주疇로 배열되어 있지만, 그러나 점복은 "그대가 큰 의심이 있는(汝則有大疑)" 때에 사용한 것 같다. 이들 모두 주의하여 살펴볼 가치가 있다. 이는 기자가 은나라의 경험과 교훈을 흡수하여 무왕을 위해 제공한 정치적 설계 속에 은상시대의 농후한 귀신의 색채를 지닌 정치문화를 수정한 것으로 해석할 수 있을 것 같다. 그러나 「홍범」에서는 보민과 명덕의 관념을 명확하게 제시하지 않았으며 천명불상天命不常의 우환도 없다. 이는 「홍범」이 확실히 주공 이후의 서주사상과 거리가 있다는 것을 설명한다.

「홍범」이 주공의 사상과 완전하게 동일하지 않다 하더라도 구주에서는 물질생활을 앞부분에 두고 팔정에서는 음식과 재화를 앞부분에 배열한다. 그리고 사회가 질서 있게 운행될 수 있는지의 여부는 주로 제도의 합리적인 안배에 의존한다는 것과 군·신·민이 함께 왕도대법을 좇아 실행할 것을 강조한다. 이러한 것들은 주나라 초기에는 여전히 의미가 있다. 물론 군주의 권력은 천에서 근원하지만 왕위를 유지하는 것과 사회가 다스려지는 것의 단초는 아홉 가지 인간세상의 일에 관한 대법을 관철할 수 있는가의 여부에 달려있다. 신의 일은 여기에서 중요한 지위를 차지하지 않는다.

「홍범」에서 강조하는 이러한 방향은 기자로부터 전해져 내려온

하·상의 정치 유산으로 주나라 사람에게 영향을 끼쳤다. 『좌전』 가운데 세 차례나 「홍범」을 인용하여 서술한 부분이 있다. 「문공3년文公三年」(기원전 622년) "상서에 이르길 '침잠한 자는 강경한 태도로 대하고, 고명한 자는 부드러운 태도로 대한다'고 하였다"185, 「성공6년成公六年」(기원전 585년) "상서에 이르길 '세 사람이 점을 치면 두 사람의 말을 따른다'고 하였다"186, 「양공3년襄公三年」(기원전 570년) "상서에 이르길 '편벽됨이 없고 편당함이 없으면 왕도가 탕탕하다'고 하였다."187 이것은 공자 이전 「홍범」이 이미 상당히 유행하였고 게다가 권위를 인정받고 있었다는 것을 증명한다. 춘추시대 사람들은 「홍범」을 「상서商書」로 칭하였는데, 이는 분명 기자가 찬술한 것에서 나왔기 때문이다.

서주시대에 비록 천제天帝가 인간세계 왕조 통치의 최종적 합법성을 가진 결정자로 간주되었더라도 주대의 정치문화는 신령 숭배를 중시하지 않았고 무격巫覡은 정치구조 속에서 거의 어떠한 지위도 가지지 못하였다. 또한 주대의 귀신과 제사가 더욱 완비된 시스템을 갖추었더라도 정치실천 영역에서 중심적 지위를 가지지는 못했다. 정치실천 영역의 핵심적 집중력은 인간사의 안배와 노력, 특히 제도체계와 규범체계로 전환되었다. 천을 존중하는 신앙은 여전히 남아있었지만 신령활동은 정치영역에서 점점 퇴출당하였고 전체 사회문화의 최종적 근원이 되었을 뿐이다.

종교적인 측면에서 봤을 때 은대에 이미 인격화된 지상신이 존재하였지만 신과 인간은 약정約定된 것은 없었다. 이러한 순수한 우주신앙은 인간세계를 통제하는 법칙들을 만들지 못했다. 따라서 이러한 신앙이 사회조직에 끼친 영향은 오직 형식상의 합법성과 이론상의 합법성에만 머무를 수 있을 뿐 사회윤리나 정치법칙으로 전개될 수는 없었다. 이것은 중국문명으로 하여금 실질적으로 정치법칙이 역사경험의 끊임없는 시행착오를 통해 누적되어 형성되도록 만들고 사회윤리가 공동체의 수요로부터 점점 만들어지도록 하여 서주 정치문화 속에서 '신'과 '인간'이 분리되는 구조적 특징을 만들어내었다. 그리하여 '신'은 점차 형식상의 합법적 기초가 되고 '인간'은 점차 실질적인 합법적 근거가 되었다. '왕'과 '민' 사이의 관계 또한 이와 같다.

이러한 정치문화 속에서 신과 인간이 분리된 관계는 결코 양자 사이의 어떤 평형을 잃어버리지 않았다. 이러한 평형이 파괴되었을 때는 두 가지 경로로 진행된다. 첫 번째 경로는 신이 인간을 잡아먹어 버리는 것인데 이는 중세 서양의 문화와 같다. 두 번째 경로는 사람이 신을 공격하는 것인데 근대에서 현대에 이르기까지 끊임없이 발전된 세속문화가 그러하다. 역사발전의 초기에 인간의 종교 신앙은 비록 정도와 형식의 차이가 있지만, 근대 세속국가 세계관의 기초를 제공할 수는 없었다.

그러나 중국문명이 실제로 달려온 길은 제3의 경로이다. 이는 철저하게 신성神聖을 말소하지도 않고 과도하게 세속적으로 발전하지도 않는 것이다. 바꾸어 말하면 신성을 보류하면서 세속적으로 발전하는 것이다. 신성을 보류하는 것은 가치상에서 여전히 초월적인 권위를 가질 수 있도록 만들기 위한 것이며, 세속적으로 발전하는 것은 그것이 일찍부터 이미 상당한 정도로 이성화가 진행되었다는 것을 나타낸다. 이러한 경로는 서주시기부터 이미 시작되었다. 주나라 이후 역대 왕조는 경천법지敬天法地 하지 않은 적이 없었다. 스스로 천자라 칭하고 해마다 제사를 지내서 장엄하고 거대한 제사 예의 체계를 형성하기에 이르렀는데, 이는 신성을 지키는 중요한 방식이었다. 비록 그것 또한 정치적인 기능을 지니고 있지만 문화 통합의 전체적 측면에서 볼 경우 그 의미는 더욱 문화적으로 이해해야 한다.

정치문화와 정치실천은 기본적으로 신성과 관련이 없다. 그러나 다른 한편으로 칼뱅 교도들이 구원의 여부가 사업의 성공 여부에 의해 결정된다고 여기는 것처럼 천명의 보살핌을 받을 수 있는가의 여부는 선악에 의해 결정되고 경덕보민敬德保民의 실제적 효과에 의해 결정된다. 숭덕과 민본의 정신기질은 바로 이렇게 전환되어 후대 유가사상의 근원이 되었고, 중국문화의 인문정신과 역사이성 또한 이로부터 성장하기 시작하였다.

8. 『시경詩經』 속의 서주 천명관天命觀

앞에서 토론한 『상서尙書』의 사상과 연결하여 이 절에서는 『시경詩經』 속에 반영된 주나라 사람의 천명관을 부차적으로 토론하고자 한다.

1) 『시경』 속의 천天과 상제上帝

『시경』 속에 반영된 주나라 사람의 '천'과 '상제'에 대한 신앙은 주로 아雅와 송頌에 보인다. 이 시들에서 서주 사람들은 확실히 천과 제에 대한 신앙을 가지고 있었으며 천과 제를 우주의 주재자로 보는 관점을 발견할 수 있다. 「주송周頌」에서 주왕周王은 상제와 후직后稷[188]에게 제사를 지낼 때 이렇게 노래를 불렀다.

> 문덕文德을 지니신 후직이시여, (그 덕이) 능히 저 하늘에 걸맞습니다. 우리 백성들을 세운 것은 당신의 지극한 덕(極)이 아님이 없습니다. 우리에게 밀과 보리를 내려주셨습니다. 상제께서 명하여 두루 기르게 하시니, 이곳과 저곳의 경계를 없애시고 상도常道를 이 중국에 베푸셨습니다.[189]

"능히 저 하늘에 걸맞다(克配彼天)"는 구절은 후직이 문덕을 가지고 상천을 배향配享할 수 있었다는 것을 말한다. "상제께서 명하여 두루 기르게 하셨다(帝命率育)"는 구절은 상제가 주나라 왕에게 세상

사람들을 양육하라고 명령한 것을 가리킨다. 주나라 왕은 무왕·성왕·강왕康王에게 제사를 지낼 때는 이렇게 노래를 불렀다.

> 용맹하고 강인하신 무왕이시여, (천하에) 다툴 수 없는 공열功烈이십니다. 크게 밝으신 성왕과 강왕이시여, 상제께서 아름답다 여기셨습니다.[190]

이 노래는 상제가 무왕·성왕·강왕을 찬양하고 있다. 「신공臣工」에서는 이렇게 노래했다.

> 밝고도 밝으신 상제께서 풍년을 이르게 하셨습니다.[191]

상제가 풍년을 내려주셨음을 칭송하고 있다. 이 노래들은 모두 주나라 사람들 특히 귀족들의 문화 속에 보존된 '제' 신앙에 관한 예시들이다. 상나라 사람들은 본래 '제'를 지상신으로 여겼다. 그러므로 「상송商頌」에는 '제'의 주재主宰작용이 크게 두드러진다. 이에 대해 다음과 같은 예들이 있다.

> 하늘이 현조玄鳥(제비)에게 명하시니 (알을) 떨어뜨려 상나라의 시조를 낳았습니다. (그리고) 은殷의 광활한 땅에 거주하게 하셨습니다. 옛날 상제께서 무탕武湯에게 명하시어 저 서방을 바로잡게 하셨습니다.[192]
>
> 유융有娀(간적簡狄)이 성장하자, 상제께서 아들을 세우고자 상나라의 시조를 낳았습니다.[193]
>
> 상제의 명이 떠나가지 않고 탕 임금에 이르러 이루어졌습니다. 탕 임금의 탄생이 늦지 않으시니 성스러움과 공경함이 나날이 증가하였습니다. 복을 비는 것을 오래도록 쉬지 않으시고 상제를 이처럼 공경

하시니 상제께서 명하셔서 구위九圍(구주九州를 말함)에 모범이 되게 하셨습니다.[194]

전설에 따르면 유융씨有娀氏의 딸 간적簡狄이 제비의 알을 삼키고 잉태하여 설契을 낳았는데, 그가 바로 상나라의 시조이다. 제비의 색깔은 검은색이다. 그러므로 "하늘이 현조에게 명하시니, (제비가 알을) 떨어뜨려 상나라의 시조를 탄생시켰다(天命玄鳥, 降而生商)"고 말한 것이다. "상제가 아들을 세우고자 상나라의 시조를 낳았다(帝立子生商)"는 것은 설契이 실제로 상제의 아들임을 말한다.

"상제의 명이 떠나가지 않고 탕 임금에 이르러 이루어졌다(帝命不違, 至于湯齊)"는 것은 상제가 부여한 대명이 오래도록 떠나가지 않다가 탕 임금 때에 이르러 왕업을 성취하였음을 말한다. 탕 임금이 상제를 삼가 섬기며 끊임없이 기도하니 상제가 탕 임금에게 명하여 구주九州를 통치하도록 하였다.(『시경』의 해석은 대부분 고형高亨의 『시경금주詩經今注』에서 취하였음을 밝힌다. 이후 다시 언급하지 않는다) 「상송」은 주나라 사람들이 천제의 신앙을 계속 보존하도록 하는 것에 분명한 영향을 끼쳤다.

「대아大雅」에서 주나라 사람의 역사와 주나라 왕에 대한 칭송을 서술한 시가詩歌에는 상제가 주재한다는 사상이 빈번하게 나타난다.

위대하신 상제께서 아래를 굽어보심에 위엄이 있도다. 사방을 감시하시어 백성의 안정을 구하시도다.[195]

상제께서 (은나라를) 상고하사 그(은나라 왕)의 간사함과 포학함을 미워하시어 서쪽 땅을 돌아보시고 이 사람(주나라 왕)과 더불어 거처하셨나이다.[196]

상제께서 명덕明德하는 사람(태왕太王)을 들어 올리시니 혼이混夷(견융犬戎)가 (패퇴하여) 길을 가득 메우고, 하늘이 그를 보좌輔佐로 세우시니 명을 받아 견고하게 하셨도다.197

상제가 변경을 개척하시니, 태백太伯과 왕계王季로부터 하셨도다.198

상제께서 그대(왕계王季)의 마음을 헤아리시고 그 덕음德音을 널리 선포하셨다. 그 덕이 능히 밝아지고, 능히 밝아지면 능히 선해진다. … 문왕에 이르러 그 덕에 뉘우침이 없으시니, 상제의 복을 받아 자손에게 펼치셨도다.199

상제께서 문왕에게 이르시되 '그렇게 배회하지 말라'고 하셨나이다.200

상제께서 문왕에게 이르시되 '나는 명덕을 품었다'고 하셨나이다.201

(문왕文王께서) 부지불식간에 자연스럽게 상제의 법칙을 따르셨도다.202

「황의皇矣」 속의 상제는 위대하고 위엄이 있다. 높은 곳에 자리하여 아래를 굽어보고 인간 세계를 감시한다. 상제는 은나라 왕의 포학함을 미워하여 관심을 서쪽의 주나라로 전환하였다. 태왕을 보우하고 그로 하여금 천명을 배향할 수 있도록 하였다. 상제는 주왕조의 강토 개척을 태백太伯(태왕의 장자)과 왕계王季(태왕의 소자)로부터 시작했다. 왕계는 명덕明德하여 상제의 복과 도움을 받았다. 상제는 문왕이 힘써 발전하기를 바라고 문왕이 미덕을 지녀 상제의 법칙을 따르는 것을 칭찬하였다. 이 가사들은 모두 '위대한 상제(皇矣上帝)'가 이미 세심하게 민심을 살피고 포학함을 없애고 덕을 숭배하는 완전한 주재자였다는 것을 설명한다.

주나라의 선왕들은 「대아」에서 이미 모두 신이 되어 있다.

문왕이 상천에 계시니, 아! 하늘보다도 밝으시며, 주나라가 비록 오래된 나라이나 그 명은 새롭도다. 주나라가 크게(丕) 찬란하고 상제의

명이 크게 선하도다. 문왕은 (하늘과 땅 사이를) 오르내리시고 상제의 좌우에 있으시니라.[203]

문왕이 천상에서 아래를 밝게 살피고 상제가 대명을 주나라 사람들에게 부여한다는 의미이다. 문왕의 신神은 천지간을 오르내리며 상제의 좌우에서 그를 보우한다. 시가詩歌에서 문왕은 제帝가 아니지만 제의 좌우에 있다고 말한다. 이를 통해 주나라 사람의 의식 속에 여전히 선조의 신이 제의 조정(帝廷)에 빈객이 된다는 은나라 사람의 생각들이 여전히 남아 영향을 미친다는 것을 알 수 있다.

『상서尙書』「주서周書」에 보이는 것처럼 주나라 사람 또한 대부분 '상천'·'호천昊天'·'천'이란 말로 상천의 주재를 말한다.

밝고 밝은 상천이 하토下土를 비추어 굽어보시니라.[204]
유구한 호천昊天이 부모이시다.[205]
호천이 매우 밝으시니, 우리의 삶에 즐거움만 찾을 수 없도다.[206]
취하여 비유함이 멀지 않으니 호천은 (상벌을 내림에) 차이가 없다.[207]

호천대신昊天大神은 만물의 부모와 같으며 하방을 비춘다. 황천은 매우 밝고 상벌을 내림에 차등이 없다. 또 다음과 같은 예가 있다.

아름답고(假) 즐거운 군자여 영명하신 미덕이여, 백성에게 적합하고 (지위가 있는) 사람에게 적합한지라 하늘에게서 복록福祿을 받도다. (군자를) 보우하시고 (복록을 받도록) 명하시니, 하늘에서부터 베풀어지도다.[208]

가假는 가嘉를 가차한 것이다. 아름답고 즐거운 군자는 주나라 왕을 가리킨다. 시는 주나라 왕이 미덕이 있음과 상천이 그의 복되고 영화로운 삶(福祿)을 보우함을 찬양한다. 그래서 「소아小雅·천보天保」에서도 "하늘이 그대를 보호하고 편안하게 한다(天保定爾)", "하늘의 온갖 복을 받는다(受天百祿)"고 말한 것이다. 상천은 인간세상의 복록을 결정하는 주재자이기 때문에 사람들은 응당 외천경신畏天敬身해야 한다. 외천은 상천에게 항상 경외하는 마음을 품고 있는 것이며, 경신은 행동을 삼가고 몸을 닦는 것(愼行修身)이다. 이 때문에 다음과 같이 말한다.

> 모든 군자(신하)들아 각각 그대들의 몸을 삼가라. 어찌 서로 경계하고 두려워하지 않으며 하늘을 경외하지 않는 것인가?[209]
>
> 각각 그대들의 용모와 거동(儀)을 삼가라. 천명은 또다시 오지 않느니라.[210]

주나라 왕은 상제를 매우 경외하는데, 아래와 같은 시들이 있다.

> 이 문왕께서 조심히 삼가시고 상제를 부지런히 섬기시어 많은 복이 오도록 하셨도다.[211]
>
> 상제가 그대들을 굽어보시니 그대들은 두 마음을 가지지 말지어다.[212]
>
> 내 밤낮으로 하늘의 위엄을 두려워하니 이에 (나라를) 보위할지어다.[213]

"천명이 또다시 오지 않는다(天命不又)"는 말은 한번 실추한 천명은 또다시 얻을 수 없다는 뜻으로 이는 사람들이 만약 수신修身하지 않는다면 천명의 보우를 받을 수 없음을 경고하는 것이다.

2) 『시경』 속의 '천명' 및 '천명미상天命靡常'의 관점

'천명'은 주시周詩 속에도 비교적 많이 보이는 표현들이다. 예를 들어보자.

> 하늘로부터 명이 있었으며 여기 문왕에게 명하셨으니, (그것이) 주나라에 있고 호경鎬京에 있도다.[214]

이는 문왕이 상천의 대명을 받게 된 것을 말한다.

> 천명은 떠나지 않는다.[215]
>
> 하늘의 명이, 아, 깊고 그윽하여 그침이 없으시니.[216]
>
> 목목穆穆(풍채가 아름답고 용모와 거동이 공손한 모양)하신 문왕께서 아! 경敬에 힘써 분발하시니, 크도다! 천명이여, …상제가 이미 명하셨기에 제후들이 주나라에 복종하였도다.[217]
>
> 천명은 (얻기) 쉽지 않으니, 네 몸에서 끊어지게 하지 말고 훌륭한 명망을 선명하게 하고 은나라의 흥망을 하늘로부터 헤아려라. 상천의 일은 소리도 없고 냄새도 없다.[218]

이 시들은 모두 천명은 쉼이 없으며 상천이 주나라 문왕으로 하여금 천명을 얻게 하고 상나라의 신하들에게 주나라에 복종하도록 명령했다는 것을 말한다. 천명은 얻기 어려운 것이니 천명이 자신의 차례에서 끊어지지 않도록 훈계한다.

「주서周書」에서 은나라를 귀감으로 삼는 사상 또한 주시 속에 명확하게 드러난다.

그대의 조상들을 생각하지 말고 그 덕을 닦고 영원토록 천명에 합하여 스스로 많은 복을 구하여라. 은나라가 무리를 잃지 않았을 때에는 능히 상제와 합했었느니라. 마땅히 은나라를 거울로 삼을지어다. 큰 명은 얻기가 쉽지 않도다.[219]

시에서는 주나라 통치자에게 은나라 말기의 멸망을 거울로 삼고 천명을 얻기 어려움을 이해하여 덕을 닦아서 천명에 합치하라고 훈계한다.

「상송商頌」에도 천명이란 단어가 여러 차례 등장한다. 예를 들어 "하늘이 여러 제후들에게 명하시다(天命多辟)", "천명이 아래를 살펴보신다(天命降監)", "천하의 나라들에 명하시어 그 복을 크게 세우시니라(命于下國, 封建厥福)"(모두 「상송 · 은무殷武」에 기록되어 있다) 등이 있다. 이는 아마도 전수 과정에서 주나라 사람의 영향을 받은 탓일 수도 있고 상나라 사람이 이미 천명이란 말을 사용했을 수도 있다. 앞에서 말한 것처럼 설령 상나라 사람들이 천명이란 말을 사용하였더라도 그들의 천명관은 여전히 주나라 사람과 다르다. 예를 들어, 은나라 사람들에게 천명무상의 사유는 전혀 없었다. 그러나 「주서」와 마찬가지로 주시에 천명무상에 관한 생각이 계속하여 나타난다. 예를 들면 다음과 같다.

천명은 일정하지 않다.[220]

하늘은 일정하기 어려운지라, 왕 노릇 하기 쉽지 않다.[221]

백성들이 편안하지 않는 자가 없어도 나만은 감히 쉬지 못하는 것은 천명이 규칙적이지 못하기 때문이라 내 감히 내 벗의 편안함을 본받지 못하노라.[222]

고형의 주注에는 "침忱은 상常과 같다"고 보아 "천난침사天難忱斯(하늘은 일정하기 어려운지라)"를 "천명은 일정하기(有常) 어렵다"라고 해석하였다. '철徹'은 고형 주에서 도道·궤적軌迹으로 해석해서 "천명불철天命不撤(천명이 규칙적이지 못함)" 또한 천명무상天命無常을 가리킨다.223 천명은 일정하지 않기 때문에 왕 노릇 하는 자는 감히 안일하게 행동할 수 없다. 이러한 사상들은 「주서」 속의 "대명은 일정하지 않다(惟命不于常)", "안일하지 말라(無逸)"는 사상과 완전히 일치한다.

천명의 보살핌을 인간 자신의 덕행에 대한 노력과 연결시키기 시작하면서 사람들은 인간이 신의 의지가 아닌 인간 스스로의 노력에 주의를 기울여야 함을 알게 되는 것이다. 이러한 사상의 지배 아래에서 사람들은 점차 모든 일을 신에게 빌고 복을 기원하는 맹목적인 의존에서 벗어나 자신을 개선하는 일에 더욱 힘쓰고 인간 자신에게서 화복의 원인을 찾으려 하였다.

『시경』 가운데 다음과 같은 말이 있다. "하민의 재앙은 하늘로부터 내려오는 것이 아니라 모이면 서로 합하다가 등 돌리면 서로 미워하니 분쟁은 사람 때문이니라."224 주나라 사람이 천명이 아닌 인간의 사회 행위 속에서 사회 재난의 직접적인 원인을 찾아가기 시작했다는 것을 의미한다. 이 시구는 「주고酒誥」의 "하늘이 내린 잔악함이 아니며 다만 백성이 스스로 허물을 초래한 것이다(天非虐, 惟民自速辜)"와 「태갑太甲」의 "스스로 지은 재앙은 (벗어나) 살아날 수 없다(自作孽, 不可活)"라는 사상과도 일치한다.

3) 『시경』 속의 천강상란天降喪亂 사상

어떤 학자들은 『상서』의 사상과 가장 큰 차이점은 『시경』 가운데 하늘을 원망하는 '원천怨天'의 관점들이 포함되어 있다는 점을 지적하기도 한다. 이 시구들은 대부분 서주 말기에 만들어졌다. 「대아大雅 · 상유桑柔」를 예로 들어보자. 『좌전』 등의 기록에 의하면 이 시는 려왕厲王 시기 예량부芮良夫가 지은 것이며 그 속에 다음과 같은 말이 있다.

> 하늘이 나를 부축해주지(張) 않으신다.[225]
> 하늘이 상란喪亂을 내리시어, 우리가 옹립한 왕(려왕厲王)을 멸망시키셨다.[226]

장張은 곧 도움이며 하늘이 나를 돕지 않음을 이른다. 하늘이 천재지변이나 전염병 등을 인간세계에 내리는 '천강상란天降喪亂'이란 표현은 서주 후기의 시 속에 자주 보이며 당시 사회의 혼란함에 대한 사람들의 불만을 반영하고 있다. 또 다른 예로 「대아 · 첨앙瞻仰」의 시 속에서는 유왕幽王이 정사를 어지럽혀 나라를 망하게 한 것을 풍자하고 민생의 불행을 한탄한다.

> 호천昊天을 우러러보아도 우리에게 은혜롭지 않으시며 심히 오래도록 편안하게 여기지 않으시어 이 큰 재해를 내리셨도다. 나라가 안정됨이 없으니 선비와 백성이 병들었다.[227]

이는 하늘이 큰 재앙을 내려서 사회가 혼란해지고 민생이 도탄에 빠진 것을 말한다. 시를 쓴 사람은 상천을 원망하고 있는 것 같지만 "혼란함은 하늘로부터 내려온 것이 아니라 부인에게서 생겨난 것이다(亂匪降自天, 生自婦人)"라고도 말한다. 이 견해에 비추어보면 재난발생의 직접적인 원인은 포사褒姒에 대한 유왕의 총애이다.

은상殷商의 상제는 본래 화복禍福을 내리는 주재자로 결코 행복만을 내리지 않는다. 『상서尙書』에서도 화복과 왕자王者를 정치적 덕행과 연결시킨다. 인군人君이 패덕敗德하고 정사를 혼란하게 할 때 천은 언제든 인간에게 화를 내릴 수 있다. 예를 들어 "소인이 지위를 차지하고 있으면 백성이 (군주를) 버리고 보위하지 않으니 이는 하늘이 내리신 허물이다."228 "하나라에 재앙을 내려 그 죄를 드러내셨다(降災于夏, 以彰厥罪)"(「탕고湯誥」), "황천이 재앙을 내렸습니다(皇天降災)"(「이훈伊訓」), "불선하면 백 가지 재앙이 내립니다(作不善降之百殃)"(「이훈」), "하늘이 재앙과 상서로움을 내리는 것은 오직 덕에 달려있습니다(惟天降災祥在德)"(「함유일덕咸有一德」), "하늘이 독하게 은나라에 재앙을 내리신다(天毒降災荒殷邦)"(「미자微子」), "하늘이 우리 국가에 해로움을 내리신다(天降割于我家)"(「대고大誥」) 등이 있다. "하늘이 은나라에 멸망을 내린다(天降喪于殷)"는 표현이 더 많이 보이며, 「주고酒誥」, 「다사多士」, 「군석君奭」 등에 나타난다. 그러므로 주시 속의 이러한 표현들은 독립해서 볼 수 없으며 반드시 『상서』와 결합해서 이해해야 한다. 실제 명문銘文에도 주나라 사람의 상천강상上天降喪에 대한 경외감이 보인다.

호천昊天이 포학하도다.(昊天疾威)《毛公鼎》
하늘의 위엄을 두려워한다.(畏天畏)《大盂鼎》
하늘이 포학하여 멸망을 내릴까 두려워한다.(天疾畏降喪)《師訇簋》

『시경』에서 상천이 재앙을 내린다는 시 구절은 아래의 몇 수를 예로 들 수 있다.

> 호천의 포학함이 하토下土에 퍼졌나이다.[229]
>
> 광대하신 호천이시여, 그 덕을 아름답게 하지 아니하시니, 기근을 내리고 사방의 나라에 상해를 가한 것입니다. 호천이 포학하신데도 (군왕은) 사려하고 도모하지 않으며 저 죄 있는 자들을 방치하고 그들의 죄상을 감추었나이다.[230]

「소민小旻」, 「우무정雨無正」은 어느 시기에 지은 것인지 분명하게 알 수 없다. 『시서詩序』에서는 유왕幽王을 풍자한 것이라고 말하지만, 『모시정의毛詩正義』에서는 두 편 모두 려왕厲王을 풍자한 시로 보고 있다.[231] 시에서는 상천이 큰 재앙을 내려서 세상에 두루 미친다고 말한다. "그 덕을 아름답게 하지 아니하다(不駿其德)"에 대하여 고형은 하늘을 가리켜 말한 것으로 하늘에 미덕이 없음을 원망한 것이라고 하였다. 그러나 고형은 도리어 "사려하고 도모하지 않는다(弗慮弗圖)"가 군왕을 가리키는 것이라 보고 있는데 그 해석은 앞뒤로 모순된다.[232]

『모시정의』에 "준駿은 장長이다"고 하였는데, "부준기덕不駿其德"을 "왕이 호천의 덕을 이어받아 연장할 수 없다(王不能繼長昊天之德)"는 것을 가리키는 것으로 보고, "호천질위昊天疾威"는 호천이 왕을 질타하고 위세로서 천하를 공포에 떨게 하는 것을 가리킨다고 보았다.[233] 이렇게 보면 전체 시들은 통치자가 법을 올바로 밝히지 못하고 시비를 구분하지 못하였기 때문에 황천이 큰 화를 내려 기근이 사방에 두루 미쳤다는 뜻을 말하고 있다.

신에게 간청하는 모습 또한 「대아」에서 보인다.

> 하늘이 상란을 내리시어 기근이 또다시 이르렀기에 신들에게 제사 지내지 않음이 없고, 희생犧牲을 아끼지 않으며 규벽圭璧을 모두 다 바쳤는데, 어찌하여 내 말을 들어주지 아니하시는가.[234]

시에서 상천이 상란을 내려 잇달아 기근이 들자 모든 신령에게 제사를 지내고 희생을 아끼지 않았다고 말한다. 하늘과 땅에 제사 지내는 옥까지 이미 다 사용했는데도 신령은 여전히 사람들의 바람에 귀를 기울이지 않는다. 시에서 또 이렇게 말한다.

> 위로 제품祭品을 올리고 아래로 제품祭品을 묻으며 신을 존경하지 않음이 없는데, 후직后稷께서 향유하지 않으시며 상제께서 임하지 않으셨도다.[235]
>
> 군공群公(선대의 선공)과 선정先正(선대의 현인)들께서 나를 도와주지 않으시고, 부모와 선조께서는 어찌하여 나를 모질게 대하시는가.[236]
>
> 풍년을 기원하기를 심히 일찍 하여 사방의 땅의 신께 지내는 제사를 늦게 하지 않았는데 호천상제가 나를 도와주지 않으셨도다. 신명을 공경하면 마땅히 후회와 노여움이 없느니라.[237]

시에서 말하는 것은 다음과 같다. 비록 천지신령에게 제사를 지내지 않음이 없다 하더라도 후직(주나라의 시조)과 상제는 여전히 와서 제사에 바치는 제물을 향유하지 않는다. 선대先代의 선공先公과 돌아가신 부모도 이렇게 박정하다. 사방의 토지신들 모두에게 이미 기도하였으나 상천은 여전히 도와주기를 꺼려한다. 옛 설에 이 시는 주나라 선왕宣王 시기 해마다 큰 가뭄이 들었기 때문에 비가 내리기를 기원하며 쓴 것이라고 하였으나, 고형은 오히려 선왕이 직접 쓴 것으로 보고 있다.[238] 시의 중심 의미는 상천과 여러 신들에게 애원하는 것이며, 신들에게 두루 제사를 지내도 영험함이 없음을 표현하고 있다. 비록 제물이 부족하더라도 진심으로 신명神明을 공경할 뿐이지 더 이상 원망과 후회가 없음을 표현하고 있다. 비가 내리기를 기원하는 기우시祈雨詩의 성격상 시 속에서 상제에 대한 원망과 분노를 표현할 수 없도록 만든다.

이와 유사한 시가 또 있다.

> 호천이 포학하신지라, 하늘이 엄중하게 상란을 내리고 우리에게 기근이 들게 하니 백성들이 모두 다 유망流亡하게 되었도다.[239]
>
> 하늘이 죄고罪辜를 내리셨다.[240]

「소민召旻」편은 옛 설에 대부분 범백凡伯이 유왕幽王을 풍자하며 지은 것이라 하였다. 천재지변의 엄중함과 인간의 재화가 끊이지 않음을 한탄한다.

고형의 관점에 의하면 「대아」에는 상제를 비판하는 것으로 보이는 몇 수의 시가 있다. 실제로는 비유를 통해 주나라 왕을 풍자하는 시이다. 「판板」을 예로 들어보자.

> 상제가 괴팍한지라(板板), 하민들이 지치고 고통스럽다.[241]
>
> 하늘이 재앙(虐)을 내리시리니 그렇게 희희낙락하지 말지어다.[242]
>
> 하늘이 노하시니(懠) 과장하거나 빌붙지 말지어다.[243]

옛 설에는 「판板」편 또한 범백凡伯이 려왕을 풍자한 것이라고 하였다. 판판板板은 어긋나고 비정상적인 의미이다. 학虐은 재앙을 내리는 것을 말한다. 제懠는 분노이다. 고형은 "상제는 주나라 왕을 비유하고 있다"[244]고 하였다. 『모시정의』에서는 이 몇 구절을 해석하여 모두 "천지왕자天之王者"를 가리켜 말한다고 하였는데, 이 역시 주나라 왕을 비유한 것으로 보고 있다.[245] 이렇게 본다면 이 시들은 결코 하늘에 대한 의심과 불만을 나타내는 것은 아닌 것으로 보이는데, 「판」의 마지막 부분에서 말한 것을 보면 이러한 해석은 분명 일리가 있다.

> 하늘의 노여움을 공경하고 감히 안일하지 말지며, 하늘의 재이災異를 공경하고 감히 제멋대로 행동하지 말지어다.[246]

상천이 분노와 화란禍難을 내리는 것에 대하여 공경하고 명을 따르며 감히 소홀하고 태만하지 말 것을 표현하고 있다.

「대아 · 탕지십蕩之什」의 「탕蕩」편은 모두 여덟 장이다. 옛 설에는 려왕 시기 소목공召穆公이 주나라 왕실이 크게 무너짐을 비통해하며 지은 것이라고 한다. 그 첫 장에 다음과 같이 말한다.

> 탕탕蕩蕩한 상제가 하민의 군주이다. 포학한 상제는 그 명에 사벽邪辟함이 많도다. 하늘은 백성들을 낳으셨고 그 명은 일정하지 않으신데, (나라를 다스리는 자들은) 처음에 선하지 않은 이가 없고 종극에 선한 이가 적도다.[247]

옛 주석에 "상제는 하늘의 권리를 위탁받은 군왕이다(上帝, 以託君王也)", "탕탕蕩蕩은 법도가 폐기되고 붕괴된 모양이다(蕩蕩, 法度廢壞

之貌)"고 하였다. 고형의 주석에 "탕탕은 제멋대로 방자하고 법을 지키지 않는 모습이고 상제는 주나라 왕을 빗대어 말한 것이다"라고 하였다. 또 "비匪는 비非와 통하고 심諶은 상常과 같다"고 말하였다.248 이러한 해석에 근거하면 이 시구는 주나라 왕의 포학함을 빗대어 말한 것이다.

「탕」의 나머지 일곱 장 모두 문왕의 어조로 은나라 주왕紂王의 폭정을 지적하는데 고형의 설은 분명 여기에 근거한 것이다. 시 속의 "하늘은 백성들을 낳으셨고 그 명은 일정하지 않다(天生烝民, 其命匪諶)"라는 구절과 『상서尙書』「군석君奭」의 "하늘은 일정하기 어렵다(天難諶)"라는 구절은 매우 비슷하다.

「소아·조지십藻之什」의 「울류菀柳」에도 유사한 시구가 있다.

> 상제는 심히 황당무계하니 화난(暱)을 자초하지 말지어다.249
> 상제는 심히 황당무계하니 재난(瘵)을 자초하지 말지어다.250

시에서는 상제가 터무니없으니 사람들은 절대 스스로 재화를 초래하지 않아야 한다고 말한다. 기존의 관점들은 이 시 역시 유왕을 풍자하기 위한 것이라고 하였다. 그러나 고형의 해제에 근거하면 이 시는 주나라 대신이 주나라 왕에게 불만을 가져서 그에 대한 푸념을 토로하는 것으로 보고 있다. 여기에서 '상제'는 당연히 주나라 왕을 가리킨다.

주의할 점은 『시경』의 15국풍 가운데 진풍秦風의 「황조黃鳥」를 제외하면 대체로 하늘을 논하는 내용은 보이지 않는다. 하늘을 언급한 내용은 위에 서술한 것처럼 모두 대아와 소아에서 보인다. 그러나 대아와 소아는 서주 왕기王畿(왕이 있는 서울 부근의 땅) 지역의 시이며 서주 관리들에 의해 지어진 것으로 서주 상층계급의 문화를 대표하기 때문에 천명관에 대해 근본적으로 의심이 있을 수 없다. 의심의 색채가 있는 시구는 소수이며 아마도 하층 관리가 지은 것 같다. 『시경』과 『상서』의 차이는 다음과 같은 점에 있다. 『시경』은 설령 대·소아라 하더라도 엘리트 문화를 대표한다고 말할 수 없으며 더욱이 국풍의 민속적 성격은 말할 필요도 없다. 하지만 『상서』는 서주 엘리트 문화의 사상이 표현된 것이다.

총결하면 『시경』 속의 이 부분은 주로 선왕宣王 시기에 큰 가뭄으로 인하여 기근이 들었던 것처럼 자연적 원인으로 야기된 재해가 발생했던 시기 사람들의 초조한 심정이나 유왕의 패덕한 시대처럼 정치가 어지러운 동란의 시기에 사람들의 불만을 반영하고 있다. 여전히 이러한 시들 속에 명확하게 황천상제를 의심하고 원망하며 분노하는 사상이 있었다고 말할 수는 없다. 설령 어떤 것들은 원망의 시구라고 말할 수 있더라도 대부분은 민중의 정서를 대표하여 발산된 것으로 보인다. 이것은 신앙이 성숙하지 않은 계층에게 있어서는 결코 이상한 것은 아니다.

그러나 이러한 시들은 어떤 의미에서 서주 통치계급의 사상으로서 천명관의 내재적 모순을 드러내고 있다. 『상서』에서 하늘이 상란을 내린다는 표현은 대부분 하·상 말기 정치가 혼란한 시대에 대한 역사적 회고이며 왕조교체와 대명이전大命移轉의 역사적 해석과 관련이 있다. 즉 앞에서 말한 하나의 왕조가 덕에 어둡고 백성에게 포학하면 하늘이 상란을 내리고 대명을 다른 성씨에게 이전하여 새로운 왕조를 건립한다는 것이다. 만약 이러한 이론의 엄격한 논리에 따라 천명의 이전이 민의를 기초로 삼고 백성을 보우하는 동기에서 나온 것이라면 하늘로부터 내려온 상란은 모두 군주와 그의 왕조가 부담해야 하는 것이며 백성으로 하여금 이러한 고난을 짊어지도록 해서는 안 된다. 그러나 실제 대부분의 고난은 인민들이 짊어진다. 게다가 『시경』에서 간곡하게 말하는 견디기 어려운 상란이란 대부분 왕조 교체 시기가 아닌 시기에 인민들이 당하는 현실적인 상황을 가리킨다.

자연재해는 물론 '하늘이 내린' 재앙이다. 하지만 선왕宣王 시기처럼 결코 정치적으로 혼란하지도 않던 시기에 자연재해가 유행하는 것 또한 신앙적인 측면에서 어려움을 만들 수 있다. 사람들은 상천이 힐책하고자 하는 것이 무엇인지 알 도리가 없기 때문에 하늘을 변덕스러운 주재자로 여겨 원망할 수 있으며 하늘의 도덕적 이미지가 손상받도록 만들 수 있다. 이러한 모든 것들은 서주시기 신앙을 주도한 신이 통치계급의 신이었기 때문에 신의 도덕화 문제는 거론되지 않을 수 없는 것이다.

민의론의 천명관에서 '하늘'의 도덕화와 민의화는 문화적 측면에서 적극적 진보의 의미를 지니고 있다. 다만 '하늘'은 종교적 의미의 신으로서 여전히 실천과 경험 생활 속에서의 검증을 피할 수 없다. 만약 정치가 아직 혼란하지 않더라도 인민들이 풍요와 안녕을 요구할 때 큰 가뭄이 그치지 않는다면 사람들은 제사에 응답하지 않는 상제에게 원망을 표출할 뿐만 아니라 선한 자에게 복을 내리고 못된 자에게 벌을 내리고 백성이 원하는 것을 따르는 이른바 천명이라 부르는 것에 대해 의심을 품을 것이다. 그러나 민중들에게 하늘은 단지 역사 속의 상제일 뿐 자연 속의 상제가 아니며,

이에 대해 책임을 지지 않는다고 말할 수는 없을 것이다.

역사적으로 많은 민중들은 신에 대해 원망하고 심지어 저주하는 모습까지 보여줄 수 있다. 하지만 이는 단지 그들의 신앙행위의 한 측면일 뿐이다. 일반적으로 이러한 원망은 신령신앙을 방치하는 결과에는 이르지 않고, 인민들은 종교가 가지고 있는 안위安慰의 기능을 결코 거부하지 않는다. 그러나 주시周詩의 이런 진술들은 중국 민족 특히 중원문화가 가지고 있는 '실용이성'의 일면 즉, 생활경험으로부터 이론을 살펴보는 동시에 이성적 태도로 대하는 것을 매우 중시하고 있음을 보여주고 있다.

어찌 되었든 간에 민의론의 천명관은 본래 주대 통치자가 은주혁명을 해석하는 데 이용한 이론이며 스스로에게 백성의 일을 진지하게 섬길 것을 경계하는 학설이다. 그러나 그것은 결코 신령신앙이 실천 속에서 겪어야 하는 시련을 해소할 수는 없었다. 지금, 주나라 사람의 천명론 또한 이러한 검증에 직면하게 되었다.

9. 서주 후기의 전유가前儒家

『국어國語』에는 적지 않은 서주 후기 사상들이 기록되어 있다. 이학근李學勤은 일찍이 『제공모보와 그의 덕론(祭公謨父及其德論)』을 저술하여 초기 유가가 『예기禮記』「치의緇衣」에 기술한 「섭공지고명葉公之顧命」이 바로 『일주서逸周書』에 소장된 「제공祭公」편임을 실증하였다. 그는 "사상을 연구함에 있어 인물을 언급하지 않을 수 없다. 과거 서주 200년 사이의 인물 가운데 비교적 많은 논의를 거친 인물은 단지 주공과 소공 등이 있을 뿐이다. 제공모보祭公謨父(주공의 후예로 서주시기의 경사卿士)의 정치사상은 위로 주공을 계승하고 아래로 유가를 여는 단서이며, 금문金文과 대조해서도 증명할 수 있으니 충분히 살펴볼 만한 가치가 있다"고 말했다.[251]

제공모보는 소왕昭王시기 입조하여 목왕穆王이 재위하던 때에 사망하였다. 『국어』「주어상周語上」에 다음과 같이 기록되어 있다.

> 주나라 목왕이 장차 견융犬戎을 정벌하려고 하자 제공모보가 간하였다. "옳지 않습니다. 선왕들께서는 덕을 밝히시고 (소소한 일로) 무력을 뽐내지 않았습니다. 무릇 병기는 거두어드렸다가 때에 맞춰 사용해야 합니다. (때맞춰) 사용하면 두려워하나 자주 살피게 되면 더러워지며 더러워지면 두려워함이 없게 됩니다. 이런 까닭에 주나라 문공文公(주공단의 시호)의 《송頌》에 '방패와 창을 거두어들이고 활과 화살을 집어넣었도다. 나는 아름다운 덕을 구하여 이 천하에 펼치고자 하나니, 후대의 왕들이 이를 잘 보존하리다'라고 했습니다. 선왕은 백성에 대하여 그 덕을 바르게 하여 성정을 후하게 하는 것에 힘쓰고, 재물 구하는

것을 풍부하게 하여 그 기물과 용구를 이롭게 하고, 이롭고 해로운 방향을 밝혀 문덕으로 그것을 닦아 백성들로 하여금 이로움에 힘쓰고 해로움을 피하도록 하며, 덕을 가슴에 품고 위엄을 두려워하게 하였습니다. 고로 대대로 보존해서 더욱 성대하게 발전했던 것입니다."[252]

제공이 말한 것은 비록 대외관계에 대한 언급이지만 그 속에 드러난 중덕重德사상은 주나라 초기부터 일관된 것이다. 그는 선왕이 백성을 다스림에 덕교德敎를 우선하며 인민의 물질생활의 발전을 중시하였고, 대외관계에 있어서는 "덕을 밝게 하고 무력을 뽐내지 않았다(耀德不觀兵)"고 하며 덕행을 표방함으로써 군대와 무력을 과시하지 않았다고 말했다. 제공은 또 이렇게 말하였다.

옛날 우리 선조께서 대대로 후직后稷을 맡아 우虞나라와 하夏나라를 직분을 다하여 섬겼습니다. 하나라가 쇠락해졌을 때 (하나라에서) 후직의 직분을 버리고 농업에 힘쓰지 않자 우리 선왕 불줄不窋(후직의 아들)께서는 그 관직을 잃고 스스로 융戎과 적狄 지방의 사이로 몸을 숨기셨습니다. 그러나 감히 대업에 태만하지 않으셨으니, 그 선대의 덕을 서술하고 선대의 일을 계승하고 선대의 교훈과 법도를 닦으시며, 아침저녁으로 삼가 부지런히 힘쓰고 돈독함으로써 지키고 충성과 신의로써 받들고 대대로 덕을 이루어 이전 사람들을 욕되게 하지 않았습니다. 무왕에 이르러 전대의 빛난 업적을 밝히고 더욱 인자하고 온화한 덕을 더하여 신을 섬기고 백성을 보호하니 기뻐하며 좋아하지 않는 자가 없었습니다.[253]

제공이 회고한 선주先周의 정사政事 전통은 분명히 주공이 반복하여 강조한 수덕修德 · 보민保民 · 각근恪勤(충실하게 직분을 다함)의 치국

원칙이다. 이는 주공의 사상과 완전히 일치한다.

『국어』에는 또 려왕厲王 시기 소공昭公의 사상이 기록되어 있다.

려왕厲王이 포학하니 나라의 백성들이 왕을 비방하였다. 소공邵公이 왕에게 "백성들이 왕의 명령을 감당하지 못하기 때문입니다"라고 하였다. 왕이 노하여 위무衛巫를 데려와서 비방하는 자를 감시하게 하고, 그가 (비방한 자를) 보고하면 죽여 버렸다. 백성들은 감히 왕에 대해 말하지 못하고 길에서 눈짓으로 표현할 뿐이었다. 왕이 기뻐하며 소공에게 "내가 능히 비방을 그치게 하였으니 감히 말을 하지 못하는구나"라고 하였다. 소공이 대답하였다. "이는 막은 것입니다. 백성들의 입을 막는 것은 흐르는 냇물을 막는 것보다 폐해가 심합니다. 흐르는 냇물이 막혔다가 터지면 필시 사람에게 많은 상해를 입히는데 백성 역시 이와 같습니다. 이 때문에 하천을 치수하는 자는 물길을 터서 잘 통하도록 하고 백성을 다스리는 사람은 백성들이 드러내놓고 말하도록 하는 것입니다. …백성에게 입이 있는 것은 마치 땅에 산과 내가 있어 재화와 용구가 여기에서 나오는 것과 같고, 평원과 습지와 평지와 옥토가 있어 입고 먹는 물자가 여기에서 생산되는 것과 같습니다. 입으로 드러내놓고 말할 적에 (정사의) 성패득실이 여기에서 일어나니, (백성들이) 잘한다고 말하는 것을 시행하고 잘못한다고 말하는 것을 방비하는 것이 재용財用과 의식衣食을 풍성하게 하는 방법입니다. 백성들이 마음속에 생각하고 입으로 드러내놓고 말하여 (생각과 말이) 성숙해지면 자연스레 행동으로 나타나는데 어찌 강제로 막을 수 있겠습니까? 만일 강제로 그들의 입을 막는다면 얼마나 오래가겠습니까?"[254]

주나라 려왕의 포학함은 나라 안 모든 백성의 큰 불만을 불러일으켰는데, 왕이 위나라 무당(衛巫)을 보내 감시하며 불만스런 언론을 제기하는 자를 발견하면 죽여 버리고 백성들로 하여금 원망스러워도 감히 말할 수 없게 만들었다. 이에 소공이 왕에게 경고하였다. 그는 민중의 언론이 국가의 재산이며, 민중의 언론 자유를 금지하는 것은 강물을 막아버리는 것과 같아서 재앙을 초래할 뿐이라고 생각했다. 이 때문에 민중의 언론은 오직 물길처럼 막힘 없이 잘 통하도록 할 수 있을 뿐이다. 소공이 민중을 대하는 이러한 태도는 서주문화의 정상적인 표현일 뿐만 아니라 후대 유가의 정치사상과 완전히 일치한다.

주나라 선왕시기, 왕은 노나라 무공武公의 작은아들 희戲를 태자로 삼았다. 이에 대해 번중산보樊仲山父가 다음과 같이 간하였다. "태자로 세워서는 안 됩니다. 법도에 순응하지 않아 반드시 왕명을 위반할 것이고 왕명을 위반하면 반드시 주벌해야 하니, 고로 명을 내리는 일은 법도에 순응하지 않을 수 없습니다. 영令이 시행되지 않으면 정치가 확립되지 못하고, (영이) 시행되어도 법도에 순응하지 않으면 백성들이 장차 윗사람을 버리게 됩니다. 무릇 아랫사람이 윗사람을 섬기며 어린이가 어른을 섬기는 일은 법도에 순응하는 방법입니다. 지금 천자께서 제후를 세우면서 그의 작은 아들을 세우면, 이는 법도에 거스르는 일을 가르치는 것입니다"255라고 하였다. 이 가운데 "(영이) 시행되어도 법도에 순응하지 않으면 백성들이 장차 윗사람을 버리게 됩니다(行而不順, 民將棄上)"라는 구절은 『상서』 속의 정치 합법성에 대한 견해와 일치한다.

미주

1 『郭沫若全集』 歷史編 제1권, 人民出版社, 1982, p.321

2 傅佩榮의 『儒道天論發微』(學生書局, 1988) p.10을 재인용하였다.

3 陣夢家, 『殷墟卜辭綜述』, 中華書局, 1992, p.562

4 陣夢家, 『殷墟卜辭綜述』, p.581

5 白川靜, 『金文的世界』, 平凡社, 1971, pp.40-43

6 傅佩榮, 『儒道天論發微』 p.12를 재인용 및 참고하였다.

7 晁福林, 「論殷代神權」, 『中國社會科學』, 1990년 제1기

8 『尙書』「商書」「湯誓」: 有夏多罪, 天命殛之.

9 『尙書』「商書」「湯誓」: 夏氏有罪, 予畏上帝, 不敢不正.

10 『尙書』「商書」「湯誓」: 爾尙輔予一人, 致天之罪.

11 『墨子』「兼愛」: 非惟小子, 敢行稱亂, 蠢玆有苗, 用天之罰.

12 『尙書』「多士」: 非我小國敢弋殷命, 惟天不畀.

13 『尙書』「商書」「盤庚」上 : 先王有服, 恪謹天命.

14 『尙書』「商書」「盤庚」上 : 罔知天之斷命.

15 『尙書』「商書」「盤庚」上 : 天其永我命於玆新邑.

16 范文瀾, 『中國通史簡編』 修訂本, 中華書局, 1972, p.114

17 『尙書』「商書」「西伯戡黎」: 西伯旣戡黎, 祖伊恐, 奔告于王曰, 天子, 天旣訖我殷命, 格人元龜, 罔敢知吉, 非先王不相我後人, 惟王淫戲用自絶, 故天棄我, 不有康食, 不虞天性, 不迪率典. 今我民不欲喪, 曰天曷不降威. 大命不摯, 今王其如台. 王曰, 嗚呼, 我生不有命于天.

18 『尙書』「商書」「微子」: 天毒降災荒殷邦, 方興沈酗于酒.

19 『尙書』「商書」「微子」: 今殷民乃攘竊神祇之犧牷牲.

20 郭沫若, 『郭沫若全集』 歷史編 제1권, p.323

21 『尙書』 夏書「甘書」: 王曰, 嗟, 六事之人, 予誓告汝, 有扈氏威侮五行, 怠棄三正, 天用剿絶其命，今予惟恭行天之罰.

22 진몽가陳夢家의 설은 그의 저서 『상서통론尙書通論』(中華書局, 1985, p.185)에 보인다. 유기우劉起釪는 「감서甘書」를 상대商代의 문헌으로 여겼다.

23 『尙書』 夏書 「胤征」 : 今予以爾有衆奉將天罰.

24 『尙書』「商書」「仲虺之誥」 : 有夏昏德，民墜塗炭，天乃錫王勇智，表正萬邦. 纘禹舊服，玆率厥典，奉若天命. 夏王有罪，矯誣上天，以布命於下. 帝用不臧，式商受命，用爽厥師. ……欽崇天道，永保天命.

25 역자 주 : 주자朱子 주注에 이르길 "충衷은 중中이다. …하늘이 명命을 내림에는 인의예지신의 이치를 갖추고 편벽되거나 치우친 바가 없으니 중衷이라 이르는 것이다.(衷，中. 天之降命，而具仁義禮智信之理，無所偏倚，所謂衷也)"라고 하였다.

26 『尙書』「商書」「湯誥」 : 惟皇上帝降衷於下民，若有恒性，克綏厥猷惟后. 夏王滅德作威，以敷虐於爾萬方百姓. 爾萬方百姓，罹其凶害，弗忍荼毒，並告無辜於上下神祇. 天道福善禍淫，降災於夏，以彰厥罪.

27 『尙書』「商書」「湯誥」 : 肆台小子，將天命明威，不敢赦. 敢用玄牡，敢昭告於上天神后，請罪有夏. …上天孚佑下民，罪人黜伏. 天命弗僭，賁若草木，兆民允殖.

28 『尙書』「商書」「湯誥」 : 各守爾典，以承天休. 爾有善，朕弗敢蔽，罪當朕躬，弗敢自赦，惟簡在上帝之心.

29 『尙書』「商書」「伊訓」 : 聖謨洋洋，嘉言孔彰. 惟上帝不常，作善降之百祥，作不善降之百殃. 爾惟德罔小，萬邦惟慶，爾惟不德罔大，墜厥宗.

30 『尙書』「商書」「太甲」 : 先王顧諟天之明命，以承上下神祇. 社稷宗廟，罔不祗肅. 天監厥德，用集大命，撫綏萬方.

31 『尙書』「商書」「太甲」 : 皇天眷佑有商.

32 『尙書』「商書」「太甲」 : 天作孽，猶可違，自作孽，不可逭.

33 『尙書』「商書」「太甲」 : 伊尹申誥於王曰，呜呼! 惟天无亲，克敬惟亲. 民罔常怀，怀于有仁. 鬼神无常享，享于克诚.

34 『尙書』「商書」「咸有一德」 : 天難諶，命靡常. 常厥德，保厥位. 厥德匪常，九有以亡. 夏王弗克庸德，慢神虐民，皇天弗保，監於萬方.

35 『尙書』「商書」「咸有一德」 : 非天私我有商，惟天佑於一德. 非商求於下民，惟民歸於一德. 德惟一，動罔不吉. 德二三，動罔不凶. 惟吉凶不僭在人，惟天降災祥在德.

36 진몽가陳夢家는 다음과 같이 말하였다. "상商나라 사람은 '제명帝命'이라 칭하고 천명天命이라 쓴 것이 없었으니, 천명은 곧 주周나라 사람들이 사용한 표현이다."(『尙書論』, p.207)

37 진몽가陳夢家는 「고문자 중의 상주의 제사(古文字中的商周祭祀)」(『燕京學報』 제19

기, 1936, p.149)라는 글에서 상나라 사람의 제帝는 생활과 생산의 주재자이며, 주나라 사람의 천天은 정치의 주재자가 된다고 하였다.

38 Friedrich Max Müller, 『종교학도론宗教學導論』(陳觀勝 등 번역, 上海人民出版社, 1989) p.92, p.133, p.189 등을 참고하였다.

39 이 설은 전종무錢宗武의 『금고문상서전석전언今古文尙書全釋前言』(貴州人民出版社, 1991) p.7에서 발췌하였다.

40 "天作孽猶可違, 自作孽不可活."

41 古文『尙書』「太甲」: 惟天無親, 克敬惟親, 民罔常懷, 懷於有仁.

42 『尙書』「周書」「蔡仲之命」: 皇天無親, 有德是輔, 民心無常, 惟慧爲懷.

43 Ernst Cassirer 저, 甘陽 역, 『人論』 p.128

44 Ernst Cassirer, 『人論, p.133

45 1976년 섬서陝西 임동臨潼에서 제기祭器인 《이궤利簋》가 출토되었다. 명문銘文에 "상商나라를 정벌하고, 갑자일甲子日 아침에 아름다운 맹세를 하고, 솥에 승리함을 새기니…(征商, 佳甲子朝歲, 鼎克…)"라는 구절이 있는데, 「목서牧誓」에서 말한 것과 서로 부합한다. 臨潼文化館, 「陝西臨潼發現武王」(『文物』, 1977년 제8기에 실려 있다.)을 참고 하였다.

46 『尙書』「周書」「牧誓」: 今商王受, 惟婦言是用, 昏棄厥肆祀弗答, 昏棄厥遺王父母弟不迪. …今予發惟恭行天之罰.

47 왕국유王國維는 『고사신증古史新證』에서 「감서甘誓」를 대체로 주나라 초기에 제작된 것으로 여겼다. 장선국蔣善國의 『상서종술尙書綜述』(上海古籍, 1988년, p.200)을 참고했다. 유기우劉起釪는 「홍범洪範」의 원본이 상대商代의 것이며 「감서甘誓」가 「홍범洪範」보다 앞선다고 여겼다. 그의 논문 「상서의 감서와 홍범 두 편 중의 오행(尙書的甘誓洪範兩篇中的五行)」(『中國文哲研究通訊』 제3권 3기, 1993년, p.12)에 보인다.

48 『尙書』「洪範」: 在昔, 鯀湮洪水, 汨陳其五行, 帝乃震怒, 不畀洪範九疇.

49 역자 주 : 주周나라 무왕武王 사후, 아우인 주공이 나이 어린 조카 성왕成王을 대신하여 섭정攝政이 되어 주나라를 다스렸는데, 이때 은나라 유민을 다스리던 무경록보武庚祿父와 삼감三監의 직책을 수여받은 주공의 형제들 관숙管叔, 채숙蔡叔, 곽숙霍叔이 주공에게 불만을 품고 서로 연합하여 삼감의 난을 일으켰다. 삼감의 시기는 이때를 말한다.

50 『尙書』「周書」「金縢」: …乃命於帝庭, 敷佑四方, 用能定爾子孫於下地. 四方之民, 罔不祗畏. 嗚呼! 無墜天之降寶命, 我先王亦永有依歸. 今我即命於元龜, 爾之許我, 我其以璧與珪歸俟爾命. 爾不許我, 我乃屛璧與珪.

51 『尙書』「周書」「大誥」: 天降割於我家.

52 『尙書』「周書」「大誥」: 矧曰其有能格知天命.

53 『尙書』「周書」「大誥」: 予不敢閉於天降威. 用寧王遺我大寶龜, 紹天明, 即命曰, 有大艱於西土, 西土人亦不靜….

54 『尙書』「周書」「大誥」: 予惟小子, 不敢替上帝命. 天休於寧王, 興我小邦周, 寧王惟卜用, 克綏受茲命. 今天其相民, 矧亦惟卜用. 嗚呼! 天明畏, 弼我丕丕基!

55 『郭沫若全集』, 歷史編 제1권, p.334

56 傅斯年, 『性命古訓辨證』 하권

57 『郭沫若全集』, 歷史編 제1권, p.324

58 『郭沫若全集』, 歷史編 제1권, p.332

59 『尙書』「周書」「大誥」: 爽邦由哲, 亦惟十人迪知上帝命越天棐忱, 爾時罔敢易法, 矧今天降戾於周邦. 惟大艱人誕鄰胥伐於厥室, 爾亦不知天命不易. 予永念曰, 天惟喪殷, 若穡夫, 予曷敢不終朕畝.

60 『史記』「衛世家」를 참고하였다.

61 『尙書』「周書」「康誥」: 聞于上帝, 帝休, 天乃大命文王殪戎殷, 誕受厥命越厥邦厥民.

62 『尙書』「周書」「康誥」: 用康保民, 弘於天, 若德裕有身, 不廢在王命.

63 『尙書』「周書」「康誥」: 敬哉! 天威棐忱, 民情大可見.

64 『尙書』「周書」「康誥」: "若保赤子, 惟民其康.

65 여기에서는 왕세순王世舜의 『상서석주尙書釋注』의 해석을 취했다.

66 『尙書』「周書」「酒誥」: 祀茲酒, 惟天降命, 肇我民, 惟元祀. 天降威, 我民用大亂喪德, 亦罔非酒惟行. 越小大邦用喪, 亦罔非酒惟辜.

67 『尙書』「周書」「酒誥」: 弗惟德馨香祀, 登聞于天, 誕惟民怨, 庶群自酒, 腥聞在上. 故天降喪于殷, 罔愛于殷, 惟逸. 天非虐, 惟民自速辜.

68 『尙書』「周書」「酒誥」: 王曰, 封! 予不惟若茲多誥. 古人有言曰, 人無於水監, 當於民監. 今惟殷墜厥命, 我其可不大監, 撫於時.

69 "迪畏天顯小民, 經德秉哲."

70 왕권신수 이론은 군주의 권력이 상제가 인민의 이익을 위해서 부여한 것임을 가리키는 것이며, 인민은 왕명에 거역할 수 없다. 『布萊克維爾(Blake vale)政治學百科全書』(中國政治大學出版社, 1992, p.207)에 보인다.

71 『史記』「周本紀第四」

72 『尙書』「周書」「召誥」: 嗚呼, 皇天上帝改厥元子, 茲大國殷之命. 惟王受命, 無疆惟休, 亦無疆惟恤. 嗚呼, 曷其奈何弗敬.

73 『尙書』「周書」「召誥」: 夫知保抱攜持厥婦子, 以哀吁天, 徂厥亡, 出執. 嗚呼, 天亦哀於四方民, 其眷命用懋. 王其疾敬德.

74 『尙書』「周書」「召誥」: 相古先民有夏, 天迪從子保, 面稽天若, 今時旣墜厥命.

75 『尙書』「周書」「召誥」: 今相有殷, 天迪格保, 面稽天若, 今時旣墜厥命.

76 『尙書』「周書」「召誥」: 我不可不監於有夏, 亦不可不監於有殷, 我不敢知曰有夏服天命, 惟有曆年, 我不敢知曰, 不其延. 惟不敬厥德, 乃早墜厥命. 我不敢知曰, 有殷受天命, 惟有曆年, 我不敢知曰, 不其延, 惟不敬厥德, 乃早墜厥命.

77 『尙書』「周書」「召誥」: 今天其命哲, 命吉凶, 命曆年, 知今我初服, 宅新邑, 肆惟王其疾敬德, 王其德之用, 祈天永命. 其惟王勿以小民淫用非彝, 亦敢殄戮用乂民, 若有功. 其惟王位在德元, 小民乃惟刑用於天下, 越王顯. 上下勤恤, 其曰我受天命, 丕若有夏曆年, 式勿替有殷曆年, 欲王以小民受天永命.

78 곽말약郭沫若 등은 「낙고洛誥」와 「노고魯誥」에 착간과 찬입이 있다고 보았다. 장선국蔣善國의 『상서종술尙書綜術』(p.248)을 참고하였다.

79 『서서書序』는 『상서서尙書序』를 말하는 것으로 『상서정의尙書正義』 중에서 각 편의 성립 경위를 전하는 내용을 담고 있는 문장이다. 『상서정의』에서는 "『경전석문經典釋文』에 '이는 공안국孔安國이 지은 것이니, 『상서尙書』가 생겨난 시대를 서술하고, 아울러 주를 달게 된 이유를 서술하였다'고 하였다"고 말하고 있다.

80 『尙書』「周書」「君奭」: 周公若曰, 君奭, 弗吊, 天降喪於殷, 殷旣墜厥命, 我有周旣受, 我不敢知曰厥基永孚於休. 若天棐忱, 我亦不敢知曰其終出於不祥. 嗚呼, 君已曰時我, 我亦不敢寧於上帝命, 弗永遠念天威越我民, 罔尤違, 惟人. 在我後嗣子孫, 大弗克恭上下, 遏佚前人光在家, 不知天命不易, 天難諶, 乃其墜命, 弗克經曆. 嗣前人, 恭明德, 在今. 予小子旦非克有正, 迪惟前人光施於我沖子. 又曰, 天不可信. 我道惟寧王德延, 天不庸釋於文王受命.

81 『郭沫若全集』 歷史編 제1권, p.335

82 『尙書』「周書」「無逸」: 周公曰, 嗚呼, 君子所其無逸. 先知稼穡之艱難, 乃逸, 則知小人之依. 相小人, 厥父母勤勞稼穡, 厥子乃不知稼穡之艱難乃逸.

83 『尙書』「周書」「多士」: 爾殷遺多士, 弗弔旻天, 大降喪于殷. 我有周佑命, 將天明威, 致王罰, 勅殷命終于帝. …非我小國敢弋殷命, 惟天不畀, 允罔固亂弼我, 我其敢求位, 惟帝弗畀.

84 『尙書』「周書」「多士」: 向于時夏, 弗克庸帝, 大淫佚有辭, 惟時天罔念聞, 厥惟廢元命, 降致罰. 乃命爾先祖成湯革夏, 俊民甸四方.

85 『尙書』「周書」「多士」: 罔不明德恤祀, 亦惟天丕建保乂有殷, 殷王亦罔敢失帝, 罔不配天其澤.

86 『尙書』「周書」「多士」: 罔顧于天顯民祗, 惟時上帝不保, 降若茲大喪.

87 『尙書』「周書」「多士」: 今惟我周王丕靈承帝事, 有命曰, 割殷, 告勅于帝.

88 『尙書』「周書」「多士」: 非我一人奉德不康寧, 時惟天命, 無違.

89 『尙書』「周書」「多士」: 昔朕來自奄, 予大降爾四國民命.

90 『尙書』「周書」「多方」: 王來自奄, 至于宗周. 周公曰, 王若曰, 猷! 告爾四國多方惟爾殷侯尹民….

91 『尙書』「周書」「多方」: 有夏誕厥逸.

92 『尙書』「周書」「多方」: 乃大淫昏, 不克終日勸于帝之迪.

93 『尙書』「周書」「多方」: 不克明保享于民, 乃胥惟虐于民.

94 『尙書』「周書」「多方」: 天惟時求民主, 乃大降顯休命于成湯, 刑殄有夏.

95 『尙書』「周書」「多方」: 罔不明德愼罰, 亦克用勸, 要囚殄戮多罪, 亦克用勸.

96 『尙書』「周書」「多方」: 乃惟爾商後王逸厥逸, 圖厥政不蠲, 天惟降時喪.

97 『尙書』「周書」「多方」: 惟我周王靈承于旅, 克堪用德, 惟典神天, 天惟式敎我用休, 簡畀殷命, 尹爾多方.

98 『尙書』「周書」「多方」: 乃惟不用我降爾命, 我乃其大罰殛之. 非我有周秉德不康寧, 乃惟爾自速辜.

99 『尙書』「周書」「多方」: 爾曷不夾介乂我周王, 享天之命? 今爾尙宅爾宅, 爾田, 爾曷不惠王熙天之命? 爾乃迪屢不靜, 爾心未愛, 爾乃不大宅天命, 爾乃屑播天命…….

100 『史記』「周本紀」: 初管蔡畔周, 周公討之, 三年而畢定, 故初作大誥, 次作微子之命, 次歸禾, 次嘉禾, 次康誥酒誥梓材, 其事在周公之篇. 周公行政七年, 成王長, 周公反政成王, 北面就群臣之位. 成王在豐, 使召公復營洛邑, 如武王之意, 周公復卜申視, 卒營築, 居九鼎焉, 曰, 此天下之中, 四方入貢道裏均. 作召誥洛誥. 成王既遷殷遺民, 周公以王命告, 作多士無佚. 召公爲保, 周公爲師, 東伐淮夷, 殘奄, 遷其君薄姑. 成王自奄歸, 在宗周, 作多方. 既絀殷命, 襲淮夷, 歸在豐, 作周官.

101 『史記』「魯周公世家」: 十一年伐紂至牧野, 周公佐武王, 作牧誓.

102 『尙書』周書「泰誓」上: 惟天地萬物父母, 惟人萬物之靈, 亶聰明, 作元后, 元后作民父母.

103 『尙書』周書「泰誓」上: 天佑下民, 作之君, 作之師, 惟其克相上帝, 寵綏四方.

104 『尙書』周書「泰誓」上: 天矜于民, 民之所欲, 天必從之.

105 『尙書』周書「泰誓」中: 惟天惠民.

106 『尙書』周書「泰誓」中: 天視自我民視, 天聽自我民聽. 百姓有過, 在予一人.

107 『尙書』周書「泰誓」下: 古人有言曰, 撫我則后, 虐我則讎.

108 『尙書』「周書」「微子之命」: 惟稽古, 崇德象賢, 統承先王, 修其禮物, 作賓於王家, 與國咸休, 永世無窮. 嗚呼, 乃祖成湯, 克齊聖廣淵, 皇天眷佑, 誕受厥命. 撫民以寬, 除其邪虐, 功加於時, 德垂後裔. 爾惟踐修厥猷, 舊有令聞, 恪愼克孝, 肅恭神人.

109 『尙書』「周書」「蔡仲之命」: 王若曰, 小子胡, 惟爾率德改行, 克愼厥猷, 肆予命爾侯於東土. 往即乃封, 敬哉. 爾尙蓋前人之愆, 惟忠惟孝, 爾乃邁跡自身, 克勤無怠, 以垂憲乃後. 率乃祖文王之彛訓, 無若爾考之違王命. 皇天無親, 惟德是輔. 民心無常, 惟惠之懷. 爲善不同, 同歸於治. 爲惡不同, 同歸於亂. 爾其戒哉.

110『尙書』「周書」「周官」: 作德, 心逸日休. 作僞, 心勞日拙.

111『尙書』「周書」「周官」: 居寵思危, 罔不惟畏.

112『尙書』「周書」「周官」: 制治于未亂, 保邦于未危.

113『사기史記』에 따르면「주관周官」또한 주공의 작품이다. 그러나 금문今文에는 없고, 고문古文에만 있다.

114『尙書』商書「盤庚上」: 汝無侮老成人, 無弱孤有幼.

115『尙書』周書「康誥」: 克明德愼罰, 不敢侮鰥寡.

116『尙書』周書「無逸」: 能保惠于庶民, 不敢侮鰥寡.

117『尙書』周書「無逸」: 懷保小民, 惠鮮鰥寡.

118『尙書』周書「大誥」: 鰥寡哀哉.

119『尙書』周書「梓材」: 無胥虐, 至于敬寡.

120『尙書』周書「呂刑」: 皇帝淸問下民, 鰥寡有辭于苗.

121 孫星衍의『尙書今古文注疏』(하권, 中華書局, 1988) p.386에서 인용하였다. "老而無妻謂之鰥, 老而無夫謂之寡, 幼而無父謂之孤, 老而無子謂之獨, 行而無資謂之乏, 居而無食謂之困, 此皆天下之至悲哀而無告者, 故聖人在上, 君子在位, 能者任職, 必先施此, 使無失職."

122 Burns와 Ralph,『世界文明史』제1권, p.50

123『世界文明史』제1권, p.74

124『世界文明史』제1권, p.109

125『尙書』周書「康誥」: 惟命不于常.

126『尙書』周書「康誥」: 天畏棐忱, 民情大可見.

127『尙書』周書「酒誥」: 天非虐, 惟民自速辜.

128『尙書』周書「酒誥」: 無於水監, 當於民監.

129『尙書』周書「多方」: 明德愼罰.

130『尙書』周書「梓材」: 勤用明德.

131『尙書』周書「召誥」: 惟不敬厥德, 乃早墜厥命.

132『尙書』周書「無逸」: 不敢荒寧.

133『尙書』周書「召誥」: 監于有夏, 監于有殷.

134『尙書』周書「泰誓」: 惟人萬物之靈.

135『尙書』周書「泰誓」: 民之所欲, 天必從之.

136『尙書』周書「泰誓」: 天視自我民視, 天聽自我民聽.

137『尙書』周書「微子之命」: 崇德象賢.

138『尙書』周書「蔡仲之命」: 皇天無親, 惟德是輔.

139『尙書』周書「蔡仲之命」: 克愼克勤.

140『尙書』周書「周官」: 以公滅私.

141『尙書』周書「周官」: 居寵思危.

142『孟子』「萬章上」: 泰誓曰, 天視自我民視, 天聽自我民聽.

143『左傳』「襄公三十一年」: 泰書云, 民之所慾, 天必從之.

144『左傳』「僖公五年」: 故周書曰, 皇天無親, 惟德是輔.

145『尙書』周書「泰誓」: 民之所欲, 天必從之.

146『尙書』虞書「堯典」: 克明俊德.

147『尙書』虞書「皐陶謨」: 天聰明自我民聰明, 天明畏自我民明威.

148『尙書』夏書「五子之歌」: 民惟邦本.

149『尙書』商書「湯誥」: 天道福善禍淫.

150『尙書』商書「伊訓」: 惟上帝不常, 作善降之百祥, 作不善降之百殃.

151『尙書』商書「太甲」中 : 天作孽猶可違, 自作孽不可活.

152『尙書』商書「太甲」下 : 惟天無親, 克敬惟親. 民罔常懷, 懷于有仁.

153『尙書』商書「咸有一德」: 天難諶, 命靡常. 常厥德, 保厥位.

154 陳夢家『尙書通論』p.15를 참고하였음.

155 "天作孽猶可違, 自作孽不可活."

156『尙書』「周書」「酒誥」: 天非虐, 惟民自速辜.

157 呂大吉 主編『宗教學通論』(中國社會科學出版社, 1989) p.169을 참고하였다.

158 傅斯年,『性命古訓辨證』上卷 釋字

159 呂大吉,『宗教學通論』, p.171, p.172, p.174

160 呂大吉,『宗教學通論』, p.175

161 余敦康,「殷周之際宗教思想的變革」,『中國哲學史研究』, 1981년 제1기

162 王國維,『觀堂集林』제10권

163 王國維,『觀堂集林』제10권

164 王國維,『觀堂集林』제10권, 별도로 주공의 공로와 본심에 관하여 두정승杜正勝의『주대성방周代城邦』(聯經, 1985年版)의 부록「상서 중의 주공(尙書中的周公)」을 살펴보길 바란다.

165 梁漱溟,『中國文化要義』, 里仁書局, 1982, p.103

166 馮友蘭,『三松堂自序』, 三聯書店, 1984, p.200

167『史記』「殷本紀」: 湯曰, 予有言, 人視水見形, 視民知治不.

168 오예이吳銳己가 이 점을 제기하였다.『중국문화사상발생론中國文化思想發生論』(1994년 박사논문 출판원고, p.80)에 보인다.

169 『尙書』「周書」「酒誥」: 古人有言曰, 人無于水監, 而當于民監.

170 『尙書』「周書」「泰誓」: 古人有言, 撫我則后, 虐我則讐.

171 김경방金景芳의 『고사론집古史論集』(pp.176-180)을 참고하였다. 이학근李學勤 또한 "이는 「홍범」이 분명히 서주시기의 글이다"라고 인정한다. 그의 저서 『이학근집李學勤集』(p.370)에 보인다.

172 『尙書』「洪範」: 惟十有三祀, 王訪于箕子. 王乃言曰, 嗚呼, 箕子, 惟天陰騭下民, 相協厥居, 我不知彝倫攸敍. 箕子乃言曰, 我聞在昔, 鯀湮洪水, 汨陳其五行, 帝乃震怒, 不畀洪範九疇, 彝倫攸斁. 鯀則殛死, 禹乃嗣興, 天乃錫禹洪範九疇, 彝倫攸敍.

173 『尙書』「洪範」: 初一曰五行, 次二曰敬用五事, 次三曰農用八政, 次四曰協用五紀, 次五曰建用皇極, 次六曰乂用三德, 次七曰明用稽疑, 次八曰念用庶徵, 次九曰向用五福, 威用六極.

174 『尙書』「洪範」: 五行, 一曰水, 二曰火, 三曰木, 四曰金, 五曰土. 水曰潤下, 火曰炎上, 木曰曲直, 金曰從革, 土爰稼穡. 潤下作鹹, 炎上作苦, 曲直作酸, 從革作辛, 稼穡作甘.

175 『尙書』「洪範」: 五紀, 一曰歲, 二曰月, 三曰日, 四曰星辰, 五曰曆數.

176 역자 주 : 『하소정夏小正』은 대덕戴德이 지은 저서로 하대夏代의 역법曆法에 따라 성상星象, 농사, 정치 등을 기록하였다.

177 『尙書』「洪範」: 五福, 一曰壽, 二曰富, 三曰康寧, 四曰攸好德, 五曰考終命. 六極, 一曰凶短折, 二曰疾, 三曰憂, 四曰貧, 五曰惡, 六曰弱.

178 『尙書』「洪範」: 八政, 一曰食, 二曰貨, 三曰祀, 四曰司空, 五曰司徒, 六曰司寇, 七曰賓, 八曰師.

179 『尙書』「洪範」: 稽疑, 擇建立卜筮人, 乃命卜筮. 曰雨, 曰霽, 曰蒙, 曰驛, 曰克, 曰貞, 曰悔, 凡七. 卜五, 占用二, 衍忒. 立時人作卜筮, 三人占, 則從二人之言. 汝則有大疑, 謀及乃心, 謀及卿士, 謀及庶人, 謀及卜筮. 汝則從, 龜從, 筮從, 卿士從, 庶民從, 是之謂大同. 身其康強, 子孫其逢, 吉. 汝則從, 龜從, 筮從, 卿士逆, 庶民逆, 吉. 卿士從, 龜從, 筮從, 汝則逆, 庶民逆, 吉. 庶民從, 龜從, 筮從, 汝則逆, 卿士逆, 吉. 汝則從, 龜從, 筮逆, 卿士逆, 庶民逆, 作內吉, 作外凶. 龜筮共違於人, 用靜吉, 用作凶.

180 『尙書』「洪範」: 五事, 一曰貌, 二曰言, 三曰視, 四曰聽, 五曰思. 貌曰恭, 言曰從, 視曰明, 聽曰聰, 思曰睿. 恭作肅, 從作乂, 明作晰, 聰作謀, 睿作聖.

181 『詩經』「小雅」節南山之什의 「小旻」에 "國雖靡止, 或聖或否. 民雖靡膴, 或哲或謀, 或肅或艾"라는 가사가 있다. 「소민小旻」은 아마도 「홍범」의 영향을 받았을 가능성이 크다.

182 『尙書』「洪範」: 庶征, 曰雨, 曰暘, 曰燠, 曰寒, 曰風, 曰時五者來備, 各以其敍, 庶草蕃廡. 一極備, 凶, 一極無, 凶. 曰休征, 曰肅, 時雨若, 曰乂, 時暘若, 曰晢, 時燠若, 曰謀, 時寒若, 曰聖, 時風若. 曰咎征, 曰狂, 恒雨若, 曰僭, 恒暘若, 曰豫, 恒燠若, 曰急, 恒寒若, 曰蒙, 恒風若. 曰王省惟歲, 卿士惟月, 師尹惟日. 歲月日時無易, 百穀用成, 乂用明, 俊民用章, 家用平康. 日月歲時既易, 百穀用不成, 乂用昏不明, 俊民用微, 家用不寧. 庶民惟星, 星有好風, 星有好雨. 日月之行, 則有冬有夏. 月之從星, 則以風雨.

183 『尙書』「洪範」: 三德, 一曰正直, 二曰剛克, 三曰柔克. 平康正直, 強弗友剛克, 燮友柔克. 沈潛剛克, 高明柔克. 惟辟作福, 惟辟作威, 惟辟玉食. 臣無有作福作威玉食. 臣之有作福作威玉食, 其害於而家, 凶於而國. 人用側頗僻, 民用僭忒.

184 『尙書』「洪範」: 皇極, 皇建其有極. 斂時五福, 用敷錫厥庶民. 惟時厥庶民於汝極. 錫汝保極, 凡厥庶民, 無有淫朋, 人無有比德, 惟皇作極. 凡厥庶民, 有猷有爲有守, 汝則念之. 不協於極, 不罹於咎, 皇則受之. 而康而色, 曰, 予攸好德. 汝則錫之福. 時人斯其惟皇之極. 無虐煢獨而畏高明, 人之有能有爲, 使羞其行, 而邦其昌. 凡厥正人, 既富方穀, 汝弗能使有好於而家, 時人斯其辜. 於其無好德, 汝雖錫之福, 其作汝用咎. 無偏無陂, 遵王之義. 無有作好, 遵王之道. 無有作惡, 尊王之路. 無偏無黨, 王道蕩蕩. 無黨無偏, 王道平平. 無反無側, 王道正直. 會其有極, 歸其有極. 曰, 皇極之敷言, 是彝是訓, 於帝其訓. 凡厥庶民, 極之敷言, 是訓是行, 以近天子之光. 曰, 天子作民父母, 以爲天下王.

185 『左傳』「文公三年」: 商書曰, 沈潛剛克, 高明柔克.

186 『左傳』「成公六年」: 商書曰, 三人占, 從二人.

187 『左傳』「襄公三年」: 商書曰, 無偏無黨, 王道蕩蕩.

188 역자 주 : 후직后稷은 주周나라의 시조로 요순시대의 농관農官이며, 후대 사람들은 그를 곡신穀神으로 추대하였다.

189 『詩經』「周頌・思文」: 思文後稷, 克配彼天. 立我烝民, 莫匪爾極. 貽我來牟. 帝命率育, 無此疆爾界, 陳常於時夏.

190 『詩經』「周頌・執競」: 執競武王, 無競維烈. 丕顯成康, 上帝是皇.

191 『詩經』「周頌・臣工」: 明昭上帝, 迄用康年.

192 『詩經』「商頌・玄鳥」: 天命玄鳥, 降而生商. 宅殷土芒芒. 古帝命武湯, 正域彼四方.

193 『詩經』「商頌・長發之一」: 有娀方將, 帝立子生商.

194 『詩經』「商頌・長發之三」: 帝命不違, 至於湯齊. 湯降不遲, 聖敬日躋. 昭假遲遲, 上帝是祗, 帝命式於九圍.

195 『詩經』「大雅・皇矣一」: 皇矣上帝, 臨下有赫. 監觀四方, 求民之莫.

196 『詩經』「大雅・皇矣一」: 上帝耆之, 憎其式廓, 乃眷西顧, 此維與宅.

197 『詩經』「大雅・皇矣二」: 帝遷明德, 串夷載路, 天立厥配, 受命既固.

198 『詩經』「大雅・皇矣三」: 帝作邦作對, 自大伯王季.

199 『詩經』「大雅・皇矣四」: 帝度其心, 貊其德音. 其德克明, 克明克類, …比於文王, 其德靡悔, 既受帝祉, 施於孫子.

200 『詩經』「大雅・皇矣五」: 帝謂文王, 無然畔援.

201 『詩經』「大雅・皇矣七」: 帝謂文王, 予懷明德.

202 『詩經』「大雅・皇矣七」: 不識不知, 順帝之則.

203 『詩經』「大雅・文王」: 文王在上, 於昭於天, 周雖舊邦, 其命維新. 有周不顯, 帝命不時. 文王陟降, 在帝左右.

204 『詩經』「小雅・小明」: 明明上天, 照臨下土.

205 『詩經』「小雅・巧言」: 悠悠昊天, 曰父母且.

206 『詩經』「大雅・抑之十一」: 昊天孔昭, 我生靡樂.

207 『詩經』「大雅・抑之十二」: 取譬不遠, 昊天不忒.

208 『詩經』「大雅・假樂」: 假樂君子, 顯顯令德, 宜民宜人, 受祿於天. 保右命之, 自天申之.

209 『詩經』「小雅・雨無正」: 凡百君子, 各敬爾身, 胡不相畏, 不畏於天.

210 『詩經』「小雅・小宛」: 各敬爾儀, 天命不又.

211 『詩經』「大雅・大明」: 維此文王, 小心翼翼, 昭事上帝, 聿懷多福.

212 『詩經』「大雅・大明」: 上帝臨汝, 無貳爾心.

213 『詩經』「周頌・我將」: 我其夙夜, 畏天之威, 於時保之.

214 『詩經』「大雅・大明」: 有命自天, 命此文王, 於周於京.

215 『詩經』「周頌・桓」: 天命匪解.

216 『詩經』「周頌・淸廟・維天之命」: 維天之命, 於穆不已.

217 『詩經』「大雅・文王之四」: 穆穆文王, 於緝熙敬, 止假哉天命, …上帝既命, 侯於周服.

218 『詩經』「大雅・文王之七」: 命之不易, 無遏爾躬, 宣昭義問, 有虞殷自天. 上天之載, 無聲無臭.

219 『詩經』「大雅・文王」: 無念爾祖, 聿修厥德, 永言配命, 自求多福, 殷之未喪師, 克配上帝. 宜鑒於殷, 駿命不易.

220 『詩經』「大雅・文王」: 天命靡常.

221 『詩經』「大雅・文王・大明」: 天難忱斯, 不易維王.

222 『詩經』「小雅・節南山・十月之交」: 民莫不逸, 我獨不敢休, 天命不徹, 我不敢效我友自逸.

223 高亨, 『詩經今注』, 上海古籍出版社, 1980, p.284

224 『詩經』「小雅・十月之交」: 下民之孽, 匪降自天, 噂沓背憎, 職競由人.

225 『詩經』「大雅・桑柔」: 天不我將.

226 『詩經』「大雅・桑柔」: 天降喪亂, 滅我立王.

227 『詩經』「大雅・瞻仰」: 瞻仰昊天, 則不我惠, 孔填不寧, 降此大厲. 邦靡有定, 士民其瘵.

228 『尙書』「大禹謨」: 小人在位, 民棄不保, 天降之咎,

229 『詩經』「小雅・小旻」: 昊天疾威, 敷于下土.

230『詩經』「小雅・雨無正」: 浩浩昊天, 不駿其德, 降喪饑饉, 斬伐四國. 旻天疾威, 弗慮弗圖, 舍彼有罪, 既伏其辜.

231『毛詩正義』卷12,『十三經注疏』, 中華書局, 1979, p.447

232 高亨,『詩經今注』, p.286

233『毛詩正義』卷12, p.447

234『詩經』「大雅・雲漢」: 天降喪亂, 饑饉薦臻, 靡神不擧, 靡愛斯牲, 圭璧既卒, 寧莫我聽.

235『詩經』「大雅・雲漢」: 上下奠瘞, 靡神不宗, 后稷不克, 上帝不臨.

236『詩經』「大雅・雲漢」: 群公先正, 則不我助, 父母先祖, 胡寧忍予.

237『詩經』「大雅・雲漢」: 祈年孔夙, 方社不莫, 昊天上帝, 則不我虞, 敬恭明神, 宜無悔怒.

238『毛詩正義』卷18, p.561, 高亨,『詩經今注』, p.445

239『詩經』「大雅・召旻」: 旻天疾威, 天篤降喪, 瘨我饑饉, 民卒流亡.

240『詩經』「大雅・召旻」: 天降罪罟.

241『詩經』「大雅・板之一」: 上帝板板, 下民卒癉.

242『詩經』「大雅・板之四」: 天之方虐, 無然謔謔.

243『詩經』「大雅・板之五」: 天之方懠, 無爲誇毗.

244 高亨,『詩經今注』, p.426

245『毛詩正義』卷17, p.548

246『詩經』「大雅・板之八」: 敬天之怒, 無敢戲豫, 敬天之渝, 無敢馳驅.

247『詩經』「大雅・蕩之一」: 蕩蕩上帝, 下民之辟. 疾威上帝, 其命多辟. 天生烝民, 其命匪諶, 靡不有初, 鮮克有終.

248 高亨,『詩經今注』, p.431

249『詩經』「小雅・菀柳之一」: 上帝甚蹈, 無自暱焉.

250『詩經』「小雅・菀柳之二」: 上帝甚蹈, 無自瘵焉.

251『李學勤集』, 黑龍江教育出版社, 1988, pp.186-192

252『國語』「周語上」: 穆王將征犬戎, 祭公謀父諫曰, 不可. 先王耀德不觀兵. 夫兵戢而時動, 動則威, 觀則玩, 玩則無震. 是故周文公之頌曰, 載戢干戈, 載櫜弓矢. 我求懿德, 肆於時夏, 允王保之. 先王之於民也, 懋正其德而厚其性, 阜其財求而利其器用, 明利害之鄉, 以文修之, 使務利而避害, 懷德而畏威, 故能保世以滋大.

253『國語』「周語上」: 昔我先世后稷, 以服事虞夏. 及夏之衰也, 棄稷弗務, 我先王不窋用失其官, 而自竄于戎狄之間, 不敢怠業, 時序其德, 纂修其緖, 修其訓典, 朝夕恪勤, 守以惇篤, 奉以忠信, 奕世戴德, 不忝前人. 至於武王, 昭前之光明而加之以慈和, 事神保民, 莫不欣喜.

254 厲王虐, 國人謗王. 召公告曰, 民不堪命矣. 王怒, 得衛巫, 使監謗者, 以告, 則殺之. 國人莫敢言, 道路以目. 王喜, 告召公曰, 吾能弭謗矣, 乃不敢言. 召公曰, 是障之也. 防民之口, 甚於防川. 川壅而潰, 傷人必多, 民亦如之. 是故爲川者決之使導, 爲民者宣之使言. …民之有口也, 猶土之有山川也, 財用於是乎出, 猶其有原隰衍沃也, 衣食於是乎生. 口之宣言也, 善敗於是乎興, 行善而備敗, 所以阜財用衣食者也. 夫民慮之於心而宣之於口, 成而行之, 胡可壅也. 若壅其口, 其與能幾何.

255 『國語』「周語上」: 不可立也. 不順必犯, 犯王命必誅, 故出令不可不順也. 令之不行, 政之不立, 行而不順, 民將棄上. 夫下事上, 少事長, 所以爲順也. 今天子立諸侯而建其少, 是教逆也"

제6장

예악禮樂

은나라는 하나라의 예를 이어받았으니, 무엇을 덜어내고 무엇을 더하였는지 알 수 있다.

殷因于夏禮, 所損益可知也.

주나라는 은나라의 예를 이어받았으니, 무엇을 덜어내고 무엇을 더하였는지 알 수 있다.

周因于夏禮, 所損益可知也.

\- 공자孔子, 『논어論語』에 보인다 -

1. 예禮의 문자적 풀이

예禮라는 글자는 오래전부터 존재하였다. 왕국유王國維는 『석례釋禮』에서 다음과 같이 말했다.

> 『설문說文』 시부示部에 이르길 "예禮는 리履다. 신을 섬겨 복이 이르게 하는 것이다. 시示와 풍豊으로 이루어져 있다(禮, 履也, 所以事神致福也, 從示從豊)"고 하였다. 또 풍부豊部에 이르길 "풍豊은 예禮를 행하는 데 사용한 그릇이다. 두豆에서 비롯된 상형 글자이다(豊, 行禮之器也, 從豆, 象形)"라고 하였다. 은허殷墟에서 출토된 복사卜辭에 가 있는데, 그 문장에서 이르길 "…, 는 곧 풍豊이다. …"고 하였다. 이 글자들은 모두 두 개의 옥이 그릇 위에 있는 형상을 상징한다. 옛날에는 옥을 사용하여 예를 행하였기 때문에 설문에 "풍豊은 예禮를 행하는데 사용한 그릇이다"라고 하였으며, 그 설이 오래되었다. 다만 허신許慎은 ''이 玨인줄 몰랐기에 두豆에서 비롯된 상형 글자라고 해석하였다. 실제 풍豊은 玨이 감凵 속에 있는 것과 두豆로 이루어진 회의會意 글자이지 상형象形 글자가 아니다. 옥을 풍성하게 담아서 신령과 조상에게 바치는 그릇을 일러  혹은 풍豊이라 하고, 나아가 신령과 조상에게 바치는

주례酒醴를 일러 역시 예醴라 하며, 더 나아가 신인神人을 받드는 일을 통칭하여 예禮라고 하였다. 당초에는 모두  혹은 풍豊 두 글자를 사용하였고 그것이 예醴와 예禮 두 글자로 분화된 것은 조금 후대의 일이다.[1)]

왕국유의 이 설은 후대 고례古禮를 연구하는 대다수 학자들에 의해 신봉되었다. 이 설에 따르면 예라는 글자는 최초에 옥을 꿰어 놓은 두 줄의 꼬치를 그릇에 담아 신령에게 바쳐 제사를 올리는 것을 가리키다가 이후 술을 바쳐 신령에게 제사를 올린다는 뜻이 추가되었고 마지막에 예로써 신령에게 제사를 올리는 모든 일을 가리키게 되었다. 이로부터 왕국유가 비록 『설문說文』의 풍豊자를 두豆자의 상형으로 해석한 견해를 지적했지만, 허신許愼의 예禮자에 대한 결론적 해석인 "신을 섬겨 복이 이르게 하는 것이다(所以事神致福)"와 왕국유의 생각이 크게 다르지 않음을 알 수 있다.

실제 갑골문 속에서 예禮의 자형字形이 어떻게 해석되는가 하는 것과는 관계없이 그것이 신을 섬기는 일로 확대되어 통용되는 문제에 대해서는 대체로 이론異論이 없다. 우리는 고대인이 말하는 신을 섬기는 일이 주로 신령에게 제사를 올리는 행위임을 알고 있다. 하병체何炳棣의 논문 「원례原禮」에서도 마찬가지로 왕국유의 이 견해를 인정하고 답습하고 있다.[2)]

만약 신을 섬기는 행위로서의 '예'가 삼황오제 심지어 더 이른 시기까지 거슬러 올라가더라도 신을 섬기는 모든 행위에 이미 '예'가 있었던 것으로 가정한다면, 고고학적 발견을 통해 신묘神廟, 제단祭壇으로 추정할 수 있는 것에는 모두 원시 종교적인 예의가 존재하였다는 것을 징표로 삼을 수 있을 것이다. 그러나 주대에 집대성하여 발전한 '주례周禮', '예악禮樂'은 확실히 일찍부터 종교적 예의禮儀의 범위를 넘어섰다. 역사에서 말하는 "주공이 예를 제정하고 악을 지었다(周公制禮作樂)"는 관점 속에서의 예악은 분명 제도와 문화적 구성을 말한 것이다. 후대 『예기禮記』에서 말한 것처럼 '예'는 근본적으로 모든 것을 포함하는 하나의 문화체계이다.

이로부터 '예'는 후대의 발전 속에서 결코 제사의식의 의미를 가지고 있는 예를 직접 계승하지 않았다. 더욱 중요한 것은 원시사회 속의 제사는 본래 단체의 활동을 의미하기 때문에 단체의 제사활동은 어떤 규정된 단체 질서를 가지고 있어서 각종 행위의 규정을 포함하고 있다는 사실을 추론해낼 수 있다. 예는 한편으로 이러한 공동체 내부 질서 규정의 전통을 계승하고 있고 또 다른 한편으로 각종 구체적 행위규범과 인간관계의 행위예절로 발전하였다.

본장에서 다루려고 하는 주제는 주대의 예악문화가 중국문화 초기의 발전과정 속에서 가지고 있는 지위와 의미이다. 고대 예악문화 연구의 주요 문헌은 '삼례三禮' 즉, 『의례儀禮』·『주례周禮』·『예기禮記』이며, 삼례지학三禮之學은 다루기 어려운 것으로 잘 알려져 있다. 다만 본장에서 서주 예악문화를 토론하는 목적으로 말하면 중요한 것은 주대의 고례와 전국시대의 예를 구분하는 것이다. 다시 말하면 춘추시대 이전의 예와 전국시대 유자들의 예에 대한 해석을 구분하는 것이다. 호배휘胡培翬는 『의례정의儀禮正義』에서 다음과 같이 말한다.

『예기』「명당위明堂位」에 이르길 "주공周公이 6년 동안 섭정하면서 예禮를 제정하고 악樂을 지었다(周公攝政六年, 制禮作樂)"고 하니, 그러므로 최영사崔靈思, 육덕명陸德明, 공영달孔穎達 및 가씨賈氏(가공언賈公彥, 당나라 사람)

모두 『의례儀禮』는 주공이 지은 것이라고 말한다. …『주관周官』이란 책은 진실로 예의 강령이 되지만 그 의법儀法의 도수度數에 관한 것은 『의례』가 그 본경本經이고, 『예기』의 「교특생郊特牲」, 「관의冠義」 등은 그 뜻을 풀이한 의소義疏일 뿐이다. …이러한 설들에 근거하면 삼례三禮에서 『의례』가 가장 오래되었고 『의례』가 가장 순수하다. 『의례』는 경經, 기記, 전傳이 있는데, 기와 전은 공자의 70여 명의 문도가 지은 것이지만 경은 주공이 지은 것이 아닐 리 없다. 그 안의 내용은 기물器物을 진설陳設하는 것이 많고 예절을 행하는 순서가 치밀하며, 오르고 내려가고, 읍하고 사양하며, 원형으로 돌고(周還), 의복을 어깨를 벗고 걸쳐 입는 것(裼襲) 등의 번잡함이 있으며 그것을 읽으면 조리와 질서정연하지 않은 것이 없다.[3)]

이것은 삼례 가운데 『의례』를 가장 오래된 저작으로 명확하게 인정하며 주공이 지었다고 주장한다. 하지만 당시의 대정치가인 주공이 군무軍務가 분주하고 정국이 안정되지 않은 주나라 초기에 매우 번잡하고 자질구레한 『의례』를 제작하는 것이 가능한가에 대해 의문을 제기할 수 있다. 설령 정초鄭樵가 말한 것처럼 주공이 환정 이후 책을 완성했다 하더라도 여전히 이러한 의심은 사라질 수 없다. 아마도 호배휘의 견해에 대한 정확한 이해는 삼례 가운데 『의례』가 서주사회의 예악문화를 가장 잘 대표할 수 있다는 것이다.

본장에서 삼례에 대한 총체적이고 구조적인 세밀한 연구는 할 수 없으며 시도하지도 않을 것이다. 다만 철학과 문화적 측면에서 서주의 예악문화를 이해하려고 한다. 『주례』는 삼백 가지 관직으로 구성된 관직체계를 위주로 국가정체政體, 정권형식, 등급관계, 기구설치, 관원직책 및 중앙과 지방의 관계를 광범위하게 다루고 있는 책이다.[4)] 이 때문에 『주례』가 비록 사회문화의 여러 측면을 언급하더라도 그 주체는 국가 정책 형식의 제도 체계를 지닌 규정으로 보아야 한다.

그러나 『의례』는 예의禮儀를 위주로 하기 때문에 『주례』와 다르다. 『의례』의 규정은 국가 최고 등급의 예의로 말하면 물론 제도라고도 말할 수 있지만, 이는 단지 의전의 범위에 속할 뿐 정책과 관제官制가 아니며 국가정치 통치와 행정관리에 관한 '전장제도典章制度' 혹은 '관정지법官政之法'도 아니다. 『의례』의 많은 부분은 '사士'보다 높은 귀족사회의 생활예의에 속한다. 이는 귀족생활과 교제관계의 형식을 규정하고 있고, 형식적 표현과 형식적 예절 방면에서 매우 발전되고 분명한 내용을 보여주고 있다. "예는 왕래(교제)를 숭상한다(禮尙往來)"라는 옛말은 바로 제사의식에서 벗어나 서주시대로 발전한 '예'(와 예악문화)가 주로 교제관계의 형식화된 규범체계임을 분명하게 말해준다. 이 때문에 본장에서 토론하는 주나라의 예 혹은 주대의 예악문화는 『주례』의 내용을 포함하지 않으며 주로 『의례』를 기초로 삼는다.

주공이 "예를 제정하고 악을 지었다(制禮作樂)"는 견해는 『예기』「명당위明堂位」에 최초로 보인다. 또한 한나라 유가들의 『서전書傳』에도 보인다.[5] 『의례』나 『주례』의 성서成書 각도에서 살펴보면 이 설의 진실성에 대해 자연스럽게 의문이 든다. 다만 만일 주공이 주대의 예악문화를 위하여 대법과 방향을 제정하였다고 말한다면 분명 문제가 없다. 그러나 주나라 예의 세부적 발전은 필연적으로 사관 및 사유師儒들을 거쳐 서주 2~300년 동안 점진적으로 누적되어 이루어졌으며, 또한 춘추시대 200여 년의 세월을 거치고 나서야 비로소 체계가 완비된 저작 형식으로 출현한 것이다.

2. 삼대三代 예제禮制의 손익損益

예악을 주나라 문화를 대표하는 것으로 보는 관점은 춘추 말기의 공자에서부터 시작되었다고 할 수 있다. 그러나 '예'는 결코 주나라 사람이 독자적으로 창조한 것은 아니다. 주나라의 예는 유구한 기원을 가지고 있으며, 이는 고대에 이미 비밀이 아니었다. 공자는 일찍이 다음과 같이 말하였다.

> 은나라는 하나라의 예를 이어받았으니 무엇을 덜어내고 무엇을 더하였는지 알 수 있다. 주나라는 은나라의 예를 이어받았으니 무엇을 덜어내고 무엇을 더하였는지 알 수 있다.[6]

공자의 이 말은 자장子張이 질문한 "십대(열 왕조 이후의 일)를 알 수 있습니까?(十世可知也)"에 대한 대답이다. 공자는 위에 인용한 두 구절 뒤에 한 구절을 더 추가하였다. "혹여 주나라를 계승한 자가 있다면 비록 백대(백 왕조 이후의 일)라 하더라도 알 수 있다.(其或繼周者, 雖百世可知也)" 이것은 공자가 명확하게 하·상·주 삼대의 문화에 일맥상통하는 연결점이 있다고 인정했다는 것과 역사의 연속적인 과정 속에서 삼대의 예가 비록 손익이 있지만 모두 체계적이거나 구조적인 변화가 아니라는 것을 설명한다.

공자는 삼대손익설三代損益說의 근거가 어디에 있는지에 대해 구체적으로 설명하지 않았다. 『논어』에 다른 기록이 있다.

하나라의 예를 내가 능히 말할 수 있으나, 그 후예인 기杞나라(주周의 무왕武王이 하나라 우왕禹王의 후예인 동루공東樓公으로 하여금 우왕의 제사를 이어가도록 세워준 나라)가 이를 증명하기에는 부족하고, 은나라의 예를 내가 능히 말할 수 있으나, 그 후예인 송宋나라(주의 무왕이 은나라 탕왕湯王의 후예인 미자微子로 하여금 탕왕의 제사를 이어가도록 세워준 나라)가 이를 증명하기에는 부족하다. 문헌이 부족한 까닭이다. (문헌이) 충분하다면 내 능히 증명할 수 있을 것이다.[7)]

하나라의 예와 은나라의 예에 대해 공자가 말할 수 있었던 것은 공자 또한 은나라 사람이므로 주나라가 은나라로부터 손익한 것과 은나라가 하나라로부터 손익한 것에 대해서는 자연스레 알고 있었다. 다만 그는 여기에서 어떻게 하나라와 은나라의 예를 이해하여 "능히 말할 수 있었는지(能言之)"에 대해서는 설명하지 않았다. 그의 말대로 당시의 기나라와 송나라는 문헌이 부족하였고, 당시의 기나라와 송나라의 사회 또한 이미 하나라와 은나라의 예를 표현할 수 없었기 때문이다.(예악이 붕괴되었기 때문인가?)

그렇다면 공자가 스스로 "능히 말할 수 있다(能言之)"고 한 것은 무엇에 근거한 것인가? 한 가지 가능성은 공자가 이 말을 했을 때 그는 이미 만년이었지만 전술된 것을 초년에 배웠고 당시에는 어느 정도 기나라와 송나라를 증명할 수 있는 증거가 있었으므로, 고대의 예악에 대해 알고 있었고 또 말할 수 있었던 것으로 보인다. 한 가지 다른 가능성은 비록 당시에 기나라와 송나라에는 이미 뚜렷한 증거가 있는 것은 아니지만 여전히 증명할 수 있는 문헌이 존재했을 가능성이다. 두 번째 가설은 『예기』에서 증명할 수 있다.

공자께서 말씀하셨다. "나는 하나라의 도를 보고자 하였다. 이런 까닭으로 기나라에 갔으나 (기나라가 이를) 증명할 수 없었다. (다만) 나는 『하시夏時』를 얻을 수 있었다. 나는 은나라의 도를 보고자 하였다. 이런 까닭으로 송나라에 갔으나 (송나라가 이를) 증명할 수 없었다. (다만) 나는 『곤건坤乾』을 얻을 수 있었다. 『곤건』의 의리義理와 『하시』의 분등分等, 나는 이로써 (하나라와 은나라의 도를) 보았다."[8]

『하시夏時』는 사시四時에 관한 서적으로 『하소정夏小正』과 같은 부류이다. 『곤건坤乾』은 역서易書로 『귀장歸藏』과 같은 부류의 책이다. 사실 『예기』의 말이 반드시 삼대의 예에 대한 공자의 이해를 완전히 반영했다고는 볼 수 없다. 공자의 박학함은 당시에도 널리 인정되었다. 그가 하나라와 은나라의 예를 모두 말할 수 있다고 한 이상 하나라와 상나라의 예에 대한 그의 이해는 상당히 폭넓었을 것이고, 단지 『하시』와 『곤건』에서만 얻은 것으로 볼 수 없다.

어찌 됐든 '예'의 발생은 결코 주공에서 시작된 것이 아니다. 손이양孫詒讓은 주공이 주례를 만들었다고 깊게 믿었지만, 주례의 유래가 오래된 것 또한 인정하였다.

아! 옛날 주공께서 문왕과 무왕의 뜻을 기리시고 성왕을 밝게 보좌하였다. 중원에 거처하여 낙읍洛邑을 건설하고 이에 국가의 정사를 펴시니, 이로부터 완성된 헌장憲章이 반포되어 주 왕조의 전장典章이 환하고 크게 완비되었다. 그러나 단지 주 왕조에만 국한된 전장은 아니었다. 황제黃帝와 전욱顓頊 이래로 백성의 일에 기강을 잡는 것을 관리에게 명함으로써 하였는데, 여덟 왕조(오제五帝의 나라와 하夏·상商·주周)를 거치며 손익을 따져보고 누적된 것들을 답습함으로써 문왕과 무왕에게 모이고 그 경세대법經世大法이 이곳 주나라에서 정수를 이루었다. 그러므로 비록 옛 전적이 훼손되고 산실되어 백에 하나도 남아있지 않지만, 그 정전政典의 연혁은 대략으로나마 고찰할 수 있을 것 같다. 예를 들어 『서경書經』 「우서虞書」 「요전堯典」에서 희씨羲氏(천관天官을 관장함), 화씨和氏(지관地官을 관장함), 사자四子(사시四時를 관장함. 희중羲仲, 희숙羲叔, 화중和仲, 화숙和叔)는 여섯 관직의 시초가 되고, 「하서夏書」 「감서甘誓」에서 육경六卿은 하나라의 법이다. 『예기』 「곡례曲禮」에 육태六大(太)와 오관五官에 대해 정현鄭玄은 은나라의 제도라고 생각했다. 이 모두가 『주례周禮』와 많은 부분에서 서로 부합하며, 여기서 칭하는 관직명의 근본은 옛것에 있다. 크고 작은 전장典章은 아득히 먼 고대까지 포함하면 오례五禮, 육악六樂, 삼조三兆, 삼역三易과 같은 부류들로 모두 오제五帝에게서 비롯되어 두 왕이 표준으로 삼았다.[9]

이 때문에 제도와 예속禮俗에 관계없이 주나라의 '예'는 모두 근거가 있는 것이다. 당연히 그것이 근원하는 원시사회의 예속은 이미 상고하기가 꽤나 어렵게 되어 논하지 않아도 된다. 하지만 삼대 예속의 빼고 더한 대강의 모습은 『예기』에 기술된 문장을 통해 살펴볼 수 있다.

『예기』에는 삼대 예의 공통점과 차이점 그리고 빼고 더한 부분에 대한 상당히 많은 기록이 있다. 그 가운데 「명당위」편에서 주공이 성왕을 도와 명당에서 제후들에게 조회를 받게 한 것과 성왕이 천자의 예악을 노나라에 하사한 것을 기록하고 있다.

무왕이 붕어하자 성왕이 너무 어렸기 때문에 주공이 천자의 자리에 나아가 천하를 다스렸다. 섭정 6년에 명당에 제후를 모아 조회하게 하고 예를 제정하고 악을 만들며 도량형을 반포하니 천하가 모두 복종하였다. 섭정 7년에 정권을 성왕에게 돌려주었다. 성왕은 주공을 천하에 큰 공훈이 있는 사람이라고 하여 주공을 곡부曲阜에 봉하니, 땅이 사방으로 700리요 병거가 천승이었다. 성왕은 노공魯公에게 명하여 대

대로 주공을 천자의 예와 음악으로써 제사지내게 하였다.[10]

그런 후에 노나라 군주는 하사받은 '천자의 예악'을 기록하였는데, 이른바 '천자의 예악'의 주요 내용은 다음과 같다.

이로써 노魯나라 임금은 해마다 맹춘孟春(음력 정월)에 대로大路를 타고 호독弧韣을 가지고 다니며 기에 열두 줄의 류旒[11]를 드리우고 해와 달의 무늬를 새기며 교외에서 상제에게 제사를 지내고 후직后稷(주나라의 선조)을 배향하니 이는 천자의 예다.[12]

대로大路는 천자가 하늘에 제사지내러 갈 때 탔던 수레이며 호독弧韣은 깃발을 펼치는 데 사용한 대나무 장대이다. 일월지장日月之章은 손이양의 주에 근거하면 '대상지기大常之旗(해·달·별·용 등이 그려진 천자의 기)'이다.[13] 이어서 다음과 같이 말한다.

늦여름 (음력) 6월에 체례禘禮로써 대묘大廟에서 주공에게 제사지낸다. 희생으로 흰 수소를 쓰고, 술잔(尊)은 희존犧尊·상존象尊·산존山尊·뢰존罍尊을 쓰며, 울창주鬱鬯酒의 술잔은 황목黃目을 쓰고, 술을 따르는 주전자는 옥찬대규玉瓚大圭를 쓰며, 음식을 담는 그릇은 옥두玉豆와 조찬雕篹을 쓰고, 술잔(爵)은 옥으로 장식하고 조각한 것을 쓰는데 벽산璧散과 벽각璧角을 술잔에 더하여 장식하고, 고기를 담는 도마는 완梡이나 궐嶡을 쓴다.[14]

체禘는 천자가 시조始祖에게 지내는 큰 제사다. 주례에 근거하면 제사에서 사용하는 예기禮器는 등급에 따라 각각의 규정이 있었다. 존尊과 작爵은 모두 술잔이며, 다른 것은 대부분 용기容器(제물을 담는 그릇)이다. 이들로 제물祭物을 담았다. 주례에는 이러한 제기의 외형, 재질, 가공방법 등을 포함한 모든 형상과 구조에 대한 명확한 규정이 있었다. 주나라 왕은 노나라 군주에게 천자의 예로써 주공에게 제사를 지내도록 특별히 윤허하였다.

(악사가 묘당에) 올라가 「청묘淸廟」의 시를 노래하며 아래에서는 《상象》을 연주한다. (임금이 직접) 주간朱干과 옥척玉戚을 잡고(무왕武王을 상징) 면복冕服을 입고서는 《대무大武》를 춘다. 피변皮弁에 흰 주름이 있는 것을 입고 석의裼衣를 걸치고서는 《대하大夏》를 춘다. 《매昧》는 동이東夷의 음악이요, 《임任》은 남만南蠻의 음악이다. 태묘太廟에서 동이와 남만의 음악이 연주되는 것은 노나라가 천하에 넓혀가는 것을 의미한다.[15]

이는 모두 제사의 가무에서 사용하는 음악樂, 시詩, 악기樂器, 무구舞具 등을 가리킨다. 예를 들어 「청묘淸廟」는 주송周頌의 한 수이고, 주간朱干은 방패이며 옥척玉戚은 도끼이며, 대무大武와 대하大夏는 모두 음악의 명칭이고, 피변皮弁은 천자가 조회 때 입는 옷이다. 연이어 이렇게 말한다.

이런 까닭에 여름에는 약제約祭를 지내고 가을에는 상제嘗祭를 지내며 겨울에는 증제蒸祭를 지내고 봄에는 사제社祭를 지내며, 가을에 농사의 풍흉을 살펴서 연말에 크게 합제合祀를 지내는데, 이는 천자의 제사다.

태묘太廟는 천자의 명당明堂에 준한다. 고문庫門은 천자의 고문皐門에 준한다. 치문雉門은 천자의 응문應門에 준한다. 새로운 령이 있을 때 조정에서 목탁을 치는데, 이는 천자의 정사政事다.

(태묘의) 절節에 산을 조각하고 탈棁에 수초를 조각하며, 층과 추녀를

이중으로 하고 기둥을 깨끗이 닦고 문과 창이 서로 통하도록 내며, 작爵을 잔대 위에 돌려놓고 존尊을 남쪽으로 향하게 두며 잔대를 높인다. 규圭를 받아 올려두고 병풍을 새겼는데, 이것은 천자의 태묘를 장식하는 방법이다.16)

이 구절들은 모두 노나라 군주가 천자의 예제에 따라 사계절마다 대제大祭를 행하며 천자의 문제門制와 묘식廟飾을 누릴 수 있었음을 말한다.

위에서 말한 것을 통해 보면 성왕이 노나라 군주에게 하사한 것이 '천자의 예악'인 것을 알 수 있다. 이런 식의 천자의 예악은 실제 태묘를 중심으로 하는 최고 등급의 제례祭禮 체계이며, 그 가운데 특별히 중요한 것은 제사의 대상과 제사에 사용하는 제기, 희생, 수레와 깃발, 음악과 시, 춤과 노래, 무구, 태묘 및 제사의 형식과 구성, 장식 등이다.

「명당위」에서도 위에서 언급한 천자의 예악을 통해 상고 이래의 예제禮制를 추적해 볼 수 있다.

란거鸞車는 유우씨有虞氏의 수레이고, 구거鉤車는 하 왕조의 수레이며, 대로大路는 은 왕조의 수레이고, 승로乘路는 주 왕조의 수레다.

유우씨는 기旂라는 기旗가 있고, 하 왕조는 수綏라는 기가 있고, 은 왕조는 대백大白이라는 기가 있고, 주 왕조는 대적大赤이라는 기가 있다.

하 왕조는 몸이 희고 갈기가 검은 말을 귀하게 여기고, 은 왕조는 흰 말 가운데 머리가 검은 것을 귀하게 여기며, 주 왕조는 누런 말이 붉은 갈기를 가진 것을 귀하게 여긴다.

하 왕조는 희생으로 검은 것을 숭상하고, 은 왕조는 흰 수컷을 숭상하며, 주 왕조는 붉은 수컷을 숭상한다.

태泰는 유우씨의 존尊이고, 산뢰山罍는 하 왕조의 존이며, 저著는 은 왕조의 존이고, 희犧와 상象은 주 왕조의 존이다. 작爵은 하 왕조는 잔琖을 쓰고, 은 왕조는 가斝를 쓰고, 주 왕조는 작爵을 쓴다.

관존灌尊(울창주를 따르는 술잔)은 하 왕조는 계이雞夷를 쓰고, 은 왕조는 가斝를 쓰고, 주 왕조는 황목黃目을 썼다. 작勺(술을 뜨는 국자)은 하 왕조는 용작龍勺을 쓰고, 은 왕조는 소작疏勺을 쓰고, 주 왕조는 포작蒲勺을 쓴다.[17]

이 문장들은 우虞, 하夏, 상商, 주周 사대四代가 하늘에 제사를 올릴 때 사용한 거제車制와 기제旗制, 제사를 지낼 때 타는 말의 색깔과 바치는 희생의 색깔, 제기의 재료·형식·구성·종류 등 모든 방면에서 다름이 있음을 말한다. 「명당위」에 또한 다음과 같은 기록이 있다.

하 왕조의 북은 족고足鼓요, 은 왕조의 북은 영고楹鼓요, 주 왕조의 북은 현고縣鼓다.

(악기를 거는 기구로는) 하 왕조의 용순거龍簨虡, 은 왕조의 숭아崇牙, 주 왕조의 벽삽璧翣이 있다.

(곡식을 담는 그릇에는) 유우씨의 양돈兩敦, 하 왕조의 사련四璉, 은 왕조의 육호六瑚, 주 왕조의 팔궤八簋가 있다.

(제사 고기를 올리는) 도마로 유우씨는 완梡을 쓰고, 하 왕조는 궐嶡을 쓰고, 은 왕조는 구椇를 쓰고, 주 왕조는 방조房俎를 쓴다.

(제기로) 하 왕조는 갈두楬豆를 쓰고, 은 왕조는 옥두玉豆를 쓰고, 주 왕조는 헌두獻豆를 쓴다.

유우씨가 처음 슬갑을 입고, 하 왕조는 산 무늬가 있는 슬갑을 입고, 은 왕조는 불 무늬가 있는 슬갑을 입고, 주 왕조는 용무늬가 있는 슬갑을 입는다.

유우씨는 희생의 머리로 제사지내고, 하 왕조는 염통으로 제사지내고, 은 왕조는 간으로 제사지내고, 주 왕조는 허파로 제사지낸다.

(제례를 행할 때) 하 왕조는 명수明水를 숭상하고, 은 왕조는 단술을 숭상하며, 주 왕조는 술을 숭상한다.[18]

이 구절들은 사대四代의 악기의 보관과 사용, 예기禮器의 장식, 제사의 복식 및 제사용품 등에도 차이가 있음을 말한다. 「명당위」에서는 또한 사대의 공통된 부분이 있음을 지적하기도 하는데, 예를 들면 "부박, 옥경, 격, 대금, 대슬, 소슬은 사대의 악기이다(拊搏, 玉磬, 擊, 大琴, 大瑟, 小瑟, 四代之樂器也)"라고 하는 것이다. 사대에는 순수하게 양적으로 증익하는 것이 있는데, 예를 들면 "유우씨의 관리는 오십이고, 하나라 관리는 백이고, 은나라 관리는 이백이고, 주나라 관리는 삼백이다(有虞氏官五十, 夏后氏官百, 殷二百, 周三百)"라고 하는 부분이다.

상고시기의 이러한 예제禮制들은 주나라 초기에 자주 볼 수 있다. 『좌전』「정공4년定公四年」에 이러한 기록이 있다.

옛날에 무왕이 상나라를 정복하고 성왕이 (천하를) 안정시키실 때 밝은 덕이 있는 사람을 선발해 제후로 세워서 주나라의 울타리가 되게 하였습니다. 고로 주공이 왕실을 도와 천하를 다스리니 (모든 제후가) 주나라에 친목하였습니다. 노공에게 대로大路와 대기大旗, 하후씨의 황璜과 봉보封父의 번약繁弱, 은나라 유민의 여섯 씨족인 조씨條氏, 서씨徐氏, 소씨蕭氏, 색씨索氏, 장작씨長勺氏, 미작씨尾勺氏를 나누어주고서 여섯 종족의 장으로 하여금 그 종족을 거느리고 흩어져 있는 그 부족들을 모으고 그 나쁜 자들을 거느리고서 주공의 법을 따르게 하였습니다. 이로 인해 그들이 주나라 조정으로 가서 주공의 명을 받으니, 그들에게

> 노나라로 가서 직무를 맡아 주공의 밝은 덕을 밝히게 하였습니다. 노공에게 토전土田과 부돈陪敦과 축종祝宗과 복사卜史와 비물備物과 전책典策과 관사官司와 이기彝器를 나누어주고, 상엄商奄의 백성을 그대로 소유하게 하고서 백금으로 명명하고서 소고의 옛터에 봉하였습니다.
>
> 강숙에게 대로大路와 소백少帛과 정무綪茷와 진정旃旌과 대려大呂 그리고 은나라 유민 칠족(도씨陶氏, 시씨施氏 번씨繁氏 기씨錡氏 번씨樊氏 기씨饑氏, 종채씨終葵氏)을 나누어주고 …강고로 명명하고서 은허에 봉하고서 노공과 강숙에게 모두 상나라 정치로써 백성을 개도하고, 주나라 법으로 토지를 구획하게 하였습니다.
>
> 강숙에게 대로와 밀수密須의 북과 궐공闕鞏과 고세沽洗와 회성懷姓의 구종九宗과 직관職官의 오정五正을 나누어주고서 강고로 명명하고서 하허에 봉하여 하나라 정치제도로써 백성을 개도하고 적월의 법으로 토지를 구획하게 하였습니다.[19]

대로大路는 은나라의 수레이다. 하황夏璜은 하나라의 옥이다. 다른 기물은 비록 상세하게 고찰할 수 없지만 분명히 비슷한 것으로 모두 예기禮器에 속한다. 예를 들어 옥백玉帛은 예기이며 종고鐘鼓 또한 예기이다. 종고와 옥백은 예의禮儀 활동에 필요한 주요 기물이며, 공자는 이에 대해 분명하게 말하였다.

위의 말에 비추어보면 「명당위」에 비록 사대의 예제가 지닌 차이점에 대해 열거하였지만, 사대의 예제가 비슷한 구조를 지니고 있으며 이러한 구조가 주나라 말기까지 전승되었다는 것을 알 수 있었다. 이러한 구조는 제사의 장소, 제사의 대상 및 제사에 사용되는 기물에 대한 각종 규정에서 나타난다. 그 가운데 제사 기물에 관한 규정이 가장 상세하다. 수레의 형상과 구조, 깃발 · 말 · 희생의 색깔, 제기의 종류 · 재질 · 제작 공예, 제사 악무樂舞의 무복 · 무구 ·

무명舞名·악명樂名·악기 심지어 제헌祭獻의 물품·술·물, 제사에서 입는 복식에 이르기까지 모두 일정한 규정이 있고 사대四代의 천자天子에 대한 서로 다른 예제禮制가 구비되어 있다. 『예기』에서 언급된 것을 보면, 사대의 천자에 대한 예제의 차이점은 구조적인 차이가 있는 것이 아니라 구조적으로는 일치하지만 세부 규정들이 다르다. 예를 들어 제사에는 반드시 깃발을 사용하고 말과 수레를 타야 하지만 어떤 수레를 타는지 어떤 색깔의 깃발과 말을 사용하는가에 대한 각 시대의 규정이 서로 다르다. 『예기』「악기樂記」에 이르길 "오제는 시대가 다르기에 서로 악을 따르지 않았다. 삼왕은 세대가 다르기에 서로 예를 인습하지 않았다"[20]고 하였다. 이것은 당연히 예의 구체적 규정의 차이를 가리키는 것이다. 하지만 예의 구조와 체계에 있어 사대가 서로 이어받고 있다는 것이다.

이러한 예제들은 문화적이고 종교적이며 또한 정치적이다. 「명당위」의 마지막 부분에서 총결하여 말한다. "대체로 사대의 의복·기물·관직을 노나라에서 겸하여 사용하였다. 이런 까닭에 노나라는 왕자王者의 예가 있었고, 이를 천하에 전함이 오래되었다. 군신간에 서로 시해하는 일이 없었고 예와 악, 형벌과 법률, 정치와 풍속이 변한 적이 없었다. 천하가 노나라를 도가 있는 나라로 여기니, 이런 까닭에 천하가 노나라의 예악을 본보기로 삼은 것이다."[21] 이것은 위에서 서술한 천자가 지내는 제사(특히 조상에게 지내는 제사)의 예의 제도가 일종의 상징의미를 지닌 체계이며, 강렬한 사회통합 기능과 정치적 기능을 가지고 있다는 것을 보여주고 있다.

실제로 『예기』의 다른 편장에서 언급한 사대 혹은 삼대 예제의 계승과 변화에서 또한 중요한 것은 제례에 당연히 천자의 제사 예제에 제한이 없다는 것이다. 『예기』의 「단궁檀弓」편에 비교적 많은 기록이 있다. 「단궁상」에 이러한 기록이 있다.

> 유우씨는 와관瓦棺을 썼고, 하후씨는 즐주堲周를 썼고, 은나라 사람은 관곽棺椁을 썼으며, 주나라 사람은 관곽의 둘레에 장牆을 두르고 삽翣을 장식했다. 주나라 사람은 은나라 사람의 관곽으로써 장상長殤(16세에서 19세 사이에 죽은 자)을 장사지냈고, 하후씨의 직주로써 중상中殤(12세에서 15세 사이에 죽은 자)과 하상下殤(16세에서 19세 사이에 죽은 자)을 장사지냈으며, 유우씨의 와관으로 무복지상無服之殤(7세 이하에서 죽은 자)을 장사지냈다.22)

손희단孫希旦은 『예기집해』에서 공영달孔穎達의 주注를 인용하였다. "옛날의 장례는 땔나무 덤불로 두껍게 사서 들판에 묻었다. 유우씨가 와관瓦棺(질그릇으로 만든 관)을 만든 후에야 비로소 땔나무 덤불을 사용하지 않았다. 그 후로 하우씨가 와관을 사용했지만 아직 곽椁(관을 담는 궤)이 없었다. 하후씨는 와관의 외부에 즐堲(흙을 구워 만든 벽돌)을 더해 둘렀다. 은나라는 재관梓棺으로 와관을 대체하고, 또한 나무로 곽을 만들어서 즐주堲周를 대체하였다. 주나라 사람은 곽의 옆 부분에 류柳와 삽선翣扇을 장식하였는데, 이는 후왕들이 만든 것으로 점차 장식을 더하고 있다."23) 이는 사대의 장례도구가 간소한 것에서 번잡한 것으로, 질박한 것에서 화려한 것으로 변화하는 과정을 간략하게 서술한 것이다. 또 다음과 같이 말하였다.

> 하후씨는 검은색을 숭상하여 큰 상사喪事에는 어두울 때 염하고 군사에 관한 일에는 검은 말(驪)을 탔으며 희생은 검은 것을 사용하였다. 은나라 사람은 흰색을 숭상하여 큰 상사에는 해가 중천일 때에 염하

고 군사에 관한 일에는 흰 말(翰)을 탔으며 희생은 하얀 것을 사용하였다. 주나라 사람은 붉은색을 숭상하여 큰 상사에는 해가 솟을 때 염하고 군사에 관한 일에는 흰 배를 가진 붉은 말(騵)을 탔으며 희생은 붉은 것을 사용하였다.[24]

려驪는 검은 말이다. 한翰은 흰 말이다. 원騵은 배가 하얀 붉은 말이다. 이 문장은 삼대의 상례를 치르는 시간, 제사에 사용하는 희생 등에 대해 말하고 있다. 각 시대마다 숭상하는 것을 달리하여 모두 중요하게 강조하는 측면이 각각 다르다. 문장 가운데 또한 이러한 말이 있다.

공자께서 말씀하셨다. "사賜야, 네가 오는 것이 어찌 늦었느냐? 하후씨는 동쪽 계단 위에서 빈소를 안치하니 이는 망인亡人을 주인으로 대우한 것이다. 은나라는 두 기둥 사이에서 빈소를 안치하니 이는 망인을 손님과 주인이 마주 끼고 있는 것이다. 주나라는 서쪽 계단 위에서 빈소를 안치하니 이는 망인을 빈객으로 대우한 것이다. 나 구丘는 은나라 사람이로다. …"[25]

동쪽 계단(東階)은 주인의 계단이고 서쪽 계단(西階)은 빈객의 계단이다. 두 기둥 사이는 곧 창문의 사이로 당상堂上의 존위尊位가 된다. 옛 설에 하나라 사람은 금방 죽은 사람을 마치 살아있는 것으로 보았기 때문에 동쪽 계단 위에 빈소를 안치하였다. 주나라 사람은 사람과 귀신이 다르다고 여겨 죽은 자를 옮겨 손님의 자리에 모셨다. 은나라 사람은 신神을 존중하였으므로 죽은 자를 존위에서 대접하였다. 이는 모두 사람이 죽은 후 염하고서 아직 장례를 치르지 않았을 때 죽은 자를 모셔두는 곳에 신중을 기하였음을 말하는 것이다. 이 신중함이 바로 예禮이다. 「단궁하檀弓下」에도 기록이 있다.

> 은나라는 연사練祀를 지낸 후에 부祔를 지냈고, 주나라는 졸곡卒哭을 지낸 후에 부를 지냈다.[26)]

은나라의 예는 연제練祭를 지낸 다음 날 부祔를 지내고, 주나라의 예는 졸곡卒哭을 지낸 다음 날 부를 지낸다. 연, 졸곡, 부는 모두 제사의 명칭이다. 『예기집해』에 "부는 졸곡을 지낸 다음날 지내는 제사의 이름이다. 부附와 같으며, 죽은 자를 조부의 묘로 모셔가서 죽은 자에게 제사를 지내고 그 혼신魂神으로 하여금 조부에게 부속附屬하도록 한다."[27)] 이것은 은나라와 주나라의 제례 속에서 '부'의 안배 순서가 서로 다르다는 것을 말한다. 또 이렇게 말한다.

> 은나라는 (관을) 조묘祖廟를 향하게 하고서(朝) 빈소를 차렸고, 주나라는 (관을) 조묘를 향하게 하고서 바로 장례를 지냈다.[28)]

조朝는 하관하기 전에 관이 조묘祖廟를 향하도록 하는 것을 말하는데, 이는 부모님께 집을 나가기 전에 반드시 알린다는 출필고出必告를 상징한다. 은나라 사람은 묘에 안치하는 시간이 길었고, 주나라 사람은 장례에 임하는 시간에만 묘를 향하게 하였다. 위에서 말한 상례喪禮들과 유사한 것들이 「단궁」에 몇 가지 더 있다. 예를 들면 "사람이 죽으면 중류中霤(집 한가운데의 방)에 땅을 파고 그 구덩이 위에서 시체를 목욕시킨다(掘中霤而浴)"라는 '은도殷道(은나라의 예도)'와 "죽으면 시호를 내린다(死謚)"라는 '주도周道(주나라의 예도)' 등이다.[29)]

『예기』의 다른 편에도 삼대의 예에 대한 동이同異와 손익損益을 논술한 부분이 있다. 「증자문曾子問」에 다음과 같이 기록되어 있다.

> 자하子夏가 물었다. "삼년상을 당하여 졸곡을 마친 후, 나라에 전쟁이 있으면 임금의 명을 피하지 않는 것 또한 예가 아닙니까? 아니면 애초에 유사有司가 와서 권유하는 것이 옳습니까?" 공자가 말하였다. "하후씨 시절에는 (신하가) 삼년상을 당하면 염한 뒤에 그 직위로 되돌아갔고, 은나라 때는 장례를 지낸 뒤에 그 직위로 되돌아갔다. 옛 기록에 '군자는 신하(人臣)의 어버이를 잃은 마음을 빼앗지 아니하며, 또한 (신하는 그 직위로 되돌아가지 않아서) 어버이를 잃은 자신의 마음을 빼앗기면 안 된다'라고 하였으니, 이것을 말한 것이리라"[30]

『집해』에서는 공영달의 주를 인용하고 있다. "황씨皇氏가 이르길 '하후씨 시절에 소박한 절차를 숭상한 것은 효자가 부모의 상을 당하여 정신이 혼미하더라도 군주의 일은 감히 오래 내버려둘 수 없었기 때문이다. 그러므로 빈소를 차리고서 그 직위로 되돌아갔다. 은나라 사람이 점차 더 꾸미게 된 것은 부모를 생각하는 마음이 더욱 깊어졌기 때문이다. 그러므로 장례를 치르고서 직위로 되돌아갔다. 주나라 사람이 지극정성으로 장식한 것은 (부모의 죽음에 대한) 비통함과 애석함이 매우 심해졌기 때문이다. 고로 졸곡을 마친 뒤에 그 직위로 되돌아갔다'고 하였다"[31] 여기서는 삼대의 예제 가운데 신하가 부모의 상을 당했을 때 허락된 직무 이탈 시간에 대하여 서로 다른 규정이 있었음을 말한 것이다.

「예기禮器」에 다음과 같은 기록이 있다.

> 삼대의 예는 하나이며, 백성들은 한마음으로 예를 행한다. 혹자가 흰 것을 숭상하고 혹자가 검은 것을 숭상하는 것은 하나라가 만들고

은나라가 이어받았기 때문이다. 하나라는 시동尸童을 서 있게 하여 제사를 끝까지 마쳤고, 은나라와 주나라는 시동을 앉혀놓았으나 위의威儀를 고告하고 음식을 권하는 것이 일정하지 않았으며, 그 예 또한 그러하였다. (하지만) 그 도는 하나이다.32)

흰색과 흑청색은 옷의 색깔을 말하는 것이며 색깔에 있어서도 하나라와 은나라의 숭상하는 바가 달랐다. 하나라의 예에서는 시동이 서고 은나라의 예에서는 시동이 앉는다. 공영달 소에 이르길 "하나라의 예는 질박하여, 시동은 사람이라 오랫동안 신의 자리에 앉아 있을 수 없다고 보았기 때문에 오직 음식을 먹을 때만 잠시 앉고 음식을 먹지 않으면 일어나 있었다. 은나라의 예는 꾸미는 것으로 바뀌어 시동은 본디 신을 상징하고 신은 마땅히 편안하게 앉아야 한다고 말하며, 일이 있든 없든 구분하지 않고 언제나 앉아 있었다"33)고 하였다. 주나라는 은나라의 예를 이어받았다. 앉거나 일어서는 것이 비록 다르다 하더라도 시동을 쓰는 법칙은 같았다.

「교특생郊特牲」에는 삼대의 제사용 희생의 차이점에 대한 특별한 설명이 있다.

유우씨 시대의 제례에는 항상 생기가 있는 희생을 사용하기를 귀하게 여겼다. 피로써 신神을 부르고 날고기와 살짝 데친 고기를 당堂에 올려 제사지내는 것이 바로 생기가 있는 희생을 사용하는 것이다. 은나라 사람은 소리를 숭상하여 희생의 냄새나 맛이 이루어지지 않았을 때 음악을 연주하며 세 곡이 끝난 후에 희생을 맞이하러 나왔다. 음악 소리를 울리는 것은 하늘과 땅 사이에 있는 (신령들에게) 부르기 위한 것이다. 주나라 사람은 향기를 숭상하여 술을 땅에 부어 신에게 바칠 때 울창주의 향을 사용하는데 울금향초鬱金香草를 울창주에 섞어 그 향이 땅속 깊은 곳에 있는 연천淵泉에까지 다다르게 하였다. 울창주를 부을 때는 규옥圭玉을 국자의 손잡이로 사용하는데 이는 옥의 향기를 사용하는 것이다. 술을 부은 후에 희생을 맞이하고 음기 속의 신령을 불렀다.[34]

공영달 주에 이르길 "상尙은 귀히 여기고 숭상하는 것을 이르며 제사를 지낼 때 먼저 올리는 것이다"[35]고 하였다. 하나라의 제사에서 먼저 피비린내가 나며 익히지 않은 제물을 사용한 것은 피의 생기로 신을 맞이해야 한다고 보았기 때문이다. 은나라 사람들이 희생을 죽이기 전에 음악을 연주한 것은 먼저 음악소리로 신을 강림하게 해야 한다고 여겼기 때문이다.

주나라 사람들은 희생을 맞이하기 전에 옥으로 만든 그릇에 술을 따라 땅에 뿌려 향기로 신을 강림하게 했다. 『예기』에서 이는 삼대가 숭상하는 바가 다르기 때문이라고 여겼다. 다만 『예기』에서 또한 이것을 "은나라 사람은 먼저 양(하늘)에서 (혼魂을) 구하고 주나라 사람은 먼저 음(땅)에서 (백魄을) 구한다"[36](「교특생」)라고도 해석하는데 이는 후대 유가의 해석이다.

『예기』에는 삼대의 상례와 제례 제도에 관련된 여러 가지 자료가 있다. 예를 들어 「제통祭統」에서 도마에 희생의 고기를 담을 때 은나라가 "넓적다리뼈 부분을 귀하게 여긴는 것(貴髀)"과 주나라가 "어깨뼈를 귀하게 여기는 것(貴肩)", 「방기坊記」에서 은나라 사람이 "광壙(시체를 묻기 위해 판 구덩이)에서 조상하는 것(弔於壙)"과 주나라 사람이 "집에서 조상하는 것(弔於家)" 등의 차이점이 있는데 일일이 열거하지 않겠다. 중요한 것은 사대의 체禘·교郊·조祖·종宗의 제도이다. 「제법祭法」에 의거하면 다음과 같다.

유우씨 시대에는 황제黃帝에게 체제禘祭를 지내고 제곡帝嚳에게 교제郊祭를 지냈으며 전욱顓頊에게 조제祖祭를 지내고 요堯에게 종제宗祭를 지냈다. 하후씨 시대에도 황제에게 체제를 지냈으나 곤鯀에게 교제를 지냈으며 전욱에게 조제를 지내고 우禹에게 종제를 지냈다. 은나라 사람들은 제곡에게 체제를 지내고 명冥에게 교제를 지냈으며 설契에게 조제를 지내고 탕湯에게 종제를 지냈다. 주나라 사람들은 제곡에게 체제를 지내고 후직后稷에게 교제를 지냈으며 문왕文王에게 조제를 지내고 무왕武王에게 종제를 지냈다.[37]

「제법」의 이 단락은 『국어』 「노어상魯語上」의 전금展禽의 말에도 보인다. 「상복소기喪服小記」와 「대전大傳」에서는 이렇게 말한다. "예禮에 왕이 아니면 체제禘祭를 지내지 못하니, 왕자王者는 그 선조가 나온 근원에 체제를 지내고 이에 맞추어 선조를 배향한다."[38] 최근 어느 학자의 연구에서 서주의 제후와 귀족도 근조近祖에 대한 체제禘祭가 있었다고 보았다.[39] '체禘'는 시조가 나온 근원에 제사지내는 것을 가리킨다. '교郊'는 본래 하늘에 제사지내는 것을 가리키는데, 하늘에 제사를 지낼 때 시조를 배향하여 제사지내므로 여기서의 '교'는 시조를 배향하여 제사지내는 것을 가리킨다. '조祖'는 왕조를 개창한 사람에 대한 제사이고 '종宗'은 덕이 높고 존경할 만한 사람에 대한 제사이다.

위에서 말한 이 네 가지 제사는 모두 종묘의 대제大祭이다. 양복楊復은 이 네 종류의 제사를 간명하게 정리하고 있다. "체는 조상이 나온 근원에 체제를 지내고 이에 맞추어 시조를 배향하는 것이다. 교는 하늘에 제사를 지내고 이에 맞추어 그 시조(혹은 시조 이외의 또 다른 제帝)를 배향(配食)하는 것이다. 조는 공이 있는 조상에게 조제를 지내는 것이다. 종은 덕이 있는 조상에게 종제를 지내는 것을 말한다."[40] 순임금과 우임금은 모두 전욱에게 조제를 지냈다. 전욱은 황제에게서 나왔다. 그러므로 유우씨와 하우씨 시대에는 모두 황제에게 체제를 지내고 전욱에게 조제를 지낸다. 설과 직은 모두 제곡에서 나왔다. 설은 은나라의 시조가 되고 직은 주나라의 시조가 된다. 그러므로 은나라와 주나라는 모두 제곡에게 체제를 지냈다.

그러나 은나라와 주나라의 교제는 서로 다르다. 『국어』와 「제법」의 설에 비추어보면 사대의 왕은 모두 체제·교제·조제·종제(『국어』에는 보제(報)도 있다)를 주요한 사전祀典 체제로 신봉하였다. 이러한 체제는 기본적으로 씨족제의 유산이다. 건국과 입조를 이룬 씨족은 혈연적으로 찾을 수 있는 1대 선조를 시조로 삼고, 현 왕조를 개창한 업적이 있는 선조를 근조近祖로 삼는다. 두 선조는 이 씨족의 교제와 조제의 대상이며 그들의 가장 중요한 선조이기도 하다.

시조 이전에 덕이 있는 군주를 재차 체제의 대상으로 선발하고 현 왕조를 개창한 선조 이후에 덕이 있는 군왕을 재차 종제의 대상으로 확정한다. 예를 들어 주나라 사람이 후직에게 교제를 지내고 문왕에게 조제를 지내며 제곡에게 체제를 지내고 무왕에게 종제를 지내는 것과 같다. 이 네 사람은 주대에 조상께 지내는 제사 가운데 가장 중요한 지위를 차지한다. 은상 이전에는 이처럼 네 가지로 규정하여 세밀하게 구별하지 않았지만, 시조 그리고 왕조를 개창한 선조에 대한 두 제사는 당연히 존재하였다.

마지막으로 상례와 제례 이외에 몇 가지를 더 예로 들어보자. 「교특생」에 다음과 같은 문장이 있다.

(첫 번째 쓰는 치포관을) 위모委貌라 칭하는 것은 주나라의 도道이며 장보章甫라 부르는 것은 은나라의 도이고 무추毋追라고 칭하는 것은 하후씨 시절의 도이다. (세 번째 쓰는 작변爵弁을) 주나라는 변弁이라 하고 은나라는 후冔라 하며 하후씨 시절에는 수收라 하였다. (두 번째 쓰는 갓은) 세 왕조가 똑같이 피변皮弁과 소적素積을 사용하였다. 대부에게는 관례가 없고 혼례만 있었다. 옛날에는 50세가 넘은 후에야 관작을 받아 대부가 되었으니 어찌 대부의 관례가 있었겠는가? 제후에게 관례가 있게 된 것은 하나라 말엽에 와서야 생긴 것이다.[41]

상고 시대의 관례에서는 관을 세 번이나 갈아 써야 한다. 위모, 장보, 무추는 주나라, 은나라, 하나라가 사용한 현관玄冠(첫번째 쓰는 관모로 검은색이다)의 명칭이다. 피변과 소적은 주나라, 은나라, 하나라가 공통으로 사용한 두 번째 쓰는 관이다. 변, 후, 수는 주나라, 은나라, 하나라가 사용한 세 번째 쓰는 관이다. 이 설에 근거하면 삼대가 관을 사용한 것은 비록 공통점과 차이점이 있지만 모두 관례를 행하였으며 관을 쓰는 순서가 기본적으로 같았다.

「왕제王制」에는 다음과 같이 기재되어 있다.

무릇 노인을 봉양함에 유우씨 시절에는 연례燕禮로써 하였고 하후씨 시절에는 향례饗禮로써 하였고 은나라 사람은 식례食禮로써 하였고 주나라 사람은 세 가지를 겸하여 사용하였다. …유우씨 시절에는 국로國老를 상상上庠에서 봉양하고 서로庶老를 하상下庠에서 봉양하였다. 하후씨 시절에는 국로를 동서東序에서 봉양하고 서로를 서서西序에서 봉양하였다. 은나라 사람은 국로를 우학右學에서 봉양하고 서로를 좌학左學에서 봉양하였다. 주나라 사람은 국로를 동교東郊에서 봉양하고 서로를 우상虞庠에서 봉양하였는데. 우상은 수도의 서교西郊에 있었다.

유우씨 시절에는 황관皇冠을 쓰고 제사를 지내며 심의深衣를 입고 노인을 봉양하였다. 하후씨 시절에는 수관收冠을 쓰고 제사를 지내며 연의燕衣를 입고 노인을 봉양하였다. 은나라 사람은 후관冔冠을 쓰고 제사를 지내며 호의縞衣를 입고 노인을 봉양하였다. 주나라 사람은 면관冕冠을 쓰고 제사를 지내며 현의玄衣를 입고 노인을 봉양하였다.[42)]

연례, 향례, 식례는 연회를 베풀어 초청하는 방식이 서로 다른 것이고, 서序와 학學은 모두 나라의 대학이다. 연의는 연회 때 입는 옷이고 호의는 조복朝服이며 현의는 제복祭服이다. 양로는 당연히 모든 노인을 통틀어 말하는 것은 아니다. 국로國老는 지위가 높은 귀족이고 서로庶老는 지위가 낮은 귀족이다.

「명당위」에 다음과 같은 기록이 있다.

미름米廩은 유우씨 시절의 상庠(향학)이다. 서序는 하후씨의 서序(학당)이다. 고종瞽宗은 은나라의 학學(학교)이다. 반궁頖宮은 주나라의 학이다.[43)]

「악기」에 다음과 같은 기록이 있다.

《대장大章》은 요임금의 덕이 환히 나타난다는 뜻이다. 《함지咸池》는 덕이 베풀어지지 않음이 없다는 뜻이다. 《소韶》는 능히 요임금의 덕을 계승한다는 뜻이다. 《하夏》는 능히 요순의 덕을 크게 만든다는 뜻이다. 은나라와 주나라의 악곡은 극진하다.[44)]

정현鄭玄의 주에서 《대장》은 요임금의 악곡명으로 보고 《함지》는 황제黃帝의 악곡을 요임금이 수정한 것이고 《소》는 순임금의 악곡명이며 《하》는 우임금의 악곡명이라 보았다.

『예기』의 각 편에 기재된 삼대의 예악은 공통점과 차이점이 있지만 당연히 터무니없이 날조한 것은 아니다. 「악기」에 다음과 같은 말이 있다.

> 게다가 그대는 아직 목야의 이야기를 듣지 못하였는가? 무왕이 (목야에서) 수도 은을 쳐서 상나라를 뒤엎었는데 미처 수레에서 내리기도 전에 황제黃帝의 후손을 계薊에 봉하고 요임금의 후손을 축祝에 봉하고 순임금의 후손을 진陳에 봉했다. 수레에서 내려서는 하후씨의 후손을 기杞에 봉하고 은나라의 후손을 송宋에 들여보냈다. (은나라의) 왕자 비간比干의 묘를 봉분하고 기자의 감금을 풀어주어 그에게 상나라의 용容을 보게 하며 그 지위를 회복시켰다.[45]

공영달 주에서 '용容'을 예악禮樂이라 하였다. 무왕은 은나라를 정벌한 후에 먼저 각 나라 고유의 이익구조를 인정하고 각 씨족의 문화를 보존할 수 있게 하였다. 공자는 하나라와 은나라의 예를 모두 능히 말할 수 있다고 하였다. 이것은 당연히 주나라 초기의 문화정책에 의해 수혜를 받은 것이다. 만약 공자가 삼대의 예에 대하여 언제나 손바닥 보듯 훤히 꿰뚫을 수 있었다고 한다면, 『예기』는 70여 명의 후학들이 삼대의 예를 기술한 작품이며 당연히 날조된 것이 아니라 적어도 공자가 전술한 것을 근본으로 삼아 나온 것으로 보아야 할 것이다.

3. 예禮의 기원과 구조

『의례儀禮』에 기술된 귀족생활 속의 축전 의식에 대한 예의禮儀 규정은 왕국유가 말한 "신인神人을 받드는 일(奉神人之事)"인 고례古禮의 범위를 크게 벗어나 대부분 인생의 여정과 인간관계에 관한 의식과 예문禮文에 속하는 것으로 전환한다. 물론 『의례』의 체계는 전혀 도덕윤리적인 것이 아니다. 그 행위규범 또한 남성 귀족생활의 축제와 명절에서 규정된 의식과 행위에 한정된다.

그러나 무격巫覡시대부터 제사시대까지의 문화적 특성에 의해 결정된 상고시대 의식儀式의 종류 혹은 수량은 현대인의 상상을 크게 초월한다. 이러한 기초 위에서 형성된 주례에는 300가지 경례經禮와 3,000가지 곡례曲禮가 있다는 말로 표현된다. 추창림鄒昌林은 『의례』, 『주례』, 『예기』에서 90여 개의 고대 전례典禮 의식을 나열했다. 이제 그가 분류한 세 부분을 인용하여 대략적인 내용을 살펴보도록 하자.

(1) 인생예의人生禮儀 : 기자례祈子禮(아들을 낳기를 비는 예), 태교지례胎教之禮, 출생례出生禮, 명명례命名禮(이름을 짓는 예), 보부례保傅禮, 관례冠禮(남자의 성인식), 계례笄禮(여자의 성인식), 공관례公冠禮, 혼례婚禮, 중춘회남여례仲春會男女禮(중춘의 달에 남자와 여자를 모이게 하여 짝을 찾아주는 예), 양로례養老禮, 상례喪禮, 분상례奔喪禮(다른 나라에 거주하면서 향당의 상을 전해 듣고 급히 돌아가는 예), 제례祭禮, 교세자례教世子禮, 부례婦禮

(2) 생산예의生産禮儀 : 적례籍禮(백성들에게 왕이 직접 씨를 뿌리고 경작하는

시범을 보이는 의례), 사례射禮, 잠상례蠶桑禮(양잠의 풍요를 기원하는 의식), 양수례養獸禮, 어례漁禮, 전렵지례田獵之禮, 헌가종례獻嘉種禮, 어례御禮, 화례貨禮, 음식지례飮食之禮

(3) 교제예의交接之禮 : 사상견례士相見禮(선비들이 서로 만나 인사하는 의례), 향음주례鄕飮酒禮(고을의 선비들이 모여 예로써 주연을 함께 즐기는 의식), 연례燕禮(군신 상하간의 친목을 도모하는 잔치 의식), 향사례鄕射禮, 대사례大射禮, 빙례聘禮(물품을 선사하는 의례. 또는 혼례), 공식대부례公食大夫禮(공이 대부에게 식사를 접대하는 예), 근례覲禮(제후가 임금을 뵙는 예), 투호지례投壺之禮, 대맹례大盟禮, 종 · 우 · 은 · 견지례宗 · 遇 · 殷 · 見之禮, 신번脤膰(사직과 종묘에 제사지낸 고기로 형제의 나라와 친히 지내는 예) · 하경지례賀慶之禮(이족의 나라와 친하게 지내는 의례)46)

근원으로 보면 생산예의 가운데 상당 부분은 무격 시대에 만들어진 주술로부터 전환되어 내려온 것이며, 인생예의 가운데 상당 부분은 원시사회의 관습으로부터 발전되어 온 것이다.

예의 기원은 다른 모든 사물이나 관념의 기원처럼 단순한 한자의 자원字源에 근거하여 고증하는 방법을 통해 해결할 수 없다. 예를 들어 갑골문의 '예禮'자로 보면 예는 주로 제사 의식에서 그 뜻을 취하였는데, 이런 방식으로는 이 글자의 형태가 만들어진 시대의 주요한 상황을 설명할 수 있을 뿐이다. 이는 더욱 먼 옛날 '예속禮俗'의 상황을 배제할 수 없으며, 반드시 문자가 만들어지던 시기 '예'의 모든 부분을 다 포함하고 있는 것으로 볼 수는 없다.

후대 주대에서 발전하게 된 고례 체계 및 인류학에서 말하는 초기 민중문화 속의 의식과 습속을 통해 살펴보면, 예의의 원시발생은 당연히 더욱더 오랜 시기까지 거슬러 올라가야 한다. 그 시대에는 제사의식이 아직 나타나지 않았거나 혹은 제사의식이 전체 의식체계의 주요 내용이 아니었을 것이다. 더욱이 당시에는 문자도 만들어지지 않았다.

양관楊寬(1914~2005)은 『관례신탐冠禮新探』에서 이렇게 말하였다.

> '예禮'의 기원은 매우 이르다. 멀리로는 원시씨족 공동체사회에서 사람들은 이미 중요 행동에 특수한 예의禮儀를 부가하는 것에 익숙하였다. 원시인들은 항상 상징의미를 지닌 물품과 동일한 계열의 상징적 동작을 함께 합하여서 각종 의식을 구성하고 이를 이용하여 자기의 감정과 희망을 표현하였다. 이러한 예의는 긴 시간 동안 사회생활의 전통관습이 되었을 뿐만 아니라 항상 사회질서를 유지하고 사회조직을 공고히 하며 부락 사이의 연계를 강화하는 수단으로 사용되었다. 계급사회로 진입한 후, 수많은 예의가 여러 사람에 의해 계속 사용되고 있었는데, 그 가운데 일부 예의는 종종 통치계급에 의해 이용되고 변화되어 통치계급 내부조직을 공고히 하고 인민을 통치하는 수단이 되었다. 중국 서주시대 이후 귀족들이 시행한 '주례'가 바로 이러한 성질을 가지고 있다.
>
> 서주시대 귀족이 시행한 '주례'는 유구한 역사적 근원을 지닌 것이며, 수많은 구체적인 예문禮文과 의식儀式들은 모두 주나라 씨족제氏族制 말기의 예의로부터 변화되어 나온 것이다.[47]

양관은 또 이렇게 말했다. "주례와 관련된 사료는 오늘날까지 여전히 많이 남아있다. 이 사료들은 비록 대부분 춘추전국시기 사람의 편집과 수정을 거쳐 나와서 서주시대의 '예'의 원형을 보존하고 있지 못하지만, '예' 자체가 본래 완고한 보수성을 지니고 있어서 '예라는 것은 근본으로 되돌아가고 옛것을 닦아서 그 처음을 잊지 않는 것이다'[48]라고 말하는 것처럼, 이를 통하여 서주시대의 부분적인 정황을 탐색할 수 있을 뿐만 아니라 심지어 씨족제 말기의 여러 가지 상황을 찾아낼 수도 있다."[49] 이는 모두 현존하는 예서禮書가 물론 춘추시대 이후에 편찬된 것이지만 여전히 이를 근거로 서주시대의 예문화를 이해할 수 있다는 의미이다. 그는 서주시대의 예가 직접적으로 주나라 부계가장제의 예의에서 기원하며 멀게는 씨족공동체의 예의를 이어받았다고 확신하였다.[50]

관례는 고대사회의 '성정례成丁禮(소년이 성인으로 진입할 때 행하는 예)'에서 나왔는데, 이는 예禮가 아득한 옛날에 연원을 두고 있음을 말하는 하나의 명확한 예시이다. 인류학자들은 수많은 원시부족 무리들 속에서 '성정례'가 보편적으로 실행되는 것을 보았다. 씨족공동체 속의 남녀는 사춘기로 진입할 때 반드시 성년식을 치러야 한다. 그들은 일반적으로 1년에서 수년에 이르는 시간 동안 족장이 마련한 일정한 형식적인 시련을 겪게 되고 이러한 시련 속에서 의지력을 비롯한 여러 방면에서의 강인한 단련을 함으로써 부족구성원의 정식 자격을 갖추게 된다. 이러한 측면에서 보면 고례 속의 '관례'는 성년식과 유사한 특징을 가지고 있다. 당연히 이것은 주례 가운데 관례에 대한 기록이 발전수준과 실제기능의 측면에서 원시사회의 씨족성년식과 동일함을 말하는 것은 아니다. 이는 뒷부분에서 다시 설명하도록 하겠다.

관례가 씨족제의 성년식 풍습에서 기원했다면 향례鄕禮는 관습에서 기원했을 뿐만 아니라 씨족촌락의 공식共食의 예의(제물로 바쳐진 음식물을 공동으로 먹는 의식. 이를 통해 숭배 대상과의 교감이 이루어진다고 생각함)에서 기원한 것으로 보인다. 씨족의 촌락이 함께 모여 식사를 할 때 노인을 존중하고 손님을 공경하는 방식을 중요하게 보았다. 향음주례鄕飮酒禮는 여기에서 생겨난 것이다. 양관은 이러한 의식이 초기에는 향촌의 자문방법이며 의회의 성격을 가진 것으로 보았다.[51] 이외에도 그는 대수례大蒐禮(수렵을 통한 군사연습의 예), 사례射禮, 지견례贄見禮(상견할 때 반드시 선물을 지참하여 성의를 표시하는 예) 등에 대해 하나하나 상세하게 연구하였다.

이 때문에 양관은 예의 기원에 대하여 왕국유 등과는 서로 다른 관점을 말하고 있다. 그는 예가 씨족제 말기의 전통 관습에서 기원하였으며 이러한 관습들이 씨족사회에서 씨족구성원이 자각적으로 준수한 규범이라고 생각했다. 그리고 귀족계급의 발생과 국가의 출현 이후, 귀족들은 그 속의 어떤 관습들을 이용하여 변화시키고 발전시켜 점차 여러 가지 예禮들을 형성함으로써 귀족계급의 통치 및 전체 종법제도를 유지하였다. 양관은 또 이렇게 말한다.

> 『예기』「예운禮運」편에 "무릇 예의 시초는 음식에서 시작한다(夫禮之初, 始諸飮食)"고 하였다. 대저 옛사람들은 우선 생활필수품 특히 음식을 분배하는 데서 경헌敬獻(공경하게 바침) 의식을 중시했다. 경헌에 사용하는 귀중한 예물이 '예醴(단술 혹은 술)'였기 때문에 이러한 경헌 의식을 '예禮'라 칭하였다. 후대에 이르러 신과 사람을 존경하는 모든 의식을 일률적으로 예라 칭하게 되었다. 이후 일반화 과정을 거쳐 생산과 생활 속의 모든 전통 관습과 준수해야 하는 규범을 일괄적으로 예라 칭하였다. 귀족들이 그 가운데 어떤 의식과 관습을 이용하여 그것을 변화시키고 발전시켜서 귀족통치를 유지하는 제도와 수단으로 삼으면서도 여전히 '예'라 하였다.[52]

'의식儀式'과 '규범'은 본래 서로 다르다. 비록 의식의 과정 속에 여러 규범이 필요하지만 일반적으로 말하는 행위규범과는 다르다. 그러므로 '예'를 단순한 의식(ritual)으로만 간주하여서는 예악문화를 전면적으로 반영할 수 없다. 예의 기원을 가지고 말하면 상고사회의 여러 가지 의식은 예의 주요한 원시적 근원이다. 고대사회의 생산력은 비록 저조했지만 생활 속의 의식은 매우 많은데, 이는 문화인류학에서 항상 발견되는 것이다.

예禮의 글자해석에 대하여 왕국유는 신을 섬기는 데 사용한 그릇과 술(醴)로부터 추론하여 신을 섬기는 모든 일을 예라고 보았다. 양관은 향로鄉老에게 경헌敬獻하는 데 사용한 술(醴)로부터 추론하여 일체의 경헌 의식을 모두 예라고 생각했다. 만일 글자의 기원이 아닌 예제禮制 전체로 말한다면 예가 씨족제의 관습에서 기원하는 것으로 양관은 보고 있다. 그는 「관례冠禮」에서 예의 근원이 되는 부계가장제를 언급했는데 이것은 명백히 주례의 전반적인 남성 중심적 색채로부터 출발하는 것이다.

추창림鄒昌林은 예제가 모계씨족 사회에서 기원하였음을 강하게 주장하였다. 그는 제례에서 시동을 사용하는 용시用尸 제도와 남편과 아내를 합장하는 부장祔葬 제도가 모계제도의 유물이라고 생각했고[53], 부부가 상대방의 부모를 시부모로 호칭한 것이 모계사회의 호칭제도라고 생각했으며[54], 관례에 어머니를 뵙는 예가 있고 아버지를 뵙는 예가 없는 것 또한 관례가 모계사회에서 가장 먼저 기원했음을 설명한다고 생각했다. 그는 예禮의 "그 선조가 나온 근원에 체제를 지낸다(禘其祖之所自出)"의 '나온다(出)'는 말도 전적으로 모계혈연관계를 가리키는 것으로 보았다.[55]

추창림은 심지어 고례 가운데 생산예의의 기원이 가장 이르다고 생각했다. 그는 사례射禮에서 사용한 활과 화살을 통하여 사례가 활과 화살을 주무기로 삼는 어렵漁獵시대에 만들어진 것이라 확신했다. 수렵례狩獵禮, 포어례捕魚禮, 잠상례蠶桑禮, 양수례養獸禮가 가장 먼저 어렵시대에서 기원하고, 적전례籍田禮가 원시적인 경작행사에서 기원한다고 여겼다.[56)]

주목할 만한 점은 추창림 또한 수렵의 예에서 잠상蠶桑의 예까지 전부 원시시대에 제사를 위해 설립되었거나 제사와 관련이 있는 것으로 생각하고 있다는 점이다. 그러나 이렇게 보면 어렵시대에 신령에 대한 신앙과 제사가 존재하였는가에 관한 종교사 문제까지 언급하게 되는데 아마도 옛날의 생산에 관한 주술과 연관 있다고 말하는 것이 여러모로 더욱 타당해 보인다.

고고학적 발견에 근거하면 구석기시대는 어렵활동과 채집활동을 위주로 생활하였다. 중석기시대는 지금으로부터 1만 년 전으로 이에 해당하는 섬서陝西 지역의 사원沙苑 문화에서 활과 화살 제작에 사용한 석촉石鏃을 발견하였다. 활과 화살은 중석기시대 가장 중요한 발명이다. 서수현徐水縣에서 발견된 1만 년 전의 문화유적에는 사육하여 기르는 동물이 있었다.

도기의 사용 또한 1만 년 전까지 거슬러 올라갈 수 있다. 자산磁山, 비이강裴李崗 등 초기 농경문화의 연대는 8,000년 전이다. 분명 우리에게 있어 주대의 예악문화의 기원을 1만 년 전까지 거슬러 올라가는 것은 너무 과도하게 멀리 올라간 것이다. 사실 추창림의 논단 또한 대부분 일리가 있는 추론으로 보인다.

문화인류학에서 이해한 자료를 통해 살펴보면 의식儀式은 결코 생산 활동에서 직접적으로 발원한 것이 아니라 일정한 종교와 문화 관념의 산물이다. 초기에는 주술문화 속에서 많은 의식이 발전하기 시작하였다. 이후 제사문화 속에서 의식은 상당히 완비된 발전 형태를 갖추게 된다. 중국문화로 보면 은대의 '예'는 의심의 여지 없이 제사문화로부터 촉진되어 발전한 것이다.

이제 우리는 선진시대 예학자의 고례의 기원에 대한 해설을 살펴보도록 하자. 『예기』 속에 이에 대해 몇 가지 서로 다른 견해들이 있다. 첫 번째는 예가 음식에서 시작되었다는 설이다. 「예운禮運」에 다음과 같은 문장이 있다.

> 무릇 예禮의 시초는 먹고 마시는 것에서 비롯되었다. 그것은 물에 불린 기장(黍)을 달군 돌 위에 굽고 돼지고기를 잘라 달군 돌 위에 구우며, 구덩이를 파서 술을 채워두었다가 손으로 움켜 떠서 마시며, 풀을 엮어 만든 북채로 흙으로 만든 북을 두드리는 것이니, 마치 귀신에게 경의를 표하는 것과 같다. 육신이 죽음에 이르렀을 때 지붕에 올라가서 큰 소리로 부르짖으며 고하기를 "아아, 아무개여(죽은 자의 이름), 돌아오라"고 하며 (백魄이 돌아오지 않으면) 그 후에 생쌀로 입을 채우고 꾸러미에 싸서 익힌 고기를 영전에 바치니 고로 하늘에 바라고 땅에 매장한다. 시신(體魄)은 아래로 내려가고 혼기(知氣)는 위에 있으니, 그러므로 죽은 자는 머리를 북쪽으로 두고 산 사람은 남쪽으로 향한다. 이는 모두 시초를 따르는 것이다.[57)]

"먹고 마시는 것에서 비롯되었다"라는 문장이 대관절 무엇을 가리키는 것인지에 대한 학자들의 관점은 일치하지 않는다. 옛사람들 또한 이 의미에 대해 명확하게 이해하지 못했다. 다만 돌을 달구어 고기를 익히고 구덩이를 파서 술을 채우는 것이라고만 말하였다. 손희단孫希旦은 이렇게 말한다. "예禮의 경위經緯는 수만 갈래이며 존재하지 않는 곳이 없지만 먹고 마셔야 양생할 수 있고, 사람이 생명을 가지는 한 음식을 제공해주어야 하므로, 예제는 여기에서 시작한다."[58] 이 견해 또한 여전히 분명치 못하다.

추창림은 위의 말이 예가 상고의 분식례分食禮(밥을 나누어 먹는 예법)에서 기원하였음을 암시하는 것이라고 보았다. 예를 들어 후대 제례의 마지막 절차는 제사용품을 제사에 참가한 모든 사람들에게 균등하게 분할해주는 것이다. 그는 또한 「제통祭統」의 "은나라 사람은 넓적다리뼈를 귀하게 여기고, 주나라 사람은 어깨뼈를 귀하게 여겼다(殷人貴髀周人貴肩)"는 말은 바로 앞다리나 뒷다리 어느 하나를 귀한 것으로 삼아 음식을 분배할 때 공평함을 추구하기 위한 시도로 보았다. 추창림의 이 설은 「제통祭統」의 '제사용 도마(俎)'를 해석하는 데 사용된 것으로 자못 설득력 있지만, 「예운」의 이 단락은 도마와 관련이 있다고 할 수 없다. 「예운」에서 "음식에서 비롯되었다"는 말은 분명 상고시대에 돌을 달구어 고기를 익히고 구덩이를 파서 술을 채우는 조작활동이 예의 원시적 근원임을 가리킨다. 왜냐하면 『예기』에서 이해하는 '예'는 포함하지 않은 것이 없는 문명체계이며, 먹고 마시는 데 사용하는 그릇들의 발명 및 그 형상과 구조가 모두 '예'에 속하기 때문이다.

그러므로 도기 가운데 요리에 사용하는 각종 솥(鬲과 鼎)·항아리(罐)·주전자(壺) 등의 발명은 모두 '예'의 범위에 속한다. 이러한 각도에서 보면 도기가 등장하기 이전 시대의 원시적인 요리 방식과 술을 채우는 방식이 동물적으로 자연스럽게 먹고 마시는 방식에서 벗어나 도구로 자연의 힘을 이용하기 시작하는 것이라면 그들이 이용한 방식과 결과는 곧 문화이며 또한 '예'의 기원이다. 「예운」의 이러한 표현은 '예'가 곧 '문화'와 '문명'이며 원시시대 사람이 창조한 기물문명을 예의 기원으로 삼는다는 것을 의미한다.

예는 본래 '문명' 즉, 인간이 창조한 '인간화'된 기물의 의미를 가지고 있기 때문에 앞에서 인용한 「예운」의 말을 이어서 다음과 같이 말한다.

> 옛날의 선왕들은 아직 집이 없었다. 겨울이면 흙을 쌓아 만든 굴에 거처하시고 여름이면 나뭇가지를 쌓아 만든 둥지에 거처하셨다. 아직 불을 사용할 줄 몰랐기에 초목의 열매를 먹고 새와 짐승의 고기는 그 피를 마시고 그 털까지 먹었다. 아직 삼실과 명주실이 없었기에 새의 깃털과 짐승의 가죽으로 옷을 삼았다.[59]

여기에 묘사된 것은 문명이 발생하기 전의 원시적인 풍경이다. 『예기』의 작자는 이러한 원시적 모습을 예의 대립적인 측면으로 그렸다. 그리고 연이어 다음과 같이 말하였다.

> 이후에 성현들께서 일어나시어 불의 이로움을 다루게 되었으니 쇠를 주조하고 진흙을 굳게 다져서 대사臺榭, 궁실宮室, 유호牖戶 등을 지었다. (불을 사용하여) 달구고 가열하고 삶고 구워서 술과 타락죽(醴酪) 등 여러 종류의 음료를 만들었다. 삼실과 명주실을 다듬어서 베와 비단 등 여러 종류의 옷감을 짰다. (이러한 의식주를 갖추게 되면서) 산 자를 봉양하고 죽은 자를 장송하며 귀신과 상제를 섬기게 되었다.[60]

이로부터 「예운」의 "예는 먹고 마시는 것에서 비롯되었다"라는 표현은 한편으로 사람들의 물질생활로 하여금 자연 상태를 초월하도록 만든 기술 공정의 진보를 예의 중요한 본질로 간주한 것이며,

다른 한편으로 이러한 기술 공정의 진보로 인한 성과를 귀신을 섬기는 데 이용하여 예의 중요한 본질로 삼은 것임을 알 수 있다. 이러한 표현 속에서 기술문명과 종교의식 이 두 가지가 '예'의 주요 내용을 구성하게 된다.

두 번째 견해는 「내칙內則」에서 볼 수 있다.

> 예는 부부의 도리를 삼가는 것과 궁실宮室을 지을 때 내외를 구분하는 것에서 시작한다.[61]

여기서는 남녀유별을 예의 시작으로 강조하고 있다. 「내칙」이 이 점을 강조하는 까닭은 「내칙」의 요지가 "남녀가 집안에 거하면서 부모님과 시부모님을 섬기는 법을 기록한 것(記男女居室事父母舅姑之法)"(정현 주)이며, "부녀가 거주하는 곳의 법도로 본받을 만한 것(閨門之內, 軌儀可則)"(공영달 소)을 말하기 때문이다. 그러므로 「내칙」의 관점은 진정으로 예의 기원을 거슬러 올라간 것이 아니라 논점에 기초하여 강조한 것으로, 기존의 주례周禮 체계의 논리적 출발점에 대한 관점으로 볼 수 있다.

세 번째 견해는 「혼의昏義」에 보인다.

> 대저 예라는 것은 관례冠禮에서 시작하고, 혼례婚禮에 근본을 두며, 상례喪禮와 제례祭禮를 중히 여기고, 조례朝禮(임금을 알현하는 예)와 빙례聘禮(임금에게 선물을 바치는 예)로 존경을 표하며, 향음주례鄕飮酒禮와 향사례鄕射禮로 화목을 누리니, 이것이 예의 대체이다.[62]

마지막의 "이것이 예의 대체이다"라는 구절로부터 알 수 있듯이 이 문단은 예의 체계와 각 부분의 특징을 전체적으로 논의한 것이다. 이 때문에 이 구절에서 말하는 "관례에서 시작한다"라는 부분은 관례가 이 체계 속에서 차지하는 위치를 말하는 것으로 예의 기원에 대해 논하는 것이 아님을 보여주고 있다. 예禮가 개인생활과 사회생활 속에 표현된 것을 가지고 말하면, 20세에 관례를 올리는 것은 개인의 인생에서 첫 번째로 맞이하는 대례大禮이므로 "관례에서 시작한다"고 말하는 것이다. 그러나 관례는 결코 개인의 삶의 여정에서 가장 근본적인 예는 아니다.

「혼의」에서 말하는 것에 비추어보면 가장 근본적인 예는 바로 혼례이다. 그러므로 "혼례에 근본을 둔다"고 말한다. 그리고 만약 예를 행하는 횟수로 말하면 사람이 일생동안 행하는 상례와 제례가 가장 중요하고 많기 때문에 "상례와 제례에 무게를 둔다"고 말하는 것이다. 사회생활 속의 예의 표현과 기능을 가지고 말하면 조례와 빙례는 존경을 위주로 하며, 향례와 사례는 화목을 위주로 한다. 그러므로 여기에서 말하는 "관례에서 시작한다"는 표현은 결코 예제의 역사적 발생의 기원과 순서를 가리키는 말은 아니다.

위에서 말한 것 이외에도 『예기』에는 여러 전국시대 예의 대가들이 예제 체계에 대해 제기한 논리적이고 이론적인 해석들이 있다. 예를 들어 "대저 예라는 것은 반드시 태일太一에 근본을 두며 나누어져 천지가 되고 전환하여 음양이 되고 변하여 사시가 되고 벌여서 귀신의 공적이 된다"63)와 "예의의 시작은 몸가짐을 바르게 하고 얼굴빛을 가지런히 하며 언사를 공손하게 하는 것이다"64)와 같은 내용들이 있다. 전자는 예의 우주론적 근원을 탐구하고 그것을 예의 시초 및 근거로 삼고 있다. 이는 당시의 역학易學과 분명한 관계가 있다. 후자는 예를 행위규범 체계로 삼는 것에서 출발하여 용모와 언사에 관한 규범과 수식이 이러한 규범체계의 기초이며 예의禮儀 훈련을 처음으로 시작하는 착수단계라는 것을 강조한다. 이러한 해석들은 모두 예의 역사적 기원을 본격적으로 논술한 것은 아니다. 언급할 만한 것은 위에서 인용한 「혼의」의 예의 대체大體 설과 「관의」의 용모에서 비롯되었다는 설 모두 예의 중점이 생활의 예절 규범임을 강조하며 귀신을 섬기고 공경하는 일은 중요하게 보지 않았다는 것이다.

이상의 간단한 논의를 통해, 예禮는 적어도 몇 가지 의미를 가지고 있음을 알 수 있다. 그것은 바로 기술문명의 의미를 지닌 예, 제사예의의 의미를 지닌 예, 생활 행위규범의 의미를 지닌 예, 풍속과 축전의식의 의미를 지낸 예이다. 실제로 고대인들은 예제禮制의 기원을 원시시대 최초의 기술 공정의 발명까지 거슬러 올라가는데, 이는 고대인이 말하는 '제도' 속에 기물器物에 관한 규정을 포함하고 있기 때문이다. 이렇게 보면 모호하게 예의 기원을 말하는 것은 반드시 곤경에 맞닥뜨리기 마련이다.

우리는 착안점을 주대의 예악문화에 두고 있기 때문에 사회의식과 규범체계 및 '문명文明'화 행위에 관한 관심에서부터 출발하려 한다. 기술문명의 의미에서 예의 기원을 토론하는 것은 너무 요원할 뿐만 아니라 서로 관련이 없으며, 인류학과 민족학의 자료에서 추론한 씨족시대 부락의 예의를 차용하는 것은 비록 참고할 만한 의미가 있다 하더라도 이는 어디까지나 추측일 따름이다. 이 때문에 「예운」의 설과 왕국유의 논단에 따르면 주나라 예의 주요 근원은 당연히 유우씨 시대, 하대, 은대의 제사문화 및 생활풍속 특히 은대의 예속禮俗이다.

『예기』의 삼대 혹은 사대 예제의 인습과 손익에 대한 기록은 관제冠制를 제외하면 거의 대부분이 제사와 관련이 있다. 제사문화의 구체적 표현이라고 할 수 있다. 현존하는 갑골문 자료 속에는 소목昭穆제도(고대 종묘의 배열 순서에 관한 규정), 제조祭祖제도(선조에게 지내는 제사에 관한 규정) 및 묘장墓葬(죽은 자를 묘에 안장하는 것)에 보이는 장례제도(葬制) 이외의 사교활동 규범에 관한 예의 자료는 분명히 보이지 않는다. 달리 말하면 『의례』 속의 대부분의 내용은 은상문화에서 그 근원을 찾기 힘들다.

비록 은상시대 여러 나라가 교류할 때 분명 조빙朝聘과 같은 예의가 있었겠지만, 『예기』의 기록을 보면 은나라의 예는 종교예의를 위주로 하고 있다. 그러므로 주나라의 예와 비교하면 주대의 예악문화 속에 종교예의의 점유 비중은 많이 감소하였으며 사교예의에 관한 내용이 대량으로 증가했다고 말할 수 있다. 『예기』「예운」에서 이렇게 말하였다.

> 이런 까닭에 무릇 예라는 것은 반드시 하늘을 근본으로 삼고 땅을 본받으며 귀신의 공을 벌려 놓고 상례喪禮, 제례祭禮, 사례射禮, 어례御禮, 관례冠禮, 혼례婚禮, 조례朝禮, 빙례聘禮에 통달해야 한다. 그러므로 성인이 예로써 모범을 보이셨기 때문에 천하의 국가들이 바르게 될 수 있었다.65)

하늘을 근본으로 삼는다는 것은 교례郊禮를 가리키는 것이며 땅을 본받는다는 것은 사례社禮를 말하는 것이다. 귀신의 공을 벌려 놓는다는 것은 오사五祀66) 등을 가리키는 것이다. 이러한 예禮들은 전부 은나라의 예禮에 이미 보인다. 그러나 상제喪祭, 관혼冠婚, 조빙朝聘, 사어射御의 예는 분명 은나라보다 더 크게 발달하였다. 만일 교례, 사례, 오사가 군왕의 특권임을 고려한다면 사회적 측면에서 상제, 사어, 관혼의 예가 주대의 예악체계의 주체임을 더욱더 분명하게 알 수 있다. 그래서 「혼의」에서 말한 "무릇 예라는 것은 관례에서 시작하며 혼례에 근본을 두고, … 이것이 예의 대체이다"라는 구절은 일반귀족의 생활에 있어 관·혼·상·제·향·사·조·빙의 예禮가 그야말로 '예의 대체' 즉, 예의 근본적인 내용임을 분명히 말하고 있다. 이러한 예문화들이 비록 귀족의 생활방식을 표현하는 예절(儀節)이고 상층문화의 문화 패러다임과 대전통을 드러내는 표현이지만, 이런 것은 반드시 민간사회에 영향을 미치기 마련이다.67) 「혼의」의 '대체大體'설에 나타난 주례周禮와 은례殷禮의 가장 큰 차이점은 바로 인간의 예를 귀신의 예보다 더 중요하게 보고 있다는 점에서 찾을 수 있다.

전체적으로 말하면 고대의 이른바 예라는 것은 크게 제도制度와 예의禮儀 두 가지 부분으로 나눌 수 있다. 비록 국가의 예의도 일종의 제도로 간주할 수 있지만, 예의는 분명히 문화형식 혹은 문화체계로 말해야 한다. 「왕제王制」에 근거하면, 예禮 속에 포함된 제도적 내용에는 직관職官(『주례』), 반작班爵, 수록授祿으로 구성된 관료등급체계가 있으며, 토지제도, 관세제도, 행정구획제도, 형률체계, 조근朝覲(신하가 조정에 나아가 임금을 알현하는 것)제도, (국가) 제사제도, 자연보호제도, 귀족의 상제喪祭제도, 학교와 양로제도 등은 전통적으로 '전장제도典章制度'로 부르는 것 바로 이것이다.

『예기』「왕제」에는 개괄적으로 상술한 각종 제도 이외에 관·혼

· 상 · 제 · 향 · 상견의 '육례六禮'를 언급한다. 『주례』에는 '오례五禮'인 가례嘉禮, 흉례凶禮, 길례吉禮, 빈례賓禮, 군례軍禮가 있다. 『주례』「대종백大宗伯」은 다음과 같이 말한다.

"길례로써 천하 각국의 인귀人鬼와 천신天神과 지기地示(地祇)를 섬긴다.(以吉禮事邦國之鬼神示)"
"흉례로써 천하 각국의 우환을 애도한다.(以凶禮哀邦國之憂)"
"빈례로써 각국이 서로 가깝게 지내도록 한다.(以賓禮親邦國)"
"군례로써 각 나라가 협동하여 중앙에 복종하게끔 한다.(以軍禮同邦國)"
"가례로써 만민이 사이좋게 지내도록 한다.(以嘉禮親萬民)"

흉례는 다시 다음과 같이 나누어진다. "상례로 죽은 자를 애도하고, 황례荒禮로 기근과 역병이 창궐함을 애도하고, 조례弔禮로 수재와 화재 등 재화가 일어남을 애도하고, 회례禬禮로 적국에게 패한 동맹국을 애도하고, 휼례恤禮로 침범을 당하거나 내란이 일어난 이웃나라를 애도한다."68)

사실 오례는 그 안에 포함한 내용을 모두 세분할 수 있다.

(1) 길례吉禮 : 호천昊天 · 상제上帝 · 일월성신日月星辰 등에게 사祀를 지내는 것, 사직社稷 · 오사五祀 · 오악五岳 · 산천山川에 제祭를 지내는 것, 선왕先王들에게 향享을 지내는 것.

(2) 흉례凶禮 : 상례喪禮, 황례荒禮(害가 있는 사람과 물건을 애도하는 것), 조례弔禮, 회례禬禮(동맹국이 재화를 모아 어려움을 겪고 있는 나라를 돕는 것), 휼례恤禮(적의 침입과 난리를 슬퍼하는 것)

(3) 빈례賓禮 : 사계조빙四季朝聘(제후가 봄 · 여름 · 가을 · 겨울에 왕을 방문하는 것), 시빙時聘(정해지지 않은 때에 제후가 경을 보내어 천자에게 위문하는 것)

(4) 군례軍禮 : 대사지례大師之禮(천자가 병사를 이끌고 정벌하는 것), 대균지례大均之禮(인구와 조세를 조정하는 것), 대전지례大田之禮(천자와 제후가 직접 사냥에 참여하는 것과 병사를 조련하고 검열하는 것), 대역지례大役之禮(국가의 큰 공사를 위해 백성을 징발하는 것), 대봉지례大封之禮(무력으로 국가의 경계를 교정하는 것)

(5) 가례嘉禮 : 음식지례飮食之禮(군주가 족인을 초대하여 음식을 먹는 것), 관혼지례冠婚之禮, 빈사지례賓射之禮(천자와 제후가 각각 주인과 빈객이 되어 조정에서 활쏘기를 겨루는 것), 향연지례饗燕之禮(빈객을 초대하여 연회를 베푸는 것), 신번지례脤膰之禮(사직과 종묘에 제사지내는 고기를 제후국에게 주어 신의 보우를 얻을 수 있기를 바라는 것), 가경지례嘉慶之禮(제후가 경축할 만한 일이 있으면 천자가 사람을 보내 예물을 전달하여 축하해주는 것)

『주례』의 설에 근거하면, 가례의 주요 기능은 '친親', 즉 교제하고 친목을 다지는 것이다. "음식지례로써 종족宗族을 돈독하게 하고 형제를 서로 친근하게 한다. 혼관지례로써 남녀가 서로 친애하도록 하며 청춘 남녀들이 성인成人의 품덕과 성정을 가지도록 한다. 빈사지례로써 오래된 친구들이 서로 가깝게 지내도록 한다. 향연지례로써 사방에서 조빙하러 온 빈객들을 친하게 한다. 신번지례로써 형제국가와 서로 친근하게 지내도록 한다. 가경지례로써 이성국가들과 서로 친하게 지내도록 한다."[69] '오례'는 분명 국가를 주체로 삼아 행하는 것이다. 그러나 『예기』「왕제」의 '육례'는 전적으로 "예가 백성에게 있다고 말한다.(言禮之在民者)"

국가를 주체로 하는 오례 가운데 길례, 흉례, 빈례, 군례와 같은 것들은 모두 사회생활 의미상의 보편성을 가지지 못한다. 이 때문에 본장에서 논의한 예악문화는 '예'가 거대한 보편성을 지닌 사회생활의 문화 패러다임이라는 점에 착안하는 것이지, 사회생활을 벗어난 국가 예의제도에 관심 두지 않는다는 점을 반복하여 강조했다. 이런 관점에서 보면 '육례'가 우리에게 더 중요한 것은 무척 자연스럽다. 실제로 주대 '예악문화'의 특색은 주대에 정치·관직·토지·경제 등에 관한 제도가 존재했는가의 여부보다는, 주대에 상징의미를 지닌 행위 및 절차 구조인 예의禮儀를 통해 개인과 타인·종교·단체의 관계를 규범화하고 조정한 것과, 이로 인해 교제관계를 '문명'화시키고 사회생활을 고도로 의식화儀式化시켰다는 것에서 찾을 수 있다. 우리는 그것을 정치나 제도체계가 아닌 일종의 문화체계로서 연구하고, 이 체계의 구성방식 및 각종 세부 절차가 조합되어 드러난 전체적인 면모를 중시하며, 예악문화에서 표현된 문화모형과 문화정신(ethos)에 대해 중점적으로 살펴보아야 할 것이다. 그러므로 주대의 '예'에 관한 연구는 당연히 제도의 측면에 있지 않고, 사회생활과 문화행위의 측면에 초점을 맞추어야 할 것이다.

우리는 「예운」의 "무릇 예라는 것은 반드시 하늘을 근본으로 삼고 땅을 본받으며 귀신의 공을 진열하고 상례, 제례, 사례, 어례, 관례, 혼례, 조례, 빙례에 통달해야 한다"는 표현과 「혼의」의 "예라는 것은 관례에서 시작하고 혼례에 근본을 두며 상례와 제례를 중히 여기고 조례와 빙례로 존경을 표하며 향음주례와 향사례로 화목을 누리니 이것이 예의 대체이다"라는 표현을 기억하고 있다.

「혼의」는 주례를 일종의 사회문화 체계로서 그 주체적인 부분이 은상시대의 인간과 신을 소통시키는 제사 예의가 아니라, 사람 사이의 교제와 왕래에 관한 예의로 말하고 있다. 이 점에서 「왕제」의 육례설과 「예운」과 「혼의」의 관점은 서로 일치하는 점이 있다. 「왕제」에서는 육례인 "관례·혼례·상례·제례·향례·상견례"를 말했으며, 「예운」에서는 "상례 · 제례 · 사례 · 어례御禮 · 관례 · 혼례 · 조례 · 빙례"를 말했다. 어御자는 향鄕자를 잘못 쓴 것으로 보이며[70], 조빙례와 상견례의 기능은 동일하다. 그러므로 기본적인 예의禮儀는 제후 이상의 계급에 의해 사용되면 관 · 혼 · 상 · 제 · 향 · 사 · 조 · 빙이라 하고, 일반 사士계급에 의해 사용되면 관 · 혼 · 상 · 제 · 향 · 사 · 상견이라고 한다. 기본적인 예에 관한 항목은 일치한다. 이러한 기본적인 예에 관한 항목들은 예의 전체 체계를 구성하며 그 내용은 『의례』에 상세하게 보인다. 이어서 개인, 가정, 종교를 주체로 하는 사회생활에 관한 예의를 주요 대상으로 삼아 『의례』를 통해 주대 예속문화와 예속사회의 면모를 살펴보도록 하자.

4. 『의례儀禮』와 주대周代의 예속禮俗

호배휘胡培翬는 다음과 같이 말했다. “삼례三禮에서 『의례』가 가장 오래되었고 『의례』가 가장 순수하다. 『의례』에는 경經, 기記, 전傳이 있는데, 기와 전은 공자의 70여 문도가 지은 것이지만, 경은 주공이 지은 것이 아닐 리 없다. 그 안의 내용은 기물器物을 진설陳設하는 것이 많고, 예절을 행하는 순서가 치밀하며, 오르고 내려가고, 읍하고 사양하며, 원형으로 돌고(周還), 의복을 어깨에 걸쳐 입거나 벗는 것(裼襲) 등의 번잡함이 있지만, 그것을 읽으면 조리와 질서정연하지 않은 것이 없다.”71) “지금 보존된 것은 다만 17편에 불과하다. 부족하고 불완전하지만, 실제 존재했다. 후대인의 손에서 위조되어 나왔다는 생각은, 단언하건대 그러한 일은 없었다.”72)

양향규楊向奎도 다음과 같이 말하였다. “중국 고대에 『예禮』나 『예경禮經』이라는 것은 지금의 『의례』를 가리키는 말이다. 『주례』는 『주관周官』이고 『예기禮記』는 단지 『예경』의 전傳일 뿐이다. 그러나 『의례』를 주공이 지었다고 하는 것에 대해서는 이미 불가능하다고 말하였다. 이 책이 비록 주공에게서 나오지 않았다 하더라도, 그 속의 예의제도는 서주시대 이전부터 춘추시대에 이르기까지 이미 실행되고 있었다.”73) 『의례』 17편 속에 빙례는 있지만 조례가 없으며, 식례는 있으나 향례가 없다. 조례와 식례는 당시 이미 산실되었다. 하지만 서주시대의 관·혼·상·제·향·상견의 예는 『의례』 속에 모두 보존되어 있으며, 이러한 예의들을 통하여 서주의 의례문화의 기본적인 면모를 이해할 수 있다.

1) 관례冠禮

『의례』「사관례士冠禮」 및 『예기』「관의冠義」로부터 사士 계급 이상의 남성 귀족자제가 20세까지 성장했을 때 가정에서 그를 위하여 관례를 거행하는 것을 살펴볼 수 있다. 그 순서는 대체로 다음과 같다.

1) 관례날을 점친다(筮日)

2) 일반 빈객에게 관례하는 날을 알린다(戒賓)

3) 정빈正賓을 뽑는 일을 점친다(筮賓)

4) 선발된 빈에게 정빈으로 선발된 사실을 알려주고 찬관자贊冠者(정빈이 가관하는 일을 돕는 사람)에게도 찬관자로 선발되었음을 알려준다(宿賓宿贊冠者)

5) 관례 시간을 정한다(爲期)

6) 관례날 아침 일찍 사용할 물건들을 진열하고 설치한다(冠日陳設)

7) 주인과 이하 사람들 모두 자리를 잡는다(主人以下卽位)

8) 주인은 정빈과 찬관자를 맞이하여 안으로 들어간다(迎賓及贊冠者入)

9) 첫 번째로 치포관緇布冠을 씌운다(始加)

10) 두 번째로 피변皮弁을 씌운다(再加)

11) 세 번째로 작변爵弁을 씌운다(三加)

12) 정빈이 관을 쓴 사람에게 단술(醴)을 올린다(賓醴冠者)

13) 관을 쓴 사람이 어머니를 배알한다(冠者見于母)

14) 정빈이 관을 쓴 자에게 자를 지어준다(賓字冠者)

15) 관을 쓴 자가 형제를 뵙는다(冠者見兄弟)

16) 찬관자를 뵙고 고모와 누이를 뵙는다(贊者姑姊)

17) 관을 쓴 자는 군주를 알현하고 이어서 경대부와 향선생을 배알한다(冠者見君及卿大夫鄕先生)

18) 정빈에게 단술로 사례한다(醴賓)

19) 정빈을 환송함에 고기를 싸서 돌려보낸다(送賓歸俎)

이는 사계급 이상의 귀족 남자가 20세가 되면 종묘에서 부친이 주관하여 관례를 거행해야 함을 말한다. 관례의 일반적인 순서는 다음과 같다. 예를 행하기 전에 반드시 날짜와 관을 씌워주는 내빈來賓을 선정해야 하는데 이러한 일들을 '서일筮日'과 '서빈筮賓'이라 하며 경건하고 신중하며 소홀히 하지 않음을 나타낸다. '계빈戒賓'은 정식으로 빈객을 요청하는 것이며 '숙빈賓宿'은 의식을 치르기 하루 전에 빈객을 재촉하여 청하러 간다. 적장자의 관례는 반드시 조계阼階(동편 섬돌) 위에서 거행해야 하는데, 관을 쓰고 성인이 되는 자가 주인의 역할을 맡아서 가정을 대표하게 되는 것을 나타낸다.

의식의 과정은 내빈이 관을 세 차례 씌워주는 것이다. 첫 번째로 치포관緇布冠(검은색 베로 만든 관)을 씌우고 두 번째로 피변皮弁(관례를 지낼 때에 씀)을 씌우고 세 번째로 작변爵弁(관직에 있는 남자들이 쓰던 모자의 일종으로 가죽으로 만든 얕은 모자)을 씌운다. 처음 관을 쓰기 전에 빈객은 축사를 발표한다. 관을 다 쓴 다음 내빈이 술을 올리는 예를 치르고 그 후에 모친을 뵙는다. 뒤이어 내빈이 관을 쓴 사람을 위해 '자字'를 지어준다. 이어서 형제와 고모·누이를 뵈러 간다. 비교적 지위가 높은 귀족은 예물을 가지고 임금과 경대부를 알현하러 가야 한다. 남자아이가 아직 성년이 되지 않았을 때는 소년의 옷을 입으며 관례를 치를 후에는 성년의 옷을 입는다. 관례를 치르기 전의 남자아이는 오직 부친이 지어준 이름만이 있으며 관례를 치른 후에야 비로소 자를 가지게 된다. 자는 귀족 가운데 성년이 된 사람에 대한 칭호이다. 남자가 관을 쓴 후에야 비로소 결혼을 할 수 있게 된다.74) 모든 절차 속에 주인과 빈객이 반드시 해야 하는 말들에는 모두 일정한 규칙이 있다.

2) 혼례婚禮

혼례도 『의례』의 규정에 의하면 일련의 순서가 있다. 주로 다음의 내용을 포함한다.

1) 납채納采 : 신랑 측에서 신부 측에게 혼인을 청한다.

2) 문명問名 : 혼인의 길흉을 점치기 위하여 신랑 측 사자가 신부의 이름을 묻는다.

3) 예사자醴使者 : 사자에게 단술을 청한다.

4) 납길納吉 : 혼인의 길흉을 점쳐서 그 길함을 신부 측에게 알린다.

5) 납징納徵 : 신부 측에게 예물을 보낸다.

6) 청기請期 : 신부 측에서 혼인날을 정하기를 청한다.

7) 장친영예진찬將親迎豫陣饌 : 친영親迎하러 가기 전에 미리 음식을 진열한다.

8) 친영親迎 : 신랑이 친히 신부를 맞이하러 간다.

9) 부지성례婦至成禮 : 신부가 이르면 혼례를 치른다.

10) 신부가 시부모를 배알한다(婦見舅姑)

11) 찬례자贊禮者(행례를 돕는 사람)가 신부에게 단술을 청한다(贊者醴婦)

12) 부궤구고婦饋舅姑 : 신부가 시부모에게 음식을 진상한다.

13) 구고향부舅姑饗婦 : 시부모가 신부를 환대한다.

14) 향송자饗送者 : 신부 측 사람들을 환대한다.

15) 만약 시부모가 이미 사망하였다면 신부는 시집온 지 3개월 이후에 시부모의 사당에서 그들의 영혼을 배알하고 가신 가운데 연장자가 시부모를 대신하여 신부와 신부 측 사람들에게 환대의 예를 행한

다.(舅姑及婦廟見及饗婦饗送者之禮)

우선 남자 집에서 여자 집으로 중매인을 보내 혼담을 꺼내며 여자의 이름을 묻는다. 돌아와 점을 쳐서 길조吉兆를 얻은 후에 다시 사람을 시켜 예물을 준비하여 여자 집에 알린다(納吉). 그러한 연후에 빙례의 예물을 여자 집에게 보내고(納徵) 혼례 시간을 정한다. 혼례 당일에 남자 집에서 여자 집으로 가서 신부를 맞이하고 남자 집으로 돌아와서 의식을 거행한다. 다음날 신부는 신랑의 부모를 배알한다. 만약 신랑의 부모가 이미 돌아가셨으면 세 달 이후에 가묘家廟에 음식을 진열하여 시부모께 제사를 지내는 전채례奠菜禮를 행한다. 이 일련의 절차 속에서 모든 부분이 상세하게 규정되어 있다. 예를 들어 친영親迎할 때 남자 측에서 어떤 옷을 입어야 하는지, 어떤 수레를 타야 하는지, 여자의 집에 이르면 어떻게 예를 행하는지, 어느 쪽 계단으로 오르내려야 하는지와 같은 규정들이 있다. 납채納采에서 부모가 딸을 보내는 것에 이르기까지 '납채지사納采之辭', '문명지사問名之辭', '예빈지사醴賓之辭', '납길지사納吉之辭', '납징지사納徵之辭', '청기지사請期之辭', '사자반명지사使者反命之辭' 등등 모든 항목의 '사辭'에도 규정이 있다.

3) 상견례相見禮

『의례』「사상견례士相見禮」에 의하면 상견례는 "사와 사가 서로 만나는 것(士與士相見)", "사가 대부를 만나는 것(士見大夫)", "사가 대부의 신하로서 대부를 만나는 것(士嘗爲大夫臣者見大夫)", "대부가 서로 만나는 것(大夫相見)", "대부와 사가 군왕을 배알하는 것(大夫士見于君)" "타국 사람이 군왕을 배알하는 것(他邦之人見于君)" 등으로 나뉜다. 여기서는 "사와 사의 상견례"를 통해 일부분을 살펴보도록 하자. 만나기 전에 다음과 같이 한다.

> 예물은 겨울에는 꿩을 사용하고 여름에는 꿩을 말린 포를 사용한다. (빈은 주인집 대문 밖에서 만나길 청할 때) 꿩의 머리가 왼쪽으로 향하게 하여 받들고 말한다. "아무개가 만나 뵙기를 원했으나 오랫동안 인연이 없어서 통하지 못했습니다. 아무개(두 사람을 만나도록 소개한 중개인)께서 당신의 명으로 제가 당신을 뵙도록 명하셨습니다." 주인이 대답한다. "아무개(중개인)께서 일찍이 아무개에게 그대를 만나라고 명하셨으나 그대가 몸을 낮추어 먼저 오셨습니다. 그대의 집으로 돌아가시길 청하나니 아무개가 장차 만나 뵈러 가겠습니다." 빈이 대답하여 말한다. "아무개는 족히 당신의 명을 감당할 수 없습니다. 끝까지 만나 뵙게 해주시기를 청합니다." 주인이 말한다. "아무개는 감히 거짓된 마음으로 그대를 대할 수 없습니다. 그대의 집으로 가시길 거듭 청하나니 아무개가 장차 만나 뵈러 가겠습니다." 빈이 대답한다. "아무개가 감히 거짓된 마음으로 그대를 대할 수 없습니다. 다시 한번 청하겠습니다." 주인이 말한다. "아무개는 두 번을 사양했는데 명을 얻지 못하였으니 나아가서 뵙겠습니다. 허나 그대께서 예물을 가지고 왔다고 들었는데 감히 예물을 사양하겠습니다." 빈이 대답한다. "아무개는 예물을 들고 갈 수 없다면 감히 뵙지 못하겠습니다." 주인이 말한다. "아무개가 이 예절을 익히지 못하여 감당할 수 없으니 감히 거듭 사양하겠습니다." 빈이 대답한다. "아무개 또한 예물에 의지하지 않고서는 감히 뵙지를 못하겠으니 다시 한번 청하겠습니다."[75)]

사와 사의 상견례에서 손님은 손수 예물을 들고 뵙기를 청한다고 통보해야 하며 주인은 감히 그럴 수 없다고 대답하며 상대방에게 돌아가기를 청하고 자신이 직접 방문할 것을 표시해야 한다. 이렇게 두 차례 반복하여 서로 한 번씩 예를 표한다. 그다음 주인은 다시 당신께서 예물을 가지고 왔다고 들었으니 부디 예물을 거두어드리기를 청한다고 말하고 손님은 예물이 없다면 감히 만나 뵙지 못할 것이라고 대답한다. 두 사람은 또 한 번씩 예의를 차린다. 이러한 대화들은 모두 손님이 문밖에 서 있고 주인과 손님이 아직 서로 만나지 못했을 때 '빈자擯者(손님과 주인 사이에 서서 주선하여 주는 사람)'가 왕래하며 전달하는 것이다. 그리고 다음과 같이 진행한다.

> 주인이 대답한다. "아무개는 두 번을 사양했는데 명을 얻지 못했으니 어찌 감히 공경히 따르지 않을 수 있겠습니까?" 이에 주인은 대문을 나와 손님을 맞이하여 재배再拜(두 번 절하는 것)하고 빈객은 주인에게 재배한다. 주인이 빈에게 읍하고 문의 오른쪽으로 들어간다. 빈은 예물인 꿩을 받들고 문의 왼쪽으로 들어간다. 주인이 재배하고 예물을 받으면 빈이 재배하고 예물을 보낸다. 예를 마치고 빈이 문을 나가면 주인이 만나기를 청하고 빈은 되돌아와 주인과 만난다. 빈이 물러가려 하면 주인이 빈을 문밖까지 환송하고 재배한다.[76]

주인이 문밖에서 영접하며 주인과 손님이 서로 절하고 읍한다. 문으로 들어선 후 주인이 손님의 예물을 받는다. 손님이 나가면 주인은 다시 손님에게 들어오기를 청한다. 회견이 끝났을 때 손님은 물러가기를 고하고 주인은 문밖까지 환송하러 나간다.

이상은 사와 사의 첫 번째 상견례이다. 고례에 따르면 예는 왕래를 중요하게 보기 때문에 방문을 받은 사람은 반드시 상대방에게 답방해야만 한다. 『의례』에 또한 다음과 같이 기록되어 있다.

주인은 다시 빈이 가져왔던 예물을 가지고 찾아가 말한다. "얼마 전에 그대께서 몸을 낮추어 아무개가 그대를 만나 뵐 수 있도록 하셨으니, 이 예물을 장명자(명을 전하는 사람)에게 돌려주기를 청합니다." 주인(이전의 빈)이 대답한다. "아무개는 이미 선생을 만나 뵈었습니다. 감히 사양하겠습니다." 빈(이전의 주인)이 대답한다. "아무개가 감히 그대를 뵙고자 하는 것이 아니라 이 예물을 장명자에게 돌려주기를 청하는 것입니다." 주인이 대답한다. "아무개는 이미 그대를 만나보았습니다. 감히 다시 한번 사양하겠습니다." 이에 빈이 대답한다. "아무개는 감히 이러한 일로 그대에게 들리게 하여 폐를 끼칠 수 없습니다. 장명자에게 돌려주기를 다시 한번 청합니다." 주인이 대답한다. "아무개는 두 번이나 사양했는데도 명을 얻지 못했습니다. 감히 따르지 않을 수 없습니다." 빈이 예물을 받들고 안으로 들어가면 주인은 재배하고 받으며 빈은 재배하고 예물을 보낸다. 빈이 밖으로 나가면 주인이 문밖에서 전송하고 재배한다.77)

지난번에 방문을 받은 자가 이번에는 손님의 신분으로 답방한다. 두 사람은 앞서 만남과 같이 상호 간에 격식을 차리고 만날 때의 각종 예의를 행한다.

4) 향음주례鄕飮酒禮

『의례』「향음鄕飮」에 의하면 향음주례는 아래와 같이 정리할 수 있다.

(1) 모빈謀賓, 계빈戒賓, 속빈速賓, 영빈迎賓

一. 모빈 : 주인(향대부鄕大夫)이 향선생鄕先生(은대와 주대의 향학인 상庠의 교사)을 찾아가 빈객의 서열을 의논하여 빈賓, 개介(배객陪客), 중빈衆賓의 세 등급으로 나눈다. 빈과 개는 각각 한 명이다. 중빈이 여러 사람이면 그중 세 사람을 선정하여 중빈의 장이 되게 한다.

二. 계빈 : 계는 알린다는 뜻이다. 주인이 직접 빈객에게 통지한다.

三. 진설陳設 : 연회석을 순서대로 배치하고 술잔과 세洗(잔을 씻는 대야) 등을 진열한다.

四. 속빈 : 주인이 직접 빈객을 초빙한다. '숙빈宿賓'이라고도 한다.

五. 영빈 : 주인이 '상相'(혹은 '빈상賓相', 예를 돕는 사람)을 한 명 데리고 상庠의 문밖에서 손님을 맞이한다. 세 차례 읍하고 세 차례 양보하고 나서 빈객을 상의 당상으로 맞아들인다.

(2) 헌빈지례獻賓之禮

一. 주인과 빈 사이에 '헌獻', '수酬', '작酢'을 행한다.

: 빈객을 맞이하여 들어온 후 먼저 주인이 술잔酒爵을 들어 빈의 상 앞에 진헌한다. 이를 '헌'이라 부른다. 그다음 빈이 술잔을 들어 주인의 상 앞에 다시 공손하게 돌려준다. 이를 '작'이라 부른다. 다시 주인이 술을 치觶(뿔잔)에 따라서 먼저 자신이 마시고 그다음 손님이 편하게 마시기를 권한다. 이것을 '수'라 부른다. 이러한 헌, 작, 수를 한 차례 도는 것을 '일헌一獻'의 예라 한다. 술을 진헌할 때는 반드시 포해脯醢(육포와 육장)와 절조折俎(제사용 도마 위에 담은 희생의 고기) 같은 음식을 차려야 한다.

二. 주인과 개介 사이에서 '헌'하고 '작'한다.

三. 주인이 중빈에게 '헌'한다.

(3) 음악을 연주하다(作樂)

一. 승가升歌 : 주인의 심부름꾼 한 사람(유사有司)이 치를 들어 빈 앞에 내려놓은 후에 악공 네 사람이 당으로 올라가서 『시경詩經』 「소아小雅」의 「녹명鹿鳴」 등을 부르고 거문고 반주에 맞춰서 연주한다. 노래가 끝나면 주인이 악공에게 술을 올린다.

二. 생주笙奏 : 생황笙簧을 부는 자가 당 아래에 들어가 『시경』 「소아」 「남해南陔」 등을 연주한다. 연주가 끝나면 주인이 그에게 술을 올린다.

三. 간가間歌 : 당상의 '승가升歌'와 당하의 '생주笙奏'가 번갈아가며 연주된다. 노래와 음악은 모두 「소아」에서 고른다.

四. 합악合樂 : 승가와 생주가 같이 진행된다. 「주남周南」의 시가를 연주하고 노래한다.

공식적인 예악은 여기에서 끝난다.

(4) 여수旅酬(공식적 예악이 끝나면 도와주는 사람들에게 술을 권함)

주인이 '상相'을 시켜 빈을 머무르게 한다. 빈은 주인에게 '수'를 하고, 주인은 개介에게 '수'를 하며, 개는 중빈에게 '수'를 한다. 다시 중빈은 장유長幼에 따라 서로 '수'를 한다.

(5) 무산작무산악無算爵無算樂

처음에 진설한 절조折俎(제사지낸 고기를 뜯어 도마에 올려 손님을 대접하는 것)를 치우는 것을 '철조撤俎'라고 한다. 빈과 주인이 신발을 벗고 앉으면 술과 고기를 진상한다. 술에 취한 후에 멈추기 때문에 무산작無算爵

(술잔을 헤아리지 않음)이라고 한다. 악공이 연주하고 노래하는 것을 멈추지 않으므로 무산악無算樂(음악을 헤아리지 않음)이라고 말한다.

(6) 송빈送賓 및 기타 절차

빈이 나갈 때는 「해하陔夏」를 연주하고 주인은 문밖까지 배웅한다. 다음날 손님이 주인을 찾아와서 전날 베푼 은혜에 감사의 절을 올리는 예가 있다. 이상의 여섯 가지 절차 가운데 헌빈지례가 가장 중요하다. 중간에 또한 수많은 세부 규정들이 있다. 특히 악공이 부르는 시가詩歌는 모두 그 나름의 목적이 있다. 공영달의 설에 따르면 향음주례는 주로 네 가지 상황에서 거행되는데, "첫째는 3년마다 어질고 재능이 있는 이를 빈으로 대접하는 경우이며 둘째는 향대부가 나라의 현자와 술을 마시는 경우이며 셋째는 고을의 연장자가 활쏘기를 익히며 술을 마시는 경우이며 넷째는 당정黨正(지방 관리)이 납제臘祭를 지내며 술을 마시는 경우이다."[78]

차제에 향례饗禮를 살펴보자. 향례는 향음주례에서 발전한 것이며 예의의 절차는 대체로 일치한다. 다른 점은 향례는 빈객의 귀천 등급에 근거하여 서로 다른 경헌敬獻(술을 올리는 것)의 예를 취한다는 점이다. 헌, 작, 수 세 가지 절차를 합하여 일헌지례一獻之禮라 하는데 지위가 높은 자에게는 세 번, 다섯 번 심지어 아홉 번까지 헌례獻禮를 행한다. 향례에서 빈에게 바치는 것은 '단술醴'이다. 이는 향음주례에서 '술酒'을 사용하는 것과 다르다. 향례에는 또한 '헌'하기 전에 '관灌'(혹은 관祼, 술을 땅에 부어 향기를 맡게 하는 것)이란 것이 있다. '울창鬱鬯'이라 불리는 일종의 향기가 있는 술을 사용하며 빈객에게 향기를 맡게 하지만 마시지는 않는다. 승가升歌를 할 때는 빈객의 등급에 따라 차이가 있다. 예를 들어 제후가 사신을 초대하면 「녹명鹿鳴」, 「사목四牧」, 「황황자화皇皇者華」를 부르는데 이는 향음주례와 같고, 제후끼리 서로 초대하면 반드시 「문왕文王」, 「대명大明」 등을 불러야 한다.[79]

5) 상례喪禮

상례는 고례 가운데 가장 복잡한 예절이다. 『의례』 「사상례士喪禮」에 의하면 사士가 부모의 상을 당하여 처음 부모가 돌아가셨을 때부터 빈殯하기까지의 주요 절차는 다음과 같다.

1) 죽은 자가 돌아온다.(높은 곳에 올라 혼을 부름)

2) 설치楔齒(반함을 하기 위해 시체의 입을 벌려 놓음), 철족綴足(신발을 신기기 위해 시체의 발을 눌러서 곧게 해놓음), 전奠(장례 전에 죽은 자에게 지내는 제사), 유당帷堂(당상에서 휘장으로 시체를 두름)을 한다.

3) 사람을 시켜 임금에게 알린다.(임금에게 부고를 알림)

4) 시신을 실室에 두고 주인 이하의 사람들 모두 곡하는 자리에 위치한다.

5) 임금이 사람을 시켜 조상하고 수襚(시신에 입히는 옷과 이불)를 보낸다.

6) 친척, 형제, 친구들이 수를 보낸다.

7) 명정銘旌(다홍 바탕에 흰 글씨로 죽은 사람의 품계 · 관직 · 성씨를 기록한 깃발)을 세운다.

8) 목욕과 반함飯含(죽은 자의 입안에 구슬과 쌀을 물림)에 사용할 도구를 조계阼階(주인이 손님을 맞는 동쪽 섬돌) 아래에 진설한다.

9) 습襲(시신을 씻고 옷을 갈아입힘)을 하는데 사용할 의복을 방 안에 진열한다.

10) 목욕 도구와 음식 담는 도구를 서서西序(서쪽담) 아래에 진설한다.

11) 시체를 목욕시킨다.

12) 반함을 한다.

13) 습을 한다.

14) 중重(물건을 달아놓은 나무)을 설치한다.

15) 소렴小斂(옷과 이불로 시신을 쌈)하는 데 사용할 수의를 진열한다.

16) 소렴하는 데 쓰일 제사용품들을 차린다.

17) 소렴에 사용할 질대絰帶(상복에 두르는 삼베로 만든 허리띠)들을 진열한다.

18) 평상, 대자리(第)(평상에 까는 대나무 자리), 이금夷衾(시체를 덮는 홑이불)을 진열한다.

19) 솥과 음식을 진열한다.

20) 소렴하고 시체를 옮긴다.

21) 주인을 대신하여 곡한다(代哭)

22) 소렴한 후 임금이나 친구들이 보낸 수를 맞아들인다.

23) 소렴한 날 밤에는 화톳불을 놓는다.

24) 대렴大斂(소렴한 다음날 시신을 묶어 입관함)하는데 사용할 옷과 빈殯(시신을 관에 넣어 일정한 곳에 안치함)하는 데 사용할 도구를 진열한다.

25) 빈을 한다.

26) 대렴하고 전奠(죽은 사람을 살아 있을 때와 같이 모시는 의미로 차리는 음식)을 올린다.

27) 대렴을 마치고 빈賓과 형제를 배웅한다.

28) 임금이 직접 와서 대렴의 의식을 행한다.

29) 상주와 친족들이 성복成服(상복을 입음)한다.

30) 아침저녁으로 곡하고 전을 올린다.

31) 초하룻날에는 수돼지 등으로 전을 올리고 천신薦新(그해 새로 난 과일이나 오곡을 신위에 올림)을 차린다.

32) 묘 자리를 선택하는 시초점(筮)을 친다.

33) 관棺과 명기明器(무덤에 묻기 위해 실물보다 작게 만든 물건)를 살핀다.

34) 장사葬事 지내는 날을 선택하는 거북점(卜)을 친다.

35) 유사有司가 주인에게 빈에게 알릴 날짜를 청한다.(이하는 기석례旣夕禮를 간략하게 나열한 것)

36) 미리 조묘祖廟에 빈할 때와 같은 물건들을 진열한다.

37) 발인發靷할 준비로서 관을 꺼내기 위해 빈전殯殿에 나아가 빈소

殯所를 연다.

38) 영구靈柩를 조묘로 옮긴다.

39) 명기와 장례도구를 진열한다.

40) 장사지내는 날 대견전大遣奠(발인할 때 문 앞에서 지내는 제사)의 제사 용품을 진열한다.

41) 장례 예물과 부장물품 목록을 낭독한다.

42) 운구를 실은 수레가 예법에 따라 행진하고 임금이 사람을 보내 속백束帛(국가 대사에 사용하는 검은색과 적갈색의 비단)을 보내는 예를 행한다.

43) 하관하고 명기를 매장하여 장사葬事를 마친다.

상례의 절차와 예절은 매우 복잡하다. 위에 서술한 각각의 절차 속에는 행위의 예절과 기물의 사용 등에 관한 세세한 규정들이 고르게 나열되어 있다. 간략하게 살펴보기 위하여 『예기』 「상대기喪大記」의 모든 의식을 크게 다섯 절로 나누면 죽음始死, 소렴小斂, 대렴大斂, 빈殯, 장葬으로 구분할 수 있다. 상술한 「사상례」와 서로 대응하면 다음과 같다.

첫 번째 죽음에 이른다. 숨이 끊어진 후에 염금殮衾(염할 때 쓰는 이불)을 사용하여 시신을 덮어주고, 초혼하는 사람은 작변복爵弁服(사가 군주를 도와 제사를 지내거나 혼례에서 신부를 맞이하러 갈 때 입는 옷)을 입고 혼을 부른다. 명정을 만들고 죽은 사람의 성과 이름을 기록한다. 술과 음식으로 전奠을 차려놓고 휘장을 쳐서 유당帷堂을 한다.

두 번째 소렴한다. 소렴은 죽은 사람에게 옷을 입히는 것이다. 먼저 화장化粧을 하고 시체에 몇 가지 처리를 하여 목욕을 시킨다. 그다음 옷을 입히고 머리를 덮어준다. 옷과 이불에는 규정이 있다. 시신을 당堂 가운데 염하는 자리에 옮기고 전奠을 진설한다.

세 번째 대렴한다. 관을 당에 들이며 시신을 관 안에 넣어 염하고 전을 진설한다.

네 번째 빈殯한다. 대렴을 하고 하관하기까지의 시간을 '빈殯'이라고 하는데, 집안의 당상에 영구靈柩를 머물게 하는 것을 가리킨다. 아침저녁으로 각각 한차례 제사를 지낸다. 빈하는 기간에 초하루에 진설하는 전奠이 있으면 신선한 음식을 가지고 다시 전과 천신薦新(신선한 과일과 농산물 등을 신에게 올림)을 진설한다. 죽은 후 3일이 지나면 친족들은 상복을 입기 시작한다.

다섯 번째 장사를 지낸다. 매장하기 전에 빈殯에게 출빈出殯을 알리고 영구를 들쳐 매고 종묘나 가묘家廟에 들어가 작별을 고한다. 거북점을 쳐서 얻은 좋은 장지에 하관하며, 마지막으로 하관할 때 공과 사를 막론한 모든 증여 예물들을 시신과 함께 매장한다.[80]

상례를 지내는 과정 속에서 '상축商祝(상나라 상례에 익숙한 사람)'과 '하축夏祝(하나라 상례에 익숙한 사람)'을 주대周代에도 많이 이용했다는 것은 상례 속에서 삼대가 서로 이어진 흔적을 보여주는 것이다.

상복 제도와 규정에 관해서는 이미 많은 연구가 있는데 여기에서는 서술하지 않았다.

6) 제례祭禮

가족의 시신을 매장하고 집으로 돌아온 후 곧바로 우제虞祭를 지낸다. 『의례』「사우례士虞禮」 정현의 주에서는 다음과 같이 말한다. "우虞는 안安과 같다. 사士가 친부모를 장사지내고 혼백을 맞이해 돌아와서 해가 중천에 있을 때 빈소에서 제사를 지냄으로써 죽은 부모를 편안하게 해드리는 예이다."[81] 매장을 한 후에 죽은 사람의 혼백을 집으로 인도하여 평안하게 하는 것을 말하며 그 평안의 의식이 바로 우제이다. 『의례』에 그 주요 절차가 다음과 같이 기록되어 있다.

1) 우제에 사용할 희생과 술과 제기와 도구들을 진열한다.
2) 주인과 빈은 문밖에서 안으로 들어가 자리에 오른다.
3) 제사에 쓸 음식을 진설하고 죽은 사람의 신神에게 제사를 올린다.
4) 시동에게 술과 음식을 올린다(향시饗尸 혹은 시제尸祭).
5) 주인이 시동에게 초헌初獻(제사 때 첫 번째로 잔을 올림)하고 축祝에게 초헌한다.
6) 주인의 부인이 아헌亞獻(제사 때 두 번째로 잔을 올림)한다.
7) 내빈의 장(賓長)이 삼헌三獻한다
8) 축祝이 봉양의 예를 다 마쳤다고 고하고 시동이 나간다.
9) 예가 끝나면 빈객을 전송한다.

우제는 아직 제례祭禮라고 할 수 없다. 세분하면 죽음에서 매장에 이르는 기간의 술과 음식을 올리는 것을 '전奠'이라 하고 우제를 지낸 후에 봉헌奉獻하는 것을 '제祭'라고 부른다. 당연히 여기에서 말하는 제는 『의례』에서 말하는 부모와 조상에게 제사지내는 사회 예속을 가리키며 천신天神과 지기地示에 대한 제사를 언급하는 것은 아니다. 실제로 주례의 규정에 비추어보면 천지의 모든 신에 대한 제사는 바로 임금과 제후 등 통치자의 특권이며 일반인의 예속생활과는 직접적인 관련이 없다.

『의례儀禮』「희생궤식례犧牲饋食禮」에서 정현이 말한 바를 인용하면 "희생과 궤식(제수를 제상에 차려놓음)의 예는 제후의 사士가 때에 맞춰 자기 조상에게 제사를 지내는 예를 말한다"82)고 하는데, 그

예를 행하는 순서는 다음과 같다.

1) 제사 날짜를 선택하는 시초점을 친다(筮日)
2) 시동을 선택하는 시초점을 친다(筮尸)
3) 시동에게 제사에 참여하기를 요청한다(宿尸)
4) 빈賓에게 참여해주기를 요청한다(宿賓)
5) 제기들이 청결한지 희생이 적합한지를 살펴본다.
6) 제삿날에 물건들을 진설하고 차례대로 자리에 선다.
7) 시동을 맞이하기 전에 집안 깊은 곳에 제사음식을 진설한다(陰厭)
8) 시동이 들어오고 아홉 번 밥을 뜬다.
9) 주인이 초헌을 한다.
10) 주인의 부인이 아헌을 한다.
11) 빈이 삼헌을 한다.
12) 빈과 형제에게 술을 바친다.
13) 형제 가운데 연장자가 가작加爵(삼헌의 예 이외에 더하는 예절)한다.
14) 중빈의 장이 가작한다.
15) 사嗣(주인의 계승자)가 전奠(시동이 입실하기 전에 축이 놓아둔 술잔)을 들어 시동에게 바친다.
16) 여수旅酬(술잔을 돌림)한다.
17) 좌식佐食(시동의 식사를 돕는 사람)이 시동에게 술을 바친다.
18) 시동이 나가면 시동의 도마를 돌려보내고 여러 음식을 물린다.
19) 사자嗣子와 장형제가 시동이 남긴 음식을 먹는다.
20) 시동이 일어선 후에 음식을 다시 차려 서북쪽 모퉁이에 진설한다(陽厭)
21) 제례가 끝나면 손님이 나간다.

전체 제례를 행하는 과정의 각 절차 속에는 주인과 손님의 관대冠帶와 의복, 서 있는 위치, 나아가고 물러나며 읍하고 사양하는 것, 말하고 대답하는 것, 예를 행하는 절차와 순서, 손발의 행동거지 그리고 제례에 사용하는 기물의 종류와 진설 위치 등등 매우 세밀하고 복잡한 규정이 있는데, 이는 앞에서 언급한 사상견례와 향음주례에서 나타난 것과 같기 때문에 여기에서는 재차 번거롭게 서술하지 않았다.

5. 주례와 주대의 문화 유형

서주의 예악문화는 서주의 문화 유형을 이해하는 중요한 지름길이다.

루스 베네딕트(Ruth Benedict)는 대부분의 문화 속에서는 청소년기에 대한 관심이 매우 높아서 아동이 성인으로 성장하는 것에 대한 자격을 인정하는 의식이 이들 문화 속에 존재하고 있다는 것을 다루고 있다.[83] 근대 서양 심리학 역시 성性 성숙 시기의 불안감을 매우 강조하며 이러한 불안감이 종종 반항의 심리 상태로 표현되어 가정 내부의 충돌을 가져온다고 말한다. 베네딕트는 미국에서도 이러한 상황은 매우 보편적이라는 점을 인정하고 있다.

하지만 분명한 것은 중국고대 사회문화 속에서 규칙을 습득한 사람에게는 이러한 미국식의 충돌은 거의 발견하기 어렵다. 이는 남녀 아이들이 어린 시절부터 길러온 문화방식 및 특성과 분명히 관련이 있다. 일반적으로 중국문화에서는 아동부터 성년까지 십수 년 동안 '성性'과 연관된 상징을 최저로 감소시켜 성적 본능의 충동을 최대한 조절한다. 이는 마가렛 미드(Margaret Mead)가 사모아 제도(Samoa Islands)에서 했던 연구와 매우 흡사하다. 그곳의 여자아이는 유년기에 남자아이가 한 명도 없는 동성 친구들 사이에서 생활한다. 아이 때는 젖먹이를 돌보고 성장하면서 상당히 복잡한 기술을 배운다. 성적으로 성숙하기 이전 몇 년 동안은 가사노동을 분담한다. 전체 성장기는 무미건조하고 삭막하며 성적인 성숙이 근본적으로 어떠한 변화를 초래하지 않기 때문에 청소년기의 충돌이 나타나지 않는다.[84] 이는 『예기』「내칙內則」에서 말하는 중국문화의 여자아이에 대한 훈련방법과 매우 가깝다.

그렇지만 베네딕트의 또 다른 관점은 더욱 분명하다. 그것은 바로 성년의 자격이 부여되는 모든 의식은 새로운 의무를 위임받는다는 의미가 있지만, 이러한 의무의 성질은 문화가 다르기 때문에 서로 다르다. 곧 문화의 제약을 받는다는 것이다. 어느 사회에서는 성년의 숭고한 직책이 전쟁에 종사하는 것이지만, 다른 문화 속에서는 성년의 주요 특권은 신으로 분장하여 춤을 추는 것에 있다. 이들의 성년의식에는 분명히 다른 점이 있다. 이 때문에 베네딕트가 말한 것처럼 "차라리 다른 문화 속에서 사람들이 어떤 것을 성년의 상징으로 간주하는가를 이해하기만 하면 충분하다."[85] 이러한 의미에서 관례와 생리적 의미의 성적 성숙은 아마도 직접적인 관계가 없는 것으로 보인다. 우리가 주의해야 할 것은 성인식으로서의 관례가 피관자被冠者(관이 씌워지는 사람)에게 부여하고 인정하는 새로운 지위와 의무가 무엇인가이다. 어떤 한 문화 속에서 성년에게 부여하는 상징과 책임 등은 그 문화의 유형을 반영한다.

"북미 중부에서 성년은 전쟁에 종사함을 의미한다."[86] 이 성인식은 곧 그 사람의 의지를 단련하여 그에게 투사의 자격을 부여하는 것이다. 그러나 "호주에서 성인은 남성이 독점하는 제례에 참가함을 의미한다."[87] 중국의 사관례士冠禮는 당연히 이 두 가지 사례와 다르다. 만약 비슷한 점이 있다고 한다면 다만 남자 성인이 더욱 우월하게 주목받는다는 것뿐이다.

『예기』「관의冠義」에서 「사관례」의 뜻을 명백히 밝히고 있다.

관례는 조계阼階(동쪽 섬돌)에서 행하니 이로써 대代를 이음을 밝힌다.[88]

손희단은 다음과 같이 말하였다. “조계阼階는 주인의 계단이니, 조계 위에서 관을 씌워 그가 아버지의 대를 이어 주인이 될 것을 밝힌다.(阼階乃主人之階, 冠於阼階之上, 明其將代父而爲主也)” 장자의 관례는 반드시 조계 위에서 거행해야 하며 조계는 주인의 자리이다. 이때부터 관례를 올린 자가 부친의 대를 이어 집안의 주인이 되는 것을 선포하는 것이나 마찬가지이다.

「관의」에서 또 다음과 같이 말한다. “어머니를 뵈면 어머니가 절하고 형제를 뵈면 형제가 절하는데, 성인이 되었기 때문에 함께 예를 행하는 것이다. 현관玄冠과 현단玄端(검은 예복)을 입고 임금에게 폐백으로 꿩을 바치고, 나아가 폐백을 가지고 향대부와 향선생을 뵙는데, 성인의 자격으로 뵙는 것이다.”[89] ‘대를 이음을 밝힌다(著代)’라는 말에서 모친과 형제가 먼저 관례를 올린 자에게 절을 하는 것은 모두 관례를 올린 자가 대를 잇는 지위를 획득하여 “부친의 대를 이어 주인이 되는(代父而爲主)” 자격을 가지게 되었기 때문임을 알 수 있다. 임금과 대부, 향선생을 뵙는 것도 이제부터 “부친의 대를 이어 주인이 되는” 자격을 획득하여 가족을 대표해서 지역 사회와 국가적 활동에 종사할 수 있음을 공개적으로 선언하는 것이다. 당연히 그의 부친이 건강하게 살아있을 때의 이러한 권력 계승은 분명 완전한 것이라 할 수는 없다. 하지만 적어도 부분적으로 가족 대표의 의무와 권력을 공유할 수 있는 자격을 지닌다. 이것은 서주문화 속에서 관례라는 성인식을 거친 성인이 “아버지의 대를 이어 주인으로서” 가정 내부의 책임을 맡게 됨을 의미한다.

관례와 다른 민족의 성인식의 차이점은 서주문화가 이미 상당히 높은 수준의 문명을 이루었다는 데 있다. 귀족 자제 특히 장자의 성년으로서의 책임은 야수와 온 힘을 다해 싸우는 투사가 아니다. 이들은 각종 다른 민족의 성인식에서 보이는 그러한 고된 연마를 견딜 필요가 없다. 그러나 관례의식 자체의 복잡다단한 절차, 자질구레하고 세세한 내용, 번갈아 가며 읍하고 사양하는 것은 발달된 행위 형식화의 특색을 드러낸다.

혼례에 포함된 가족의 의미는 더욱 분명하다. 「혼의」는 다음과 같이 말한다. "혼례란 두 성의 좋은 부분을 합하여 위로 종묘를 섬기고 아래로 후세를 잇는 것이다."[90] 후세를 잇는다는 것은 곧 가족이 번성하는 것이다. 결혼한 다음 날 "시부모가 방에 들어가면 신부는 수퇘지의 희생으로 궤饋를 올리며 신부의 순順을 밝힌다."[91] 신부가 시아버지와 시어머니께 음식을 바쳐 효순孝順을 나타낸다. "그 다음 날에 시부모가 함께 신부에게 잔치를 베푸는데 일헌一獻의 예로써 하며 신부는 전수奠酬(신부가 시부모에게 잔을 올림)의 예로 시부모에게 잔을 돌린다. 시부모가 먼저 서쪽 층계로 내려가고 신부는 동쪽 층계로 내려가니 이로써 대를 이음을 밝힌다."[92] 이것은 다음날 시아버지와 시어머니가 신부에게 주연을 베풀어 대접하고 연회가 끝난 후에 시부모가 서계로 돌아가는 것을 말한다.

손희단은 다음과 같이 말하였다. "서계는 손님의 계단이며, 조계는 주인의 계단이다. 시부모가 신부에게 주연을 베풀었다는 것은 곧 실사室事(집안의 제사나 규방의 일)를 전해주는 것이니, 따라서 손님의 계단으로 내려가는 것이다. 신부를 주인의 계단으로 내려가게 하는 것은 신부로 하여금 자신들의 대를 이어 주인이 되도록 함을 밝힌 것이다."[93] 신부의 '대를 이음을 나타내는 것(著代)'은 '실사室事'를 주관하는 것, 즉 집안 내부의 일을 이제부터 신부가 대를 이어 주관하게 되었다는 것이다. 당연히 이는 장자의 신부를 가리킨다.

「혼의」에서 또 다음과 같이 말한다. "신부의 예(婦禮)를 이루고 신부의 효순(婦順)을 밝히며 이를 거듭하여 대를 이음을 나타내는 것은 엄중하게 신부의 효순을 책임지우기 때문이다. 신부의 효순이란 시부모에게 순종하고 집안의 사람들을 화목하게 한 후에 남편을 받드는 것이니, 이로써 사마포백絲麻布帛(길쌈의 일)의 일을 이루고, 이로써 모아서 쌓아둔 물건과 덮어서 저장한 물건을 살피고 간수한다."[94] 집안일의 책임과 사무는 이때부터 신부에게 귀속된다.

예제禮制 속의 상복제도가 지닌 기능 또한 매우 분명하다. 죽은 자의 친족은 반드시 상복을 입음으로써 애석함을 나타내야 한다. 상복은 다섯 등급이 있는데 바로 참최斬衰, 재최齊衰, 대공大功, 소공小功, 시마緦麻이며 오복五服이라 불린다. 죽은 자와 친족관계가 가까울수록 상복은 무거워지고 상복이 무거워질수록 의복에 사용된 원단이 굵다. 참최의 원단이 가장 굵으며 시마가 가장 가늘다. 상복을 입고 있는 시간 또한 친족관계가 멀고 가까운 것에 근거하여 그 기간을 결정한다. 참최는 3년, 재최는 1년, 대공은 9개월, 소공은 5개월, 시마는 3개월을 입는다. 이러한 제도 규정은 한편으로 친족관계의 멀고 가까움을 구분하여 가족 내부의 차등을 명확히 하고 한편으로 종족 내부의 연계를 보강하여 종족의식을 강화한다.

이상은 『의례』의 모든 규범체계가 상당한 정도에서 종법문화를 표현한 것이며, (비록 종법적 의미뿐만 아니라 문화적 의미가 있다 하더라도) 가족주의적 기능을 매우 강조하고 있음을 나타낸다. 베네딕트는 문화의 가치성향을 나타내는 선택 행위 방식이 유달리 사람의 삶과 죽음, 청년기, 혼인을 보는 방식에서 나타나며, 이러한 규율과 풍습이 다른 정치·사회적 교류의 규율 및 풍습과 형식화의 방식을 통해 풍속적 예의로 발전하여 부락 혹은 부족의 문화 유형으로 결합된다고 말한다.[95] 비록 베네딕트가 다룬 지역의 문명 발전 수준과 서주시대를 직접 비교하는 것은 어려울 것이고, 또 이러한 문명의 실체나 부족의 공간적 크기는 당연히 중국문명보다 작겠지만, 인류학적 방법으로 살펴보면 생과 사, 혼인과 상사喪事, 성인을 대하는 방식에서 특정한 문화의 문화 유형은 그 특색을 드러내고, 이것이 바로 그들 문화 유형의 대표적 특성을 분명히 보여주고 있다. 사실 중국 고대에 순자荀子가 이미 명확하게 말하였다. "예라는 것은 생사를 다스림에 삼가는 것이다. 삶은 사람의 시작이요 죽음은 사람의 끝이다. 시작과 끝이 잘 갖추어지면 인도가 완성되니, 따라서 군자는 시작을 공경하게 대하고 끝을 신중하게 대한다."[96]

이미 앞의 몇몇 부분에서 베네딕트의 푸에블로 인디언의 문화유형에 대한 논술을 인용하였는데 여기에서도 그녀의 묘사를 인용해야 할 것 같다. 그녀의 푸에블로 인디언의 문화행위에 대한 관점은 다음과 같이 정리할 수 있다. "주니(Zuni, 푸에블로족을 말함) 사람들은 예의를 중시하는 부족이다. 그들은 장중함과 타인에게 폐를 끼치지 않는 가치를 다른 모든 덕행보다 높게 여기며, 그들의 흥미는 매우 풍부하고 복잡한 예의 생활에 집중되어 있다."[97] 그들에게 있어 각종 경배의 행위는 "모두 고정되고 규정된 구체적 의식을 가지고 있으며, 게다가 사제의 관리가 있어야 하며 역법曆法을 준수해야 한다." "이것은 엄청나게 많은 예의 형식을 하나도 빠짐없이 기억하길 요구하며", "이는 또한 예의에 적합한 행동거지를 요구한다." "게다가 이 무궁무진한 형식적 절차는 정말로 복잡다단하다."[98]

서주문화와 비교하면 푸에블로 사람들의 예의와 풍속 활동은 개인 혹은 가정, 종족의 예의 활동이 아니라 대부분 부족공동체를 주체로 삼는다. 게다가 푸에블로 사람들의 공동체 의식도 거의 초자연적 신령과 연관되어 있는데, 이것은 서주시대의 『의례』에 나타난 사회 예의와도 다르다. 푸에블로 문화의 신앙적 배경은 바로 만물유령론萬物有靈論이다. 베네딕트는 푸에블로 인디언이 예의를 중시하는 민족이지만 이는 그들을 북미 및 멕시코의 다른 부족과 구별시키는 기본 풍격이 아니며, 멕시코의 아즈텍 문명 혹은 평원의 인디언들도 푸에블로 인디언처럼 예의를 중요하게 여긴다고 말한다.[99] 진정으로 푸에블로 사람을 다른 부족과 구별할 수 있었던 것은 의식儀式상의 차이보다 훨씬 더 본질적인 것에 있다.

베네딕트는 "푸에블로 인디언과 북미의 다른 문화 사이의 기본적인 차이점은 사실 니체가 그의 고대 그리스 비극 연구에서 말했던 그러한 차이이다"[100]라고 말한다. 즉, 푸에블로 인디언들은 아폴로와 같은 사람들이며 항상 중용의 도를 유지한다는 것이다. 그들은 어느 한쪽으로 치우치지 않고 규율을 준수하며 절제함에 정도가 있고, 광분하고 충동적인 행위와 방종한 행위를 반대한다. 그녀는 심지어 "푸에블로 인디언 가운데 샤머니즘 술사가 없으며 오직 사제만이 있었다"[101]고 말하였다. 그녀는 푸에블로 문화의 이러한 아폴로식의 선택을 풍속과 생활방식을 통합하는 문화적 형태(Gestalt)와 일이관지一以貫之적인 유형(Pattern)으로 간주하였다.

문화 유형과 문화 형태의 의미에서 봤을 때 서주시대의 예악문화가 어떻게 구분되는가는 상당히 흥미로운 문제이다. 의심의 여지 없이 만일 니체나 베네딕트의 태양신의 정신과 주신酒神 정신에 대한 견해를 차용하면 서주문화는 당연히 태양신 아폴로 문화에 더 가까우며 은나라 사람들은 술의 신 디오니소스 문화에 더 가깝다.

서주문화 속에서 인간의 지위와 신분등급에 관한 규정, 행위에 대한 세세한 규정, 예의에 맞는 행동거지에 관한 규정, 이러한 모든 것들은 한 사람이 어린 시절부터 배우기 시작하여 하나의 예술로 양성된다. 이러한 전형적인 봉건시대 문화가 그 시대에는 문명적이고 문화적인 진보이다. 예는 문화적 측면에서 말하면 교양이며, 사회적 측면에서 말하면 곧 질서이다. 여기에서 태양신 아폴로식의 행위나 심리상태로 서주문화를 묘사하였는데 물론 문화인류학적 측면에서 다른 문화와 서로 비교할 수 있지만, 아폴로와 디오니소스라는 개념적 틀은 그리스 신화인 서구 모형에서 근원하였기 때문에 예악문화 속에서 교육받고 양성된 중국인의 행위와 심리상태는 마땅히 중국 자체의 문화적 이미지나 개념을 통해 묘사되어야 한다.

중국 고대 문화 속에서 인격신화는 그리 발달하지 않아서 우리에게 쓸 만한 신화적 이미지들을 제공해주기 어렵다. 다만 중국문화 가운데 오래된 네 가지 중요한 이미지가 있는데, 바로 '음陰', '양陽', '강剛', '유柔'이다. 네 가지의 교착과 배합을 통해 한발 더 나아가 '양강陽剛', '양유陽柔', '음강陰剛', '음유陰柔'로 변화할 수 있다. 만약 음양의 중간상태를 '화和'라 하고 강유의 중간상태를 '중中'이라 하는 것까지 다시 고려한다면 중국 고대문화 속에서 우리는 최소 열 가지 범주를 가지고 문화의 성격과 문화 유형을 기술하는데 사용할 수 있을 것이다. 서주의 대전통 더 나아가 후대 유가로 대표되는 중국문화의 대전통은 기본적으로 '양' 혹은 '양유'의 유형에 속하는 문화이다. 이는 중국인의 인격 표현의 측면에서도 찾아볼 수 있다.

마지막으로 다시 「소의少儀」와 「내칙內則」을 보면 이 두 편과 『예기』의 다른 편의 예의禮儀는 서로 다르다. 이 「소의」와 「내칙」의 예의는 생활규범에 가깝다. 「소의」와 「내칙」이 비록 『의례』가 아닌 『예기』에 실려 있지만 『의례』의 서주시대 귀족생활의 유형과도 일맥상통한다. 이 두 편을 통해 고대 아동들이 어떻게 당시의 문화를 습득하였는지 이해할 수 있다.

「소의」는 "대부분 어린 사람이 어른을 섬기는 일에 관한 것이다." 「내칙」에서 말하는 내용은 주로 10세가 되면 어린이의 예의(幼儀)를 배우는 것으로, 그 속에 포함된 내용은 세세하고 복잡하다. 예를 들어 신분이 다른 사람을 만나면 서로 다른 상견 용어를 사용해야 하며 만나 뵙기 힘든 군자를 만나면 "아무개는 장명자(명을 전달하는 사람)를 통하여 이름이 들려지기를 원했습니다"102)라고 말해야 한다. 자주 뵙는 군자를 만나면 "아무개가 장명자를 통하여 아침저녁으로 (인사드리기를) 원했습니다"103)라고 말한다. 지위가 같은 자를 만나면 "아무개가 오래전부터 뵙기를 원했습니다(某固願見)"라고 말한다. 만약 상喪을 당한 사람을 만나게 되면 "아무개가 장명자를 통하여 일을 도와드리길 원했습니다(某願比於將命者)"라고 말한다. 공경公卿이 상을 치르고 있는데 만나게 되면 "사도司徒를 통하여 분부를 듣기를 원했습니다(願聽役於司徒)"라고 말한다. 이것들을 종합하면 각종 상황에서 사용되는 상견 용어는 모두 서로 다른 구체적 규정을 가지고 있다. 마찬가지로 질문도 규정된 예절을 중시해야 한다. 예를 들어 타인에게 도예道藝(=육예六藝)를 물으면 "선생께서 이러이러한 것을 익히셨습니까?(子習於某乎)" 혹은 "선생께서 이러이러한 것을 잘하십니까?(子善於某乎)"라고 말한다. 만약 사士 계급이라면 다른 사람이 자제의 나이를 물었을 때 "나이가 많으면 '능히 밭을 갈 수 있습니다'라고 한다. 나이가 어리면 '능히 땔나무를 짊어질 수 있습니다'라고 하거나 '아직 땔나무를 짊어질 수 없습니다'라고 한다."[104)]

또 예를 들어 "무릇 당에 자리하면 신을 당 아래에 벗어두고 실내에 자리하면 신을 문밖에 벗어둔다. 다만 신분이 높은 한 사람은 자리 옆에 신을 벗어둔다."[105)] 이는 연회에서 상견할 때 실내에 자리하면 사람들은 반드시 문밖에 신을 벗어두어야 하며, 다만 신분이 높거나 연장자인 사람은 신을 자리 옆에 둘 수 있음을 말한다. "무릇 제사에서는 실내와 당 위에서 맨발을 드러내지 않는다."[106)] 제사를 지낼 때는 신발을 벗을 수 없다.

「소의」에는 또한 많은 일상 행위에 관한 규정들이 있다. 예를 들어 쓰레받기를 사용하여 깨끗하지 않은 물품을 청소하는데 쓰레받기의 전면이 윗사람을 향해서는 안 되며 자신을 향하도록 해야 한다. "신분과 나이가 자신보다 높으면, 감히 그 연령을 묻지 않는다."[107)] 항렬이 높은 윗사람을 만나면, 그의 연령을 물어서는 안 된다. "시좌侍坐함에 윗사람이 시키지 않으면, 금슬琴瑟을 잡지 않고 땅에 그림을 그리지 않으며 손으로 시늉하지 않고 부채질을 하지 않는다."[108)] 윗사람을 모시고 앉으면, 손으로 땅에 그림을 그려서는 안 되며 손가락을 놀려서도 안 되며 감히 부채질해서도 안 된다. 그리고 연장자가 명을 내리지 않으면 거문고를 타서도 안 된다.

"뵙기를 청하기는 하지만 물러가기를 청하지는 않는다(請見不請退)"는 구절에 대해 손이양은 주석에 "지위가 낮은 자가 지위가 높은 자에게 뵙기를 청하는 예가 있고 이미 뵙고 나서 물러감은 반드시 지위가 높은 자에게서 말미암아야 하니 고로 감히 물러가기를 청하지 않는다"[109]고 하였다. 그러나 "군자를 시좌함에 (군자가) 하품을 하고 기지개를 펴거나 홀笏(고대 대신들이 조례 때 손에 들던 나무판이나 옥판)을 옮긴다거나, …그러하면 물러가기를 청할 수 있다."[110] 군자를 모시고 앉을 때 만일 군자가 해이하고 노곤한 모습을 보이면 물러가기를 청해도 된다. "연회에서 군자를 모시면 (군자보다) 먼저 먹기 시작하여 늦게 식사를 마친다. 밥을 마음껏 먹거나 국물을 후루룩 소리내어 마시거나 해서는 안 된다. 밥은 소량을 입어 넣어 빠르게 먹어야 하며 자주 음식을 씹되 입을 크게 오물거려서는 안 된다."[111] 식사를 할 때는 입을 작게 하고 빨리 삼켜서 윗사람이 묻는 말에 대비해야 하며 밥 먹는 소리를 내면 안 된다. 손윗사람을 모시고 세수를 하거나 음식을 먹으면 입을 마주 대하는 것을 피하고 입김이 손윗사람에게 미치지 않도록 한다. 위에서 언급한 것 이외에 수레를 모는 것, 수레를 타는 것, 검을 차는 것, 화살을 집는 것, 걷는 것, 앉는 것 그리고 각종 생활물품을 주고받는 것 모두 구체적인 행위 규정을 지니고 있다.

「내칙」에는 귀족 자제의 소년 시절 성장기에 관한 행위규범을 기술하고 있다.

자녀가 (스스로) 능히 음식을 먹을 수 있게 되거든 오른손을 쓰도록 가르치고 능히 말할 수 있게 되거든 남자아이는 유唯라 대답하고 여자아이는 유兪라고 대답하도록 가르치며 남자아이는 작은 가죽 주머니를 차게 하고 여자아이는 작은 비단 주머니를 차게 한다. 6세가 되면 수數와 방위의 명칭을 가르친다. 7세가 되면 남녀가 같이 좌석하지 않으며 함께 식사하지 않는다. 8세가 되면 문호門戶로 출입하고 자리에 앉아 음식을 먹는 데 있어 필히 어른보다 나중에 들게 하여 처음으로 겸양謙讓하는 법을 가르친다. 9세가 되면 날짜 헤아리는 법을 가르쳐 준다. (남자아이가) 10세가 되면 집을 나가서 스승을 찾아 학문을 익히는 데 밖에 머물면서 육서六書와 구수九數를 배운다. 저고리와 바지는 비단을 쓰지 않은 것을 입는다. 예절은 처음에 배운 것을 따르며 아침저녁으로 유자幼者의 의법儀法을 배우되 간략하고 성실한 것을 청하여 익힌다. 13세가 되면 음악을 배우고 시를 암송하며 작무勺舞(꿩깃을 들고 추는 춤)를 춘다. 15세가 넘으면 상무象舞(창과 방패를 들고 추는 춤)를 추고 활을 쏘는 법과 말을 모는 법을 배운다. 20세에 이르러 관례冠禮를 올리면 비로소 예를 배우고 가죽옷과 비단옷을 입을 수 있으며 대하大夏(山川을 위한 제사에서 추는 무용)를 추고 효제孝弟를 돈독하게 행하며, 널리 배우지만 남을 가르치지는 않고 (지덕知德을) 마음속에 지니고 밖으로 드러내지 말아야 한다.[112]

아이가 처음 혼자서 밥을 먹을 수 있게 되면 오른손을 사용하여 식사를 하도록 가르친다. 말을 할 수 있는 때가 되면 남자아이에게 여자아이와는 다르게 대답을 하고 다르게 옷을 입도록 가르친다. 6세에는 수를 세는 것을 가르친다. 7세에 남자아이는 여자아이와 함께 앉지 않고 같이 식사하지 않기 시작한다. 8세에는 윗사람에게 예의를 갖춰 사양하는 것을 가르치고, 9세에는 천간天干과 지지地支 및 절기를 가르친다. 10세가 된 남자아이는 스승과 공부하며 부녀자들과 거리를 두어 거처하고 각종 행위의식을 배운다. 13세에 악기를 배우고 시를 암송하며 가무를 익히고 활쏘기와 말 다루기 등 여러 가지 기예를 배운다. 20세에 관례를 행하고 정식 예의를 배운다.

> 여자아이는 10세가 되면 규문閨門 밖으로 나가지 아니한다. 보모가 유순한 말씨와 용모, 말을 잘 듣고 순종하는 법과 삼의 껍질을 찢어서 길쌈하고 누에를 길러 실을 뽑으며 베틀로 옷감을 짜는 법을 가르치는데 여자의 일을 배움으로써 의복을 제공한다. 또 제사에 참관하여 술과 미음, 변두籩豆(제기의 일종), 채소와 고기를 올려서 제례를 지낼 때 제사상을 차리는 것을 돕는다. 15세가 되면 비녀를 올리고, 20세가 되면 시집을 간다. 만일 집안에 사고가 있으면 23세에 시집을 간다.[113]

여자아이가 10세가 되면 내원內院 밖으로 나가지 않고 여자가 응대할 때의 언어와 용모를 배우며 각종 방직과 의복을 제작하는 기술을 배운다. 또한 제사의 예를 배워 연장자가 제찬祭饌을 차리는 것을 도와줘야 한다. 15세가 되면 머리를 쪽지고 비녀를 꽂는데 성년이 되었음을 나타낸다.

이것은 모두 종법문화가 종족의 전승과 확장을 중시하는 한편으로 또한 종족 구조에서 남성의 권리를 중심으로 하는 상하관계를 중시하고 있음을 보여주고 있다. 이 때문에 사회적 기능으로 말하면 『의례』는 본질적으로 부계종족의 문화규범 체계라고 할 수 있다.

그러나 『의례』와 전체 예악문화를 단지 그 사회조직의 기능만으로 이해할 수 없다. 율법이나 사회규범 체계를 통해 살펴보면 서주시대의 예악문화는 명확한 '타율적他律的' 특징을 지니고 있다. 그러나 서주시대의 타율적 예의문화는 푸에블로 인디언의 원시종교를 기초로 하는 타율적 의식과는 분명히 구별된다. 서주의 예악문화는 '신에 의한 타율'이 아니라 인간 조직의 구조(종족 혹은 가정)에 입각한 '예에 의한 타율'이다. 또한 사람에 근거하고 있는 이런 타율은 소위 '법률'적 형식으로 표현되고 존재하는 것이 아니라 예의나 예속의 형태로 표현되고 존재하는 것이다.

육례六禮에서는 모든 것이 인간 삶의 과정을 중심으로 전개된다고 말할 수 있다. 이는 예악문화 자체에 어떤 강렬한 인문주의적 기초와 성향을 지니도록 만든다. 예악문화로 대표되는 문화 유형은 은상과 비교하면 신의 색채가 옅어지고 인문적 색채가 더욱 많이 드러난다. 이것은 서주시대에 싹트기 시작하여 춘추시기에 이르러 더욱 발전한 인문사조가 흥기할 수 있었던 중요한 사회적 기초이다. 사실 예의 제정자에 관한 문제에서도 이러한 경향을 볼 수 있다.

고대에는 예의 발생에 대하여 항상 "어떤 성인이 만들었다(有聖人作)"는 우언적인 표현을 사용하길 좋아하였다. 이는 역사학적으로는 물론 의미가 크지 않지만 문화적으로는 예가 신에 의한 타율이 아니며 비범한 신인神人이 창제한 것이 아니라는 것을 나타낸다. 예가 어떤 성인에 의해 만들어졌다는 표현은 카리스마적인 인물을 돋보이게 하는 '성철문화聖哲文化'의 특성을 드러낸다.

앞장에서 언급한 것처럼, 가치적 도덕감정은 서주시기 정치문화의 영역에서 더욱 적극적으로 많이 표현된다. 그것이 비록 윤리종교의 새로운 진전을 가능하게 하였지만 예악문화는 결국 종교문화가 아니다. 동시에 가치적인 관심도 깊고 넓은 이성의 발전에 따라 정치적 영역을 돌파하여 더 광범하게 인간관계 자체로 진입하게 된다. 춘추시기 말엽에 순수한 타율적 '예'를 겨냥하여 출현한 공자의 사상은 바로 한 단계 높은 새로운 인문적 자각의 구체적 표현을 보여준다.

6. 예악문화의 인문적 기능

한 걸음 더 나아가 예악문화의 기능에 관하여 종합적으로 토론해보자.

먼저 살펴볼 내용은 주례周禮의 정치적 기능이다. 주례의 특색 가운데 하나는 예를 제정하는 제례制禮와 예를 행하는 행례行禮에 명확한 정치적 기능이 포함되어 있다는 것이다. 서주시대의 예악문화 속에는 하상시대로부터 전해져 내려온 자연종교 신앙이 보존되어 있기 때문에, 예제에는 분명 천지와 귀신에게 제사를 지내는 의전儀典이 있다. 그러나 천지산천에 제사를 지내는 것은 천자와 제후의 특권이며, 이는 천지산천에 대한 제사가 보편적인 사회신앙을 반영할 수 없도록 만들었다. 더욱이 설령 천지와 귀신에 대한 숭배와 제사일지라도 서주 이래의 발전 속에서 인간세계의 사회정치적 기능이 점점 더 많은 주목을 받게 되었으며 신앙이나 신계 자체를 중시하지는 않았다. 『예기』에 다음과 같은 말이 있다.

> 공자께서 말씀하셨다. "교사郊社의 의義와 상체嘗禘의 예禮에 밝으면 나라를 다스리는 것이 마치 손바닥을 가리키는 것과 같을 뿐이다! 이런 까닭으로 이것을 가지고 거처에 쓰면 예가 있게 되니 고로 장유가 분별되는 것이요, 이것을 가지고 규문 안에 쓰면 예가 있게 되니 고로 삼대가 화목한 것이요, 이것을 가지고 조정에 쓰면 예가 있게 되니 고로 관작官爵의 질서가 정연해지는 것이요, 이것을 가지고 사냥에 쓰면 예가 있게 되니 고로 융사戎事가 유지되는 것이요, 이것으로써 군대에 쓰면 예가 있게 되니 고로 무공武功이 이루어지는 것이다. 이런 까닭

으로 궁실宮室이 그 법도를 얻고 양정量鼎(물건의 크기와 무게)은 그 본보기를 얻으며 맛은 그 때를 얻고 음악은 그 음절을 얻으며 수레는 그 법식을 얻고 귀신은 그 흠향歆饗을 얻으며 상기喪紀는 그 슬픔을 얻고 변설變說은 그 무리를 얻으며 관리는 그 합당한 직책을 얻고 정사는 그 시혜施惠를 얻으니, 일신에 가하여 앞에 두고 시행하면 대저 모든 움직임이 그 마땅함을 얻을 것이다."[114]

이 기록은 교사郊社(천지에게 지내는 제사)와 상체嘗禘(태조에게 지내는 제사)를 중시하는 이유가 이들로부터 치국의 기능을 추론해 낼 수 있기 때문이며, 교사의 원칙(義)과 상체의 예식이 다른 영역에 응용되어 또 다른 예禮를 형성하고 가정 · 사회 · 정치(조정)의 질서와 화순和順을 실현한다는 것을 설명한다. 넓은 의미에서 말하면 이로부터 전체 문화체계를 추론할 수 있으며, 이 체계 속에서 전체 영역의 모든 부분의 사물들이 그 규범과 형식을 획득한다는 것이다.

『예기』의 이 단락은 비록 공자의 견해로 기술되어 있지만 『국어』「주어周語」에 근거하면 주혜왕周惠王(기원전 676~652년) 시기 내사內史[115] 과過가 먼저 말하였다.

옛날에 선왕께서 이미 천하를 소유하시고도 상제上帝와 명신明神을 존숭하고 (제사를) 설립하여 공경하게 섬겼습니다. 이에 춘분날 아침에는 태양을 향하여 절하고 추분날 밤에는 달을 맞이하는 예를 두어 백성에게 임금 섬기는 법을 가르쳤습니다. 제후는 봄과 가을에 왕에게 직무를 받아 백성에게 임하며 대부와 사는 날마다 조정에서 그가 맡은 자리를 삼가 그 관직을 주의하여 수행하고 서민과 기술자와 상인은 각자 자기의 본업을 지켜 그 위에 바쳤습니다. 그것이 실추함이 있을까 걱정입니다. 고로 수레와 의복과 깃발과 휘장으로써 상하를 나타내도록 하고 폐백幣帛과 서옥瑞玉과 부절符節로써 권위를 무겁게 하도록 하며 반열班列과 작위와 귀천으로써 차서를 배열하게 하고 훌륭한 명성과 아름다운 명예로써 공덕이 있는 자가 널리 알려지도록 하였습니다.116)

이 또한 상제를 숭배하고 귀신을 섬기는 제도와 활동이 주로 백성에게 임금을 섬기는 법을 가르치는 '교민사군敎民事君'을 실현하기 위한 정치사회적 기능을 가지고 있음을 강조하는 것이다. 보조적 방법으로 등급을 나타내는 수레와 의복, 깃발과 휘장, 서옥과 부절, 반작 등을 사용한 것은 모두 정치적 기능이라는 목적을 실현하기 위한 것이다. 위의 내사 과의 주장이 주례의 발생적 의미에 대한 기본 특성이라고 명확하게 말할 수는 없지만, 적어도 주대 예제의 실제 운영에 정치적 기능을 담으려는 분명한 의도를 반영한다는 점은 사실인 것 같다.

『예기』에 기록된 고대의 학자들의 예禮의 의미와 기능에 대한 묘사는 거의 대부분 앞에서 언급한 관점과 유사하다.

대저 예禮라는 것은 가까운 것과 소원한 것을 정해주고, 의심스러운 것은 해결해주며, 같고 다른 것을 구별해주고, 옳고 그름을 밝혀준다.117)

천하의 예에는 (다섯 가지가 있으니), (첫째는) 시작을 되돌아보도록 하는 것이며, (둘째는) 사람의 마음을 귀신과 통하도록 하는 것이며, (셋째는) 백성들이 물화를 올바로 쓰도록 하는 것이며, (넷째는) 도의를 일으키는 것이며, (다섯째는) 겸양하는 마음을 지니도록 하는 것이다. 시작을 되돌아보도록 하면 그 근본이 두터워지고, 귀신과 통하도록 하면 윗사람을 존경하고, 물화를 올바로 사용하면 백성의 생활에 기강이 확립되

고, 도의가 일어나면 위아래가 어그러지지 않고, 겸양하는 마음이 생기면 다투는 일이 없어진다.[118]

그런 까닭에 예라는 것은 임금의 큰 자루(권력)이다. (예로써) 판단하기 어려운 일을 분별하고 미세한 것을 밝히며, 귀신을 가까이 모시며, 제도를 고찰하여 바로잡고, 인仁과 의義를 분별하니, 이는 모두 나라를 다스리고 임금의 지위를 안정시키는 방도이다.[119]

그러므로 예의라는 것은 사람의 큰 근본이다. (예의로써) 서로 신뢰를 다지고 친목을 두텁게 할 수 있으며, …(예의는) 산 자를 봉양하고 죽은 자를 장사지내며 귀신을 섬기는 중요한 수단이다. 또한 천도에 통달하고 인정을 순하게 하여 인간 생활을 원활하게 하는 중요한 방법이기도 하다. …그러므로 나라를 무너뜨리고 집안을 잃고 자기 몸을 망치는 사람이 있는 것은 반드시 먼저 예를 저버렸기 때문이다.[120]

『예기』라는 책이 비록 전국 말기에 이루어졌지만, 그 가운데 예에 대한 해석은 대부분 고대인들이 이해한 것을 전수받은 것이다. 이는 적어도 서주 후기 및 춘추시대에 '예'가 비록 천지귀신 신앙을 기초로 하는 제사를 포함하고 있기는 하지만, 예의 체계적인 기능은 대부분 인간관계 · 사회적 · 문화적인 것에 초점이 있음을 말하고 있다. '예'가 여러 가지로 추구하는 것은 바로 야만에 대한 문명의 진보를 드러내는 것이다.

사람들의 일상도구와 주거가옥에 대해 따지고, 남녀지별男女之別과 장유지서長幼之序의 문제를 중시하고, 의복과 장신구, 수레와 깃발, 솥(鼎)과 악기에 대해 세밀하게 강구하고, 친족의 호칭, 혼인제도, 상사喪事예의와 제사예의에 대한 상세한 규정, 관작등급과 신분지위에 대한 꼼꼼한 추구, 이러한 것들이 바로 예이며 문명의 진보를 표현하지 않는 것이 없다. 서주와 춘추시대 사람들의 '예' 문화에 대한 이해는 분명히 그 시대의 사회문화적 기능을 중시한 것이다.

시작을 되돌아보도록 하는 것(致反始)은 조종祖宗의 은덕에 보답하기 위한 것이며, 사람의 마음을 귀신과 통하게 하는 것(致鬼神)은 연장자와 윗사람을 존경하기 위한 것이며, 도의를 일으키는 것(致義)과 겸양하는 마음을 갖게 하는 것(致讓)은 모두 다툼이 없는 등급 질서를 실현하기 위한 것들이다. 「예운」에서는 심지어 예禮를 '임금의 큰 자루(君之大柄)'라고 보는데 이는 속세 국가와 인간 사회를 다스리는 근본 도구이다. 이러한 도구는 곧 등급을 내용으로 삼고 형식을 특징으로 삼는 제도와 문화체계를 가지고 엄밀하고 질서 있는 문명사회를 조직하게 만든다. 이렇게 보면 주례의 현세적現世的 성격은 주례 속에 국가 정치 법전의 내용을 포함하고 있기 때문만이 아니라(이러한 국가적 측면의 예제는 이 책에서 논하는 중점이 아니다. 이 책의 출발점은 사회문화의 예의체계로부터 유가사상의 근원을 이해하는 것이다), 또한 그 발전 추세나 방향이 모두 사회의 문명과 질서에 있기 때문이다.

더군다나 『의례』의 대표적인 관·혼·상·제·향·상견의 예들은 발전을 거쳐 이미 주대 예문화의 실질적 근간이 되었다. 이 때문에 이러한 '예'의 체계는 전체적 측면에서 이미 종교적 예의 체계라고 말할 수 없지만, 여전히 전통 예의가 지니고 있는 신성성을 보유하고 있다. 그것은 또한 여전히 도덕규범 체계는 아니지만 도덕규범의 기능을 가지고 있고, 정치제도 체계가 아니지만 정치제도의 구조적 프레임을 담고 있다. 이렇게 내용적으로 완전하고 기능적으로 혼합된 체계[121]는 서양의 '종교', '도덕', '정치', '법률'과 같은 어느 개별적 개념으로 파악하여 대응할 수 있는 것이 아니다. 예 자체는 이러한 서양의 분화적인 문화구조의 표현이나 산물이 아니다. 서주 후기의 이해 방식으로 보면 '예'의 가장 중요한 특징은 종교성이 아니라 '성聖'과 '속俗'이 결합되고 '신성성神聖性'과 '인문人文'이 결합된 체계라는 것이다. 이것은 모종의 종교성을 포함하고 있고, 또 모종의 신성성을 가지고 있는 인문적 문화체계이다.

다음으로 주례의 도덕적 기능에 대해 살펴보자. 주대의 문화는 자연종교에서 일신교적 윤리종교로 나아간 것이 아니다. 주례는 씨족의 관습에서 진화하기 시작한 것으로 예속禮俗의 타율이 예악禮樂의 타율로 변하고, 원시의 씨족문화가 재생산된 종족문화로 변하여, 윤리 종교적 의미와 기능을 지니는 예의문화 체계로 독특하게 발전하고, 그 내부에 인문적 발전에 커다란 공간을 얻어 마침내 서양식 문화발전의 길과 다른 독립적 길을 가게 된 것이다. 이러한 예문화의 형성과 발전을 배경으로 삼기 때문에 춘추시대 중국철학의 주류를 만들어낼 수 있었다.

이 때문에 도덕적 교화가 예문화 속에서 점유하는 지위가 점점 더 중요해지는 것이다. 『예기』에 다음과 같은 문장이 있다.

> 종묘 안에서 작위에 따라 자리를 정하는 것은 덕이 있는 사람을 숭상하는 것이다. 종인宗人이 종묘 제사에서 관직에 따라 일을 주는 것은 현자를 존중하는 것이다. 제사를 마치고 당상에 올라 제사음식을 먹는 일과 술잔을 받는 것을 적자 중의 연장자로 하는 것은 조상을 높이는 도리이다.[122]

여기서는 종묘 안에서의 활동을 명확하게 인문적인 사회 기능으로 이해한다. 「문왕세자文王世子」에서도 연례燕禮를 통하여 효제지도孝弟之道를 통달하게 하고 수예지례守禰之禮(전쟁터에서 아비의 신주를 지키는 일)로 효애孝愛를 깊게 하여 군신지도君臣之道가 드러나게 한다. 그리고 수묘지례守廟之禮(임금이 국경을 떠났을 때 종묘를 지키는 일)에서 군신지도를 드러나게 하고 다른 예들도 각각 사양지도辭讓之道, 합친지도合親之道(친족을 규합하는 것), 목우지도睦友之道(벗들과 화목하게 지내는 것) 등을 촉진하는 도덕교화의 기능이 있었다. 「예기禮器」에 또한 다음과 같은 문장이 있다.

> 이런 까닭에 군자가 예를 알고 있으면 밖으로는 사람들을 화합하고 안으로는 사람들이 원망하는 일이 없도록 한다. 그러므로 만물이 어진 마음을 품지 않음이 없으며 귀신이 기꺼운 마음으로 그 덕을 흠향한다.123)

「곡례」에서는 예의 세속적 규범의 기능을 더욱 강조한다.

> 도道·덕德·인仁·의義는 예禮가 아니면 이룰 수 없다. 교훈을 통해 풍속을 바로잡는 것도 예가 아니면 갖추어지지 않는다. 다툼을 말리고 송사를 판별하는 것도 예가 아니면 판결할 수 없다. 군주와 신하, 윗사람과 아랫사람, 아버지와 아들, 형과 아우도 예가 아니면 차례를 바로잡을 수 없다. 벼슬하기 위해 학문을 연마하고 육예를 익히며 스승을 섬기는 일도 예가 아니면 가까이할 수 없다. 조정에 반열班列하고 군사를 다스리고 관직에 임하고 법을 시행하는 것도 예가 아니면 위엄이 행해지지 않는다. 기도를 하고 제사를 올리며 귀신에게 제수祭需를 바치는 것도 예가 아니면 정성스럽지 못하고 엄숙하지 못하다.

그러므로 군자는 공손함과 공경함, 인내함와 절제함, 물러남과 양보함으로써 예를 밝힌다.[124]

여기에서 덕德과 의義를 이루는 것, 가르침으로 풍속을 바로잡는 것, 의심을 해결하고 분쟁을 멈추는 것, 상하의 질서를 바로잡는 것 등은 고대의 예학자들이 이해한 '예禮'의 가장 중요한 기능이다. 심지어 예禮로 제사를 대하는 태도는 전통적으로 전해 내려온 제사활동에 형식적인 예절을 더해 확장하여 엄숙한 신성함을 증강시킨 것이며, 최종적으로 예가 만들어낸 것은 행위에 있어서의 양보와 일하는 데 있어서의 진중함이다. 호적이 『중국철학사대강中國哲學史大綱』(상권)에서 말한 것처럼 예는 단지 사람들을 예에 의탁하여 행동하도록 가르쳐 도덕적 습관을 양성하고 자신도 모르는 사이에 선을 따라가고 죄를 멀리하게 만드는 것이다.

세 번째는 감정을 절제하는 기능이다. 서주 예의문화의 이러한 인문화 경향은 갈수록 점점 발전하였기 때문에 『예기』에 비록 "하늘을 근본으로 삼는다(本於天)" "혼인을 근본으로 삼는다(本於昏)"와 같은 여러 표현이 있지만 예의 기본적 의미인 '인정人情'을 더욱 강조한다는 것이다. 「예운」은 이렇게 말한다. "고로 성인이 법칙을 제정할 때 반드시 천지의 도를 근본으로 삼고, 음양을 〈다스림의〉 기초로 삼으며, 사시를 (생산과 변화의) 수단으로 삼고, 해와 별과의 운행을 (일을 행하는 순서의) 기준으로 삼으며, 달의 영허盈虛로 (일의 분별과 한도를) 재량하고 귀신은 (성인이 천지와) 함께 하도록 하며 오행의 기능은 (예의와 같은 제도의) 바탕으로 삼고, 예의는 (인정을 다스리는) 도구로 삼으며, 인정은 (성인이 다스려야 하는) 터전으로 삼고, 사령은 (성인이 길러야 할) 동물로 삼는다."[125]

또 이렇게 말한다.

> 고로 성왕聖王은 의義의 근본과 예禮의 질서를 닦아서 인정人情을 다스렸다. 고로 인정이란 성왕이 다스려야 하는 터전이다. 예를 닦아서 그 터전을 갈며 의를 진설하여 그 터전에 씨앗을 뿌리며 학문을 논하여 그 터전을 김매고 인仁에 근본을 두어 그 터전에서 자란 선함을 모아들이며 악樂을 퍼뜨려 그 터전을 안락하게 한다.[126]

'인정'이라는 이 한 뙈기 '밭(田)'이 가지고 있는 토질의 특성이 어떠한지에 대해 고대 예학자들의 인식에 근거하면, 인정의 특징은 욕망의 불충족不充足에 있다. 「방기坊記」에 보이는 공자의 말을 빌리면 다음과 같다. "소인은 가난하면 인색해지고 부유하면 교만해진다. 인색하면 남의 것을 빼앗고자 하게 되고, 교만하면 함부로 남용하여 어지러워진다. 예라는 것은 인정의 이러한 경향 때문에 절문節文을 만들어서 백성의 욕심을 단속하는 것이다."[127] 즉 예의 작용은 모종의 규범과 훈련을 제공하여 백성들로 하여금 빈곤해도 인색하지 않도록 하며 부유해도 교만하지 않도록 하는 것임을 말한다. 또한 백성이 빈곤하면 인색해지고 부유하면 오만해지는 것은 인정의 실제 모습이며, 예禮가 하는 일은 이런 인정에 절문節文을 더하는 것이다. 절節은 절제함에 법도가 있도록 하는 것이며, 문文은 문식文飾이다. 절문은 바로 의절儀節과 규범規範이다.

「단궁하檀弓下」에서도 "사람은 기쁘면 즐겁게 되며, 이렇듯 즐거우면 노래를 부르고, 노래를 부르면 몸이 움직이고, 몸이 움직이면 춤추게 되다가, 춤이 격렬해지면 기세가 차오르고, 기세가 차오르면 이윽고 마음이 아프고, 아프면 탄식하고, 탄식하면 가슴을 두드리게 되고, 가슴을 두드리면 뛰쳐나가게 된다. (그러므로) 품위에 따라 이를 조절하는데 이것을 일러 예라고 한다"[128]고 하였다. '민방民坊(백성의 욕심을 단속하는 것)'은 바로 민중들의 행위의 표준이다. 그러므로 이렇게 말한다. "공자께서 이르시길 무릇 예라는 것은 의심나는 것을 밝히고 은미한 것을 분별하여 백성들이 (나쁜 쪽으로 흘러가지 않게) 방비하도록 하는 것이다. 그러므로 귀천에 등급이 있고 의복에 분별이 있으며 조정에 지위가 있으면, 백성들이 사양하는 마음이 있게 된다."[129]

『예기』「악기樂記」에 유명한 한 마디가 있다.

> 대저 사물이 사람을 감응시키는 것은 끝이 없어서, 사람의 (정情이) 좋아하고 싫어하는 데 있어 절도가 없게 되면, 이는 사물이 이르러 사람이 사물에 의해 변화되는 것이다. 사람이 사물에 의해 변화된 것은 천리가 사멸하고 인욕만이 왕성해지는 것이다. 이에 거스르는 마음과 거짓된 마음이 생겨 음탕하고 어지러운 일을 하게 되는 것이다. 그런 까닭에 강한 자가 약한 자를 위협하고 다수가 소수에게 포악하게 하며 똑똑한 자가 어리석은 자를 속이고 용맹한 자가 겁 많은 자를 괴롭히며 병든 자가 편히 요양하지 못하고 늙은이와 어린이 그리고 기댈 곳 없는 외로운 자들이 거처할 곳을 얻지 못하게 된다. 이는 세상이 큰 혼란에 이르는 길이다.[130]

사람의 감정이 직면하고 있는 '외물外物'에 의해 발생되는 유혹은 무궁무진하여 사람들로 하여금 그들이 좋아하고 싫어하는 것을 추구하여 절제를 잃어버리게 한다. 그 결과는 거스르고자 하는 패역의 마음이 안정된 정치를 파괴하고 음란한 일이 도덕질서를 파괴하는 것이다. 이 때문에 예의 작용은 "인정의 이러한 성향으로 인해 절문節文을 만들고(因人之情而爲之節文)", "(품위에 따라 조절하는) 품절品節을 만들어서(爲之品節)" 사람들의 좋아하고 싫어함에 절제와 제한을 가하는 것이다. 예는 바로 감정을 절제하고 행위를 품절하는 규범체계이다. 그 기능은 또한 「중니연거仲尼燕居」에서 말하는 "일신에 가하여 앞에 두고 시행하면, 대저 모든 움직임이 그 마땅함을 얻을 것이다"131)라는 것과 같다.

네 번째는 자원을 소비하는 등급의 분배로 이른바 사회적 기능이라고 할 수 있다.

고대에 예禮를 다룬 학자들은 예의 기능을 말할 때 분쟁을 제거하는 '거쟁去爭'의 기능을 특히 강조했다. 그들은 사물이 인간에게 감응하는 것은 무궁하며, 사람이 좋아하고 싫어하는 것에는 절제가 없다고 보았다. 만일 생산력이 매우 발달하고 자연계의 자원과 생산물이 아주 풍부하였다면 인간의 요구는 아마도 만족될 수 있었을 것이다. 그러나 만약 자원·생산물·재산이 한정되어 있고, 모든 사람이 자신의 자연적 욕망을 최대한도로 만족시키고자 한다면, 사회는 분명 분쟁의 소용돌이에 빠질 것이다. 따라서 예禮가 제공하는 등급제도는 사람들로 하여금 각각 그 직분을 편안하게 받아들이고 분쟁을 없애도록 하는 것에 있다. 이는 사회의 보존과 발전을 위해 기본적인 조건을 제공하였다.

실제 역사는 결코 풍부한 생산물과 높은 생산력을 한순간에 인간들에게 부여한 것이 아니다. 자연환경이 풍요롭거나 척박함에 관계없이 채집·농업·양식의 생산력은 인류와 함께 점진적으로 성장하였다. 초기 인류 집단은 모두 고된 노동의 대가를 통해 제한적인 성과를 얻는 상황에서 성장하기 시작했다. 낮은 생산력으로 인하여 인류 초기에는 집단이 협력하는 조건에서 생산하고 생활하였다. 그리하여 인류의 길고 긴 초기의 발전 속에서 '분쟁(爭)'이 아닌 '화합(和)'이 그들에게 생존의 기본 조건을 제공하였다. '분쟁'은 다만 인류가 문명시대에 진입한 이후 잉여 생산물이 생기고 욕망의 만족 정도가 상승하면서 씨족이 해체되고 계급이 분화된 이후에 생겨난 것이다.

예禮는 비록 선왕先王이 다투고 싸우는 세계를 고려하여 창조한 것은 아니지만, 서주의 예악문화는 문명시대의 등급문화 체계로서 확실히 분쟁을 제거하는 사회적 기능을 가지고 있다. 고대의 예禮를 다룬 학자들은 간혹 이러한 '거쟁'을 '양도讓道'라고도 표현한다. 예를 들어 「제의祭義」에서 말하는 "겸양의 미풍을 왕성하게 하여 분쟁을 제거한다(致讓, 以去爭也)"와 같다. 이는 당연히 등급제도에서 착안한 것이다. 이 때문에 여기에서 말하는 양讓이란 모든 사람들이 서로 양보하는 것이 아니라 아랫사람이 윗사람을 대하거나 낮은 자가 높은 자를 대할 때의 겸양을 가리킨다. 거쟁 또한 아랫사람이 윗사람에 대항하거나 낮은 자가 높은 자에게 대항하는 항쟁을 없애려는 것이다. 「문왕세자」에서 말하는 "양도에 통달한다(讓道達矣)"는 것은 물론 사회풍속적인 면모를 지닌 이상적인 계획이지만 강조하려는 핵심은 등급 질서 속에서의 양도讓道이다.

「곡례」에서 언급한 "다툼을 말리고 송사를 판별하는 것은 예가 아니면 판결할 수 없다(分爭辨訟, 非禮不決)"라는 구절 또한 자원이 유한한 사회에서는 다만 어떤 등급 구조 속에서 각각 그 지위를 편안하게 받아들이고 신분과 지위를 넘어 자원을 쟁탈하는 것을 방지하여야만, 그 사회가 비로소 확실히 지속적으로 보존되고 발전할 수 있다는 점을 말하고 있다. 「방기」에 "인정의 이러한 경향으로 인해 절문節文을 만들었다(因人之情而爲之節文)"라는 구절과 「단궁」에 "품위에 따라 이를 조절하는데 이것을 일러 예라고 한다(品節斯, 斯之謂禮)"라는 구절은 모두 단순히 추상적인 품절品節을 말하려는 것이 아니라 등급질서 구조 속에서의 절제와 규범을 강조한 것이다.

후대의 순자는 이 점을 특별히 강조하였다. 『순자』「예론禮論」에서 이렇게 말한다.

> 예는 어디에서 생겨났는가? 인간이 태어나면 욕망이 있으니 욕망하다가 얻지 못하면 구하지 않을 수 없다. 구하는 일에 매진하는 데 일정한 기준과 한계가 없다면 분쟁이 일어나지 않을 수 없다. 분쟁이 일어나면 혼란하게 되고 혼란하게 되면 곤경에 빠지게 된다. 선왕들은 그러한 혼란을 싫어하였기 때문에 예의를 제정하여 구분을 지었으니 이것으로 사람들의 욕망을 보양하고 사람들이 요구하는 것을 공급하였으며 욕망이 결코 물자로 인해 곤경에 빠지는 일이 없게 하고 물자가 결코 욕망으로 인해 고갈되는 일이 없게 하였다. (욕망과 물자) 두 가지가 서로 균형을 이루면서 성장하도록 하는 것이 바로 예가 생겨나게 된 기점이다.[132]

순자는 예의 중요한 특징을 두 가지로 말하고 있다. 첫째는 '양養'이고 둘째는 '별別'이다. 가축의 고기와 쌀·기장, 산초와 난초의 향기, 옥석과 금속에 새긴 조각, 종·북·피리·거문고·비파 등 여러 가지 악기의 소리, 무늬를 수놓은 예복 및 훤히 트여 밝은 방, 왕골로 만든 돗자리, 푹신한 방석 등 '예'를 나타내는 기물들은 모두 사람의 이목구비와 몸을 '기르는(養)' 데 사용하는 것이다. 이는 실제로 예를 인간의 소비대상인 물질문명으로 간주하여 예가 물질문명 발전의 상징임을 말하고 있다. '구별(別)'은 귀천에 등급이 있고 장유에 차서가 있으며 빈부에 경중이 있음을 가리키는 것이다. 순자는 등급 규정이 사람들의 욕구를 보증할 수 있으며 만약 예의 등급규정을 요구하지 않는다면 인간의 욕구는 보장받을 수 없다고 보았다.

유물사관에서는 몽매의 시대와 야만의 시대 그리고 문명의 시대를 거치는 동안 재산의 축적과 문명의 발전이란 측면에서 계급분화와 노예제가 역사적 합리성을 지니고 있음을 부인하지 않는다. 왜냐하면 이러한 발전이 없었으면 재산이 축적될 수 없고 문명이 발전되기 어려우며 생산을 떠난 전문적인 정신창조의 영역에 종사하는 지식계층이 형성될 수 없기 때문이다. 이러한 관점에서 순자의 견해가 합리적인 요소를 지니고 있다는 것 또한 부인할 수 없다.

순자의 「예론」 전반부에는 예의 원칙과 정신을 찬술하였고, 후반부에는 상례와 제례에 나타난 원칙과 정신을 구체적으로 논하고 있다. 이는 『의례』와 『예기』에서 생사生死를 진중하게 다루는 예를 예의 주체로 보는 것과 같다. 「예론」의 마지막 단락에서 상례와 제례를 논한 후 결론을 내린 것에 특히 주의를 기울여야 할 것이다.

> 그러므로 제사란 (죽은 이를) 생각하고 사모하는 정이다. 충성스럽고 신실하며 사랑하고 공경하는 마음은 지극해지고 예절과 의식은 성대하게 된다. 만약 성인이 아니라면 이 점을 알 수 없을 것이다. (이러한 제사를) 성인은 분명히 알고 사군자는 편안하게 행하며 관원은 자신의 직책으로 삼고 일반 백성들은 풍속으로 이룬다. 그것은 군자에게 있어서 인도人道가 되고 백성에게 있어서 귀신의 일(鬼事)이 된다.[133]

순자의 상례와 제례에 대한 해석의 각도로 보면, 예禮의 인정설人情說이 표현하려는 것은 상례와 제례의 융성한 의식 절차가 귀신과 혼백의 세계에 대한 경외를 말한다고 보기보다는, 차라리 살아있는 사람의 죽은 사람에 대한 감정을 만족시키기 위한 것으로, 즉 살아있는 사람의 삶에 대한 소중함을 드러내어, 살아있는 사람이 죽음을 대면했을 때의 감정을 표현하는 방식이라고 말하는 것이 나을 것이다. 이 때문에 엘리트와 상층의 지식계층에게 있어서 예제禮制 가운데 남아있는 종교적 내용은 일종의 '인도人道'를 발휘하는 표현에 불과하다. 서주시대 이래로 '예'의 중요한 점은 '귀신의 일(鬼事)'이나 '신도神道'가 아닌 '인도' 문화로 발전하기 시작했다는 것이다. 이것이 바로 서주 예악문화 발전이 가지고 있는 의미이다.

종합하여 말하면 서주 예악문화의 전체 기능이 지향하는 것은 인간적인 질서이며 초세간적인 축복이 아니다. 『예기』에는 고대 학자들의 고례지도古禮之道에 관한 논술이 기록되어 있는데, 예를 들면 다음과 같다.

> 도량형을 세우고 예법을 고찰하여 바로잡고 책력을 고치고 (수레와 말의) 복색을 바꾸고 정기旌旗의 기호記號를 다르게 하고 (예악에 사용하는) 기물과 병장기를 달리하고 의복을 구별한다. 이것들은 백성과 함께 변혁할 수 있는 것이다. (그러나) 변혁할 수 없는 것도 있으니 어버이를 친근하게 모시고(親親) 존경하는 이를 높이고(尊尊) 연장자를 어른으로 대접하고(長長) 남자와 여자 사이에 구별이 있는 것이다(男女有別). 이것은 백성과 함께라도 변혁할 수 없는 것이다.[134]

이 구절은 전체 예악문화를 관통하는 정신과 원칙이 바로 "어버이를 친근하게 모시는 친친親親, 존경하는 이를 높이는 존존尊尊, 연장자를 어른으로 대접하는 장장長長, 남자와 여자 사이에 구별이 있는 남녀유별男女有別"이라는 네 가지 기본원칙임을 말하고 있다. 예제禮制 가운데 각종 등급이 차지하는 기물과 병장기, 의복, 정기의 기호 등에 관한 규정은 모두 바꿀 수 있는 것이지만, 이것들을 통해 표현하고 일관되게 실현하고자 하는 기본원칙은 바꿀 수 없는 것이다. 고대 예제 속에 보이는 이러한 기물·수레·가옥의 복잡한 체계는 모두 사회기능 상에서 등급제의 범위를 명확하게 하고 등급제의 색채를 농후하게 하며 등급제의 구별을 강화하기 위한 것이다. 이러한 표현은 『예기』의 다른 편에서도 보인다.

> (죽은 사람보다) 지위가 낮은 사람은 지위가 높은 사람의 살아생전에 쌓은 공덕을 칭송하지 않고 나이가 어린 사람은 나이가 많은 사람의 살아생전에 쌓은 공덕을 칭송하지 않는 것이 예이다.[135]

> (문왕의 덕을 기리는 청묘의 시를 노래하며) 부자와 군신과 장유의 도리를 말하니 (이는) 덕과 음을 화합하는 극치이며 예가 성대한 것이다.[136]

> 남녀가 분별이 있은 뒤에야 부자가 친함이 있게 되고, 부자가 친함이 있은 뒤에야 도의가 생기고, 도의가 생긴 뒤에야 예절이 만들어지고, 예절이 만들어진 뒤라야 만물이 안정되는 것이니, 분별과 도의가 없는 것은 금수의 도이다.[137]

> 어버이를 친근히 모시고 존경하는 이를 높이고 연장자를 어른으로 대접하고 남자와 여자의 구별을 두는 것은 인도人道의 큰 것이다.[138]

위로 조상의 사당을 바르게 다스리는 것은 존경하는 이를 높이는 것이요 아래로 자손을 바르게 다스리는 것은 어버이를 친근하게 모시는 것이다. 방계로 형제를 바르게 다스리고 친족을 규합하는 것은 음식을 먹는 예로써 하며 (친족의) 차서는 소목昭穆[139]에 따라서 정하며 예의禮義로써 (남녀 사이를) 구별하니 인도人道가 다하여진다.[140]

방계로 형제를 바르게 다스리는 것은 연장자를 어른으로 대하는 것(長長)이다. 친족을 규합하는 것은 음식을 먹는 예를 통하여 행한다는 것은 종자宗子를 공경하는 것(敬宗)이다. 친족의 차서를 소목에 따라서 정한다는 것은 선조先祖를 존숭하는 것(尊祖)이다. 위에서 언급한 예문들은 모두 친친, 존존, 장장, 남녀유별을 나타내며 '예의 큰 것(禮之大者)'이다. 『예기』가 비록 서주와 춘추 전기에 지어진 것이 아닌 70인의 공문 제자들에 의해 전수된 것이라 할지라도 그 속에 기술된 예에 대한 고대인의 체득과 총결은 결코 근거 없는 말은 아니다.

『예기』의 각 편에서 말하는 것들이 비록 각 편의 요지에 따라 의미를 풀어내고 있지만, 하나같이 모두 같은 방향에서 예악문화의 정신적 원칙과 기능적 성향에 대해 말하고 있다. 이것은 그 체계적 특성이 인도문명人道文明(금수와 근본적으로 구별됨)이며 '인도의 큰 것(人道之大者)'을 예의 근본(신도神道 · 귀도鬼道와 서로 구별됨)으로 삼는다는 것을 의미한다. 「대전」에서 언급한 네 가지 기본원칙은 모두 종법문화의 중심원칙이라고 말할 수 있다. 설령 돌아가신 친족의 상제喪祭와 연관된 예의라 하더라도, 이는 신령세계 자체에 관한 관심보다는 인정人情과 종법宗法 측면에서의 기능을 발휘한 것이라고 할 수 있다.

그러므로 순자의 견해와 마찬가지로 『예기』는 상례와 제례에 대한 종지를 이렇게 해설한다.

무릇 사람을 다스리는 도리로서 예보다 절실한 것이 없다. 예는 오경五經(길吉 · 흉凶 · 빈賓 · 군軍 · 가嘉)이 있는데 그중에서 제사보다 중요한 것은 없다. …무릇 제사에는 십륜十倫이 있다. 첫째는 귀신을 섬기는 도리가 나타나며 둘째는 군신간의 의가 나타나며 셋째는 부자간의 윤리가 나타나며 넷째는 귀천의 등급이 나타나며 다섯째는 친소의 차이가 나타나며 여섯째는 작위를 수여하고 상을 하사하는 일이 나타나며 일곱째는 부부간의 유별이 나타나며 여덟째는 정사를 균등하게 행함이 나타나며 아홉째는 장유간의 차례가 나타나며 열 번째는 상하의 교제가 나타난다. 이들을 일러 열 가지 윤리라 한다.141)

이 문장에서는 명확하게 예를 '사람을 다스리는 도리(治人之道)'로 간주한다. '십륜(十倫)'은 "친친, 존존, 장장, 남녀유별"이 진일보하여 구체화된 표현이다. 「대전」에서 이렇게 해석한다.

어버이를 친근하게 섬기기 때문에 선조(祖)를 존숭하게 되며, 선조를 존숭하기 때문에 선조의 직계인 종자(宗)를 공경하게 되고, 종자를 공경하기 때문에 종자를 섬기기 위하여 친족을 화합하며, 친족을 화합하기 때문에 종자에게 제사지내는 종묘가 엄숙해지고, 종묘가 엄숙하기 때문에 사직을 중히 여기게 되며, 사직을 중히 여기기 때문에 백성을 애석하게 여기게 되고, 백성을 사랑으로 감싸기 때문에 형벌이 공정하게 되며, 형벌이 공정하기 때문에 서민이 모두 안심하고 본업에 힘쓰게 되고, 서민이 본업에 힘쓰기 때문에 나라의 재물이 늘어나서 사용하기 충분해지며, 나라의 곳간이 풍족하기 때문에 만인이 원하는 것을 성취할 수가 있게 되고, 만인이 원하는 것을 모두 이루기

때문에 예속이 바로잡히게 되며, 예속이 바로 잡힌 연후에는 만백성이 편하고 즐거워진다.142)

이 구절은 친친, 존존, 장장, 남녀유별이 종족윤리의 원칙임을 말한다. 주대의 모든 정치구조와 왕족, 공족公族(군주의 동성 일가)은 종법봉건제와 족장등급제로 표현되는 종법구성의 특징을 가지고 있기 때문에, 종법윤리는 똑같이 주대 왕족 및 제후국의 귀족 내부 관계를 조절하는 데 적용된다. 게다가 예악제도의 시행자와 고대 예를 말하는 사람들은 존존, 친친, 장장이 선조를 존숭하고 종자를 공경하는 효과를 거두고 종족의 응집력과 구심력을 촉진할 수 있었을 뿐만 아니라, 필연적으로 귀족 종족공동체에서 생활하는 사람이 이로부터 사직을 중시하고 백성을 사랑하도록 만든다고 보았다. 더 나아가 형벌이 공정해지며 서민들이 안심하며 생업에 종사하고 나라의 재화가 사용하기에 풍족해지는 종합적인 사회적 효과로 파급될 것이라고 그들은 믿었다. 그들은 또 민간 백성의 예속도 이로부터 구성해낼 수 있다고 생각하였는데, 이미 대전통의 소전통에 대한 규제 작용을 의식하고 있었던 것으로 보인다.

『예기』는 제례祭禮와 다른 예禮들의 인문적 교화기능에 대한 분명한 인식을 하고 있다.

제사는 죽은 부모를 추모하고 봉양하여 효를 계속 행하려는 것이다. 효는 휵양畜養이니 도의에 순응하고 윤리에 위배되지 않는 봉양을 일러 휵양이라 한다.143)

종묘를 수리하고 제사를 공경하여 백성들이 효를 따르도록 가르

친다.[144]

제사에는 소昭와 목穆이 있는데, 소목이란 부자父子, 원근遠近, 장유長幼, 친소親疏의 차례를 분별하여 혼란함이 없도록 하는 것이다. 이런 까닭에 대묘에서 제사가 있을 때 소 계통의 친족과 목 계통의 친족이 함께 모이더라도 그 윤리를 잃지 않는다.[145]

공경하고 삼가며 중히 여기고 바르게 한 뒤에 친근하게 섬기는 것이 예禮의 대체大體이며, 남녀 간의 분별이 이루어지는 까닭에 부부간의 의가 세워진다. 남녀 사이에 분별이 있은 뒤라야 부부 사이에 의가 있게 되고, 부부 사이에 의가 있은 뒤라야 부자 사이에 친함이 있게 되며, 부자 사이에 친함이 있은 뒤라야 군신 사이에 바름이 있게 된다.[146]

천자와 제후 사이는 종주宗主관계이다. 제후와 향대부, 향대부와 사 사이에도 종주관계가 성립된다. 위에서 아래로 종법제도에 따라 권력과 자원을 분배한다. 예를 들어 천자의 서자는 제후가 되며 제후의 서자는 대부가 되고 대부의 서자는 사가 된다. 각 계급의 권력과 등급에 대한 위치 및 상징은 모두 여러 가지 규정을 가지고 있으며 모든 사회가 하나의 종법적 특징을 지닌 등급사회를 이룬다. 문화적 측면을 제외한 예의 의미는 주로 이러한 종법구조로 조직되는 사회를 실현하기 위한 질서와 조화이다.

7. 예禮와 악樂

마지막으로 '예'와 '악'의 관계에 대해 간략하게 이야기해 보도록 하자. 주대문화는 '예'를 특색으로 삼는다. 엄밀히 말하면 『주례』의 관직체계는 일반적으로 말하는 예악문화의 '예'가 아니다. 그러므로 원래 명칭인 『주관周官』이 더 나은 것으로 보인다. 일반적으로 말하는 '예'라는 것은 『의례』와 『예기』에서 서술하고 있는 문화적 예의체계를 근거로 삼는 것을 의미한다. 『주례』의 정책과 제도 체계에 관한 내용은 이 책의 연구 범위 내에 있지 않을 뿐만 아니라 동시에 우리가 관심을 가지는 주례 속에는 '악樂'을 포함하고 있어서 서로 구별된다. 실제 고대인의 입장에서 구분하여 말하면 '예'도 있고 '악'도 있다. 둘을 합하여 말하면 '예' 속에 악이 있다. 즉, 예를 위주로 하고 악을 보조로 삼는다는 말이다.

'악樂'은 본래 악무樂舞, 악곡樂曲, 악가樂歌를 통칭하는 말이다. 서로 다른 등급과 지위의 귀족이 예법의식에서 사용할 수 있는 악기는 예제禮制 가운데 유형, 수량, 모양 등에 대한 각기 다른 규정이 있다. 예법의식의 허락을 받아 사용하는 춤에도 각 등급의 귀족에 해당하는 다른 규정이 있다. 이러한 규정은 모두 등급을 벗어나 참월僭越(분수에 지나침, 분수를 넘어섬)할 수 없다. 제사례祭祀禮와 상견례에서 노래하는 시에도 규정이 있다. 규정은 시의 내용과 관련 있는 것 이외에도 예법의 주관자와 참가자의 등급 및 지위와 관련이 있다. '악'을 사용하는데 만일 규정에 부합하지 않는다면 이는 의식제도가 규정에 부합하지 않는 것과 같으며 곧바로 '비례非禮'라 비판받게 된다.

『예기』에 악에 대한 많은 토론과 견해가 있지만 그중 가장 중요한 것은 두 부분이다. 첫 번째는 "예이악동(禮異樂同)"설이다.

> 악은 사람들의 동일한 마음을 통합하는 것이며 예는 사람들의 귀천 등의 차이를 변별하는 것이다.[147]

> 악이라는 것은 사람들을 동화하고 예는 사람들의 차이를 분별한다. 동화하면 서로 친애할 줄 알고 차이를 분별하면 서로 존경할 줄 안다. (그러나) 악이 지나치게 강하면 사람들이 모이나 무질서해지고 예가 너무 강하면 사람들이 서로 멀어진다. 멀어진 인정을 화합하고 무질서해진 용모와 행실을 바로잡는 것이 예악이 하는 일이다. 예의禮義가 확립되면 귀천에 등급이 생긴다. 악문樂文의 동화를 이루면 상하가 서로 조화를 이루게 된다.[148]

등급질서와 등급문화 체계인 예는 인간의 무리를 혈연계보 상에서 서로 다른 등급과 지위로 나누고, 정치제도 시스템에서 서로 다른 등급으로 구분하고 있다. 이러한 구분은 당연히 차이를 변별하는 '변이辨異'를 주요 특징으로 삼는다. 하지만 모든 등급체계는 불가피하게 등급체계 내부에서 발생하는 구성원 사이의 분리 문제에 직면하기 때문에 "예가 너무 강하면 사람들이 서로 멀어진다(禮勝則離)" 즉, 체계 내부의 각 등급 사이의 관계가 소원해지고 심지어 이산하거나 불안하게 된다고 말한다. 특히 중국 고대 예의가 연출하는 '경신위의敬愼威儀'는 그것이 고의든 아니든 더욱 등급질서의 엄중함을 배가시킬 수 있다. (이런 상황에서) 고대 중국문화의 중요한 발명이 출현하는 데 그것은 바로 악으로 예를 보완하는 관점이다.

중국 고대인들은 일찍부터 등급제도에 내재하는 긴장을 완화시키는 방식이 반드시 필요하다고 인식했다. 이러한 방식은 마땅히 '예'와는 다른 특성으로 예를 보충해야 하며 관계를 더욱더 친화할 수 있는 것이어야 하는데 그들은 이것을 '악'이라 생각했다. 이는 중국 상고시대 이래로 존재해 왔던 변증법적 지혜의 구현이다.

그러므로 예는 다름(異)을 주로 하고 악은 같음(同)을 강조한다. 변이辨異의 기능은 서로 공경하는 상경相敬을 촉진시킨다. 합동合同의 기능은 서로 친애하는 상친相親을 증익시킨다. 예가 있으면 귀천이 구분된 등급이 생긴다. 그것은 천한 자로 하여금 귀한 자를 공경하고 아랫사람이 윗사람을 공경하도록 할 수 있지만 천한 자가 귀한 자를 친근하게 여기고 아랫사람이 윗사람을 친근하게 대하도록 할 수는 없다. 악은 상하가 서로 친애하고 화목하도록 하여 변이辨異와 상호보완적인 '통동統同(같은 것을 통일함)'의 역할을 할 수 있다. 그러므로 「악기」에서 "예는 그 일삼는 방법을 달리하나 공경하는 마음을 똑같이 합하는 것이고 악은 그 문채를 다르게 하나 친애하는 마음을 똑같이 합하는 것이다"[149]라고 하였다.

예가 있으면 질서가 바로 서게 되지만, 반드시 조화가 있는 것은 아니다. 악이 제공하는 사회적 기능은 여기에서 분명하게 나타난다. 고대에 예를 말하는 학자들의 관점에 비추어보면, 예악이 상호보완하고 있는 문화체계는 조화롭고 질서 있는 우주관을 기초로 삼고 있다. 「악기」의 "악은 천지간의 조화를 이루는 것이며, 예는 천지간의 질서를 이루는 것이다. 조화로 인해 만물이 모두 감화되고, 질서로 인해 만물이 각자의 자리와 역할을 나눈다"[150]라는 말처럼 자연계에는 만물의 종류에 대한 분별이 있으며 자연을 화육하는 조화가 있다. 인류사회는 바로 자연을 모방하는 과정에서 악이 화합을 도탑게 하고 예가 마땅함을 나누는 상호 조화를 통하여 "천하의 사람 모두가 함께 공경하고 사랑한다(四海之內合敬同愛)"(「악기樂記」)는 이상적인 상태에 도달하고자 하였다.

두 번째는 예외악내禮外樂內 관점이다.

> 악은 내면에서 나오게 하는 것이고 예는 밖에서부터 만드는 것이다. 악은 내면에서 나오는 것이기 때문에 고요함에 뜻을 두는 것이고 예는 밖으로부터 오는 것이므로 문식을 일삼는다. 위대한 악의 음률은 반드시 평이하며 중대한 예는 반드시 간단하다. 악의 감화가 이루어지면 사람들의 원망하는 마음이 없어지고 예의 질서가 이루어지면 사람들이 다투는 일이 없어진다. 읍양揖讓하는 것만으로 천하가 다스려진다고 하는 것은 예악의 효용을 말하는 것이다.[151]

> 하·은·주 삼대의 성왕들이 세자를 교육함에 반드시 예악을 가지고 가르쳤다. 악은 내면을 아름답게 닦는 방법이며 예는 외적인 행실을 바르게 닦는 방도이다.[152]

인간에게 있어 예는 확실히 외재적 규범체계이며 어떤 외재적 강제성을 지니고 있다. 예가 관할하거나 예의 작용이 미치는 것은 인간의 외부적인 행위·용모·형식이며 예는 내재적 감정의 감동에서 우러나온 것은 아니다. 예는 인간으로 하여금 행위와 용모의 꾸밈에 법도가 있도록 할 수 있지만, 그런 외재적 존경의 표현이 마음속으로 어떠한 원망도 없다는 것과 동일시할 수는 없다.

악樂이 표현해내려고 하는 작용은 인간을 화육하는 내재적 정감을 배양하여 인간으로 하여금 외재 규범의 구속을 통해 서로 다투지 않게 할 뿐만 아니라 내재하는 감정의 작용을 통해 원망이 없게 만들어서 사회로 하여금 근본적으로 난동과 투쟁이 발생하지 않도록 하는 것에 있다. 윤리학의 용어로 말하면 예의 성질과 기능은 인간을 '타율'적이게 하는 것이며, 악의 성질과 기능은 인간이 '자율'적일 수 있도록 만든다.

악의 이러한 자율의 의미는 매우 중요하다. 이렇게 될 수 있을 때 비로소 「악기」가 말하는 악은 하늘을 따르고 예는 땅을 따른다(樂從天禮從地)는 표현이 존재 가능한 것이다. 이 표현 속에서 악은 예보다 더 직접적으로 가장 높은 존재인 천과 관련되기 시작한다. 게다가 「악기」의 "인은 악에 가깝다(仁近於樂)"는 표현은 춘추말기 공자의 '인학仁學'과 예악禮樂이 상호 보완하고 합일하는 문화 구조가 내재적으로 서로 연결되어 있음을 잘 드러내 주고 있다.

이 때문에 「악기樂記」와 「예기禮器」에 "악은 자신이 태어난 근본을 기뻐하는 것이고 예는 자신의 시작을 잊지 않고 되돌아보는 것이다"153)와 "예라는 것은 자신이 태어난 근원을 잊지 않고 되돌아보는 것이고 악이라는 것은 자신이 이룩한 대업을 즐기는 것이다"154) 등의 예악을 설명하는 또 다른 표현들이 있다 하더라도 '예이악동禮異樂同'설과 '예외악내禮外樂內'설처럼 진정한 '악'의 뜻과 예-악 구조의 의미를 충분히 드러낼 수는 없을 것으로 보인다.

따라서 '악'은 음악과 다르다. 「악기」에서 이렇게 말하였다. "무릇 악이라는 것은 음音과 비슷하지만 다른 것이며, …덕음德音을 일러 악이라고 한다."155) 「학기學記」에 다음과 같은 말이 있다.

> 이런 까닭에 악이 성대한 것은 궁극의 음(極音)이 아니다. 식향食饗의 예는 지극한 맛을 보는 것이 아니다. (종묘의 제사에서) 청묘淸廟의 시를

연주하는 데 쓰는 거문고(瑟)는 붉은색의 줄을 타서 소리를 탁하게 하고 바닥에 구멍을 통하게 하여 소리를 더디게 하며 한 사람만이 노래하고 오직 세 사람만이 화음을 넣는다. 허나 세상에는 사람의 귀를 즐겁게 하는 나머지 다른 음도 있다. (선왕에게 제사를 지내는) 대향大饗의 예는 제물로는 현주玄酒(맑은 찬물)를 바치고 날생선을 조俎(제사용 도마)에 올려놓으며 고깃국에 절인 채소를 곁들이지 않는다. 허나 세상에는 사람의 입을 즐겁게 하는 나머지 다른 맛도 있다. 이러한 까닭에 선왕이 예악을 제정한 것은 입이나 눈이나 귀 등의 욕망을 충족시키려는 것이 아니라 백성들이 좋은 것과 나쁜 것을 알도록 가르쳐서 인도의 바른 곳으로 돌아오게 하려는 것이다.156)

악은 욕망의 만족을 추구하는 것이 아니라 "인도의 바름으로 되돌리기(反人道之正)" 위한 것이므로 "악이란 즐거움이다. 군자는 그 도를 얻음에 즐거워하며 소인은 그 욕망하는 것을 얻음에 즐거워한다"157)(「악기樂記」)고 하였다. 가장 융성한 예로 제사를 지내는 데 올린 제수품은 가장 소박한 것이며 가장 성대한 악은 가장 아름다운 음악이 아니라 백성으로 하여금 함께 사랑하고 원망이 없도록 하는 덕음德音이다.

오직 악곡과 악무를 넘어서야만 비로소 더욱 깊이 있게 예악문화의 의미를 파악할 수 있다. 예악의 관계에서 중요한 것은 예가 구현된 기물·장식과 예절이 아니며 시가·악기와 악무가 아니다. 악이 대표하는 것은 '조화의 원칙'이며 예가 대표하는 것은 '질서의 원칙'이다. 예악의 상호보완 체계에 나타난 가치 방향은 질서와 조화의 통일을 중시하는 것에 있다. 이것이야말로 예악문화의 정수라고 할 수 있다.

8. 삼대 문화의 정신기질과 그 발전

비록 우리가 제2절에서 삼대 예제의 인습因襲과 손익損益에 관한 내용들을 토론하였지만, 그보다 더 중요한 것은 아마 이 모든 토론을 통하여 삼대 문화의 유형적 차이를 파악하는 문제일 것이다. 이것은 하상시대부터 서주시대 심지어 춘추시대에 이르기까지 예악문화를 살펴보는 과정에서 줄곧 마음속에 품고 있었던 중요한 문제이다.

데이비드 케이틀리(David. N. Keightley) 교수는 일찍이 고고학적 기물器物을 통하여 중국 고대의 사유세계를 이해하려고 시도하였다. 그는 이념형(Ideal Type)적인 구조에서 출발하여 중국 신석기 문화를 크게 두 문화권으로 나누었다. 하나는 서북 및 중원의 서쪽지역에 자리잡고 있는 것으로 서북형 문화권이라 약칭하고, 다른 하나는 동부 연해 및 중원의 중부지역에 위치하고 있으며 동부형 문화권이라 약칭하였다.

케이틀리 교수는 신석기 시대 도기의 제작과 사용의 문제를 분석하여, 동부문화는 유위有爲적이며 조절을 시도하고 인위적인 힘을 드러내며 질서를 바라는 특징을 가지고 있는 반면에, 서부문화는 무위無爲적이고 자연적이며 (인위적으로) 완비完備하기를 바라지 않고 강제성을 드러내지 않는 특징(「표기表記」에 은나라 사람과 주나라 사람에게 '갖추다(備)'와 '강요하다(强)'의 관점이 있다는 표현에 주의하라)이 있다고 주장하였다. 이로부터 그는 서부사람을 '원시도가原始道家' 유형이라 칭하고 동부사람을 '원시유가原始儒家' 유형이라 칭하거나, 서부사람을 '고습

도치' 유형이라 칭하고 동부사람을 '여우' 유형이라고 불렀다.[158]

케이틀리 교수가 내세운 이론은 사유방식에서 착안한 것으로 종교-윤리 관념과 문화 유형에 대한 언급은 전혀 보이지 않는다. 이러한 의미에서 '원시유가' 혹은 '원시도가'라는 단어를 사용한 것은 조금 모험적인 요소가 있지만, 그의 주장은 분명히 음미해 볼 만한 시사적 의미가 있음은 인정해야 할 것으로 보인다.

『예기』「표기」는 빼어난 고대 인류학적 안목으로 삼대 심지어 사대의 문화와 그 '도道'의 차이점을 자세하게 살피고 있다.

> 공자께서 말씀하셨다. "하도夏道는 문사文辭를 중시하지 않으며, (형벌에 관대하고 예문이 간략하여) 백성들에게 갖추기를 구하거나 크게 바라지 않으니 백성들은 (그 정치와 가르침을 편안히 여겨) 그 부모를 미워하지 않았다. 은나라 사람은 아직 예를 중시하지 않으나 (상벌의 법이 세밀해져서) 백성에게 갖추어지기를 구하였다. 주나라 사람을 백성에게 (윗사람의 가르침을 따르도록) 강요하고 귀신을 귀히 섬기지 않으며 상작賞爵과 형벌이 두루 갖추어졌다."(주석에 "미독사未瀆辭라는 것은 하나라의 도는 충忠과 행行을 숭상하였지만 문장을 숭상하지 않았다"고 하였다)[159]
>
> 공자께서 말씀하셨다. "우하虞夏의 도는 백성에게 원망이 적었고 은주殷周의 도는 그 폐단을 이기지 못하였다."[160]
>
> 공자께서 말씀하셨다. "우하의 질質과 은주의 문文은 지극하였도다. (허나) 우하의 문은 그 질을 넘어서지 못하였으며 은주의 질은 그 문을 넘어서지 못하였다."[161]

『예기집해』에서는 여대림呂大臨의 설을 인용한다. "우하의 도는 질이니 질은 사람에게 책임지우는 것이 간략하기 때문에 백성에게 원망함이 적다. 은주의 도는 문이니 문은 사람에게 책임지우는 것이 상세하여 백성이 따르지 않으면 상벌을 궁구하여 그들을 몰아가기 때문에 그 폐단을 이기지 못한다."162) '질質'과 '문文'은 서로 대비된다. 질은 질박하고 화사하지 않은 것이며 문은 문식文飾과 예절이다. 어떤 의미에서 질은 몽매함에 가깝고 문은 문명에 가깝다. 이상의 표현들에 비추어보면 순임금 시절과 하나라는 상고시대이기 때문에 그 문화적 특색이 충분히 질박하지만 문식은 부족하였다. 은나라와 주나라는 이미 매우 발달하였기에 그 문화적 특색은 문식이 지나치고 질박함이 부족하였다. '하도夏道'는 아직 문사文辭가 발전하지 않아서 백성들에 대한 요구가 적었다. 은나라는 예악이 아직 발전하지 않았지만 이미 문사가 발전하여 형벌로 백성들에게 요구하기 시작하였다. 주나라는 예문이 발달하고 규율이 상세해져서 백성들에 대한 요구가 가장 많았는데 백성들에게 강요하는 것이 그들을 곤란하게 할 정도로 많았다. 더욱 중요한 것은 「표기」에서 언급한 주나라 사람이 "귀신을 귀히 섬기지 않았다(未瀆神)" 즉, 신을 중시하거나 숭상하지 않았다는 점이다.

자연스레 「표기」의 이 단락이 가장 중요하다.

공자께서 말씀하셨다. "하도는 명命을 높였다. 귀鬼를 섬기고 신을 공경하지만 (신도神道를) 멀리하였고 인도人道를 가까이하여 충실히 하였다. 복록을 앞세우고 위엄을 뒤로 하며 상을 앞세우고 벌을 뒤로 하니 친애하기는 하나 존중하지 않았다. 그 백성의 폐단은 (위의 문식이 적으면 아래의 기지機智가 적어) 아둔하고 우매한 것과 (안으로만 충실하고 밖으로 문식이 적어) 제멋대로 하고 야만스러운 것과 소박하기만 하고 문식이 없던 것이었다.

은나라 사람은 신神을 높였다. 백성을 거느리고서 신을 섬겼으며 귀

鬼를 앞세우고 예禮를 뒤로 하였다. 벌을 앞세우고 상을 뒤에 하니 존중하기는 하나 친애하지는 않았다. 그 백성의 폐단은 (공허한 것에 마음을 내달려) 마음이 들뜨고 안정되지 않는 것과 (형벌을 두려워하여) 윗사람을 속여 구차하게 면하려만 하고 부끄러움이 없는 것이었다.

주나라 사람은 예禮를 높이고 베푸는 것을 숭상하였다. 귀를 섬기고 신을 공경하지만 (신도를) 멀리하고 인도를 가까이하여 충실히 하였다. 그 상과 벌은 작위의 서열에 따라 사용하니 친애하기는 하나 존중하지 않았다. 그 백성의 폐단은 (문식이 지나쳐서 실질이 쇠락하고 위의와 읍양의 예절만을 익혀) 편리함을 추구하고 교묘해진 것과 (서로 만남에 언사로써 하여) 문사文辭가 많아지고 행동이 조급함을 부끄러워하지 않는 것과 (의물儀物이 번잡해져) 재산을 해치고 곤궁함에 이르러도 헤쳐 나올 수 없게 되는 것이었다."[163]

「표기」의 '공자의 말(子曰)'에서는 삼대의 문화를 하도夏道의 '존명尊命', 은나라 사람의 '존신尊神', 주나라 사람의 '존례尊禮'로 나눈다. 초기 유가의 기원이 그리 멀지 않는 점을 고려하면 이러한 구분은 매우 중요한 것이다. 이는 우리의 무격巫覡문화, 제사문화, 예악문화의 진보에 관한 관점과 서로 부합한다. 「표기」에서 말하는 하도는 당연히 하나라 이전에서 삼황시대에 이르는 문화적 상황까지 대표하고 있으며 존명은 곧 점복占卜의 명命과 무격의 행위를 높이는 것을 말한다. 당시에는 신령神靈관념이 아직 충분히 발전하지 못했기 때문에 귀신을 멀리한다고 말한 것이다. 은나라 사람이 신을 높이고 귀를 섬기며 귀를 앞세우고 예를 뒤로 한 것은 은나라 사람에게 비록 예가 있었으나 문화의 주도적 지위를 차지하고 있는 것은 귀신이며 예禮(인도人道의 예를 가리킴)는 어떠한 우선성도 가지지 못했다는 것을 나타낸다. 주나라 사람은 예를 높였다. 예는 주나라 사람의 문화체계 속에서 주도적 지위를 점하였으며 다른 것들에 대해 우위를 점하고 있다. 인도人道의 예가 주도적 지위를 차지하고 있었기 때문에 귀신에 대한 제사가 비록 남아있다 하더라도 점차 멀어졌으며 신도설교神道設教의 형태로 발전하였다.(이는 또한 순자가 말하는 군자는 인도로 보지만 백성은 귀신으로 여긴다는 말이다)

공자의 논술 가운데 삼대 문화의 진전은 '부정의 부정'이란 특징으로 전개된다. 하나라와 주나라는 동일하게 "귀를 섬기고 신을 공경하지만 그 도를 멀리하고", "인도를 가까이하여 충실히 하고", "친애하지만 존중하지 않았다." 그러나 주나라와 하나라의 공통점은 서로 다른 민족문화의 특성이 동일한 발전 수준에서 우연히 비슷한 것이 아니다. 하도의 신을 멀리하고 사람을 가까이하는 원신근인遠神近人은 신령관념이 아직 발달하지 않았기 때문이다. 주나라 사람의 원신근인은 은나라 사람에 대한 이성적 부정을 거쳐 나타난 하나라보다 한 단계 높은 긍정이며 주대 문화이성화의 진보된 표현이다. 예를 존중하고 명을 존중하는 차이점은 분명히 하도보다 높은 주나라 사람의 인문적 자각을 나타낸다.

그다음 '공자의 말'에서 어떻게 상벌을 시행하는가라는 정치적 각도를 통해 삼대를 구분한다. 하도는 상賞을 귀하게 여겼는데 이는 실제로 하나라 이전에 형벌제도가 아직 형성되지 않았거나 형벌이 사회 관리체계 속에서 차지하는 비중이 매우 크지 않았다는 것을 설명하며 하나라 이전 씨족제가 주도적 지위를 점하였다는 것을 암시한다. 은나라 사람은 벌을 귀하게 여겼는데 이는 은나라의 노예제가 다소 엄격했으며 형벌 통치의 실패가 은나라 사회 관리 측면의 교훈 가운데 하나임을 말해준다. 주나라 사람은 주로 종법등급(작위서열) 제도의 예를 통하여 상벌의 규범적 기능을 대체하였다. 이러한 각도에서 보면 "존중하지만 친애하지 않았다"는 표현은 비교적 높은 정치적 권위를 지닌 전제정치를 나타내며 '친애(親)'는 친민親民의 의미를 내재하고 있어야만 한다. "친애하지만 존중하지 않았다"는 표현은 마치 하나라의 씨족제와 주나라의 씨족제로부터 변화한 종법제를 제시하고 있는 것 같은데 혈연관계를 다루는 측면에서 비슷한 성격을 지니고 있으며 '백성'에게 비교적 너그럽고 온화한 태도를 가지고 있다.

마지막으로 '공자의 말'에서 삼대의 민속을 통해 삼대 문화의 또 다른 차이점을 제시하고 있다. 하나라 백성이 우매하고 야만스러우며 질박하다는 것은 몽매한 시대 백성들의 미개한 지식수준을 반영한다. 은나라 사람이 마음이 들뜨고 안정되지 않았다는 것은 마치 술의 신 디오니소스의 성격을 표현한 것 같다. 그리고 윗사람을 속여 구차하게 면하려고만 하고 부끄러워하지 않는다는 것은 은대가 야만의 시대에 속하며 도덕감의 시급한 정립이 필요함을 나타낸다. 주나라 사람이 편리함을 추구하고 교묘해지는 것은 주나라 문화가 놓여있던 문명시대의 특징을 드러낸다.[164]

임혜상林惠祥은 『문화인류학文化人類學』에서 다음과 같이 주장하였다. 원시인 또한 그들의 행위규범을 가지고 있었으며 사회에 의해 제정되어 개인을 구속하였는데 이러한 규범은 매우 상세했을 수도 있다. 원시사회 속에서 풍속은 곧 법률이다. 야만인들은 엄격한 예법에도 잘 따랐으며 성생활이나 식문화 등의 방면에 절제를 받았다.[165] 그는 더욱 자세히 말하고 있다.

원시인들은 분명 고정된 시비是非의 기준을 가지고 있었는데 이는 의심할 수 없는 것이다. 그들의 이러한 행위 규칙은 개인의 모든 행동을 매우 질서 있게 포괄한다. "풍속이 국왕이다"라는 말로는 충분하지 않다. 풍속은 사실 신성한 국왕이며 그는 개인이 스스로 행위를 판단할 여지나 고려할 기회를 가지는 것을 허락하지 않는다. 이러한 도덕률에 대한 존중과 복종은 사회적 관례나 종교적 규칙에 의해 요구된다. 하나의 '타부(Taboo)' 즉, 종교상의 금기를 위반하는 것은 고등 종교의 규율을 위반한 것과 다르지 않다. 이른바 "정직한 자는 신을 두려워하는 사람"(god-fearing man)이란 말은 종교상의 두려움이 오랜 기간 존재하였다는 사실을 나타내며 정직함과 신에 대한 두려움을 같은 하나의 일로 여기는 경향을 나타낼 수 있다. 원시인은 모든 방면에서 신을 두려워하는 사람이며 이는 그들로 하여금 감히 풍속에 복종하지 않을 수 없도록 만들었다.[166]

이로부터 원시인의 도덕규범은 만물유령론萬物有靈論 신앙의 지배 아래에 존재하는 '타율'임을 알 수 있다. 이러한 규범체계의 특징은 한편으로 부족공동체 생활에서 요구하는 규범을 위주로 하는 것이며 다른 한편으로 모든 규범을 신이 원하고 있는 것으로 간주하여 경외한다는 것이다. 신령관념이 아직 발전하지 않은 몽매한 부락 속에서 규범은 주로 전통에 의존하여 유지되며 일반적으로 이러한 상황은 비교적 작은 부락에서 많이 보인다.

주례에 나타난 세습적 등급신분제는 각 계층의 신분 권력과 향유할 수 있는 물품 그리고 차고 다닐 수 있는 신분상징물을 규정한다. 예를 들어 각 등급마다 착용하는 의복의 양식, 먹는 음식의 종류, 거주하는 저택의 유형 등등이 있다. 그리고 사람들은 어린 시절부터 등급제도 아래에 규정된 여러 가지 특수한 경우의 생활 규칙들을 따르는 것을 이해하도록 훈련받는다. 이렇게 곳곳마다 예의를 접하는 생활세계에서 인간의 행위 세칙은 모두 그 지위와 상응하는 명확한 규정을 가지고 있다. 이러한 규정들은 윤리적 성질에만 그치지 않으며 많은 부분이 행동거지에 관한 것이다. 그것이 설령 도덕윤리적 성격을 가지고 있더라도 그 규칙은 '십계'와 같은 형식적인 보편윤리가 아니며 구체적인 상황에 적용하는 세칙규정으로 표현된다.[167]

의심의 여지 없이 예禮의 구속성은 '타율'성이지만 원시시기와는 다르다. 여기서의 타율은 만물유령론의 타율 혹은 신에 의한 타율이 아니며 신의 권위에 대한 두려움에 의해 보증되는 것이 아니다. 이런 타율은 예의와 전통을 기반으로 하는 외재적 구속과 내재화이며 이 또한 은상문화로부터 서주문화에 이르는 발전의 한 가지 특색이다. 다른 방면으로 이러한 타율은 서주 예악문화 속에서 예의와 양보와 같은 그 문명의 형식적 측면을 더욱 강조할 뿐만 아니라 악樂의 화합 기능으로 은상시대의 신이 지닌 타율성의 거칠고 험악한 부분을 없애버리고 외부의 구속력을 일정한 정도에서 내재적 염원으로 전환하려는 시도를 하고 있다.

주대 예악문화의 특색은 중원문명의 특성 및 중원문명 발전의 특수한 경로와 분명 관련이 있다. 후외려侯外廬(1903~1987)는 매우 일찍부터 이렇게 주장했다. "고대 동방국가가 문명사회로 진입하는 경로는 이러한 전습傳習 등에 의존하며 다시 그것을 고정화시킨다. 이러한 변화는 '고대의 유신維新제도'라 부를 수 있다. 아시아의 생산 양식은 바로 이렇게 사회를 지배하는 구조이다."[168] 그는 아시아의 고대가 고전·봉건·근대의 발전 경로를 벗어나는 어떤 것이 아니라 일반적인 '고전적 고대' 이외의 일종의 특수성을 지닌 고대로서 그것이 비록 고전적 고대보다 먼저 출현했지만 본질적으로 고전적 고대와 동일한 유형으로 다만 경로상의 차이만 있다고 생각했다. 이러한 특수성은 엥겔스가 『반듀링론(Anti-Dühring)』에서 말한 변혁의 힘이 아닌 전습의 힘에 중점을 두는 방식으로 볼 수 있다. 이것이 중국으로 하여금 청동기시대에서 문명사회로 진입하여 조숙한 국가가 되도록 만들었다.[169]

후외려가 중시한 인습因襲과 전습傳習은 특히 토지국유와 미사유화未私有化에 중점이 있다. 그러나 우리가 중시하는 것은 씨족제의 구조와 문화 유형의 보전과 전환이다. 이는 곧 후외려의 주장과 같다. 그는 아시아의 고대의 경향과 고전적 고대의 차이점은 "씨족의 유제遺制(예로부터 전해져 내려오는 제도)가 문명사회 속에 보존된다"[170]는 것이며, 씨족의 유대가 이 과정 속에서 중국이 문명사회로 진입한 구조적 특색이 된다고 주장하였다.

후외려는 고전적 고대란 가족에서부터 사유재산제에 이르고 더 나아가 국가에 이르는 것이며 국가는 가족을 대체하는 것으로 보고 있다. 아시아의 고대는 가족에서 국가에 이르는 것이며 국가는 가족 속에 혼합된다. 그러므로 전자의 길은 새로운 것이 오래된 것을 타파하는 것이며 이는 혁명의 노선이다. 후자의 길은 오래된 것이 새로운 것을 꼼짝 못 하게 하는 것이며 이는 유신의 노선이다. 전자가 형성한 국가는 시민의 세계이며 후자가 형성한 국가는 군자의 세계이다.[171] 이러한 논술에 가치평가를 포함하지 않는다면 이는 매우 중요한 관찰이다.

후외려는 또 이렇게 주장했다. "'예'는 옛 귀족들의 전제정치의 법권法權(법적 권한) 형식 즉, 귀천·존비·상하를 구별하는 법도이다. '법'은 국민계급(귀족, 자유민, 수공업자)이 인민을 통치하는 정권형식이다."[172] 중국 고대의 유신제도와 친친親親의 종법정치가 조숙한 국가로 하여금 씨족제도를 제때 청산하도록 하지 못했고 그러한 폐허 위에 '공족公族(군주와 같은 동족同族인 사람)국가'를 건립하도록 만들었다.[173] 또한 그리스로마에서 지역단위로 혈연단위를 대체하고 국민으로 씨족을 대체하는 것과는 달리 도시와 농촌 가운데 씨족의 조직과 유대관계가 보존되어 있었고 토지가 씨족귀족의 공유제에 의한 지배를 받고 있었다. 그러므로 의식意識의 생산은 씨족 귀족의 범위 내에서 발전하였을 뿐이다. 이는 다만 군자(지배계층) 중심이지 국민 중심은 아니었다.[174]

또 다른 역사학자 이아농李亞農(1906~1962)은 주대의 씨족조직의 보존은 주족周族 자체의 전통과 관련이 있다고 보았다. "씨족제의 번영기와 가장노역제家長奴役制(새로운 노동력을 위해 노예를 늘리던 현상) 시기의 것들은 은대 사회 속에서 부분적 혹은 완전히 소멸되었다."[175] 그는 상례, 제례, 혼례, 조빙례, 향음주례 등의 "이러한 예들이 모두 주족의 것이며 은나라에는 없었던 것이다"[176]라고 생각했다. 은상 600년 동안 씨족제도 및 관습의 흔적이 이미 소실하였으며 씨족 자체 또한 붕괴되었기 때문에 은나라 사람은 나라를 성으로 또는 직업을 성으로 삼기도 하였다. 그러나 동일한 성씨의 사람이 반드시 동일한 혈통이라는 것은 아니다. 은상의 혈족과 혈연 및 이로부터 만들어진 예는 모두 사회집단을 유지하는 유대방법이 될 수 없었으며 오직 형벌을 통한 진압에 기대어 통치를 유지할 수밖에 없었다.[177]

이아농은 예禮가 법률이나 도덕이 아니라 엥겔스가 말한 "수백 년을 내려온 관습"이라고 생각했다. 주족이 은나라를 멸하기 이전 시기는 여전히 씨족제 사회 말기에 해당하며, 아직 계급 대립은 나타나지 않았다. 그러므로 그들이 사회질서를 유지하고 분쟁을 방지하는 데 이용한 수단은 혈연관계 및 그 위에 형성된 수백 년을 내려온 관습이다. 이것이 바로 '예'라고 하는 것이다. 예는 씨족제 사회에서 매우 큰 작용을 하였을 뿐만 아니라 후대의 계급사회 속에서 통치계급에게 유리하게 작용하였다. 이것이 유가가 왜 그토록 예를 강조하였는가에 관한 이유이다.[178]

이아농이 보기에 예의 사회적 기능은 다음과 같은 내용을 가지고 있다. (1) 씨족 구성원의 불화를 방지한다. (2) 이익을 두고 다투거나 의를 잊어버리는 것을 방지한다. (3) 음란한 일을 하거나 종족을 어지럽히는 것을 방지한다. (4) 동성 간의 혼인을 방지한다. (5) 불효를 방지한다. (6) 노인을 공경하지 않는 것을 방지한다. (7) 계급의 혼란을 방지한다. (8) 아랫사람이 윗사람의 권위를 침범하는 것을 방지한다. (9) 반란을 방지한다. (10) 군주를 시해하는 것을 방지한다.[179]

은나라 사람은 이미 "전책典冊(국가의 중요한 문서와 법령)이 있었다." 문명은 주나라 사람보다 높았으며 은나라 사람의 제례는 매우 발달하였다. 공자는 주례가 은례에 기인한다고 분명히 지적하였다. 그러므로 육례六禮를 단지 주족의 문화로만 간주하는 견해는 성립될 수 없다. 하지만 은나라 사람은 여전히 문명의 초기에 머물러 있었으며 문명 발전에 중대한 의미를 지닌 경전을 만들지는 못하였다.

주나라가 은나라를 정벌한 후, 은대 문명발전의 기초 위에 예로써 나라를 다스리는 기제(매커니즘)를 만들고 예를 체계화하고 사회화하였다. 그리고 문자와 결합하여 예로 하여금 문장으로 표기되어 중국문화의 경전 가운데 일부분이 되도록 만들게 되면서 오래도록 전승할 수 있었다. 더욱이 그 문화적 합리성으로 인해 예의 내재적 생명력이 공고해졌다. 이아농 스스로 말한 것처럼 은주를 비교하면 하나는 살기등등하며 하나는 너그럽고 점잖은데[180], 문명의 진보는 '예'에서 충분히 표현된다. 주나라 사람의 행운은 그들의 통치가 문자의 성숙기와 딱 맞아떨어졌다는 것이다. 이는 예의禮儀, 고서誥書(황제가 신하에게 작위를 수여하는 문서), 시가詩歌를 포함하는 주대에 중시된 문화로 하여금 문자 기록을 통해 문화적 경전經典을 이루고 문명 모체의 기본요소가 되어 '유전遺傳'하게 만들었다.

동시에 주대문화와 그 집단문화의 전통이 어떤 관계가 있다는 것은 부정할 수 없다. 「표기」의 기록에 의하면 하나라와 주나라의 문화는 일치하는 부분이 매우 많다. 이것은 또한 고대사 연구에 하족夏族과 주족周族의 관계에 관한 문제를 언급하는 것이다. 어떤 학자는 우虞, 하夏, 은殷, 주周의 사대가 발전하여 화하민족으로 융합되었으며 그 가운데 순임금 시대와 상나라는 동이집단에서 기원하였고 하나라와 주나라는 화하집단에서 기원하였다고 보았다.[181]

부사년은 일찍부터 이하동서설夷夏東西說을 말했는데 하족은 서방에서 왔으며 은나라 사람은 동북에서 왔다고 생각했다. 양향규는 최근 저서에서 황제와 염제의 두 부족이 화하족을 구성한 주체인데 이들의 원류는 멀고 오래되었으며 하족이 단일 부족이 아니라 그 속에 강姜이 있었고, 강족과 화하족의 결합이 주나라 선조에서 비롯된 것이 아니라 하나라 초기에 시작된 것으로 보았다. "하나라와 종주宗周는 금과 후금의 관계와 같다. 화하민족의 형성에 대해 말하면 하상주 삼대의 변천 과정 속에서 하나라와 주나라는 민족이 동일하지만 상나라는 동이에 속하며 강족은 서강西羌에 속한다."[182] 그는 또 하나라의 역사와 전설이 주나라 민족이 전해온 내용에서 나왔다는 것을 들어 증거로 삼았다.[183]

두 나라의 근원이 같다는 '하주동원夏周同源'설에 대해 양향규는 다음과 같이 정리하고 있다. "하나라와 주나라는 본래 한 민족이다. 그들은 옛날부터 강족과 융족(戎)의 일부와 결합하여 하족과 주족으로 융합되었다. 이는 중국 고대 화하족의 주류이다. 당연히 이 찬란한 민족의 발전 과정 속에서 동이와 은상 또한 중요한 지위를 점하며 중화민족의 발전에 매우 중요한 역할을 하였다."[184] 이런 점에서 보면 이아농이 주나라의 발전수준이 낮았기 때문에 주나라 사람이 혈연적 유대 관계 및 예를 보존하였다고 해석하는 것은 그 이론의 완벽하지 못함을 드러내는 것이다.

만약 하나라와 주나라가 같은 민족이고 주족이 전통적으로 문화 유형을 만들어 예와 혈연종법 관계로 문명을 구성하였다면 서주문명의 특색은 한 방향으로의 직선적 발전으로 이해해선 안 되며 응당 하·주족과 은상의 문화전통에 본래부터 차이가 있었다는 점 즉, 발전 수준이 상당할지라도 제거할 수 없는 문화적 차이들이 있었다는 점을 고려해야 한다. 주대의 이러한 문화 유형은 일종의 정합整合의 매커니즘 즉, 기능이 융합되어 분화되지 않는 문화 규범 체계로 사회를 정합하는 것이다.

이러한 독특한 문명 조직방식은 문화적인 관점에서 종교와 도덕을 구분하지 않고 예와 법률을 엄격하게 구분하지 않으면서 포용성이 매우 커다란 예禮를 통하여 분산적인 문화에 도달하려고 한다.[185] 이러한 관점에서 정치관리에서부터 일상생활까지의 영역은 다른 성질의 사회영역으로 볼 수 없기 때문에 이들 영역이 다른 법칙을 따라야 한다고 생각하지 않는다. 오히려 이들 영역 모두 예를 통해 모든 규범체계들의 통합을 말할 수 있다고 본다. 예는 이러한 의미에서 정치, 종교, 덕, 법이 합일된 체계라고 말할 수 있다. 당연히 이것은 주대에 정치제도 · 형법규정 · 토지조세 등이 없었다는 것을 의미하지 않지만, 중국 고대인들이 이러한 것들을 모두 하나에 담아 '예禮'라는 명칭으로 불렀다는 점은 확실히 매우 심도 있게 음미할 만한 가치가 있다.

미주

1) 王國維, 『觀堂集林』(卷六) 第1冊, 中華書局影印本, 1991, p.291
2) 何炳棣, 「原禮」, 『二十一世紀』, 1992年, 第2期에 실려 있다.
3) 胡培翬, 『儀禮正義』(卷一), 第1冊, 商務印書館萬有文庫本, p.3 : 『禮記』「明堂位」曰"周公攝政六年, 制禮作樂", 崔氏靈思, 陸氏德明, 孔氏穎達及賈氏皆云『儀禮』周公小作. … 『周官』一書固爲禮之綱領, 至其依法度數, 則『儀禮』乃其本經, 而『禮記』「郊特牲」, 「冠義」乃其義疏耳. … 據此諸說, 三禮唯儀禮最古, 亦唯儀禮最醇矣. 儀禮有經有記有傳, 記傳乃孔門七十子之徒所爲, 而經非周公莫能作. 其間器物陳設之多, 行禮節次之密, 升降揖讓裼襲之繁, 讀之無不條理秩然.
4) 彭林, 『周禮主體思想與成書年代研究』(中國社會科學出版社, 1991)를 참고하였다.
5) 양향규揚向奎는 주공周公의 예악 제작 문제에 대해 많은 연구를 하였다. 그가 저술한 『宗周社會與禮樂文明』 下卷 1장과 2장(人民出版社, 1992)을 참고하였다.
6) 『論語』「爲政」: 殷因於夏禮, 所損益可知也. 周因於殷禮, 所損益可知也.
7) 『論語』「八佾」: 子曰: "夏禮, 吾能言之, 杞不足徵也; 殷禮吾能言之, 宋不足徵也. 文獻不足故也. 足則吾能徵之矣."
8) 『禮記』「禮運」: 孔子曰, 我欲觀夏道, 是故之杞, 而不足徵也, 吾得夏時焉. 我欲觀殷道, 是故之宋, 而不足徵也, 吾得坤乾焉. 坤乾之義, 夏時之等, 吾以是觀之.
9) 孫詒讓, 『周禮正義·序』 第1冊, 中華書局, 1987, p.1 : 粵昔周公纘文武之志，光輔成王，宅中作雒，爰述官政，以垂成憲，有周一代之典，炳然大備。然非徒週一代之典也。蓋自黃帝顓頊以來，紀於民事以命官。更歷八代，斟酌損益，因襲積累，以集於文武，其經世大法，咸稡於是。故雖古籍淪佚，百不存一，而其政典沿革，猶約略可考。如《虞書》羲和四子，爲六官之權輿，《甘誓》六卿，爲夏法，《曲禮》六大五官鄭君以爲殷制，咸與此經多相符會，是職名之本於古也。至其閎章縟典，並苞遠古，則如五禮六樂三兆三易之屬，咸肇耑於五帝，而放於二王。
10) 『禮記集解』「明堂位」: 武王崩, 成王幼弱, 周公踐天子之位, 以治天下. 六年, 朝諸侯於明堂,制禮作樂, 頒度量, 而天下大服. 七年, 致政於成王, 成王以周公爲有勳勞於天下, 是以封周公於曲阜, 地方七百里, 革車千乘, 命魯公世世祀周公以天子之禮樂.

11) 역자 주 : 류旒는 깃대에 매지 않는 쪽의 기폭에 붙인 긴 오리를 말하며, 본래 천자는 12줄 제후는 9줄을 드리운다.

12)『禮記』「明堂位」: 是以魯君孟春乘大路, 弧韣, 旗十有二旒, 日月之章, 祀帝於郊, 配以後稷, 天子之禮也.

13) 孫希旦,『禮記集解』, 中華書局, 1989, p.839

14)『禮記』「明堂位」: 季夏六月, 以禘禮祀周公於大廟, 牲用白牡, 尊用犧, 象, 山罍, 鬱尊用黃目, 灌用玉瓚大圭, 薦用玉豆, 雕篹, 爵用玉琖仍雕, 加以璧散, 璧角, 俎用梡嶡.

15)『禮記』「明堂位」: 升歌清廟, 下管象, 朱干玉戚, 冕而舞大武, 皮弁素積, 裼而舞大夏. 昧, 東夷之樂也. 任, 南蠻之樂也. 納夷蠻之樂於大廟, 言廣魯於天下也.

16)『禮記』「明堂位」: 是故夏礿, 秋嘗, 冬烝, 春社, 秋省而遂大蜡, 天子之祭也. 大廟, 天子明堂. 庫門, 天子皐門. 雉門, 天子應門. 振木鐸於朝, 天子之政也. 山節, 藻梲, 復廟, 重檐, 刮楹, 達鄉, 反坫, 出尊, 崇坫. 康圭, 疏屏, 天子之廟飾也.

17)『禮記』「明堂位」: 鸞車, 有虞氏之路也. 鉤車, 夏后氏之路也. 大路, 殷路也. 乘路, 周路也. 有虞氏之旂, 夏后氏之綏, 殷之大白, 周之大赤. 夏后氏駱馬黑鬣. 殷人白馬黑首. 周人黃馬蕃鬣. 夏后氏牲尚黑, 殷白牡, 周騂剛. 泰, 有虞氏之尊也. 山罍, 夏后氏之尊也. 著, 殷尊也. 犧, 象, 周尊也. 爵, 夏后氏以琖, 殷以斝, 周以爵. 灌尊, 夏后氏以雞夷, 殷以斝, 周以黃目. 其勺, 夏后氏以龍勺, 殷以疏勺, 周以蒲勺.

18)『禮記』「明堂位」: 夏后氏之鼓足。殷楹鼓, 周縣鼓. …夏后氏之龍簨虡, 殷之崇牙, 周之璧翣. 有虞氏之兩敦, 夏后氏之四璉, 殷之六瑚, 周之八簋. 俎, 有虞氏以梡, 夏後氏以嶡, 殷以椇, 周以房俎. 夏后氏以楬豆, 殷玉豆, 周獻豆. 有虞氏服韍, 夏后氏山, 殷火, 周龍章. 有虞氏祭首, 夏后氏祭心, 殷祭肝, 周祭肺. 夏后氏尚明水, 殷尚醴, 周尚酒.

19)『左傳』「定公四年」: 昔武王克商, 成王定之, 選建明德, 以蕃屏周. 故周公相王室以尹天下, 於周爲睦, 分魯公以大路大旗, 夏后氏之璜, 封父之繁弱, 殷民六族, 條氏, 徐氏, 蕭氏, 索氏, 長勺氏, 尾勺氏, 使帥其宗氏, 輯其分族, 將其類醜, 以法則周公, 用即命於周, 是使之職事於魯, 以昭周公之明德, 分之土田倍敦, 祝宗卜史, 備物典策, 官司彝器, 因商奄之民, 命以伯禽, 而封於少皞之虛, 分康叔以大路, 少帛, 綪茷, 旃旌, 大呂, 殷民七族, 陶氏, 施氏, 繁氏, 錡氏, 樊氏, 飢氏, 終葵氏, 封畛土略, 自武父以南, 及圃田之北竟, 取於有閻之土, 以共王職, 取於相土之東都, 以會王之東蒐, 聃季授土, 陶叔授民, 命以康誥, 而封於殷虛, 皆啓以商政, 疆以周索.

20)『禮記』「樂記」: 五帝殊時, 不相沿樂. 三王異世, 不相襲禮.

21)『禮記』「明堂位」: 凡四代之服器官, 魯兼用之. 是故, 魯, 王禮也, 天下傳之久矣. 君臣未嘗相紾也, 禮樂刑法政俗未嘗相變也. 天下以爲有道之國, 是故天下資禮樂焉.

22)『禮記』「檀弓上」: 有虞氏瓦棺, 夏后氏堲周, 殷人棺槨, 周人牆置翣. 周人以殷人之棺槨葬長殤, 以夏後氏之堲周葬中殤下殤, 以有虞氏之瓦棺葬無服之殤.

23) 孫希旦, 『禮記集解』, p.172 : 古之葬者, 厚衣之以薪, 葬之中野. 有虞氏造瓦棺, 始不用薪. 然夏后氏瓦棺, 則未有槨也. 夏后瓦棺之外加堲周. 殷則梓棺以替瓦棺, 又以木爲槨, 以替堲周. 周人更於槨傍置柳置翣扇, 是后王之制, 以漸加文也.

24)『禮記』「檀弓上」: 夏后氏尙黑, 大事斂用昏, 戎事乘驪, 牲用玄. 殷人尙白, 大事斂用日中, 戎事乘翰, 牲用白. 周人尙赤, 大事斂用日出, 戎事乘騵, 牲用騂.

25)『禮記』「檀弓上」: 夫子曰, 賜! 爾來何遲也? 夏后氏殯於東階之上, 則猶在阼也. 殷人殯於兩楹之間, 則與賓主夾之也. 周人殯於西階之上, 則猶賓之也。 而丘也殷人也 ….

26)『禮記』「檀弓下」: 殷練而祔, 周卒哭而祔.

27) 孫希旦, 『禮記集解』, p.261 : 祔, 卒哭明日祭之名. 祔猶附也, 就死者祖父之廟而祭死者, 使其神附屬於祖父也.

28)『禮記』「檀弓下」: 殷朝而殯於祖, 周朝而遂葬.

29)『禮記』「檀弓」편에 보인다.

30)『禮記』「曾子問」: 子夏問曰, 三年之喪卒哭, 金革之事無辟也者, 禮與? 初有司與? 孔子曰, 夏后氏三年之喪, 既殯而致事, 殷人既葬而致事. 記曰, 君子不奪人之親, 亦不可奪親也. 此之謂乎!

31) 孫希旦, 『禮記集解』, p.549 : 夏后氏尙質, 孝子喪親恍惚, 君事不敢久留, 故旣殯致事. 殷人漸文, 思親彌深, 故旣葬致事. 周人極文, 悲哀至甚, 故卒哭致事.

32)『禮記』「禮器」: 三代之禮一也, 民共由之, 或素或青, 夏造殷因. 夏立尸而卒祭, 殷坐尸, 周坐尸, 詔侑武方, 其禮亦然, 其道一也.

33) 孫希旦, 『禮記集解』, p.653 : 夏禮質, 以尸是人, 不可久坐神坐, 故惟飮食暫坐, 不飮食則立也. 殷禮轉文, 言尸本象神, 神宜安坐, 不辨有事無事, 皆坐也.

34)『禮記』「郊特牲」: 有虞氏之祭也, 尙用氣. 血腥爓祭, 用氣也. 殷人尙聲, 臭味未成, 滌蕩其聲, 樂三闋, 然後出迎牲, 聲音之號, 所以詔告於天地之間也. 周人尙臭, 灌用鬯臭, 鬱合鬯, 臭陰達於淵泉, 灌以圭璋, 用玉氣也, 既灌然後迎牲, 致陰氣也.

35) 孫希旦, 『禮記集解』, p.653 : "尙謂貴尙, 祭祀之時先薦之也."

36)『禮記』「郊特牲」: 殷人先求諸陽, 周人先求諸陰.

37)『禮記』「祭法」: 有虞氏禘黃帝而郊嚳, 祖顓頊而宗堯. 夏后氏亦禘黃帝而郊鯀, 祖顓頊而宗禹. 殷人禘嚳而郊冥, 祖契而宗湯. 周人禘嚳而郊稷, 祖文王而宗武王.

38)『禮記』「喪服小記」: 禮, 不王不禘, 王者禘其祖之所自出, 以其祖配之.

39) 劉雨, 「西周金文中的祭祖禮」, 『考古學報』, 1989年 第4期

40)『禮記集解』(p.1192) : 禘者, 禘其祖之所自出, 而以其祖配之也. 郊者, 祀天, 以祖配食也. 祖者, 祖有功. 宗者, 宗有德.

41)『禮記』「郊特牲」: 委貌, 周道也. 章甫, 殷道也. 毋追, 夏后氏之道也. 周弁, 殷冔, 夏收. 三王共皮弁素積. 無大夫冠禮, 而有其昏禮. 古者五十而后爵, 何大夫冠禮之有? 諸侯之有冠禮, 夏之末造也.

42)『禮記』「王制」: 凡養老, 有虞氏以燕禮, 夏后氏以饗禮, 殷人以食禮, 周人修而兼用之. …有虞氏養國老於上庠, 養庶老於下庠. 夏后氏養國老於東序, 養庶老於西序. 殷人養國老於右學, 養庶老於左學. 周人養國老於東郊, 養庶老於虞庠, 虞庠在國之西郊. 有虞氏皇而祭, 深衣而養老. 夏后氏收而祭, 燕衣而養老. 殷人冔而祭, 縞衣而養老. 周人冕而祭, 玄衣而養老.

43)『禮記』「明堂位」: 米廩, 有虞氏之庠也. 序, 夏后氏之序也. 瞽宗, 殷學也. 頖宮, 周學也.

44)『禮記』「樂記」: 大章, 章之也. 咸池, 備矣. 韶, 繼也. 夏, 大也. 殷周之樂盡矣.

45)『禮記』「樂記」: 且女獨未聞牧野之語乎. 武王克殷反商, 未及下車而封黃帝之後於薊, 封帝堯之後於祝, 封帝舜之後於陳. 下車而封夏后氏之後於杞, 投殷之後於宋, 封王子比干之墓, 釋箕子之囚, 使之行商容而復其位.

46) 鄒昌林,『中國古禮研究』, 文津出版社, 1992, p.155

47) 楊寬,『冠禮新探』, p.234

48)『禮記』「禮器」: 禮也者, 反本修古, 不忘其初者也.

49) 楊寬,『冠禮新探』, p.234

50) 楊寬,『冠禮新探』, p.246

51) 楊寬,『冠禮新探』, pp.190-193

52) 楊寬,『冠禮新探』, p.308

53) 鄒昌林,『中國古禮研究』, p.97, 98

54) 鄒昌林,『中國古禮研究』, p.99

55) 鄒昌林,『中國古禮研究』, p.100, 111

56) 鄒昌林,『中國古禮研究』, pp.80-92

57)『禮記』「禮運」: 夫禮之初, 始諸飮食, 其燔黍捭豚, 汙尊而抔飮, 蕢桴而土鼓, 猶若可以致其敬於鬼神. 及其死也, 升屋而號, 告曰, 皐某復, 然後飯腥而苴孰, 故天望而地藏也. 體魄則降, 知氣在上, 故死者北首, 生者南鄕, 皆從其初.

58) 孫希旦,『禮記集解』, p.586 : 禮經緯萬端, 無乎不在, 而飮食所以養生, 人旣生則所以養之, 故禮制始此焉.

59)『禮記』「禮運」: 昔者先王未有宮室, 冬則居營窟, 夏則居橧巢. 未有火化, 食草木之實, 鳥獸之肉, 飮其血, 茹其毛. 未有麻絲, 衣其羽皮.

60)『禮記』「禮運」: 後聖有作, 然後脩火之利, 范金, 合土, 以爲臺榭, 宮室, 牖戶. 以炮以燔,以亨以炙, 以爲醴酪. 治其麻絲, 以爲布帛. 以養生送死, 以事鬼神上帝, 皆從其朔.

61) 『禮記』「內則」: 禮始於謹夫婦, 爲宮室, 辨內外.

62) 『禮記』「昏義」: 夫禮, 始於冠, 本於昏, 重於喪祭, 尊於朝聘, 和於射鄕, 此禮之大體也.

63) 『禮記』「禮運」: 夫禮, 必本於大一, 分而爲天地, 轉而爲陰陽, 變而爲四時, 列而爲鬼神.

64) 『禮記』「冠義」: 禮義之始, 在於正容體, 齊顔色, 順辭令.

65) 『禮記』「禮運」: 是故夫禮必本於天, 殽於地, 列於鬼神, 達於喪祭, 射禦, 冠昏, 朝聘。故聖人以禮示之, 故天下國家可得而正也.

66) 역자 주 : 중국고대 제사 가운데 다섯 신기神祇에게 제사를 지내는 것을 말한다. 구체적인 신의 명칭은 문헌마다 다르게 기록되어 있다. 대표적으로 호신戶神, 조신灶神, 토신土神, 문신門神, 행신行神이 있다.

67) 순자荀子는 일찍이 말하기를 "형어속形於俗"이라 하였고([역자 주] 이 말은 『순자』에 보이지 않음), 『예기禮記』「대전大傳」에서 말하기를 "온갖 뜻하는 바가 이루어지므로 예절과 풍속이 이루어진다(百志成故禮俗刑)"고 하였는데, 이는 곧 민간의 풍속에 대한 예의 영향을 가리키는 것이다.

68) 『周禮』「春官」: 以喪禮哀死亡, 以荒禮哀凶札 以弔禮哀禍災, 以禬禮哀圍敗, 以恤禮哀寇亂

69) 『周禮』「大宗伯」: 以飮食之禮親宗族兄弟, 以婚冠之禮親成男女, 以賓射之禮親故舊朋友, 以饗宴之禮親四方之賓客, 以脤膰之禮親兄弟之國, 以嘉慶之禮親理性之國.

70) 鄒昌林, 『中國古禮硏究』, p.151

71) 胡培翬, 『儀禮正義』(卷一), 第1冊, 商務印書館萬有文庫本, p.3 : 三禮唯儀禮最古, 亦唯儀禮最醇矣. 儀禮有經有記有傳, 記傳乃孔門七十子之徒所爲, 而經非周公莫能作. 其間器物陳設之多, 行禮節次之密, 升降揖讓裼襲之繁, 讀之無不條理秩然,

72) 胡培翬, 『儀禮正義』 권1

73) 楊向奎, 『宗周社會與禮樂文明』, p.293

74) 楊寬, 『古史新探』(p.236)과 周何, 『古禮今談』(國文天地, 1992, p.30)을 참고하였다.

75) 『儀禮』「士相見禮」: 摯冬用雉, 夏用腒, 左頭奉之, 曰, 某也願見, 無由達, 某子以命命某見. 主人對曰, 某子命某見, 吾子有辱, 請吾子之就家也, 某將走見. 賓對曰, 某不足以辱命, 請終賜見. 主人曰, 某不敢爲儀, 固請吾子之就家也, 某將走見. 賓對曰, 某不敢爲儀, 固以請. 主人對曰, 某也固辭, 不得命, 將走見. 聞吾子稱摯, 敢辭摯. 賓對曰, 某不以摯不敢見. 主人對曰, 某不足以習禮, 敢固辭. 賓對曰, 某也不依於摯不敢見, 固以請.

76) 『儀禮』「士相見禮」: 主人對曰, 某也固辭不得命, 敢不敬從. 出迎於門外, 再拜, 客答再拜. 主人揖, 入門右. 賓奉摯, 入門左. 主人再拜受, 賓再拜送摯. 出, 主人請見, 賓反, 見. 退, 主人送於門外, 再拜.

77) 『儀禮』「士相見禮」: 主人複見之, 以其摯, 曰, 曏者吾子辱, 使某見, 請還摯於將命者. 主人

對曰, 某也既得見矣, 敢辭. 賓對曰, 某也非敢求見, 請還摯於將命者. 主人對曰, 某也既得見矣, 敢固辭. 賓對曰, 某不敢以聞, 固以請於將命者. 主人對曰, 某也固辭不得命, 敢不從. 賓奉摯入, 主人再拜受, 賓再拜送摯. 出, 主人送於門外, 再拜.

78) 孔穎達, 『禮記正義』下冊, 十三經注疏, 中華書局, 1980, p.1682 : 一則三年賓賢能, 二則鄉大夫飮國中賢者, 三則州長習射飮酒, 四則黨正臘祭飮酒.

79) 이상의 논술은 양관楊寬의 『고사신탐古史新探』(pp.296-303)을 참고하면 된다.

80) 상금창常金倉의 『주대예속연구周代禮俗硏究』(文津出版社, 1992, p.46, 47)와 주하周何의 『고례금담古禮今談』(pp.1511-1563)을 참고하였다.

81) "虞, 猶安也. 士旣葬親父母, 迎精而反, 日中而祭之于殯宮以安之之禮."

82) "犧牲饋食之禮, 謂諸侯之士, 以歲時祭其祖禰之禮."

83) 露絲・本尼迪克特(Ruth Benedict), 『文化模式』, 王煒 等譯, 三聯書店, 1988, p.27

84) Ruth Benedict, 『文化模式』, p.32

85) Ruth Benedict, 『文化模式』, p.27

86) Ruth Benedict, 『文化模式』, p.27

87) Ruth Benedict, 『文化模式』, p.28

88) 『禮記』「冠義」: 故冠於阼, 以著代也.

89) 『禮記』「冠義」: 見於母, 母拜之, 見於兄弟, 兄弟拜之, 成人而與爲禮也. 玄冠玄端, 奠摯於君, 遂以摯, 見於鄕大夫鄕先生, 以成人見也.

90) 『禮記』「婚義」: 昏禮者, 將合二姓之好, 上以事宗廟, 而下以繼後世也,

91) 『禮記』「婚義」: 舅姑入室, 婦以特豚饋, 明婦順也.

92) 『禮記』「婚義」: 厥明, 舅姑共饗婦, 以一獻之禮, 奠酬, 舅姑先降自西階, 婦降自阼階, 以著代也.

93) 孫希旦, 『禮記集解』「婚義」: 西階者客階, 阼階者主人之階. 舅姑旣饗婦, 則授之以室事, 故己降自客階. 使婦降自主階, 明使婦代己爲主也,

94) 『禮記』「婚義」: 成婦禮, 明婦順, 又申之以著代, 所以重責婦順焉也. 婦順者, 順於舅姑, 和於室人, 而后當於夫, 以成絲麻布帛之事, 以審守委積蓋藏.

95) Ruth Benedict, 『文化模式』 제1장 및 이 책의 중문번역 서문을 참고하였다.

96) 『荀子』「禮論」: 禮者, 謹於治生死者也. 生, 人之始也. 死, 人之終也. 始終俱善, 人道畢矣, 故君子敬始而愼終.

97) Ruth Benedict, 『文化模式』, p.61

98) Ruth Benedict, 『文化模式』, 제1장 및 이 책의 중문번역 서문을 참고하였다. p.62

99) Ruth Benedict, 『文化模式』, p.79

100) Ruth Benedict, 『文化模式』, p.79

101) Ruth Benedict, 『文化模式』, p.96

102) 『禮記』「少儀」: 某願聞名於將命者.

103) 『禮記』「少儀」: 某願朝夕於將命者.

104) 『禮記』「少儀」: 長, 則曰, 能耕矣. 幼, 則曰, 能負薪, 未能負薪.

105) 「소의少儀」 원문에는 "排闔說屨於戶內者, 一人而已矣"라고 기록되어 있다. 여기에서는 손희단孫希旦 소疏의 해석을 인용하였다. 『禮記集解』, p.924 : 凡席於堂, 則屨說於堂下, 席於室, 則屨說於戶外, 唯尊者一人說屨於席側.

106) 『禮記』「少儀」: 凡祭, 於室中堂上無跣.

107) 『禮記』「少儀」: 尊長於己踰等, 不敢問其年.

108) 『禮記』「少儀」: 侍坐, 弗使不執琴瑟, 不畫地, 手無容, 不翣也.

109) 孫希旦, 『禮記集解』「少儀」: 卑者於尊者, 有請見之禮, 旣見, 退必由於尊者, 故不敢請退.

110) 『禮記』「少儀」: 對坐於君子, 君子欠伸, 運笏… 則可以請退.

111) 『禮記』「少儀」: 燕侍食於君子, 則先飯而後已, 毋放飯, 毋流歠, 小飯而亟之, 數噍, 毋爲口容.

112) 『禮記』「內則」: 子能食食, 教以右手, 能言, 男唯女俞, 男鞶革, 女鞶絲. 六年, 教之數與方名. 七年, 男女不同席, 不共食. 八年, 出入門戶及卽席飮食, 必後長者, 始教之讓. 九年, 教之數日. 十年, 出就外傅, 居宿於外, 學書計. 衣不帛襦袴. 禮帥初, 朝夕學幼儀, 請肄簡諒. 十有三年, 學樂, 誦詩, 舞勺, 成童舞象, 學射御. 二十而冠, 始學禮, 可以衣裘帛, 舞大夏, 惇行孝弟, 博學不教, 內而不出.

113) 『禮記』「內則」: 女子十年不出, 姆教婉娩聽從, 執麻枲, 治絲繭, 織紝組紃, 學女事, 以共衣服. 觀於祭祀, 納酒漿籩豆菹醢, 禮相助奠. 十有五年而笄, 二十而嫁, 有故, 二十三年而嫁.

114) 『禮記』「仲尼燕居」: 明乎郊社之義, 嘗禘之禮, 治國其如指諸掌而已乎. 是故以之居處有禮, 故長幼辨也. 以之閨門之內有禮, 故三族和也. 以之朝廷有禮, 故官爵序也. 以之田獵有禮, 故戎事閑也. 以之軍旅有禮, 故武功成也. 是故宮室得其度, 量鼎得其象, 味得其時, 樂得其節, 車得其式, 鬼神得其饗, 喪紀得其哀, 辨說得其黨, 官得其體, 政事得其施, 加於身而錯於前, 凡衆之動得其宜.

115) 역자 주 : 천자를 좌우에서 모시면서 천자가 작록爵祿이나 치폐置廢 등의 업무에 관해 전례前例 또는 법식法式 등을 수시로 하문할 때, 이에 대한 지식을 제공해주는 역할을 하는 직책.

116) 『國語』「周語」: 古者先王既有天下, 又崇立於上帝明神而敬事之, 於是乎有朝日夕月以教民事君. 諸侯春秋受職於王以臨其民, 大夫士日恪位箸以儆其官, 庶人工商各守其業以共其上. 猶恐有墜失也, 故爲車服旗章以旌之, 爲摯幣瑞節以鎭之, 爲班爵貴賤以列之, 爲令聞嘉譽以聲之.

117)『禮記』「曲禮」: 夫禮者, 所以定親疎, 結嫌疑, 別同異, 明是非也.

118)『禮記』「祭義」: 天下之禮, 致反始也, 致鬼神也, 致物用也(뒷문장에 의거하여 和를 物로 수정하였다), 致義也, 致讓也. 致反始, 以厚其本也. 致鬼神, 以尊上也. 致物用, 以立民紀也, 致義, 則上下不悖逆矣. 致讓, 以去爭也.

119)『禮記』「禮運」: 是故禮者, 君之大柄也, 所以別嫌明微, 儐鬼神, 考制度, 別仁義, 所以治政安君也.

120)『禮記』「禮運」: 故禮義也者, 人之大端也, 所以講信修睦, …所以養生送死事鬼神之大端也, 所以達天道順人情之大竇也. …故壞國, 喪家, 亡人, 必先去其禮.

121) 閻步克, 「禮治秩序與士大夫政治的基源」(『國學硏究』 第1卷, 北京大學出版社, 1993)을 참고하였다.

122)『禮記』「文王世子」: 宗廟之中, 以爵爲位, 崇德也. 宗人授事以官, 尊賢也. 登餕受爵以上嗣, 尊祖之道也.

123)『禮記』「禮器」: 故君子有禮, 則外諧而內無怨, 故物無不懷仁, 鬼神饗德.

124)『禮記』「曲禮」: 道德仁義, 非禮不成. 敎訓正俗, 非禮不備. 分爭辨訟, 非禮不決. 君臣上下, 父子兄弟, 非禮不定. 宦學事師, 非禮不親. 班朝, 治軍, 涖官, 行法, 非禮威嚴不行. 禱祠, 祭祀, 供給鬼神, 非禮不誠不莊. 是以君子恭敬撙節退讓以明禮.

125)『禮記』「禮運」: 故聖人作則, 必以天地爲本, 以陰陽爲端, 以四時爲柄, 以日星爲紀, 月以爲量, 鬼神以爲徒, 五行以爲質, 禮義以爲器, 人情以爲田, 四靈以爲畜.

126)『禮記』「禮運」: 故聖王修義之柄, 禮之序, 以治人情. 故人情者, 聖王之田也. 修禮以耕之, 陳義以種之, 講學以耨之, 本仁以聚之, 播樂以安之.

127)『禮記』「坊記」: 小人貧斯約, 富斯驕, 約斯盜, 驕斯亂. 禮者, 人之情而爲之節文, 以爲民坊者也.

128)『禮記』「檀弓」: 人喜則斯陶, 陶斯咏, 咏斯猶, 猶斯舞, 舞斯慍, 慍斯戚, 戚斯歎, 歎斯辟, 辟斯踊矣. 品節斯, 斯之謂禮.

129)『禮記』「坊記」: 子云, 夫禮者, 所以章疑別微, 以爲民坊者也. 故貴賤有等, 衣服有別, 朝廷有位, 則民有所讓,

130)『禮記』「樂記」: 夫物之感人無窮, 而人之好惡無節, 則是物至而人化物也. 人化物也者, 滅天理而窮人欲者也. 於是有悖逆詐僞之心, 有淫泆作亂之事, 是故强者脅弱, 衆者暴寡, 知者詐愚, 勇者苦怯, 疾病不養, 老幼孤獨不得其所, 此大亂之道也.

131)『禮記』「仲尼燕居」: 加於身而錯於前, 凡衆之動失其宜.

132)『荀子』「禮論」: 禮起於何也, 曰, 人生而有欲, 欲而不得, 則不能無求. 求而無度量分界, 則不能不爭. 爭則亂, 亂則窮. 先王惡其亂也, 故制禮義以分之, 以養人之欲, 給人之求, 使欲必不窮於物, 物必不屈於欲. 兩者相持而長, 是禮之所起也.

133) 『荀子』「禮論」: 故曰, 祭者, 志意思慕之情也. 忠信愛敬之至矣, 禮節文貌之盛矣, 苟非聖人, 莫之能知也. 聖人明知之, 士君子安行之, 官人以為守, 百姓以成俗. 其在君子, 以為人道也, 其在百姓, 以為鬼事也.

134) 『禮記』「大傳」: 立權度量, 考文章, 改正朔, 易服色, 殊徽號, 異器械, 別衣服, 此其所得與民變革者也. 其不可得變革者則有矣, 親親也, 尊尊也, 長長也, 男女有別, 此其不可得與民變革者也.

135) 『禮記』「曾子問」: 賤不誄貴, 幼不誄長, 禮也.

136) 『禮記』「文王世子」: 言父子君臣長幼之道, 合德音之致, 禮之大者也.

137) 『禮記』「郊特牲」: 男女有別然後父子親, 父子親然後義生, 義生然後禮作, 禮作然後萬物安, 無別無義, 禽獸之道也.

138) 『禮記』「喪服小記」: 親親尊尊長長男女之有別, 人道之大者也.

139) 역자 주 : 조상의 신주를 모시는 차례. 『주례』에 의하면 제1세의 시조를 중앙에 모시고, 이를 중심으로 왼쪽 줄의 소묘昭廟에는 아버지 항렬인 2세 · 4세 · 6세의 신주를 배치하며, 오른쪽 줄의 목묘穆廟에는 아들 항렬인 3세 · 5세 · 7세의 신주를 모신다. 천자는 3소.3목의 칠묘가 되고, 제후는 2소 · 2목의 오묘가 되며, 대부는 1소 · 1목의 삼묘가 됨.

140) 『禮記』「大傳」: 上治祖禰, 尊尊也. 下治子孫, 親親也. 旁治昆弟, 合族以食, 序以昭繆, 別之以禮義, 人道竭矣.

141) 『禮記』「祭統」: 凡治人之道, 莫急於禮. 禮有五經, 莫重於祭. …夫祭有十倫焉, 見事鬼神之道焉, 見君臣之義焉, 見父子之倫焉, 見貴賤之等焉, 見親疏之殺焉, 見爵賞之施焉, 見夫婦之別焉, 見政事之均焉, 見長幼之序焉, 見上下之際焉. 此之謂十倫.

142) 『禮記』「大傳」: 親親故尊祖, 尊祖故敬宗, 敬宗故收族, 收族故宗廟嚴, 宗廟嚴故重社稷, 重社稷故愛百姓, 愛百姓故刑罰中, 刑罰中故庶民安, 庶民安故財用足, 財用足故百志成, 百志成故禮俗刑, 禮俗刑然后樂.

143) 『禮記』「祭統」: 祭者, 所以追養繼孝也. 孝者, 畜也, 順於道, 不逆於倫, 是之謂畜.

144) 『禮記』「坊記」: 修宗廟, 敬祀事, 教民追孝也.

145) 『禮記』「祭統」: 夫祭有昭穆, 昭穆者, 所以別父子遠近長幼親疏之序而無亂也. 是故有事於大廟, 則群昭群穆咸在而不失其倫.

146) 『禮記』「昏義」: 敬慎重正, 而后親之, 禮之大體, 而所以成男女之別, 而立夫婦之義也. 男女有別而后夫婦有義, 夫婦有義而后父子有親, 父子有親而后君臣有正.

147) 『禮記』「樂記」: 樂統同, 禮辨異.

148) 『禮記』「樂記」: 樂者爲同, 禮者爲異. 同則相親, 異則相敬. 樂勝則流, 禮勝則離, 合情飾貌者, 禮樂之事也. 禮義立, 則貴賤等矣. 樂文同, 則上下和矣.

149) 『禮記』「樂記」: 禮者殊事合敬者也, 樂者異文合愛者也.

150) 『禮記』「樂記」: 樂者天地之和也, 禮者天地之序也, 和故百物皆化, 序故群物皆別.

151) 『禮記』「樂記」: 樂由中出, 禮自外作. 樂由中出, 故靜. 禮自外作, 故文. 大樂必易, 大禮必簡. 樂至則無怨, 禮至則不爭. 揖讓而治天下者, 禮樂之謂也.

152) 『禮記』「文王世子」: 凡三王教世子, 必以禮樂. 樂所以修內也, 禮所以修外也.

153) 『禮記』「樂記」: 樂, 樂其所自生; 而禮, 反其所自始."

154) 『禮記』「禮器」: 禮也者, 反其所自生, 樂也者, 樂其所自成.

155) 『禮記』「樂記」: 夫樂者, 與音相近而不同, ……德音之謂樂.

156) 『禮記』「樂記」: 是故樂之隆, 非極音也. 食饗之禮, 非致味也. 清廟之瑟, 朱弦而疏越, 壹倡而三歎, 有遺音者矣. 大饗之禮, 尚玄酒而俎腥魚, 大羹不和, 有遺味者矣. 是故先王之制禮樂也, 非以極口腹耳目之欲也, 將以教民平好惡而反人道之正也.

157) 『禮記』「樂記」: 樂者, 樂也, 君子樂得其道, 小人樂得其欲.

158) 吉德煒(David. N. Keightley), 「從考古器物看中國思惟世界的形成」, 『中國文化與中國哲學』 1988, 三聯書店, 1990, pp.484-485

159) 『禮記』「表記」: 夏道未瀆辭, 不求備, 不大望於民, 民未厭其親. 殷人未瀆禮, 而求備於民. 周人强民, 未瀆神, 而賞爵刑罰窮矣.(註曰, 未瀆辭者, 夏道尙忠, 尙行而不尙辭也.

160) 『禮記』「表記」: 子曰, 虞夏之道寡怨於民, 殷周之道不勝其敝.

161) 『禮記』「表記」: 子曰, 虞夏之質, 殷周之文, 至矣. 虞夏之文不勝其質, 殷周之質不勝其文.

162) "虞夏之道質, 質者責人略, 故寡怨於民. 殷周之道文, 文者責人詳, 民之不從, 則窮刑賞以驅之, 故不勝其敝."

163) 『禮記』「表記」: 夏道尊命, 事鬼敬神而遠之, 近人而忠焉, 先祿而後威, 先賞而後罰, 親而不尊. 其民之敝, 惷而愚, 喬而野, 朴而不文. 殷人尊神, 率民以事神, 先鬼而後禮, 先罰而後賞, 尊而不親. 其民之敝, 蕩而不靜, 勝而無恥. 周人尊禮尚施, 事鬼敬神而遠之, 近人而忠焉, 其賞罰用爵列, 親而不尊. 其民之敝, 利而巧, 文而不慚, 賊而蔽.

164) 「제의祭義」 중에 삼대 사회의 차이점을 설명하는 구절이 있다. "옛날 유우씨 시대는 덕을 귀히 여기더라도 나이든 이를 숭상했으며, 하후씨 시대는 작위를 귀히 여기더라도 나이든 이를 숭상했으며, 은나라 사람은 부를 귀히 여기더라도 나이든 이를 숭상했으며, 주나라 사람은 육친을 귀히 여기더라도 나이든 이를 숭상했다(昔者, 有虞氏貴德而尚齒, 夏后氏貴爵而尚齒, 殷人貴富而尚齒, 周人貴親而尚齒)" 유우씨 시대는 계급과 국가가 생기기 이전 시대이며, 하대에 이르러 비로소 국가가 있었기 때문에 작위를 귀히 여겼고, 은나라에 이르러 세록제가 생겼기 때문에 부를 귀히 여겼고, 주나라 사람은 봉건제도와 종법제도가 있었기 때문에 육친을 귀하게 여겼다는 것을 의미하는 것 같다. 「제의祭義」의 이 말 또한 참고

할 가치가 있다. 다만 「표기表記」의 설과 서로 어긋나는 부분이 있다.

165) 林惠祥, 『文化人類學』, 商務印書館, 1991, p.210

166) 林惠祥, 『文化人類學』, p.211

167) 本尼迪克特(Ruth Fulton Benedict), 『菊花與刀』(孫志民 等譯, 浙江人民出版社, 1987), p.60을 참고하였다.

168) 侯外廬, 『中國思想通史』 第1卷, 人民出版社, 1991, p.8

169) 侯外廬, 『中國思想通史』, p.8

170) 侯外廬, 『中國思想通史』, p.10

171) 侯外廬, 『中國思想通史』, p.12

172) 侯外廬, 『中國思想通史』, p.15

173) 侯外廬, 『中國思想通史』, p.17

174) 侯外廬, 『中國思想通史』, p.25

175) 李亞農, 『李亞農史論集』, 上海人民出版社, 1978, p.446

176) 李亞農, 『李亞農史論集』, p.235

177) 李亞農, 『李亞農史論集』, p.236

178) 李亞農, 『李亞農史論集』, p.232

179) 李亞農, 『李亞農史論集』, p.233, 234

180) 李亞農, 『李亞農史論集』, p.236

181) 楊向奎, 『宗周社會與禮樂文明』(p.4)를 참고하였다.

182) 楊向奎, 『宗周社會與禮樂文明』(p.26)를 참고하였다.

183) 楊向奎, 『宗周社會與禮樂文明』, p.42

184) 楊向奎, 『宗周社會與禮樂文明』, p.44

185) 염보극閻步克은 다음과 같이 말하고 있다. 법가가 추구하는 것은 정치적인 목표이며 예가 추구하는 것은 분산적 문화 목표이다. 예의 내용은 국가의 공공생활에서부터 개인의 사회생활에 이르기까지 포함하지 않는 것이 없는데, 행정 과정과 각종 의제에 이르기까지 관념상에서 전부 예로 간주되며 거의 대부분 예의 형식으로 채택되었다. 그의 논문 「禮治秩序與士大夫政治的起源」(『國學研究』 第1卷, 北京大學出版社, 1993, p.299)에 보인다.

제7장

덕행德行

마음에 있는 것은 덕이고, 그것을 시행하는 것은 행이다.

在心爲德, 施之爲行.

- 정현鄭玄, 『주례주周禮註』 -

1. 덕德의 문자적 풀이

중국 초기 문화의 발전 속에서 '덕德'이란 글자의 출현 및 덕에 관한 사상의 발전은 중국문화 정신기질(ethos)의 성장에 있어 대단히 중요한 의미를 가지고 있다.

곽말약郭沫若은 『청동시대青銅時代』의 「선진 천도관의 진전(先秦天道觀之進展)」에서 다음과 같이 주장하였다. "복사卜辭와 은나라 사람의 이명彝銘(중국 제례용 청동기에 새겨진 글자) 속에는 덕德이란 글자가 없다. 주대의 이명 중에 비로소 명백하게 덕德이란 글자가 나타난다."[1] 후대의 복사 연구자들은 대부분 이 설에 동의하지 않는다. 그러나 덕德자가 설령 갑골문 속에 존재하였더라도 그 의미가 은상殷商 시기에 대관절 무엇이었는가라는 논제는 여전히 토론의 여지가 있으며 또 덕德자가 은상문화 속에서 결코 중요한 관념이 아니었다고 하여도 당연히 문제될 것이 없다.

현대 고문자 학자들의 관점에 근거하면 '덕德'자는 갑골문과 금문金文 속에 일찍부터 존재하였다. 서중서徐中舒는 갑골문의 '치徝'자를 덕德의 초문初文으로 여겼다.[2] 이 글자는 '척彳'과 '직直'이 합쳐져 만들어진 것이다. 금문에서 이 글자 아래에 '심心'을 더하여 '덕德'이 되었다. 그리고 금문에 '척彳'이 없는 것도 있는데, '직直'과 '심心'을 결합하여 만든 것으로 '덕悳'이라고 썼다. 『설문說文』 심부心部에 다음과 같이 기록되어 있다. "덕悳은 밖으로는 타인에게서 얻으며 안으로는 자신에게서 얻은 것이다. 직直과 심心에서 말미암은 것이다."[3] 『광운廣韻』 「덕운德韻」에는 다음과 같이 기록되어 있다. "덕德은 덕행이며, 덕悳은 옛 문자이다(德, 德行, 悳, 古文)" 이로부터 덕의 원초적 함의는 행行 및 행위와 관련이 있으며, '심心'자가 더해진 이후에는 대부분 사람의 의식·동기·마음과 관련이 있다는 것을 알 수 있다. 행위는 동기·생각과 서로 밀접하게 관련되어 있기 때문에 덕의 이 두 가지 의미는 매우 자연스러운 것이다. 서주시대부터 춘추시대까지의 용법을 살펴보면, 덕의 기본적인 함의는 두 가지가 있다. 첫째는 일반적인 의미의 행위와 마음을 가리키며 둘째는 도덕적인 의미를 지닌 행위와 마음을 가리킨다. 이로부터 파생된 덕행德行과 덕성德性은 각각 도덕적 행위와 도덕적 품격을 가리킨다.

문화의 초기 발전 단계에서 씨족·부락과 같은 집단생활은 주로 풍속과 전통에 의존하여 사회를 유지한다. 사회의 발전에 따라 점차 개인행위나 심지어 개성에 관한 포폄褒貶 관념이 나타날 수 있는데, 이렇게 되면 구체적인 덕행관념 즉, 용감·공정·명지明智 등과 같은 품격·품덕·품행에 관한 관념이 만들어진다. 그러나 추상적인 '덕'의 관념은 그 이후에 생긴다.

문헌 속에서 덕과 덕행 관념의 출현은 이미 「요전堯典」에 보인다. 「요전」 가운데 천상天象에 관한 기록은 종전에 축가정竺可楨과 서욱徐旭 두 사람의 논의를 거쳤으며, 근래에 천문학사 전문가인 석택종席澤宗에 의해 기원전 2,000년 이전의 천상으로 여겨졌다. 「요전」에서 다음과 같이 말한다.

> 제요帝堯의 이름은 방훈放勳이시라. 일을 삼가 행하시고(欽) 시비에 밝으시고(明) 문사文思가 항상 온화하시며 진실로 공손(恭)하고 능히 겸양(讓)하시니, 광채가 사표四表(사해四海)에 입혀졌고 위로는 하늘에 이르고 아래로는 땅에까지 이르렀다. 능히 준덕俊德을 밝혀 구족을 친하게 하셨다. 구족이 화목해지자 백성을 고루 밝히셨다. 백성이 환하게 밝아지자 만방을 화합하였다.[4]

준덕俊德은 미덕美德이다. 흠欽은 경敬을 가리키고 명明은 명찰明察을 가리키며 공恭은 근신謹愼을 가리키고 양讓은 교만하지 않는 것(不驕)이다. 이것들은 모두 준덕의 구체적인 덕목이다. 명덕明德의 사회적 기능은 구족九族을 친목하게 하여 만방을 화합하는 것이며 세계의 보편적 조화를 얻고자 하는 것이다. 「요전」에는 이미 중국문화의 명덕과 화합을 중시하는 가치지향을 보여주고 있다.

금문今文 「요전」의 마지막 부분에서 요임금이 사악四岳에게 어떤 사람이 자신을 대신해 군주가 되어 천하를 다스릴 수 있는지에 대해 자문을 구한다. 사악이 "(저희는) 덕이 없어 제위를 욕보일 것입니다(否德忝帝位)"라고 말하며, 자신들의 비루한 덕행이 요의 제위를 이어받아 천하를 다스리기에 부족하다는 것을 밝힌다. 동시에 사악은 여러 사람과 함께 순舜을 천거하며 순이 비록 부모형제 모두가 그에게 우호적이지 않은 집안에서 태어났지만, 도리어 "능히 화합하게 하며 효행의 미덕으로 감화하고 다스림이 사악함에 이르지 않도록 할 수 있다(克諧, 以孝烝烝, 乂不格奸)"고 칭찬한다. 여기서도 효孝와 화합(諧) 등과 같은 여러 구체적인 덕행의 조목들을 제시하고 있다.

위의 두 예문에서 '준덕俊德'과 '부덕否德'은 모두 덕의 앞부분에 형용사를 더한 것이다. 이들 용법에서 덕은 결코 "도덕적인 것"을 말하는 것이 아니라, 다만 도덕적으로 평가할 수 있는 일반적인 행위나 의식의 상태를 나타낼 뿐이다. 따라서 이러한 상태는 좋은 것일 수도 있고 나쁜 것일 수도 있다. 이런 의미를 가진 덕은 단지 가치상에서 규정되지 않은 의식과 행위 상태를 나타낸다. 따져보아야 할 것은 「요전」과 「순전」 가운데 긍정적인 덕행이 대체로 정치적 덕행으로 나타나며 정치적 실천 속에서 평가를 받은 것이라는 점이다. 앞에서 우리가 말한 것처럼 가치 성립의 방식은 주로 정치 영역을 통해 표현되며 이는 초기 중국문화의 한 가지 특징이다.

금문 「요전」의 후반부를 고문에서는 따로 분리하여 「순전舜典」이라 한다. 그 속에 순임금을 일러 "깊고 명철하시며 문리가 밝으시고 온화하고 공손하시며 진실로 독실하시어 덕을 닦으신 것이 (요임금에게까지) 올라가 알려지셨다(濬哲文明, 溫恭允塞, 玄德升聞)"고 하는 구절이 있다. 준철濬哲은 지혜를 가리키고 현덕玄德은 옛날에 수덕修德으로 해석했다. 요임금은 순에게 제위를 양보하고자 하였으나 "순께서 덕(덕 있는 자)에게 양보하시고 (제위를) 상속하지 않으셨다.(舜讓于德, 弗嗣)" 순임금은 덕을 가진 사람에게 겸손히 사양하시고 제위를 계승하려고 하지 않았다. 여기에서 단독으로 사용된 덕德자는 미덕이 있음 혹은 미덕을 지닌 자를 나타내며 유덕有德이나 유덕자有德者로 약칭한다. 후에 순임금이 제위를 계승하였으며 요임금이 죽자 순임금은 12개 주州의 목牧에게 훈화하며 "멀리 있는 자를 회유懷柔하고 가까이 있는 자를 애호하며 덕 있는 사람과 도탑게 지내며 선한 사람을 믿도록 하라(柔遠能邇, 惇德允元)"고 하였다. 돈덕惇德은 옛날에 덕이 있는 사람을 친근하게 대한다는 친덕親德으로 해석하였다.

이 때문에 「요전」과 「순전」의 '덕'자는 이미 세 가지 용법을 가지고 있었다. 첫째는 가치 규정이 없는 품행, 둘째는 미덕이며, 셋째는 미덕을 지닌 사람이다. 「요전」과 「순전」은 또한 여러 가지 구체적인 덕행의 조목을 말하고 있다. 두 「전」이 문헌으로 제작된 연대와 그 속에 반영된 사상이 어느 시대에 속하는지 여전히 단정할 수 없다. 그 속에 덕과 관련된 내용들을 살펴보면 아마도 은상殷商 말기 이후 전해 내려온 것 같다. 그러나 구체적인 덕행에 관한 조목은 분명 하나라 이전에 제기되었을 것으로 보인다. 구체적인 덕행 조목은 씨족의 부락생활에서 발견할 수 있다. 추상적인 덕의 관념은 구체적인 덕행의 조목보다 더 늦게 출현하였을 것이다. 「요전」과 「순전」에서 이미 서주시대에 충분히 발전한 중국 고대 정치문화의 주제를 어렴풋이 볼 수 있었다.

'경덕敬德' 사상과 그것에 대한 강조는 주나라 문화의 뚜렷한 특징이지만, 경덕 관념의 발생은 아마도 고대 정치문화의 전통 속에 그 연원이 있는 것으로 보인다. 초기 선양禪讓의 정치문화 전통으로부터 하상夏商 양대에 이르러 군권신수의 사유와 동시에 군주 지도자의 미덕과 재지才智로 정치적 합법성을 정립하는 전통이 전해오고 있었다. 실제로 이러한 재능과 덕의 유무를 통해 통치의 합법성을 형성하려는 의식은 군주와 민중 모두에게 수용되었을 뿐만 아니라, 씨족촌락의 선양제도 속에서 더욱 강화되었다. 아이젠슈타트(Shmuel Noah Eisenstadt)는 일찍이 천명과 경덕을 중화제국의 문화적 성향으로 설명하였다.[5] 여기에서 우리는 천명과 경덕이 중국문화의 윤리와 종교 체계에 끼친 영향에 초점을 두려 한다.

삼모三謨[6] 가운데 "오직 덕만이 하늘을 움직인다(惟德動天)", "도를 거스르고 덕을 손상시킨다(反道敗德)"(「대우모大禹謨」), "천명에 덕이 있다(天命有德)"(「고요모皐陶謨」)는 구절들이 있다. 여기에서 덕자는 도덕과 미덕을 가리킨다. 「요전」, 「순전」의 이전二典과 「대우모」, 「고요모」, 「익직益稷」의 삼모三謨는 주나라 초기 사관의 손을 거쳐 완성되었을 것으로 보이며, 그 속에 주나라 사람들이 보편적으로 쓰던 언어를 이용하였을 것이다. 하지만 그 가운데 깃들어 있는 정신은 아마도 그 유래가 있었을 것이다. 또한 그 정신이 후대 유가사상의 근원적인 부분이 된다는 것에는 의심할 여지가 없다.

「상서商書」에도 "하나라의 덕이 이와 같다(夏德若玆)"(「탕서湯誓」), "유하가 덕에 어둡다(有夏昏德)"(「중훼지고仲虺之誥」)는 똑같은 용법을 볼 수 있는데 여기서 말하는 덕德의 개념은 규정하지 않은 품행을 가리켜 말하는 것이다. 그리고 "하나라 왕은 덕을 멸하고 위엄만을 세웠다(夏王滅德作威)"(「탕고湯誥」)에서 덕의 의미는 도덕과 미덕을 가리킨다.

「주서周書」에는 '덕'이 더욱 많이 등장한다. 「태서泰誓」에서 말하는 "힘이 동등하면 덕으로써 촌탁한다(同力度德)", "덕이 동등하면 의로써 촌탁한다(同德度義)", "서로 다른 마음과 덕(離心離德)", "동일한 마음과 덕(同心同德)" 그리고 "한결같은 덕과 마음(一德一心)"의 덕은 모두 의식적 동기動機로서의 염원이나 의도 혹은 직접적으로 심心을 가리키지만, 이는 결코 적극적인 가치를 가지고 있는 어투는 아니다. 그러나 “덕(유덕자)을 높이고 현(현인)을 본받는다(崇德象賢)”(「미자지명微子之命」), “오직 덕 있는 자만을 돕는다(惟德是輔)”(「채중지명蔡仲之命」)에서는 덕의 의미를 도덕·유덕자로 분명하게 보고 있다.

종합하면 고대의 ‘덕’자는 여러 가지 서로 다른 용법을 가지고 있으며, 이러한 사실은 고대 문헌 속의 다른 글자나 범주가 가진 상황과 다르지 않다.

2. 명덕明德과 경덕敬德

천명에 대해 논한 제5장에서 비록 개별적으로 경덕과 명덕을 언급하기는 했지만 상세하게 논술하지 않았다. 아래에서는 몇 가지 중요한 문장을 가지고 그 사상과 용법을 살펴보려 한다.

먼저 '경덕'에 대해 살펴보자. 「주서」에는 경덕에 관한 적지 않은 언급들이 있다.

> 다만 그 덕을 공경하지 아니하여 일찍이 그 명을 실추한 것이다.[7]
>
> 그러므로 왕께서는 서둘러 덕을 공경하소서. 왕께서 덕을 사용하심은 하늘에게 명이 영원하기를 비는 것입니다.[8]
>
> 하늘 또한 사방의 백성들을 애석하게 여기시어 명을 돌아보고 (덕에 힘쓰는 자에게) 옮겨주시니 왕은 서둘러 덕을 공경하소서.[9]
>
> 왕은 처신을 삼가며 덕을 공경하지 않으면 안 됩니다.[10]
>
> 주공께서 말씀하였다. …그리하면 더욱 크게 스스로 덕을 공경하소서.[11]

'경덕'은 신중하게 덕을 행하는 것을 가리킨다. 덕을 행하는 것은 덕행德行의 수양을 말하며, 또한 덕정德政의 시행을 의미한다.

'명덕'이란 표현은 더 많이 등장한다.

> 능히 덕을 밝히고 형벌을 삼가셨도다.[12]
>
> 선왕께서 부지런히 덕을 밝히시어 (멀리 있는 이들을) 어루만져 가까이 하시니 여러 제후국에서 공물을 바쳤도다. 형제들이 사방에서 와서 또한 덕을 밝혔고 후왕이 떳떳한 법을 본받아 그들을 모으니 여러 제

후국에서 더 큰 공물을 바쳤도다.13)

성왕과 탕왕에서부터 제을帝乙에 이르기까지 덕을 밝히고 제사를 삼가지 않음이 없으셨도다.14)

하늘이 (은나라에 명을) 주지 않으심은 그 덕을 밝게 하지 않았기 때문이다.15)

제을에 이르기까지 덕을 밝히고 벌을 삼가지 않음이 없도다.16)

능히 삼가 덕을 밝히다.17)

'명덕'은 바로 그 덕행을 밝게 빛내는 것이다.

동일한 주제가 『시경』에도 보인다. 「노송魯頌」은 옛 설에 대부분 춘추 중기 작품으로 여겨졌는데 그 사상은 서주시대 문헌 속의 사상과 일맥상통한다.

밝고 밝으신 노나라 제후시여 능히 그 덕을 밝게 하셨도다.18)

많고 많은 선비들이 능히 착한 마음을 넓히도다.19)

그 덕을 공경하고 밝히시며 위의를 공경하고 삼가시니 백성의 법칙이며, 능히 문무를 겸전하시고 열조에게 밝게 기도드리며 불효함이 없으셨도다.20)

"그 덕을 공경하고 밝힌다(敬明其德)"는 것은 바로 그 덕행을 열심히 닦고 밝히는 것이다. "위의를 공경하고 삼간다(敬愼威儀)"는 구절은 『시경』 속에 여러 번 등장하는데, 예를 들어 "위의를 공경하고 삼가며 덕이 있는 사람을 가까이하라(敬愼威儀, 以近有德)"(「대아大雅·생민生民·민로民勞」) 등이 있다.

『시경』에서 덕德자는 또 다른 용법을 가지고 있다. 덕으로 덕행을 가리키는 것은 아래와 같다.

"이에 왕계王季(문왕의 아버지)와 더불어 덕을 행하셨다.(乃及王季, 維德之行)" (「대아 · 문왕文王 · 대명大明」)

"그러므로 성인成人들은 덕행이 있다.(肆成人有德)" (「대아 · 문왕 · 사제思齊」)

"선왕들께서 대대로 쌓아온 덕행이 신민의 법칙이 되어 길이 천명에 합치되셨다.(世德作求, 永言配命)" (「대아 · 문왕 · 하무下武」)

"응후(응나라의 제후)가 덕행을 따랐다.(應侯順德)" (「대아 · 문왕 · 하무」)

또 덕을 은덕恩德의 뜻으로 말하는 것은 아래와 같다.

"나의 큰 덕을 잊고 나의 작은 원망을 생각하는가.(忘我大德, 思我小怨)" (「소아小雅 · 소민小旻 · 곡풍谷風」)

"3년 동안 너를 양육하였거늘 나에게 기꺼이 은덕을 베풀지 않는구나.(三歲貫女, 莫我肯德)" (「위풍魏風 · 석서碩鼠」)

덕을 마음으로 삼는 것은 아래와 같다.

"그 덕(마음)이 이랬다저랬다 한다.(二三其德)" (「위풍衛風 · 맹氓」)

덕으로 미美와 선善을 형용하는 것은 아래와 같다.

"공(周公)께서는 도량이 넓으시고 덕음(훌륭한 말씀)에 잘못함이 없도다.(公孫碩膚, 德音不瑕)" (「빈풍豳風 · 낭발狼跋」)

"저 아름다운 맹강이여, 덕음을 잊지 못하리라.(彼美孟姜, 德音不忘)" (「정풍鄭風 · 유여동거有女同車」)

덕자는 금문에서 자주 보이는데 그 용법은 「주서周書」와 거의 같다. 예를 들어 서주시기 《하존명何尊銘》의 "공덕곡천龏德谷天"에서 공龏은 공恭을 가차한 것으로 또한 경敬이 되며 그 뜻은 덕을 공경하고 하늘에 순응한다는 것이다.[21] 강왕康王시대 《대우정명大盂鼎銘》의 "금아가즉정亩(품)민왕정덕今我隹卽井(刑)亩(稟)玟王正德"에서 정井은 형刑을 가차한 것으로 법法을 가리키고 그 의미는 문왕의 바른 덕을 본받는다는 것이다. 또 "금여가령여우소영경옹덕경今余隹令女盂郘營敬邕德經"(저자 주: 금문 가운데 인쇄하기 어려운 것은 가차한 글자로 바꾸었다. 이하 모두 동일하다)은 도덕을 열심히 봉행하는 것을 의미한다.[22] 대략 목왕穆王시기로 보이는 《반궤명班簋銘》[23]의 "가경덕隹敬德, 망유위亡攸違"는 오직 공손하게 덕정을 행해야만 백성들이 등을 돌리고 떠나지 않는다는 것을 의미한다.[24] 공왕共王시대 《장반명墻盤銘》의 "상제강의덕대병上帝降懿德大屛"이란 글의 의미는 상제가 주나라 왕에게 군왕을 보필하는 미덕을 지닌 대신大臣을 내려준다는 것이다.

또한 문고을공文考乙公이 "덕이 순수하고 꾸밈이 없음(德純無諫)"을 칭찬하는데, 여기에서 말하는 덕 역시 덕행의 의미를 가지고 있다.[25] 여왕厲王시대 《숙향부궤叔向父簋》[26]의 글에 "여소자사짐황고조사형선문조공명덕余小子嗣朕皇考肇師型先文祖共明德, 병위의秉威儀"라는 구절이 있는데 그 의미가 "나 소자는 선왕을 계승하여 당초 선조를 본받아 밝은 도덕을 삼가 받들고 위엄과 예의를 주도하였다"는 것이다.[27] 유명한 《모공정명毛公鼎銘》의 "황천홍염궐덕皇天弘猒厥德, 배아유주配我有周"와 "고여선왕약덕告余先王若德"이란 글은 황천이 그들의 덕행에 만족하며 항상 우리 선왕의 미덕을 알렸다는 것을 말한다.[28]

위에서 인용한 자료 가운데 이 책의 토론과 크게 관련 있는 것은 두 가지이다. 첫째는 명덕과 경덕이다. 명덕과 경덕의 표현은 서주 문헌 속에서 반복적으로 나타난다. 경덕은 어떤 때에는 공덕恭德으로 쓰며 명덕 역시 자주 명기덕明其德, 명궐덕明厥德으로 표현된다. 이러한 어휘의 형식 속에서 '경敬'과 '명明'은 모두 동사이며 열심히 그 덕행을 닦고 밝히는 것을 가리킨다.

경敬은 공경하고 신중하게 노력하는 것이며 명은 닦고 밝히는 것이다. 경과 명은 또 합쳐서 사용하기도 하는데 전형적인 표현은 「노송魯頌」의 "그 덕을 공경하고 밝힌다(敬明其德)"이다. 둘째는 정덕正德, 의덕懿德, 명덕明德의 용법인데 여기에서 정正, 의懿, 명明은 형용사로 쓰이며 모두 미덕과 밝은 도덕을 가리킨다. 서주 문헌 속에서는 이미 명백하게 덕을 도덕의 뜻으로 사용하고 있으며, 형용사를 더하여 덕을 찬미하거나, 동사를 더하여 덕을 실현하거나 뚜렷하게 밝히는 것을 말하고 있다.

덕의 의미를 고찰하면 초기 문헌에서는 긍정적인 덕과 구체적인 덕목이 모두 정치영역에서 나타나는 것을 발견할 수 있다. 혹자는 초기의 '덕'이 대부분 정치도덕(political virtue)과 연관되어 있다고 말한다. 군주제에서 정치도덕은 당연히 군주 개인의 도덕품행과 규범이 우선적이다. 군주 개인의 품덕은 정치적 실천 속에서 정치도덕으로 나타난다. 주나라 사람들은 군주 개인의 덕행과 정치의 도덕적 성격이 정치적 안정성을 유지하는 것에 매우 중요한 작용을 하고 있음을 분명하게 인식했다. 주나라 사람은 처음부터 '소국 주나라'의 도덕성으로 (대국인 상은商殷을) 대체하여야 한다는 합법성을 확립하였다. 확실히 이런 측면은 소국이 어떻게 대국에게 승리하였는가에 대한 역사 경험적 해석이다. 이러한 해석은 동시에 또 다른 측면에서 주나라 사람이 이해한 정치영역의 근본적인 보편법칙을 형성하게 되는데, 그것은 주나라 사람 자신에게도 똑같이 적용된다.

중국고대의 정치 전통 속의 관심사는 제도의 속성에 집중된 것이 아니라, 행정과 정치 운행의 성질에 있다. 사실 하대의 사료가 부족하지만 「소고召誥」의 "하나라를 귀감으로 삼는다(監於有夏)", "은나라를 귀감으로 삼는다(監於有殷)"는 표현을 보면, 주나라 사람들처럼 같은 방식으로 은나라 사람들 또한 상나라가 하나라 정권을 대체한 상대하정商代夏政의 합법성에 관해 해석하고 있다. 그러므로 주나라 사람은 역사를 돌아볼 때 하나라를 소홀히 했던 적이 없었다. 이른바 "은나라의 거울은 멀리 있지 않고 하후의 세대에 있도다"[29]라고 하는 것이다. 은나라 사람도 탕왕湯王의 시대에는 경덕을 매우 중시하였다. 다만 은나라 말기에 이르자 자만하여 모든 것을 잊어버리고 하늘이 부여한 대명大命을 상실하고 만다. 이러한 점에서 말하면 덕정으로 통치의 합법성을 세우고 정권의 안정성을 유지하는 것을 중요하게 여기는 것은 아마도 더욱 이른 시기까지 거슬러 올라갈 수 있는 정치 전통일 것이다. 다만 주나라 이전에는 신권정치의 진한 색채에 의해 그것이 가려졌을 뿐이다.

문헌에 드러난 의식意識으로 보면 초기 중국 정치사상의 전통적인 핵심 문제는 폭군과 폭정의 문제이며, 그것이 드러내는 것은 통치자(군왕)와 피통치자(민중) 사이의 긴장관계라는 영원한 정치학적 원리이다.(군왕이 부락의 대표로서 외부로의 세력 확장과 이로부터 파생된 "먼 곳에 있는 이들을 부드럽게 대하여 가깝게 한다(柔遠而邇)"의 가치 규범의 발생은 또 다른 문제이다) 폭군 출현의 문제는 당연히 정치조직 제도의 변화와 관련이 있다. 부락 연맹의 선양제도나 선거제도 아래에서는 이질적으로 변한 폭군이 나타날 수 없다. 바로 하대에서 시작한 정치권력의 가족 계승제(부자지간과 형제지간을 막론함), 엄밀히 말해 부계종친 사이에 정치권력을 전수하는 과정 속에서 이 문제가 드디어 생기기 시작한다.

초기 정치구조는 (군주를 견제하는) 구속의 기제機制를 결핍했기 때문에 폭군의 출현을 가능하게 만들었다. 중국 역사상 첫 번째 폭군이 하대의 걸桀이라는 점은 결코 우연이 아니다. 이것은 전설과 기록 속에서 하대에서 시작된 정치권력 전승 유형의 변화를 설명하는 하나의 중요한 원인이다. 군주제 아래의 규범과 구속은 필연적으로 도덕적 역량에 호소해야 한다. 따라서 중국 고대 정치사에서 이상적인 정치 변천과 폭군 문제 해결의 길은 덕으로 폭압暴壓을 대체하는 '이덕대폭以德代暴'이다. 이것은 주나라 사람에게 있어서는 이미 하나의 자각적 의식이었다. 정치적 도덕의 타락을 방지하여 왕조가 오래 지속되도록 유지하는 것은 서주 정치문화에서 대대로 전수하고 권고하는 법률과 신조가 되었다.

서양 정치 사상사에서는 '정의正義'가 모든 정치 사상가들에 의해 좋은 정치 질서의 초석이나 기본 속성으로 간주되었다. 그들은 '정의'로 모든 정치 미덕을 포괄한다. 그러나 중국 고대에는 '덕德'(후에 인仁으로 변경됨)으로 중국고대 문화에서 적극적으로 인정하는 모든 정치미덕을 포괄한다. 서주 이래 어떤 하나의 사상이 점차 발전하였는데 바로 현행의 정치 질서의 배후에 도덕법이 있다고 보는 관점이다. 정치 운행은 반드시 모종의 도덕적 요구에 합치되어야 하고 그렇지 않으면 필연적으로 실패를 맛보게 된다는 것이다.

서주 초기의 이러한 도덕질서와 도덕법은 한편으로 상제의 의

도 혹은 천명의 내함으로 말해졌다. 다른 한편으로 도덕질서는 당연히 군주의 개인 덕행에 우선적으로 근거해야만 한다. 그러나 춘추시대에 이르러 한편으로 군자로 대표되는 지식 계층의 관점에서는 상제의 의지가 천명의 필연성으로 더 많이 변화하였으며 다른 한편으로 천명 또한 점점 더 백성들의 여론으로 변화되어 덕의 상응을 요청하고 있었다. 중국문화 초기 가치이성의 형성은 먼저 삼대 정치의 정치도덕에 대한 강조를 통해 실현되기 시작하였으며, 정치와 밀접하게 관련된 방식으로 정치문화 영역 안에서 일종의 정신기질(ethos)을 길러내어 점진적으로 확립된 것이라고 할 수 있다. 정치도덕과 군주개인의 품격을 중요하게 간주하는 것은 중국 초기 역사에서 정치영역의 특수한 경로를 통해 가치이성을 세운 노력을 나타낸다. 왜냐하면 정치적 관리에 부합해야 하는 도덕원리와 군주 개인이 당연히 갖추어야 하는 미덕은 사실 보편적인 도덕 준칙과 완전히 다른 것이 아니기 때문이다.

이러한 경덕의 정치사상이 등장한 까닭은 삼대 교체 과정에서 덕으로 폭압을 대체하는 이덕대폭以德代暴의 역사적 경험으로부터 어렵지 않게 설명된다. 게다가 초기 역사 발전 단계의 역사적 경험은 선민에게 지극히 중요한 의미를 지니고 있다. 이러한 경험들이 초기 역사발전 속에서 중요시되었기 때문에 이성과 법칙으로 상승 변화하면서 전前기축시대의 문화적 가치방향을 만들게 되었다.

고대 그리스 혹은 고대 인도와 같은 상고시대의 다른 지역들도 정치 도덕에 호소하여 이상적인 정치를 달성하는 중국 고대와 같은 유사한 주제가 일찍부터 등장했던 것은 아니다. 그리스와 비교하면 분명히 중국 하대는 작은 폴리스(polis: 도시 국가)가 아니기 때문에, 그 정치적 통치와 관리는 폴리스적 민주로 해결할 수 있는 것은 아니다. 인도와 비교하면 하나라에서 주나라 초기에 이르기까지 강력한 힘을 지닌 종교(예: 브라만교, Bramanism)를 형성하여 이로부터 합법성을 유지하는 방식은 아니다. 그러므로 (중국의 정치사상은) 이러한 광범위한 시공에 분포한 역사와 문화의 연속체 내부 즉 역사 경험이 특별한 중시를 받는 발전 속에서 특히 주나라 사람의 정치적 우환의식의 촉진을 통해서 일종의 전통으로 부단히 강화되어 왔다.

3. 효孝와 삼대三代의 덕행德行

앞에서 우리는 「요전堯典」에서 찬양하는 제요帝堯의 미덕 속에 "능히 준덕을 밝히셨도다(克明俊德)"고 하는 일반적인 표현이 있을 뿐만 아니라 또한 '공손(恭)'과 '겸양讓'의 구체적인 덕행이 있다는 것에 대해 언급하였다. 이는 구족九族을 친목하게 하고 만방을 화합하는 가치관을 나타낸다. 사악四岳(요임금을 보좌한 네 명의 대신으로, 희중羲仲, 희숙羲叔, 화중和仲, 화숙和叔을 말함)이 순임금을 천거할 때 언급한 순임금의 덕행은 "능히 화합하게 하며 효행의 미덕으로 감화하는 것(克諧, 以孝烝烝)"이다.

「순전舜典」에서 순임금의 공덕을 이야기할 때 순임금이 여러 신들에게 두루 제사를 지내고 예와 형법을 제정한 일들을 열거하며 그의 정치 도덕적 특징인 "멀리 있는 자를 회유懷柔하고 가까이 있는 자를 잘 보호하며 덕 있는 사람과 도탑게 지내며 인후한 사람을 믿는 것(柔遠能邇, 惇德允元)"에 대해 언급했다. 그 가운데 순임금이 설契에게 명령한 것도 기록되어 있다. "설아! 백성들이 친애하지 않아서 오품五品 간에 서로 공손하지 아니하니 네가 사도의 임무를 맡아 공손한 마음으로 백성들에게 오교五教를 널리 펴되 반드시 관대함으로 대하여라."30) 이는 친목하고 화순하게 하는 것과 너그럽고 관대한 정치를 강조하는 것이다. 오교에 관한 문제는 뒤에서 다시 토론할 것이다. 우선 순임금이 말한 사덕四德을 살펴보자.

> 순임금이 말씀하셨다. "기夔야! 너에게 악관樂官을 관장하기를 명하

노니 가서 태자와 공경대부의 자제들을 가르치되 곧으면서도(直) 온화하게 하고 관대하면서도(寬) 강직하게 하며 굳세면서도(剛) 포악함이 없도록 하고 고결하면서도(簡) 오만함이 없도록 하라. 시詩는 뜻을 언어로 표현하고 가歌는 (뜻이 표현된) 언어를 노래하며 악기의 소리는 노래에 근거하고 음율은 그 소리를 조화롭게 한다. 여덟 가지 악기의 소리가 능히 조화를 이루고 서로 차례를 침범하지 않는다면 신과 사람이 이를 듣고 화합함을 느낄 것이다."[31]

'곧음(直)', '관대함(寬)', '굳셈(剛)', '고결함(簡)'의 사덕은 초기 덕성에 대한 기본적인 요구를 드러낸다. 여기에서는 청년들의 품행 교육 요소로 삼았다. 이러한 덕성들은 올곧으면서도 온화함을 잃지 않고 관대하면서도 원칙을 잃지 않으며 강인하면서도 포악해지지 않고 고결하면서도 오만하지 않도록 함을 의미한다. "여덟 악기의 소리가 능히 조화를 이루면 신과 사람이 이를 듣고 화합함을 느끼게 된다"라는 것은 음악의 조화를 가리킬 뿐만 아니라 「요전」에서 말한 친목·화합과 같은 문화기질을 말하고 있다. 좁은 의미의 덕성은 인간의 내재적 인격 소질을 가리키는 것이며 덕행은 인간 행위의 도덕적 특성을 가리킨다. 그러나 주관적 측면에서 보면 덕행은 곧 덕성이다. 예를 들어 효는 본래 덕행이지만 사람이 효를 행할 수 있는 내재적 자질로 간주하면 덕성이 된다. 정현鄭玄의 『주례周禮』 주에서는 "덕행은 내외를 말하는 것이다. 마음에 있는 것은 덕이고, 그것을 시행하는 것은 행이다(德行, 內外之稱. 在心爲德, 施之爲行)"[32]라고 말했다.

「고요모皐陶謨」에서 「순전」의 사덕은 '구덕九德'으로 확장된다.

고요가 말하였다. "아! 행실을 올바로 하도록 돕는 것에는 아홉 가지 덕이 있습니다. 그 사람이 덕이 있다고 한다면 여러 가지 일들을 살피고 말해야 합니다." 우임금께서 말씀하셨다. "무엇인가?" 고요가 대답하였다. "속이 깊고 관대하나(寬) 위엄이 있고, 성정이 부드럽지만(柔) 뚜렷한 주관을 세우며, 행실이 온후하지만(愿) 공손하며, 다스림의 재주가 있으나(亂) 삼가 행하고, 유순하지만(擾) 의연하며, 행동이 올곧으나(直) 태도가 온화하고, 고상하면서도(簡) 청렴하며, 강직하나(剛) 경솔하지 않고, 용감하나(强) 선량한 것입니다. 이것을 잘 드러내면 항상 길함이 있습니다."33)

구덕은 '곧음(直)', '관대함(寬)', '굳셈(剛)', '고결함(簡)' 이외에 '부드러움(柔)', '후덕함(愿)(=厚道)', '다스림(亂)(=治)', '유순함(擾)(=順)', '용감함(强)'을 추가하였다. 구덕은 강덕剛德과 유덕柔德 두 가지 체계로 볼 수 있을 것 같다. 곧음, 굳셈, 용감함, 고결함, 다스림은 강덕으로 볼 수 있고, 너그러움, 부드러움, 후덕함, 유순함은 유덕으로 볼 수 있다. 그리고 각각의 덕목은 그것과 서로 대립하는 덕목과 서로 조화를 이루어야 한다. 예를 들어 곧음은 온화함으로 보충해야 한다. 구덕의 논조로 보면 당시 사람들은 덕성에 대해 아홉 가지 정덕正德과 보덕輔德 그리고 정과 보가 조화된 아홉 가지 덕행 상태를 구분하였고 그 구분은 상당히 세밀한 수준에까지 도달해 있다.

덕성과 윤리의 구별은 다음과 같다. 덕성은 개성에 속하는 내재적 품격으로 강함과 관대함, 올곧음과 강직함과 같은 것이다. 윤리는 사람과 사람 사이의 관계에서 발생하는 규범이다. 중국 고대에 가장 이르고 또 가장 두드러지는 윤리 규범은 당연히 '효孝'이다.

『이아爾雅』「석훈釋訓」은 "부모에게 잘하는 것이 효다(善父母爲孝)"라고 하였다. 부모가 '친親'이기 때문에 부모에게 잘하는 효는 부모를 섬기는 사친事親[34]과 부모를 사랑하는 애친愛親[35]을 포함하고 있다. 그러나 사실 서주시기 효의 표현과 실천은 부모와 자식 사이에만 한정된 것이 아니었다. 효의 범위는 종적縱的으로 선조까지 거슬러 올라갈 수 있었고 횡으로 부계 종친까지 확장할 수 있었다. 서주 사람들은 기물을 만들면서 선조에 대한 감사의 표시를 많이 하였는데 이때 '효'라는 표현을 자주 사용하였다. 그 속에는 비록 주대의 세경세록제世卿世祿制(벼슬과 녹봉을 세습하는 제도)를 기초로 삼는 것이 있지만 효의 관념은 원시 문화 속에도 그 근원이 있다.

일부 원시집단과 달리 중국문명 속에는 부모를 잡아먹거나 살해하는 풍속에 대한 기록은 없다. 이와는 반대로 전설이나 기록이 남아있는 상고문화에는 노인을 봉양하고 어린아이를 사랑하는 관념이 아주 오랜 근원이 있는 것으로 나타난다. 사대四代의 예제와 전통이 많은 부분에서 변화된 바가 있지만 '양로養老'와 '상치尙齒(경로敬老의 의미)'는 사대의 변하지 않는 전통이며 중국문화 정신 기질의 한 측면을 드러낸다. 이는 주의를 기울일 필요가 있다.

상대에도 이미 효행을 중시하였다. 『여씨춘추呂氏春秋』「효행람孝行覽」에 다음과 같은 말이 있다. "「상서商書」에 이르길 '삼백 가지 형벌 가운데 죄가 불효보다 무거운 것이 없다'고 하였다."[36] 상 왕조 시기에 이미 선조에게 제사를 지내는 제도와 예의가 상당히 발달하였기 때문에 이와 상응하는 '효' 관념의 출현은 매우 당연한 것이다. 「강고康誥」에 주공이 훈계하며 말한 "죄악이 지극히 큰 것은 불효하고 불우不友하는 것이다"[37]라는 기록이 있으며 불효와 불우로 은나라 사람을 꾸짖는다. 만약 은나라 사람들에게 효도와 우애에 관한 규범이 없었다면 주공이 이것으로 은나라 사람을 질책할 수 없었을 것이다. 문헌의 기록에 비추어보면 중국 고대 매우 이른 시기에 이미 효를 포함하는 '오교五教'가 형성되었다. 「순전舜典」에는 순임금이 설契에게 내린 명이 실려 있다.

> 설契아! 백성들이 친목하지 않아서 오품五品 간에 서로 공손하지 아니하니 네가 사도의 임무를 맡아 공손한 마음으로 백성들에게 오교五教를 널리 펴되 반드시 관대함으로 대하여라.[38]

『맹자孟子』「등문공상滕文公上」에 다음과 같은 말이 있다.

> 성인(순임금)께서 우환이 있으시어 설契로 하여금 사도가 되게 하여 부자유친父子有親, 군신유의君臣有義, 부부유별夫婦有別, 장유유서長幼有序, 붕우유신朋友有信의 인륜을 가르치셨다.[39]

부자유친이 바로 효孝다. 이 관점에 따르면 오품五品은 부자, 부부, 군신, 장유, 붕우의 다섯 가지 인륜관계(정현의 주注 또한 이와 같다)이다. 오교五教는 친親, 의義, 별別, 서序, 신信의 다섯 가지 인륜관계의 준칙을 가리키는 것이다. 『좌전』에서 더욱 분명하게 말한다.

> 순은 신하로써 요를 섬겼는데, …팔원八元(설을 우두머리로 삼는 여러 부족)을 등용하여 사방에 오교五教를 반포하도록 하였다. 아비가 의롭고 어미가 자애로우며 형은 우애가 있고 아우는 공손하며 자식은 효도하여 안으로 제하諸夏가 평안하고 밖으로 이적夷狄이 평정된다.[40]

『좌전』에 기술된 오교五教는 완전히 가정도덕이다. 이는 아마도 맹자의 견해보다도 더 오교의 원시적 의미와 가까운 것으로 보인다. 만약 순임금의 시대에 정말 설契(상나라의 시조)에게 명하여 '오교'를 반포하게 했다면 그 문화적 의미는 모세의 십계명보다 못하지 않다. 「강고」에서 주공이 열거한 "죄악이 지극히 큰 것(元惡大憝)"은 바로 "불효하고 불우하는 것"으로 자식이 "부모의 일을 공경하고 복종하지 아니하고(弗祗服厥父事)", 부모가 "자식을 자애롭게 대하지 못하며(不能字(慈)厥子)", 아우가 "형에게 극진히 공경하지 아니하고(弗克恭於兄)", 형이 "아우에게 크게 우애로 대하지 않는 것(大不友於弟)"이다. 그리고 자애, 효도, 우애, 공손, 복종을 주요 도덕규범으로 삼았다. 이것은 『좌전』에서 말한 오교와 일치하며 최소한 은말주초殷末周初에 가정도덕으로서 오교가 이미 가장 중요한 덕목이 되었음을 설명하는 것이다.

만약 '효'를 일반 공동체의 윤리원칙이 아니라 종족宗族(동성동본의 일가) 공동체의 특수한 응집 수요(혈육의 정에 기초한 자연정감과 세속의 관제官制에 기초한 공리적 정감을 포함하여)를 주로 반영한 것으로 말한다면, 남성 중심적 가정의 특수한 수요와 서로 연계된 가정윤리규범은 자연히 부녀에게 초점을 맞춘 것이 적지 않다. 예를 들어 『대대례기大戴禮記』「본명本命」에 "부녀자에게는 일곱 가지 쫓겨나게 되는 조건이 있다(婦有七去)"라는 구절이 실려 있다. 일곱 가지 조건이란 부모에게 순종하지 않는 것, 자식이 없는 것, 음란한 것, 투기를 부리는 것, 나쁜 병이 있는 것, 말이 많은 것, 도둑질하는 것이다. 이는 반면反面의 형식으로 제기한 부녀자의 덕(婦德)이라고 말할 수 있다. 김경방金景芳은 가부장제의 개별 가정이 중국문명의 기초라고 주장하였는데[41] 이로부터 효를 기초로 삼는 '오교'가 중국문화 최초의 도덕규범이며, 이러한 규범은 부계가정의 기초 위에서 형성된 것으로 충분히 볼 수 있다고 하였다.

『서경書經』 속에서 효의 관념은 이미 중요한 지위를 지니고 있었다. 「상서商書」에 명확하게 드러나 있다. "선조(선왕)를 받들 때에는 효를 생각하고 신하를 접대함에 공손함을 생각한다. 먼 곳까지 내다볼 수 있는 것은 밝음이고 덕교德教를 듣고 따르는 것은 총민함이다."[42] 여기에서 효孝, 공恭, 명明, 총聰은 모두 덕행이다. "신하를 접대하는 것", "먼 곳까지 내다보는 것", "덕교를 듣고 따르는 것"에서 네 가지 덕행이 모두 통치자로서 지녀야 하는 개인 덕행이며, 선인을 섬김에 효를 다하고 신하를 대함에 공손하게 하며 여러 가지 의견을 잘 경청하고 원대한 정치적 안목을 지녀야 한다는 것을 분명히 보여주고 있다.

「주서周書」 「미자지명微子之命」에 "그대는 그(성탕成湯)의 도(治國之道)를 닦고 실천하여 일찍부터 훌륭한 명성이 있었고 삼가 신중하게 일을 처리하고 능히 효를 행하며 엄숙한 태도와 공경한 마음으로 신과 사람을 대하였다"[43]고 말했다. 여기에서 말하는 신愼, 효孝, 숙肅, 공恭 또한 덕행의 조목이다. 신은 정무政務에 대해 말하고 효는 선조를 받드는 것을 말하며 숙은 신神의 일에 대해 말하고 공은 백성의 일에 대해 말한다. 또 "너희의 선조이신 성탕은 능히 엄숙하고 성명聖明하며 광대하고 심원하셨도다(乃祖成湯, 克齊聖廣淵)"고 하였는데 채침蔡沈의 『서집전書集傳』에 근거하면 다음과 같다. "제齊는 엄숙함이다. 제는 공경하지 않음이 없는 것이며 성聖은 통하지 않음이 없는 것이다. 광廣은 그 광대함을 말하고 연淵은 그 깊음을 말하는 것이다."[44] 이는 「태갑」에서 말한 사덕과 일치한다.

「경명冏命」은 목왕穆王 시기의 문장으로 그 속에 말하길 "옛날 문왕과 무왕께서는 총민(聰)하고 명철(明)하셨으며 엄숙(齊)하고 성명(聖)이 가득하셨다. (이에) 대소 신하들이 모두 가슴 깊이 충성스럽고 선량한 마음을 품었다"[45]고 하였다. 이것은 총명제성聰明齊聖을 군왕의 덕(君德)으로 충량忠良을 신하의 덕(臣德)으로 여긴 것이라 말할 수 있다. 총명제성의 언급은 「태갑」과 「미자지명」과도 일치한다.

「주고酒誥」에 다음과 같이 말하였다. "온 마음을 다 기울여 작물을 심고 너희의 부모와 어른을 위해 분주하게 힘쓰며, (농사가 끝나면) 재빨리 수레와 소를 끌고 먼 곳에 가서 장사에 종사하여 부모에게 효도하고 봉양하라."[46] 주공은 위나라(衛國)에 있는 은나라 백성들에게 농사일에 전심전력하고 효성스럽게 부모를 섬기라고 훈계하였다. 「채중지명蔡仲之命」에서는 다음과 같이 말하였다. "네가 전인(부친)의 과오를 덮길 바란다면 충과 효를 생각하고, 네가 너 자신에게 새로운 자취를 내딛길 원한다면 능히 태만하지 않도록 힘써 후대에 모범을 보여주도록 하라."[47] 주공이 채숙蔡叔을 가두었으나 성왕은 채숙의 아들인 채중蔡仲을 제후로 봉하여 그에게 힘써 전인(부친)의 과실을 메우고 충과 효를 생각하며 후대를 위해 본보기를 세우라고 훈계하였다. 여기에서 이미 '충'과 '효'를 서로 연계하고 있다.

앞서 「상서商書」「이훈伊訓」에 "제위에 거하실 때는 능히 밝게 보셨고 신하가 되셨을 때는 능히 충심을 다하셨으며 다른 사람에게는 무리하게 완벽하길 바라지 않으셨고 자신에게는 미치지 못하는 바가 있는지 살펴보셨다"[48]라는 표현이 있다. '밝음明'을 윗사람의 덕행으로 삼고 '충忠'을 아랫사람의 덕행으로 삼았다. 「군진君陳」에 다음과 같이 말한다. "너의 미덕은 효도와 공손함이니 (부모에게) 효도하고 형제에게 우애하면 능히 정사에 베풀 수 있을 것이다."[49] 또 다음과 같이 말한다. "너그럽게 하면서 법제를 지니고 침착하게 하여 화합을 이루도록 하라."[50] 효도, 우애, 공손을 「강고」는 중시한다. 효도는 부모를 대하는 것이고 공손은 형을 대하는 것이며 우애는 아우를 대하는 것을 말한다. "능히 정사에 베풀 수 있다"는 것은 효도, 우애, 공손의 마음이 정무를 시행하는 데 유용함을 가리킨다.

이로부터 삼대의 통치자, 특히 서주시대의 통치자가 자발적으로 각종 인격과 덕행을 추앙하였으며 각종 사회도덕 규범을 추진하였다는 것을 알 수 있다. 예를 들어 「군아君牙」에서 말하는 "오상五常(=오전五典)의 가르침을 널리 드높이고 민중을 화합하여 법칙을 준수하게 하라. 너 자신이 능히 바르게 된다면 감히 바르지 않고자 하는 자가 없을 것이며, 백성의 마음속에 중정함이 없다면 너의 중정함으로 해야 한다"[51]이다. 이 역시 『서경』에서 제기하는 각종 덕행은 기본적으로 통치자가 지녀야 하는 개인의 도덕규범이며 정치관리의 영역에서 착안된 것임을 설명하고 있다.

『서경』에서 제기한 덕행은 『시경』에도 나타나 있다. '효'를 예로 들어보자.

> 성왕成王의 성신誠信은 하토下土(천하天下)의 모범이시며, 효사孝思(선인에게 효순하는 마음)를 길이 이으시니 효사가 법칙法則이 되었도다.[52]

시에서 성왕의 효순孝順을 찬양하며 효를 법칙으로 치켜세운다. 「주송周頌」에 의거하면 성왕 스스로도 무왕의 묘에서 시詩로써 고하며 "아, 위대하신 황고(무왕)시여. 길이 종신토록 능히 효도하셨도다

(於乎皇考, 永世克孝)"(「주송 · 민여소자閔予小子」)라고 표현하였다. 『시경』에는 또한 제후와 귀족의 효행을 찬양하는 편장이 있다.

> 위의威儀(예절禮節)를 사용함이 때에 맞으며 군자에게는 효자의 정이 있도다. 효자의 정이 마르지 아니하면 영원토록 그대의 집안에 복이 내릴 것이다. 그 집안은 어찌 될 것인가? 집집마다 마음과 덕을 함께 하리다. 군자는 만세토록 길이 자손에게 복록을 내릴 것이다. 그 자손은 어찌 될 것인가? 하늘이 그들을 복록으로 덮으리라. 군자 만년토록 대명이 계속 따르리로다.[53)]

시에서는 군자에게 효와 덕이 있음을 찬송하며 특별히 세습제도 속에서 효행의 의미가 자손들이 선조의 은덕을 가슴에 새겨 복록을 지키는 것임을 가리킨다. 또 바로 이러한 점 때문에 주시周詩에서 귀족들이 효행을 찬양하는 것은 대부분 제향祭享을 드릴 때이다. 예를 들어 「주송」의 "아, 큰 희생을 올려 나를 도와 제품祭品을 진열하니 위대하시도다, 황고(문왕)시여! 나 효자의 마음을 편안하게 하시도다"[54)]와 "(제후들을) 거느리고 그 소고(무왕)를 뵈어 효를 행하고 제향祭享을 행한다"[55)] 등이 있다. 이는 모두 주나라 왕이 사람들을 거느리고 조상의 묘를 알현하여 효심으로 제사를 올려 선조의 은혜를 받길 바랐다는 것을 말한다.

주나라 귀족의 '효'와 '제향' 활동은 항상 함께 연결되는데 이는 선조에게 제향을 드리는 것이 주나라 귀족들이 효행을 표현하는 중요한 방식임을 설명한다. 주대의 명문銘文 속에는 '향효享孝'와 '추효追孝'의 설이 많이 보인다. 예를 들어 "아침저녁으로 위대한 선조에게 제사를 올림(夙夜用享孝皇祖文考)", "위대한 선조에게 효를 다함(用

追孝于皇祖)"[56] 등이 있는데, 이는 서주의 선조에 대한 제향이 단지 신령神靈의 비위를 맞추는 것일 뿐만 아니라 선조에게 근본을 보답報本하는 효행임을 나타낸다. 이 때문에 효는 살아계신 부모에 대한 효순孝順일 뿐만 아니라 선조에게 제향을 드리는 '향효'이며 돌아가신 부모를 추도하며 제사지내는 '추효'이다. 언급할 만한 것으로는 「소아小雅」의 "장중張仲(주선왕周宣王의 신하)은 효도와 우애의 미덕이 있도다(張仲孝友)"(「동궁彤弓 · 유월六月」)라는 구절에서 효도와 우애를 연결하는 표현은 『서경』과 서로 부합한다.

『시경』 속의 효 사상은 또한 귀족에게 한정되지 않는다. 「소아」의 다른 시를 예로 들어보자.

> 기다란 쑥(莪)(부모에게 매달린 아이를 상징하는 포양호抱孃蒿)이라 여겼더니, 이 쑥(莪)이 아니라 저 사철쑥(蒿)(약재로 사용되는 청호青蒿)이로다. 슬프고 슬프도다 부모시여, 나를 낳으시느라 몹시 수고하시어 지치셨도다.[57]
>
> 기다란 쑥(莪)이라 여겼더니 이 쑥(莪)이 아니라 저 제비쑥(蔚)(잎을 차로 마시거나 말린 풀을 불에 태워 모기를 쫓아내는 모호牡蒿)이로다. 슬프고 슬프도다 부모시여, 나를 낳으시느라 몹시 수고하시어 병이 드셨도다.[58]
>
> 아버지가 없으면 누구를 의지하며, 어머니가 없으면 누구를 믿겠는가.[59]
>
> 아버지여 나를 낳으시고, 어머니여 나를 기르시니, 나를 어루만지고 나를 어여삐 여기시며 나를 성장하게 하고 나를 교육하시며 나를 돌보시고 나를 비호하셨도다.[60]

「녹명鹿鳴」에서는 「상체常棣」처럼 반복하여 형제지간의 정이 중요함을 자세하게 밝힌다.

앞장에서 서주의 예악문화를 토론할 때 우리는 주례의 사회적 측면이 가지는 의미가 종법질서를 공고히 하고 종족 내부의 생활 규범을 기르며 종족 내부의 응집력을 강화하는 것임을 언급하였는데, 그 내용들을 한마디로 말해 '효'라고 할 수 있다. 이러한 의미에서 '효'는 부모에 대한 자녀의 효도와 봉양일 뿐만 아니라 종족의 이익·질서·번영을 대표하는 하나의 보편적 가치이다.

실제로 강학위康學偉가 제기한 것처럼 주대의 관혼상제冠婚喪祭와 양로養老의 모든 예禮는 '효'의 원칙과 정신을 관통하지 않는 것이 없다.[61) 『효경』에서 공자의 말을 인용하여 말하길 "무릇 효란 덕의 근본이며 가르침이 생겨나는 곳이다"[62)라고 하였는데 이는 당연히 서주시대부터 내려온 전통적인 관념이다. 관혼상제의 예禮가 거행되는 장소를 주대에 종묘로 정한 것은 종묘가 일반 원시사회에서 규정하는 공공장소임을 말하려는 것이 아니라, 이러한 예의들이 모두 '가家'로 대표되는 가족 혹은 종족 이익의 틀 내부에서 전개되고 그것을 위해 봉사하는 곳임을 분명하게 보여준다.

관례는 남자가 가정을 대표하고 가정의 의무를 책임지는 권리를 획득한 것이지 씨족사회의 일반 구성원이 되었다는 자격이나 권리를 획득한 것은 아니다. 혼례는 "두 성의 좋은 점을 합쳐서 위로는 종묘를 섬기고 아래로는 후세를 잇는다"[63)는 것으로 신부는 가정의 중요 구성원이 되어 가사노동, 시부모 봉양, 자녀 양육이라는 가정의 중책을 담당하게 된다.

상례와 제례는 자녀 혹은 후손의 효심에 기대기 위한 것이며, 옛 예가禮家들이 말하는 "근본에 보답하여 처음으로 돌아간다(報本反始)"라 함은 부모와 선조에 대한 감은感恩의 심정을 가리키는 것이다. 사대四代의 양로 전통은 비록 봉양 받는 것이 평민에게까지 보급되지는 못했지만, 「제의祭義」에서 "노인을 귀하게 모시는 것은 부모에 가깝기 때문이다"[64]라고 말한 것은 양로의 예 또한 친친親親과 유사한 성격을 가지고 있음을 설명한다. 『순자』 「대략大略」에서 더욱 명확하게 언급하고 있다. "예라는 것은 귀한 자에게 공경하고 늙은 자에게 효도하며 연장자에게 공손하고 어린 자에게 자애로우며 비천한 자에게는 은혜로운 것이다."[65] 후대의 유가들이 주장하는 "내 부모에게 효도하여 다른 이의 부모에게까지 미치게 한다"[66]는 주장은 주대 효로孝老 정신의 합리적인 발전이다.

그러나 서주 문헌 속에서 '효'는 결코 '덕德'으로 간주된 것은 아니다. 효는 아마도 '행行'으로 더 많이 여겨진 것으로 보인다. 「요전堯典」과 「고요모皐陶謨」에서 말하는 덕은 대부분 개인의 품격과 품성을 가리키는 것이며 '효'와 같은 윤리규범은 결코 그 속에 포함되지 않는다. 후대 「주서·입정立政」에서 말한 "(현인들의 행실에 대한) 이해를 통하여 구덕의 행실을 실천할 수 있다고 진실로 믿는다(知忱恂於九德之行)"는 것은 당연히 「고요모」에서 말하는 구덕과 같다. 「홍범」의 여섯 번째 "다스림은 삼덕으로 한다(乂用三德)"는 것은 또한 "첫째는 정직이고, 둘째는 강극이며, 셋째는 유극이다(一曰正直, 二曰剛克, 三曰柔克)"를 가리키며, 이들은 윤리와 같은 인륜 규범적인 내용을 포함하지 않는다. 「여형呂刑」에서 말하는 "오형五刑을 공경히 행해야만 삼덕을 이룰 수 있다"[67]에 대하여 공안국孔安國은 『상서정의』에서 삼덕을 강, 유, 정직으로 여겼고 「홍범」의 설과 같다고 보았다. 그러므로 '덕'자는 처음에는 당연히 개인적 품격으로서의 덕성을 가리켰으며 인륜적 도덕규범을 가리키는 덕행으로 사용된 경우는 그다지 많지 않았다.

『주례』의 「대사도大司徒」에서는 '육덕六德'과 '육행六行'을 분별하고 있다.

> 향鄕에서는 세 가지로 백성을 가르치고 인재를 선발한다. 첫째는 육덕六德이라 하는데 지知와 인仁과 성聖과 의義와 충忠과 화和이다. 둘째는 육행六行이라 하는데 효孝와 우友와 목睦과 인婣과 임任과 휼恤이다. 셋째는 육예六藝라 하는데 예禮와 악樂과 사射와 어御와 서書와 수數이다.[68]

옛 주석에서 목睦은 구족을 가깝게 대하는 것을 가리키고 인婣은 외친外親을 가깝게 대하는 것을 말하고, 임任은 교우의 믿음을 의미하고 휼恤은 가난한 자를 구제하는 것을 가리킨다. 여기에서 효孝와 우友는 모두 '행行'에 속하지만 '덕德'에 포함되지는 않는다. 덕성과 윤리의 이러한 구분은 『중용』에서도 찾아볼 수 있다.

> 천하의 달도達道(사람이 마땅히 지켜야 하는 도)는 다섯이며 이것을 행하는 것은 셋이다. 군신 · 부자 · 부부 · 형제 · 붕우의 사귐 이 다섯 가지는 천하의 달도이며, 지智와 인仁과 용勇은 천하의 세 가지 달덕達德(사람이 마땅히 지켜 행해야 하는 덕)이다.[69]

물론 덕과 행의 이러한 분별은 절대적이지 않다. 행이 내재화하면 덕으로 변하며 행에 대한 규범적 요구 또한 개인의 덕성에 대한 요구로 변할 수 있다. 『주례』의 여러 곳에서 효와 우가 우연하게도 덕으로 칭해진다. 『주례』 「춘관 · 대사악大司樂」에서 "악덕樂德으로 국자國子(공경대부의 아들)들에게 중中 · 화和 · 지祗 · 용庸 · 효孝 · 우友를 가르쳤다"[70]고 하였지만, 이것은 효와 우를 '악덕樂德'으로 여기고 '악무樂舞' '악어樂語'와 함께 언급하였기 때문에 여전히 효와 우를 보편적인 덕으로 여겼다고 할 수 없다. 그런데 「지관地官」의 「사씨師氏」에서 또다시 효덕孝德을 언급한다.

> (사씨는) 삼덕三德으로 국자國子들을 가르친다. 첫 번째는 지덕至德이라 하며 도道의 근본으로 삼고, 두 번째는 민덕敏德이라 하며 행行의 근본으로 삼고, 세 번째는 효덕孝德이라 하며 악을 거스르는 역악逆惡을 알게 한다. (또한) 삼행三行을 가르친다. 첫 번째는 효행孝行이라 하며 부모를 섬기는 것이고, 두 번째는 우행友行이라 하며 어질고 뛰어난 이를 존중하는 것이며, 세 번째는 순행順行이라 하며 스승과 어른을 섬기는 것이다.[71]

효덕과 효행은 분명히 중복된 것이다. 효덕의 효는 글자가 잘못되었거나 넓은 의미에서의 효를 가리키는 것으로 보인다. 아무튼 여기에서도 여전히 부모를 섬기는 것을 '효행'이라 칭한다.

옛말에는 규범이란 단어가 없었다. 『이아爾雅』의 「석고釋詁」에서 "전典, 이彝, 법法, 칙則, 형刑, 범範, 구矩, 용庸, 항恒, 율律, 직職, 질秩은 상常이다"[72]라고 하였으며, 또 "가柯, 헌憲, 형刑, 범範, 벽闢, 율律, 구矩, 칙則은 법法이다"[73]라고 하였다. 도덕 방면에서 '신信'과 '성誠' 그리고 '경敬', '안安', '효孝'를 언급하였지만 「석고」 전체를 통틀어도 "…은 덕이다(…, 德也)"라는 표현은 보이지 않는다. 이는 비교적 추상적인 관념에 대하여 『이아』에서 표현할 방법이 없었음을 말하는 것으로 보인다. 「석훈釋訓」에도 다만 '효'와 '우'의 덕목이 있을 뿐이다.

고대 문헌 속에는 덕행체계에 대하여 정리한 것들이 많이 있다.

정확한 분석을 위해 그것들을 세 부류로 나누어 분류하도록 하자.

1. 첫 번째 부류

사덕四德 : 직直, 관寬, 강剛, 간簡 (「요전堯典」)

구덕九德 : 관寬, 유柔, 원愿, 란亂, 요擾, 직直, 간簡, 강剛, 강强 (「고요모皐陶謨」)

삼덕三德 : 정직正直, 강극剛克, 유극柔克 (「홍범洪範」)

2. 두 번째 부류

오교五教 : 부의父義, 모자母慈, 형우兄友, 제공弟恭, 자효子孝 (『좌전左傳』 문공文公18년)

칠교七教 : 부자父子, 형제兄弟, 부부夫婦, 군신君臣, 장유長幼, 붕우朋友, 빈객賓客 (『예기禮記』「왕제王制」)

팔정八政 : 부부夫婦, 부자父子, 형제兄弟, 군신君臣 (『일주서逸周書』「상훈常訓」)

십륜十倫 : 군신지의君臣之義, 부자지륜父子之倫, 귀천지등貴賤之等, 친소지쇄親疏之殺, 부부지별夫婦之別, 장유지서長幼之序, 상하지제上下之際 (『예기』「제통祭統」. 사회덕행과 무관한 것은 제외하였다)74)

사도四道 : 친친親親, 존존尊尊, 장장長長, 남녀유별男女有別 (『예기』「대전大傳」)

오달도五達道 : 군신君臣, 부자父子, 부부夫婦, 형제兄弟, 붕우朋友 (『예기』「중용中庸」)

삼행三行 : 효행孝行, 우행友行, 순행順行 (『주례周禮』「사씨師氏」)

육행六行 : 효孝, 우友, 목睦, 인婣, 임任, 휼恤 (『주례』「대사도大司徒」)

3. 세 번째 부류

육덕六德 : 중中, 화和, 지祇, 용庸, 효孝, 우友 (『주례』「대사악大司樂」)

육덕六德 : 지知, 인仁, 성聖, 의義, 충忠, 화和 (『주례』「대사도」)

삼달덕三達德 : 지智, 인仁, 용勇 (『예기』「중용」)

사덕四德 : 정精, 충忠, 공孔, 신信 (『국어國語』 주어상周語上)

사덕四德 : 충忠, 신信, 예禮, 의義 (『국어』 주어상)

구덕九德 : 효孝, 제悌, 자혜慈惠, 충서忠恕, 중정中正, 공손恭遜, 관홍寬弘, 온직溫直, 겸무兼武 (『일주서』「보전寶典」)

구덕九德 : 충忠, 신信, 경敬, 강剛, 유柔, 화和, 고固, 정貞, 순順 (『일주서』「풍보酆保」)

구행九行 : 인仁, 성性, 양讓, 언言, 고固, 시始, 의義, 의意, 용勇 (『일주서』「문정文政」)

구수九守 : 인仁, 지智, 고固, 신信, 성구城泃, 렴廉, 계戒, 경競, 국國 (『일주서』「문정」)

『일주서逸周書』75)에도 '구덕'에 대한 몇몇 표현이 있지만 구덕을 주로 윤리적 측면이 아닌 치국의 법으로 보기 때문에 이도저도 아닌 애매한 것으로 보인다. 예를 들어 「문정文政」의 '구덕'에 관한 설인 "첫째는 충이요, 둘째는 자애요, 셋째는 복록이요, 넷째는 상벌이요, 다섯째는 백성의 이익이요, 여섯째는 상인과 공인들이 재물을 얻는 것이요, 일곱째는 백성의 죽음을 공경하는 것이요, 여덟째는 농민을 수탈하지 않는 것이요, 아홉째는 백성의 재물을 풍족하게 하는 것이다"[76]와 같다. 이러한 것들은 열거하지 않겠다. 그리고 「일주서」 등과 같이 그 속에는 사덕四德, 구덕九德과 같이 덕德자에 숫자를 더하여 표현한 것은 아직 보이지 않으며 다른 방식으로 사회의 기본가치를 나타내는 표현도 있지만 상세하게 하나하나 열거하여 논하지 않았다.

이상의 덕과 연관된 세 부류의 표현에서 첫 번째는 개인의 품격에 속하고, 두 번째는 사회의 기본적인 인륜 관계에 대한 규범이며, 세 번째는 앞의 두 가지를 결합한 산물로 볼 수 있다. 그 속에는 온화함 · 올곧음 · 강함 · 부드러움과 같은 개인 품격도 있고, 효孝 · 제悌 · 우友와 같은 인륜적 측면의 도덕도 있다. 주의해야 할 것은 세 번째 부류 내부의 보편적인 도덕 가치는 덕성에 대한 요구로 반영되며 현저하게 증가한다는 것이다. 예를 들어 인仁 · 지智 · 신信, 의義 등이 있다. 이러한 모든 것들은 기본적으로 서주시대 덕행관념의 면모를 반영하였다. 그것들은 통치자로서의 개인적 규범과 요구이며, 또한 보편 윤리학에서 말하는 덕성과 덕행 원칙의 의미를 지니고 있다. 대체적으로 세 번째 부류는 앞의 두 부류보다 늦게 나타나는데, 그중 어떤 부분은 초기 유가 사상으로 유입되었을 가능성이 있다. 어찌 되었든 초기 유가들이 제창한 덕행 덕목과 이 세 가지 덕행의 분류는 밀접한 관련이 있다.

내용을 살펴보면 이러한 덕목들은 크게 두 부분으로 나누어 볼 수 있다. 첫 번째는 가정과 가족 더 나아가 종족관계에 기초하여 세워진 인륜 규범이며 주로 가정도덕(domestic moral)을 말한다.

두 번째는 개인으로 주로 통치자에게 제기하는 개인의 품격에 대한 요구이다. 후자에는 일반적으로 이상적인 인격의 의미도 포함되어 있다. 이 두 가지 측면이 바로 후대 유가의 도덕학설의 기본적인 입각점이다.

마지막으로 『시경』 가운데 덕의 문제와 관련된 표현에 대해 간단하게 토론해보도록 하자. 「대아大雅」에서 "위의(예절)를 공경하고 삼가하여 덕이 있는 사람을 가까이 하라(敬愼威儀, 以近有德)"(「생민生民 · 민로民勞」)는 표현은 『시경』 가운데 주나라 사람들의 일반적인 '경덕敬德' 사상을 반영하는 전형적인 표현이다. "위의를 공경하고 삼가다"라는 표현은 『시경』에 많이 보인다. 예를 들어 「대아 · 탕지십蕩之什」의 「억抑」, 「증민烝民」 등에 나타난다. "덕이 있는 사람을 가까이하라"라는 표현 또한 「대아 · 생민지십生民之什」의 다른 편에 보인다. '경敬'에 대한 강조 또한 『시경』에 매우 분명하게 나타난다. 이들 모두 「주서周書」와 일치한다.

『시경』에는 "하늘이 여러 백성들의 무리를 낳으니 사물이 있고 법칙이 있도다. 백성이 떳떳한 성품을 갖고 있는지라 이러한 아름다운 덕을 좋아하도다"[77](「대아 · 탕 · 증민」)와 같은 사상만이 있는 것이 아니라 덕행의 덕목 또한 많이 반영되어 있다. 예를 들면 다음과 같다.

공公

아아, 신공들이여 그대들이 공가公家(공공이익을 대표하는 기관)에 있음을 공경할지어다.[78]

이른 새벽부터 밤늦게까지 공가에 있으며 공가에서 일을 분명하게 처리하도다.[79]

이른 새벽부터 밤늦게까지 공가에 있으나 실은 운명이 똑같지 아니하도다.[80]

강유剛柔

강하지도 않고 부드럽지도 아니하사 정사를 펴기를 너그럽고 너그럽게 하시도다.[81]

부드러워도 삼키지 아니하며 강해도 뱉지 아니한다.[82]

온공화평溫恭和平

온순하고 공경하기를 아침저녁으로 하니 일을 행함에 삼감이 있도다.[83]

종일토록 온순하고 은혜로워서 그 몸을 잘 삼갔다.[84]

온순하고 온화하며 공손한 사람들이 마치 나무에 모인 듯하다.[85]

뽕나무와 추자나무도 (아이들로 하여금) 반드시 공경하게 하도다.[86]

(빈객이 처음 자리에 앉을 때는) 온화하고 온순하며 공손하게 한다.[87]

화목하고 평화로움이 우리의 옥벽 소리에 의지하도다.[88]

성聖

성인께서 도모하셨도다.[89]

사람이 지혜로움과 총명함을 지니도다.[90]

모친이 지혜롭고 선량하다.[91]

황보가 대단히도 총명하구나.(풍자하는 말로 약았다는 의미)[92]

인仁

진실로 아름답고 또한 인자하도다.[93]

그 사람이 아름답고 또한 인자하도다.[94]

이러한 입장과 유사한 어구가 『서경』 속에 많이 있다. 예를 들어 강유剛柔를 논하는 것으로는 『서경』「주서 · 필명畢命」에 "강하지도 유하지도 아니하니 그 덕이 능히 닦여질 것이다(不剛不柔, 厥德允修)"가 있다. 온공溫恭을 논하는 것으로는 『서경』「우서 · 순전舜典」에 "깊고 명철하고 문채나고 밝으시며 온화하고 공손하도다(濬哲文明溫恭)"가 있다. 성聖을 논하는 것으로는 『서경』「주서 · 홍범」에 "슬기로움은 통하지 않음이 없게 만든다(睿作聖)"가 있으며 「미자지명微子之命」과 「경명冏命」에 또한 "엄숙하고 지혜로우시다(齊聖)"하는 말이 있다.

『서경』 속에서 인仁을 논하는 것은 인자한 사람(仁人)으로 표현한 것이 많으며, 「중훼지고仲虺之誥」에 "능히 관대하고 능히 인자하다(克寬克仁)"와 「금등金縢」의 "저는 어질어 돌아가신 아버지를 따르며(予仁若考)" 등의 표현이 있다. 화和를 논하는 것으로는 『서경』「다방多方」에 "스스로 불화를 저지르니 너희는 다만 화목할지어다. 너희 집안이 화목하지 아니하니 너희는 다만 화목할지어다"[95]가 있다. 공公을 논하는 것에는 「주관周官」의 "공으로 사를 멸하면 백성들이 그대들을 믿고 그리워할 것이다"[96]라는 표현이 있으며 앞장에서 이미 서술하였다.

4. 덕행의 사회적 토대 : 주대의 생활공동체

비록 고대에 덕과 관련된 언급들이 종종 정치영역을 통해 표현되었지만, 그러나 이는 고대인들에 의해 정치와 연관되어 제기된 도덕관념의 의미가 단지 정치영역에만 한정되고 있다는 것을 표명하는 것은 아니다. 예를 들어 효孝와 우友는 통치계급이 매우 중요하게 여겼던 도덕관념이다. 또한 정직正直은 통치자의 중요한 덕행 규범이다. 그러나 효와 우 그리고 정직이란 덕목은 모두 정치영역을 넘어선 일반적 도덕의 의미를 지니고 있다.

통치계급과 귀족은 모두 같은 하나의 생활공동체 속에 살고 있고, 그 생활공동체 속에서 상호 간의 관계를 조절하고 규범화하기 위하여 공동체의 이익을 반영하는 여러 가지 도덕 준칙과 개인의 품격과 관련되는 것들을 만들어내어야 한다. 그러나 이러한 준칙과 품격들은 다른 계층의 공동체 생활에서 요구하는 것과 근본적인 차이가 없다. 귀족들은 힘들고 고된 노동의 상태를 벗어나 높은 수준의 문화를 향유할 수 있게 되었기 때문에 그들 가운데 전문적인 지식인들이 출현하기 시작하면서 인륜적 문제에 대해 사고하는 것을 가능하도록 만들었다. 그리하여 오늘날 우리들이 문헌 속에서 볼 수 있는 초기 덕행의 관점과 윤리사상은 먼저 귀족문화 속에서 발전하기 시작하였다.

물론 마르크스는 일찌부터 다음과 같이 말하였다.

> 통치계급의 사상은 모든 시대마다 통치지위를 차지하는 사상이다.

> 이는 곧 하나의 계급이 사회에서 통치지위를 차지하는 물질적 힘인 동시에 정신적인 힘임을 말한다. 물질적 생산 수단을 지배하고 있는 계급은 동시에 정신적 생산 수단 또한 지배하고 있다. 이로 인해 그러한 정신적 생산 수단이 없는 사람들의 사상은 일반적으로 통치계급의 지배를 받게 되는 것이다.[97]

마르크스가 본 것처럼 역사상에서 통치지위를 차지하고 있는 사상은 분명히 보편적 형식을 가지는데, 이는 단지 정권을 잡은 통치계급이 항상 "자신들의 사상에 보편적인 형식을 부여하기" 때문이 아니다. 실제로 어떤 통치계급이나 어떤 사회의 상층 문화가 요구하는 공동체의 준칙은 반드시 그들이 독점할 뿐만이 아니라 보편성을 지닌다. 이는 마치 기층基層의 생활공동체가 요구하는 준칙이 보편성을 지니는 것과 같다. 여기에서 비로소 그들의 통치가 합법성을 가지게 되는 것이다. 이로 인해 어떤 공공관리의 직책을 담당하는 계급이나 집단은 필연적으로 적어도 일정한 정도에서 이러한 사회공동체의 요구에 부합하는 보편준칙을 제기하게 된다. 따라서 그들 사상이 가지고 있는 보편적인 성분은 형식이고 더욱 단순한 허구적 선언으로 볼 수는 없다. 사회의 생활공동체가 요구하는 준칙이 상층사회와 귀족문화 속에서 먼저 발전하기 시작하였고, 다시 상층문화 속의 지식인에 의해 그것을 다듬고 개념화하였다는 것을 중국역사는 분명히 보여주고 있다.

윤리학에서 중요하게 보는 관점의 사회적 기초는 공동체의 구조, 형태 및 규모에 있지 생산수단의 소유제는 여기에서 그렇게 특별한 중요성을 가지지 않는다. 왜냐하면 소유제는 사람과 토지의 경제관계와 같은 생산수단과 사람 · 노동자의 연계방식이기 때문이다. 윤리준칙, 규범, 관념 중의 어떤 내용들은 비록 소유제 형태의 영향을 받았을 가능성은 있지만, 근본적으로 공동체 생활의 수요에 그 근원이 있다.

씨족사회에서 공동체의 실체는 씨족이다.[98] 씨족시대에도 비록 혼인관계가 있었지만 실체로서의 가정형태는 형성하지 못했다. 부부가 구성하는 혈연공동체의 실체인 가정이 출현한 이후 중국에 "강렬한 부권의 흔적을 지닌" 일부일처제 가정이 형성되었다.[99] 주대에는 이미 성숙한 일부일처제의 가정의 단계로 진입하였지만 부계 친족집단(族)이 개체 가정과 개인에게 여전히 강한 영향력을 가지고 있었다. 부계 친족집단이 '예禮'에 의지하여 유지되고 조절되는 데 반해 일부일처제 가정은 주로 가정도덕으로 규범화되고 조절되었다. 그러나 두 집단 또한 몇몇 공통된 점들이 있었다.

사유양謝維揚은 종법제도를 재산계승제도나 일반적인 친인척 관계로 혼동하는 것에 찬성하지 않았다. 그는 다음과 같이 말했다.

> 이른바 주대의 종법제도는 국가의 허락과 도움 아래에서 혈연단체의 지도자가 혈연적 이유에 근거하여 친족들의 행위 심지어 신체까지도 관리하고 지배하는 제도를 가리키는 것이다. (그리고 이러한 친족들이 그에 알맞게 이러한 관리와 지배에 복종하는 제도를 가리킨다)[100]

위의 정의는 아마도 종법제도가 가진 위의 상층부가 아래의 하층을 대하는 권위적인 성격을 지나치게 강조하고 있는 것으로 문명의 구성 방식과 교류 방식이라는 관점에서 고찰하지 않았을 가능성이 크다. 그는 또 이어서 이렇게 말했다.

이로부터 종법제도의 본질이 일종의 '사법私法'제도라고 말해도 가능하다는 것을 알 수 있을 것이다. 바로 국가(동시에 법률이라고도 표현한다)가 혈연단체의 지도자에게 그 구성원에 대하여 법률(또는 '공법公法'으로 칭한다)을 대체하여 실시하는 관리와 처리의 권한을 가지도록 인정하는 것이다.[101]

보충해야 할 것은 구동조瞿同祖에 의해 가족주의 현상으로 불리는 이러한 종법제도의 의식형태는 가족윤리이지 '정치 관련 윤리' 혹은 '일반사회 관련 윤리'가 아니라는 점이다.

초기 인류 생존 공동체의 기층 단위는 몇몇 대우가정對偶家庭[102]으로 구성된 공산제적 단체이다. 이는 모르겐(Morgen)이 묘사한 것과 같다. 이러한 혈연공동체는 모계 가정공동사회라 칭한다.[103] 남자가 경제생활 속에서 가지는 지위가 상승함에 따라 가정공동사회는 부계 형태로 변하는데, 부계 가정공동사회는 동일한 남성 조상으로부터 출생한 여러 세대의 남성 후예를 포함하는 혈연가정공동체이다. 남녀관계에서 부계 가정공동사회는 점차 부권형父權型 가정공동사회로 변화하지만 "이러한 모든 가정공동사회는 여전히 하나의 생산과 생활의 단위이고, 공동사회의 구성원은 한 집에 거주하며 공동으로 토지를 점유하고 공동으로 노동하며 공동으로 분배한다. 다만 가장이 조금 더 많은 특권과 공동사회의 재산 및 구성원의 신체에 대한 지배권을 지니고 있을 뿐이다."[104]

부계 가정공동사회는 씨족사회 말기의 현상이지만 이 시기 생산 수단은 점차 씨족 소유에서 가정공동사회의 소유로 전환되어간다. 더 나아가 재산소유권은 가정의 소유로 변화하였다. 씨족 단계를 상술하는 과정 속에서 중국역사의 특징은 이미 독립한 각 부계

가정 간에 특수한 혈연연계 방식을 유지한다는 것이다. 이러한 방식은 국가로부터 인정된 예禮를 통해 강화하며 주대에 이르면 "혈연적 수단으로 각 친족 가정을 연합하고 구속하는 일종의 종법단체"로 진화하는데 이러한 가정 집단은 학자들에 의해 '부계종족父系宗族'으로 칭해진다.105) 종족(같은 일가一家를 말함) 공동체의 범위 내에서 가장 중요한 덕행은 '효孝'이다. 효의 도덕적 우선성은 일반적인 공동체 도덕이 아닌 종족공동체의 구조에서 규정된 것이지만 중국 전통사회의 기나긴 역사 가운데 사회적 측면에서 항상 중요한 지위를 가지고 있었다. 게다가 후대의 '인仁'이라는 덕德은 심지어 '효'의 관념에서 발전한 것이다.

『서경』에 순임금이 설에게 '오교五教'를 널리 전파하여 시행하게 한 기록을 통해 보면 효는 이미 가장 중요한 준칙이었다는 것을 알 수 있다. 적어도 상대商代에 효가 가족도덕으로 존재하였다는 생각은 매우 합리적이다. 주봉한朱鳳翰의 연구에 근거하면 다음과 같다. "상나라의 종족은 모두 비교적 안정적이고 오랜 시간 동안 일정한 지역과 결합되어 있기 때문에 족명族名과 지명이 항상 동일하였다. 이것은 그들이 사회조직 발전의 전체 역사 여정 속에서 이동을 위주로 하는 혈연단체에서 지역을 기반으로 하는 조직으로 변화하는 과도기 단계에 머물러 있음을 의미한다. 각 종족의 속지屬地는 모두 일정한 경계가 있었으며 그들의 정치적 영역으로 삼았다. 전체 종족 가운데 대종大宗 본가本家와 소종小宗 분가는 그 친족 구조에 의거하여 속지에 집단적으로 거주하였다. 가족장과 그의 친족들은 속지 중심에 성벽을 두르고 있는 대읍大邑에 거주하였는데 중심 대읍은 가족 종묘의 소재지였기 때문에 제사의 중심지이기도

하였다. 중심인 대읍의 교외는 전奠(혹은 비鄙)이라 불렀으며 그 속에는 농지와 작은 읍락들이 있었고 각 소종의 족인들이 거주하는 장소였다." 그는 또한 상나라 왕실과 중요한 자손의 종족은 여전히 공통의 종교 · 경제 · 정치활동을 통하여 종족 관계를 유지하는 유기적 혈연공동체였으며 동성의 여러 종족들은 종법관계의 제약을 받는다고 말한다. 큰 종족 조직의 상층에 속하는 종족장宗族長과 그의 근친들은 항상 하나의 귀족가족을 구성한다.[106] 종족장과 그의 근친들 그리고 같은 족인들 사이에는 등급의 차별이 있는데 이러한 등급은 제사활동 속의 지위와 묘장墓葬제도의 규정을 통해 표현된다.[107]

주봉한의 서주시대 가족형태에 대한 논의의 요점은 다음과 같다. 주나라의 무력을 가진 정부와 대규모 이민이 가정과 가족형태의 단계에서 기존의 사회조직 구조를 바꾼 것은 아니다. 다만 비교적 큰 면적의 집단거주 구조가 은상시대의 단일한 혈연의 집단거주에서 서로 다른 성씨들과 섞여 거주하는 형태로 변한 것이다.

도읍에 거주하는 귀족가족은 부계가족이다. 이들이 친족들을 모을 경우 항상 같은 조상을 모시는 몇몇 방계까지 포함한다. 일정한 규모로 일족을 모아 집단으로 거주하기 때문에 종족조직이 형성되는 것이다. 교외에 거주하는 서민종족은 주요 노동생산자이다. 이들은 비록 공전을 경작하지만 사전과 사유재산을 가지고 있다. 서민들은 몇몇 핵심가족을 포함하는 부계가족을 토지와 생산물을 점유하는 경제단위로 삼으며 일족을 모아 거주한다.[108]

사유양과 주봉한은 서주시대 서민가족의 형태에 대한 견해가 서로 다르다. 사유양은 계급사회로 진입하고 도시와 향촌이 분리된 이후에 도시와 향촌에 거주하는 사람들이 계급이 서로 다르게 되었고 이로 인해 각자 다른 가정형태를 가지게 되었다는 관점이다.

> 중국 주대의 부계종족父系宗族은 주로 국가의 중앙과 도읍에 거주하고 있는 귀족계급 속에서 발전하였다. 그러나 농업생산을 담당하며 국가 중앙의 '여섯 향촌(六鄕)'과 교외에 거주하는 대부분의 서민계급 속에는 이러한 부계종족 조직은 결핍되어 있었다. 그들 사이에서는 다른 방법을 통해 농촌 공동사회와 같은 공동체 형태가 발전하였다. 이러한 형태는 부계 가정공동사회가 해체된 이후 출현한 것이며 개체가정을 기초로 하는 사람들의 공동체 형식이었다. 그러나 구조와 가정의 외부 관계라는 측면에서 부계종족과는 매우 큰 차이점이 있다. 이 때문에 중국 주대의 가정형태에는 두 가지 유형이 존재한다. 각각의 배경을 가지고 말하면 첫 번째 유형은 부계종족과 서로 연결되는 것이고, 두 번째 유형은 농촌공동사회와 서로 연결되는 것이다. 그러나 가정 자체의 구조를 가지고 말하면 두 유형 모두 이미 개체가정의 단계로 진입하고 있다.[109]

농촌공동사회의 특징은 우선 그것이 서로 다른 혈연적 가정연합으로 이루어진 농촌공동체라는 점에서 나타난다. 예를 들어 『국어』「제어齊語」 등에 반영된 마을에 거주하는 백성들의 조직은 모두 지역을 기반으로 하고 있으며 혈연을 근거로 하지 않는다. 농촌공동사회 공동체를 그 실체적 형식으로 말하면 아마도 자연부락일 것이다. 사유양謝維揚은 대략 전국시기에 이르러 농촌공동사회 공동체가 해체되기 시작하였으며,[110] 마지막에 공동사회 공동체의 제약을 벗어난 개체 농민이 출현하기 시작한 것으로 보고 있다.

서로 다른 혈연 가정으로 구성된 농촌공동사회는 그것에 어울리는 윤리가 있다. 『국어』「제어」에서 다음과 같이 말한다.

> 오伍의 사람들은 제사를 지냄에 함께 복을 누리고 사상死喪을 치름에 함께 슬퍼하고 재앙을 함께 헤쳐 나아가니, 사람과 사람들이 서로 짝을 지으며 집과 집이 서로 짝을 짓고 대대로 함께 살며 어려서부터 함께 놀았다.[111]

『맹자』「등문공상滕文公上」에서도 다음과 같이 말한다.

> 사람이 죽어 매장을 하거나 이사를 하더라도 고향을 벗어남이 없으며 향전鄕田은 정을 함께 경작하는 것이니 (그 속의 사람들은) 나가고 들어감에 서로 우애를 다지고 지키고 망봄에 서로 도우며 질병이 있으면 서로 부축하며 돌봐준다.[112]

분명한 것은 비혈연적 공동체의 개체가정 내부에는 가정윤리를 통한 규범과 조절이 여전히 필요하지만 개체가정과 개체가정, 공동체 구성원과 구성원 사이를 가족윤리에 근거하여 조절할 수 없다는 것이다. 그러므로 공동체로 말하면 비혈연적 공동체에 적합한 윤리는 상부상조와 우애의 윤리이다. 이는 가정도덕과 종법관계를 기초로 하는 예악체계와 다르다.

이로부터 생각할 수 있는 것은 개체가정을 초월하여 공동체 내부관계의 입장에서 말하면, '예禮'는 도읍에 거주하는 부계종족 단체의 원리이기 때문에 서민에게까지 내려갈 수 없다는 것이다. 그러나 '인仁'은 농촌공동사회 마을의 통상적 원리였다. 이것은 당연히 '예'의 문명과 문화적 의미를 부정하는 것은 아니며 또한 '인'이 종족단체에게 무의미하다고 말하는 것도 아니다. 인의 원리는 세습적인 종족단체에도 똑같이 의미가 있지만 그들의 첫 번째 원리가 될 수는 없다. 오직 인의 특수화된 표현인 '효'만이 종족단체의 중요 준칙이 될 수 있다.

서주시대 농촌공동사회의 상부상조 윤리에 대한 요구는 여전히 사상가들이 대표하고 표명할 수 없었기 때문에 '인'을 보편적 원리로 격상하여 표현할 수 없었다. 이러한 것들은 '인'의 원리가 서주시대에 제기될 수 없었으며 맹아적 요소를 가지고도 발전할 수 없었던 기본적인 이유였다. 춘추시대 말기 공자에 이르러 비로소 '인'을 보편적인 원리로 격상시킨다. 공자는 인과 예를 서로 조화하였으며 이는 당연히 공자의 핵심적인 부분이지만 또한 이것은 사회공동체 관계의 변화를 반영하였다고 말할 수 있다.

5. 주대의 종법宗法문화

이 절에서는 종법宗法에 관해 이야기하려 한다.

역사학자와 인류학자들은 중국 고대 역사의 '종법'이란 특징을 매우 중요하게 본다. 종법 혹은 종법제도라는 것은 과연 무엇인가? 앞에서 인용한 사유양謝維揚의 견해는 법의 관점에서 국가가 종족宗族의 종법체제를 이용하여 사법私法의 사회적 기능을 실현함으로써 행정적 역량을 보충하는 것으로 말하고 있다. 이것은 국가를 주체로 삼는 사회적 통제 기능의 측면으로부터 종법제도를 이해한 것이다. 넓은 의미로 말하면 '종宗'은 종족을 가리키고 '법'은 규범체계를 가리킨다. '종법'은 바로 종족 내부의 규범체계이다. 종법제도와 의식형식[113]의 관계에 대해 상세하게 따져보려면 반드시 종법의 내부구조를 주의 깊게 살펴보아야 한다.

종법제도에 대한 과거 학술계의 연구는 대부분 선진시기 예서禮書에 기록된 대소종大小宗 제도에 집중되어 있다. 이러한 대소종 제도는 좁은 의미의 종법제일 뿐이다.[114] 실제로 '종법'이란 개념은 북송北宋 이후에 만들어진 것으로 현대 사회과학에서는 "별자別子(제후의 서자)는 일가의 시조가 되며, 별자를 계승하는 적장자는 대종이 되고, 예禰(돌아가신 부친)를 계승하는 장자는 소종이 된다"[115]라는 대소종에 관한 규정만으로는 현실의 구체적인 생활공동체 관계를 표현할 수 없는 것이다. 이 때문에 오직 광의적인 각도에서 이해하여야 혈연적 경계, 내부구조, 의무와 권리의 관계라는 체계를 가진 종족 생활공동체가 비로소 중요한 의미를 가지게 되며, 아울러 우리로 하여금 그것이 어떻게 공동체 생활에 적합한 윤리준칙을 만들어냈는지 이해할 수 있게 해준다.

문헌으로 전해져 내려오는 내용들은 모두 도읍에 거주하는 귀족이나 왕족·공족의 부계 종족문화이며 그들의 윤리와 덕행과 관련되는 것들이기 때문에 우리는 주로 이러한 귀족부계 종족생활에서 요구하는 것을 표현하는 문헌들을 기초로 삼을 수밖에 없다. 물론 앞에서 말한 것처럼, 이것은 결코 종족문화 속에 보편성을 가진 윤리적 요소가 없다는 것을 의미하는 것이 아니라, 사회적 구조의 한계 때문에 보편적 윤리원칙의 표현은 때로는 특수한 형식을 띨 수밖에 없다는 것이다.

『예기』「상복소기喪服小記」에 다음과 같은 문장이 있다.

> 왕자王者(제후諸侯)는 그의 시조가 나온 선제先帝에게 체제禘祭를 지내면서 그 시조를 배향한다. 그리고 (고조·증조·조부·부친의) 사묘를 설립한다. 서자(적자 이외의 자식)가 왕위에 올라도 이와 같이 예를 행한다. 별자(제후의 서자 가운데 경대부로 독립하여 일가를 이룬 자)는 일가의 시조가 되며 별자를 계승하는 적장자는 대종이 되고 예禰를 계승하는 장자는 소종이 된다. (소종의 집안은) 다섯 세대가 지나 종자가 바뀌면 그는 자신의 고조까지만 계승한다. 이러한 까닭에 위로는 고조가 바뀌고 아래로는 종가가 바뀌게 된다. 선조를 높이는 존조尊祖는 종자의 지위를 존경하는 경종敬宗이며, 경종은 조상과 부친을 높이는 방법이다. 서자가 (스스로 제주가 되어) 조부에게 제사지내지 않는 것은 종가의 지위를 밝히는 것이며, 서자가 장자로서 참최斬衰를 (3년 동안) 입지 않는 것은 조부와 부친을 계승하지 않기 때문이다. …서자가 (자신이 제주가 되어) 조부와 부친을 제사지내지 않는 것은 종자의 지위를 밝히는 것이다.116)

'대종大宗'에 대한 것은 『시경』의 "큰 제후국은 (나라의) 병풍이고 대종은 (나라의) 대들보이며 덕을 품는 것은 (나라를) 평안하게 하는 것이고 종자는 (나라의) 성이다"117)에도 보인다. 『좌전』(소공 28년)에도 '대종'에 관한 표현이 있다. '종'은 문헌 속에 더욱 많이 보인다.

양관楊寬은 종법제도를 논하면서 주나라 왕이 천자로 불리고 왕위가 적장자에게 계승되며 동성귀족의 가장 높은 족장이기 때문에 천하의 대종(天下之大宗)으로 칭한다고 하였다. 천자의 중자衆子(맏아들 이외의 모든 아들)들이 제후로 봉해지기 때문에 주나라 왕은 동성 귀족의 족장일 뿐만 아니라 천하 정치권력의 주인이다. 천자의 중자들이 제후로 봉해지고 그 임금의 지위 또한 적장자에게 계승되는데 동성同姓의 제후는 천자에게는 소종이 되지만 그 봉국封國 내부의 중자에게는 대종이 된다. 제후의 중자는 경사대부卿士大夫로 봉해지며 그 대부의 지위 또한 적장자가 계승하는데 대부는 제후에게는 소종이 되며 본가에서는 대종이 된다.118)

양관이 말하는 종법제도는 바로 서주시기 주나라 왕을 기점으로 하여 아래로 내려가는 혈연의 분봉分封을 조직의 형식으로 삼고 있는 각 등급의 족장영도제이다. 실제로 종법제의 핵심은 종족혈연관계에 기초하여 성립된 정치조직 구조와 그 법칙을 가리킨다. 이러한 종법정치 구조 속에서 각 등급은 위의 등급에게는 소종이 되며 아래 등급에게는 대종이 된다. 대종과 소종은 종족관계인 동시에 정치관계이다. 당연히 이러한 종족형식의 정권은 공공적인 성질을 띠게 된다.

종법제도가 말하고 있는 또 다른 제도적 의미에 대해 양관은 종묘宗廟제도 · 족묘族墓제도 · 성씨제도 · 내혼內婚제도 · 적장자 계승제도·종자주관宗子主管제도 등을 포함한다고 생각했다. 책명례策命禮·근례覲禮(제후가 천자를 뵙는 예)·빙례聘禮·즉위례卽位禮·위질례委質禮(신분이 낮은 자가 예물을 바치고 물러나는 예)는 모두 이러한 종법등급 제도 아래에서 그 구조질서를 유지하는 일종의 통제 기제이며 이를 이용하여 특정한 제도적 기능을 실현하였다.

주대 동성제후 외에 이성異姓제후도 있었기 때문에 주나라 왕과 이성제후의 관계는 일반적인 대종과 소종의 관계가 아니며 정치관계 이외에 종족관계를 이용할 수 없었다. 당연히 몇몇 이성종족들은 혼인을 통해 주나라의 동성과 사돈관계로 맺어져 정치연맹을 형성하였지만 본질적으로 종법관계가 아니었다. 이러한 점에서 말하면 대소종을 주대 전체의 정치구조라고 말하는 것은 다소 절대화한 측면이 있기는 하지만, 그럼에도 종법관계가 기본적인 관계라고 말하는 것에는 문제가 없다.

만약 정치조직의 기능을 고려하지 않고 오직 혈연적 구조의 관점으로 대소종의 관계를 본다면 이러한 제도는 사회 인류학에서 말하는 '분지종족分枝宗族(segmentary lineages)'의 친족 시스템에 가깝다. 곽보균郭寶鈞은 다음과 같이 보고 있다.

> 무엇을 종법제라고 하는가? 종법제는 본래 씨족사회가 변천하여 형성된 혈연관계를 기초로 하는 족제族制 시스템이다. 주나라 사람은 이를 적장제도와 결합하여 일족의 종(적장자 계승)과 횡(종법 시스템) 두 측면을 연계하도록 만들었다. 그 제도는 대략 모든 일족一族 가운데 가장 높은 권위자를 적장자 계승제도에 따라 대종으로 정하고 그 나머지 아들은 소종으로 분류하는 것이다. 대종은 계승권과 제사를 주관하는 권리를 지니도록 하였으나 소종은 그러한 권리가 없었다. 다만 소종은 그의 본

파本派와 지파支派 가운데 그 적장자를 대종으로 삼고 나머지 아들을 소종으로 삼았다. 권력은 대종의 경우와 같다. 이처럼 한 번 나뉘고 두 번 세 번 나누어지면 모든 일족의 소속이 분명해진다. 권위가 정해지고 친소親疏가 나누어지면 정치와 경제의 실질적 역량도 이에 따라 판별된다. 즉 종법제를 통해 그 정권을 공고하게 하는 것이다.

곽보균은 이를 표로 만들었는데 조금 더 보태어 아래와 같이 바꾸어보았다.

천자 적장자	사왕嗣王(천하의 대종) ………………						A
제후	적장자	사군嗣君(일국의 대종) ………………					B
	별자別子	적장자	대종	대종(별자를 계승한 대종은 백세토록 변하지 않는다)			C
(별자를 시조로 세움)		예禰(고高)	소종	소종	소종	소종(고조를 계승한 소종) …	D
			예(증曾)	소종	소종	소종(증조를 계승한 소종) …	E
				예(조祖)	소종	소종(조를 계승한 소종) ……	F
					예(부父)	소종(예를 계승한 소종) ……	G
						지자支子 ………………	H

표 속에 세로 열은 모두 일족 내부에서 항렬行列이 같은 사람이다. '예禰'는 제사지내는 대상으로서의 부친을 가리킨다. "살아계실 적엔 부父로 칭하고 돌아가시면 고考라 하며 사당에 모신 후에는 예禰로 칭한다."119) 마지막의 지자支子(H)를 예로 들면 그와 항렬이 같은 친족 가운데 부친의 적장자가 있으면 이는 예를 계승한 소종이다. 그 조부의 적장손이 있으면 이는 조를 계승한 소종이다. 그의 부친 또한 지자이기 때문에 조부의 적장자의 적장자가 비록 그와 항렬이 같다 하더라도 조를 계승한 소종이다. 이처럼 미루어 올

라가면 그의 증조부의 적증손이 비록 그와 항렬이 같더라도 증조를 계승한 소종이다. 그의 고조의 적현손嫡玄孫 또한 그와 항렬이 같지만 고조를 계승한 소종이다. 그의 고조의 부친은 제후의 별자이며 대종이 된다.

종법제도에 근거하면 이 지자는 그와 항렬이 같은 친족 중에서 고조와 증조와 조부와 부친을 계승한 소종을 존중하여야 한다. 제사에 있어서도 각각 이러한 소종의 집으로 제사를 지내러 가야 하는데, 예를 들어 고조를 계승한 소종의 집에 가서는 고조에게 제사를 드리고 조부를 계승한 소종의 집에 가서는 조부에게 제사를 드리는 것이다. 이것이 바로 '경종敬宗'이다. 다른 한편으로 경종의 기초는 선조의 세계世系(조상으로부터 대대로 내려오는 혈통)이다. 지자는 부친·조부·증조·고조부터 대종인 별자까지 모두 존중하여 높여야 한다. 이것이 바로 '존조尊祖'이다. 만약 전체 종법체계의 범위 내에서 보면 '친친親親'과 '존존尊尊'을 최고의 법칙으로 삼고 있다. '친친'은 항렬이 높은 종친이 항렬이 낮은 종친을 대하는 윤리원칙이며 '존존'은 항렬이 낮은 종친이 항렬이 높은 종친을 대하는 윤리원칙이다.[120)]

'존尊'과 '경敬'을 기반으로 하는 친족 시스템은 '다섯 세대'에 한정되므로 각 세대의 사람은 다섯 세대 위의 고조까지만 거슬러 올라가 조상께 '존'하면 되고 같은 항렬의 족인 가운데 고조 이하의 여러 소종들만 공경하여 높이면 된다. 다시 말하면 사람마다 네 세대 위의 선조만을 받들어 제사를 모시면 되기 때문에 한 세대를 내려갈 때마다 '존'의 대상인 고조와 '경'의 대상인 고조를 계승한 소종이 변화하게 된다. 예를 들어 갑이란 사람이 선조에 대한 제사를 고조까지 지내는데 갑의 다음 세대에 이르면 갑의 고조에게 제사를 지낼 필요가 없으며 갑의 증조까지만 제사를 지내면 된다. 왜냐하면 갑의 증조가 그의 고조이기 때문이다. 즉 고조의 부친에게 제사를 지낼 필요가 없으며 또한 고조의 부친 아래의 세대의 종자宗子를 더 이상 종으로 삼을 필요도 없다. 이것이 바로 고례에서 말하는 "위로 고조가 바뀌고 아래로 종가가 바뀐다"[121]이다. 고로 속칭 오복五服(망자와의 혈통관계의 원근에 따라 다섯 가지로 구분되는 고대 유교의 상복제도)을 벗어나면 더 이상 동종同宗으로 보지 않는다. "위로 고조가 바뀐다는 것은 고조의 부친이 (종자와의) 친밀함이 다하게 되어 더 이상 제사를 지내지 않는다는 것을 말한다. 아래로 종자가 바뀐다는 것은 …고조의 부친에게서 함께 나온 고조의 형제의 집안을 더 이상 (종자의 집안을) 종가로 삼지 않는다는 것이다."[122]

위에서 인용한 「상복소기」의 "별자는 일족의 시조가 된다(別子爲祖)"에 관한 논의 아래 단락에 정현의 주석이 있다.

> "별자가 (일족의) 시조가 된다"는 것은 제후의 서자가 (일가를 이루어) 특별히 후세에 시조가 되는 것이다. 별자라 함은 (적장자가 아닌) 공자公子가 선군을 예禰로서 모실 수 없음을 말한다. "별자를 계승하는 적장자는 종자가 된다"는 것은 별자가 대를 이을 장자를 세우고 그 족인들이 종으로 삼는 것으로 이른바 백세토록 변천하지 않는 대종이다.[123]

또한 공영달의 주석도 있다.

> '별자別子'는 제후의 적자의 아우이며 적장자와 다르기 때문에 별자라 칭한다. '시조가 된다(爲祖)'는 것은 별자의 자손이 경대부가 되어

별자를 시조로 세운 것이다. "별자를 계승하는 적자는 종자가 된다"는 것은 별자의 대를 잇는 적장자를 이르며 오직 별자를 계승해야만 족인들이 백세토록 바꾸지 않는 대종이 된다.[124]

이것은 모두 제후의 적자의 동생을 한편으로는 적장자와의 차이를 나타내기 위하여 다른 한편으로는 적자가 아니면 집안에 부친의 사당인 예묘禰廟를 세울 수 없기 때문에 별자라 부른다는 것을 말한다.(제후의 자손이 아니면 별자라 칭하지 않는다) 이른바 "별자를 이은 사람이 종宗이 된다"는 것은 별자를 대대로 잇는 장자(표 속의 C열)가 그들 일족의 우두머리가 되고 족인들이 그를 종宗으로 봉행하는 것을 가리킨다. 이러한 종宗이 바로 이 일족의 백세토록 변하지 않는 대종이다.

공영달은 또 다음과 같이 해석하였다.

별자의 후세에 족인이 많아져 혹여 고조를 계승한 자가 있으면 삼종三從형제(고조가 같고 증조가 다른 형제)가 소종이 된다. 혹여 증조를 계승한 자가 있으면 재종再從형제를 소종으로 삼는다. … 족인 한 사람은 네 소종을 섬기며 대종을 합하면 다섯이 된다. 소종이 비록 넷이라도 처음에는 모두 예禰를 계승하는 것으로 시작하는데 처음을 근거하는 것을 으뜸으로 여기기 때문에 특별히 "예를 계승한다"고 이른다. 다섯 세대는 위로 고조에서부터 아래로 현손玄孫(손자의 손자)의 아들까지를 말하며 이 현손의 아들은 (족인을) 모아 옮겨가기 때문에 다른 족인들이 소종으로 삼지 않는다.[125]

"고조를 계승하는 자가 있으면 삼종형제가 소종이 된다." 이는 곧 고조를 함께 모시는 종족 가운데 고조를 계승하는 세손이 바로 같은 항렬의 종형제들의 소종임을 가리키는 것이다. 예를 들어 D행의 가장 오른쪽에 있는 사람은 고조를 계승하는 자이다. 세로줄은 모두 그의 종형제이며 전부 그를 고조를 계승하는 소종으로 삼는다.

『예기』「대전大傳」에서는 「상복소기」에서 말하는 원칙을 한 걸음 더 나아가 해석하였다.

> 별자는 일족의 시조가 되며 별자를 계승한 자는 대종이 되고 예禰를 계승한 자는 소종이 된다. 백세토록 변하지 않는 종이 있으며 다섯 세대 만에 변하는 종이 있다. 백세토록 변하지 않는 것은 별자의 적통 후계이며 별자를 계승한 자를 종으로 삼는 것은 백 세대가 지나도록 변하지 않는다. 고조를 계승한 자를 종으로 삼는 것은 다섯 세대가 지나면 변한다. 선조를 높이기 때문에 종자를 공경하는 것이며 종자를 공경하는 것은 선조를 높인다는 뜻이다.[126]

이 단락은 주로 백세가 넘도록 변하지 않는 백세불천百世不遷의 종宗과 다섯 세대 만에 변하는 오세즉천五世則遷의 종宗이 무엇인가에 대해 해석하고 있다. '별자'는 제후의 서자庶子를 가리키며 별자를 대대로 잇는 장자(그림C행)는 하나의 적통을 구성한다. 대체로 '별자'에서 파생하여 나온 후대는 모두 이 적통을 대종으로 삼는다. 이 적통이 바로 백세불천의 대종이다. 서주시대의 경우, 이는 나라의 임금(國君) 아래의 대종족大宗族이다. 사유양謝維楊의 말을 빌리면 제후 아래의 '국성國姓(황족의 성씨)집단'의 혈연적 경계를 그려 놓은 것이다. 그러나 실제로 혈연적 구속 관계가 생기는 종족의 실체는 다섯 세대로 제한되는데 이러한 다섯 세대의 종족 시스템에 대하여 사유양은 '근친집단'이라 불렀다. 다섯 세대 이상의 선조에게는 제사를 지내지 않으며 그의 적세손 또한 종자宗子로 공경받지 않는다. 왜냐하면 다섯 세대를 넘어서면 근친의 범위에 속하지 않고 혈연관계가 옅어지기 때문이다. 이것이 바로 오세즉천五世則遷(오세가 되면 신주를 옮김)의 종으로 바로 소종이다.

실제로 '종宗'이라는 말은 종족을 가리킬 뿐만 아니라 또한 종자宗子의 의미를 가지고 있다. 큰 국성國姓집단은 대종, 즉 대종족이며 대종가의 종자는 대종으로 칭해진다. 다섯 세대 안의 근친집단은 소종, 즉 소종족이며 각 세대의 종자는 각 세대 구성원들에게 소종으로 불린다. 대종이 실제로 작동하는 범위는 아마도 정치적인 집단이나 혼인제도로 구성된 집단, 혹은 같은 '성씨姓氏'를 가리키는 집단인 것으로 보인다.[127] 소종만이 현실적인 종족 실체의 의미를 지닌다. 자연히 종법제도는 근친의 확실한 믿음을 기본조건으로 삼지만 종법제도의 의미는 근친의 확실한 믿음이라는 범위를 훨씬 뛰어넘는다. 심지어 계승권조차 가장 중요한 것이 아니다. 왜냐하면 계승의 문제는 다만 두 세대 사이에서 발생하는 것일 뿐이며 다른 사람이 조부·증조부·고조부의 지위나 재산을 분할하기를 요구할 수 없기 때문이다. 그러므로 다섯 세대의 범위 속에서 이런 여러 가지 구속 관계를 설정하는 것은 분명히 친족 혈연을 형식으로 하는 정합整合기능과 혈연적 친소親疎의 차등 기제라는 것과 연관이 있다.

『예기』「대전」의 "동성은 종을 따라서 족속을 합친다(同姓從宗合族屬)"라는 말에서 '종을 따른다는 것(從宗)'은 친족집단이 규정된 친족구조를 가지고 있음을 의미한다. 이는 종자가 일족 내부의 권력과 구속력을 가지고 있다는 것과 족인이 존조와 경종 등 일련의 의무가 있다는 것을 의미한다. 일족을 모은다는 것(合族)은 친척 혈연관계가 일족 내부의 정합과 응집을 증진시키는 데 이용된다는 것을 말한다. 구체적으로 말하면 이러한 제도 아래에서 대종과 소종 그리고 족인의 권리와 의무가 규정되어 귀족계급의 자손들로 하여금 친소에 따라 존비尊卑를 구분하게 하고 적장자에게 종주宗主의 통할권과 지배권을 가지도록 하며 권력 · 지위 · 재산의 변동은 종법으로 확정된 질서를 엄격하게 따르기 때문에 모든 종주는 종묘 · 거주지 · 전답과 족인으로 구성된 종족공동체를 가지고 있다.[128]

고대에는 "땅을 하사하고 (그 땅 이름으로) 성씨를 명하였다."[129] 그러므로 같은 성씨의 혈연집단은 늘 일정한 규모의 지역에 거주하는 공동체이다. 이러한 같은 성씨의 공동체는 '대종'을 (공동체를 대표하는) 상징 표지로 삼으며 종법 규범의 구속을 받았다. 발생적 의미에서 보면 (후손의) 자연적인 번식은 반드시 종족의 분할을 초래하는데 고대 귀족의 종족 분할은 성씨와 읍락을 세우는 방식을 채용하여 새로운 분파로 하여금 새로운 지역에서 발전하도록 하는 것이었다. 따라서 새로운 발전 속에서는 반드시 구심적求心的 메커니즘이 필요하게 된다. 대종 내부의 구속력이 약간 약하다 하더라도 소종 간의 연결력이 강해지는 편이 더 낫다.

『예기』의 내용은 종법제도 속의 종자가 가진 권력을 제한적으로 드러냈을 뿐이다. 예를 들어 「증자문曾子問」에서 종자가 사士이고 서자가 대부일 경우 서자는 상생上牲(소 · 양 · 돼지를 갖춘 태뢰太牢)으로 종자의 집에서 제사를 드려야 한다. 공영달의 주석은 다음과 같다.

대부가 희생을 상생上牲(소·양·돼지를 함께 제물로 쓰는 것)으로 쓰는 것은 록祿을 중요하게 여기는 것이고, 종묘가 종자의 집에 있는 것은 중宗을 중요하게 보는 것이다. 이 종자를 소종이라 이른다. 만약 대종의 아들이 사士가 되면 조부祖와 부친禰의 사당을 얻는다. 만약 서자가 종자의 친아우이면 종자와는 조부와 부친이 동일하기 때문에 종자의 집에 상생上牲을 올려 조부와 부친에게 제사를 드릴 수 있다. 서자가 대부가 되면 증조의 사당에서 제사를 지낼 수 있지만 서자는 사당을 세울 수 없기에 응당 종자의 집에 있는 증조의 사당에 가야 하고 또한 상생을 올려야 하며, 종자가 주관하여 제사를 지닌다.

만약 자신이 종자의 친형제를 아버지로 둔 적자라면 그 집에 스스로 부친의 사당을 세우고 조부와 증조부의 사당은 종자의 집에서 맡아 세운다. 만약 자신이 종자의 사촌 형제를 아버지로 둔 적자라면 조부와 부친의 사당을 자신의 집에 세우고 증조의 사당은 종자의 집에 세우며 상생을 바치고, 종자가 주관하여 제사를 지낸다.[130]

종합하면 어떤 사람이 종자가 아닌 지자支子라면 그의 적장자가 스스로 예묘禰廟를 세워 그에게 제사를 지낼 수 있지만 조부와 증조의 묘는 종자의 집에 있다. "종묘는 종자의 집안에 있다.(宗廟在宗子家)" 이는 중요한 원칙이며 종을 중요하게 여기는 '중종重宗'의 정신을 나타낸다. 그리고 이 중종은 또한 '존조尊祖'를 나타내며 윤리적인 점에서 '효'를 반영한다. 『예기』의 이러한 규정들은 서주시대부터 전해진 것이다. 『의례』「상복전」은 다음과 같이 말한다.

제후의 자식은 공자公子라 불리며 공자는 선군을 예禰로 모실 수 없다. 공자의 자식은 공손公孫이라 불리며 공손은 제후를 조祖로 모실 수 없다. 이는 낮은 지위가 높은 지위와 구별되는 것이다. 만약 공자의 자손이 나라의 임금으로 봉해지면 대대로 이 사람을 시조로 모시며

공자를 시조로 모시지 않는다. 이는 높은 지위가 낮은 지위와 구별되는 것이다.[131]

정현은 주석에서 "예禰와 조祖로 모실 수 없다는 것은 사당을 세워 제사를 드릴 수 없다는 것이다(不得禰, 不得祖者, 不得立其廟而祭之也)"라고 하였다. 주대의 종법은 단지 혈연의 실체적 범위를 결정하는 것이 아니다. 친척으로 삼는 범위, 종주宗主(본가 혹은 큰집)의 구조, 종주와 족인 사이의 권리와 의무 또한 단지 제사로 나타나는 것이 아니다. 제사는 다만 종법관계 내의 의식儀式이 표현된 것일 뿐이다. 그리고 종족은 일종의 친속조직으로서 그 내부의 상호 구속적 관계는 주로 종자가 행사하는 각종 권력과 그가 이행하는 각종 의무를 통해 실현되는 것이다. 그 권력 또한 대부분 '예'의 상징적 기제를 통해 실현된다. 이러한 권력은 종교, 정치 그리고 경제의 세 가지 방면으로 집중된다. 즉, 조상에 대한 제사의 주도 권리인 주제권主祭權, 족인에 대한 지배권, 종족 경제에 대한 통제권이다.[132] 이것들을 통하여 가정을 초월한 혈연적 네트워크, 부권적 성격을 지닌 종주의 통제, 일족 내부 구성원의 상호 의무체계가 운용되고 실현될 수 있다.

주대의 예악문화는 실제 성읍에 거주하는 귀족 종족공동체를 기초로 하여 발전된 것이다. 이는 당연히 예악문화가 특수한 사회구조의 특수한 수요만을 반영하고 있음을 말하는 것은 아니다. 다만 예악문화에 포함된 보편적 문화 요인의 전개 방식이 필연적으로 제한된다는 것을 말할 뿐이다. 지금 우리가 언급해야 할 또 다른 중요한 문제는, 만약 주대의 가정형태가 이원적으로 도읍과 향촌으로 분립된 것이라면, 향촌의 농촌 공동사회 공동체는 어떠한 구조적 특징을 지니고 있는가 하는 것이다.

양관의 관점에 근거하면, 원시 농촌 공동사회는 씨족 공동사회 제도가 계급사회로 향해 가는 과도기의 산물이다. 고대 농촌사회에서 주요 경작지는 집단에 의해 점유되었으며, 그중 일부는 집단이 경작하고 수입으로 공공비용을 지출하였다. 나머지 부분은 평균적으로 나누어 각 가호에 분배하여 사용했다. 각 가호에 나누어 배당된 땅(분여지分與地를 말함)은 옛 제도에서는 보통 '백묘百畝'라고 말하는데, 6,050평(2ha) 정도였다.

『맹자』「등문공상」에서는 이렇게 말한다. "사방 1리의 토지가 정井이고 정은 900묘이며 그 가운데가 공전이 된다. 여덟 집 모두 100묘씩 사전을 받고 공전의 일을 끝마친 후에 감히 사전의 일을 돌볼 수 있었다."133) 이러한 정전제는 곧 고대 촌락사회제의 토지제도이다.(정전제에서 정기적으로 다시 새롭게 땅을 나누어 주어 분배하는 환지역거법換地易居法은 이곳에서 하나하나 논술하지 않겠다)134)

"사방 1리의 토지가 정이다"는 대략 열 가구 정도를 말한다. 김악金鶚의 『구고록예설求古錄禮說』 9권 「읍고邑考」에서는 이렇게 말한다. "맹자가 이르길, '향리는 1정이니 (그 속의 사람들은) 나가고 들어감에 서로 우애를 다지며 (외부의 침략이나 재난을 방지하기 위해) 지키고 망을 보아 서로 도우며 질병이 있으면 서로 부축하며 돌봐주어 백성이 친목한다(孟子云, '鄕里而井, 出入相友, 守望相助, 疾病相扶持, 則百姓親睦')'고 하였다. 여기에서 1정이 또한 읍이 됨을 알 수 있다. 『논어』에서 말한 '열 집의 읍(十室之邑)'이 곧 1정의 읍이다."135) 열 집의 읍은 곧 10가구가 함께 1정을 경작한다는 것(十家同井)이며, 이는 당시 가장 보편적인 소규모 촌락사회였다. 대규모의 촌락사회도 존재하였는데 이러한 촌락사회의 명칭은 읍邑 · 리里 · 향鄕 · 사社 · 단單 등 매우 다양하였다.

촌락사회의 공공사물公共事物을 관리하는 사람을 처음에는 촌락사회에서 선출하였는데 삼로三老(나이 많고 덕망 있는 장로)나 이정里正(일리一里의 장을 말함)과 같은 무리들이다. 후대에는 점차 국가에서 승인하거나 선발하여 파견했다. 장로는 촌락사회의 지도자로서 노동생산을 조직하고 감독하는 임무와 기타 공무를 맡았다. 구성원 사이에는 서로 협조하는 관습이 있었다. 그러나 계급사회의 변화에 따라 촌락사회는 국가와 귀족의 관리를 받았으며 장로는 소속된 관리로 바뀌었다.

맹자가 정전제를 말할 때 고대의 지방학교인 상서庠序를 이러한 제도의 일부분이라 주장하였는데 상庠, 서序, 교校는 고대 촌락사회의 공공 건축물이며 촌락사회 구성원이 공적으로 모이고 활동하는 장소였다. 촌락사회의 부로父老가 이곳에서 공양을 받았기 때문에 '상'이라고 불렀다. 이곳은 또 촌락사회의 대중들이 활쏘기를 익히는 곳이기 때문에 '서'라고 불렀다.(맹자는 서序를 사射라고 하였다. 『주례』 주장州長에는 봄가을에 예로써 백성들 소집하여 주서州序에서 활쏘기를 했다고 말하였다) 이곳은 또한 부로父老(나이 많은 노인)가 자제들을 교육하는 곳이기 때문에 '교'라고도 불렀다.

촌락사회의 가장 큰 공공활동은 제사이다. 봄에는 사社에 제사를 지내어 감우甘雨와 풍년을 기원하며 이때 군중들은 가무를 즐기고 남녀의 교제가 이루어진다. 가을 수확기 이후에는 납제臘祭(지기地祇에게 지내는 제사)를 지내어 각지의 귀신들에게 감사를 표시하고 풍성한 수확을 축하한다. 납제가 끝나면 '서'에 모여 만찬을 하며 연령의 순서에 따라 자리를 배정하는데(서에서 술을 마시면서 위계를 바로 잡는다) 수많은 촌락사회의 예의가 모두 여기에서 나온다.[136] 이것은 도읍과 향촌의 이원적 분립이 절대적인 것이 아니라 양자가 동일한 구조를 지닌 부분이 있으며 또한 상통하는 신앙문화를 지니고 있음을 보여준다.[137]

본 절의 논의을 통해서, 주대의 효와 가정도덕에 대한 강조가 통치지위를 점하는 도읍의 부계종족의 종법제도와 서로 연관되지만, 효와 가정도덕 자체는 사회의 가장 기초적인 존재 단위를 기반으로 세워졌고 특수한 정치사회 구조를 초월하는 가치를 가지도록 만들어졌다는 사실을 충분히 이해할 수 있었다. 초기 덕성인격에 관한 관점은 맨 먼저 정치영역에서 사회 관리자에 대한 요구로서 제기된 것이다. 어떤 보편성을 가진 것은 언제나 특수한 구체적 경로를 통해 표현되며 생장하기 시작하는 단계에서는 더욱 그러한 법이다.

미주

1) 郭沫若, 『郭沫若全集』 歷史編 第一卷, 人民出版社, 1982, p.336
2) 徐中舒, 『甲骨文字典』
3) "悳, 外得於人, 內得於己也, 從直, 從心."
4) 『書經』「堯典」: 帝堯曰放勳, 欽明文思安安, 允恭克讓, 光被四表, 格於上下. 克明俊德以親九族. 九族既睦, 平章百姓. 百姓昭明, 協和萬邦.
5) 艾森斯塔特(Shmuel Noah Eisenstadt), 『帝國的政治體系』, 閻步克 譯, 貴州人民出版社, 1992, p.232
6) 역자 주 : 『서경書經』의 「대우모大禹謨」, 「고요모皐陶謨」, 「익직益稷」 세 편을 이르는 말이다.
7) 『書經』「召誥」: 惟不敬厥德, 乃早墜厥命.
8) 『書經』「召誥」: 肆惟王其疾敬德, 王其德之用, 祈天永命.
9) 『書經』「召誥」: 天亦哀于四方民, 其眷命用懋, 王其疾敬德.
10) 『書經』「召誥」: 王敬作所, 不可不敬德.
11) 『書經』「無逸」: 周公曰, …則皇自敬德.
12) 『書經』「康誥」: 克明德愼罰.
13) 『書經』「梓材」: 先王旣勤用明德, 懷爲夾, 庶邦享作. 兄弟方來, 亦旣用明德, 后式典集, 庶邦丕享.
14) 『書經』「多士」: 自成湯至于帝乙, 罔不明德恤祀.
15) 『書經』「多士」: 惟天不畀不明厥德.
16) 『書經』「多士」: 以至于帝乙, 罔不明德愼罰.
17) 『書經』「文侯之命」: 克愼明德.
18) 『詩經』「魯頌」: 明明魯侯, 克明其德.
19) 『詩經』「魯頌」: 濟濟多士, 克廣德心.
20) 『詩經』「魯頌」: 敬明其德, 敬愼威儀, 維民之則, 允文允武, 昭假烈祖, 靡有不孝.

21) 명문銘文의 해석은 홍가의洪家義의 『금문선주석金文選注釋』(江蘇教育出版社, 1988) p.41을 참고하였다.
22) 『金文選注釋』, p.74, p.81
23) 역자 주 : 원본에서는 《반구명班毁銘》으로 쓰고 있으나, 이것은 《반궤명班簋銘》의 오기로 보인다.
24) 『金文選注釋』, p.142, p.149
25) 『金文選注釋』, p.204, p.222
26) 역자 주 : 원본에서는 《숙향부우구叔向父禹毁》로 쓰고 있으나, 이것은 《숙향부궤叔向父簋》의 오기로 보인다.
27) 『金文選注釋』, p.354, p.357
28) 『金文選注釋』, p.441, p.460
29) 『詩經』「大雅」「蕩」: 殷鑒不遠, 在夏后之世.
30) 『書經』「舜典」: (契, 百姓不親, 五品不遜, 汝作司徒, 敬敷五教, 在寬.
31) 『書經』「舜典」: 帝曰, 夔! 命汝典樂, 教冑子, 直而溫, 寬而栗, 剛而無虐, 簡而無傲. 詩言志, 歌永言, 聲依永, 律和聲. 八音克諧, 無相奪倫, 神人以和.
32) 孫詒讓의 『周禮正義』 p.997에 보인다.
33) 『書經』「皐陶謨」: 皐陶曰, 都, 亦行有九德. 亦言, 其人有德, 乃言曰, 載采采. 禹曰, 何, 皐陶曰, 寬而栗, 柔而立, 願而恭, 亂而敬, 擾而毅, 直而溫, 簡而廉, 剛而塞, 強而義. 彰厥有常吉哉!
34) 『荀子』「王制」: 能事父母謂之孝(부모를 잘 섬기는 것을 일러 효라고 한다.)
35) 『逸周書』「謚法」: 慈惠愛親曰孝(자혜롭게 부모를 사랑하는 것을 효라 한다.)
36) 『呂氏春秋』「孝行覽」: 商書曰, 刑三百, 罪莫重於不孝.
37) 『書經』「舜典」: 元惡大憝, 矧惟不孝不友.
38) 『書經』「舜典」: 契, 百姓不親, 五品不遜, 汝作司徒, 敬敷五教, 在寬.
39) 『孟子』「滕文公上」: 聖人有憂之, 使契爲司徒, 教以人倫. 父子有親, 君臣有義, 夫婦有別, 長幼有序, 朋友有信.
40) 『左傳』 文公18年 : 舜臣堯, …擧八元, 使布五教於四方. 父義, 母慈, 兄友, 弟共, 子孝, 內平外成.
41) 金景芳, 「中國古代思想的淵源」, 『社會科學戰線』, 1981年 第4期
42) 『尙書』「太甲」: 奉先思孝, 接下思恭, 視遠惟明, 聽德惟聰.
43) 『尙書』「周書」「微子之命」: 爾惟踐修厥猷, 舊有令聞, 恪愼克孝, 肅恭神人.
44) 蔡沈, 『書集傳』: 齊, 肅也. 齊則無不敬, 聖則無不通. 廣言其大, 淵言其深也.
45) 『尙書』「冏命」: 昔在文武, 聰明齊聖, 小大之臣, 咸懷忠良.

46) 『尙書』「酒誥」 : 純其藝黍稷, 奔走事厥考厥長, 肇牽車牛, 遠服賈用, 孝養厥父母.

47) 『尙書』「蔡仲之命」 : 爾尙蓋前人之愆, 惟忠惟孝, 爾乃邁迹自身, 克勤無怠, 以垂憲乃後.

48) 『尙書』「伊訓」 : 居上克明, 爲下克忠, 與人不求備, 檢身若不及,

49) 『尙書』「君陳」 : 惟爾令德孝恭, 惟孝友于兄弟, 克施有政.

50) 『尙書』「君陳」 : 寬而有制, 從容以和.

51) 『尙書』「君牙」 : 弘敷五典, 式和民則. 爾身克正, 罔敢弗正, 民心罔中, 惟爾之中.

52) 『詩經』「大雅・文王・下武」 : 成王之孚, 下土之式, 永言孝思, 孝思維則.

53) 『詩經』「大雅・生民・旣醉」 : 威儀孔時, 君子有孝子. 孝子不匱, 永錫爾類, 其類維何, 室家之壺. 君子萬年, 永錫祚胤. 其胤維何, 天被爾祿. 君子萬年, 景命有僕.

54) 『詩經』「周頌」「臣工・雝」 : 大雅・生民・旣醉」 : 於薦廣牡, 相予肆祀, 假哉皇考, 綏予孝子.

55) 『詩經』「周頌」「臣工・載見」 : 率見昭考, 以孝以享.

56) 인용된 명문銘文은 강학위康學偉의 『선진효도연구先秦孝道硏究』(文津出版社, 1992) (p.68)를 참고하였다.

57) 『詩經』「小雅・小旻・蓼莪」 : 蓼蓼者莪, 匪莪伊蒿, 哀哀父母, 生我劬勞.

58) 『詩經』「小雅・小旻・蓼莪」 蓼蓼者莪, 匪莪伊蒿, 哀哀父母, 生我勞瘁.

59) 『詩經』「小雅・小旻・蓼莪」 無父何怙, 無母何恃.

60) 『詩經』「小雅・小旻・蓼莪」 父兮生我, 母兮鞠我, 拊我畜我, 長我育我, 顧我復我.

61) 인용한 문장은 강학위康學偉, 『선진효도연구先秦孝道硏究』(p.91)를 참고하였다.

62) 『孝經』「開宗明義」 : 夫孝, 德之本也, 敎之所由生也.

63) 『禮記』「昏義」 : 合二性之好, 上以事宗廟, 而下以繼後世.

64) 『禮記』「祭義」 : 貴老, 爲其近於親也.

65) 『荀子』「大略」 : 禮也者, 貴者敬焉, 老者孝焉, 長者弟焉, 幼者慈焉, 賤者惠焉.

66) 『孟子』「梁惠王上」 : 老吾老以及人之老.

67) 『尙書』「呂刑」 : 惟敬五刑, 以成三德.

68) 『周禮』「大司徒」 : 以鄕三物敎萬民而賓興之. 一曰六德, 知仁聖義忠和. 二曰六行, 孝友睦婣任恤. 三曰六藝, 禮樂射御書數.

69) 『中庸』二十章 : 天下之達道五, 所以行之者三. 曰君臣也, 父子也, 夫婦也, 兄弟也, 朋友之交也, 五者天下之達道也. 智仁勇者, 天下之達德也.

70) 『周禮』「春官」「大司樂」 : 以樂德敎國子中和祗庸孝友.

71) 『周禮』「師氏」 : 以三德敎國子, 一曰至德, 以爲道本, 二曰敏德, 以爲行本, 三曰孝德, 以知逆惡. 敎三行, 一曰孝行, 以親父母, 二曰友行, 以尊賢良, 三曰順行, 以事師長.

72) 『爾雅』「釋詁」 : 典彝法則刑範矩庸恒律職秩, 常也.

73) 『爾雅』「釋詁」 : 柯憲刑範闢律矩則, 法也.

74) 역자 주 : 나머지 삼륜三倫은 귀신지도鬼神之道, 작상지시爵賞之施, 정사지균政事之均 등이다.

75) 역자 주 : 원명은 『주서周書』로 『상서尙書』와 비슷한 성격의 책이다. 지금 원본은 산실되고 남은 편들로 구성되었기 때문에 『일주서逸周書』라고 부른다. 또 수당隋唐 이후 『급총주서汲冢周書』라고 불렀다. 쓰인 시대는 편마다 다르지만 대체로 서주시대에서 늦은 것은 전국시대로 추정되는 것도 있다. 전체 10권이고 모두 70편이나 그중 11편은 제목만 남아있고 글은 보이지 않는다.

76) 『逸周書』「文政」: 一忠, 二慈, 三祿, 四賞, 五民之利, 六商工受資, 七祗民之死, 八無奪農, 九足民之財.

77) 『詩經』「大雅·蕩·烝民」: 天生烝民, 有物有則, 民之秉彝, 好是懿德.

78) 『詩經』「周頌·臣工」: 嗟嗟臣工, 敬爾在公.

79) 『詩經』「魯頌·有駜」: 夙夜在公, 在公明明.

80) 『詩經』「召南·小星」: 夙夜在公, 實命不同.

81) 『詩經』「商頌·長發」: 不剛不柔, 敷政優優.

82) 『詩經』「大雅·蕩·烝民」: 柔亦不茹, 剛亦不吐.

83) 『詩經』「商頌·那」: 溫恭朝夕, 執事有恪.

84) 『詩經』「邶風·燕燕」: 終溫且惠, 淑愼其身.

85) 『詩經』「小雅·小旻·小宛」: 溫溫恭人, 如集于木.

86) 『詩經』「小雅·小旻·小弁」: 維桑與梓, 必恭敬止.

87) 『詩經』「小雅·甫田·賓之初筵」: 溫溫其恭.

88) 『詩經』「商頌·那」: 旣和且平, 依我磬聲.

89) 『詩經』「小雅·小旻·巧言」: 聖人莫之.

90) 『詩經』「小雅·小旻·小宛」: 人之齊聖.

91) 『詩經』「邶風·燕燕」: 母氏聖善.

92) 『詩經』「小雅·祈父·十月之交」: 皇父孔聖.

93) 『詩經』「鄭風·叔于田」: 洵美且仁.

94) 『詩經』「齊風·盧令」: 其人美且仁.

95) 『書經』「多方」: 自作不和, 爾惟和哉. 爾室不睦, 爾惟和哉.

96) 『書經』「周官」: 以公滅私, 民其允懷.

97) 『馬克思恩格斯選集』 第一卷, 人民出版社, 1971, p.52

98) 謝維揚, 『周代家庭形態』, 中國社會科學出版社, 1990, p.9

99) 謝維揚, 『周代家庭形態』, p.22

100) 謝維揚, 『周代家庭形態』, p.209

101) 謝維揚, 『周代家庭形態』, p.210

102) 역자 주 : 대우가정對偶家庭은 중국 원시사회의 가정 형태 가운데 하나이다. 서로 다른 씨족의 두 남녀가 혼례를 올리며, 여자를 중심으로 한다. 대우가정은 쌍방이 동의하여 서로 구속받지 않으면서 약간의 정해진 규칙만을 지닌 동거 형식으로 혼인관계가 불안정한 특징을 지니고 있다. 여러 사람과 결혼하는 다우혼多偶婚에서 한 사람과 결혼하는 단우혼單偶婚으로 넘어가는 과도기의 결혼형식이다.

103) 謝維揚, 『周代家庭形態』, p.264

104) 謝維揚, 『周代家庭形態』, p.265

105) 朱鳳翰, 『商周家族形態』, 天津古籍出版社, 1990, p.219

106) 朱鳳翰, 『商周家族形態』, p.220

107) 朱鳳翰, 『商周家族形態』, p.219

108) 朱鳳翰, 『商周家族形態』, pp.445-449

109) 謝維揚, 『周代家庭形態』, p.267

110) 謝維揚, 『周代家庭形態』, p.303

111) 『國語』「齊語」: 伍之人, 祭祀同福, 死喪同恤, 禍災共之, 人與人相疇, 家與家相疇, 世同居, 少同遊.

112) 『孟子』「滕文公上」: 死徙無出鄕, 鄕田同井, 出入相友, 守望相助, 疾病相扶持.

113) 역자 주 : 의식형식意識形式은 주관적인 것으로 의식이 주관적인 특징을 가진 것을 말한다. 의식은 주체에 존재하며, 그것은 인간의 뇌의 기능이며, 의식의 사고과정은 주관적인 조절 과정이다. 그것의 반응 형식은 주관적이고, 두뇌 개조를 거친 것이며, 같은 사물에 대해 사람마다 서로 다른 생각을 가지는 것을 말한다.

114) 염보극閻步克, 『종법제도宗法制度』(劉東이 편집한 『中華文明』에 실려 있다. 社會科學文獻出版社, 1994, p.64)를 참고하였다.

115) 『禮記』「喪服小記」: 別子爲祖, 繼別爲宗, 繼禰者爲小宗.

116) 『禮記』「喪服小記」: 王者禘其祖之所自出, 以其祖配之, 而立四廟. 庶子王亦如之. 別子爲祖, 繼別爲宗, 繼禰者爲小宗. 有五世而遷之宗, 其繼高祖者也, 是故祖遷於上, 宗易於下. 尊祖故敬宗, 敬宗所以尊祖禰也. 庶子不祭祖者, 明其宗也, 庶子不爲長子斬, 不繼祖與禰故也. … 庶子不祭禰者, 明其宗也.

117) 『詩經』「大雅・生民・板」: 大邦維屛, 大宗維翰, 懷德維寧, 宗子維城.

118) 楊寬, 『古史新探』, 中華書局, 1965, p.166

119) 『春秋公羊傳』 隱公元年 : 稱父, 死稱考, 入廟稱禰.

120) 謝維楊, 『周代家庭形態』(p.31)을 참고하였다.

121) 『禮記』「喪服小記」: 祖遷於上, 宗易於下.

122) 『禮記』「喪服小記」: 祖遷於上, 謂高祖之父, 親盡於上而不復祭也. 宗易於下, …則其同出於高祖之父者不復宗之也.

123) 『禮記集解』「喪服小記」: 別子爲祖者, 諸侯之庶子, 別爲後世爲始祖也. 謂之別子者, 公子不得禰先君. 繼別爲宗者, 別子立世長子, 爲其族人爲宗, 所謂百世不遷之宗也.

124) 『禮記集解』「喪服小記」: 別子者, 諸侯適子之弟, 別於正適, 故稱別子. 爲祖者, 別子子孫爲卿大夫, 立此別子爲始祖. 繼別爲宗, 謂別子之世世長子, 但繼別子, 與族人爲百世不遷之大宗.

125) 『禮記集解』「喪服小記」: 別子之後, 族人衆多, 或有繼高祖者, 與三從兄弟爲宗, 或有繼曾祖者, 與再從兄弟爲宗, 或 … 族人一身, 凡事四宗, 兼大宗爲五也. 小宗雖四, 初皆繼禰爲始, 據初爲元, 故特云繼禰也. 五世, 謂上從高祖下至玄孫之子, 此玄孫之子則合遷徙, 不得與族人爲宗.

126) 『禮記』「大傳」: 別子爲祖, 繼別爲宗, 繼禰者爲小宗. 有百世不遷之宗, 有五世則遷之宗. 百世不遷者, 別子之後也, 宗其繼別子(之所自出)者, 百世不遷者也. 宗其繼高祖者, 五世則遷者也. 尊祖故敬宗, 敬宗, 尊祖之義也.

127) 동성집단에 대한 설명은 사유양謝維揚, 『주대가정형태周代家庭形態』(p.199)에 보인다.

128) 염보극閻步克, 『종법제도宗法制度』(p.66)를 참고하였다.

129) 『左傳』「隱公八年」: 胙之土而命之氏.

130) 孫希旦, 『禮記集解』: 用大夫之牲, 是貴祿, 宗廟在宗子家, 是重宗. 此宗子謂小宗也. 若大宗子爲士, 得有祖禰二廟. 若庶子是宗子親弟, 則與宗子同祖禰, 得以上牲於宗子之家而祭祖禰也. 庶子爲大夫, 得祭曾祖廟, 而庶子不合立廟, 當寄曾祖廟於宗子之家, 亦以上牲, 宗子爲祭也. 若己是宗子從父庶兄弟父之適子, 則於其家自立禰廟, 其祖及曾祖廟亦於宗子之家寄立之. 若己是宗子從祖庶兄弟父祖之適, 則立祖禰於己家, 亦寄立曾祖廟於宗子之家, 竝供上牲, 宗子爲祭也.

131) 『儀禮』「喪服傳」: 諸侯之子稱公子, 公子不得禰先君. 公子之子稱公孫, 公孫不得祖諸侯, 此自卑別於尊者也. 若公子之子孫有封爲國君者, 則世世祖是人也, 不祖公子, 此自尊別於卑者也.

132) 주봉한朱鳳翰, 『상주가족형태商周家族形態』의 마지막 장을 참고하였다.

133) 『孟子』「滕文公上」: 方里而井, 井九百苗, 其中爲公田, 八家皆私百苗, 同養公田, 公事畢, 然後敢治私事.

134) 양관楊寬, 「중국 고대의 정전제도와 촌사제도(試論中國古代的井田制度和村社制度)」(『古史新探』, pp.112-134)를 참고하였다. 또한 이 책의 다른 편도 참고할 만하다.

135) 양관揚寬, 『고사신탐古史新探』(p.124)에서 인용하였다.

136) 揚寬, 『古史新探』, p.132

137) 두정승杜正勝은 고대 촌락 공동체의 구조는 기본적으로 크게 종족과 향당 두

부분으로 나뉘며, 리읍里邑 공동체는 공동으로 경작하고 과세를 균등하게 하며 함께 제사를 지내고 음식을 먹으며 화목을 도덕으로 삼았다고 생각했다. 그러나 그의 주장은 특히 춘추시대 이후 고대 향수鄉遂(지방 기층의 사회조직) 집단 주거공동체의 구별에 대해서는 토론하지 않았다. 그의 저서 『편호제민編戶齊民』(聯經, 1992)에 보인다.

제8장

사유師儒

너는 군자 같은 유가 되고 소인 같은 유가 되어서는 안 된다.

女爲君子儒, 無爲小人儒.

- 공자孔子, 『논어論語』 -

유가의 역사적 기원을 찾는 작업을 고대 사람들은 '원유原儒'라 하였고 근대에는 대부분 '설유說儒'라고 말하는데 그 의미는 같다. 이 책의 주된 요지는 사실 유가사상의 기원을 찾는 것에 있다. 그러므로 '새로운 유가사상의 기원을 찾는 신원유新原儒'라고 할 수 있다. 그러나 이 책은 서주 시기까지만 논하였을 뿐, 칼 야스퍼스(Karl Theodor Jaspers, 1883~1969)가 말한 '기축시대(axial period)'에 해당하는 춘추시기(기원전 770~476년)는 지면의 한계로 인해 다룰 수 없었다. 이런 이유에서 이 책의 원유에 대한 논의는 기축시대 이전에서 마치려고 한다.

춘추시기에 대한 연구는 다른 책(『중국고대사상문화의 세계』)에서 전문적으로 논할 것이다. 본장은 두 부분으로 나누어 논하고자 한다. 전반부는 '유儒'와 그 기원에 관한 고금의 다양한 견해를 서술하고, 그들이 내세우는 이론적 방법에 대해 살필 것이다. 후반부는 주대 사유師儒의 교화敎化 전통과 유儒의 기원 사이의 관계를 통해 금세기 학자들의 원유설原儒說이 가진 득실을 한 걸음 더 나아가 이해하려고 한다. 이 책에서 본장은 어떤 의미에서 맺음말의 성격을 지니고 있다고 말할 수도 있다.

1. 고대의 유儒에 대한 논의

한대유가(漢儒)에서 근대학자에 이르기까지 '유가儒家'의 기원과 발생에 대한 논의들이 있었지만 20세기 학자들은 이 문제에 대해 더 많이 논쟁하였다. 아래에서 역사적 순서에 따라 고금의 명가들의 관점들에 관해 이야기해 보겠다.

『회남자淮南子』「요략要略」에서는 다음과 같이 말한다.

> 무왕武王은 재위하고 3년 만에 붕어하셨고 성왕이 아직 나이가 어려 능히 정사를 돌보지 못하였다. 그러자 채숙蔡叔과 관숙管叔이 공자 녹보祿父를 보좌하여 반란을 일으키려고 하였다. 이에 주공이 문왕의 대업을 계승하고 천자의 정무를 대신함으로써 주 왕실을 온몸으로 떠받치고 성왕을 보좌하였다. 주공은 싸움이 그치지 않고 신하들이 천자를 위협하는 상황을 걱정하였다. 그러므로 군마를 화산華山에 풀어놓고 소 떼를 도림에 방목하였으며 전쟁의 북을 찢고 북채를 꺾었으며 홀笏(신하가 임금을 뵐 때 조복을 갖추고 손에 쥐던 물건)을 꽂고 조회를 함으로써 왕실을 안정시키고 제후들을 진정시켰다. 성왕이 장성하여 능히 정사를 돌볼 수 있게 되자 주공은 노나라에 봉해져 노나라의 풍속을

교화하는 데 힘썼다. 공자는 성왕과 강왕의 치국지도治國之道를 닦고 주공의 가르침을 기술함으로써 70명의 제자를 가르쳤으며 이들에게 성인의 의관을 갖추게 하고 성인의 전적을 익히게 하였다. 여기서 유자의 학문(儒者之學)이 생겨났다.[1]

이 관점은 유자의 학문(儒者之學)이 문왕과 무왕 그리고 주공을 계승하는 왕도정치의 전통으로부터 만들어진 것으로 보고 있다. 이 때문에 주나라의 모든 문文과 도道는 유가 학문의 근원이 된다.

『사기史記』「태사공자서太史公自序」에 다음과 같은 구절이 있다.

유자儒者는 육예六藝를 법도로 삼는다. 육예와 관련된 경전은 헤아릴 수 없이 많기에 세대를 걸쳐 배워도 그 학문에 통달할 수 없거니와 평생을 배워도 그 예절을 궁구할 수 없다. 고로 "배움의 폭은 넓지만 요체가 적고, 배움의 과정은 수고스럽지만 성과가 적다"라고 한 것이다. 그러나 군신과 부자의 예를 나열하고 부부와 장유의 구별에 차서를 정한 것은 어떤 학파라도 바꿀 수 없다.[2]

『사기』에서는 비록 유儒의 출발점을 언급하지 않았지만 '육예六藝'의 관점으로 유가를 이해하는 것을 강조하였는데 이는 후대에 상당히 큰 영향을 미쳤다.

『한서漢書』「예문지藝文志」에서는 제자백가의 학문(諸子之學)이 왕관王官(왕조 혹은 나라의 관직)에서 나왔다고 주장하면서 다음과 같이 '유가儒家'에 대해 이야기하고 있다.

유가儒家라는 유파流派는 대부분 사도司徒라는 관직에서 나왔으며, 인군人君을 돕고 음양에 순종하며 교화하는 자이다. 육경 속에서 학문을 노닐고, 인의仁義의 사이에 뜻을 머물게 하며, 요순의 덕행을 기술하고, 문무의 대업을 본받으며, 공자를 종사宗師로 삼아 그 언사를 중시하고, 도에 있음을 가장 높은 경지로 삼는다.[3]

태사공 사마천의 '유儒'에 대한 이해는 '육예'와 "군신과 부자의 예를 나열한 것(列君臣父子之禮)", "부부와 장유의 구별에 차서를 정한 것(序夫婦長幼之別)"을 위주로 하는데 그 요지를 파악했다고 말할 수 있다. 『한서』 「예문지」에서는 유가를 사도司徒라는 관직에서 기원한 것으로 본다. 이 설은 유흠劉歆의 『칠략七略』에서 나온 것으로 아마도 『주관周官』이란 책이 유행한 이후로 보인다. 유흠의 설은 나라의 기관에 소속되어 학문을 하던 사람들이(王官之學) 그 직무를 잃고 민간에 내려와 유가와 제자백가의 학문이 탄생하도록 만들었고 주장하는데, 이 견해는 후대에 매우 큰 영향을 미쳤다.

허신許愼의 『설문해자說文解字』 인부人部에 다음과 같이 기록되어 있다.

유儒는 부드러움柔이다. 술사術士의 칭호이다. 인人에서 의미가 유래하였으며 수需는 글자의 음을 나타낸다.[4]

이것은 유儒라는 글자의 본래 의미가 부드러움(柔)이며 명사로는 술사術士를 가리킨다는 것을 말한다. 단옥재段玉裁는 "부드러움이다(柔也)"라는 구절 아래에 다음과 같이 주석을 달았다.

정현의 『삼례목록三禮目錄』에 이르길 "유행儒行이라는 것은 도덕道德을 지닌 자가 행한 바를 기록한 것이다. 유儒의 언사는 도타우며 부드럽다. 능히 타인을 편안하게 하며 능히 타인을 심복하도록 만든다. 또한 유라는 것은 적신다(濡)는 말이다. 선왕의 도로써 능히 그 몸을 적신다"라고 하였다. 『옥조玉藻』의 주에 "느긋하고 나약한 자(舒懦)는 앞에 있음을 두려워한다"라고 하였다."[5]

단옥재는 "술사의 칭호(術士之稱)"라는 구절 아래에 또 다시 다음과 같이 주석을 달았다.

술術은 읍의 가운데의 길이기 때문에 도道의 명칭으로 삼는다. 『주례』「태재大宰」의 "유는 도로써 백성을 얻는다"라는 구절의 주석에 이르길 "유는 육예를 가지고 백성을 교화하는 자이다"라고 하였다. 「대사도」의 "근본적인 옛 풍속 여섯 가지로써 만민을 편안하게 한다", "네 번째 풍속은 사와 유가 서로 관련을 맺게 한다"는 구절의 주석에 이르길 "사유는 향리에서 도예를 가르치는 자이다"라고 하였다. 내 생각에 육예란 예禮·악樂·사射·어御·서書·수數이며, 『주례』에서 말하는 육행과 육예는 덕행과 도예를 말한다. 진정한 유가 나타나지 않고서부터 사람들은 유가 서로를 책망하며 비난하였다.[6]

허신은 부드러울 유柔로 유儒자의 본의를 해석하였다. 정현鄭玄은 이를 이어받아 원의를 확대하고자 유儒와 유濡가 통한다고 주장했다. 이 해석은 오늘날 사람들에게 여전히 영향을 미치고 있다.

청나라의 장학성章學誠은 그의 저작인 『문사통의文史通義』 내편內篇에서 제자백가 학문의 본원本原이 나온 곳은 모두 『주관周官』(=『주례』)에서 주관하던 것에 지나지 않고[7], 고대의 관官과 사師는 하나로 합쳐 있었고 관사官師가 그 전장典章(법령제도)을 관장하였다[8]고 주장했다. 예를 들어 『주역周易』은 본래 춘관春官이 주관하던 것이다.[9]

삼대三代가 쇠락하자 다스림(治)과 가르침(教)이 나누어지고 관官과 사師가 분리되어 관은 정무를 담당하고 사는 교화를 담당하게 되었다. 육예는 관官이 주도하던 것에서 벗어나 사師의 가르침에 의존하여 전해졌다.

> 관官과 사師가 분리되는 지경에 이르자 처사處士들은 제멋대로 논의하고 제자백가들은 너도나도 할 것 없이 저서를 쓰고 학설을 내세웠다. 그러나 문자에 사사로운 말이 들어가게 되었고 전장典章과 정무·교화(政教)로부터 다 나온 것은 아니다. 유가라는 유파는 여전히 육예를 존중하여서 경經으로 받들었다.[10]

이 구절은 제자백가가 탄생하게 되는 하나의 배경이 있다고 보는 입장이다. 바로 관官과 사師 의 합일과 치治와 교教의 합일이라는 상황에서 관官과 사師가 직분을 나누고, 치治와 교教가 갈라지는 상황으로 전환되는 커다란 제도적 변화가 있었다는 것이다. 정무政務를 보는 관원은 더 이상 교화의 직무를 담당하지 않고, 교화의 직무는 민간의 학자들이 맡게 되었다는 것이다. 이러한 관점은 사실 유흠劉歆의 관점에서 발전되고 확장된 것이며 근대학자들에게도 상당히 많은 영향을 미쳤다. 그러나 유가에 관한 문제만을 가지고 말하면 장학성이 말하는 주관(典守)이라는 말은 유가는 다만 지관地官에서 나왔다는 유흠의 관점과는 다른 것 같다.[11]

2. 근대의 유儒에 대한 논의

장태염章太炎의 『국고논형國故論衡』에는 「원유原儒」편이 수록되어 있다. 그는 '명名'을 달達·유類·사私 세 가지로 나눈 묵자의 관점에 의거하여 "유에 세 가지 조목이 있다(儒有三科)"는 학설을 제기하였다. 즉, '유儒'에는 달명達名(보편적인 이름)의 유儒, 유명類名(분류된 이름)의 유, 사명私名(구체적인 학자를 지칭)의 유 세 가지 의미가 있다.[12] 그는 이렇게 말한다.

> 달명達名으로 유를 말한다면 "유자는 술사이다.(儒者, 術士也)(『說文』)"[13]

장태염은 진대秦代 술사들을 파묻은 사건을 세간에 갱유坑儒라고 하는 데서 유를 술사로 볼 수 있다고 나름의 논증을 하고 있다. 또한 그는 "유儒라는 명칭은 아마도 '수需'에서 나왔을 것이다. 수需는 구름이 하늘 위에 있는 것이다. 유儒 또한 천문을 깨닫고 가뭄과 홍수를 알았다"고 말하였다. 그는 『장자』 등의 책을 인용하여 "영성무(후직에게 제사를 드릴 때 추는 춤)를 추고 탄식하며 비를 구하는 자를 일러 유라고 한다(靈星舞子, 吁嗟以求雨者謂之儒)"는 것과 "옛날의 유는 천문을 알고 기후를 점쳤기에 여러 재주가 있다고 하였다. 고로 아홉 가지 재능을 두루 펼치고, 여러 가지 있는 술수를 모두 갖추고 있었다고 일컫는 것이다(古之儒知天文占候, 謂其多持, 故號遍施於九能, 諸有術者悉該之矣)"는 것을 통하여 논증하고 있다. 비록 장태염은 넓은 의미에서는 (달명의) '유'가 모든 종류의 술사들을 가리킨다고 생각했지만, 그의 논증에서는 특히 달명의 유를 천문과 기후를 알고 비를 구하는 방술方術을 행하는 술사로 이해했다. 이러한 술사는 실은 축사祝史와 사무史巫이다. 따라서 이러한 이해 속에서 술사의 '술'은 넓은 의미의 법술法術이며, 달명의 유는 사실상 법술지사法術之士이다. 그는 또 다음과 같이 말했다.

> 유명類名으로 유를 말하면, 유자는 예禮·악樂·사射·어御·서書·수數를 아는 사람이다. 「천관天官」에 이르길 "유는 도로써 백성을 얻는다(儒以道得民)"고 하며, 주석에 "유는 제후의 관리인 보씨保氏가 육예를 가지고 백성들을 가르쳤던 것이다(儒, 諸侯保氏有六藝以教民者)"라고 하였다. 「지관地官」에 이르길 "(가르침을 받으려) 사유와 연대한다(聯師儒)"고 하며, 주석에 "사유는 향리에서 도예를 가르치는 자이다(師儒, 鄉里教以道藝者)"라고 하였다. 이것은 바로 몸소 덕행을 갖춘 자를 사라고 하며 재주와 기예를 배운 자를 유라고 한다는 것이다.[14]

달명의 유는 술수와 재능이 있는 모든 사士들을 포함하는 가장 넓은 의미의 명칭이다. 유명의 유는 달명보다는 범위가 작으며, 예·악·사·어·서·수의 육예로 백성을 가르치는 사람을 말한다. 이는 술사의 '술術'을 육예에 제한하여 이해한 것이다. 그는 또 다음과 같이 말한다.

> 사명私名으로 유를 말하면 다음과 같다. 『칠략七略』에 이르길 "유가儒家라는 유파流派는 대부분 사도司徒라는 관직에서 나왔으며, 인군人君을 돕고 음양의 이치에 따르며 교화하는 자이다. 문은 육경 속에서 노닐고, 뜻은 인의仁義의 사이에 머물게 하며, 요순의 덕행을 기술하고, 문무의 대업을 본받으며, 공자를 종사宗師로 삼아 그 언사를 중시하고,

도에 있어서 가장 높다고 할 것이다(儒家者流, 蓋出於司徒之官, 助人君順陰陽教化者也. 遊文於六經之中, 留意於仁義之際, 祖述堯舜, 憲章文武, 宗師仲尼, 以重其言, 於道為最高)"고 하였다. 주왕실이 쇠락하자, 보씨는 그 직무를 잃어버렸고, 사주史籀(주나라 선왕宣王 시기의 태사관太史官)의 서書와 상고商高(서주시기의 수학자)의 산算, 봉문蜂門의 활쏘기(射), 범씨范氏의 말타기(御)가 모두 유자로부터 전해지지 않게 되었다. …「유행」에서 15가지 유儒의 성격을 말하였고 『칠략』에서 안자晏子 이하 52가지 학파를 대략적으로 말했으나 모두 덕행과 정교의 취지를 대강 밝힌 것일 뿐이며 육예에까지 이르지 못하였다. 그것은 『주관』에서 사師로 분류되면서 유儒는 끊어지고 사가 그 이름을 대신하였다.[15]

사명私名이 가리키는 범위는 더욱 좁다. 사명의 유儒는 그 학문이 육예까지 미치지 않고 다만 덕행과 정교政教의 취지를 대략적으로 밝힐 뿐이다. 이것이 바로 『주례』에서 말하는 '사씨師氏'이다.

종합하면 장태염의 삼명설三名說은 모두 허신의 '술사의 호칭'이라는 말에서 출발하여 광의와 협의의 세 가지 의미로 구분한 것이라 할 수 있다. 그는 또 『제자학략설諸子學略說』에서 "옛날의 학자는 대부분 왕관王官에서 나왔다"[16]고 하였는데, 이는 그가 유흠의 영향을 많이 받았다는 것을 의미한다. 그의 관점은 대부분 전통 국학의 범위를 벗어나지 않는다. 그의 새롭고 독특한 인식은 오로지 고대의 유(古儒)를 사史·무巫와 같은 종류의 술사로 보는 것에 있다.

장태염은 국학대사로, 그가 한 말들은 후대의 학자들에게 많은 영향을 주었다. 1920년대 말엽에 부사년傅斯年은 『전국자가서론戰國子家敍論』을 지어 "전국시대 제자백가는 묵자를 제외하면 모두 특정한 직업職業에서 출발했다"고 말하며 "유가라는 유파는 학생을 가르치는 훈장이란 직업에서 출발하였다"고 생각했다.[17] 부사년의 이 설은 『칠략』과 『한서』 「예문지」보다 더 발전된 부분이 있다. 그는 직접 제자백가가 왕관에서 나왔다고 말하지 않았지만 제자백가들은 특정한 직업에서 나왔다고 보았다. 그가 말하는 직업이란 분명 관직이 아니라 민간의 직업에 가깝다. 예를 들어 유가가 「지관地官」에서 나온 것이 아니라 훈장이란 직업에서 나왔다고 말하는 것이다. 이러한 관점은 당연히 서주와 춘추시대의 역사적 변화에 대한 그의 인식과 관련이 있다. 전통적인 관점에서 봤을 때 장학성의 견해와도 서로 부합한다고 할 수 있다.

얼마 후 전목錢穆은 『고사변古史辨』 제4권 머리말에 "부드러움(柔)은 유의 통속적인 훈석이며 술사는 유儒의 다른 해석이다"라고 주장하였다. 이것은 『설문』의 해석에서 한발 더 나아간 분석이다. 그는 또 "유는 술사라는 것은 바로 육예를 통달한 사士라는 것이다. 옛사람들은 예 · 악 · 사 · 어 · 서 · 수를 육예라 하였는데 육예에 통달한다는 것은 바로 귀족으로 신분이 상승하였다는 것이다. 이들은 육경六卿의 우두머리인 총재冢宰 혹은 제후의 제사와 연맹회의를 주관하는 소상小相이 되었으며 가신家臣으로 불렸다. 공자가 그러하였으며 그의 제자들 또한 그러하지 않은 자가 없었다. 유자는 당시 사회에서 최고의 등급(流品)으로 지냈다"[18]라고 말했다.

전목은 장태염의 달명達名의 설을 취하지 않았다. 그의 육예설은 유명類名으로 유가를 보는 입장인 것 같지만, 유는 결코 육예로 백성들을 가르친 것이 아니라 육예를 일종의 직업 훈련의 과정으로 삼아 스스로 귀족사회로 진입하려는 시도로 보고 있다. 그러므로 그가 말하는 '등급(流品)'이란 말은 부사년이 말한 '직업'은 아니지만 직업의 내용에서 다른 점이 있다. 전목은 『선진제자계년先秦諸子系年』에서 유

의 기원에 대해 논하였으며 대략 위의 문장과 유사하다.[19]

1934년 호적胡適은 『설유說儒』라는 저서를 지었는데 당시에 상당히 큰 반향을 일으켰다. 호적은 콜롬비아 대학에 있던 시기의 후반에 「제자는 왕관에서 나온 것이 아님(諸子不出於王官論)」이라는 글을 썼는데 당시의 학자들이 모두 장태염을 따라 구류九流(중국 고대의 유가儒家·도가道家·음양가陰陽家·법가法家·명가名家·묵가墨家·종횡가縱橫家·잡가雜家·농가農家 등 아홉 가지 학술 유파의 총칭)가 왕관에서 나왔다고 주장하는 것에 대해 매우 불만이 많았다. 그는 이 설이 "모두 한대 유가들이 견강부회하고 지레짐작했던 말에 속하며 그러한 말들은 전혀 근거가 없다"[20]고 여겼으며 "제자백가들은 노담과 공구로부터 한비에 이르기까지 모두 세상의 혼란함을 우려하여 이를 구제할 방안에 대해 생각하였다. 그러므로 그들의 학문은 시대에 호응하여 생겨난 것이며 왕관과는 관련이 없다"고 주장했다.[21]

『설유』는 호적 평생의 학문적 업적 가운데 가장 우수하며 상상력이 풍부한 작품이다. 그는 먼저 『예기』「유행」에 기재된 공자가 "장보관을 썼다(冠章甫之冠)"라는 구절과 『묵자』「공맹公孟」의 "공맹자가 장보관을 썼다(公孟子戴章甫)"라는 두 가지 자료에서 출발하는데, 「사관례」의 "장보는 은나라의 법도다(章甫, 殷道也)"라는 구절에 근거하여 최초의 유儒는 은나라의 유민으로 은나라의 의관을 입고 은나라의 고례古禮를 실행했다고 단정하였다. 유로 불리는 이 일부의 은나라 사람들은 은나라의 축종祝宗과 복사卜師에서 전환하여 서주시대와 춘추시대에 상을 치르고 각종 예를 보조하는 일을 직업으로 삼았다.

이어서 호적은 『설문』의 "유는 부드러움이며 술사의 칭호이다

(儒, 柔也, 術士之稱)"라는 옛 의미와 결합하여 은나라 유민인 유가 부드럽고 겸손함을 특징으로 하는 것은 나라를 잃은 상황에서 길러진 것이라고 여겼다. 호적의 이 설은 문화사적인 측면에서 아이디어를 대폭 얻은 것 같다. 그는 그리스 지식인들이 노예에서 로마 승리자들의 스승으로 되고 로마의 선교사들이 북유럽 야만족 정복자들의 교사가 된 것과 유사하게 은나라 말기의 축종과 복사들이 서주시대 수백 년 동안 자연스레 (정복자인 주나라 사람들을 지도하는) 하나의 특수 계급이 된 것으로 보았다. 이들은 귀족계급의 유용한 식객이었고 새로운 통치계급의 하층계급이었으며 또한 자신의 민족인 은나라 예의 보존자이며 선교사였다. 그는 "기독교는 나라를 잃은 유대 민족의 철인 예수로부터 나온 종교적 교조敎條에 저항하지 않는" 경우를 인용하여 은나라 사람들이 나라가 망한 상황에서 온순하고 겸허함을 기르는 유풍이 그들의 선교사인 '유'에 집중적으로 표현되었다는 결론을 도출하였고, 이를 통해 은나라의 고례를 보존하는 사람들이 어떻게 '유'라고 불리게 되었는지에 대해 해석하였다.[22]

호적의 『설유』가 발표된 후, 풍우란은 곧바로 글을 지어 비판적인 검토를 하였다. 『설유』에 대한 풍우란의 몇 가지 논박은 대단히 힘이 있다.

첫째, 장보관을 쓰는 것이 은나라 유민의 특징이라고 보는 호적의 설을 겨냥하여 풍우란은 장보관이 비록 은나라에서 기원하였지만 주나라 제도에도 사용되었으므로 서주와 춘추시대 사람들이 장보관을 쓴 것이 반드시 은나라와 관련되는 것은 아니라는 점을 지적하고 있다. 이는 마치 마고자[23]가 청조의 예복이지만 민국시기의 예복이기도 한데 민국시기의 어떤 사람이 마고자를 입었다는 이유로 그가 청조를 마음에 품고 있는 유신遺臣이라 단정할 수 없는 것과 같다.

둘째, 호적은 "공맹자의 옛 복식"에 대한 고사를 가지고, 최초의 유자가 은나라의 문화를 보전하고 있음을 자임한 것으로 증명했다. 풍우란은 『묵자』의 공맹자公孟子의 복식에 관한 이야기를 한 다음에, 묵자가 공맹자에 대해 비판한 문장이 있음을 지적했다. "묵자가 이르길 '그대 유가들은 주나라만 본받고 하나라를 본받지 아니하였으니, 그대가 말하는 옛것이란 옛것이 아닌 것이요'라고 하였다."[24] 이 때문에 공맹자의 옛 복장이 묵자에게 "주나라를 본받은 것"이라 비판받았다는 것은 공맹자의 옛 언어와 복장이 바로 주나라의 언어와 복장임을 설명한다. 풍우란은 유儒가 장보관을 쓴 것이 주나라를 본받았다는 것을 인정할 수 있지만, 주나라를 따르는 공자와 주나라를 본받은 공맹자가 은나라의 문화를 이어받은 유민으로 간주할 수는 없다고 생각했다.[25] 그는 또 다음과 같이 말하였다.

> 현재의 관점에 비추어봤을 때 유가儒家와 유儒라는 두 가지 명칭은 결코 동일한 의미를 지닌 것이 아니다. 유는 글을 가르치고 예식을 돕는 등의 일을 직업으로 삼는 사람들이다. 유가는 선진시기 제자백가 가운데 한 학파이다. 유는 유가가 나온 출발점이며 유가의 사람들 또한 여전히 유의 직무를 전담하였지만 양자가 하는 일은 엄연히 다르다.[26]

풍우란은 부사년의 직업설을 받아들여 유가가 유에서 나왔으며 춘추시대 이전의 유는 사회생활 속의 직업이라 여겼다. 유라는 직업의 내용에 관하여 그는 부사년의 학생을 가르치는 교서설教書說과 호적의 예식을 도와주는 상례설相禮說을 종합하였다.

> 이른바 유는 지식과 학문을 겸비한 전문가이다. 그들은 민간에 흩어져 사람들을 위해 학생을 가르치고 예식을 도와주는 것(教書相禮)을 생업으로 삼았다. 이 점에 관하여 호적의 견해는 우리와 완전히 동일하다. 우리와 호적의 견해 사이의 차이점은, 바로 그가 이 전문가들이 은상이 멸망한 이후 "노예로 전락하여 민간에 흩어졌다"고 보는 입장이다. 이에 비해 우리는 이 전문가들이 귀족정치가 붕괴된 이후 이전에는 벼슬을 하던 전문가였지만 세습되던 관직을 잃었기 때문에 민간에 흩어졌거나 혹은 이들이 여전히 지식을 지닌 귀족이지만 곤궁한 생활 때문에 그 지식에 기대어 생활했던 것으로 생각한다는 점이다. 이것이 바로 호적과 우리가 상반되는 지점이다.[27]

말하자면 유儒는 몰락한 축종祝宗과 복사卜史에서 유래했다는 것에 풍우란이 동의한 것처럼 보이지만 유는 서주 말기의 축종과 복사에서 유래한 것이지 은나라 말기의 축종과 복사에서 유래한 것은 아니다. 풍우란의 관점은 『한서』「예문지」와 장태염의 제자백가가 왕관에서 나왔다는 학설을 발전시켰다고 말할 수 있다.

풍우란이 장태염과 다른 점은 나라의 관리인 왕관王官이 벼슬을 잃고 흩어져 그들이 직접 제자백가가 되었다고 보지 않고 "왕관—직업—제자"의 과정을 거친 것으로 생각하고 있다. 다시 말하면 제자백가는 직접적으로 왕관에서 나온 것이 아니라 직업에서 나온 것이며, 간접적으로 왕관에서 나온 것이라는 입장이다. 풍우란은 이렇게 말하였다. "후대의 유儒들 가운데 학생을 가르치고 예를 돕는 것을 직업으로 삼는 것에 그치지 않고, 옛날의 예악제도로 천하를 평정하여 다스리길 바라며, 또 옛날의 예악제도에 이론적인 근거를 부여하는 자들이 있었는데, 이러한 사람들이 바로 후대의 유가이다. 공자는 유의 창시자가 아니라 바로 유가의 창시자이다."[28]

1954년, 호적이 『설유』를 쓴 지 20년 후, 전목이 다시 『호적의 「설유」를 반박함(駁胡適之說儒)』이란 글을 지었는데, 머리말에서 이렇게 말하고 있다.

> 나는 오래전 국학개론을 저술하여 묵가라는 명칭이 형벌을 받은 무리들이 노역을 하러 가는 모습에서 의미를 가져왔다는 것을 밝힌 적이 있다. 유가에 대해서는 여전히 확실한 주해를 하지 못하다가 『선진제자계년』을 저술하는 데 이르러 허신의 『설문』에서 유儒는 술사의 칭호이며, 술은 술예術藝를 가리키고, 술사는 곧 육예를 익히는 선비이며, 육예는 예禮·악樂·사射·어御·서書·수數임을 알았다. 여기에서 유가와 묵가 모두 당시 사회에서 생활하던 직업의 한 등급임을 알게 되었다. 이는 본래 선진학파를 논할 때 언급하지 않던 것이다. 수년이 지나 호적 선생의 『설유』의 글에서도 생활 직업으로 유가를 해석했지만, 그의 지론과 나의 설은 크게 다르다.[29]

위의 전목의 글과 풍우란의 글에 사용된 자료와 논증이 비록 어떤 부분은 상세하고 또 어떤 부분은 소략하기도 하지만, 그러나 전목의 글 가운데 호적에 대해 반박하는 논점은 풍우란의 글에서 이미 대부분 제기되었다. 전목의 독특한 관점은 은나라의 유민들이 그들의 문화전통을 가지고 있었다고 언급한 것이다. 예를 들어, 은나라 유민들은 귀신을 숭상하고 예술을 장려하는 것을 유풍으로 삼았고 결코 온순하고 겸손한 것을 유풍으로 삼지 않았다. 또한 공자의 제자들이 노나라에 대부분 분포해 있었으며 송나라에 적을 둔 사람들은 매우 적었다는 점을 말하고 있다. 그는 유가가 육예를 본업으로 삼았고 상례를 돕는 것을 본업으로 삼았다는 것은 듣지 못하였다고 말한다.[30]

곽말약은 1937년 일본에 있을 때 「설유를 논박함(駁說儒)」(원제 『차문호적借問胡適』)을 썼는데, 이 글은 후에 『청동시대青銅時代』에 수록되었다. 1942년에 다시 「유가의 발생(論儒家的發生)」을 썼고, 후에 『사학논집史學論集』에 수록하였다. 「설유를 논박함」의 앞부분은 주로 호적이 구사하지 못했던 갑골문 자료를 운용하는 곽말약의 능력이 드러난다. 그러나 그중 의미가 있는 것은 다만 "은대에는 왕실에서조차 삼년상을 행하지 않았다"[31]라는 한 구절이다. 그는 이 구절을 통해 삼년상을 은나라 예로 여기는 호적의 관점을 반박한다.

곽말약은 마지막에 그 자신의 관점을 제기한다. 그는 술사를 유라고 부르는 것은 진한시대 이후 유라는 명칭이 남용된 것으로 옛날의 술사는 원래 유라는 칭호로 부르지 않았고, 진나라 이전에 술사를 유라 칭한 증거는 없다고 말한다. 또한 무의巫醫는 예부터 유라 칭해지지 않았으며, 유는 본래 예를 알고 학문이 고매한 점잖은 사람의 전용 호칭으로 비록 공자 이전에도 있었지만 춘추시대의 산물이라고 보았다.[32] 곽말약의 이 설은 장태염이 말하는 달명達名의 유에 대한 견해를 강하게 반박하는 것이다.

그러나 다른 한편으로 곽말약이 비록 상고시대의 술사가 유를 칭하는 것이 아니라고 말했지만, 그는 도리어 유의 근원이 축종과 복사라는 것을 인정하였고, 춘추시대 사회계층의 분화와 권력 중심의 이동, 관직의 개혁과 축사祝史 등의 쇠퇴로 인해 유라는 직업이 만들어졌다고 보았다. 이것이 바로 유의 직업화 과정이다. 그러나 곽말약의 이 글은 유라는 직업이 어떠한 것인지 설명하지는 않았다. 아마도 식객·가신·교사가 유라는 직업의 내용인 것 같다. 이러한 관점은 분명히 부사년과 풍우란의 관점을 수용한 것이다. 다만 풍우란은 유라는 직업이 왕관이 직책을 잃은 것에서 시작된 것만을 인정하였을 뿐이지 축사라는 관직에서 반드시 유래하였다는 관점은 인정하지 않았다.

곽말약은 또한 유儒라는 글자의 본의인 부드러움(柔)이 결코 쉽게 늘 복종만 한다는 유순함을 가리키는 것이 아니라 점잖으면서 약간은 진부한 부드러움이다. 그가 몇 년 후 다시 쓴 「유가의 발생(論儒家的發生)」은 실제로 「설유를 논박함(駁說儒)」을 수정한 것이므로 대체로 「설유를 논박함」과 유사하다. 다만 결말에서 유의 직업에 대해 어느 정도 분명하게 말하였다. 그는 다음과 같이 말한다. "과거 노예제 시대에 시서예악은 귀족계급의 전유물이었다", "과거의 상층계급은 생산능력이 없었지만 예악은 알았다. 그들이 부패하기 시작한 후에 신흥의 상층계급들은 그들이 고상한 척하고 생산력이 없음을 비판하였다. 그런데 지금의 신흥 상층계급이 예악을 배우려고 하면서 (그들이 비판한 이전의) 부패한 상층계급의 사람들이 또다시 중시되기 시작하였다. 이것이 바로 유가 생겨난 까닭이다", "유가 주목받게 된 후, 유가는 곧 일종의 직업이 되었다."33

후외려侯外廬는 『중국사상통사中國思想通史』 제1권에서 다음과 같은 관점을 말하고 있다. 동쪽으로 천도한 이후 서주시대 문물은 형식적인 문서와 교조教條가 되어 시서예악은 단순한 의식儀式으로 변하고 내용은 없었다. 이러한 교조와 의식을 유지하기 위해서는 전문적인 전수자들이 필요하였다. 이들은 귀족들의 자문에 대비하거나 귀족들에게 형식적인 겉치레를 해주는 역할을 하였다. 이 때문에 예악을 알고 점잖은 지식인들인 추로진신鄒魯縉紳들이 생겨났다. 그들은 곧 시서예악을 직업으로 삼는 유이며 공자 이전부터 존재하였다.

춘추시대 말엽에는 정권이 아래로 이동하였고 사적인 것이 공적인 것보다 비대해졌으며 정치가 통일되지 못하여 다원화되었다. 이러한 시대적 배경과 관학에서 사학으로의 전환 운동은 유를 전기 유가사상으로 탈바꿈하도록 촉진하였다.[34] 이러한 관점 또한 유儒가 직업에서 나왔다는 설이다. 그러나 후외려는 풍우란처럼 한대나 청대 유가들이 주장하는 나라의 관리 즉 왕관이 자기 직책을 잃었다는 왕관실수설王官失守說을 받아들이지 않았으며, 유라는 직업이 왕관이 직책을 잃은 후 민간으로 흩어져 형성된 것이라는 주장을 하지 않았다. 그는 유라는 직업이 춘추시대 초기사회 변화의 수요에 의해 생겨난 것이라고 보았다.

최근에 양향규楊向奎도 『종주와 예악문명(宗周與禮樂文明)』에서 이 문제에 대해 토론하고 있다. 그는 장태염과 호적의 설을 상세하게 인용하고 또한 민족학 자료들도 참고하여 이렇게 주장한다. "원시의 유는 무축巫祝 활동에도 종사하였다", "원시의 유는 술사이며 아마도 은상시대에 기원을 두었을 것으로 보인다. 은상시대는 상례와 장례를 매우 중시하였으니 예식을 돕는 것은 유가의 장점이 되었다."[35] 그러나 양향규는 원시의 술사인 무사巫師가 은상에 기원을 두었는지 아니면 은상시대 이전에 술사와 무사가 유라고 칭해졌고 은대에 예식을 돕는 자가 '유'라고 칭해졌는지에 대해 분명하게 말하지 않았다. 그는 증거를 제시하지 않고 은대 무사나 예를 돕는 자가 '유'로 칭해졌다고 말하였다.

'유'라는 글자에 대하여 양향규는 유약하다는 의미가 아니라 지체遲滯 즉 느리고 완만하다는 의미로 보았으며, 유가의 직무가 예식을 돕는 것이고 이후 글을 가르치게 되었다고 생각했다. "그들의 넓은 의복과 허리띠, 그들의 협소하고 좁은 관모가 사람들에게 주는 인상은 느리고 완만한 것이다. 게다가 예식을 돕는 직업이 본래 요구하는 것 또한 이와 같다. 만약 글자의 의미 자체에서 유儒를 설명하면 당연히 여기서부터 시작해야 한다."[36] 양향규는 장태염의 영향을 받은 것으로 보인다. 실제로 그는 유를 축무祝巫라고 여겼다. 그러나 이것은 그의 책 전반에서 주공과 예악문명을 중시하는 입장과 일치하지 않는다.

3. 최근의 유儒에 대한 해석(釋儒)

1975년 서중서徐中舒는 「갑골문 속에 나타난 유(甲骨文中所見的儒)」라는 논문을 발표하였다. 그는 상대商代에 이미 '경사卿士'가 있었는데 경사 가운데 주로 예식을 돕는 일을 주관하는 관리가 바로 '유儒'이며 갑골문에 '수需' 혹은 '유濡'로 썼다고 보았다. 그는 유濡라는 글자가 만들어진 의도가 '목욕재계'를 가리킨다고 여겼다. "전체 글자는 물로 몸을 씻어내고 물에 몸을 담그는 형상과 같다."37 다시 말해 유濡는 유儒의 초기 글자이다. 이 견해에 근거하면 상대에 유는 일종의 종교적 성격을 지닌 관직이며 무축巫祝과 비슷하였다.

일본 학자 시라카와 시즈카(白川靜)는 70년대 무축전통에 대해 논하며 이렇게 주장하였다. "무축을 희생으로 쓰는 데 머리를 짧게 자르고 비를 기원하는 희생자로 삼는 것이 바로 수需이다. 수需라는 글자는 비가 내리길 바라며 단발이나 삭발을 한 무巫의 의미를 함유하고 있다. 이러한 무축이 바로 유의 원류이다. 이 희생자 즉 무는 간혹 불에 태워 죽임을 당하기도 한다."38 그렇지만 갑골문에서 사람(人)과 물(水)로 이루어진 글자가 수需가 되는가의 여부와 서주시대 금문에서 어찌하여 수자의 이러한 용법을 찾을 수 없는가에 대한 문제는 상술한 견해로 하여금 많은 토론의 여지를 남기도록 만든다.39

단옥재段玉裁는 『설문』의 유儒자에 주석을 달면서 정현의 설을 인용하여 유儒와 유濡 두 글자가 고대에 통용되었다고 주장하였다. 『풍속통風俗通』에서는 "유儒는 유濡다(儒者, 濡也)"라고 하였고, 『집운集

韻』에서는 "유濡는 부드럽고 인내하는 것이다(濡, 柔忍也)"라고 하였다. 유濡는 또한 부드러움을 의미하는 다른 글자와 통한다. 이 때문에 『설문』에서 말하는 "유儒는 부드러움이다(儒, 柔也)"라는 것은 실제 유儒의 초기 글자인 '유濡'의 본의이며, 후대의 사람에 대한 지칭과 꼭 직접적으로 관련이 있는 것은 아니다.

이러한 글자의 근원을 고증하는 방법이 최근에 유儒를 논하는 주류 학풍이다. 하신何新, 유억강劉憶江, 부검평傅劍平 모두 이 설을 주장하였다. 하신은 『주례』와 『의례』에 보이는 관직인 '서胥'에서 시작하였다. 그는 '서'가 주대의 고을에서 제사・예악・행정・교육・문화를 책임지던 직무라는 점에 근거하여 서胥(xū)와 수需(xū)의 중국식 발음이 가까워 서로 통하여 전환되었고, '수'는 상대에 예관禮官(예식을 집행하는 관리)과 제사祭師(제관의 우두머리)였으며, 주대에 들어 온 후에는 예악과 제사 및 학문도 함께 관장하였다고 주장하였다. 이 때문에 그는 서胥의 전신이 수需이며 이후 문화가 변천하여 수需에 '인人' 부수를 첨가하여 유儒라 쓰게 되었다고 생각했다. 그러므로 상나라의 수需와 주나라의 서胥는 춘추시대의 유儒와 유가儒家의 전신이다.[40]

상대의 수需는 곧 유儒였다. 이 설은 이미 서중서의 글에서 보았다. 하신의 독창적인 견해는 상대의 수需가 주나라의 서胥로 전환하여 유의 전신이 되었다고 생각한 것과, 아울러 그가 서에 대하여 문장을 쓴 이유가 글자의 기원을 변증하기 위한 것일 뿐만 아니라, 한유漢儒들의 「지관地官」으로부터 유의 근원을 고찰하는 관점으로 돌아가는 방향 전환을 보여주고 있다. 그러나 그는 주나라의 서가 유에 가장 가까운 근원이라면 어찌하여 문화가 변천한 이후 '서胥'

에 '인人'자를 붙이지 않고 '서'의 전신인 '수需'자에 '인'자를 붙여야 했는가 하는 의문에 대해서는 설명하지 못하고 있다.

유억강은 하신의 설을 비평하며, 서胥는 금문의 관직과 관련된 자료 속에 보이지 않기 때문에 금문에 서라는 글자는 없는 것이라는 주장을 하고 있다. 또 갑골문에 '수需'자가 없기 때문에 수를 상나라의 제사祭師로 여기는 자료가 없는 것이라고 보았다. 그러나 유억강은 서중서의 글을 보지 못한 것 같다. 그는 『주례』를 근거로 하여 주대 관직에 있던 보씨保氏가 유儒이고 벼슬에서 물러나 향리에서 백성을 가르치는 자가 사유師儒이고 금문의 관직과 관련된 자료를 인용하여 서주시대에 보保와 사師가 분명히 있었음을 증명했다. 이로부터 "유儒의 전신은 보保이며, 최초의 보는 다만 여성이 담당하였던 보모였지만 이후 남성이 담당하는 육예에 정통하여 도덕과 학문이 뛰어난 왕실 귀족의 교관教官으로 변하였다"라고 단정했다.[41] 귀족계급이 몰락하면서 보는 점차 민간에서 떠돌게 되었다. 보는 육예를 전수하는 것을 생업으로 삼았는데 이것이 바로 유의 직업이다. 연구방법의 측면에서 유억강과 하신의 유사점은 두 사람 모두 문자에 대해 고찰한 내용과 『주례』의 내용을 결합했다는 것이다. 더욱이 유억강은 금문의 관직에 관한 자료를 참고하여 논증의 척도로 삼았다.

부검평傅劍平은 다음과 같이 주장했다. "대가들의 학설은 부분적으로 보면 이것에 통할 수 있지만 저것에는 통하지 못한다. 선진의 문헌과 전적, 지하에서 출토된 문물 및 예제禮制들을 전면적으로 따져보면 막혀 통하지 않는 곳이 많다."[42] 부검평의 논의는 1961년 섬서성에서 출토된 명문銘文에 있는 '무수无需'라는 두 글자에서 출발한다. 그는 '무无'자를 무巫로, 즉 무수无需를 무수巫需로 해석하였다. 그는 '유儒'는 '수需'에서 유래한다고 보고, 그 함의는 '무舞'(巫)가 무술巫術을 행할 때에 머리에 쓰던 예관禮冠이다. 이어서 그는 이 관모를 쓰고 무술을 행하는 사람이 '유儒'라 칭해졌으며 더 나아가 이들이 선진 제자백가의 사상학술 유파의 하나인 유가가 되었다고 생각했다.

부검평의 결론은 술사설術士說로 장태염의 주장으로 다시 돌아갔다. 유儒가 수需에서 유래하였다는 것 또한 서중서의 주장과 동일하다. 그가 제시한 새로운 것은 '무수'에 관한 해석이지만 이러한 해석을 논거로 삼기에 충분하지 않다. 만약 유儒가 무巫에서 나왔거나 유儒가 곧 무巫라고 주장한다면 이는 유가 축종祝宗과 복사卜史에서 유래하였다고 주장하는 것만 못 할 것이다. 왜냐하면 곽말약이 이미 의사와 무당은 예로부터 유儒라 칭하지 않았다는 것을 강조했기 때문이다.

위에서 서술한 20세기 학자들의 유가 기원에 관한 연구를 총체적으로 살펴보면서 몇 가지 공통점을 파악할 수 있다.

장태염은 한나라 유가들의 설을 받아들여 "옛날의 학문은 대부분 왕관에서 나왔다"고 말했다. 다만 후대 학자들 가운데 적지 않은 이들이 이 문제를 두 부분으로 나누어야 한다고 주장한다. 하나는 선진 제자백가가 춘추시대의 직업에서 유래한다는 것이며, 하나는 춘추시대의 직업설은 왕관이 직무를 잃어버리고 떠돌면서 이루어졌다는 것이다. 유가의 직접적인 근원을 가지고 논한다면 위에서 서술한 학자들의 설은 네 가지로 분류할 수 있다.

첫째, 사관史官 → 유가儒家 (유儒가 축사祝史에서 나왔다는 관점) : 장태염, 곽말약

둘째, 술사術士 → 유가 (유가 술사에서 나왔다는 관점) : 서중서, 양향규, 부검평

셋째, 직업職業 → 유가 (유가 직업에서 나왔다는 관점) : 부사년, 전목, 풍우란, 후외려

넷째, 지관地官 → 유가 (유가 사도司徒에서 나왔다는 관점) : 하신, 유억강

당연히 같은 부류의 견해들 사이에도 커다란 차이가 있다. 예를 들어 똑같은 직업설이라도 직업으로서의 유儒가 가르치는 내용에 대해 육예설, 시서예악설, 교서설教書說, 교례설教禮說이 있다. 예에 관한 지식을 전수하는 것을 위주로 한다는 점은 직업설의 공통적인 관점으로 볼 수 있다. 직업으로서의 유가 어떻게 서주시대의 체제로부터 변화하였고 또 춘추시대 사회 변천을 어떻게 해석하는가에 관한 관점들 또한 각각 다르다. 설명이 필요한 부분은 위의 네 가지 분류에서 역대 왕관설王官說을 두 가지로 나누었다는 점이다. 하나는 유儒가 사도라는 관직에서 나왔다고 보는 것이며, 다른 하나는 축종과 복사에서 나왔다고 보는 관점이다.

만약 결론이 아닌 방법적인 측면에서 본다면 위의 관점들은 두 가지 방법을 벗어나지 않는다. 바로 부사년이 말한 '언어학적' 방법과 '역사학적' 방법이다.[43] 역사학적 방법은 제도의 발생과 변화를 중시하며, 문자·언어학적 방법은 문자의 원류에 대한 해석을 강조한다. 대략적으로 말하면 역사학적 방법으로 얻은 공통된 결론은 공자 이전의 유儒는 예악에 관한 지식을 가르치고 전수하는 직업이며, 이러한 직업으로서의 유儒는 서주시대부터 예의禮儀에 관한 전적典籍을 관장하던 관원이 직책을 잃고 떠돌며 변화한 것이다. 문자·언어학적 방법에서는 춘추시기 예악을 전수하는 것을 생업으

로 삼던 직업이 어떻게 '유儒'라 칭해졌는지에 대한 해석에 역점을 둔다. 이에 우리는 근대의 원유原儒 연구가 모두 직업의 유형과 직업의 명칭에 집중하였다는 것을 알 수 있었다.

비록 각 연구들이 나름대로 의미 있는 성과를 얻었지만 대부분 유가사상의 근원을 근본적으로 언급하지는 못하였다. 풍우란의 해명을 빌리면 모든 연구가 '유儒'의 기원을 논술하고 있을 뿐이며 근본적으로 '유가'의 사상적 기원을 탐구하지 못하였다. 바꾸어 말하면 이러한 연구들은 모두 언어학 혹은 역사학적 방법이며 사상사적 방법이 아니라는 것(비록 사상사의 연구가 언어학과 역사학의 연구의 도움을 빌어야 할지라도)이다.

사상사 연구의 입장에서 보면 그 문제는 매우 명백하다. 이런 질문들을 던지고 싶다. 예를 들어 그저 예식을 보조하는 직업에서 공자의 사상이 나올 수 있는가? 혹은 무사巫師와 술사로부터 유가사상이 나올 수 있는가? 또 다른 예로 시라카와 시즈카가 말한 것처럼 '도道'라는 글자의 원의가 다른 부족사람의 뇌를 지니고 다니는 것이라면 이것이 노장으로 대표되는 도가사상의 근원을 연구하는데 무슨 의미가 있겠는가?44

호적은 일찍이 왕관설에 초점을 두고 다음과 같이 말한다. 옛날에 학문이 관부官府에 있다고 말하는 것은 옳지만 제자백가가 왕관에서 나왔다고 하는 것은 "근거 없이 말하는 것일 뿐만 아니라 학술사상의 흥망성쇠의 자취를 크게 위배하는 것이다"라고 주장하였다. 그는 "제자백가들은 노담과 공구로부터 한비에 이르기까지 모두 세상의 혼란함을 우려하여 이를 구제할 방안에 대해 사고하였다. 이런 까닭에 그들의 학문은 시대에 호응하여 생겨난 것이며 왕조의 관직과는 관련이 없다", "만일 구류九流가 모두 왕조의 관직에서 나왔다고 한다면 성주成周[45]의 하급관리(小吏)들의 명철함이 실은 공구와 묵적보다 더 뛰어났다는 것이다. … 그것은 옛날의 고루한 설을 믿는 것과 무엇이 다르겠는가?"라고 생각했다.[46] 호적이 시대와 사회적 배경의 영향을 강조한 것은 옳다. 그러나 그 역시도 사상의 전승과 문화적 전통을 소홀히 하였다. 그럼에도 호적은 단순히 유가 등의 학파들이 왕관에서 나왔다고 하는 것이 학술사상의 생성과 발전의 규칙에는 부합하지 않다고 주장했다. 이 점은 매우 탁월한 식견이라고 할 수 있다.

유가사상의 발생 및 유가사상이 한대漢代 이후 중국문화의 주류 혹은 주도적 지위를 차지할 수 있었던 가장 중요한 원인은 사회-정치의 구조적 원인을 제외하면 바로 유가사상 자체가 삼대三代에 걸친 중국문화의 산물이라는 점이다. 여기서 말하는 산물이란 역사적 결과와 역사과정의 현상에서 말하는 것일 뿐만 아니라 유가사상이 삼대 문화의 전통 및 그 문화가 길러온 정신기질을 계승하고 있음을 가리키는 것이다. 유가사상의 요소들은 삼대의 발전 속에서 이미 점진적으로 형성되었다. 아울러 서주시기에는 전체 문화의 규범적 의미를 지니는 방향으로 정형화되어 발전하였다.

유가와 공자의 사상은 대량의 사상적 자료들을 통해 서주에서부터 춘추시기에 이르는 동안 충분히 발전하였다. 서주의 사상은 또한 하상 문화의 역사적 발전과정을 배경과 기초로 삼았다. 서주시대는 중국문화의 문화 패러다임과 문화 성향이 확정되고 정형화되기 시작하던 시기였다. 공자 이전의 유가 사상적 요소는 바로 이러한 과정에 참여했던 구성물이다. 조금 과장되고 강한 표현을 빌리면 공자 이전에 이미 유가사상이 있었다고 말할 수 있다. 이 때문에 삼대 이래의 중국문화 발전을 벗어나 오직 유儒자의 원류만을 고찰한다면 유가사상의 기원이란 사상사적 문제를 진정으로 해결하기 어렵다.

다른 말이 필요할 것도 없이 공자는 문왕과 무왕 그리고 주공을 이상으로 삼았고 하은주 삼대의 인습과 변혁의 손익損益이라는 연속을 인정하였기 때문에 이를 통해 유가사상의 기원을 살펴볼 수 있다. 다만 이것은 춘추시대 말기의 직업으로서의 유儒라는 관점만으로 이해할 수 없으며 삼대의 문화(여기서의 문화란 관념 · 신앙 · 윤리 · 의식형태 · 정신기질을 가리킨다)의 발전과정부터 하나하나 따져보아야 한다. 이러한 입장과 견해를 소홀히 하면 제한된 관점에 사로잡혀 자각하지 못할 것이다.

여러 가지 직업설 모두 단지 유儒를 모종의 지식을 전수하는 사람으로 여기고, 유儒를 일종의 '예藝'로 보았다. 그리고 유儒를 '도道'로 보지 않고, 유가를 사상체계로 파악하지 않았다. 예를 들어 유儒의 기원을 상대商代에 제사를 치르는 술사까지 거슬러 올라가거나 유儒를 춘추시대의 무巫로 간주하는 시각으로 유가의 기원을 해결하려는 시도는 이런 한계의 전형을 보여준다. 설령 상대에 기우제를 지내던 술사가 유儒로 불렸다 하더라도 공자의 유가사상이 어떻게 600년의 역사를 뛰어넘어 상대의 술사들로부터 직접적으로 연결되는지 특히 무술巫術과 무사巫師들이 어떻게 상당한 수준의 이성화되고 "미신을 벗어난" 유학儒學을 만들어낼 수 있었는지에 대한 문제를 설명하기에는 근본적인 난점이 있다. 이로부터 사상사를 연구하는 사람들은 반드시 사상사적 방법과 입장으로 돌아가야 사상사의 문제들을 진정으로 해결할 수 있다는 것을 알게 될 것이다.

4. 서주시대의 사유師儒와 교화

어떠한 연구방법이라도 확실한 자료에 근거해야 한다. 20세기 전반의 학자들이 유儒에 대해 언급한 저작과 근대학자들이 유에 대해 해석한 연구를 비교하면, 자료의 측면에서 봤을 때 이들의 명확한 차이점은 『주례』에 대한 신뢰 문제에서 드러난다. 호적, 곽말약이 모두 『주례』를 신뢰하지 않는다고 말한 것처럼 초기의 학자들 대부분은 『주례』를 믿지 않았다. 이에 비해 최근의 학자들은 『주례』의 자료를 비교적 많이 이용하기 시작한다는 점이다. 이러한 차이는 5·4운동 이후의 학자들이 『주례』를 뛰어넘고 축종祝宗과 복사卜史 그리고 무격巫覡에서 곧장 유儒의 기원을 찾고 종교적 업무를 담당하는 성직자 속에서 유를 직접 도출하는 결과를 만들어내었다.

최근의 학자들은 『주례』에서 말하는 「지관地官」 체계로 되돌아가 유의 근원을 찾기 시작했다. 최근 학술의 이러한 변화는 분명히 최근 수십 년 동안의 고고학적 발견은 『주례』의 내용이 결코 터무니없이 날조되지 않았음을 증명하는 데 많은 도움을 주었고 『주례』에 대한 역사학자들의 신뢰도가 점차 조심스럽게 낙관적으로 변하고 있다는 점에 기초한다.47

1980년대 중반에 장아초張亞初와 유우劉雨는 이런 말을 하고 있다. "우리는 서주시대 금문의 관직에 관한 자료를 정리하는 과정에서 서주시대 금문 속의 관직 또한 『주례』의 기록과 상당히 부합하는 부분이 많이 있다는 것을 발견했다. 마치 우리가 은주의 갑골문과 금문을 연구할 때 한대의 『설문해자』를 벗어나지 못하는 것처럼 서주시대 금문의 관직을 이해하려면 『주례』라는 책을 벗어날 도리가 없다. 이것은 『주례』에 비록 전국시대 사람들에 의해 주관적으로 구성된 부분이 있다 하더라도 모든 내용이 터무니없는 허구로 날조되지 않았다는 것을 설명한다. 『주례』 작자의 시대가 서주시대에서 그다지 멀지 않기 때문에 『주례』에는 우리를 위해 귀중한 서주 관직 제도에 관한 수많은 사료를 보존하고 있다."[48]

양향규의 저서에서도 이렇게 말하였다. "『주례』에 대하여 금문가今文家들은 위서僞書로 언급할 것이 못 된다고 보았다. 강유위가 나와 이 설이 크게 유행하였으며, 의고파가 나온 후에는 드디어 『주례』에 대해 언급하는 사람이 없어졌다. 사실 이것은 억울한 누명을 쓴 것이다. 이 누명이 벗겨지지 않으면 중국은 풍부한 자료를 지닌 문화 보고를 잃게 될 것이다. …나는 『주례』에 실린 전장제도가 위조된 것으로 보지 않는다. 어느 누구도 아무런 근거 없이 사회 발전 규율에 합치하는 정치·경제·사회 각 방면의 저작을 찬술할 수 없다고 생각한다."[49] 그는 또 이렇게 말했다. "『주례』의 기록이 지닌 중요한 측면은 당시의 실록實錄이다. 비록 후대 사람의 이상이 담겨있고 과장된 부분이 있으나 왜곡된 것은 없기 때문에 기본적으로 신뢰할 수 있다."[50]

앞 절에서 근래 여러 학자가 『주례』의 「지관」에서 유의 근원을 찾기 시작했지만 유가사상이 아닌 유儒에 착안하는 것에 얽매었다는 점을 지적하였다. 그들은 대부분 『주례』의 어느 한 관직을 유와 연결시키고자 하였다. 앞 절에서 관직에 관한 연구가 사상사의 관점에서 보았을 때 한계가 있다는 점을 지적하기는 하였지만, 이러한 연구 또한 한편으로 유가사상의 기원에 대한 연구에 도움을 줄 수 있다. 다만 어떤 하나의 관직에 국한될 필요는 없다. 아래는 『주례』에 보이는 서주와 춘추시대 제도 가운데 교화教化 전통의 측면만을 통해 살펴본 서주 문화전통 속 유가사상의 근원이다.

『주례』「천관」에 '태재太宰'의 직무는 "나라를 세우는 데 필요한 육전을 관장하여 왕을 보좌하고 나라를 다스리는 것(掌建邦之六典, 以佐王治邦國)"이다. 육전의 두 번째는 '교전教典'으로 『주례정의』에서는 정사농鄭司農의 주註를 인용하여 "교전은 사도의 직무이다(教典, 司徒之職)"라고 하였다. 교전의 기능은 "나라를 안정시키고 관아를 가르치며 만민을 가르치는 것(以安邦國, 以教官府, 以擾萬民)"이며, 주석에 "어지러울 요擾는 길들일 순馴과 같다(擾猶馴也)"라 하였다. 이는 교전教典 및 그와 연관된 사도使徒의 기능이 주로 교화였다는 것을 설명한다.

「지관」의 '대사도大司徒'의 직무 가운데 이른바 '12가지 가르침(十二教)'이라는 것이 있다.

> 이 다섯 가지의 땅(산림 · 천택川澤 · 구릉 · 분연墳衍 · 원습原隰)에서 나는 생산물로 기른 백성의 일상에 따라 그들에게 12가지 교육을 베푼다. 첫째 사례祀禮로써 공경함을 가르치면 백성이 구차한 행동을 하지 않는다. 둘째 양례陽禮로써 사양함을 가르치면 백성들이 다투지 않는다. 셋째 음례陰禮로써 친근함을 가르치면 백성들이 원망하지 않는다. 넷째 악례樂禮로써 화목함을 가르치면 백성들이 삐뚤어지지 않는다. 다섯째 의儀로써 등급을 분별하면 백성들이 거스르지 않는다. 여섯째 풍속으로써 편안함을 가르치면 백성들이 구차해지지 않는다. 일곱째 형벌로써 중용을 가르치면 백성들이 사나워지지 않는다. 여덟째 서약으로써 구휼함을 가르치면 백성은 게을러지지 않는다. 아홉째 헤아림으로써 절약을 가르치면 백성들이 만족을 알게 된다. 열째 세상의 일에 맞도록 능력을 가르치면 백성들이 직업을 잃지 않는다. 열하나째 어진 몸

가짐에 따라 관작을 제정하면 백성들이 덕을 삼간다. 열두째 공적으로써 봉록을 제정하면 백성들이 공을 세운다.[51]

마지막의 이용제록以庸制祿은 이공제록以功制祿이다. 12가지 가르침 가운데 앞의 6가지 가르침은 분명히 예악교화에 속하는 부분이며, 후대 춘추전국시대 유가에서 말하는 예악교화와 그 정신이 일치한다.

대사도의 직무에 또한 '양養' '안安' '교教' 세 가지 방면을 상세하게 서술하고 있다. 양養에 관한 것은 다음과 같다.

삶을 보호하고 영위하게 하는 여섯 가지 일로 만민을 기른다. 첫째는 어린이를 사랑하는 일이다. 둘째는 노인을 봉양하는 일이다. 셋째는 곤궁한 자를 구제하는 일이다. 넷째는 빈민을 구휼하는 일이다. 다섯째는 병든 자를 너그럽게 대하는 일이다. 여섯째는 부역을 공평하게 하는 일이다.[52]

이 문장은 평시에 백성을 기르는 정치에 대해 말하고 있다. 그 가운데 대부분은 어린이를 사랑하고 노인을 봉양하며 병든 자를 너그럽게 대하는 등 삼대 덕정德政의 전통을 계승하였다. 이것들은 이후 유가에 의해 계승된다. 안安에 관한 것은 다음과 같다.

근본이 되는 풍속 여섯 가지로 만민을 편안하게 한다. 첫째 사는 집을 아름답게 가꾸는 것(媺)이다. 둘째 분묘를 함께 모시는 것이다. 셋째 형제들을 서로 연계(聯)하는 것이다. 넷째 사유師儒와 서로 연대(聯)하는 것이다. 다섯째 벗들을 서로 연합(聯)하는 것이다. 여섯째 의복을 동일하게 하는 것이다.[53]

'미媺'는 미美이다. '연聯'자는 주소注疏 모두 연連이라 하며 합合으로 해석했다. '사유師儒'는 『주례정의』에서 정현의 주를 인용하여 "향리에서 도예道藝를 가르치는 자(鄉里教以道藝者)"라고 하였으며, 소에는 태재太宰 구량九兩(아홉 가지 짝)의 사師와 유儒라고 하였다. 가공언賈公彦의 소에서는 "연사유聯師儒"를 "현자에게 책임을 맡겨 향리의 자제들을 가르치게 하니 향리의 자제들 모두 함께 모여 사유에게 가서 가르침을 받음으로 사유와 연대한다고 한다"[54]라고 해석하였다. 근본이 되는 풍속이란 12가지 가르침에서 말한 "풍속으로써 편안함을 가르친다(以俗教安)"는 것이며, 사회 기층에 대한 안민정책을 가리킨다. 교教에 관한 것은 다음과 같다.

> 향에서는 세 가지 일로써 만민을 가르치며, 빈례賓禮를 행하고 인재를 천거한다. 첫째는 육덕六德이라 하는데, 지知와 인仁과 성聖과 의義와 충忠과 화和다. 둘째는 육행六行이라 하는데, 효孝와 우友와 목睦과 인婣과 임任과 휼恤이다. 셋째는 육예六藝라 하는데, 예禮와 악樂과 사射와 어御와 서書와 수數다.[55]

주소註疏에 근거하면 빈賓은 빈례를 행하는 것이고 흥興은 인재를 천거하는 것이며, 인婣은 외가 친척에게 친근히 대하는 것이고 임任은 우정을 믿는 것이다. 이 육덕 · 육행 · 육예를 합하여 이루어진 "향의 세 가지 일"은 영락없이 초기 유가 교육의 주된 내용이다. 주의할 것은 주소註疏에 의하면 이 세 가지 일이 모두 '육향대부六鄉大夫'[56]의 일이라는 점이다. 「지관」 '향대부'의 직무 가운데 "향리鄉吏들의 덕행을 고찰하고 그들의 도예(육예)를 살피는 것(以考其德行, 察其道藝)"이 있는데, 당연히 이와 연관된 것이다.

이외에 「대사도」 중에 "향의 여덟 가지 형벌로써 만민을 규찰하는 것(以鄕八刑糾萬民)"이 있지만, 그 가운데 '불효지형不孝之刑', '불목지형不睦之刑', '불인지형不婣之刑' 및 불임不任·불휼不恤의 형벌 등은 육덕과 육행에 위배되는 것이라 말할 수 있다. 『예기』 「왕제」에서 말하고 있는 사도使徒 역시 이와 비슷하다. "사도는 육례六禮를 닦아 백성의 성품을 조절하며, 칠교七敎를 밝혀 백성의 덕을 진흥시키고, 팔정八政을 가지런하게 하여 백성이 음란해지는 것을 방지하며, 도덕을 일정하게 하여 풍속을 같게 하고, 노인을 봉양하여 백성에게 효를 권면하며, 외로운 자들을 구휼하여 부족함을 쫓아버리고, 어진 이를 높여 덕을 숭상하게 하며, 불초한 자를 검열하여 악인을 내친다."[57]

지역 혹은 기층의 민중에 대한 교화 직무는 지관사도의 각 관직 아래에도 명확하게 기술되어 있다. 예를 들어 『주례』 「지관」의 대·소사도 아래에 또 향사鄕師·향로鄕老·향대부鄕大夫·주장州長·당정黨正·족사族師·여서閭胥·비장比長 등이 있다. 『서주시대 금문의 관제에 대한 연구(西周金文官制硏究)』에 근거하면, 사도·향사·향로·향대부 모두 금문에 보인다.[58] 물론 금문에 발견되지 않는다고 하여 서주시대에 존재하지 않았다는 것은 아니다. 아래는 그 가운데 교화와 관련 있는 몇 부분들을 간략하게 인용하여 대략적으로 살펴본 것이다.

주장州長은 각각 그 주의 교육과 통치, 행정과 금령의 법규를 다스린다. 정월의 길한 날에 각각 그 주州의 백성을 복속하여 법령을 읽도록 함으로써 그들의 덕행과 도예를 살펴 그것을 권장하게 하며 그들의 과오나 악행을 규찰하여 그들을 경계한다. 매해 중춘과 중추에 주의 사社에 제사지낼 때면 백성을 복속하여 법령을 숙독하게 하는 것 또한 이와 같이 한다. 봄가을에는 향사례鄕射禮로써 백성을 소집하여 주의 서序(학교)에서 활을 쏘도록 한다.59

주례에는 다섯 개의 당(五黨)이 모여 하나의 주州가 된다. 가르치는 측면에 있어서 주장州長이 사례射禮와 계절에 따라 제사례祭祀禮를 주관하고 백성의 덕행과 도예를 살피는 임무를 책임졌다.

당정黨正은 그 당의 행정과 금령, 교육과 통치를 관장한다. 매 사계절의 첫 번째 달 초하루에 백성들을 복속하여 나라의 법령을 읽도록 함으로써 그들을 규찰하고 경계한다. 봄과 가을에 영제禜祭(가뭄과 홍수를 관장하는 신에게 드리는 제사)를 지낼 때도 똑같이 한다. 나라에서 모든 귀신을 찾아 합제사合祭祀를 지내면 향음주례로써 백성을 복속하여 서序에서 술을 마시면서 나이에 따라 자리를 정한다. (자리를 정할 때) 일명을 받은 하급 관리는 향리 안에서 나이를 따지고, 재명을 받은 중급 관리는 부계가족 안에서만 나이를 따지며 삼명을 받은 상급 관리는 나이를 따지지 않는다. 대저 그 당의 제사·상사·혼례·관례·음주의 일들을 통하여 예절에 관한 일을 가르치고 경계하고 금지해야 하는 일들을 관장한다.60

오족五族이 모이면 하나의 당黨이 된다. 한 당은 대략 625가家이다. 당정黨正(향 이하의 행정구역으로는 주州, 당黨, 족族 등이 있다. 당에는 당정이 있는데 한 당의 우두머리이다) 또한 백성에게 예절에 관한 일을 가르치는 책임을 져야 했는데, 이 예절에 관한 일들은 혼례·관례·상례·제례를 포함한다. 또한 봄가을의 제책祭禜(육지와 바다의 신에게 지내는 제사), 납제臘祭(음력 12월에 여러 신을 합동으로 모시는 제사), 향음주례를 주관해야 했으며, 공공예의에서는 나이에 따라 자리를 정하여 노인을 존중하였다. 주례에는 5가家가 모여서 비比가 되고, 25가家가 모여서 여閭가 되며, 125가家가 모여서 족族이 된다. 각 모임의 대표인 족사族師, 여서閭胥, 비장比長 또한 각각 제례와 상례, 부역과 행정의 책무를 담당해야 했다. 위에서 언급한 내용 속에는 이미 지연地緣적 요소를 포함하고 있는데. 이는 도시 내부 귀족들의 종족 구조와 다르다.

『주례』의 내용이 비록 뒤죽박죽 섞여서 이상적인 요소들이 들어있지만, 그 속의 향수제도鄕遂制度[61]는 기본적으로 서주와 춘추시대의 특징을 또한 보존하고 있다.[62] 향수제도에서는 왕의 도성을 사교四郊 육향六鄕과 연동하여 이들을 합쳐 '국國'이라 하며, '국' 이외의 육수六遂와 도비都鄙 등을 합하여 '야野'라고 하였다.

육향의 향당鄕黨 조직은 비比, 여閭, 족族, 당黨, 주州, 향鄕 여섯 등급으로 나뉘며, 거주민들은 대부분 혈연으로 이루어진 종족집단을 모아 거주하는 방식을 취한다. '육수'라는 마을 조직은 린隣, 리里, 찬贊, 비鄙, 현縣, 수遂 여섯 등급으로 나누어지고, 혈연관계를 지연관계로 완전히 대체하였다. 역사학자들이 육향 거주민과 육수 거주민의 정치적 신분을 어떻게 구분하는가에 관계없이 하나의 주의할 만한 현상이 있는데 『주례』를 통해 알 수 있다. 그것은 바로 수인遂人, 수대부遂大夫, 현정縣正이 집정하는 직무가 행정기능만을 위주로 하고 있지 예악교화 기능은 거의 드물다는 것이다. 이는 육향의 관직과 완전히 대비된다.

육향의 직관 규정 속에서는 예악교화의 기능을 분명히 발견할 수 있다. 만일 이러한 내용들이 기본적으로 서주와 춘추시대의 상황으로 믿을 수 있다면 당연히 춘추시대 왕조의 관리들이 예악을 만드는 관리의 직책을 잃어버리고 민간을 유랑하다가 유儒라는 직업으로 발전하기를 기다릴 필요가 없을 것이다. 서주시대부터 춘추시대까지 향鄉에는 본래부터 당정黨正과 같이 "예로 백성을 복속하고(以禮屬民)" "당의 제사·상사·혼인·관례·음주를 통해 예절에 관한 일을 가르치는(凡其黨之祭祀喪紀昏冠飮酒, 教其禮事)" 교례자教禮者가 있었으며, 더욱이 앞에서 말한 관직에서 물러난 관원이 자제들을 가르치는 '사유師儒'도 있었다. 그리고 대사도大司徒에서부터 주장州長에 이르기까지 '덕행德行과 도예道藝'를 중요하게 여기고 육덕과 육행으로 만민을 교화하는 전통에서 봤을 때 더는 유가사상의 근원을 위해 어떤 다른 것이나 어떤 특수한 관직 매개체를 찾을 필요가 없을 것으로 보인다.

상술한 관직의 기능을 종합하여 구성한 서주시대 행정과 교화의 전통은 바로 유가사상의 근원의 일부분이며, 심지어는 공자 이전 '유교儒教'의 일부분이라고 말할 수 있다. '사유'는 현자를 임명하여 향리의 자제를 가르치는 사람이니 이 직업과 교화 또한 왕관이 직책을 잃어버리기 전부터 이미 존재하였던 것이다. 분명한 것은 나는 『주례』의 모든 기록이 의심 없이 믿을 수 있는 것이라고는 인정하지는 않지만, 동시에 지역 더 나아가 족성族姓의 차이로 인해 각 지역의 상황이 같을 수는 없지만 『주례』를 반포된 제도로 본다면 터무니없이 날조된 것이라 할 수 없다는 점이다. 예를 들어 설령 후대 법령이 번성했던 진나라의 제도라 하더라도 향鄉에는 여전히 삼로三老가 교화를 관장하고 있었던 것처럼 이러한 사회적 수요는 법제가 발전되지 않았던 고대에 당연히 더 두드러졌다.

5. 서주시대의 국자國子 교육

마지막으로 서주시대 귀족적인 국자 교육과 유가사상 근원의 관계를 다시 한번 살펴보도록 하자. 중국 고대에는 일찍부터 학교가 설립되었다. 『예기』「학기學記」에 "고대의 교육시설은 가家에는 숙塾이 있었고, 당黨에는 상庠이 있었고, 술術에는 서序가 있었고, 국國에는 학學이 있었다"63고 기록되어 있다. 정현의 주에 이르길, 술術은 수遂에 해당하며, 당黨은 향鄕에 속해 있었고 수遂는 야野에 속해 있었다.

서주시대에는 이미 대학과 소학이 구분되어 있었다. 대략적으로 말하면 미취학 아동들이 소학에 입학하고 성숙한 아동들이 대학에 입학한다. 『예기』에 기록된 교육제도가 결코 날조되지 않았다는 것은 금문을 통해 증명된다.64 문화적 측면에서 보면 대학에서 가장 중시하는 교육 내용은 분명 예禮와 시詩와 악樂이다. 공자 또한 "시에서 흥기하여 예에서 정립되고 악에서 이루어진다"65라고 말하였다. 『좌전』에서 귀족들이 적용하였던 것 또한 이 세 가지 항목을 벗어나지 않는다. 맹자는 일찍이 "상庠·서序·학學·교校를 설치하여 백성들을 가르쳤으니, 상은 봉양한다는 뜻이요, 교는 가르친다는 뜻이요, 서는 활쏘기를 익힌다는 뜻입니다. 하나라는 교라 하고, 은나라는 서라 하며, 주나라는 상이라 하였고, 학은 삼대가 공통으로 사용하였습니다"66라고 하였다.

서주시대의 학교는 국학國學과 향학鄕學 두 가지로 나누어진다. 국학은 왕조의 도읍과 제후국의 도성에 설치된 학교를 가리킨다.

국학은 다시 소학과 대학 두 단계로 나뉜다. 서주의 대학은 주나라 왕이 직접 통치하는 지역에서는 벽옹辟雝이라 불렀으며, 각 제후국에 설립된 대학은 반궁泮宮이라 불렀는데, 모두 국자國子들이 입학한 곳이다. 국자는 왕후와 경대부의 자제이다. 향학은 주례에 의하면 향鄕에는 상庠이 있었고, 주州에는 서序가 있었으며, 당黨에는 교校가 있었고, 여閭에는 숙塾이 있었다. 그러나 이는 『예기』「학기」의 내용과는 약간의 차이가 있다.

교육을 담당하는 관직에 대한 자료로는 『주례』「춘관」의 '대사악大司樂'이 있다. 그 직무는 "성균成均(주대 대학의 통칭)의 법규를 관장하여 나라의 학정學政(학교와 관련된 정령)을 세우고 다스리며 나라의 자제들을 하나로 모으는 것이다."67 여기에서 학學은 대학을 가리킨다. 소疏에 이르길 "대사악은 대학과 소학의 정법政法(정령과 법규)을 통괄하여 관장하지만 오로지 대학만을 가르치며, 사씨師氏, 보씨保氏, 악사樂師가 소학을 가르치니, 직무가 서로 완비된다"68라 하고, 또 "주나라가 대학을 만들어 가르치는 자는 첫째는 국자이고, 둘째는 향과 수의 대부들이 천거한 어질고 재능 있는 자이며, 셋째는 제후국의 사士들 가운데 빼어난 자들이다"69라 하였다.

『주례』에서 국자를 교육하는 책임을 맡고 있는 자는 대사악을 제외하면 '사씨'와 '보씨'가 특히 학자들의 관심을 받았다. 사씨는 삼덕三德과 삼행三行을 가르치고, 보씨는 육예六藝와 육의六儀를 가르쳤다.

> 사씨는 아름다운 일을 왕에게 아뢰고 삼덕으로써 국자를 교육하는 일을 관장한다. 첫째는 지덕至德으로 도의 근본으로 삼게 한다. 둘째는 민덕敏德으로 행의 근본으로 삼게 한다. 셋째는 효덕孝德으로 거스르는

일이 나쁘다는 것을 알게 한다. (또한) 삼행을 가르친다. 첫째는 효행孝行으로 부모를 섬기게 한다. 둘째는 우행友行으로 어질고 선량한 이를 존경하게 한다. 셋째는 순행順行으로 스승과 어른을 섬기게 한다.[70]

보씨는 왕의 나쁜 점을 간하고, 국자를 도로써 양성하며 육예를 가르치는 일을 관장한다. 첫째는 오례五禮이며 둘째는 육악六樂이며 셋째는 오사五射이며 넷째는 오어五馭이며 다섯째는 육서六書이며 여섯째는 구수九數이다. (또한) 육의를 가르친다. 첫째는 제사를 지낼 때의 몸가짐이다. 둘째는 빈객을 대접할 때의 몸가짐이다. 셋째는 조정에 등청했을 때의 몸가짐이다. 넷째는 상을 치를 때의 몸가짐이다. 다섯째는 군대를 통솔할 때의 몸가짐이다. 여섯째는 수레와 말을 탔을 때의 몸가짐이다.[71]

육의의 여섯 가지 몸가짐(六容)은 각종 의식에 참가하여 다른 사람을 응대할 때의 행동거지와 용모이다. 삼덕과 삼행, 육예와 육의는 모두 초기 유가교육의 내용과 부합한다.

사師와 보保의 구별에 관해 「지관」의 직제 편성을 나열한 서관敍官의 주소에 이르길 "사씨라는 관직은 보씨와 함께 소학을 관장하는 관직이다(師氏者, 此官與保氏並掌小學之官也)", "보씨와 사씨는 똑같이 국자를 가르치는 관리이다. 부府(창고관리인)·사史(서류관리인)와의 차이점은 그들이 국자를 가르치는 것은 동일하였으나 있는 관사가 달랐고 관직을 배치하는 방식에도 차이가 있었다"[72]라고 하였다.

손이양은 "사씨는 덕행으로써 가르쳤고 보씨는 도예로써 가르쳤다. 국자들이 배움에 작은 성과를 이룬 후에 대학에 올라가면 대사악이 이들을 가르쳤다"[73]라고 하였다. 서주시기 금문에 기록된 사씨에 관한 여러 기록에 나타난 직무의 내용은 주례와 동일하다. "서주시대의 관직인 사(師氏)는 명문銘文의 기록을 살펴보면 결코 단순한 군대의 일을 관장하는 장관이 아니다. 조정을 수호하는 관직을 사라 하였으며, 교육을 관장하는 장관 또한 사라고 하였다. 이러한 정황은 『주례』「사씨」의 기록과 모순되지 않을 뿐만 아니라 서로 정확하게 부합하는 것이다."74

사씨와 보씨 그리고 '대사도'에서 언급한 "사유와 연대하다(聯師儒)"라는 말은 『주례』에서 유일하게 단독으로 '유儒'자를 사용한 자료와 관련되어 있다. 「천관」의 '태재大宰'의 직무에 보인다.

> 구량九兩(9가지 짝)으로 나라의 백성을 연계시킨다. 첫째 목牧(주의 장관)을 임명해 땅으로 백성의 마음을 얻는다. 장長을 임명해 귀한 것으로 백성의 마음을 얻는다. 셋째 사師를 세워서 어진 사람으로 백성의 마음을 얻는다. 넷째 유儒를 세워서 도로써 백성의 마음을 얻는다. 다섯째 종宗을 세워 종족으로써 백성의 마음을 얻는다. 여섯째 주主를 세워서 이익으로 백성의 마음을 얻는다. 일곱째 리吏를 세워서 다스림으로 백성의 마음을 얻는다. 여덟째 우友를 세워 임무를 맡겨서 백성의 마음을 얻는다. 아홉째 수藪를 세워서 부로써 백성의 마음을 얻는다.75

구량에 관한 설명에 비추어보면 '유儒'는 목牧·장長·리吏·종宗·주主 등과 같다. 유는 결코 특수한 관직의 명칭이 아니라 전목錢穆이 말한 '유품流品'의 일종이며 직업의 유형과 비슷하다. 정현의 주에 "사師는 제후의 사씨師氏이고 덕행으로 백성을 가르치는 자이다. 유儒는 제후의 보씨保氏로 육예로 백성을 가르치는 자이다. 종은 별자를 계승하여 대종이 되어 일족을 거느리는 자이다"76라고 하였다. 목·장·주·리는 모두 그들의 특권 및 관리자의 신분을 통해 백성들을 통치할 수 있었다. 오직 사師와 유儒만이 도道와 현賢

으로 민중의 신뢰를 얻었다.

손이양은 "『주례』의 사유는 대사도의 여섯 가지 본속本俗(오래된 풍속) 가운데 하나인 '사유와 연대한다(聯師儒)'의 사유師儒이니, 모두 앞뒤의 말과 통한다. 사師는 사민 가운데 덕행과 재능 및 기예를 가지고 다른 이를 충분히 가르칠 수 있는 사람을 일반적으로 가리키는 말이다. 위로는 국학과 향·수·주·당의 모든 소학에서 리·항·가·숙의 사師에까지 미치니 본래 사師이면서 유儒를 겸하고 있다. 아래로는 지체 높은 부녀들에게 여성의 사師가 있었던 것처럼 무·의·농·공 또한 모두 사師가 있었다"77라고 말했으며, 또 "유儒는 시서를 읽고 해석하며 학술과 기예에 정통한 자를 일반적으로 가리려 말한다"78라고 하였다. 전국시대의 유儒는 다만 제자백가의 하나일 뿐이며, 『주례』에서 말하는 교화를 직업으로 하는 사람들과 다르다. 이 때문에 '유儒'라는 칭호라는 점에서 말하면 『주례』는 당연히 날조된 것이 아니다.

서주시대 국자 교육의 전통을 살펴보면, 사씨가 가르치는 삼덕三德과 삼행三行은 모두 초기 유가들이 주장하는 것이다. 보씨가 가르치는 육예와 육의는 공자의 교학 활동 속에서 광범위하게 나타난다. 사씨는 덕행을 가르쳤기 때문에 '현賢'으로 백성의 마음을 얻었고, 보씨는 도예를 가르쳤기 때문에 '도'로 백성의 마음을 얻었다.(여기서의 도는 예藝이며, 정현과 가공언은 주소에서 여러 차례 설명하였다) 이 점에 근거하면 공자 이전의 유는 아마도 육예六藝와 육의六儀에 대해 전문적인 지식을 가진 자들이었으며, 이러한 지식으로 사람들을 교육하고 사람들에게 자문을 해주며 예에 관한 일들을 도와주었을 것이다.

비록 『주례』 및 정현 등의 주석에 의하면 '유儒'는 보씨로 육예와 육의에 대해 전문적 지식을 가진 자이지만, 어떤 한 가지 의미에서 사씨가 담당하는 직무가 보씨에 비해 서주시대 문교文教 전통 속에서 유가사상의 근거를 설명하는 데 오히려 더욱 도움이 된다. 유가사상의 근원과 기초는 전체 서주 국학과 향학의 교육전통과 향정鄕政의 교화전통을 통해 전체를 짐작해 볼 수 있다. 이는 모두 단지 '유儒'라는 문자의 근원을 추구하는 한계만을 보여주었다.

6. 공자가 말하는 유儒

『예기』「유행儒行」에 공자가 유의 행실에 관한 애공哀公의 물음에 답한 내용이 기록되어 있다. 이에 대해 공영달은 『예기정의』에서 "공자께서 유儒의 17가지 조목에 대해 말씀하셨다(孔子說儒十七條)"고 하였다. 호적胡適의 『설유說儒』편에서 매우 강조하는 공자가 "장성하여 송나라에 거처할 적에 장보관(은나라 때의 예관禮冠)을 썼다(長居宋, 冠章甫之冠)"고 스스로 말하는 구절 등은 모두 이 「유행」편에서 나왔다. 여기에서 공자는 자립自立·용모容貌·비예備豫·근인近人·특립特立·강의剛毅·우사優思·관유寬裕·거현擧賢·원능援能·임거任擧·규위規爲·교우交友·존양尊讓 등을 포함하는 이른바 '유자儒者'의 인격형태에 대해 말하였다. 이것은 바로 공자가 보기에 유자들은 각기 다른 형태와 측면을 가지고 있다는 것을 말한다. 어떤 유자는 굳센 강의剛毅를 특색으로 삼고 어떤 유자는 너그러운 관유寬裕를 특색으로 삼는다. 공자는 유자의 덕행·규범·인격에 대해 전면적으로 논술하려 애썼으며, 아울러 「유행」의 마지막 부분에서 유자의 전반적인 정신에 대해 정리하고 있다.

> 유자는 빈천 때문에 궁핍하더라도 운획隕獲하지 않고 부귀 때문에 향락에 빠져서 충굴充詘하지 않으며, 군왕을 욕되게 하지 않고(不慁), 경대부들을 번거롭게 하지 않으며(不累), 관리들을 근심하게 하지 않습니다(不閔). 그러므로 '유儒'라고 하는 것입니다. 오늘날 여러 사람이 유자라 명명하는 자들은 망령되어 유행의 실체가 없으며, 사람들은 항상 유자를 가지고 서로 모욕하는 데 사용합니다.[79]

정현은 주석에서 '운획隕獲'은 몹시 상황이 힘들어지면 추태를 부리는 모습이고, '충굴充詘'은 기뻐하여 절제를 잃어버린 모습이라고 하였다. 이로부터 운획하지 않고 충굴하지 않는다는 이 두 구절이 실은 가난도 그 뜻을 바꾸지 못하며 부귀도 그 마음을 현혹시킬 수 없다는 의미임을 알 수 있다. 불흔不慁, 불루不累, 불민不閔은 정현의 주석에 "천자·제후·경·대부·벼슬아치들이 곤궁에 처해 꼼짝하지 못하게 되어서도 도를 위배하는 일이 없도록 하는 것"[80]을 말하는데, 그 뜻은 권세와 무력에 굴복하지 않는다는 것에 가깝다. 공자는 노나라 애공이 유儒를 경시하는 경향을 꼬집어 대장부의 정신으로 유儒를 설명하였고, 마지막에 "그러므로 유라고 하는 것입니다(故曰儒)"라는 구절로 끝맺은 것은 공자가 그 당시에 이해한 유자의 모습을 표현한 것이다. 공자에게 있어 유자란 단지 전통 예의를 이해하며 시서를 외우고 설명하는 지식인일 뿐만 아니라, 특정한 인격과 가치 높은 이상을 지닌 유儒이며, 유가사상을 현실에 구현하는 지식인이다.

「유행」편의 기록이 모두 공자가 찬술한 것인가라는 문제는 아마도 인정하기 어려운 부분도 있겠지만, 전체적으로 분명히 일정한 근거가 있는 것으로 보인다. 공자의 말에 비추어보면, 춘추 말기의 세속적 용법 속에 분명 '유儒'를 부정적으로 보고 있으며 멋대로 서로 욕하고 비판하는 상황이 있었다. 하지만 이것은 '유'라고 부르는 본래의 의미가 아니다. 그리고 유가는 대장부인 군자의 유儒로써 스스로 명명하였는데, 이는 유儒와 유가의 근본적인 분화를 드러내고 있다. 『논어』의 "너는 군자 같은 유가 되고, 소인 같은 유가 되어서는 안 된다(汝爲君子儒, 勿爲小人儒)"는 구절은 일반적으로 유儒라는 글자가 최초로 출현하는 문헌으로 간주된다.[81] 『예기』「유행」에서 유자의 덕행에 대한 논술은 『논어』에서 말한 군자유君子儒의 정신과 합치하며 세속에서 말하는 소인유小人儒와는 완전히 다르다. 공자의 유에 대한 이러한 분명한 언급은 원유原儒 작업에 중요한 의미를 제시하고 있다.

미주

1 『淮南子』「要略」: …武王立, 三年而崩, 成王在褓褓之中, 未能用事, 蔡叔管叔輔公子祿父而欲爲亂, 周公繼文王之業, 持天子之政, 以股肱周室, 輔翼成王. 懼爭道之不塞, 臣下之危上也, 故縱馬華山, 放牛桃林, 敗鼓折枹 搢笏而朝, 以寧靜王室, 鎭撫諸侯. 成王旣壯, 能從政事, 周公受封於魯, 以此移風易俗. 孔子修成康之道, 述周公之訓, 以教七十子, 使服其衣冠, 脩其篇籍, 故儒者之學生焉.

2 『史記』「太史公自序」: 夫儒者以六藝爲法, 六藝經傳以千萬數, 累世不能通其學, 當年不能究其禮, 故曰博而寡要, 勞而少功. 若夫列君臣父子之禮, 序夫婦長幼之別, 雖百家弗能易也.

3 『漢書』「藝文志」: 儒家者流, 蓋出於司徒之官, 助人君順陰陽教化者也. 遊文於六經之中, 留意於仁義之際, 祖述堯舜, 憲章文武, 宗師仲尼, 以重其言, 於道為最高.

4 『說文解字』 人部 : 儒, 柔也. 術士之稱. 從人, 需聲.

5 『說文解字』 段玉裁注 : 鄭目錄云, 儒行者, 以其記有道德所行. 儒之言, 優也, 柔也. 能安人, 能服人. 又儒者濡也, 以先王之道能濡其身. 玉藻注曰, 舒儒者, 所畏在前也.

6 『說文解字』 段玉裁注 : 術, 邑中也, 因以爲道之偁. 周禮, 儒以道得民, 注曰, 儒, 有六藝以教民者. 大司徒, 以本俗六安萬民, 四曰聯師儒, 注云, 師儒, 鄉里教以道藝者. 按六藝者, 禮樂射御書數也, 周禮謂六德六行六藝, 曰德行道藝. 自眞儒不見, 而以儒相詬病矣.

7 章學誠, 『文史通義』, 「易教下」

8 『文史通義』, 「詩教上」

9 『文史通義』, 「禮教」

10 『文史通義』, 「經解上」: 至於官師既分, 處士橫議, 諸子紛紛著書立說, 而文字始有私家之言, 不盡出於典章政教也. 儒家者流, 乃尊六藝而奉以爲經.

11 별도로 주관周官이 직무를 잃었다는 관점은 『좌전』에 기록된 공자의 말인 "천자가 관인을 잃으니, 학문이 사방의 이민족에게 있게 되었다(天子失官, 學在四夷)" 및 『국어國語』「초어하楚語下」 "그것은 주나라에 있으니, 정백휴程伯休의 아비가 그

후손이며, 선왕宣王 때에 그 관직의 직무를 잃고 사마씨司馬氏가 되었다(其在周, 程伯休父其后也, 當宣王時, 失其官守, 而爲司馬氏)"에 가장 먼저 보인다.

12 역자 주 : 이름 가운데, 물物은 달명達名이며, 실實이 있는 것은 반드시 문자를 기다린 후 이름을 짓는다. 말이라고 명명한 것은 류명類名이며, 만일 실實이 있으면 반드시 이것으로 이름을 붙인다. 장臧 아무개로 명명하는 것은 사명私名이다. 이 이름은 다만 이 실實에만 해당한다.(『墨子』「經說上」: 名, 物, 達也, 有實必待文名也. 命之馬, 類也, 若實也者, 必以是名也. 命之臧, 私也, 是名也, 止於是實也.)

13 章太炎, 「原儒」는 『國粹學報』 제5년 乙酉 제10호에 실렸다. 姜義華가 편집한 『章太炎語粹』(華夏出版社, 1993, p.5)에서 인용하였다.

14 章太炎, 「原儒」는 『國粹學報』 제5년 乙酉 제10호에 실렸다. 姜義華가 편집한 『章太炎語粹』(華夏出版社, 1993, p.5)에서 인용하였다.

15 章太炎, 『原儒』는 『國粹學報』 제5년 乙酉 제10호에 실렸다. 姜義華가 편집한 『章太炎語粹』(華夏出版社, 1993, p.5)에서 인용하였다.

16 章太炎, 『諸子學略說』, 『章太炎政論選集』에 실려 있다.

17 馮友蘭의 『中國哲學史』 하권 부록에 실린 「原儒墨」에서 인용하였다.

18 錢穆 『古史辨(第四冊)序』

19 錢穆, 『先秦諸子系年』 上冊, p.91

20 胡適, 「諸子不出於王官論」, 『胡適學術文集・中國哲學史卷』, p.591

21 胡適, 「諸子不出於王官論」, 『胡適學術文集・中國哲學史卷』, p.591

22 胡適, 『說儒』, 『胡適學術文集・中國哲學史』, pp.613-679

23 역자 주 : 저고리 위에 덧입는 덧옷을 말한다. 우리말의 마고자는 1887년 흥선대원군이 청나라의 유폐에서 풀려 돌아올 때 입고 온 만주사람의 마괘馬褂가 변하여 입게 된 옷이다. 이 문장에서 말하는 마고자는 청나라의 마괘를 지칭한다.

24 『墨子』「公孟」: 墨子曰, 子法周而未法夏也, 子之古非古也.

25 馮友蘭, 「原儒墨」, 『中國哲學史』 하권 부록

26 馮友蘭, 「原儒墨」, 『中國哲學史』 하권 부록

27 馮友蘭, 「原儒墨」, 『中國哲學史』 하권 부록

28 馮友蘭, 「原儒墨」, 『中國哲學史』 하권 부록

29 錢穆, 『中國學術思想史論集』 二, p.373

30 錢穆, 『中國學術思想史論集』 二, pp.377-378

31 郭沫若, 『駁說儒』, 『郭沫若全集』 歷史編一卷, p.439

32 郭沫若, 『駁說儒』, 『郭沫若全集』 歷史編一卷, p.457

33 郭沫若, 『論儒家的發生』, 『全集』 歷史編三卷, p.396

34 侯外廬, 『中國思想通史』 第一卷, 人民出版社, pp.138-140

35 楊向奎, 『宗周與禮樂文明』, 人民出版社, p.414

36 楊向奎, 『宗周與禮樂文明』, 人民出版社, p.419

37 徐中舒, 「甲骨文中所見的儒」, 『四川大學學報』, 1975年 第四期

38 白川靜, 『中國古代文化』(日文版1970年講談社), 加地伸行, 範月嬌合 譯, 文津出版社, 1983

39 葉舒憲, 『詩經的文化闡釋』, 湖北人民出版社, 1994, p.225 다만 섭서헌은 이 책에서 환관집단에까지 거슬러 올라가 유가의 근원을 찾았는데, 매우 괴상한 주장이라 말하지 않을 수 없다. 필자는 본서를 완성한 이후 이 부분을 읽었기 때문에 본서에서 상세하게 토론하지 못하였다.

40 何新, 「儒的由來與演變」, 『諸神的起源』, 三聯書店, 1986

41 劉憶江, 「說儒」, 『中國社會科學季刊』 3期, 1993

42 傅劍平, 「儒家起源論」, 『中國社會科學季刊』 7期, 1994

43 傅斯年, 『性命古訓辨證』에서 인용하였다.

44 白川靜, 『中國古代文化』, p.176

45 역자 주 : 주나라의 도읍이 낙읍洛邑에 있었을 때의 칭호. 이 칭호는 주나라의 국운이 매우 융성하였던 시기를 의미한다.

46 胡適, 「諸子不出於王官論」, 『胡適學術文集 · 中國哲學史』, p.596

47 이학근李學勤은 "『주례周禮』는 『좌전左傳』처럼 오랜 세월 동안 의심받는 역경을 거쳤고 그 내용 또한 문물 연구 속에서 더욱더 많은 증명이 있어야 하지만, 아마도 오래지 않아 학술계 대부분의 인정을 받을 수 있을 것이다"라고 말하였다. 『李學勤集』, 黑龍江教育出版社, 1989, p.4

48 張亞初, 劉雨, 『西周金文官制研究』, p.112

49 楊向奎, 『宗周社會與禮樂文明』, 人民出版社, p.285

50 楊向奎, 『宗周社會與禮樂文明』, p.291

51 『周禮』 「地官 · 大司徒」 : 因此五物者民之常, 而施十有二教焉. 一曰以祀禮教敬, 則民不苟. 二曰以陽禮教讓, 則民不爭. 三曰以陰禮教親, 則民不怨. 四曰以樂禮教和 , 則民不乖. 五曰以儀辨等, 則民不越. 六曰以俗教安, 則民不愉. 七曰以刑教中, 則民不虣. 八曰以誓教恤, 則民不怠. 九曰以度教節, 則民知足. 十曰以世事教能, 則民不失職. 十有一曰以賢制爵, 則民慎德. 十有二曰以庸制祿, 則民興功.

52 『周禮』 「地官 · 大司徒」 : 以保息六养万民, 一曰慈幼, 二曰養老, 三曰振窮, 四曰恤貧, 五曰寬疾, 六曰安富.

53 『周禮』 「地官 · 大司徒」 : 以本俗六安萬民, 一曰媺宮室, 二曰族墳墓, 三曰聯兄弟, 四曰聯師儒, 五曰聯朋友, 六曰同衣服.

54 孫詒讓,『周禮正義』, 中華標點本, p.950 : 致任賢者, 使教鄉閭子弟, 鄉閭子弟皆相合同就師儒, 故云連師儒也.

55『周禮』「地官・大司徒」: 以鄉三物教萬民, 而賓興之. 一曰六德, 知仁聖義忠和. 二曰六行, 教友睦姻任恤. 三日六藝, 禮樂射禦書數.

56 역자 주 : 육향은 왕성 밖 백 리 이내를 육향六鄉으로 나누고, 각 향촌마다 정무를 관리하는 사람을 두었다. 각 향마다 정교와 금령을 주관하던 사람이 바로 향대부鄉大夫이다.

57『禮記』「王制」: 司徒修六禮以節民性, 明七教以興民德, 齊八政以防淫, 一道德以同風俗, 養耆老以致孝, 恤孤獨以逮不足, 上賢以崇德, 簡不肖以詘惡.

58『西周金文官制研究』, p.117

59『周禮』「地官・州長」: 州長各掌其州之教治政令之法, 正月之吉, 各屬其州之民而讀法, 以考其德行道藝而勸之, 以糾其過惡而戒之. 若以歲時祭祀州社, 則屬其民而讀法, 亦如之. 春秋, 以禮會民而射於州序.

60『周禮』「地官・黨正」: 黨正各掌其黨之政令教治, 及四時之孟月吉日, 則屬民而讀邦法, 以糾戒之. 春秋祭禜, 亦如之. 國索鬼神而祭祀, 則以禮屬民而飲酒於序, 以正齒位, 一命齒於鄉里, 再命齒於父族, 三命而不齒. 凡其黨之祭祀喪紀昏冠飲酒, 教其禮事, 掌其戒禁."

61 역자 주 : 서주시대 지방의 기층 사회조직을 구성하는 제도를 말한다. 향鄉은 국인들이 거주하는 땅이고, 수遂는 야인들이 거주하는 장소이다.

62 楊寬,『古史新探』, p.135에 보인다.

63『禮記』「學記」: 古之教者, 家有塾, 黨有庠, 術有序, 國有學.

64 楊寬,『古史新探』, p.199에 보인다.

65『論語』「泰伯」: 興於詩, 立於禮, 成於樂.

66『孟子』「滕文公上」: 設爲庠序學校以教之, 庠者養也, 校者教也, 序者射也. 夏曰校, 殷曰序, 周曰庠, 學則三代共之.

67『周禮正義』p.1711 : 掌成均之法, 以治建國之學政, 而合國之子弟焉.

68『周禮正義』p.1711 : 大司樂通掌大小學之政法, 而專教大學, 與師氏保氏樂師教小學, 職掌互相備.

69『周禮正義』p.1711 : 周制大學所教者, 一爲國子, 二爲鄉遂大夫所擧賢能, 三爲侯國士之秀者,

70『周禮』「地官・師氏」: 師氏掌以媺詔王. 以三德教國子, 一曰至德, 以爲道本, 二曰敏德, 以爲行本, 三曰孝德, 以知逆惡. 教三行, 一曰孝行, 以親父母, 二曰友行, 以尊賢良, 三曰順行, 以事師長.

71『周禮』「地官・保氏」: 保氏掌諫王惡, 而養國子以道. 乃教之六藝, 一曰五禮, 二曰六樂, 三曰五射, 四曰五馭, 五曰六書, 六曰九數. 乃教之六儀, 一曰祭祀之容, 二曰賓客之容, 三曰朝廷

之容, 四曰喪紀之容, 五曰軍旅之容, 六日車馬之容.

72『周禮正義』p.658 : 保氏與史氏, 同教國子官, 與府史別者, 以其教國子雖同, 館舍別所, 故置官有異.

73『周禮正義』p.997 : 師氏教以德行, 保氏教以道藝, 學小成而後升於大學, 大司樂教之.

74 張亞初, 劉雨,『西周金文官制硏究』, p.118

75『周禮』「地官 · 師氏」: 以九兩系邦國之民. 一曰牧, 以地得民. 二曰長, 以貴得民. 三曰師, 以賢得民. 四曰儒, 以道得民. 五曰宗, 以族得民. 六曰主, 以利得民. 七曰吏, 以治得民. 八曰友, 以任得民. 九曰藪, 以富得民.

76 "師, 諸侯師氏, 有德行以教民者. 儒, 諸侯保氏, 有六藝以教民者. 宗, 繼別爲大宗, 收族者."

77 "此經之師儒, 卽大司徒本俗六之聯師儒, 皆通乎上下之辭. 師則泛指四民之有德行才藝足以教人者而言. 上者國學鄕遂州黨諸小學, 以逮里巷家塾之師, 固爲師而兼儒. 下者如賓婦之有女師, 巫醫農工亦皆有師."

78 "儒則是泛指誦說詩書通該術藝而言."

79『禮記』「儒行」: 儒有不隕獲於貧賤, 不充詘於富貴, 不慁君王, 不累長上, 不閔有司, 故曰儒. 今衆人之命儒也妄, 常以儒相詬病.

80 "言不爲天子諸侯卿大夫群吏所困迫而違道."

81『좌전左傳』「애공21년哀公21年」에 "오직 유자의 서책에만 얽매어 양국의 우환을 만들었구나(唯其儒書, 以爲二國憂)"라는 구절이 있다. 그러나 공자는 애공 16년에 사망하였다. 고로『좌전左傳』에서 유일하게 등장하는 유자儒字는 공자 이후이다. 여기서는 굳이 논하지 않았다.

제9장

유행儒行

일반적으로 '유儒'를 공자가 세운 학파의 이름으로 말하지만, 『논어』 속에서는 그러한 사례를 찾을 수가 없다. 그러나 공자 사후 얼마 지나지 않아 묵자墨子의 시대에 이르러 '유'나 '유자儒者'는 이미 묵자와 그 학파들이 공자학파를 가리키는 데 사용한 일반적 용어가 되었다. 묵자墨者들과 동시대의 공문칠십자孔門七十子 및 그 후학들도 스스로를 '유'로 명명하였으며 언제나 "공자의 말씀(孔子曰)"을 술회함으로써 '유'에 대해 정의하고 설명하였는데, 이런 점을 가장 잘 보여주는 경우는 『예기』의 「유행儒行」편에 보인다.

근대 이래로, 공자는 '유'라는 글자에 대해 해석하거나 설명하지 않았고, 기존의 갑골문과 금문 자료에도 유儒라는 글자가 없었기 때문에 여러 대가大家들이 속속 유가의 원류를 밝히는 '원유原儒'에 대한 논의들을 하도록 촉발하였다. 그들은 춘추 이전의 유儒자의 본의를 찾아내어 이로부터 춘추말기 '유'의 특질과 유가사상의 근원을 설명함으로써 20세기 전기의 유학에 대한 비판과 관심에 호응하였다.[1] 그중 방법론상의 문제는 본서 제8장에서 이미 분석하였다.

사실 '유'라는 글자의 자원字源 상의 원시적 의미가 어떤 것인가를 막론하고 학술사의 관점에서 살펴보면, 전국시기의 유학이 '유'자를 사용하는데 나타난 자체적인 이해와 전국시대의 다른 학파들이 '유'의 사상에 대해 묘사한 타자의 측면이 반영된 '유'의 이미지를 통해서 유의 인격과 유가 학설의 핵심적 의미에 대한 당시의 일반적인 이해를 분명하게 살펴볼 수 있다. 이에 대해 한번 정리할 필요가 있다.

1. 유의 의복(儒服)

의복과 관대冠帶는 고례古禮에 그 제도가 있었는데 춘추후기 예악이 붕괴됨에 따라 각종 예제들이 모두 파괴되었다. 유가는 주대의 예악제도와 문화질서를 계승하고 회복하는 것을 자신들의 임무로 삼았다. 그러므로 유가에서 전승하는 예서禮書에서는 종종 관복의 문제, 특히 상례의 관복과 관련된 문제들에 대해 언급한다. 다만 공자는 분명히 예를 통하여 나라를 다스리는 각도에서 고대의 예와 관제冠制를 회복하는 문제에 대해 이야기하고 있다.

> 안연顔淵이 나라를 다스리는 것에 대하여 물었다. 공자께서 말씀하셨다. "하나라의 역법을 행하고, 은나라의 수레에 타며, 주나라의 면류관을 쓰고, 음악은 순임금의 악곡인 소韶와 무왕의 악곡인 무舞를 사용한다. 정나라의 음악을 추방하고 아첨하는 사람을 멀리 내친다. 정나라의 음악은 음란하며 아첨하는 사람은 위태롭다."[2]

여기에서 주나라의 면류관을 쓰는 것은 관제冠制를 언급한 것이다. 다만 공자는 여기에서 유복儒服을 말하려 하는 것이 아니라 삼대 문명의 예제를 회복하기 위한 입장에서 이야기한 것이다. 이는 유가의 복례復禮라는 이상理想의 한 부분이다. 그러므로 후대 순자荀子 또한 관제를 언급한다. "천자는 산 무늬를 수놓은 예복을 입고 면류관을 쓰며, 제후는 검은색의 예복을 입고 면류관을 쓰며, 대부는 비의裨衣를 입고 면류관을 쓰며, 사士는 가죽으로 만든 피변皮弁을 쓴다."[3] 이는 곧 천자에서 사士에 이르는 사람들의 의관 예제에 대한 언급이다.

문헌의 기록에 근거하면 묵자의 시대에 이르러 명확하게 '유복'이란 문제가 출현한다. 이른바 유복이란 유자가 입던 의관衣冠과 복대腹帶를 말한다. 그러나 『논어』를 살펴보면 공자의 시대에는 유복이란 것이 없었다. '유복'이란 표현은 유가의 전적 가운데 가장 먼저 『예기禮記』의 「유행儒行」편에 보이지만, 이 편 또한 공자 시기에는 아직 유복에 관한 정립된 제도가 없었음을 증명하고 있다.

노나라 애공이 공자에게 물었다. "부자의 의복은 유복입니까?" 공자가 대답하였다. "제가 어려서는 노나라에 살면서 봉액이라는 옷(逢掖之衣)을 입었고, 장성해서는 송나라에 살면서 장보의 관(章甫之冠)을 썼습니다. 제가 듣건대, 군자의 배움이 넓다고 하여도 그 의복은 고향의 것을 따른다고 합니다. 저는 유복에 대해 알지 못합니다."[4]

이것은 공자가 유복에 대해 이야기한 가장 유명한 말이다. 만약 이것을 확실히 공자의 사상이라고 볼 수 있다면, 비록 공자는 스스로 의관을 착용하는 문제를 염두에 두고 있었지만, 유복을 제정하여 그의 제자들 모두에게 이와 같이 입고 쓰도록 요구하지는 않았던 것으로 보인다. 정현의 주에 "봉逢은 대大와 같다. 겨드랑이 부분이 커다란 옷이란 소매가 넓은 홑옷이다(逢猶大也. 大掖之衣, 大袂單衣也)"라고 하였다. 공자가 입던 봉액逢掖이란 옷은 노魯나라의 의복이며, 옷소매가 넓은 의복이다. 공자의 가족은 귀족 가운데 가장 낮은 계급인 사士였다. 이 복장은 그의 신분에 부합한다. 장보章甫는 본래 은나라 사람의 관대冠戴이며, 송나라 귀족들은 항상 장보관을 썼다. 공자는 송나라에서 장성하였기 때문에 공자 또한 습관적으로 장보를 쓰고 다녔다. 이른바 '그 의복은 고향의 것을 따른다(其服也鄕)'는 말은 공자의 복장이 대부분 환경과 풍속에 따른 것이며, 어떤 뜻을 가지고 제정한 것이 아님을 의미한다.

『논어』「선진」에서 공서화公西華가 말하길 "종묘에서 제사를 드리는 일과 제후들이 회동하는 일에 예복을 입고 장보를 쓰고서 작은 상相(임금의 예를 돕는 사람)이 되길 원합니다"[5]라고 하였다. 정현의 주에는 "현단을 입고 장보를 썼다"[6]고 하였다. 이를 통해 보면 공자 시대에 이르면 장보는 이미 예관禮冠이 되었다는 것을 알 수 있다. 요약하면 봉액의 옷과 장보의 관은 공자에게 있어 그가 인정한 '사士'계급의 복장으로 자신의 지위와 관습에 부합하는 것이며 이것은 속인과 서로 구별된다. 사士는 반드시 속인과 다른 의관을 착용해야 하는데, 이것이 예禮이다. 그러므로 공자가 의관을 중시하는 것은 바로 공자의 존례尊禮를 표현한 것으로 볼 수 있다.

『논어』에는 유복에 관한 토론이 없는데, 공자 사후의 묵자의 설을 근거하면 "(공자의) 무리들과 제자들은 모두 공자를 따라했다"[7]고 하였다. 그러므로 공자 문하의 제자들은 조금씩 공자의 의관을 유사儒士(묵자는 유사라는 칭호를 사용함)의 표준으로 삼았으며 이로부터 이른바 유복이란 문제가 발생하였다. 위에서 인용한 「유행」편의 사상은 공자의 사상과 부합하지만 '유복'에 대한 이야기가 반드시 애공哀公과 공자가 실제로 주고받은 문답은 아니라는 것이다. 아마도 공자 문하의 칠십자 및 그 후학의 시대에 유복론儒服論이 유행할 때 덧붙인 것으로 보인다. 어쨌든 이러한 주장은 공자의 입장과 부합하며 초기유가의 사상을 대표하고 있다.

앞의 자료는 『예기』 「유행」에서 나온 것이다. 유사한 자료가 『순자』에도 있다.

> 노나라 애공이 공자에게 물었다. "저는 노나라의 재능 있는 선비들을 발탁하여 그들과 함께 나라를 다스리고 싶습니다. 감히 묻건대 어떻게 그들을 선발할 수 있겠습니까?" 공자께서 대답하셨다. "지금의 세상에 살면서 옛날의 도에 뜻을 두며, 지금의 풍속에 근거하면서 옛날의 복식을 입습니다. 이러한 것들을 하면서 온갖 나쁜 일을 저지르는 자는 또한 드물지 않겠습니까?" 애공이 말하였다. "그렇다면 머리에 장보를 쓰고 발에 구구絇屨를 신으며 허리에 신紳을 두르고 홀笏을 허리춤에 끼운 이러한 사람이 현자입니까?" 공자께서 대답하셨다. "반드시 그러한 것은 아닙니다. 제사용 예복과 검은 치마를 입고 제사용 예모를 쓰고서 큰 수레에 오르는 자는 뜻이 고기를 먹는 데 있지 않습니다. 상복을 입고 짚신을 신으며 지팡이를 짚으면서 미음을 먹는 자는 뜻이 술과 고기에 있지 않습니다. 지금의 세상에 살면서 옛 도에 뜻을 두며, 지금의 풍속에 근거하면서 옛날의 복식을 입습니다. 이러한 것들을 하면서 잘못된 일을 하는 자는 비록 있다 하더라도 또한 드물지 않겠습니까?" 애공이 말하였다. "그러합니다!"[8]

이는 본래 어떻게 사士를 발탁하는가에 대해 토론한 것이다. 공자는 안으로 그 뜻을 관찰하고 밖으로 그 복장을 관찰하여 "지금의 세상에 살면서 옛날의 도에 뜻을 두며, 지금의 풍속에 근거하면서 옛날의 복식을 입는(生今之世, 志古之道. 居今之俗, 服古之服)" 이런 사를 발탁해야 한다고 주장하였다. 이것이 공자가 인정하는 사다. "옛날의 복식을 입는 것"이 자연스럽게 유복의 설이 나오게 된 근원이 된다. 옛날의 복식을 입는다는 것은 옛날의 도에 뜻을 두는 의지의 표현이고 또한 옛날의 예를 회복하는 일부분으로 간주할 수 있기 때문이다.

하지만 공자는 "머리에 장보를 쓰고 발에 구구絇屨를 신으며 허리에 신紳을 두르고 홀笏을 허리춤에 끼운(章甫絇屨, 紳而搢笏)" 관복冠服을 따르는 사람을 무조건 현사賢士라고 여기지는 않았다. 애공의 질문은 당연히 유복이란 문제를 포함한다. 구絇는 신발 끈을 잡아매는 장식을 말한다. 신紳은 허리띠로 위에 홀笏을 끼워 넣을 수 있었다. 홀은 대부가 조정에 들어가 군주를 알현할 때 손에 들던 판板을 말한다.9 이 문장은 당연히 전국시대의 유자가 증록增錄한 기록에서 기원한다. 이러한 관복이 설령 전국시기 사람들이 인식하던 유복이라 할지라도 여기에서 공자는 유복을 입은 자가 모두 현사라고 생각하지는 않았다. 이는 「유행」의 사상과 일치한다.

『순자』에 또 다른 자료가 있다.

노나라 애공이 공자에게 물었다. "신紳·위委·장보章甫는 인仁에 유익함이 있습니까?" 공자가 안색이 변하며 말하였다. "임금께서 어찌 그리 말씀하실 수 있습니까? 최衰(상복)를 입고 저장苴杖(상례에 사용하던 지팡이)을 짚는 자가 음악을 듣지 않는 것은 귀로 들을 수 없어서가 아니라 상복을 입고 있기 때문입니다. 보의黼衣(제사에 입는 옷)를 걸치고 보상黼裳(제사에 입는 치마)을 두른 자가 고기요리를 먹지 않는 것은 입으로 맛을 느낄 수가 없어서가 아니라 상복을 입고 있기 때문입니다. 게다가 제가 듣기에 장사를 잘하는 사람은 손해를 보지 않도록 하며 존경을 받는 연장자는 시장에서 사고파는 일을 하지 않습니다. 그 유익함과 그 무익함을 잘 살펴보신다면 임금께서 그것을 잘 알게 되실 것입니다."[10]

양계웅梁啓雄의 주석에 근거하면 신紳은 큰 허리띠이고 위委는 위모委貌 즉, 주대에 사용하던 관冠을 가리킨다.[11] 즉 공자는 신紳·위委·장보章甫의 복식은 예제의 규정이지만 직접적으로 인에 유익한 것이 없는 것으로 보았고, 인이라는 덕행은 수신을 통해야만 도달할 수 있으며 의관에 주의를 기울여서 도달할 수 있는 것이 아니라는 점에 대해 말하고 있다. 그러므로 나중에 "노나라의 애공이 공자에게 순임금의 관冠에 대해 물었지만 공자가 대답하지 않았던 것"[12]이다.

유복 문제는 『묵자』에서 명확해질 것이다. 묵자와 동시대의 유사儒士 가운데 명백하게 복고服古(옛 복식을 입는 것)와 유복을 주장한 사람이 있었다. 공맹자公孟子[13]를 예로 들어보자.

공맹자는 머리에 장보를 쓰고 허리에 홀을 차고 유복을 입고서 묵자를 만나 말하였다. "군자는 복식을 갖춘 연후에 행합니까? 행한 연후에 복식을 갖춥니까?" 묵자가 말하였다. "행함은 복식에 달려있는 것이 아닙니다." 공맹자가 말하였다. "어찌하여 그러함을 알 수 있습니까?" 묵자가 말하였다. "옛날에 제환공은 높은 관을 쓰고 넓은 허리띠를 두르고 황금 검과 나무 방패를 들고서 그 나라를 다스리니 그 나라가 다스려졌습니다. 옛날에 진문공은 무명으로 짠 옷을 입고 어미

양의 가죽으로 만든 갓옷을 입고 소가죽으로 만든 허리띠에 검을 차고서 그 나라를 다스리니 그 나라가 다스려졌습니다. 옛날에 초장왕은 명주 끈을 상감한 선관을 쓰고 선홍색의 옷을 입고 넓은 도포를 두르고서 그 나라를 다스리니 그 나라가 다스려졌습니다. 옛날에 월왕 구천은 머리카락을 자르고 몸에 문신을 새겨서 그 나라를 다스리니 그 나라가 다스려졌습니다. 이 네 명의 국군은 그 복식이 달랐으나 그 행함은 같았습니다. 저는 이 때문에 행함이 복식에 달려 있지 않다는 것을 압니다." 공맹자가 말했다. "그러합니다. 제가 듣기에 '선을 알기만 하고 행하지 않는 자는 상서롭지 않다'라고 하였습니다. 청컨대 홀을 버리고 장보를 바꿔 쓰고 다시 부자를 뵙고자 하니 그리하여도 됩니까?" 묵자가 말하였다. "청컨대 지금처럼 뵙고자 합니다. 만약 반드시 홀을 버리고 장보를 바꿔 쓰고자 한다면 행함이 결국 복식에 있는 것입니다."[14]

이 문장은 공맹자 일파의 유자들이 "장보를 쓰고 홀을 꽂고 유복을 입었다(戴章甫, 搢忽, 儒服)"는 것을 분명하게 나타낸다. 이는 『순자』 「애공」편에서 말한 "머리에 장보를 쓰고 발에 구구約屨를 신으며 허리에 신紳를 두르고 홀笏을 허리춤에 끼운(章甫約屨, 紳而搢笏)" 관복冠服과 정확히 부합한다. 「유행」편을 통해 공자가 본래 유자의 특성이 덕행에 있으며 관복에 있지 않음을 주장하였다는 것을 알 수 있다. 이는 곧 "행함은 복식에 달려있지 않다(行不在服)"는 것이다. 그러므로 그 복식은 향촌의 풍속에 달려있다. 이 점은 묵자와 공자가 일치한다. 공맹자 일파는 공문 후학 가운데 유복에 편중되어 있다. 비록 그가 묵자의 가르침에 따라 유자의 행위가 관복에 있지 않다는 것(유행儒行의 문제 또한 여기에서 나온다)을 인정하였지만 결국은 관복冠服의 문제를 중요하게 여긴 것으로 보인다.

『묵자』에 또 다른 문장이 실려 있다.

유자가 말했다. "군자는 반드시 옛 의복을 입고 옛 언어를 말한 연후에야 비로소 인仁하게 됩니다." (묵가가) 대답하여 말하였다. "이른바 옛 언어와 의복이라는 것은 모두 당시에는 새로운 것이었으며, 옛사람들이 그것을 말하고 그것을 입었다면 군자가 못되었을 것입니다. 그렇다면 반드시 군자가 입는 의복이 아닌 것을 입고 군자가 하는 말이 아닌 것을 말한 후에 인하게 되는 것입니까?" 또 말하였다. "군자는 옛것을 따르기만 할 뿐 새로운 것을 만들지 않습니다." (묵가가) 대답하여 말하였다. "옛날에 예羿는 활을 만들었고 저杼는 갑옷을 만들었고 해중奚仲은 수레를 만들었고 교수巧垂는 배를 만들었는데 그렇다면 지금의 가죽을 다루는 사람과 갑옷을 제조하는 사람과 수레를 만드는 장인과 나무를 다루는 목수는 모두 군자이며 예, 저, 해중, 교수는 모두 소인입니까? 게다가 무릇 따른다는 것은 반드시 어떤 사람이 먼저 그것을 시작해야 하는데, 그렇다면 군자가 따르는 것은 모두 소인의 도입니까?"[15]

복고服古는 곧 고대의 관복冠服을 입는 것이다. 옛 복식을 입은 후에 인仁하게 된다는 것은 앞에서 말한 "복식을 갖춘 후에 행한다(服而後行)"는 것이다. 여기에서 묵가와 쟁론하는 '유자'는 좁은 의미에서 관복을 중시할 뿐만 아니라 또한 '예禮'를 중시하는 것이 '인仁'보다 앞서는 것으로 보고 있는 것으로 말할 수 있다. 『순자』「비십이자非十二子」에서 말한 "관을 느슨하게 처지게 쓰고 말을 무미건조하게 하고 우임금처럼 행하고 순임금을 따르는 이들은 자장씨의 천유賤儒들이다"[16]라는 문장에 근거하면, 유복을 중시하는 일파는 아마도 주로 자장子張의 유儒일 것이며 공맹자는 자장의 후학일 것이다.

또한 『순자』 「유효儒效」편의 "봉의逢衣를 입고 천대淺帶를 두르며 그 갓을 높게 쓰고 대략으로 선왕을 법으로 삼으니 세상의 법술을 족히 어지럽힐 수 있으며 황당무계하게 배우고 난잡하게 거동한다[17]"라는 문장에 근거하면 옛 복식을 주장하는 부류는 당연히 자사子思 학파를 포함하는 것 같다. 왜냐하면 자사의 유儒 또한 "대략으로 선왕을 본받아 그 강령을 알지 못하기"[18] 때문이다. 봉의는 소매가 넓은 옷이다. 천대는 신대紳帶(크고 넓은 허리띠)이다.

앞에서는 애공이 말하는 "머리에 장보를 쓰고 발에 구구絇屨를 신으며 허리에 신紳을 두르고 홀笏을 허리춤에 끼운 것"에 대해 서술하였는데 구구絇屨에 관한 것은 『장자莊子』에서 볼 수 있다.

장자가 노나라 애공을 만났다. 애공이 말하였다. "노나라에는 유사들이 많이 있는데, 선생의 방술方術을 공부하는 자가 적은 것 같습니다." 장자가 말하였다. "노나라에는 유사儒士가 적습니다." 애공이 말하였다. "노나라 사람 모두 유사의 복장을 입고 있는데 어찌 적다고 하십니까?" 장자가 말하였다. "제가 듣기에 유자가 원관圜冠(둥근 모자)을 쓰는 것은 천시天時를 알고 있음을 나타내고, 구구句屨(네모난 신발)를 신는 것은 지형地形을 알고 있음을 나타내며, 느슨하게 옥결玉玦을 차는 것은 일이 있을 때 능히 결단할 수 있음을 나타낸다고 합니다. 군자는 이러한 도가 있는 자이지 반드시 유자의 복식을 착용해야 하는 것은 아닙니다. 이러한 복장을 갖추었다고 하여 반드시 이러한 도를 알고 있다고 할 수 없습니다. 공께서 그렇지 아니하다 여기신다면 어찌하여 나라 안에 '이러한 도를 알지 못하고 이러한 복식을 한다면 그 죄는 죽음으로 다룰 것이다'라고 호령하시지 않습니까?" 이에 애공이 호령하고 닷새가 지나자 노나라에 감히 유복을 입는 자가 없었는데, 홀로 한 명의 사내가 유복을 착용하고 애공의 궐문 앞에 서 있었다. 애공이 즉각 그를 불러 국사를 자문하니 어떤 질문을 받더라도 대답에 막힘이 없었다. 장자가 말하였다. "노국의 유사가 오직 한 사람뿐이니 가히 많다고 할 수 있습니까?"[19]

"군자는 이러한 도가 있는 자이지 반드시 유자의 복식을 착용해야 하는 것은 아닙니다"라는 이 말은 묵자의 사상과 기본적으로 일치한다. 장자가 당시에 말한 유복은 주로 둥근 모자인 원관을 쓰고, 네모난 신발인 구구를 신고, 느슨하게 옥결玉玦을 차는 것"을 말한다. 『장자』의 주소注疏에 근거하면 구句는 방方이고, 둥근 관모는 하늘을 상징하며 네모난 신발은 땅을 본받았다. "느슨하게 옥결玉玦을 찬다는 것은 휴대하고 다니는 옥결을 허리띠 사이에 매어 느슨하고 여유가 있게 하는 것을 말한다."[20] 다만 장자가 말한 관冠이 장보관인지는 정확하게 알 수 없다. 애공의 말을 보면 유복은 이미 노나라에 유행하던 관복이었으며, 이는 대략적인 전국시대의 상황이다.

『장자』에 도척盜跖이 공자를 책망하는 내용이 기록되어 있다.

그대는 언론을 조작하고 제멋대로 문왕과 무왕의 도를 가탁하며, 장식이 화려한 관을 쓰고 소가죽으로 만든 허리띠를 차며, 글은 번잡하고 말은 그릇된 것이 많다. … 지금 그대는 문왕과 무왕의 도를 닦고 천하의 언변을 장악하여 후대를 교육하며, 봉의縫衣를 입고 천대淺帶를 두르며, 거짓된 말과 행동을 하니, …[21]

위의 말은 비록 우언寓言일지라도 '봉의縫衣'와 '천대淺帶'는 분명 유복, 즉 순자 「유효儒效」편의 '봉의천대逢衣淺帶'를 가리킨다. 순자 또한 사군자士君子에게는 마땅히 갖추어야 할 사군자의 용모가 있다고 생각했다. 그가 말한 사군자의 용모란 "그들의 관은 높고 그들의 옷은 넓고 크다"[22]를 포함하는 것이다. 진進은 준峻이며 높다는 뜻이다. 봉逢은 크다는 뜻이다.[23] 도척의 주장은 전국시대 유자의 유복이 공자에게서 근원한 '봉의천대'임을 증명한다.

사실 전국시기 공후와 제자諸子들 가운데 적지 않은 사람들이 의관의 착용에 주의를 기울이는 문제에 대해 쓴 문장들이 있다. 제 환공이 "높은 관모를 쓰고 넓은 허리띠를 찼다(高冠博帶)"는 것 이외에 "옛날에 진문공은 베옷을 좋아하였는데, 문공의 때에 진나라의 사들은 삼베옷과 양가죽으로 만든 갖옷을 입고 거친 비단으로 만든 관모를 쓰고 거친 삼베로 만든 신발을 신었다"[24]와 같은 것들이 있다. 『장자』에는 "피변皮弁(고대 귀족들이 쓰던 고깔모양의 가죽 모자)과 휼관鷸冠(도요새의 깃으로 장식한 관모)을 쓰고 진홀搢笏(=조홀朝笏)과 신수紳修(긴 허리띠)를 몸밖에 두른다"[25]라는 구절이 있다. 가장 유명한 것은 "송견宋銒과 윤문尹文은 그 풍속을 듣고 기뻐하였으며, 화산의 (상하가 고르고 평평한) 모양을 모방한 모자를 만들어 자신의 의향을 나타내었다"[26]라는 것으로 이러한 예들은 매우 많다.

위에서 말한 것들을 총결하면 다음과 같이 말할 수 있다. 전국시대 몇몇 공문孔門의 유자들이 유복을 매우 중시하였다. 이것은 그들의 문화이상을 반영하고, 그들이 관복을 통해 표현한 학파의 자아의식을 반영한다. 유복의 중요한 특징은 봉액지의를 입고 장보지관을 쓰고 구구를 신고 신대를 두르며 진홀을 찼다는 것이다. 그러나 공문에서 전승하는 공자의 종지宗旨는 유복을 유의 우선적인 임무로 여기는 것이 아니라 시종일관 덕행의 우선성을 주장하는 것이다. 이 점은 매우 명확하다.

전국시대는 유복에 관한 설이 점차 유행하였다. 이 때문에 여러 책 속에서 이에 대한 설이 자주 보인다. 예를 들어 『오자吳子』의 "오기吳起가 유복을 입은 채로 병장기를 들고서 위문후魏文侯를 접견하였다. 문후가 말하였다. '과인은 군사에 관한 일을 좋아하지 않소이다'"[27]라는 구절이 있다. 또 다른 예로 『장자』의 "태자가 말하였다. '그러합니다. 우리 왕께서 만나셨던 자는 다만 검사劍士들뿐입니다.' 장자가 말하였다. '잘됐습니다. 저는 검을 잘 다룰 줄 압니다.' 태자가 말하였다. '그러나 우리 왕께서 만나셨던 검사는 모두 머리가 헝클어지고 귀밑머리가 우뚝 솟았으며, 관모를 낮게 드리우고 굵고 견실한 관끈을 매었으며, 뒷부분이 짧은 의복을 입었고, 두 눈을 응시하였으며 언성은 알아듣기 어려웠는데, 이러한 사람을 보고서야 왕께서 비로소 기뻐하셨습니다. 금일 부자께서 반드시 유복을 착용하시고 왕을 뵙고자 하시니 일이 필시 크게 잘못될 것입니다'"[28]라는 구절이 있다. 오기와 장자는 모두 엄밀히 말해 유가 아닌데 어째서 유복을 입고 왕후를 만났는지 알 수 없다. 아마도 여기에서 말하는 유복이란 이미 일종의 유행이 된 '사士'의 복장이며 앞에서 말한 유자의 옛 복식이 아닐 것이다.[29]

공자 사후에 그의 문인들은 외재적 형식에서 공문孔門에 대한 상징적 응집凝集 작용을 매우 중요하게 여겼다. 예를 들어 어떤 사람의 생김새가 공자와 닮았다고 생각되면 그 사람을 영수領袖로 삼고자 하였다.[30] 관복冠服 역시 그러하였다. 『안자춘추晏子春秋』를 근거하면 다음과 같다.

(제나라) 경공이 커다란 관모를 쓰고 긴 의복을 입고서 조정에 나가서 정무를 보았는데, 눈에 노기를 띠고 바라보며 위엄을 내세우고 서서 날이 어두워지도록 정사를 그치지 않았다. 안자가 들어가 간언하였다. "성인의 복식은 중도에 맞아 군더더기 없이 소박하고 헐렁하지 않으니 대중을 인도할 수 있으며, 거동과 행위는 천도에 순응하며 거스름이 없으니 양생할 수 있습니다. 이 때문에 아래 사람들 모두 그 복식을 본받으며, 백성들 모두 그의 몸가짐을 배우고자 합니다. 지금 군왕의 복식은 크고 화려하니 대중을 인도할 수 없으며, 눈에 노기를 띠고 바라보며 위엄을 내세우고 서 있으시니 양생할 수 없습니다. 날이 이미 어두워졌으니, 군왕께서 의복을 벗고 휴식을 취하심이 좋을 듯합니다."[31]

성인의 복식을 본받는 것은 당시에 유행하던 풍조였다. 공자의 관복을 본보기로 하는 유복은 이 때문에 유행하기 시작하였다는 것을 알 수 있다.

2. 유의 행동(儒行)

'유자儒者'에게 있어 행위와 복식은 다르며, 행위는 복식과는 상관이 없다고 한다면 유자의 '행行'이란 무엇인가? 이것은 문제의 초점이 '유복儒服'에서 '유행儒行'으로 전환하게 됨을 의미한다. 『예기』「유행儒行」에서는 16가지 '유행'을 열거하였는데, 그것을 논술한 특징은 모든 각각의 유행에 대하여 하나같이 "유자는 …함이 있다(儒有…)"라는 표현으로 진술을 이끌어내고 "그들의 …에는 이와 같은 것이 있다(其…有如此者)"라는 표현으로 결론을 맺으면서 유행이 가지고 있는 특징을 끄집어내고 있다. 이것은 '유儒'를 주제로 하는 덕행론德行論 체계로 선진사상사에서 매우 독특한 의미를 가지고 있는 문장이라고 할 수 있다. 그 문장이 매우 길기 때문에 16절로 나누어서 요점을 깔끔하게 정리하여 토론하기에 편리하도록 하고자 한다.(각 소절의 번호는 인용자에 의해 임의로 추가된 것이다)

「유행」편에는 노나라 애공哀公과 공자의 문답이 기록되어 있다. 이 문답은 '유행'의 문제를 중심으로 전개된다.

애공이 말하였다. "감히 유행에 대해 묻겠습니다." 공자가 대답했다. "이를 갑자기 조목조목 이야기하려면 이런 쪽의 일들을 상세하게 다 이야기할 수 없고, 만약 전부 다 상세하게 조목조목 이야기하려면 너무 오래 걸려서 대복大僕(어가를 모시는 관리)이 교체되는 때가 되어도 다 이야기할 수 없을 것입니다." 애공이 앉을 자리를 정돈하라고 명하고 이어 공자가 그를 모시고 앉아 말하였다.[32]

1. 유자儒者는 석상의 보배(덕을 비유함)를 지니고서 군왕의 초빙을 기다리며, 이른 아침부터 늦은 저녁까지 열심히 배우면서(强學) 군왕의 물음을 기다리고, 마음에 충忠과 신信을 품고서 군왕에게 천거되기를 기다리며, 힘껏 도를 행하면서(力行) 군왕의 선택을 기다립니다. 그들이 스스로 입신하는 방법(自立)에는 이와 같은 것이 있습니다.33

2. 유자는 의관이 중도에 맞고 동작은 신중하며, 큰일에 대하여 양보할 때는 그다지 중히 여기지 않는 것처럼 하고 작은 일에 대하여 양보할 때는 고사하지 않더라도 정중히 그런 것처럼 하며, 큰일을 다루면 (도를 높이고 세상에 굽히지 않으니) 위엄을 지닌 것과 같고 작은 일을 다루면 (예로 말미암아 행하고 예가 아닌 것을 행하지 않으니) 부끄러움을 가진 것과 같으며, (의가 아니면 나아가지 않으니) 그 나아감에는 힘들고 (새가 사람의 기색을 살펴보고 날아가는 것처럼) 물러감에는 쉬우며, 유약해 보이는 모습은 무능한 것처럼 보입니다. 그들의 용모容貌에는 이와 같은 것이 있습니다.34

3. 유자는 기거起居함에 진중하고 조심스럽고, 그들은 앉아서든 일어나서든 매우 공경스럽고, 언사에는 반드시 신의가 앞서며, 행동은 반드시 중정을 유지하고, 길을 갈 때에는 길의 험하고 쉬운 이점을 다투지 않으며, 겨울과 여름에 다른 사람들과 따뜻함과 시원함을 다투지 않고 그 죽음을 기꺼이 함으로써 큰일을 도모할 기회를 기다리고, 그 몸을 보양함으로써 세상에 어떤 일을 하려고 하는 것이 있습니다. 그들이 (앞으로 쓰일 일에) 대비함이 이와 같은 것이 있습니다.35

4. 유자는 금옥을 보배로 여기지 아니하고 충忠과 신信을 보배로 삼으며, 토지를 얻는 것을 바라지 않고 도의를 세우는 것을 토지로 삼으며, 가득 쌓인 재물을 바라지 않고 다문多文(육예의 문을 많이 배우는 것)을 부유함으로 삼습니다. 유자가 되기 어려운 것은 (그들이) 녹을 쉽게 여

기기 때문이며, 녹을 쉽게 여기기 때문에 그들을 머물도록 만류하기 어렵습니다. 때가 아니면 은거하여 나타나지 않으니 또한 얻기 어려운 것이 아니겠습니까? 의가 아니면 화합하지 않으니 또한 머물도록 만류하기 어려운 것이 아니겠습니까? 수고로움을 앞세우고 녹을 뒤로 하니 또한 녹을 쉽게 여기는 것이 아니겠습니까? 그들의 인정人情을 대하는 방법(近人)에는 이와 같은 것이 있습니다.[36]

5. 유자는 재물을 주고 즐거움에 빠지도록 하는 상황에서 이利를 보고서도 그 의義를 이지러지게 하지 않고, 여러 사람으로 위협하거나 군사로 겁박하여 죽음에 직면하더라도 그 지키는 바를 바꾸려 하지 않습니다. 사나운 금수가 날카로운 발톱을 세우고 달려들어도 자신의 용기를 가늠하지 않고 대항하며, 무거운 솥을 끌어와 들게 하여도 자신의 힘을 가늠하지 않고 손을 씁니다. 지나간 일에 후회함이 없고, 다가올 일에 제멋대로 예측하지 않습니다. 자신의 잘못된 말은 고쳐서 다시 하지 않고, 타인의 떠도는 말에는 (자신을 되돌아볼 뿐) 진상을 추궁하지 않습니다. 그 위엄은 단절되지 않고, 그 도모하고자 하는 일은 반복하여 고려함이 없이 결정합니다. 그들이 특별히 우뚝 섬(特立)에는 이와 같은 것이 있습니다.[37]

원문에서 나눈 구별에 따르면 첫 번째는 '스스로 입신하는 것(自立)'을 말하고, 두 번째는 '의관과 행실(容貌)'을 말하며, 세 번째는 '훗날을 대비하는 것(備豫)'를 말하고, 네 번째는 '인정을 대하는 방법(近人)'을 말하며, 다섯 번째는 '여럿 가운데서 특별히 뛰어나 우뚝 서는 것(特立)'을 말한다. 그러나 일곱 번째 또한 '자립'으로 첫 번째와 서로 겹친다. 열세 번째에서는 '특립'을 말하여 다섯 번째의 조목과 서로 겹친다. 작자가 모든 조목에 대해 이름을 붙이는데 종종 중복된 부분이 발견되는 것을 볼 수 있다.

이 때문에 원래의 명목에 구애받지 않으면서 이 16개의 항목을 다시 구별하여 정리해 보도록 하자. 첫 번째로 강학強學과 역행力行은 유儒가 아직 벼슬에 임하지 않았을 때의 학문과 행실을 가리킨다. 두 번째로 용모의 경신敬愼은 유자의 평상시 생활 속에서의 행동과 용모이다. 세 번째로 거처함에 수신하고 언행에 중정을 유지하는 것인데, 이 또한 유자가 아직 정치에 참여하지 않았을 때의 행위 상태이다.(그러므로 원문에서 예비함이라고 말하였다) 네 번째로 재화와 봉록을 귀하게 여기지 않는다는 것은 유자의 부귀공명과 출사出仕에 대한 태도이다.(그러므로 때가 아니면 은거하여 나타나지 않고 의가 아니면 화합하지 않는다고 말하였다) 다섯 번째로 이利를 보고도 의義를 생각하고 행동이 과감하다는 것은 유자가 설령 압력을 받더라도 지조와 절개를 지키며 시대의 조류에 휩쓸리지 않음을 나타낸다.38

6. 유자는 사이좋게 지낼 수 있으나 억지로 강요할 수 없고, 가까이할 수 있으나 핍박할 수 없으며, 죽일 수 있을지언정 모욕을 줄 수 없습니다. 그들은 거처함에 사치스럽고 화려한 것을 추구하지 않고, 먹고 마심에 지나치게 따지지 않습니다. 그들에게 과오와 실수가 있으면 주의를 주어 바로잡아줄 수 있으나 면전에서 잘못을 열거하며 꾸짖을 수 없습니다. 그들의 강의剛毅(굳세고 의연함)에는 이와 같은 것이 있습니다.39

7. 유자는 충忠과 신信을 갑옷과 투구로 여기고, 예禮와 의義를 간로干櫓(크고 작은 방패)로 여깁니다. 인仁을 떠받들고 행동하며 의義를 마음에 품고 일을 처리하니, 비록 폭정이 있더라도 그들의 지조를 바꿀 수 없습니다. 그들이 (조정에서) 스스로 입신하는 방법(自立)에는 이와 같은

것이 있습니다.[40]

8. 유자는 동서남북 각각 십 보 길이의 담장 내부에 사방이 흙벽으로 둘러싸인 작은 방에 사는데, 섶나무 가지와 대나무로 엮은 사립문을 달고 그 옆에 작은 구멍을 내었으며, 쑥대로 엮은 출입문과 옹기구멍 같은 창문을 달았습니다. (집안에 격식에 맞는 옷이 한 벌인지라 외출할 때) 서로 옷을 번갈아 입고 나가고, 이틀에 하루치의 음식을 먹습니다. 윗사람이 그의 말을 받아들이면 감히 의심치 않고, 윗사람이 그의 말을 받아들이지 않더라도 감히 아첨하지 않습니다. 그들이 벼슬하는 것도 이와 같은 것이 있습니다.[41]

9. 유자는 지금의 사람과 더불어 살면서 (사상과 행위는) 옛사람과 서로 부합하니, 지금의 세상에서 행한 것이 후세에 본보기가 됩니다. 만일 치세를 만나지 못하여 윗사람에게 발탁되지 못하고 아랫사람에게 추천받지 못하며 참언하고 아첨하는 사람들이 서로 결탁하여 그에게 위해를 주면, 일신이 위태롭게 되지만 뜻은 빼앗을 수 없고, 비록 위험한 지경에 처하더라도 끝까지 그 뜻을 믿으며 도리어 백성의 고난과 아픔을 잊지 않고자 합니다. 그들의 (천하에 대한) 우환과 사려(憂思)에는 이와 같은 것이 있습니다.[42]

10. 유자는 널리 배우며 끊임없이 공부하고, 독실하게 행하며 나태해지지 않습니다. 그윽한 곳에서 홀로 지낼 때일지라도 부정한 행위를 하지 않고, 위로 천리天理에 통달하여 본성本性을 따름에 곤혹함이 없습니다. 예의禮儀에 있어 화和를 귀한 것으로 삼고, 충忠과 신信을 미덕으로 삼으며, 화해를 법칙으로 삼아 따릅니다. 현인을 사모하고 무리를 포용하여 엄숙하고 방정하게 만들고 부드럽고 원활하게 서로 결합합니다. 그들의 너그러운 도량(寬宥)에는 이와 같은 것이 있습니다.[43]

여섯 번째는 굳세고 의연함에 절도가 있는 것(剛毅有節)이다. 이는 유자의 입신과 처세에 있어 자신의 존엄을 중시하는 것을 가리킨다. 일곱 번째는 인의仁義와 충신忠信이다. 이는 유자가 확고한 도덕신념을 지니고 있어 설령 폭정 하에 있다 하더라도 바꾸지 않는다는 것을 말한다. 여덟 번째는 가난을 편히 여기며 도를 지키는 것(安貧守道)이고, 아홉 번째는 곤란한 상황에서도 뜻을 견지하는 것(窮則持志)이다. 이는 유자가 정치를 행함에 뜻대로 되지 않을 때에도 여전히 그 지조를 지킬 수 있음을 가리킨다. 열 번째는 너그러움에 예의가 있는 것(寬裕有禮)이다. 이는 유자의 사물을 대하는 포부를 가리킨다.

11. 유자는 내부에서 인재를 추천함에 친족이라 하여 피하지 않고 외부에서 인재를 천거함에 원한이 있다 하여 피하지 않으며, (인재를 천거하기 전에) 그 사람의 공적을 헤아려보고 그 사람의 사업을 누적하여 살펴보며, 현인을 추천해 벼슬길에 나아가 발탁되도록 힘쓰고도 그에 대한 보답을 바라지 않습니다. 군왕이 (현인의 보좌를 통해) 그 뜻한 바를 얻어 진실로 국가를 이롭게 하였더라도 부귀를 구하지 않습니다. 그들이 천하의 현자를 천거하고 능력 있는 자를 발탁하는 것(擧賢援能)에는 이와 같은 것이 있습니다.[44]

12. 유자는 선한 언사를 들으면 서로에게 알리고, 선한 행위를 보면 서로에게 보여줍니다. 벼슬을 두고는 서로 상대를 앞세우고, 환난을 당하면 서로 목숨을 돌보지 않고 진력을 다합니다. (벼슬함에 있어) 벗이 오래도록 뜻한 바를 얻지 못하면 서로 기다려 주고, 먼 곳에 있어서 함께 나아가지 못하면 힘써 대책을 강구하여 서로 불러옵니다. 그들이 벗을 천거함(任擧)에는 이와 같은 것이 있습니다.[45]

13. 유자는 몸을 정결히 하고 덕을 닦아 자신을 바르게 한 후 윗사람을 섬깁니다. (만일 윗사람의 허물이 있으면) 듣기 좋은 말로 진언하고 엎드려 명을 기다리며 고요하고 차분하게 바로잡으니 윗사람이 알지 못하며, 거침없이 간언하더라도 또한 급박하게 하지 않습니다. 낮은 곳에 임하면서 스스로를 높게 여기지 않고, 적은 것을 더하고서 많다고 과장하지 않습니다. 세상이 다스려져도 경솔하게 행동하지 않으며, 세상이 어지럽다고 해서 자신의 신념을 막지 않습니다. 자신의 뜻에 동조한다고 하여 망령되이 무리를 지어 어울리지 않으며 자신의 뜻에 이의를 제기한다고 해서 비난하지 않습니다. 그들이 (조정에서) 특별히 우뚝 서서 홀로 행하는 것(特立獨行)에는 이와 같은 것이 있습니다.[46]

14. 유자는 (도를 굽히면서) 위로 천자에게 신하 노릇을 하지 않으며 아래로 제후를 섬기지 않습니다. (윗사람을 섬기지 않을 때는) 홀로 삼가며 고요하지만 또한 타인에 대한 너그러움을 숭상하고, 굳세고 의연함을 중시하지만 또한 사람들과 더불어 함께하며, 널리 학문을 배우기를 중시하지만 또한 행실의 마땅함을 압니다. 문장을 가까이하면서도 구석구석 올바른 행위를 힘써 연마합니다. 비록 나라를 나누어준다 해도 치수錙銖(매우 작은 것)와 같이 여겨 신하 노릇도 하지 않고 벼슬을 하지도 않습니다. 그들의 행동을 규범에 맞도록 하는 것에는 이와 같은 것이 있습니다.[47]

15. 유자는 뜻을 합치하고 학업을 같이하는 벗과 함께 도를 영위합니다. 조정에 나란히 입신하면 즐거워하고, 상대보다 낮은 지위에 있어도 불쾌하게 생각하지 않습니다. 오랫동안 서로 만나지 못하더라도 벗에 대해 떠도는 말만 듣고서는 믿지 않습니다. 모든 행위는 방정함을 근본으로 삼고 의로움 위에 수립하니, 그 뜻이 같으면 나아가나 같지 않으면 물러납니다. 그들의 교우交友에는 이와 같은 것이 있습니다.[48]

16. 유자는 빈천 때문에 곤궁에 처하더라도 지조를 잃지 않고 부귀 때문에 향락에 빠져서 절개를 잃지 않으며, 군왕을 욕되게 하지 않고, 경대부들을 번거롭게 하지 않으며, 관리들을 근심하게 하지 않습니다. 그들의 자존과 겸양(尊讓)에는 이와 같은 것이 있습니다.[49]

17. 온량溫良(온후함과 현량함)은 인자의 근본이요, 경신敬愼(공경과 근신)은 인자의 기반이요, 관유寬裕(너그럽게 포용하는 것)는 인자의 행위요, 손접孫接(겸손하게 사람을 대하는 것)은 인자의 능한 바요, 예절禮節(행동 하나하나 예의에 맞는 것)은 인자의 겉에 나타난 모습이요, 언담言談(언사와 말투)은 인자의 문채요, 가악歌樂(예악을 노래하는 것)은 인자의 화목함이요, 분산分散(흩어져서 빈곤한 자들을 구휼하는 것)은 인자의 시혜施惠(은혜)입니다. 유자는 이러한 미덕을 모두 겸하여 지니고 있으나 오히려 감히 스스로 인하다고 말하지 않습니다. 고로 (이러한 사람을) 유자라고 말합니다. 오늘날 여러 사람들이 유자라 명명하는 자들은 망령되어 유행의 실체가 없으며, 사람들은 항상 유자를 가지고 서로 모욕하는 데 사용합니다.

공자가 (위나라를 떠나 노나라의) 자택에 이르렀을 때 애공이 방문하여 공자의 집에 묵으며 이 말을 듣고서는 공자의 말을 더욱 믿게 되고 공자의 행실을 더욱 의롭게 여기게 되어, 말하기를 "나의 삶이 끝날 때까지 감히 유를 가지고 희롱하지 않으리라"라고 하였다.[50]

열한 번째는 현자를 천거하고 능력 있는 자를 발탁하는 것(擧賢援能)이다. 이는 유자가 온전히 국가의 이익을 위하여 시행한 인재 임용 시책이다. 열두 번째는 선을 원칙으로 삼는 것(以善爲則)이다. 이는 유자의 동료에 대한 태도이다. 열세 번째는 (남에 의해서가 아닌) 스스로 중용을 행하는 것(獨行中庸)으로 유자는 입신하고 일을 행함에 능히 그 중도를 얻을 수 있음을 나타낸다. 열네 번째는 오의傲毅(자존을 세우는 것)와 청렴(淸廉)이다. 정치상에서 유자의 고결함을 강조한다. 열다섯 번째는 벗을 사귐에 의로움이 있는 것(交友有義)이다. 유자의 교우지도交友之道를 나타낸다. 열여섯 번째는 빈천하여도 변하지 않는 것(貧賤不移)과 부귀에 굴복하지 않는 것(富貴不屈)이다. 이는 유자의 대장부로서의 인격이다. 종합하면 「유행」편에서 열거한 유행은 유자가 아직 출사하지 못했을 때와 출사하였을 때, 출사하지 않으려는 상황에서의 덕행을 전체적으로 정리하고 있다.

근대 이래로 어떤 학자들이 『설문해자』의 "유는 부드러움이다(儒, 柔也)"라는 관점으로 초기 유가를 이해하고자 하였다. 그러나 이 16가지 유행을 총체적으로 살펴보면, '부드러움(柔)'과 관련된 어떠한 특징도 없다. 반대로 맹자가 말한 '대장부大丈夫'의 인격과 더욱 가깝다. 이 또한 유柔로 유儒를 논하는 것이 기본적으로 잘못되었음을 설명한다. 사실 『설문』의 유柔는 다만 '유儒'라는 글자의 근원을 말할 뿐이다. 그러므로 『설문해자』의 '유儒' 또한 실제로는 술사術士이며, 유술儒術을 주장하는 사士이다.(묵墨 역시 술사術士로, 묵술墨術을 주장하는 사士이다) 응당 「유행」편이야말로 초기 유가의 '유'에 대한 해석과 이해를 가장 잘 대표하고 있다고 말해야 할 것이다.

「유행」편의 이들 조목은 조목마다 종종 몇 가지 덕행을 포함하며 전혀 단일하지 않다. 그러므로 여러 조목 사이에 중복된 곳이 많이 있다. 그러나 어찌 되었든 이들 유행은 공자 이래로 유가가 주장하고 실천한 덕행이다. 「유행」편의 마지막 논술을 살펴보면 또한 이들 유행 모두가 '인仁'의 서로 다른 실천적인 측면으로 여겨질 수 있다는 점을 작자는 표현하려 하였으며, 이러한 인덕仁德을 강조하는 사상은 유가 덕행론의 핵심과 강조점을 더욱 완전하고 구체적으로 반영하고 있다는 것을 살펴볼 수 있다.

3. 유의 도(儒道)

전국시대의 유자는 다른 학파들과 많은 논쟁을 펼쳤다. 그 가운데 적지 않은 학자들이 유자지도儒者之道의 문제를 언급하였는데, 이 논쟁들을 분석하면 당시의 '유자' 및 유자들의 주장을 이해하는 데 도움이 될 것이다.

전국시기 유자는 여러 학자들과 다양한 관점에서 변론을 펼쳤다. 그 가운데 가장 두드러지는 것은 묵가와의 변론이다. '유묵지쟁儒墨之爭'은 당시 가장 널리 알려진 학파논쟁이다. 그것은 『장자』에 가장 확연하게 나타나 있다.

『장자』에 다음과 같은 말이 있다. "하·상·주 삼대의 제왕에 이르러 천하가 더욱 소란스러워졌다. 아래로는 걸왕과 도척과 같은 무리가 있었고 위로는 증삼과 사어史魚와 같은 무리가 있었을 뿐만 아니라 마침내 유가와 묵가의 쟁론이 일어나게 되었다. 이 때문에 기쁨과 성냄에 대해 서로 의심하고, 어리석음과 총명함에 대해 서로 기만하며, 선행과 악행에 대해 서로 비방하고, 거짓과 신실함에 대해 서로 풍자하니 천하가 나날이 쇠락하였다. 대덕大德은 어긋나게 되고 성명性命은 어지러이 흩어졌다. 천하 사람들 모두 지교智巧(교활한 지모)만을 좋아하고 백성들 대부분 다툼과 말썽이 생겼다."51

또 이렇게 말했다. "우임금이 천하를 다스림은 민심이 크게 변하도록 만들어 사람마다 교활한 마음을 품도록 하고 군사를 부리는 것을 순조로운 일로 삼도록 하였으며, 도적을 주살하는 것을 살인으로 여기지 않게 되고 저마다 스스로 학설을 수립하여 천하에 파벌을 내세우는지라 이로 인해 천하가 소란스러워지고 유묵의 논쟁이 일어났다. 처음에는 윤리질서가 있었으나 지금은 도리어 그러하지 못하니 그대는 무슨 할 말이 있는가! 내 그대에게 알려주리니 삼황오제가 천하를 다스림은 말로는 다스렸다고 하지만 실제로는 천하를 어지럽힘이 그보다 더 심함이 없었다."[52] 두 문장 모두 유가가 숭배한 삼대 성왕의 다스림이 사실 천하의 혼란을 조성하였으며, 유묵 등의 백가들이 이 때문에 봉기하였다고 말한다. 여기에서 장자는 명확하게 유가와 묵가를 당시 제자백가의 대표로 보고 있는 것으로, 이는 당시 유가와 묵가의 다른 학파를 넘어서는 사회문화적 영향력을 나타낸다.

또 다음을 예로 들어보자.

> 도는 좁은 소견에 의해 가려지고 말은 겉만 화려하고 실속 없는 말에 가려진다. 그러므로 유가와 묵가의 옳고 그름의 논쟁이 있게 되어, 서로 상대방이 부정하는 것을 옳다고 여기며 상대방이 긍정하는 것을 그르다고 여긴다. 상대방이 부정하는 것을 옳다고 여기고 상대방이 긍정하는 것을 그르다고 한다면 이는 명정한 마음으로 관조하는 것만 못하다.[53]

이는 유가와 묵가 모두 상대방이 반대하는 관점을 긍정하며 상대방이 찬성하는 관점을 반대하여 이로 인해 유묵의 입장과 관점이 첨예하게 대립함을 설명한다. 장자가 유묵을 들어 시비의 문제를 논술하는 것 또한 유가와 묵가가 당시 시비를 변론한 주요한 사상적 유파임을 나타낸다. 다른 예를 들어보자.

장자가 말하였다. "그렇다면 유가·묵가·양주·공손룡의 네 학파와 선생(혜시)의 학파를 더하면 다섯이니, 과연 누가 옳습니까? … 만일 한 가닥 현弦의 음조를 바꾼다면 오음五音이 화합을 이루지 못할 것입니다. 금琴을 연주하면 스물다섯 가닥의 현이 모두 움직여도 소리에 차이가 없는 것은 다만 한 가닥의 현을 주음으로 삼았을 따름입니다. 그대들은 모두 이렇게 생각하십니까?" 혜시가 말하였다. "지금 만일 유가·묵가·양주·공손룡 네 학파가 나와 변론함에 언어로써 서로 배척하고 소리로써 서로 진압하여 그 누구도 내가 잘못되었다고 하지 않으니 그렇다면 어찌 그대들과 같다고 할 수 있겠습니까?"[54]

여기에서는 유가·묵가·양주·공손룡의 네 학파를 당시 가장 영향력 있는 변사辯士로 삼고 있다. 양주는 당시에도 자못 영향력이 있었기 때문에 맹자는 "천하의 말이 양주에게 돌아가지 않으면 묵적에게 돌아간다(天下之言不歸楊則歸墨)"라고 말하였으며 『장자』에서도 누차 양주와 묵적을 함께 칭한다. 또한 여기에서 장자의 변론 상대가 혜시이기 때문에 명가名家를 그 속에 집어넣었다. 다만 유묵이 양주의 앞에 열거된 것은 유묵의 영향력이 더 크다는 것을 나타낸다.

이외에 『장자』에서 또 이렇게 말한다. "도의 동일한 바는 개개인이 얻은 덕에서 같을 수 없다. 지식의 알 수 없는 경지는 언변으로 나타낼 수 없다. 유가와 묵가처럼 이름을 추구한다면 큰 흉을 초래하게 될 것이다."[55] 이는 도가에서 주장하는 성인무명론聖人無名論으로 만약 유가와 묵가처럼 명성을 추구하면 흉하고 불길하다고 여기는 것이다. 이것은 또한 한편으로 유묵의 사회적 명성과 영향력이 다른 학파를 초월하였음을 설명한다.

『장자』에서는 다만 유묵이 당시의 주요한 사상적 대립 유파임을 말하고 있지만, 유가의 사상과 주장에 대한 기록은 그렇게 많지 않다. 게다가 대부분 긍정적인 측면에서 찬술하지 않았다. 예를 들어 만구득滿苟得은 이렇게 말하였다. "요임금은 큰아들을 살해하고 순임금은 이복동생을 유배하였으니, 친소에 윤리가 있는 것입니까? 탕왕은 걸왕을 쫓아내고 무왕은 주왕을 살해하였으니, 귀천에 어떤 정해진 법칙이 있는 것입니까? 왕계는 형을 쫓아내고 적장자로 세워지고 주공은 형들을 죽였으니, 장유에 차서가 있는 것입니까? 유자는 허황된 말을 하고 묵자는 겸애를 주장하니, 오륜五倫과 육위六位(군신君臣·부자父子·부부夫婦)에 차별이 있겠습니까?"[56] 장자는 여기에서 다른 사람의 말을 빌려 유가가 존숭하는 성왕을 비판하며, 그들의 행위가 모두 근본적으로 유가에서 주장한 윤리도덕을 위배하였다고 말한다. 동시에 묵가의 겸애설을 비판하며, 이러한 주장 또한 장차 사회의 윤리질서를 말살할 것으로 보았다. 주목할 점은 장자가 여기에서 무심코 유가의 윤리사상, 즉 친소유륜親疏有倫·귀천유의貴賤有義·장유유서長幼有序·육위유별六位有別을 언급했다는 것이다. 실제로 이는 순임금 이래로 중국사회의 주요 윤리 관념이며 후세에 말하는 오상五常이기도 하다.[57] 전체적으로 정리하여 말하면, 『장자』에서 문헌의 방식을 통하여 유가의 사상과 주장을 적극적으로 설명하는 것은 많지 않고, 장자의 눈과 입을 통해 나타난 유가와 공자는 언제나 희화화되어 언급된다.

전국시대의 유가와 묵가의 문헌 속에서도 유묵 간의 대립이 많이 보인다. 맹자의 시대에는 이미 묵가가 유가의 주요 논적論敵임을 자각적으로 의식하고 있다. 예를 들면 『맹자』에 다음과 같이 기록되어 있다. "양주와 묵적의 도가 종식되지 않으면 공자의 도가 드러나지 못할 것이다."[58] 또 맹자는 이렇게도 말하였다. "묵적에게서 도피하면 반드시 양주에게로 돌아가고, 양주에게서 도피하면 반드시 유가로 돌아온다. 돌아오면 받아줄 뿐이다. 지금 양주·묵적의 설에 대해 변론하는 것은 마치 뛰쳐나간 돼지를 쫓는 것과 같으니, 이미 그 우리로 돌아왔으면 그만이지, 또 따라가서 발을 묶어놓는구나."59

맹자는 심지어 묵자墨者와 일찍이 직접 대면하여 논변을 펼쳤다.

묵자인 이지夷之가 서벽徐辟(맹자의 제자)을 통하여 맹자에게 만나기를 요구하였다. 맹자가 말하였다. "내 진실로 만나보기를 원했으나 오늘은 내가 아직 병환이 있어 병이 낫거든 내 장차 가서 만나볼 것이니, 이지에게 오라 하지 말라." 다른 날에 또다시 맹자를 만나기를 요구하였다. 맹자가 말하였다. "내 오늘은 그를 만나 볼 수 있다. 허나 말을 솔직하게 하지 않으면 도리가 드러나지 않으니, 내 우선 기탄없이 말하겠다. 내가 들으니 이지는 묵자라 하며 묵가에서는 상사喪事를 다스림은 박장薄葬을 그 도로 삼는다고 하였다. 이지는 이 도로써 온 천하의 풍속을 바꾸고자 생각한다면 어찌 이것을 옳지 않다 하여 귀하게 여기지 않겠는가? 그러나 이지는 그 어버이의 장례를 후하게 하였으니, 이는 천하게 여기는 것으로써 어버이를 섬긴 것이다."

서자徐子가 이 말을 이자夷子에게 전하자 이자가 말하였다. "유자의 도에 '옛사람은 (백성을 보호하기를) 갓난아기를 보호하듯이 한다'라고 하였는데, 이 말이 무슨 말이겠는가? 내 생각에 사랑에는 차등이 없고 베푸는 것은 어버이로부터 시작한다는 의미일 것이다." 서자가 이 말을 맹자에게 전하자 맹자가 말하였다. "이자는 진실로 생각하기를 사람들이 그 형의 아들을 친히 하는 것이 그 이웃집의 갓난아기를 친히 하는 것과 같다고 여기는가? 저것(『서경』의 구절)에서 취한 뜻은 (백성에게 무지하여 범법을 저지르나 그들의 죄가 아님은 마치) 갓난아기가 엉금엉금 기어서 우물에 빠지려고 하지만 이는 갓난아기의 죄가 아니라는 것이다.

게다가 하늘이 만물을 낳음에 근본을 하나로 하였는데 이자는 두 가지 근본을 생각한 까닭에 그렇게 말한 것이다. 상고시대에 일찍이 그 어버이를 장례하지 않은 자가 있었는데 그 어버이가 죽자 시신을 들어 산골짜기에 버렸다. 다른 날에 그곳을 지날 적에 살펴보니 어버이의 시신을 여우와 살쾡이가 파먹으며 파리와 등에가 모여서 빨아먹고 있었다. 그의 이마가 땀으로 흥건히 젖고 눈을 흘기며 차마 똑바로 보지 못하였다. 땀에 흥건히 젖은 것은 다른 사람들에게 보이기 위하여 땀에 흥건히 젖은 것이 아니라 마음속의 참담함이 얼굴에 도달하여 나타난 것이다. 그는 집으로 돌아와 삼태기와 가래를 가지고 되돌아가 흙으로 시신을 가렸는데, 시신을 가리는 것은 진실로 옳은 일이다. 그렇다면 효자와 어진 사람이 그 어버이의 시신을 가린 것 또한 반드시 그러한 도리가 있을 것이다." 서자가 이 말을 이자에게 전하였다. 이자가 멍하니 한참을 있다가 말하기를 "나를 가르쳐 주셨다"라고 하였다.[60]

유가와 묵가의 후장厚葬 문제에 대한 변론은 여기에서 더 이상 언급하지 않겠다. 흥미로운 것은 묵자墨者가 유가의 '타자他者'로서 유가의 도를 이해하고 있다는 것이다. 『맹자』의 이 예문을 통해 보면 묵자인 이지가 이해하는 유자의 도가 가지고 있는 주요내용은 "갓난아기를 보호하는 것처럼 한다"는 것임을 알 수 있다. 이것은 분명히 『상서』의 주요 정치사상으로 유가에 의해 계승된 것이다. 이로부터 당시의 묵자가 이해한 유자의 도 가운데 하나가 바로 『상서』를 계승한 주장이며 "갓난아기를 보호하는 것처럼 하는" 정치사상이란 것을 알 수 있다.

만일 『장자』의 내용들이 대부분 우언이며 게다가 유묵이 주장하는 것에 대한 묘사를 항상 희화하여 간략하게 언급한 것이라고 한다면, 『묵자』 속의 유묵지변에는 구체적인 것이 많을 것이다. 『묵자』 가운데 유가와 관련 있는 것으로 유술儒術 · 유사儒士 · 유자儒者 등의 개념이 있으며 광범위하게 유묵의 변론을 언급하였다.

『묵자』 「비유상非儒上」편은 이미 소실되었다. 통행본의 「비유하非儒下」에 유자의 '예禮'에 관한 몇몇 규정과 주장이 기록되어 있다.

> 유자가 말하였다. "가까운 이를 친근하게 대함에 차등이 있으며 현자를 존경함에 등급이 있다." 이는 친소존비 간의 차이를 말하는 것이다. 『상복경喪服經』에 이르길 "복상의 기간은 부모는 삼년이며, …"라고 하였다. 그 어버이가 돌아가시면 시신을 놓아두고 염하지 않으며, 지붕에 올라가거나 우물을 들여다보고 쥐구멍을 파거나 선인의 손때 묻은 물건을 찾아 들고서 어버이의 영혼을 찾는다. … 처를 얻을 적에는 친히 가서 영접하는데, 태도의 공경스럽고 단정함이 마치 아랫사람이 하는 것과 같고, 말의 재갈을 잡고 고삐 끈을 신부에게 건넴이 마치 부친을 받드는 것 같으며, 혼례 의식에 위의威儀를 갖춤이 마치 제사를 받드는 것과 같다. … 유자가 말하였다. "처를 맞이하는 것은 처가 제사를 받들어 모시고 아들이 장차 종묘를 지킬 것이니 그러므로 이와 같이 중시하는 것이다."[61]

가까운 이를 친근하게 대하는 것과 현자를 존경하는 것(親親尊賢)은 전국시대 전기 유가사상의 핵심이다. 이는 『오행五行』 · 『맹자』 · 『예기』에 모두 기록되어 있다. 삼년상과 같은 상례 · 제례 · 혼례 및 유가에서 보존한 여러 가지 예의禮儀들 모두 묵가의 반대에 부딪혔다.

묵자는 비명非命을 주장하는데, 그가 겨냥하는 대상이 바로 유자이다. 그는 유자가 '유명설有命說'을 주장한다고 생각했다.

천명이 있다고 견지하는 사람이 말하였다. "장수와 요절, 빈천과 부귀, 안정과 위난, 혼란과 다스림은 진실로 천명에 있으며 줄이거나 더할 수 없다. 궁색함과 통달함, 상과 벌, 길상과 흉화는 모두 일정한 법도가 있으며, 사람의 지혜와 능력으로 바꿀 수 없다." 관리들이 이를 믿으면 본분에 속하는 직책에 태만하게 된다. 서인들이 이를 믿으면 종사하는 생업에 태만하게 된다. 관리가 정무를 다스리지 않으면 혼란해지고 농사에 나태해지면 빈궁하게 된다. 빈궁함과 혼란함은 정치의 근본을 해치는 것인데, 유자는 도리어 이것을 교화의 도로 삼으니 실로 천하의 사람들에게 해를 끼치는 것이다.[62]

공자는 천명을 믿었지만 유가의 천명론이 결코 인간의 노력을 부정하는 것은 아니다. 묵가는 다만 유가의 천명론을 명정론과 동등하게 여기고 비판한 것이다.

마지막으로 『묵자』 가운데 유가에 대해 종합적으로 비판한 두 문단을 살펴보자. 첫 번째 문단은 다음과 같다.

더군다나 번잡한 예악으로 사람들을 미혹하고, 오랜 시간의 복상과 가식적인 애통함으로 가까운 이들을 기만하며, 명을 내세워서 빈곤함을 편하게 여기고 고상한 척하며, 근본을 배반하고 정사를 방치하고서 권태롭고 안일하게 생각하고, 먹고 마시는 것을 탐하면서 애써 일해야 할 임무를 게을리하며, 굶주림과 추위에 빠지고 동사하고 아사할 위기에 처하는데도 벗어날 방도가 없다.[63]

이는 유가가 예악을 중시하고 상례를 길게 할 것을 제창하며, 유명有命을 주장하고 농공農工에 종사하지 않음을 비판한 것이다.

또 다른 문단은 다음과 같다.

묵자가 정자程子에게 말하였다. "유자의 도가 족히 천하를 상실할 수 있는 원인에는 네 가지가 있습니다. 유자는 하늘을 분명하지 않다고 밝게 여기지 않고, 귀신을 신명하게 여기지 않으니, 이는 족히 천하를 잃어버릴 만합니다. 또 장례를 후하게 하고 장례를 오래도록 치르며, 관곽을 무겁게 하고, 수의와 이불을 겹겹이 싸며, 사자를 장송함에 마치 마을을 이전하듯 하고, 삼년 동안 눈물을 흘리며, 지팡이를 짚은 후에만 움직이고, 귀로 듣지 못하며, 눈으로 보지 못하니, 이는 족히 천하를 잃어버릴 만합니다. 또 거문고를 타며 노래하고 북을 치며 춤추고, 음악소리에 익숙해지니, 이는 족히 천하를 잃어버릴 만합니다. 또 천명이 존재한다고 생각하여, 빈천과 부귀 · 장수와 요절 · 다스림과 혼란스러움 · 안락함과 위태로움에 일정한 법칙이 있어 줄이거나 늘릴 수 없다고 여깁니다. 윗사람이 이렇게 행하면 반드시 아랫사람이 다스림을 듣지 않을 것이며, 아랫사람이 이렇게 행하면 반드시 윗사람을 위해 종사하지 않을 것이니, 이는 족히 천하를 잃어버릴 만합니다." 정자가 말하였다. "심하도다! 선생의 유자를 비방함이여."[64]

묵자는 여기에서 유의 도를 네 가지로 정리하고 있다. 첫째는 하늘을 밝게 여기지 않고 귀신을 신명하게 여기지 않는 것이다. 둘째는 장례를 후하게 하고 장례를 오래도록 치르는 것이다. 셋째는 거문고를 타며 노래하고 북을 치며 춤을 추는 것이다. 넷째는 천명이 있다고 여기는 것이다. 거문고를 타며 노래하고 북을 치며 춤을 춘다는 것은 번잡한 예악을 의미한다. 이 네 가지는 묵가가 반대한 유가의 네 가지 주장을 정리한 것이다. 그 가운데 천天 · 귀鬼 · 명命은 천도관에 속하는 문제이며, 상례 그리고 가무는 예악문화에 속하는 문제이다. 유묵의 주요 갈래는 바로 이 두 가지에 있다.

『안자춘추』에는 공자가 제나라에 이르자 제경공이 공자에게 봉지를 내려주고 공자를 등용하여 정사를 펼치려고 하였으나 안영晏嬰이 반대하였다는 기록이 있다.[65] 이 일은 『묵자』 「비유하」에도 기록되어 있다.

공아무개가 제나라로 가서 경공을 만났다. 경공이 기뻐하며 이계尼谿의 땅을 봉지로 내려주고자 하여 이를 안자에게 알렸다. 안자가 말하였다. "불가하옵니다. 대저 유가의 무리는 매우 오만하며 스스로 옳다고 여기니 아래를 교화할 수 없습니다. 그들은 음악을 좋아하여 사람들을 음란하게 만드니 그들에게 친히 나라를 다스리도록 할 수 없습니다. 명을 내세우고 일을 태만하게 하니 그들에게 관직을 맡길 수 없습니다. 후상을 숭상하고 오래도록 애통함을 그치지 않으니 그들에게 백성을 자애롭게 대하도록 할 수 없습니다. 기이한 복장을 하고 억지로 공손한 용모를 지니도록 하니 그들에게 대중을 인도하도록 할 수 없습니다. 공아무개는 지극히 꾸며진 장중한 모습으로 혹세무민하고, 가무와 음악으로 무리를 모으며, 올라가고 내려오는 예절을 번잡하게 하여 예의가 바름을 나타내고, 각종 예절에 힘써 사람들을 끌어들여 보도록 합니다. 학문이 넓으나 도리어 세상을 의논하는 데 사용할 수 없고, 애써 사려하나 도리어 백성에게 이로움이 없으며, 사람의 여러 생애를 소비하여도 그들의 학술을 다 배우지 못하고, 젊고 기력이 왕성한 때에도 그들의 예절을 봉행할 수 없으며, 재물을 쌓아도 그들의 음악을 다 볼 수 없습니다. 자신들의 사술을 번잡하게 꾸며서 당세의 군주들을 현혹하고, 음악을 성대하게 연주하여 우둔한 백성을 음란하게 하니, 그들의 도는 세상에 적합하지 않고, 그들의 학문은 민중을 인도할 수 없습니다. 지금 군왕께서 그를 봉하시어 제나라의 풍속에 이로움이 있기를 바라시나 이는 국가와 민중을 인도할 수 있는 방법이 아닙니다." 제경공이 말하였다. "그 말이 옳도다!" 이 때문에 그에게 많은 예물을 주었으나 봉지를 하사하는 것을 보류하였고, 공경하게 접견하였지만 그의 도를 묻지 않았다.[66]

『묵자』의 이 단락과 『안자춘추』의 문장은 기본적으로 비슷하다. 『안자춘추』가 『묵자』의 문장을 인용하고 수정을 가한 것으로 보인다. 여기에서 공자에 대한 안자의 비평은 "오만하여 스스로 옳다 여기는 것", "음악을 좋아하여 사람들을 음란하게 만드는 것", "명을 내세우고 사무에 태만한 것", "후상을 중시하고 애통함을 오래도록 그치지 않는 것", "기이한 복장을 하고 억지로 공손한 용모를 지니도록 하는 것"으로, 유가의 도에 대한 묵자의 비판과 일치한다. 공자가 예악과 의절儀節을 중시하는 것에 대해 비판하고 공자의 박학과 심사를 비판하는 것은 모두 소생산자를 중심으로 하는 묵자의 공리사상에 대한 표현이다.

마지막으로 『한비자』 가운데 유에 대한 평론을 살펴보도록 하자. 전국시대 전기의 문헌과 마찬가지로 한비자는 먼저 유묵이 당시 영향력이 매우 큰 두 학파였다는 것을 인정한다.

> 세상에 가장 명성을 날리고 있는 학파는 유가와 묵가이다. 유가 학설에 최고의 성취를 이룬 인물은 공구이다. 묵가 학설에 최고의 성취를 이룬 인물은 묵적이다. … 공자와 묵자 모두 요순을 찬양했지만 요순에 대하여 취하고 버린 부분은 같지 않으며, 두 사람 모두 스스로를 요순의 진정한 계승자라 자처했는데 요순이 다시 살아 돌아올 수 없으니 장차 누가 유묵의 진실을 판정할 수 있겠는가?[67]

한비자는 유가와 묵가는 동일한 부분을 매우 많이 가지고 있는 것으로 보았다. 예를 들면 두 학파 모두 요순에 대해 말하고 있는데, 이는 법가가 반대하는 것이다.

지금 세상의 유자들이 군주들에게 유세할 때 지금 국가를 다스리는 방법을 잘 말하지 못하고 과거의 다스린 공적만을 말할 뿐이다. 관부 법령의 일을 살피지 않고, 간사한 측면의 정황을 고찰하지 않으며, 다만 모두 상고시대에서 전해 내려온 미담을 말하고 선왕의 성공을 찬양한다. 유자가 과장되게 말하기를 "저의 말을 들으신다면 패왕을 칭할 수 있을 것입니다"라고 하였다. 이 자는 유세객 가운데 무축巫祝이며, 법도가 있는 군주는 받아들이지 않는다. 그러므로 명철한 군주는 실용적인 일을 들어 올리고 쓸모없는 일을 제거하니, 인의를 말하지 않고 학자들의 말을 듣지 않는다.[68]

한비자는 유묵이 모두 요순을 모범으로 삼는 것에 대해 이는 선왕을 본받는 복고지학復古之學으로 쓸모없는 학문이라고 비판하고 있다.

과거와 현재는 풍속이 다르며 새로운 것과 옛것은 대비함이 다르다. 가령 관용과 부드러운 정책으로 외부의 급격한 변동의 시대의 민중을 다스리고자 한다면 고삐와 편자도 없이 사나운 말을 타는 것과 같다. 이것은 명확하지 못함이 초래한 재화이다. 지금 유묵은 모두 선왕을 칭송하여 천하를 두루 똑같이 사랑하는 것을 마치 백성을 어버이처럼 바라본다고 말한다.[69]

한비자는 특히 유가와 묵가의 법선왕法先王을 선왕이 "천하를 두루 똑같이 사랑하는 것을 마치 백성을 어버이처럼 바라본다는" 식으로 말하는 이런 관점은 유가와 묵가의 정치사상을 반영하는 것임을 지적하고 있다.

묵자의 장례는 겨울에는 겨울옷을 입히고 여름에는 여름옷을 입히며, 세 치 두께의 오동나무로 만든 보잘것없는 관을 사용하고, 복상 기간은 세 달이며, 지금에 주요한 것을 검소함이라 여겨 이를 예로 삼았다. 유자는 집이 파산할 정도로 장례를 치르는데, 복상 기간은 3년이고, 비통함에 크게 몸을 훼손하고 지팡이를 짚고 다니며, 지금에 주요한 것을 효라 여겨 이를 예로 삼았다. 만약 묵자의 검소함이 옳다면 공자의 사치함은 옳지 않다. 공자의 효가 옳다면 묵자의 불효는 옳지 않다. 지금의 효와 불효, 사치함과 검소함은 유묵에게 모두 있으니 윗사람(군주들)은 똑같이 그것들을 예로 존중한다.[70]

여기에서도 한비자는 유가와 묵가가 상례와 장례 문제에 대해 서로 다른 주장을 내세우는 것을 예로 들고 있다. 이는 분명 묵가 문헌의 영향을 받은 것이다. 한비자는 특히 유가에 대해 다음과 같이 평론하였다.

제선왕이 광천匡倩에게 질문하여 말하였다. "유자는 박희博戲(중국 고대의 바둑이나 장기 등의 유희)를 합니까?" 광천이 말하였다. "하지 않습니다." 왕이 말하였다. "어찌하여 하지 않습니까?" 광천이 대답하여 말하였다. "박희는 올빼미(梟)라는 말을 귀하게 여기니, 승자는 반드시 올빼미를 죽여야 하는데, 올빼미를 죽이는 것은 상대의 귀중한 것을 죽이는 것입니다. 유자는 이것이 의를 해한다고 여기기 때문에 박희를 하지 않습니다." 왕이 또 질문하여 말하였다. "유자는 활로 새를 쏩니까?" 광천이 말하였다. "하지 않습니다. 활로 새를 쏘는 것은 아래에서 위로 해를 가하는 것이니 아랫사람이 군주를 상하게 하는 것입니다. 유자는 이것이 의를 해한다고 여기기 때문에 활로 새를 쏘지 않습니다." 왕이 또 물었다. "유자는 금을 연주합니까?" 광천이 말하였다. "하지 않습니다. 금이란 작은 현으로 큰 소리를 내며 큰 현으로 작은 소리를 내니, 이는 대소의 차서가 전도된 것이며 귀천의 위치가 바뀐 것입니다. 유자는 이것이 의를 해한다고 여기기 때문에 연주를 하지 않습니다." 제선왕이 말하였다. "그 말이 옳습니다." 중니가 말하였다. "백성들로 하여금 지위가 낮은 자에게 아첨하도록 하느니 차라리 지위가 높은 자에게 아첨하게 하는 것이 낫도다."[71]

이 문단은 유자가 귀천 · 상하 · 대소의 관계에서 귀貴 · 상上 · 대大의 지위를 유지하는 것에 관심을 두고서, 귀 · 상 · 대의 천賤 · 하下 · 소小에 대한 등급의 우선성을 '의義'로 삼고 있다는 것에 대해 말하고 있다. 여기에서 한비자는 분명하게 유가의 상하귀천의 질서를 유지하려고 하는 측면만을 과도하게 강조하면서, 유가가 군주나 윗사람에 대해 비판하는 부분은 의도적으로 덮어버렸다.

종합하여 말하면 전국시대 각 학파들이 언급한 유자에 대한 논술 속에서 유자들의 주장은 다음과 같다. 첫째, 천명을 긍정하며 귀신을 중히 여기지 않는다. 둘째, 사회윤리를 중시하며 인격을 견지한다. 셋째, 삼대의 정치이상을 계승하고 백성을 사랑함에 갓난아기를 보호하듯 한다. 넷째, 효친과 후장을 제창하고 예악문화를 중시하며 등급질서를 존중한다.

이상의 서술을 통해 선진시대 '유자'에 대한 이해는 자원학字源學을 통하여 반드시 헤아릴 필요도 없이 선진유가와 각 학파의 '유'에 대한 논술과 평론이야말로 선진 유가의 학문적 종지와 문화적 형상形象을 이해하는 데 가장 직접적인 근거와 소재가 됨을 파악할 수 있다.

미주

1 王爾敏, 『中國思想史論』(華世出版社, 1997)을 참고하였다.

2 『論語』「衛靈公」: 顔淵問爲邦. 子曰, 行夏之時, 乘殷之輅, 服周之冕, 樂則韶舞. 放鄭聲, 遠佞人. 鄭聲淫, 佞人殆.

3 『荀子』「大略」: 天子山冕, 諸侯玄冠, 大夫裨冕, 士韋弁, 禮也.

4 『禮記』「儒行」: 魯哀公問於孔子曰, 夫子之服, 其儒服與. 孔子對曰, 丘少居魯, 依逢掖之衣, 長居宋, 冠章甫之冠. 丘聞之也, 君子之學也博, 其服也鄉. 丘不知儒服.

5 『論語』「先進」: 宗廟之事, 如會同, 端章甫, 願爲小相焉.

6 『論語集釋』 卷二十三先進下, p.804 : 衣玄端, 冠章甫.

7 『墨子』「非儒」: 其徒屬弟子皆效孔某.

8 『荀子』「哀公」: 魯哀公問於孔子曰, 吾欲論吾國之士, 與之治國, 敢問如何取之邪. 孔子對曰, 生今之世, 志古之道, 居今之俗, 服古之服. 舍此而為非者, 不亦鮮乎. 哀公曰, 然則夫章甫絇屨, 紳帶而搢笏者, 此賢乎. 孔子對曰, 不必然, 夫端衣玄裳, 絻而乘路者, 志不在於食葷, 斬衰菅屨, 杖而啜粥者, 志不在於酒肉. 生今之世, 志古之道, 居今之俗, 服古之服. 舍此而為非者, 雖有, 不亦鮮乎. 哀公曰, 善.

9 張覺, 『荀子譯註』(上海古籍出版社, 1995) p.580, p.669를 참조하였다.

10 『荀子』「哀公」: 魯哀公問於孔子曰, 紳委章甫, 有益於仁乎. 孔子蹴然曰, 君號然也. 資衰苴杖者不聽樂, 非耳不能聞也, 服使然也. 黼衣黼裳者不茹葷, 非口不能味也, 服使然也. 且丘聞之, 好肆不守折, 長者不為市. 竊其有益與其無益, 君其知之矣.

11 梁啓雄의 『荀子簡釋』(上海古籍出版社, 1956) p.403을 인용하였다.

12 『荀子』「哀公」: 魯哀公問舜冠於孔子, 孔子不對.

13 역자 주 : 공맹자公孟子는 바로 공명고公明高로 공자孔子의 재전再传 제자이다. 공맹자고公孟子高는 여러 차례 묵자와 여러 가지 학술적 주제에 관해 토론하는 장면이 출현한다. 『묵자墨子』에는 「공맹公孟」편이 있다.

14 『墨子』「公孟」: 公孟子戴章甫, 搢忽, 儒服, 而以見子墨子曰, 君子服然後行乎. 其行然後服乎. 子墨子曰, 行不在服. 公孟子曰, 何以知其然也. 子墨子曰, 昔者, 齊桓公高冠博帶, 金劍木盾, 以治其國, 其國治. 昔者, 晉文公大布之衣, 牂羊之裘, 韋以帶劍, 以治其國, 其國治. 昔者, 楚莊王鮮冠組纓, 絳衣博袍, 以治其國, 其國治. 昔者, 越王句踐剪發文身, 以治其國, 其國治. 此四君者, 其服不同, 其行猶一也. 翟以是知行之不在服也. 公孟子曰, 善. 吾聞之曰, 宿善者不祥, 請舍忽, 易章甫, 復見夫子可乎. 子墨子曰, 請因以相見也. 若必將舍忽易章甫, 而後相見, 然則行果在服也.

15 『墨子』「非儒下」: 儒者曰, 君子必服古言然後仁. 應之曰, 所謂古之言服者, 皆嘗新矣, 而古人言之, 服之, 則非君子也. 然則必服非君子之服, 言非君子之言, 而後仁乎. 又曰, 君子循而不作. 應之曰, 古者羿作弓, 杼作甲, 奚仲作車, 巧垂作舟, 然則今之鮑函車匠皆君子也, 而羿杼奚仲巧垂皆小人邪. 且其所循人必或作之, 然則其所循皆小人道也.

16 『荀子』「非十二子」: 弟佗其冠, 神禫其辭, 禹行而舜趨, 是子張氏之賤儒也.

17 『荀子』「儒效」: 逢衣淺帶，解果其冠，略法先王而足亂世術，繆學雜舉.

18 『荀子』「非十二子」: 略法先王而不知其統.

19 『莊子』「田子方」: 莊子見魯哀公. 哀公曰, 魯多儒士, 少為先生方者. 莊子曰, 魯少儒. 哀公曰, 舉魯國而儒服, 何謂少乎. 莊子曰, 周聞之, 儒者冠圜冠者, 知天時, 履句屨者, 知地形, 緩佩玦者, 事至而斷. 君子有其道者, 未必為其服也, 為其服者, 未必知其道也. 公固以為不然, 何不號於國中曰, 無此道而為此服者, 其罪死. 於是哀公號之五日, 而魯國無敢儒服者, 獨有一丈夫儒服而立乎公門. 公即召而問以國事, 千轉萬變而不窮. 莊子曰, 以魯國而儒者一人耳, 可謂多乎.

20 郭慶藩, 『莊子集釋』 卷七 : 緩佩玦, 言所佩者玦, 而系之帶間, 寬綽有餘也.

21 『莊子』「盜跖」: 爾作言造語, 妄稱文武, 冠枝木之冠, 帶死牛之脅, 多辭繆說, … 今子修文武之道, 掌天下之辯, 以教後世, 縫衣淺帶, 矯言僞行, ….

22 『荀子』「非十二子」: 其冠進, 其衣逢.

23 梁啓雄의 『荀子簡釋』(p.68)을 참조하였다.

24 『墨子』「兼愛」: 昔者晉文公好苴服, 當文公之時, 晉國之士, 大布之衣, 牂羊之裘, 練帛之冠, 且苴之屨.

25 『莊子』「天地」: 皮弁鷸冠搢笏紳修以約其外.

26 『莊子』「天下」: 宋鈃尹文聞其風而悅之, 作為華山之冠以自表.

27 『吳子』 第一 : 吳起儒服以兵機見魏文侯. 文侯曰, 寡人不好軍旅之事.

28 『莊子』「說劍」: 太子曰, 然. 吾王所見, 唯劍士也. 莊子曰, 諾. 周善為劍. 太子曰, 然吾王所見劍士, 皆蓬頭突鬢垂冠, 曼胡之纓, 短後之衣, 瞋目而語難, 王乃說之. 今夫子必儒服而見王, 事必大逆.

29 『공총자孔叢子』「유복儒服」에 다음과 같은 구절이 기재되어 있다. "자고는 자락이 긴 옷을 입고 넓고 큰 옷자락을 휘날리면서 네모난 신발과 큰 부채를 들고서 평원군을 알현하였다. 평원군이 '그대 또한 유복을 입었구려?' 하고 말했다. 그러나 자고가 '이것은 서민의 옷으로 유복이 아닙니다. 유복도 하나가 아니라 여러 가지입니다'라고 하였다. 평원군이 '그대가 이것에 대해 이야기해 주시면 좋겠소'라고 하자 자고는 '유자가 높은 자리에서 도를 행하면 예복을 입고 예관을 쓰고, 군대를 지휘할 때에는 갑옷을 입고 투구를 쓰고, 편안히 걸어갈 때에는 사소한 옷을 입기 때문에 유가가 입는 옷은 하나가 아니라 여러 가지라고 하는 것이다'라고 하였다. 평원군이 '유儒라는 말은 어디에서 취한 것입니까?'하고 물었다. 자고는 '여러 가지 미덕을 포함하고 육예를 겸하여 행동거지에서 중도를 잃어버리지 않는 의미에서 나온 것입니다'라고 하였다.(子高衣長裾, 振褒袖, 方屐麄翣, 見平原君. 君曰, 吾子亦儒服乎. 子高曰, 此布衣之服, 非儒服也, 儒服非一也. 平原君曰, 請吾子言之. 答曰, 夫儒者居位行道則有袞冕之服, 統禦師旅則有介冑之服, 從容徒步則有若穿之服, 故曰非一也. 平原君曰, 儒之爲名何取爾. 子高曰, 取包衆美兼六藝動靜不失中道.)" 여기에서 자고子高는 자고子羔인 것 같다. 그가 말한 유복과 유의 이름을 얻은 것 또한 참고할 만하다.

30 『史記』「仲尼弟子列傳」

31 『晏子春秋』卷二第十六 : 景公爲巨冠長衣以聽朝, 疾視矜立, 日晏不罷. 晏子進曰, 聖人之服, 中侻而不駔, 可以導衆, 其動作, 侻順而不逆可以奉生, 是以下皆法其服, 而民爭學其容. 今君之服駔華, 不可以導衆民, 疾視矜立, 不可以奉生, 日晏矣, 君不若脫服就燕.

32 『禮記』「儒行」: 哀公曰, 敢問儒行. 孔子對曰, 遽數之不能終其物, 悉數之乃留, 更僕未可終也. 哀公命席, 孔子侍曰.

33 『禮記』「儒行」: 儒有席上之珍以待聘, 夙夜強學以待問, 懷忠信以待舉, 力行以待取. 其自立有如此者.

34 『禮記』「儒行」: 儒有衣冠中, 動作愼, 其大讓如慢, 小讓如僞, 大則如威, 小則如愧, 其難進而易退也, 粥粥若無能也. 其容貌有如此者.

35 『禮記』「儒行」: 儒有居處齊難, 其坐起恭敬, 言必先信, 行必中正, 道塗不爭險易之利, 冬夏不爭陰陽之和, 愛其死以有待也, 養其身以有爲也. 其備豫有如此者.

36 『禮記』「儒行」: 儒有不寶金玉, 而忠信以爲寶, 不祈土地, 立義以爲土地, 不祈多積, 多文以爲富. 難得而易祿也, 易祿而難畜也. 非時不見, 不亦難得乎. 非義不合, 不亦難畜乎. 先勞而後祿, 不亦易祿乎. 其近人有如此者.

37 『禮記』「儒行」: 儒有委之以貨財, 淹之以樂好, 見利不虧其義, 劫之以衆, 沮之以兵, 見死不更其守, 鷙蟲攫搏不程勇者, 引重鼎不程其力, 往者不悔, 來者不豫, 過言不再, 流言不極, 不斷其威，不習其謀．其特立有如此者．

38 「유행儒行」편의 역주와 해석은 서택영徐澤榮의 『〈유행儒行〉금술今述』이 있는데, 사문철학망思問哲學網에 실려 있으며 참고할 만하다.

39 『禮記』「儒行」：儒有可親而不可劫也，可近而不可迫也，可殺而不可辱也．其居處不淫，其飮食不溽．其過失可微辨而不可面數也．其剛毅有如此者．

40 『禮記』「儒行」：儒有忠信以爲甲冑，禮義以爲幹櫓．戴仁而行，抱義而處，雖有暴政，不更其所．其自立有如此者．

41 『禮記』「儒行」：儒有一畝之宮，環堵之室，篳門圭窬，蓬戶甕牖．易衣而出，並日而食．上答之不敢以疑，上不答不敢以諂．其仕有如此者．

42 『禮記』「儒行」：儒有今人與居，古人與稽，今世行之，後世以爲楷．適弗逢世，上弗援，下弗推，讒諂之民有比黨而危之者，身可危也，而志不可奪也．雖危起居，竟信其志，猶將不忘百姓之病也．其憂思有如此者．

43 『禮記』「儒行」：儒有博學而不窮，篤行而不倦．幽居而不淫，上通而不困．禮之以和爲貴，忠信之美，優游之法．慕賢而容衆，毀方而瓦合．其寬裕有如此者．

44 『禮記』「儒行」：儒有內稱不辟親，外擧不辟怨，程功積事，推賢而進達之，不望其報．君得其志，苟利國家，不求富貴．其擧賢援能有如此者．

45 『禮記』「儒行」：儒有聞善以相告也，見善以相示也．爵位相先也，患難相死也．久相待也，遠相致也．其任擧有如此者．

46 『禮記』「儒行」：儒有澡身而浴德，陳言而伏，靜而正之，上弗知也．粗而翹之，又不急爲也．不臨深而爲高，不加少而爲多．世治不輕，世亂不沮．同弗與，異弗非也．其特立獨行有如此者．

47 『禮記』「儒行」：儒有上不臣天子，下不事諸侯．愼靜而尙寬，強毅以與人，博學以知服．近文章砥厲廉隅．雖分國如錙銖，不臣不仕．其規爲有如此者．

48 『禮記』「儒行」：儒有合志同方，營道同術．並立則樂，相下不厭．久不相見，聞流言不信．其行本方立義，同而進，不同而退．其交友有如此者．

49 『禮記』「儒行」：儒有不隕穫於貧賤，不充詘於富貴，不慁君王，不累長上，不閔有司．其尊讓有如此者．

50 『禮記』「儒行」：溫良者，仁之本也．敬愼者，仁之地也．寬裕者，仁之作也．孫接者，仁之能也．禮節者，仁之貌也．言談者，仁之文也．歌樂者，仁之和也．分散者，仁之施也．儒皆兼此而有之，猶且不敢言仁也．故曰儒．今衆人之命儒也妄，常以儒相詬病．孔子至舍，哀公館之，聞此言也，言加信，行加義，終沒吾世，不敢以儒爲戲．

51 『莊子』「在宥」：夫施及三王而天下大駭矣．下有桀跖，上有曾史，而儒墨畢起．於是乎喜怒相疑，愚知相欺，善否相非，誕信相譏，而天下衰矣．大德不同，而性命爛漫矣．天下好知，而百姓求竭矣．

52 『莊子』「天運」: 禹之治天下, 使民心變, 人有心而兵有順, 殺盜非殺, 人自為種而天下耳, 是以天下大駭, 儒墨皆起. 其作始有倫, 而今乎婦, 女何言哉. 餘語汝, 三皇五帝之治天下, 名曰治之, 而亂莫甚焉.

53 『莊子』「齊物論」: 道隱於小成, 言隱於榮華. 故有儒墨之是非, 以是其所非而非其所是. 欲是其所非而非其所是, 則莫若以明.

54 『莊子』「徐無鬼」: 莊子曰, 然則儒墨楊秉四, 與夫子爲五, 果孰是邪. …夫或改調一弦, 於五音無當也, 鼓之, 二十五弦皆動, 未始異於聲, 而音之君已. 且若是者邪. 惠子曰, 今夫儒墨楊秉, 且方與我以辯, 相拂以辭, 相鎮以聲, 而未始吾非也, 則奚若矣.

55 『莊子』「徐無鬼」: 道之所一者, 德不能同也. 知之所不能知者, 辯不能舉也. 名若儒墨而凶矣.

56 『莊子』「盜跖」: 滿苟得曰, 堯殺長子, 舜流母弟, 疏戚有倫乎. 湯放桀, 武王殺紂, 貴賤有義乎. 王季爲適, 周公殺兄, 長幼有序乎. 儒者僞辭, 墨者兼愛, 五紀六位將有別乎.

57 『좌전左傳』과 『맹자孟子』에 의하면 순임금은 설契에게 인륜의 다섯 가지 가르침인 부자유친父子有親, 군신유의君臣有義, 부부유별夫婦有別, 장유유서長幼有序, 붕우유신朋友有信을 반포하도록 명하였다.

58 『孟子』「滕文公下」: 楊墨之道不息, 孔子之道不著.

59 『孟子』「盡心下」: 逃墨必歸於楊, 逃楊必歸於儒. 歸, 斯受之而已矣. 今之與楊墨辯者, 如追放豚, 旣入其苙, 又從而招之.

60 『孟子』「滕文公上」: 墨者夷之, 因徐辟而求見孟子. 孟子曰, 吾固願見, 今吾尙病, 病愈, 我且往見. 夷子不來. 他日又求見孟子. 孟子曰, 吾今則可以見矣. 不直則道不見, 我且直之. 吾聞夷子墨者, 墨之治喪也, 以薄爲其道也. 夷子思以易天下, 豈以爲非是而不貴也. 然而夷子葬其親厚, 則是以所賤事親也. 徐子以告夷子, 夷子曰, 儒者之道, 古之人若保赤子, 此言何謂也. 之則以爲愛無差等, 施由親始. 徐子以告孟子, 孟子曰, 夫夷子信以爲人之親其兄之子爲若親其鄰之赤子乎. 彼有取爾也. 赤子匍匐將入井, 非赤子之罪也. 且天之生物也使之一本, 而夷子二本故也. 蓋上世嘗有不葬其親者, 其親死則舉而委之於壑. 他日過之, 狐狸食之, 蠅蚋姑嘬之. 其顙有泚, 睨而不視. 夫泚也, 非爲人泚, 中心達於面目. 蓋歸反虆梩而掩之, 掩之誠是也. 則孝子仁人之掩其親, 亦必有道矣. 徐子以告夷子. 夷子憮然爲間曰, 命之矣.

61 『墨子』「非儒下」: 儒者曰, 親親有術, 尊賢有等. 言親疏尊卑之異也. 其禮曰, 喪, 父母三年, … 其親死, 列尸弗斂, 登屋窺井, 挑鼠穴, 探滌器, 而求其人矣. … 取妻, 身迎, 祗褍爲僕, 秉轡授綏, 如仰嚴親, 昏禮威儀, 如承祭祀. … 儒者, 迎妻, 妻之奉祭祀, 子將守宗廟, 故重之.

62 『墨子』「非儒下」: 有強執有命以說議曰, 壽夭貧富, 安危治亂, 固有天命, 不可損益. 窮達賞罰幸否有極人之知力, 不能爲焉. 群吏信之, 則怠於分職. 庶人信之, 則怠於從事. 吏不治則亂, 農事緩則貧, 貧且亂政之本, 而儒者以爲道教, 是賊天下之人者也.

63 『墨子』「非儒下」: 且夫繁飾禮樂以淫人, 久喪僞哀以謾親, 立命緩貧而高浩居, 倍本棄事而安怠傲, 貪於飮食, 惰於作務, 陷於飢寒, 危於凍餒, 無以違之.

64 『墨子』「公孟」: 子墨子謂程子曰, 儒之道足以喪天下者, 四政焉. 儒以天爲不明, 以鬼爲不神, 天鬼不說, 此足以喪天下. 又厚葬久喪, 重爲棺槨, 多爲衣衾, 送死若徙, 三年哭泣, 扶後起, 杖後行, 耳無聞, 目無見, 此足以喪天下. 又弦歌鼓舞, 習爲聲樂, 此足以喪天下. 又以命爲有, 貧富壽夭, 治亂安危有極矣, 不可損益也. 爲上者行之, 必不聽治矣, 爲下者行之, 必不從事矣, 此足以喪天下. 程子曰, 甚矣. 先生之毁儒也.

65 『안자춘추晏子春秋』 권8 : 공자가 제나라로 가서 경공을 만났다. 경공이 그가 온 것을 기뻐하며 이계爾稽의 땅을 봉지로 내려주고자 하여 이를 안자에게 알렸다. 안자가 말하였다. "불가하옵니다. 저 사람은 매우 오만불손하며 자신만 옳다 하니 아래를 교화할 수 없습니다. 음악을 좋아하여 백성들을 방종하게 만드니 그에게 친히 나라를 다스리도록 할 수 없습니다. 천명에 안주하여 일을 태만하게 하니 그들에게 관직을 맡길 수 없습니다. 후장을 주장하여 백성의 재산을 탕진하고 나라를 빈곤하게 만들고 상례를 오래하며 사람들로 하여금 애통함을 그치지 못하게 하여 시일을 낭비하니 그에게 백성을 자식처럼 대하도록 할 수 없습니다. 행실에 있어 어려운 것은 내심에 있으나 유자는 그 외적인 아름다움을 추구하여 복식이 기이하고 용모에 힘쓰니 그에게 대중을 인도하고 백성을 길들이도록 할 수 없습니다. 대현이 세상을 떠나고부터 주 왕실이 쇠락하였는데, 위의는 많아졌으나 백성의 행위는 점점 더 경박해졌고, 음악 소리는 번다하게 보급되었으나 사회의 도덕은 오히려 한층 더 쇠미해졌습니다. 지금 공구는 음악을 성대하게 함으로써 세상을 사치스럽게 만들고, 악기를 연주하고 춤을 춤으로써 무리를 모으며, 올라가고 내려오는 예절을 번잡하게 하여 예의가 바름을 나타내고, 걸음걸이의 모범과 리듬에 힘써 사람들을 향해 시범을 보입니다. 학문을 넓히지만 세상에 귀감이 될 수 없고, 애써 사려하나 백성에게 이로움이 없으며, 사람들이 여러 생애를 소비하여도 그의 가르침을 다 배우지 못하고, 반평생을 바치더라도 그의 예절을 파악할 수 없으며, 재물을 쌓아도 그의 음악에 공헌할 형편이 못되고, 자신의 사술을 번잡하게 꾸며서 당세의 군주들을 현혹하며, 음악을 성대하게 연주하여 우둔한 백성을 음란하게 합니다. 그의 도라는 것은 세상에 드러나지 않고, 그의 가르침이라는 것은 백성을 인도할 수 없습니다. 지금 군왕께서 그를 봉하시어 제나라의 풍속을 바꾸고자 하시나 이는 민중을 인도하고 백성을 보존하는 방법이 아닙니다." 제경공이 말하였다. "그 말이 옳도다!" 이 때문에 공자에게 많은 예물을 주었으나 봉지를 내리는 것을 보류하였으며 공경하게 접견하였지만 그의 치국의 도를 묻지 않았으니, 이에 공자가 떠났다.(仲尼之齊, 見景公, 景公說之, 欲封之以爾稽, 以告晏子. 晏子對曰, 不可. 彼浩裾自順, 不可以教下. 好樂緩

於民, 不可使親治. 立命而怠事, 不可使守職. 厚葬破民貧國, 久喪循哀費日, 不可使子民. 行之難者在內, 而儒者無其外, 故異於服, 勉於容, 不可以道衆而馴百姓. 自大賢之滅, 周室之卑也, 威儀加多, 而民行滋薄, 聲樂繁充, 而世德滋衰. 今孔丘盛聲樂以侈世, 飾弦歌鼓舞以聚徒, 繁登降之禮以示儀, 務趨翔之節以觀衆, 博學不可以儀世, 勞思不可以補民, 兼壽不能殫其教, 當年不能究其禮, 積財不能贍其樂, 繁飾邪術以營世君, 盛爲聲樂以淫愚其民. 其道也, 不可以示世. 其教也, 不可以導民. 今欲封之, 以移齊國之俗, 非所以導衆存民也. 公曰, 善. 於是厚其禮, 留其封, 敬見而不問其道, 仲尼乃行.)

66 『墨子』「非儒下」: 孔某之齊見景公, 景公說, 欲封之以尼谿, 以告晏子. 晏子曰, 不可, 夫儒浩居而自順者也, 不可以教下, 好樂而淫人, 不可使親治, 立命而怠事, 不可使守織, 宗喪循哀, 不可使慈民, 機服勉容, 不可使導衆. 孔某盛容脩飾以蠱世, 弦歌鼓舞以聚徒, 繁登降之禮以示儀, 務趨翔之節以觀衆. 博學不可使議世, 勞思不可以補民, 絫壽不能盡其學, 當年不能行其禮, 積財不能贍其樂. 繁飾邪術以營世君, 盛爲聲樂以淫遇民, 其道不可以期世, 其學不可以導衆. 今君封之, 以利齊俗, 非所以導國先衆. 公曰, 善. 於是厚其禮, 留其封, 敬見而不問其道.

67 『韓非子』「顯學」: 世之顯學, 儒墨也. 儒之所至, 孔丘也. 墨之所至, 墨翟也. …孔子墨子俱道堯舜, 而取舍不同, 皆自謂真堯舜, 堯舜不復生, 將誰使定儒墨之誠乎.

68 『韓非子』「顯學」: 今世儒者之說人主, 不善今之所以爲治, 而語已治之功. 不審官法之事, 不察姦邪之情, 而皆道上古之傳, 譽先王之成功. 儒者飾辭曰, 聽吾言則可以霸王. 此說者之巫祝, 有度之主不受也. 故明主擧實事, 去無用, 不道仁義者故, 不聽學者之言.

69 『韓非子』「五蠹」: 夫古今異俗, 新故異備, 如欲以寬緩之政治急世之民, 猶無轡策而御駻馬, 此不知之患也. 今儒墨皆稱先王兼愛天下, 則視民如父母.

70 『韓非子』「顯學」: 墨者之葬也, 冬日冬服, 夏日夏服, 桐棺三寸, 服喪三月, 世主以爲儉而禮之. 儒者破家而葬, 服喪三年, 大毁扶杖, 世主以爲孝而禮之. 夫是墨子之儉, 將非孔子之侈也. 是孔子之孝, 將非墨子之戾也. 今孝戾侈儉俱在儒墨, 而上兼禮之.

71 『韓非子』「外儲說左下」: 齊宣王問匡倩曰, 儒者博乎. 曰, 不也. 王曰, 何也. 匡倩對曰, 博者貴梟, 勝者必殺梟, 殺梟者, 是殺所貴也, 儒者以爲害義, 故不博也. 又問曰, 儒者弋乎. 曰, 不也. 弋者從下害於上者也, 是從下傷君也, 儒者以爲害義, 故不弋. 又問儒者鼓瑟乎. 曰, 不也. 夫瑟以小弦爲大聲, 以大弦爲小聲, 是大小易序, 貴賤易位, 儒者以爲害義, 故不鼓也. 宣王曰, 善. 仲尼曰, 與其使民諂下也, 寧使民諂上.

참고문헌

Clifford Geertz, *The Interpretation of Culture*, Basic Books, 1973
Mircea Eliade, *Shamanism*, Princeton University Press, 1972

姜義華,『章太炎語粹』, 華夏出版社, 1993
康學偉,『先秦孝道研究』, 文津出版社, 1992
高明,「連山歸藏考」,『周易研究論文集』第1集, 北京師範大學出版社, 1988
高亨,『詩經今注』, 上海古籍出版社, 1980
顧忠華,『韋伯學說新探』, 唐山出版社, 1992
郭末若,『青桐時代』,『郭末若全集』歷史篇 제1권, 人民出版社, 1982
郭寶鈞,『中國青銅器時代』, 三聯書局, 1963
裘錫主,「論卜辭的焚巫尫與作土龍」,『甲骨文與殷商史』1983年 第1期
瞿兌之,「釋巫」,『燕京學報』, 第7期
吉德煒(David. N. Keightley),「從考古器物看中國思惟世界的形成」,『中國文化與中國哲學』1988, 三聯書店, 1990
金景芳,「中國古代思想的淵源」,『社會科學戰線』, 1981年 第4期
尼采(Nietzsche),『悲劇的誕生』, 周國平 譯, 三聯書店, 1986
杜正勝,『周代城邦』, 聯經, 1985
杜正勝,『編戶齊民』. 聯經, 1992
馬雷特(R. R. Marett),『心理學與民俗學』, 山東人民出版社, 1988
馬林諾夫斯基(B,Malinowski),『巫術科學宗教與神話』, 中國民間文藝出版社, 1986
馬林諾夫斯基(B,Malinowski),『文化論』, 中國民間文藝出版社, 1987
麥克斯 繆勒(Max Müller),『宗教學導論』, 陳觀勝 等 譯, 上海人民出版社, 1989
麥克斯 繆勒(Max Müller),『宗教的基源與發展』, 金澤 譯, 上海人民出版社, 1989
博克,『多元文化與社會進步』, 遼寧人民出版社, 1988

潘世憲, 「再探群巫」, 『周易硏究』, 1991, 第1期
范文瀾, 『中國通史簡編』 修訂本, 中華書局, 1972
本尼迪克特(Benedict), 『菊花與刀』, 孫志民 等譯, 浙江人民出版社, 1987
本尼迪克特(Benedict), 『文化模式』, 王煒 等 譯, 三聯書店, 1988
伯恩斯(Barnes) · 拉爾夫(Ralph), 『世界文明史』, 羅經國 等譯, 商務印書館, 1990
白川靜, 『金文的世界』, 平凡社, 1971
白川靜 著, 加地伸行 範月嬌 合譯, 『中國古代文化』, 文津出版社, 1983
傅劍平, 「儒家起源論」, 『中國社會科學季刊』 7期, 1994
傅佩榮, 『儒道天論發微』, 學生書局, 1988
弗雷澤, 『金枝』 第1卷, 中國民間文藝出版社, 1989
費爾巴哈(Ludwig Feuerbach), 『費爾巴哈哲學著作選集』, 三聯書店, 1962
謝 · 亞 · 托卡列夫(C. A. Tokarev), 『世界各民族歷史上的宗教』, 魏慶徵 譯. 中國社會科學出版社, 1985
謝維揚, 『周代家庭形態』, 中國社會科學出版社, 1990
常金倉, 『周代禮俗硏究』, 文津出版社, 1992
塞. 諾. 克雷黙(Kramer), 『世界古代神話』, 華夏出版社, 1989
徐旭生, 『中國古史的傳說時代』, 文物出版社, 1985
徐中舒, 「甲骨文中所見的儒」, 『四川大學學報』, 1975年 第四期
葉舒憲, 『詩經的文化闡釋』, 湖北人民出版社, 1994
蘇國勳, 『理性化的限制』, 上海人民出版社, 1988
孫詒讓, 『周禮正義』, 中華書局, 1987
孫希旦, 『禮記集解』, 中華書局 1989
宋兆麟 等, 『中國原始社會史』, 文物出版社, 1983
宋兆麟, 『巫與巫術』, 四川民族出版社, 1989
施密特(Wilhelm. Schmidt), 『原始宗教與神話』, 上海文藝出版社, 1987
艾森斯塔特(Samuel Noah Eisenstadt), 『帝國的政治體系』, 閻步克 譯, 貴州人民出版社, 1992
雅斯貝斯(Jaspers): 『歷史的起源與目標』, 華夏出版社, 1989
梁啓雄, 『荀子簡釋』, 上海古籍出版社, 1956
楊寬, 『古史新探』, 中華書局, 1965
梁漱溟, 『中國文化要義』, 里仁書局, 1982
楊向奎, 『中國古代社會與古代思想硏究』, 上海人民出版社, 1962
楊向奎, 『宗周社會與禮樂文明』, 人民出版社, 1992

呂大吉 主編,『宗教學通論』, 中國社會科學出版社, 1989
余敦康,「殷周之際宗教思想的變革」,『中國哲學史研究』, 1981년 제1기
余敦康,「從易經到易傳」,『中國哲學』 제3집, 1983
余英時,『中國思想傳統的現代詮釋』, 台北聯經, 1986
余英時,『古代知識階層的興起與發展』,『士與中國文化』, 上海人民出版社, 1987
列維-布留爾(Levy-Bruhl),『原始思惟』, 丁由 역, 商務印書館, 1987
閻步克,「禮治秩序與士大夫政治的基源」,『國學研究』 第1卷, 北京大學出版社, 1993
王國維,『觀堂集林』 中華書局 영인본, 1991
汪寧生,「八卦基源」,『周易研究論文集』 第1輯, 北京師範大學出版社, 1988
王宇信,『甲骨學通論』, 中國社會科學出版社, 1989
王爾敏,『中國思想史論』(華世出版社, 1997
烏丙安,『神祕的薩滿世界』, 上海三聯書店, 1989
袁珂,『山海經校注』, 上海古籍出版社, 1980
劉憶江,「說儒」,『中國社會科學季刊』 3期, 1993
劉雨, "西周金文中的祭祖禮",『考古學報』, 1989年 4期
李亞農,「殷代社會生活」,『李亞農衣史論集』, 上海人民出版社, 1978
李宗侗,『中國古代社會史』, 台北華岡出版社, 1954
李澤厚,『華夏美學』, 香港三聯, 1988
伊藤清司,『山海經中的鬼神世界』, 劉曄原 譯, 中國民間文藝出版社, 1989
李學勤,「談安陽小屯以外出土的有字甲骨」,『文物參考資料』 1956年 11期
李學勤,『李學勤集』, 黑龍江教育出版社, 1988
李學勤,『走出疑古時代』,『中國文化』, 第7輯, 1992年 11月
李玄伯,『中國古代社會研究』, 上海文藝出版社, 1988
林惠祥,『文化人類學』, 商務印書館, 1991
卡西爾(Ernst Cassirer),『人論』, 甘陽 譯, 上海譯文出版社, 1985
卡西爾(Ernst Cassirer),『神話思惟』, 黃龍保 等譯, 中國社會科學出版社, 1992
張覺,『荀子譯註』, 上海古籍出版社, 1995
張光直,『考古學專題六講』, 文物出版社, 1986
張光直,『美術, 神話與祭祀』, 遼寧教育出版社, 1988
張光直,『中國青銅時代二集』, 三聯書店, 1990
莊錫昌,『文化人類學的理論框架』, 浙江人民出版社, 1988
莊錫昌, 孫志民,『文化人類學的理論構架』, 浙江人民出版社, 1988
張亞初, 劉雨,「從商周八卦數字符號談筮法的几个問題」,『考古』, 1982年 第2期

張亞初 · 劉雨, 『西周金文官制硏究』, 中華書局, 1986
張政烺, 「試譯周初靑銅器銘文中的易卦」, 『考古學報』, 1980年 4期
錢宗武, 『今古文尙書全釋前言』, 貴州人民出版社, 1991
趙國華, 『生殖崇拜文化論』, 中國社會科學出版社, 1990
朱伯崑, 『易學哲學史』, 北京大學出版社, 1986
朱鳳翰, 『商周家族形態』, 天津古籍出版社, 1990
朱天順, 『原始宗教』, 上海人民出版社, 1978
中国科学院考古研究所, 『新中國的考古收獲』, 文物出版社, 1961
中国社会科学院考古研究所, 『新中國的考古發見與硏究』, 文物出版社, 1984
秦家懿(Julia Ching), Hans Küng, 『中國宗教與基督教』, 吳華 譯, 三聯書店, 1990
陳夢家, 「商代的神話與巫術」, 『燕京學報』, 第20期
陳夢家, 『尙書通論』, 中華書局, 1985
陳夢家, 『殷墟卜辭宗述』, 中華書局, 1988
張紫晨, 『中國巫術』, 上海三聯書店, 1990
晁福林, 「論殷代神權」, 『中國社會科學』, 1990年 第1期
秋浦, 『鄂温克人的原始社會形態』, 中華書局, 1962
秋浦, 『薩滿教硏究』, 上海人民出版社, 1985
鄒昌林, 『中國古禮硏究』, 文津出版社, 1992
彭林, 『周禮主體思想與成書年代硏究』,(中國社會科學出版社, 1991
馮友蘭, 『三松堂自序』, 三聯書店, 1984
泰勒, 『原始文化』, 上海文藝出版社, 1992
何炳棣, 「原禮」, 『二十一世紀』, 1992年, 第2期
何新, 『諸神的起源』, 三聯書店, 1986
許烺光, 『宗教 · 種姓 · 俱樂部』, 華夏出版社, 1990
許倬云, 『西周史』, 聯經, 1990
洪家義, 『金文選注釋』(江蘇教育出版社, 1988
侯外廬, 『中國思想通史』, 人民出版社, 1992

찾아보기

(ㅈ)